Clemens W. Bethge
Kirchenraum

Kohlhammer

Praktische Theologie heute

Herausgegeben von
Gottfried Bitter
Kristian Fechtner
Ottmar Fuchs
Albert Gerhards
Thomas Klie
Helga Kohler-Spiegel
Isabelle Noth
Ulrike Wagner-Rau

Band 140

Clemens W. Bethge

Kirchenraum

Eine raumtheoretische Konzeptualisierung
der Wirkungsästhetik

Verlag W. Kohlhammer

Die Drucklegung dieses Bandes wurde gefördert durch:

LB≡BW
Stiftungen
Landesbank Baden-Württemberg

EVANGELISCHE LANDESKIRCHE
IN WÜRTTEMBERG

1. Auflage 2015

Alle Rechte vorbehalten
© W. Kohlhammer GmbH Stuttgart
Reproduktionsvorlage: Andrea Siebert, Neuendettelsau
Gesamtherstellung: W. Kohlhammer GmbH, Stuttgart

Print: ISBN 978-3-17-029232-1

E-Book- Formate:
pdf: ISBN 978-3-17-029233-8
epub: ISBN 978-3-17-029234-5
mobi: ISBN 978-3-17-029235-2

Für den Inhalt abgedruckter oder verlinkter Websites ist ausschließlich der jeweilige Betreiber verantwortlich. Die W. Kohlhammer GmbH hat keinen Einfluss auf die verknüpften Seiten und übernimmt hierfür keinerlei Haftung.

Für Mareike

In memoriam Volker Drehsen

Inhalt

Dank 11

Einleitung 13

1 Problemanzeige 13
1.1 Wachsendes Interesse am Kirchenraum 13
1.2 Individualisierung und Ästhetisierung 14
2 Anknüpfungspunkte theologischer Theoriebildung zum
  Kirchenraum – statt eines Forschungsüberblicks 16
2.1 Das Spektrum theologischer Theoriebildung zum Kirchenraum –
  einige exemplarische Positionen 17
2.2 Fazit 37
3 Zielsetzung der Arbeit 39

Methodische Grundlegung: Rezeptionsästhetik und polarer
Werkbegriff 43

1 Rezeptionsästhetik: Die Konstanzer Schule und WOLFGANG ISERs
  Wirkungsästhetik 43
2 Polarer Werkbegriff 51
2.1 Der Doppelcharakter des literarischen Werks –
  WOLFGANG ISERs Werkbegriff 51
2.2 Der Doppelcharakter des Kirchenraums 58
2.3 Weiteres Vorgehen der Arbeit 62

Erster Hauptteil: Der Kirchenbau als Kirchenraumtext –
Der künstlerisch-architektonische Pol des Kirchenraums 65

1 Die Einflussfaktoren auf den Kirchenbau (I) –
  Vertextung des Kirchenraums 65
  Beispiel: Die Ikonographie der Glasfenster –
  Bilder des Lebens in all seinen Dimensionen 68

2	RAINER VOLPs Beitrag zu einer Theorie des Kirchenraums – Der Kirchenraum als Text	79
2.1	Der Kirchenraum als Text	82
2.2	Die Raumsprache als Instrument im Orchester der Sprachen des Gottesdienstes	84
2.3	Die Aneignung des Kirchenraums als (leiblich-körperlicher) Lesevorgang	87
3	Die Einflussfaktoren auf den Kirchenbau (II)	90
4	WOLFGANG ISERs Textmodell – Das Repertoire und die Strategien des literarischen Textes	91
4.1	Das Repertoire – Selektion des literarischen Textes	91
4.1.1	Der sozio-kulturelle Kontext als Material	95
4.1.2	Der Rückgriff auf vorangegangene Literatur	96
4.1.3	Die kohärente Deformation und das Äquivalenzsystem des Textes	98
4.2	Die Strategien – Kombination des literarischen Textes	103
5	Die Einflussfaktoren auf den Kirchenbau (III) – Repertoire und Selektion des Kirchenraumtextes	107
6	Die Elementbereiche im Repertoire des Kirchenraumtextes (I)	110
6.1	Das architektonische Repertoire – Das Arsenal architektonischer Artikulationsmuster	110
6.2	Das liturgisch-gottesdienstliche Repertoire – Kirchenraum und Liturgie als reziprokes Beziehungsverhältnis	117
7	KLAUS RASCHZOKs Beitrag zu einer Theorie des Kirchenraums – Das Spurenmodell	121
8	Die Elementbereiche im Repertoire des Kirchenraumtextes (II)	131
8.1	Das theologische Repertoire – Theologische Akzentsetzungen und Glaubensinhalte	133
	Beispiel: Der Kirchenbau als ‚gebaute Theologie'	134
8.2	Das sozio-kulturelle Repertoire – Gesellschaftlich-politisch-kulturelle, familiäre und individuell-lebensgeschichtliche Kontexte	147
	Beispiel: Mittelalterliche Kirchenbauten – Durchdringung von weltlichem und geistlichem Leben	147
	Beispiel: Sitzmöbel im Kirchenraum als ästhetisch gebrochene Repräsentanzen gesellschaftlicher Wirklichkeit	155

9	Kohärente Deformation und Äquivalenzsystem – Die Komplexion im Repertoire des Kirchenraumtextes	165
10	Strategien und Kombination des Kirchenraumtextes	171

Zweiter Hauptteil: Phänomenologie der (Kirchen)Raumlektüre – Der ästhetische Pol des Kirchenraums ... 179

1 WOLFGANG ISERs Phänomenologie des Lesens – Der Lesevorgang als Interaktion von Text und Leser ... 182
1.1 Die Bedingungen der Interaktion ... 183
    1.1.1 Die Leerstelle als ausgesparte Anschließbarkeit – Antrieb und Lenkung der Interaktion von Text und Leser ... 183
    1.1.2 Die Negation als Durchstreichung des Bekannten – Die Situierung des Lesers zum Text als Verortung „zwischen einem ‚Nicht-Mehr' und einem ‚Noch-Nicht'" ... 189
1.2 Die Phänomenologie des Lesens – Der Transfer des Textes in die Vorstellung des Lesers ... 195
    1.2.1 Der Leser als wandernder Blickpunkt ... 195
    1.2.2 Die synthetische Aktivität des Lesers – Gestaltbildung, Geschehenscharakter und Verstrickung ... 200

2 Der Zusammenhang von Leib und Raum – Grundlegende raumphänomenologische Einsichten ... 211
2.1 Die leibräumliche Verfasstheit des Menschen ... 213
2.2 GERNOT BÖHME: Der Raum leiblicher Anwesenheit ... 216
    2.2.1 Der Raum leiblicher Anwesenheit als Raum sinnlicher Wahrnehmung ... 219
    2.2.1.1 Der Raum leiblicher Anwesenheit als Tastraum ... 220
    2.2.1.2 Der Raum leiblicher Anwesenheit als Sehraum ... 221
    2.2.1.3 Der Raum leiblicher Anwesenheit als Hörraum ... 223
    2.2.1.4 Der Raum leiblicher Anwesenheit als Raum olfaktorischer Wahrnehmung ... 224
    2.2.2 Der Raum leiblicher Anwesenheit als Handlungsraum ... 225
    2.2.3 Der Raum leiblicher Anwesenheit als Stimmungsraum – Die Atmosphäre des Raumes ... 229

3 Phänomenologie der Kirchenraumlektüre – Kirchenraumlektüre als Interaktion von Raumtext und Rezipient .. 240

3.1 Sukzessivität der Kirchenraumlektüre –
Der Leser als wandernder Blickpunkt 240
Beispiel: Die Kirchenraumlektüre als Begehung des Kirchenraums
mit allen Sinnen 247
Beispiel: Die wechselseitige Irritation von Repertoire-Elementen
und das Abbauen der Spannung durch den Rezipienten –
die Leerstelle im Kirchenraumtext 251
3.2 Die synthetische Aktivität des Rezipienten und
ästhetische Erfahrung 259
   3.2.1 Aisthesis – die Leibhaftigkeit der in der
Kirchenraumlektüre zu machenden Erfahrung 268
   3.2.2 Poiesis – die Sinnhaftigkeit der in der Kirchenraumlektüre
zu machenden Erfahrung 273
   3.2.3 Katharsis – die befreiende und kommunikative Dimension
der in der Kirchenraumlektüre zu machenden Erfahrung . 280
   3.2.4 Das Wechselverhältnis von aisthetischer, poietischer und
kathartischer Dimension 288
3.3 „Verständigung mit dem Text bzw. über den Text mit dem,
was er zu vermitteln bestrebt ist" 292

Schluss 307

1 Konkretisation: Raumerfahrung als Erfahrung des heiligen Raumes 307
2 Zusammenfassung und Ausblick 317

Verzeichnisse 325

1 Abkürzungen und Zitierweise 325
2 Literatur 326
3 Abbildungen 351
3.1 Abbildungsverzeichnis 351
3.2 Abbildungsnachweise 351

Dank

Die vorliegende Arbeit wurde im November 2013 von der Evangelisch-theologischen Fakultät der Eberhard-Karls-Universität Tübingen als Dissertation angenommen. Damit kam ein langer Weg an sein Ziel, der an seinem Ende überschattet war vom Tod meines Doktorvaters Prof. Dr. Volker Drehsen. Im November 2012 habe ich die vorliegende Arbeit eingereicht. Leider kam es nicht mehr dazu, dass Volker Drehsen sie begutachten konnte. Im Frühjahr 2013 verstarb er plötzlich.

All die Jahre zuvor hatte er mir unterstützend zur Seite gestanden. Und so ist es vor allen Dingen große Dankbarkeit, mit der ich nun an ihn denke. Dankbar bin ich auch für die große Freiheit, die er mir gewährte: Freiheit zu räumlicher Unabhängigkeit, die es mir und meiner Familie erlaubte, in Edinburgh wohnen zu bleiben; und Freiheit besonders zu gedanklicher Unabhängigkeit.

In den Dank ausdrücklich einschließen will ich an dieser Stelle auch Bärbel Schnell, Sekretärin am Lehrstuhl, die je und je mein Anliegen zu ihrem gemacht hat, die in meiner Abwesenheit mein Anker in Tübingen war und mich bei meinen Aufenthalten dort tatkräftig unterstützte.

Dank gebührt auch meinen fleißigen Korrekturlesern, meinen Schwiegereltern Prof. Dr. Hans-G. und Hedda Bethge, die mir vorher schon aus mancher Talsohle halfen und verlorengegangenen Enthusiasmus mit der rechten Mischung aus Anspruch und Zuspruch wieder zu wecken verstanden.

Dank sei sodann meinen Eltern und meinen Geschwistern, die mich bestärkt haben, diesen Weg einzuschlagen, und mir schon auf meinen früheren Wegen Begleiter waren.

Ich danke Prof. Dr. Thomas Erne, der in mir die Begeisterung für den Kirchenraum, für Architektur und Ästhetik geweckt hat, nicht zuletzt auch dafür, dass er mir insbesondere zu Beginn des Dissertationsvorhabens den Rücken gestärkt und mich mit viel Zeitaufwand bei der Bewerbung um ein Stipendium unterstützt hat.

Das bringt mich zur Studienstiftung des deutschen Volkes, deren Promotionsstipendium mir dieses Dissertationsprojekt allererst ermöglicht hat und der ich deshalb zu großem Dank verpflichtet bin.

Ferner danke ich Prof. Dr. Friedrich Schweitzer für die Übernahme des Erstgutachtens nach dem Tod Volker Drehsens und besonders für seine Unterstützung bei der Veröffentlichung meiner Dissertation, Prof. Dr. Birgit Weyel für die Übernahme des Zweitgutachtens.

Den Herausgebern und dem Verlag Kohlhammer, namentlich Herrn Florian Specker, habe ich dankzusagen für die Aufnahme in die Reihe ‚Praktische Theologie heute'.

Für die großzügigen Druckkostenzuschüsse danke ich der Evangelischen Landeskirche in Württemberg und den Stiftungen Landesbank Baden-Württemberg.

Last but not least danke ich meiner lieben Frau Mareike – dafür, dass sie die Freuden mit mir teilt und die Leiden mit mir erträgt, dafür, dass sie mit mir ist. Ihr sei diese Arbeit gewidmet.

Berlin, im Frühjahr 2015   *Clemens W. Bethge*

Einleitung

> *„Wer als in der Architektur Unerfahrener das erste Mal eine strenge romanische Kirche betritt und die Sonnenstrahlen beobachtet, die sich durch die kleinen Fenster einen Weg in den Dämmer des Innenraumes bahnen, fühlt einen frommen Schauder. Wer sich in Gottfried Böhms großartiger Wallfahrtskirche in Neviges wie im Innern eines Kristalls erlebt, den erfasst auch als nichtreligiösen Menschen das Gefühl einer transzendenten Gegenwart und einer Einheit, in der die Zeit still steht."*
> (Ingeborg Flagge)[1]

1 Problemanzeige

1.1 Wachsendes Interesse am Kirchenraum

Dieses Zitat von INGEBORG FLAGGE soll exemplarisch für diejenigen stehen, die in eine Kirche eintreten, sich dort aufhalten und den Raum auf sich wirken lassen; eine Stimme aus der Menge all derer, die Kirchengebäude besuchen – und deren Zahl ist Legion! Nicht nur die großen Touristenkirchen vom Rang eines Kölner oder Berliner Doms, einer Dresdner Frauenkirche oder eines Ulmer Münsters verzeichnen jährlich Besucherzahlen, die mitunter in die Millionen gehen. Auch kleinere Kirchen scheinen – so sie denn geöffnet sind! – nicht ausgenommen zu sein von dem Besucherandrang, wenn auch freilich in wesentlich bescheidenerem Maße. Nicht selten übersteigt die Zahl der Besucher eines Kirchenraums wochentags aber zumindest die Zahl derer, die sich gezielt zu den Gottesdiensten an Sonn- und Feiertagen in ihn begeben.[2] Jedenfalls zeugt u. a. die große Zahl der Kirchenbesucherinnen und -besucher von einem in der jüngeren Vergangenheit zu beobachtenden gewachsenen Interesse an Kirchenräumen.[3]

---

[1] So im Vorwort zu SACK, Haus, hier 6.
[2] Das stellt HANNS KERNER im Anschluss an verschiedene empirische Untersuchungen fest; vgl. KERNER, Lebensraum, 15; vgl. auch JOOß, Theologie, 387.
[3] Vgl. z. B. SCHWEBEL, Evangelium, 33; SCHWEBEL, Gestalt, 153; ZIMMERLING, Räume, 23f.; ERNE / SCHÜZ, Religion, 9f. Auf diesen Befund deutet auch eine im Auftrag der Akademie Bruderhilfe Pax Familienfürsorge von der Thomas-Morus-Akademie Bensberg und der

Wird der Kirchenraum nun im Alltag oder am Sonntag aufgesucht, außerhalb der Gottesdienstzeiten oder als Teil des Gesamterlebnisses Gottesdienst, immer lässt er Erfahrungen machen. Diese (Raum-)Erfahrungen mögen so unterschiedlich sein wie die Besucher, die den Raum betreten. Eine dezidiert religiöse Erfahrung, wie sie INGEBORG FLAGGE beschreibt, mag da nur eine Spielart, ja vielleicht die Ausnahme sein und wird sich wohl nicht verallgemeinern lassen. Gleichwohl „kann nicht bestritten werden, daß von Kirchenräumen auf Menschen, sofern sie achtsam sind, Wirkungen ausgehen, die auch als religiöse Erfahrungen interpretiert werden können"[4].

1.2 Individualisierung und Ästhetisierung

Eine häufig gestellte kultursoziologische Diagnose unserer Zeit sieht als zwei ihrer zentralen Merkmale die beiden Tendenzen an, die gerne mit den Begriffen der Individualisierung und Ästhetisierung der Lebens- und Alltagsvollzüge apostrophiert werden.[5] Eine derartige Einschätzung der sozio-kulturellen Gegenwartslage wird man als Konsens in der Theologie und ihren mit Religion befassten Nachbardisziplinen (der Religionswissenschaft, Religionspsychologie und vor allem der Religionssoziologie) ansehen dürfen. Auf den Punkt gebracht bedeutet diese Zeitdiagnose bezüglich der Selbstdeutung und Sinnvergewisserung des Individuums: „1. Das Übergreifende verliert zugunsten des Individuellen an Bedeutung. […] 2. Das Begriffliche verliert zugunsten des Sinnenhaften an Bedeutung."[6]

Es liegt nahe, den oben angeführten Befund – das gewachsene Interesse an Kirchenräumen, welches sich u. a. an der großen Zahl an Besucherinnen und

---

Universität Paderborn konzipierte, 2011 durchgeführte Repräsentativbefragung hin, derzufolge für jeden zweiten Bundesbürger der Besuch von Kirchen und Klöstern zu den beliebtesten Urlaubsaktivitäten zählt; vgl. ISENBERG, Tourismus.

[4] SCHWEBEL, Aspekte, 24.
[5] So etwa GRÄB, Einleitung, 9 bzw. GRÄB, Bemerkungen, 17. Vgl. grundlegend SCHULZE, Erlebnisgesellschaft (v. a. „1. Kapitel: Ästhetisierung des Alltagslebens") sowie WELSCH, Grenzgänge (v. a. 9–61: „Ästhetisierungsprozesse – Phänomene, Unterscheidungen, Perspektiven"). JÖRG HERRMANN sieht die angesprochenen Tendenzen in einer Reihe von sechs Faktoren, die für „die Rahmenbedingungen, die die Entwicklung der gegenwartskulturellen Kontexte […] in der Bundesrepublik Deutschland prägen, […] bestimmend [sind]: die Traditionsabbrüche, die Pluralisierung der soziokulturellen Welten, die nach wie vor fortschreitenden Individualisierungsprozesse, die zunehmende Durchdringung von Gesellschaft und Kultur durch Medien, die Ökonomisierung und schließlich der anhaltende Ästhetisierungstrend" (HERRMANN, Medienerfahrung, 24 [zur Individualisierung des Religiösen vgl. speziell 32–34]).
[6] ENGLERT, Postmoderne, 158.

1 Problemanzeige

Besuchern von Kirchen zeigt – in diesem Zusammenhang zu sehen. Kommt es nämlich bei der Sinnsuche und Sinnvergewisserung vor allem auf das *Sinnenhafte* an, dann gewinnen auch konkrete Räume an Bedeutung, nämlich in ihrer Eigenschaft, den Menschen in seiner Leiblichkeit zu tangieren und alle seine Sinne zu affizieren. Der Ästhetisierungstrend umfasst als ein Moment eine „zunehmende Verkörperlichung der Kultur", die ihrerseits wiederum als eine „Individualkultur" zu kennzeichnen ist, für die die „Suche nach immer direkteren, körpernahen Formen ästhetischer Erfahrung" charakteristisch ist.[7] Und diese Verkörperlichung der Kultur bezieht aufgrund des Leib-Raum-Zusammenhanges, der von der Phänomenologie erkannt wird und der im zweiten Hauptteil der vorliegenden Arbeit eingehender zu behandeln sein wird, auch räumliche Situationen mit ein. Oder anders gewendet: Wo Raum aufgrund zunehmender Mobilität und kürzer werdender Distanzen marginalisiert wird, wird er andererseits „als bewußtgemachter und -gewordener Raum zum Luxusartikel"[8]. Bezüglich des Raumes lässt sich eine Ästhetisierungstendenz erkennen, insofern das Verlangen nicht nach dem marginalisierten Raum steht, wie er etwa in den Transiträumen, den ‚Nicht-Orten' (MARC AUGÉ) als den „Signaturen einer dynamisierten Welt"[9], in Flughäfen, Einkaufszentren, Hotelhallen und dergleichen, begegnet bzw. grade nicht begegnet, sondern der nur durchquert wird – solcher Raum ist gerade beherrschbar und wird seit langem beherrscht, kann in Sekundenschnelle mit einem Mausklick überwunden werden. Gefragt ist vielmehr gerade der Raum, der als solcher bewusst wird, der seiner Räumlichkeit gewahr werden und eine wirkliche Raumerfahrung machen lässt, Räume, in denen länger aufzuhalten lohnend und sinnstiftend zu sein verspricht. Es wächst ein „Bedürfnis nach Verortung und Ansässigkeit"[10], „das Bedürfnis nach Räumen als Orten des Da-Seins, des Verweilens und Erinnerns"[11]. Kirchenräume, so scheint es, sind in besonderem Maße dazu geeignet, dieses Bedürfnis zu stillen. Will man jedenfalls heute über den Kirchenraum nachdenken, so gilt es, der angesprochenen Individualisierungs- bzw. Ästhetisierungstendenzen eingedenk zu bleiben.

---

[7] Alle drei Zitate FLUCK, Erfahrung, 23. Zur Frage nach der Leiblichkeit und dem Sich-Befinden im Raum als ästhetischer Frage vgl. BÖHME, Atmosphäre, 14f.
[8] JOOß, Raum, 15. Sie spricht von der „paradoxe[n] Struktur von Körperverdrängung und Körperaufwertung" (JOOß, Raum, 64). Vgl. so auch MEISTER, Raum, 90.
[9] JOHANNSEN, Raumfigurationen, 15. Vgl. überhaupt JOHANNSEN, Raumfigurationen, 14–18 [Kap. „Raum in der aktuellen Theoriebildung"].
[10] KUNSTMANN, Orientierung, 166.
[11] JOOß, Raum, 15.

2 Anknüpfungspunkte theologischer Theoriebildung zum Kirchenraum – statt eines Forschungsüberblicks

Nicht nur bei den Besucherinnen und Besuchern von Kirchen lässt sich ein gewachsenes Interesse am Kirchenraum beobachten. Seit einigen Jahren ist der Kirchenraum auch verstärkt in den Fokus theologischer Betrachtung gerückt, so wie die Bedeutung von Raumfragen überhaupt in der gegenwärtigen theologischen Wissenschaft zugenommen hat. Stand vor einigen Jahren die evangelische Theologie noch ganz im Zeichen ihrer traditionellen ‚Raumvergessenheit'[1], so wird man heute von einer Wiederentdeckung des Raumes in der evangelischen Theologie sprechen können[2], die nahezu alle ihre Disziplinen erfasst hat. Exemplarisch sei hier auf die wegweisende systematisch-theologische Dissertation von ELISABETH JOOß verwiesen, die den programmatischen Titel „Raum. Eine theologische Interpretation" trägt und auf die im zweiten Teil der vorliegenden Arbeit noch ausführlicher zu sprechen zu kommen sein wird.[3] Auch und besonders in der Praktischen Theologie, und hier speziell in der Liturgiewissenschaft, in der traditionellerweise die Themen Gottesdienstraum und Kirchenbau verortet werden, erlebt der Kirchenraum ein neuerliches Interesse. Dies zeigt nicht nur ein Blick in neuere Lehr- und Handbücher zur Liturgik, bei denen die „Verhältnisbestimmung von liturgischem Handeln und Raumgestalt […] als eine zentrale Perspektive aufgenommen [wurde]" und die so davon zeugen, dass „die Aufmerksamkeit für die Bedeutung des umgebenden Raumes deutlich zugenommen [hat]"[4]. Vor allem lässt sich dies an einer gewachsenen Zahl an Veröffentlichungen, die sich eigens dem Kirchenraum widmen, festmachen. Neben einer Vielzahl kürzerer Beiträge zum Thema, deren theologisches Spektrum sich – um nur diese Namen zu nennen – von den Positionen etwa eines HORST SCHWEBEL

---

[1] THOMAS KLIE spricht z. B. vom „Dornröschenschlaf, den die Raum-Thematik in der (protestantischen) Praktischen Theologie führte" (KLIE, Kirchengebäude, 140).

[2] Vgl. so z. B. ERNE, Wiederentdeckung, v. a. 8–11 und GEYER, Räume, 59; vgl. insgesamt JOOß, Theologie. Ob man deshalb davon sprechen kann, dass damit nun auch die Theologie vom ‚spatial turn' erfasst worden sei, soll hier nicht diskutiert werden. Vgl. so etwa DÖRING / THIELEMANN, Spatial Turn, 10, die BERGMANN, Spatial Turn anführen. Vgl. zum Spatial Turn in der Theologie auch TILLER, RaumErkundungen, 12 Anm. 10.

[3] Darüber hinaus seien als weitere Beispiele genannt: für die systematische Theologie die Habilitationsschriften BEUTTLER, Gott und BEYRICH, Theosphären und für die alttestamentliche Wissenschaft die Dissertation GEIGER, Gottesräume.

[4] Beide Zitate BEYER, Räume, 13.

2 Anknüpfungspunkte theologischer Theoriebildung zum Kirchenraum 17

und eines ANDREAS MERTIN auf der einen bis zur Position eines MANFRED JOSUTTIS auf der anderen Seite erstreckt[5], ist hier auf zwei ausführliche Arbeiten hinzuweisen: die Dissertation von TOBIAS WOYDACK und die Habilitationsschrift von HELMUT UMBACH. All diesen Kirchenraumkonzeptionen geht es letztlich um die Frage, wie der Kirchenraum zu verstehen ist bzw. was der Kirchenraum ist. Eine Darstellung der genannten Positionen soll nun einen Überblick über das Spektrum geben und zugleich als Einstieg in das Thema dienen.

2.1 Das Spektrum theologischer Theoriebildung zum Kirchenraum – einige exemplarische Positionen

MANFRED JOSUTTIS hat seine Überlegungen zum Thema Kirchenraum in seinem Aufsatz „Vom Umgang mit heiligen Räumen" gebündelt – ein nach wie vor sehr lesenswerter Beitrag, der viele Impulse enthält und in mancherlei Hinsicht für protestantisches Nachdenken immer noch ein beachtenswertes Skandalon darstellt.[6] JOSUTTIS entfaltet seine Überlegungen phänomenologisch – zum einen, was die Methode angeht (vgl. 241), zum andern, indem er sie von phänomenologischen Grundeinsichten her entwickelt. Namentlich von Bedeutung ist hier die leibräumliche Verfasstheit des Menschen im Verein mit ihrer spannungsvollen Bezogenheit auf den Außenraum. Aus dieser Verbundenheit von ‚Leibraum' und ‚Ortsraum' ergibt sich ein genereller Doppelcharakter von Räumlichkeit: „Raum gibt es für menschliche Wahrnehmung also immer nur in dieser Doppelausgabe: Ich als Raum bin in

---

[5] Auf dieses Spektrum, dieses „Spannungsfeld" in der gegenwärtigen theologischen Wissenschaft weist auch JOOSS, Theologie, 392–394 hin; vgl. hierzu auch SIGRIST, Einführung, 12f. Neben RAINER VOLP und KLAUS RASCHZOK, deren Beiträge zu einer Kirchenraumtheorie im ersten Hauptteil noch eigens dargestellt werden sollen, wären außerdem neben anderen (!) die folgenden als Beispiele für theologische Auseinandersetzung mit dem Kirchenraum zu nennen (falls nicht eigens angegeben, siehe die zu den jeweiligen Namen im Literaturverzeichnis angeführten Titel): THOMAS ERNE, WOLF-ECKART FAILING, MICHAEL MEYER-BLANCK, ROLAND DEGEN, THOMAS KLIE, ULRIKE SCHÄFER-STRECKENBACH; auf katholischer Seite ALBERT GERHARDS, KLEMENS RICHTER (vgl. z. B. RICHTER, Kirchenträume; RICHTER, Haus; RICHTER, Raumgestalt; RICHTER, Räume), THOMAS STERNBERG (vgl. z. B. STERNBERG, Suche; STERNBERG, Orte; STERNBERG, Kirchenbau) sowie kürzlich die Dissertation KOPP, Raum; auch RICHARD KIECKHEFER. Vgl. zur theologischen Theoriebildung in Sachen Kirchenraum neuerdings auch die Aufsätze in SIGRIST, Kirchen und in NOLLERT u. a., Kirchenbauten.

[6] Vgl. JOSUTTIS, Umgang I (wieder erschienen als JOSUTTIS, Umgang II). Die im Fließtext in diesem Absatz in Klammern angegebenen Seitenzahlen beziehen sich auf JOSUTTIS, Umgang I.

einem Raum. [...] Begrenzt ist der konkrete Raum immer durch die Ausdehnung meiner Körperlichkeit und die Reichweite meiner Sinne" (242). Zentral im Rahmen dieser Leibbezogenheit des Raumes ist der Begriff der Gestimmtheit bzw. der Atmosphäre, den JOSUTTIS von HERMANN SCHMITZ, auf den er in diesem – und nicht nur in diesem – Zusammenhang überhaupt rekurriert, übernimmt. Denn von Räumen gehen Anmutungen aus, ihre Stimmungen beeinflussen den Menschen in seiner Leiblichkeit: „Der Leibraum, der einen Ortsraum betritt, stößt dort auf die atmosphärische Macht eines Gefühls und kann davon im affektiven Betroffensein leiblich angerührt werden." (243) JOSUTTIS zufolge sind Räume deshalb „Machtfelder" (243), die „lebenssteuernde Kraft entwickeln" (243): sie bestimmen das Verhalten von Menschen, provozieren deren Reaktionen und wirken sich eben auf deren Gestimmtheit aus. Von diesen Grundannahmen ausgehend versteht JOSUTTIS den Kirchenraum als heiligen Raum, das heißt als Raum, der der heiligen Macht gehört, mit heiliger Kraft aufgeladen ist und der so ein symbolisches Kraftfeld besitzt (vgl. 245 bzw. 250).[7] Ein Kreuz im Kirchenraum und die Bibel auf dem Altar etwa „verknüpfen den Ort mit dem Kraftstrom der Heilsgeschichte. Und die Aufladung mit einem machtvollen Namen spezifiziert die Segensmacht, die von hier ausgehen soll." (245)[8] An anderer Stelle[9] kann JOSUTTIS – wieder im Rückgriff auf HERMANN SCHMITZ – so davon sprechen, dass „Größe, Gliederung und Ausstattung des umfriedeten Raums [sc. einer Kirche] die Atmosphäre des Göttlichen dann sozusagen in sich eingefangen [haben]"[10] und – HERMANN SCHMITZ zitierend – dass Kirchen „Stätten der Kultur göttlicher Gefühle"[11] seien, ja, dass ein Kirchengebäude der „umfriedete Raum der göttlichen Gegenwart" und „Wohnstatt der Gottheit"[12] sei. Als solche ermöglichen Kirchenräume die Begegnung, die

---

[7] Dem dargestellten Doppelcharakter von Räumlichkeit gemäß unterscheidet JOSUTTIS nicht nur bei Orts-, sondern auch bei Leibräumen zwischen sakralen und profanen. Christen haben so einen geheiligten Leibraum (vgl. JOSUTTIS, Umgang I, 248 und 250) und sind nach 1Kor 3,16f. ‚Tempel Gottes' (vgl. JOSUTTIS, Umgang I, 242 und 248). Auf der Folie der leibräumlichen Verfasstheit des Menschen ließe sich denn auch z. B. die Taufe räumlich interpretieren: als „Methode der Innenausstattung", als „Einweihung individueller Leiblichkeit" und als „Einzug einer neuen Macht" (alle drei Zitate JOSUTTIS, Umgang I, 246); und bei Memorierstoff wie Tauf-, Konfirmations- und Trausprüchen gehe es „um die Füllung des Leibraums mit sprachlichen Machtsymbolen" (JOSUTTIS, Umgang I, 246).
[8] Vgl. JOSUTTIS, Weg, 71 und 137.
[9] Vgl. zum Folgenden ebd., v. a. 71–79; 106–108 und 135–148.
[10] Ebd., 75; vgl. 76 und 78.
[11] HERMANN SCHMITZ, zit. nach ebd., 74.
[12] Beide Zitate ebd., 78. JOSUTTIS spricht auch von der „Einwohnung des Göttlichen" (JOSUTTIS, Weg, 75) und vom Kirchengebäude als „Gotteshaus" (JOSUTTIS, Weg, 108; 135 u. ö.).

2 Anknüpfungspunkte theologischer Theoriebildung zum Kirchenraum 19

„Syntopie zwischen Göttlichem und Menschlichem"[13]. JOSUTTIS ist sich dabei durchaus bewusst, dass die protestantische Theologie die fundamentale Unterscheidung von heilig und profan überwunden zu haben meint und stattdessen von einer umfassenden Desakralisierung der Welt ausgeht. Sie bestreitet somit auch die Existenz eines ausgegrenzten heiligen Ortes und bestimmt das Kirchengebäude gemeinhin nicht als Kultstätte, sondern funktional. Allerdings entdeckt er hier zwischen der „behaupteten Profanität"[14] theologischer bzw. theologisch-normativer Reflexion und der Praxis gelebter Religion einen Widerspruch, insofern diese „auf der Ebene des individuellen Verhaltens, der baulichen Gestaltung, der sozialen Interaktionen"[15] die Aufhebung des Heiligen nicht radikal praktiziert, sondern stattdessen – oft unbewusst – der besonderen Atmosphäre Rechung trägt. Die Heiligkeit der Kirche als eines heiligen Ortes ist aber eben nicht ungebrochen, denn andererseits kann auch die gelebte Religion nicht „aus dem neuzeitlichen Säkularisierungsprozeß einfach aussteigen"[16]. Dieser Widerspruch ist laut JOSUTTIS nicht zu beseitigen: „Die Einheit in der praktischen und theoretischen Wahrnehmung von Natur, Religion und Gesellschaft, die mit der Unterscheidung von heilig und profan einmal gegeben war, ist zerbrochen [...] Gottesdienst findet in der Gegenwart statt an der Grenze zwischen verlorener Sakralität und drohender Profanität, in den Trümmern des Tempels."[17]

---

[13] JOSUTTIS, Weg, 67; 71; 76 u. ö.
[14] Ebd., 108.
[15] Ebd. Was die bauliche Gestaltung angeht, entdeckt MANFRED JOSUTTIS so im Kirchenbau die gleichen elementaren Prinzipien in Geltung, die auch für andere Kultbauten gelten und mittels derer diese als Abbild der himmlischen Welt ein strukturiertes Gefüge darstellen, „das die Beziehung zu Kosmos und Heilsgeschichte in sich selbst repräsentiert" (JOSUTTIS, Weg, 75), nämlich zentrale Lage, hervorgehobene Stelle bzw. vertikale Größe und horizontale Gliederung (in der Regel Dreiteilung): „Solche Grundmuster [...] kommen offensichtlich auch dort zur Anwendung, wo man, wie im modernen Protestantismus, in der Theologie keine heiligen Orte mehr kennt." (JOSUTTIS, Weg, 68; vgl. hierzu 66–71 mit 137–140) Jedoch schlägt sich auch der angesprochene Widerspruch nieder, nämlich in der Problematik, wie protestantische Kirchen zu bauen und zu gestalten seien: „Mit der protestantischen Theologie waren in der Religiosität Spannungsmomente aufgetaucht, deren Dialektik man in theoretischen Publikationen einfangen konnte, die aber bei dem Versuch, sie architektonisch zu realisieren, auch ihre praktische Uneinholbarkeit demonstrierten. [...] [I]n dieser Perspektive [könnte man] den protestantischen Kultbau betrachten [...] als Indiz für die permanenten Verlegenheiten, in die die Theologen die Architekten gestürzt haben." (JOSUTTIS, Weg, 138) Als Beispiel für die „Diskrepanz von theologischer Randständigkeit und kultischer Zentralstellung" (JOSUTTIS, Weg, 140), die „Spannung zwischen liturgischer Theorie und kultischer Praxis" (JOSUTTIS, Weg, 146) bespricht JOSUTTIS den Altar; vgl. JOSUTTIS, Weg, 140–146.
[16] JOSUTTIS, Weg, 108.
[17] Ebd., 108; vgl. 146.

HELMUT UMBACH knüpft u. a. an MANFRED JOSUTTIS' Überlegungen an und vertritt in seiner Habilitationsschrift[18] ebenfalls einen (religions-)phänomenologischen Ansatz, der damit rechnet, „dass es ‚das Heilige' gibt, [sic] als ‚eine Wirklichkeit, die immer präsent, aber nicht immer zugänglich ist'" (57 [unter Aufnahme eines Zitats von MANFRED JOSUTTIS]). Dies schließt im Übrigen ein, was UMBACH unter Rückgriff mehrerer religionssoziologischer Studien einsichtig zu machen versucht, dass „Heiligkeit Gottes, Herrschaft Gottes, Ehre Gottes […] Attribute des Göttlichen [sind], die auch das gegenwärtige (und zukünftige) menschliche Leben betreffen" (93). UMBACH betont deshalb – in seiner Arbeit fast gebetsmühlenartig wiederholend: „Gott ist heilig. Er bleibt der Welt zugewandt. Deshalb kann er gesucht und im Gebet angesprochen werden." (90; 95 u. ö.) Analog zu JOSUTTIS' phänomenologischem Ansatz rechnet er damit, „dass die Macht des Heiligen im ‚sensus numinis' (R. Otto) des von ihm ergriffenen Menschen in dessen Verhalten ‚nachwirkt'" (58). Dabei geht UMBACH davon aus, dass sich jeder Mensch zu dem ihn umgebenden Raum verhält und dieser unmittelbar phänomenologisch wahrnehmbar ist. Seine Ausgangsfrage, nämlich wie ein Ort zum Erfahrungsraum des Heiligen wird, beantwortet UMBACH in dieser phänomenologischen Perspektive als Sache der Wahrnehmung des Heiligen (inklusive ihres sinnlich-leiblichen Aspekts) wie dessen Deutung (im Sinne zeichenhaften und sichtbaren Be-deutens, Be-zeichnens und Be-zeugens), welche ihrerseits als „‚Spur' des Göttlichen" (46 [in Anlehnung an ein Zitat von PETER BIEL]; vgl. 308f.) anderen wiederum Anstoß zu neuer Erfahrung des Göttlichen an diesem Ort werden kann.[19] Vor diesem phänomenologischen Hintergrund scheint es UMBACH „doch wieder möglich zu sein, von heiligen und profanen Räumen zu sprechen, ohne eine ontologisch verstandene ‚Hei-

---

[18] UMBACH, Pforten. Die im Fließtext in diesem Absatz in Klammern angegebenen Seitenzahlen beziehen sich hierauf. Vgl. auch (die Überlegungen der Habilitation zusammenfassend) UMBACH, Möglichkeiten und auch schon UMBACH, Raumträume.

[19] Bestätigt findet UMBACH diesen Sachverhalt in alttestamentlichen (namentlich Gen 28 und Jes 6) und – christologisch konkretisiert – in diversen neutestamentlichen Texten, die er phänomenologisch durcharbeitet (vgl. UMBACH, Pforten, 2. und 3. Kap.); außerdem entfaltet er ihn in einem äußerst materialreichen und opulenten Durchgang durch die Kirchen(bau)geschichte – von den Anfängen der Kirche zum Mittelalter, über die Reformation und literarische Zeugnisse MARTIN LUTHERs, den „Protestantische[n] Kirchenbau zwischen Thron und Altar, Nation und Gemeinde, Kultur und Kirche" (UMBACH, Pforten, 227) bis zu den „‚Wolfenbütteler Empfehlungen' (1991) […] als sogenanntes ‚postmodernes' Programm" (UMBACH, Pforten, 293) –, in dem er zahlreiche bauliche Beispiele phänomenologisch deutet (vgl. UMBACH, Pforten, 4., 5. und 6. Kap.).

2 Anknüpfungspunkte theologischer Theoriebildung zum Kirchenraum

ligkeit' den Kirchen einfach überzustülpen" (313)[20]. So versteht er heiligen Raum zwar auch anthropologisch, vor allem aber phänomenologisch als Widerspiegelung der „‚Verhaltensdimension' des Menschen angesichts der Erfahrung bzw. der Ergriffenheit von göttlicher Macht (Josuttis)" (309), als „konkrete[n] Ort der Begegnung mit der Macht des ‚Heiligen', der durch diese Begegnung selbst geheiligt ist" (333 [im Original kursiv]) und der emotiv erfahren werden will und kann (vgl. 348 [7.2.] und 338 [7.4.5.]), eben als „‚Pforte[...] des Himmels' auf der Erde" (349): „Es ist eben nicht nur der Mensch, dessen Spuren an heiligen Orten zu lesen sind, sondern Spuren weisen immer auch hin auf ‚Begegnungen' von Göttlichem mit Menschlichem" (309 [im Original kursiv]).[21]

Kritisiert werden die phänomenologischen Positionen von denen auf der entgegengesetzten Seite des Spektrums. Eine solche Position vertritt etwa HORST SCHWEBEL. Er skizziert seine Position, die exemplarisch für ein rein funktionales Verständnis des Kirchenraums stehen kann, welches dem Kirchenraum gegenüber die Zuschreibung jedweder Heiligkeit ablehnt, in zahlreichen Aufsätzen.[22] Er richtet sich mit großer Entschiedenheit gegen die Auffassung von MANFRED JOSUTTIS und in dessen Gefolge gegen die von HELMUT UMBACH, denen er bezüglich der Aufspaltung der Wirklichkeit in heilig und profan ein Verbleiben in einem mythischen bzw. archaischen Raumverständnis vorwirft. So diagnostiziert er etwa die Rede von einer ‚Profanisierung' bei HELMUT UMBACH als Festhalten „an einer archaisierenden Heiligkeit, die vom christlichen Grundverständnis her überwunden ist"[23]. „Mit neutestamentlicher und reformatorischer Theologie", so SCHWEBEL, seien JOSUTTIS' Ausführungen „nicht kompatibel"[24]; „der Vorhang im

---

[20] UMBACH weist auf HERBERT MUCK hin, der gegen eine objekthaft-verdinglichend zugeschriebene Heiligkeit der Orte eine relationale setzt (vgl. ebd., 330) und er fordert: „Ein neuer – neutestamentlich begründeter – Begriff von ‚Sakralität' müsste dann auch im protestantischen Bereich ekklesiologisch fruchtbar gemacht werden können, etwa im Sinne einer *räumlich* verstandenen Ontologie, die nicht substanzhaft, sondern eben räumlich beschrieben wird – also relational zu Christus." (UMBACH, Pforten, 331f.)

[21] Zur Frage nach der göttlichen Macht als dem eigentlichen Subjekt heiliger Räume – eine Frage, die er explizit von MANFRED JOSUTTIS aufgreift – vgl. auch ebd., 309 Anm. 1335, 321f., 333; 338.

[22] Die Beiträge überschneiden sich teilweise und sind mitunter bis in den Wortlaut ganzer Abschnitte hinein identisch. Daraus erklären sich im Folgenden die vielen unschönen Mehrfachnennungen bei den Zitationen. Vgl. außer den im Folgenden zitierten noch SCHWEBEL, Reformen und SCHWEBEL, Scheu.

[23] SCHWEBEL, City-Kirche, 15; vgl. SCHWEBEL, Erbe, 20 und SCHWEBEL, Aspekte, 24.

[24] Beide Zitate SCHWEBEL, Gestalt, 152 bzw. SCHWEBEL, Chance, 143 bzw. SCHWEBEL, Aspekte, 23.

Tempel, der von oben bis unten in zwei Stücke zerriss, wird bei Josuttis wieder zusammengenäht und das ‚Heilige' wird wieder vom ‚Profanen' ausgegrenzt"[25]. Demgegenüber sieht sich SCHWEBEL in der Traditionslinie einer neutestamentlichen Theologie, die einen ausgrenzbaren heiligen Raum radikal hinter sich lässt. Dabei bezieht er sich u. a. auf 1Kor 3,16, eine Stelle, die er freilich ganz anders interpretiert, als dies, wie dargelegt, MANFRED JOSUTTIS tut (vgl. o. S. 18 Anm. 7), nämlich rein geistlich: „Wo der lebendige Gott, der Jesus auferweckt hat, Wohnung nimmt, bedient er sich eines ‚geistlichen Tempels'. Nicht ein Bauwerk aus Stein, die Gemeinde selbst soll ‚Tempel des Herrn' sein"[26]. Einen Dualismus von heilig und profan im Sinne einer Hierarchie von Orten könne es in dieser Sicht nicht geben, einer Sicht nämlich, welche die Welt immer als ganze in den Blick nehme – entweder ohne Christus unter der Sünde oder in Christus unter der Gnade.[27] Hinsichtlich seines funktionalen Verständnisses des Kirchenraums beruft sich SCHWEBEL außerdem auf MARTIN LUTHER (vor allem auf dessen Torgauer Predigt 1544 und seine Kirchenpostille 1522), bei dem er ein solches vorzufinden meint und dessen Position er im Anschluss an TRAUGOTT KOCH folgendermaßen zusammenfasst: „[D]en Kirchengebäuden außerhalb der Versammlungs- und Verkündigungsfunktion eine besondere religiöse oder gar magische Potenz zukommen [zu] lassen[,] [...] vermag Luther nicht zu akzeptieren. Als Gebäude soll dem Kirchengebäude keine besondere Heiligkeit zugesprochen werden. Seinen Wert erhält das Kirchengebäude einzig über das, was in ihm geschieht. [...] Der Kirchenraum ist kein medium salutis. Für

---

[25] SCHWEBEL, Erbe, 20. Vgl. SCHWEBEL, Aspekte, 24: „Josuttis Position ist eine Setzung im Sinne des: So ist es. So spricht kein Theologe, so spricht ein Prophet." Dabei kann SCHWEBEL in fast phänomenologischem Duktus durchaus zugestehen: „Selbst wenn wir nicht in archaisch-mythologischen Vorstellungen leben, mag solche ‚Erinnerung' noch wach sein: die Kirche [...] als eine Art ‚Weltzentrum', wo etwas religiös Relevantes begegnet, wo sich Gott in besonderer Weise und unter besonderen Zeichen mitteilt." (SCHWEBEL, Erfahrung, 377)

[26] SCHWEBEL, Gestalt, 148; vgl. SCHWEBEL, Erbe, 20; SCHWEBEL, City-Kirche, 14; SCHWEBEL, Aspekte, 12; SCHWEBEL, Evangelium, 33; SCHWEBEL, Faktoren, 135. Vgl. zum Tempel-Gottes-Motiv in seiner Bedeutung für eine Theologie des Kirchenraumes auch noch SCHAEDE, Handlungsräume, 52f.

[27] Bauliche Bestätigung für diese Einstellung in der frühen Zeit des Christentums findet SCHWEBEL neben den domūs ecclesiae, den Gemeindehäusern, die den Christen in der vorkonstantinischen Zeit für ihre gottesdienstlichen Versammlungen dienten, vor allem in der Orientierung der christlichen Architektur nach 313 statt am Tempel an der Basilika als „einer religiös nicht prädisponierten Architekturform" (SCHWEBEL, Gestalt, 149 bzw. SCHWEBEL, Faktoren, 135 bzw. SCHWEBEL, City-Kirche, 14 bzw. SCHWEBEL, Aspekte, 13 bzw. SCHWEBEL, Evangelium, 34; vgl. zu der Entwicklung auch schon SCHWEBEL, Kunst I, 364–366 [„Von der Subkultur zum Staatskult"]). Der Tempel dient SCHWEBEL in seinen Ausführungen denn auch als Paradigma für den heiligen Raum.

2 Anknüpfungspunkte theologischer Theoriebildung zum Kirchenraum

das Heil des Menschen, für die Gottesbeziehung, ist die Gestalt des Kirchenbaus irrelevant."[28] Auf diese neutestamentliche und reformatorische Basis stützt sich SCHWEBELs Ablehnung gegenüber der Apostrophierung des Kirchenraums als eines heiligen Raumes. So will er „von Luther übernehmen [...] die Beobachtung, daß der Raum im Unterschied zu Wort und Sakrament kein Medium der Heilsvermittlung ist. Der Raum verhält sich zur Gottesbeziehung neutral. Er gewährt keine besondere Nähe Gottes außerhalb des Vollzugs der Verkündigung."[29] Ja, in der Konsequenz bestreitet SCHWEBEL mit apodiktischer Bestimmtheit die Möglichkeit einer Theologie des Kirchenraums überhaupt. Auch SCHWEBEL spricht von der „Begegnung von Gott und Mensch", die sich im Gottesdienst ereigne; zu diesem Zweck sei der Kirchenraum errichtet; allerdings gebe dieser selbst nichts als die „Hülle"[30] für dieses Geschehen ab, eine „Analogie des architektonischen Werks zum gottesdienstlichen Geschehen"[31]. Die Möglichkeit, „analog zur Gottesbegegnung [sc. im Sinne eines existentiellen Ereignisses] die angemessene Gestalt zu finden"[32] hält er für nicht realisierbar. Bei „Fragen nach Nutzungsmöglichkeiten, Raumatmosphäre, Schönheit und künstlerischer Gestaltung" handle es sich um rein anthropologische Überlegungen, nicht aber um theologische, welche nach SCHWEBELs Auffassung primär das Heil des Menschen und seine Gottesbeziehung beträfen; Fragen anthropologischer Art dagegen seien zwar „wichtige Fragen, insofern Menschen mit diesen Räumen Erfahrungen machen. Doch damit werden Räume als von Menschen wahrgenommene Räume, als Orte der Wahrnehmung verstanden, nicht aber als

---

[28] SCHWEBEL, Erbe, 20; vgl. SCHWEBEL, Faktoren, 136; SCHWEBEL, City-Kirche, 15; SCHWEBEL, Aspekte, 14f.; SCHWEBEL, Evangelium, 35f. Auch HELMUT UMBACH untersucht, wie oben kurz erwähnt (vgl. o. S. 20 Anm. 19), LUTHERs Aussagen u. a. zum Kirchenbau, kommt dabei aber zu anderen Ergebnissen als HORST SCHWEBEL; vgl. UMBACH, Pforten, 201–225 [Kap. 5.]. Zu einer anderen Lutherinterpretation gelangt auch RASCHZOK, Luther, v. a. 99–108. Vgl. als zusammenfassende Gegenüberstellung der verschiedenen Interpretationen WOYDACK, Der räumliche Gott, 73–81.

[29] SCHWEBEL, Faktoren, 136; vgl. SCHWEBEL, Erbe, 20; SCHWEBEL, City-Kirche, 14; SCHWEBEL, Aspekte, 15.

[30] Beide Zitate SCHWEBEL, Gestalt, 154. Vgl. SCHWEBEL, Kirchenidentität, 94: „Statt ‚Hülle' könnte man auch Begriffe wie Haut, Gehäuse oder Schutzmantel wählen".

[31] SCHWEBEL, Gestalt, 154.

[32] Ebd. An anderer Stelle räumt er allerdings ein, dass „das, was Hülle ist, doch sehr viel mit dem zu tun hat, was in dieser Hülle geschieht" (SCHWEBEL, Kirchenidentität, 94). Vgl. auch SCHWEBEL, City-Kirche, 13, wo er anerkennt, dass eine Kirche „selbst als leere Raumhülle Ort vielfältiger religiöser und sonstiger kommunikativer Erfahrung war" und dass es so bei „jeder historischen Kirche [...] um die Vergewisserung eigener Identität [geht]".

Räume mit vorab zugeschriebener Heiligkeit."³³ In alledem zeigt sich, was SCHWEBEL eigentlich umtreibt und was für seine Ausführungen im Grunde erkenntnisleitend ist: Letzten Endes geht es ihm vor allem darum, zu untersuchen, welche Raum*gestalt* die für ein Kirchengebäude angemessene ist, und allenfalls sekundär darum, wie ein Kirchenraum angeeignet wird und welche Erfahrungen er auslöst oder gar – wie HELMUT UMBACH ausgangs seiner Arbeit fragt (vgl. o. S. 20) – wie er zum Erfahrungsraum des Heiligen wird. Hier unterscheidet sich SCHWEBEL also schon in seiner Fragerichtung fundamental von phänomenlogischen Ansätzen, die, wie ausgeführt, eher den Raum in seiner Wirkung auf die Leiblichkeit des Menschen fokussieren und dazu den Atmosphärebegriff bemühen.

> Freilich ist SCHWEBEL auch mit der Frage nach der Raumwirkung und -erfahrung befasst.³⁴ Nicht zuletzt jüngere Äußerungen SCHWEBELs scheinen diesbezüglich in eine neue Richtung zu weisen, insofern sie auf eine gewachsene Sensibilität gegenüber derartigen Fragen schließen lassen. So kommt er neuerdings etwa auf die Wahrnehmbarkeit und den Erlebnischarakter von Kirchenräumen zu sprechen³⁵ und trägt damit der Tatsache Rechung, dass – vor allem mit Blick auf die Kirchenpädagogik – „in den zurückliegenden fünf Jahren [...] Gesichtspunkte, den Kirchenraum als einen Erfahrungsraum zu erschließen, eine sehr große Rolle [spielen]" (96). Zwar kann sich SCHWEBEL noch nicht dazu durchringen, dem Kirchenraum eine Heiligkeit zuzugestehen. Zumindest aber spielt er seine ablehnenden Äußerungen dazu herunter, wenn er sie bagatellisierend als „*leichte* Kritik an der ‚Heiligkeit' christlicher Kulträume" (96 [Hervorhebung CWB]) bezeichnet und gleichsam eine Brücke schlagend formuliert: „So sollte in jedem Fall heute klar sein, dass, wenn wir von einem heiligen Raum sprechen [...], wir nicht die dingliche Heiligkeit meinen." (94) Sollte sich bei HORST SCHWEBEL hier etwa ein Umdenken andeuten?

SCHWEBEL geht, dem geschichtlichen Wandel Rechnung tragend, von einer Vielfalt möglicher Raumgestalten aus und beantwortet die Frage nach der

---

[33] Beide Zitate SCHWEBEL, Faktoren, 137; vgl. fast wörtlich SCHWEBEL, Erbe, 21; SCHWEBEL, City-Kirche, 15; SCHWEBEL, Aspekte, 15; SCHWEBEL, Evangelium, 36.

[34] So z. B. in SCHWEBEL, Aspekte, vgl. z. B. 9f.; vgl. auch SCHWEBEL, Erfahrung, z. B. 369 und überhaupt SCHWEBEL, Chance, v. a. 144. Im Übrigen sieht auch SCHWEBEL eine Diskrepanz, die man analog zu dem oben von MANFRED JOSUTTIS beobachteten Widerspruch zwischen theologischer Reflexion und der Praxis gelebter Religion sehen könnte, nämlich im Falle des Mehrzweckraumes der sechziger Jahre des zwanzigsten Jahrhunderts die Diskrepanz zwischen dessen theologischer Begründung und den Erfahrungen der betroffenen Gemeinden, die seines Erachtens Rückschlüsse zulässt für die Frage, wie Menschen Räume erfahren; vgl. SCHWEBEL, Erfahrung, 369ff.

[35] Vgl. schon SCHWEBEL, Aspekte, hauptsächlich aber SCHWEBEL, Kirchenidentität, v. a. 96f. Die im Fließtext in diesem Absatz im Folgenden in Klammern angegebenen Seitenzahlen beziehen sich allesamt auf SCHWEBEL, Kirchenidentität.

angemessenen Raumgestalt dahin gehend, dass der angemessene der je *authentische* Raum und ein Gradmesser dafür Gegenwärtigkeit sei, das heißt die Aktualität der Ausdrucksstärke und Bedeutungsgeladenheit seiner Formen.[36] In der Logik dieser Fragerichtung, die zuvorderst an der Raumgestalt und weniger an der Erfahrung des Menschen interessiert ist, die also letztlich äußerlich bleibt, liegt es denn auch, dass SCHWEBEL die rhetorische Frage nach konkreten architektonischen Merkmalen des heiligen Raumes stellt: „Ist es die expressive Betonarchitektur oder die Leere, das Einfache oder das vielgestaltig Verwinkelte, das Helle oder das Halbdunkel?"[37]

Sieht man SCHWEBELs Abwehr einer ontologischen Heiligkeit des Kirchenraums ‚an sich' als die pointierte Reformulierung einer „klassische[n] protestantische[n] Grenzziehung"[38], läge zwar der Verdacht nahe, als handle es sich bei seiner kategorischen Ablehnung und der Vehemenz, mit der er diese vorbringt, mehr um einen alten Reflex und die Repristination einer längst überholten Frontstellung, wo doch die Negation einer ontologischen Heiligkeit des Kirchenraums ‚an sich' längst als Konsens in der theologischen Forschung angesehen werden kann und so z.B von einer Position wie der MANFRED JOSUTTIS' allenfalls, wie dies ELISABETH JOOß tut, gesagt werden kann, sie vertrete eine „pseudoontologische Heiligkeit des Kirchenraums"[39]. Jedoch lässt sich an SCHWEBELs Überlegungen zumindest positiv würdigen, dass „[m]it dieser klaren Grenzziehung [...] ein Erkenntnisgewinn verbunden [ist]. Naive Topologien, die von einer substanzhaften Vorstellung von Heiligkeit in Dingen, Orten und Gebäuden ausgehen, werden aus guten Gründen verabschiedet."[40] Andererseits ist es, abgesehen von den theologischen Vorgaben, die er, wie dargestellt, macht, eben auch bereits der seinen

---

[36] Vgl. SCHWEBEL, Gestalt, v. a. 154 und SCHWEBEL, Faktoren, 137.
[37] SCHWEBEL, Gestalt, 154; vgl. SCHWEBEL, Kirchenidentität, 95. In der Logik der Fragerichtung liegt es schließlich auch, wenn SCHWEBEL den Begriff der Sakralität aufgreift, nämlich jenen „diffus[en]" Begriff von Sakralität, der diese sensualistisch im Sinne einer „Ausdrucks- und Gestaltqualität" beschreibt und an „bestimmte Gestaltungsmerkmale oder Wirkungsweisen von Architektur" knüpft, und nicht etwa im Sinne einer Heiligkeit als Begegnungsgeschehen, wie sie die phänomenologischen Ansätze verstehen (alle drei Zitate wie das folgende SCHWEBEL, Erfahrung, 384f. bzw. SCHWEBEL, Evangelium, 46f., wo er sich auf CHRISTOF MARTIN WERNER und OSKAR SÖHNGEN bezieht). Selbstredend greift SCHWEBEL die so verstandene Sakralität, die die Gefahr einer Verdinglichung berge, nur auf, um sie sogleich abzulehnen und stattdessen den – wenig hilfreichen, weil wohl kaum weniger diffusen und in diesem Zusammenhang mehr als problematischen – Begriff der Qualität vorzuziehen: „Qualität wäre jenes geheimnisvolle ‚Mehr', das im gewissenhaften Bau- und Gestaltungsprozess als das Unverfügbare hinzukommt".
[38] ERNE, Wiederentdeckung, 8.
[39] JOOß, Theologie, 393.
[40] ERNE, Wiederentdeckung, 8.

Ausführungen zugrundeliegenden, vornehmlich auf die äußerliche Gestalt fokussierten Fragerichtung geschuldet, dass SCHWEBEL die Heiligkeit des Kirchenraums gar nicht anders als substanzhaft zu fassen vermag (etwa wie die phänomenologischen Ansätze unter Verwendung von Beziehungs- bzw. Begegnungskategorien).[41] Überdies lässt SCHWEBELs normative Verengung dessen, was eine theologische Fragestellung zu sein habe, und das nicht unproblematische Beharren auf der „Differenz zwischen einem theologischen und einem raumanthropologischen Diskurs"[42] die Herausbildung eines Gesamtkonzeptes einer Theologie des Kirchenraums, die in der Lage ist, auch die menschliche Erfahrung dieses Raumes und somit die anthropologischen Aspekte mit einzubegreifen, nicht zu. Was SCHWEBELs Überlegungen somit fehlt, ist just das, worauf er die beim Mehrzweckraum bzw. Gemeindezentrum der sechziger und siebziger Jahre des zwanzigsten Jahrhunderts zu beobachtenden Resakralisierungstendenzen zurückführt: eine anthropologische Korrektur der theologischen Position und das Einbringen des Verhältnisses des Menschen zum Raum in den Diskurs.[43] SCHWEBEL gesteht einen solchen anthropologischen Diskurs ‚um der Liebe willen' zu, vermag ihn aber nicht theologisch einzuholen. Damit setzt er sich der Kritik aus, die WOLF-ECKART FAILING einmal an die Praktische Theologie als Ganze gerichtet hat, dass nämlich auf diese Weise „die Raumbezogenheit religiösen Lebens keinen integralen Bestandteil der Praktischen Theologie darstellt"[44]. Deshalb – so FAILING über SCHWEBELs Ausführungen – könne der Verweis auf die Irrelevanz der Raumgestalt einer Kirche für eine „redlich sein wollende[…] Theo-

---

[41] In diesem Sinne fährt auch THOMAS ERNE an der eben zitierten Stelle fort: „Aber die Sehnsucht vieler Menschen nach einer besonderen Atmosphäre in Kirchenräumen […] ist damit so wenig abgegolten wie die Möglichkeit […], es könne eine Kraft des Auratischen und Performativen in Kirchenräumen geben, die nicht ‚per se', also substantiell, dem Raum zukommt, sondern kraft des ‚christlich-religiösen Gebrauchs', den die Gemeinde von räumlichen Zeichen im Horizont des Unbedingten macht." (ebd. [unter Aufnahme eines Zitats von WILHELM GRÄB])

[42] SCHWEBEL, Erfahrung, 375 [im Original hervorgeoben]; vgl. auch SCHWEBEL, Aspekte, 16 und SCHWEBEL, Evangelium, 38. WOLF-ECKART FAILING spricht diesbezüglich von „dem mehr als problematischen Prokrustusbett einer künstlichen Unterscheidung zwischen theologischen und anthropologischen Sachverhalten" (FAILING, Welt, 98).
Die Kritik, „dass eine Theologie, die solche anthropologischen Grundgegebenheiten nicht zu integrieren vermag, hoch reduktiv ist und letztlich hinter ihrem eigenen Anspruch zurückbleibt, das Ganze der Wirklichkeit unter der Glaubensperspektive in den Blick zu nehmen", äußert so auch WÜTHRICH, Kirchenraum, 75.

[43] Vgl. SCHWEBEL, Erfahrung, 374–376.

[44] FAILING, Welt, 92. Speziell an HORST SCHWEBEL richtet FAILING die kritische Anfrage: „Was aber ist gemeint, wenn ausreichende theologische Reflexion auf falsche Einschätzung anthropologischer Gegebenheiten, auf reale Gegebenheiten auftrifft?"(FAILING, Welt, 96)

2 Anknüpfungspunkte theologischer Theoriebildung zum Kirchenraum 27

logie" auch „keine zureichende Antwort sein": „Menschliche Grundbedürfnisse sind nicht nur theologisch zu würdigen in ‚herablassender' Liebe; menschliche Vermittlungsbedürftigkeit ist auch angesichts des Gottesverhältnisses nicht begrenzende Schwäche, sondern schöpfungsmäßige Bestimmung des Menschen, der eines inkarnativen Mitteilungsgeschehens Gottes in Raum und Zeit gewürdigt wurde und fortwährend wird."[45]

Auch ANDREAS MERTIN lehnt es in zahlreichen Beiträgen[46] ab, vom Kirchenraum als heiligem Raum zu sprechen, und sieht sich hier ebenfalls in Übereinstimmung mit reformatorischen Positionen, die eine substantialistische Heiligkeit verwerfen und den Kirchenraum funktionalistisch bestimmen.[47] Allerdings ist MERTINs Sicht differenziert, insofern sie nämlich die Existenz eines heiligen Raumes nicht generell, sondern speziell für die Gegenwart verneint: „In der Gegenwart, dafür sprechen zahlreiche Indizien, gibt es so etwas wie einen heiligen Ort nicht mehr."[48] Hauptgewährsmann für diese Auffassung ist ihm – neben ALFRED LORENZER – MIRCEA ELIADE. Nach ELIADE ist im Erleben des *religiösen* Menschen der Raum gekennzeichnet durch eine Inhomogenität, die darin besteht, dass sich aus der unbestimmten Weite besondere bedeutungsgeladene, qualitativ verschiedene Orte herausheben. Diese sind *heilige* Orte im Sinne der axis mundi, „Orte, die vom Einbruch des Heiligen zeugen"[49] und die eindeutig ontologisch bestimmt sind. Allerdings sieht ELIADE eine solche Raumerfahrung auf das Engste mit dem religiösen Menschen traditionsgebundener Gesellschaften mit ihrem geschlossenen Weltsystem und einer übergreifenden, allgemein verbindlichen mythischen Kosmologie verknüpft. Der moderne Mensch dagegen, „wie er sich seit der Neuzeit, vor allem seit der Aufklärung entwickelt, ist zu einer

---

[45] Alle drei Zitate FAILING, Welt, 97.
[46] Leider stellt sich ein ähnliches Problem wie bei HORST SCHWEBEL. Auch MERTINs Beiträge überschneiden sich teilweise bis in den Wortlaut, sodass auch bei der folgenden Darstellung viele unschöne Mehrfachnennungen bei den Zitationen nicht zu vermeiden sind. Vgl. von den im Folgenden genannten besonders MERTIN, Glaube; MERTIN, Jurassic; MERTIN, Freiräume; vgl. über die im Folgenden Genannten hinaus noch MERTIN, Erfahrungen; MERTIN, Denkmal; MERTIN, Ostentation; MERTIN, Leitlinien.
[47] MERTIN führt speziell MARTIN LUTHER und JOHANNES CALVIN an, vgl. z. B. MERTIN, Zur Diskussion um den religiösen Raum und MERTIN, Nutzung, 7f. Dafür, dass es durchaus auch andere (reformierte) Interpretationen reformatorischer Positionen reformierter Prägung gibt, vgl. DAVID PLÜSS' Auslegung des Zweiten Helvetischen Bekenntnisses, wo er eine reformierte Kirchenraum*theologie* entdeckt und wo seines Erachtens HEINRICH BULLINGER Kircheräume „nicht nur funktional, sondern auch *theologisch* [bestimmt]" (PLÜSS, Kirchenräume, 44 [Hervorhebung CWB]; vgl. insgesamt 42–44).
[48] MERTIN, Jurassic, 124.
[49] MERTIN, Freiräume.

derartigen Erfahrung nicht mehr fähig"; er ist kein homo religiosus mehr und lebt nicht mehr in einem geheiligten, sondern in einem entsakralisierten Kosmos: „Heilige Orte und religiöse Räume sind für die Moderne eine Erscheinung der Vergangenheit."[50] Diese Auffassung, dass heilige Orte historisch überholt, ein „historisches Auslaufmodell"[51] sind, übernimmt MERTIN von ELIADE.

Diese Haltung hält er auch gegen all jene Positionen durch, die nicht von der gegenteiligen Auffassung lassen wollen, richtet sich also – ohne dies explizit zu machen – gegen Positionen wie die oben dargestellten phänomenologischen: „Man kann natürlich – in einer Art ‚Kopf durch die Wand'-Haltung – heilige Orte behaupten; das ändert aber nichts daran, daß sie – im Sinne einer gesellschaftlichen Erscheinung – heute nicht mehr erfahren werden."[52] Derartige ‚Behauptungen' hält er aber allenfalls für Ausnahmen: „Offensichtlich sind sich fast alle einig, daß so etwas wie heilige Orte oder Räume im Sinne einer ontologischen Vorordnung historisch überholt sind."[53] An anderer Stelle wendet er sich explizit gegen MANFRED JOSUTTIS: „Entgegen anderslautenden Meldungen ist der starke heilige Ort im Sinne der axis mundi für die Moderne und die Jetztzeit ein Modell der Vergangenheit."[54]

Was MERTIN dagegen nicht übernimmt, ist die Annahme einer Areligiosität heutiger Menschen überhaupt.[55] Statt auf eine *verlorene* führt er den Wandel in der Welt- und Raumerfahrung heutiger Menschen vielmehr auf deren

---

[50] Beide Zitate MERTIN, Der Glaube und seine Räume; vgl. MERTIN, Glaube, Anm. 1 und MERTIN, Raum-Lektüren: „Hier [sc. beim heiligen Ort, wie ihn ELIADE beschreibt] ist es eine außerhalb des Subjekts liegende Qualität, die das Subjekt ergreift und ihn einen Raum bzw. eher einen Ort als religiösen bzw. heiligen wahrnehmen lässt. [...] Für uns, die wir als Kosmopoliten die Erde bewohnen und als urbane Menschen der Post-Moderne leben, gibt es *diese* Form der elementaren Erfahrung des Heiligen nicht mehr oder allenfalls nur noch als Heiligkeitssurrogatextrakt."
[51] MERTIN, Glaube; vgl. MERTIN, Nutzung, 9 und MERTIN, Subjekt, 84 [„historisch überholt"].
[52] MERTIN, Glaube, Anm. 51. Zur Auseinandersetzung mit diesem Vorwurf vgl. UMBACH, Pforten, 318f.
[53] MERTIN, Glaube.
[54] MERTIN, Jurassic, 131.
[55] Vgl. MERTIN, Freiräume: „Wenn diese Unterscheidung [sc. zwischen religiöser Raumerfahrung und der Raumerfahrung des nichtreligiösen Menschen der Gegenwart] sich an einer Anerkenntnis eines als ontologisch verstandenen Einbruchs des Heiligen in die Welt festmachte, hätte Eliade recht." ELIADE sei jedoch „nicht bereit, die gewandelte Religiösität [sic] des heutigen Menschen auch als solche zu begreifen" (MERTIN, Freiräume). HELMUT UMBACH meint, MERTINs Interpretation greife hier zu kurz, und legt größeres Gewicht auf ELIADES Hinweis, dass auch der areligiöse Mensch „im tiefsten Grund seines Wesens [...] noch die Erinnerung" an bewusstes Erleben, Verstehen und Anerkennen von Religion bewahre und so „die Möglichkeit habe[...], die religiöse Erfahrung des Lebens zurückzugewinnen" (beide Zitate MIRCEA ELIADE, zit. nach UMBACH, Pforten, 315). Beachte aber MERTIN, Glaube, Anm. 3.

2 Anknüpfungspunkte theologischer Theoriebildung zum Kirchenraum 29

gewandelte Religiosität zurück[56] und konstatiert sogar gegenwärtig eine Zunahme allgemeiner Religiosität. Bezüglich der Frage religiöser Räume erweitert ANDREAS MERTIN daher seine Theoriebasis um Überlegungen MICHEL FOUCAULTs, speziell dessen Heterotopologie. FOUCAULT zufolge leben räumliche Gegensätze wie etwa zwischen privat und öffentlich durchaus „noch von einer stummen Sakralisierung"[57]; FOUCAULT mache so „darauf aufmerksam [...], daß schon die dichothome [sic] Entgegensetzung von Räumen eine religiös zu nennende Grundstruktur enthält"[58]. Gegen ELIADE, FOUCAULT folgend hält MERTIN daran fest, „daß es auch heute noch so etwas wie nichtalltägliche, bedeutungsgeladene Räume gibt"[59]. Allerdings präzisiert er: Die Erfahrungsform des Religiösen im Sinne der Erfahrung eines ontologisch vorgegebenen Heiligen stünde – soweit folgt er ELIADE – weitgehend nicht mehr zur Verfügung, gleichwohl sei aber religiöse Raumerfahrung in der Gegenwart möglich. MERTIN geht also für seine Überlegungen zum Kirchenraum von einer dynamischen Entwicklung aus, die er allgemein als die Entwicklung vom Sakralen zum Religiösen kennzeichnet. Daher hält er es für sinnvoll, bezüglich des Kirchenraums statt vom heiligen vom religiösen Raum zu sprechen.[60] Denn der Kirchenraum hat Teil an der besagten Entwicklung, die sich in seinem Fall als die Entwicklung „[v]om heiligen Ort zum religiösen Raum"[61] charakterisieren lässt. Wenngleich er die Unterscheidung von heiligem und religiösem Raum im Christentum als noch nicht

---

[56] Vgl. MERTIN, Nutzung, 9.
[57] MICHEL FOUCAULT, zit. nach MERTIN, Glaube.
[58] Ebd. Vgl. speziell zur Rezeption FOUCAULTscher Überlegungen bei MERTIN noch MERTIN, Utopie und MERTIN, Heterotop.
[59] MERTIN, Glaube. So konstatiert MERTIN: „Auch wenn [...] der Gegensatz von ‚heilig' und ‚profan' sich heute anders darstellt als noch in vergangenen Jahrhunderten, so ist doch im Bewußtsein der Menschen die Differenz zwischen alltäglichen und den Alltag transzendierenden Räumen weiter präsent." (MERTIN, Nutzung, 8f.) Außer auf FOUCAULTs Heterotopologie greift MERTIN auch auf MAURICE HALBWACHS' Begriff des kollektiven Gedächtnisses zurück und stellt demgemäß fest: „[A]uch wenn die Menschen immer weniger konkret von der religiösen Tradition wissen, so wissen sie doch allgemein um das ‚Daß' der religiösen Tradition und daß sie sich räumlich äußert." (MERTIN, Glaube)
[60] Vgl. MERTIN, Freiräume: „Und alle Wiederbelebungsversuche der Rede vom ‚heiligen Raum' scheitern daran, daß sie zugeben müssen, daß in der Gegenwart Räume nicht als heilige erfahren, sondern allenfalls konstruiert werden. Dann aber ist es sinnvoller, in Abgrenzung zum traditionellen heiligen Raum nun vom religiösen Raum zu sprechen." Vgl. MERTIN, Subjekt, 84f. und MERTIN, Nutzung, 9 [„statt vom ‚heiligen Raum' (der Vergangenheit) nun vom ‚religiösen Raum' (der Gegenwart) zu sprechen"]. Als erstes nichtsakrales, aber dennoch religiöses Modell par excellence führt MERTIN die Synagoge an, als ein zweites, Ende des 19. Jahrhunderts entstandenes, das Gemeindehaus; vgl. MERTIN, Glaube, v. a. jeweils die Exkurse zu den beiden Modellen.
[61] MERTIN, Jurassic, 124 bzw. MERTIN, Subjekt.

gänzlich vollzogen erachtet[62], so sieht MERTIN die protestantische Theologie in ihrer Ablehnung des heiligen Raumes genau diesen Entwicklungsschritt vollziehen: „Nach Lage der Dinge kann es in protestantischer Theologie keine heiligen Orte oder Räume mehr geben, anders steht es jedoch mit religiösen Räumen. Hier ist genau die Differenz zwischen den Räumen als ontologischer Manifestation des Heiligen einerseits und der pragmatischen Frage nach Räumen religiöser Kommunikation andererseits."[63]

Im Gegensatz zum – wenn man so will – klassischen oder traditionellen heiligen Raum sei der religiöse Raum der Gegenwart nicht in einer umgreifenden mythischen Kosmologie verankert und werde nicht als ontologische Realität erfahren. Zwar sei auch die Erfahrung des religiösen Raumes eingebunden in einen Erfahrungskontext und basiere auf einem zuvor ausgebildeten kulturellen Vermittlungsrahmen.[64] Aber – so MERTINs kommunikationstheoretische Argumentation – religiöser Raum werde eben durch religiöse Subjekte konstituiert: „die Auszeichnung derartiger Räume [muß] sich im Rezeptionsprozeß der beteiligten Menschen erweisen"[65]. „Da es den religiösen ‚Raum an sich' nicht gibt, bleibt nur die Hinwendung zur je subjektiven Raumerfahrung. Wir bewegen uns sozusagen von den großen Raum-Mythen hin zu den individuellen Raum-Mythologien."[66]

MERTIN geht – unter Verweis auf WALTER HOLLENWEGER – davon aus, dass „Architektur immer mit einem Mythos verbunden" bzw. „eine Architektur, die keinen Mythos verfolgt, inhaltslos ist"; auch religiöser Raum wird so „da erfahrbar, wo mit Räumen noch Mythen verbunden werden"[67]. Es gibt also beides: die individuellen Raum-Mythologien und die tradierten Raummythen; Kirchenräume haben eine „emotional-mythische Dimension". Ja, gerade daraus ergibt sich die Aufgabe, „den eigenen religiösen Raum-Mythos zu entdecken und ihn in Beziehung zu den tradierten Raum-Mythen zu setzen"[68].

---

[62] Vgl. MERTIN, Freiräume.
[63] Ebd. Vgl. in diesem Sinne auch MERTINs Aufforderung: „Säkularisieren wir also die Debatte um den religiösen Raum, so wie es protestantische Vernunft seit nahezu 500 und jüdische schon seit 2000 Jahren vorschlägt." (MERTIN, Editorial)
[64] Vgl. MERTIN, Glaube; vgl. MERTIN, Raum-Lektüren.
[65] MERTIN, Freiräume.
[66] MERTIN, Glaube [im Original teilweise hervorgehoben].Vgl. MERTIN, Freiräume bzw. MERTIN, Raum-Lektüren: „Die religiöse Qualifizierung des Raumes, die theologisch nicht notwendig, ja von manchen nicht einmal gewünscht wird, ist viel eher eine spezifische Eigenleistung der beteiligten Subjekte." Aus einer solch individualisierten religiösen Raumkonstitution resultiert freilich eine „Situation der Pluriformität der Wahrnehmung religiöser Ausdrucksformen" (MERTIN, Jurassic, 127): „Männer nehmen Räume anders wahr als Frauen, Junge anders als Alte, Distanzierte anders als Verbundene" (MERTIN, Glaube).
[67] Alle drei Zitate wie das folgende MERTIN, Glaube.
[68] Ebd.; vgl. MERTIN, Jurassic, 119.

2 Anknüpfungspunkte theologischer Theoriebildung zum Kirchenraum 31

Der Bezugsmythos von Kirchenräumen müsse nicht „notwendig die Erzählung von Jesus Christus" sein, vielmehr können solche raumbezogenen Mythen je nach konstituierendem Subjekt auch „Ruhe, Andacht, Flucht aus dem Alltag, Kontinuität, dann auch Schönheit, Feierlichkeit, Liturgiefähigkeit, Lebendigkeit, schließlich Zweckmäßigkeit, Alltagsbewußtheit, Sozialität, Solidarität, Gastlichkeit" sein; Schutz (Romanik), Himmel (Gotik) oder Zelt (moderne Architektur) führt er als „[e]inige der stereotypen und populären Mythen" an.[69] Umstritten sei, was der gegenwärtige raumbezogene Mythos des Protestantismus sei oder ob es einen solchen überhaupt gebe.[70]

MERTIN nun kommt es vor allem darauf an zu zeigen, „dass sich ein Raum in der *Lektüre(!)* und nicht in konkreten identifizierbaren *Zeichen* des Raumes als christlich bzw. protestantisch erweist"[71]; „der Mythenrahmen muss nicht christlich, mit anderen Worten der Raummythos muss nicht notwendig evangelisch sein, aber der Umgang mit dem Raummythos muss evangelisch sein, d. h. er muss im laufenden Vollzug der Interpretation sich als genuin protestantisch erweisen"[72]. Und so äußert sich MERTIN ganz entschieden: „Vermutlich kann *jeder* Raum unter bestimmten Umständen religiös werden im Sinne von: religiös gelesen werden. […] Im Sinne einer performativen Zeichenhandlung kann zudem jeder Ort religiös besetzt werden, das heißt von der Umwelt abgegrenzt und religiös in Gebrauch genommen werden. Er muss dazu nicht optisch wahrnehmbar different sein, sondern als differenter gelesen bzw. bezeichnet werden."[73] „Heute wird oftmals vertreten, ein derartiger Raum müsse durch bestimmte Zeichen charakterisiert sein, um ein ‚christlicher Raum' zu sein. In der Regel wird dabei auf das Kreuz als Symbol verwiesen. […] Das Zeichen selbst kann nicht die Christlichkeit eines Raumes gewährleisten, es macht es allenfalls wahrscheinlicher, dass es sich um einen solchen handelt. […] Indem christlicher Gottesdienst gefeiert wird, wird ein Raum zum christlichen Raum. Und das gilt auch im Blick auf die dem Protestantismus eigene Individualisierung der Religion. Indem ein Mensch sich in einem Raum zu Jesus Christus wendet, wird aus diesem Raum ein christlicher Raum. Man sieht es nicht, aber es geschieht." Zumindest spricht er von „Indizien", die darauf verweisen, „dass der Raum, den wir konkret vor uns haben, ein christlich genutzter ist. Zu diesen Indizien gehören neben den schon genannten [sc. Kreuz und Altar] vermutlich die frontal angeordneten Bänke, die Kanzel, die Liedertafel, ein bestimmter Geruch, Schriftständer am Eingang, Kerzen, usw. usf."

Mehr als die anderen bisher nachgezeichneten Positionen trägt MERTINs Ansatz damit der eingangs geschilderten Gegenwartslage Rechnung, die er mit der „fortschreitenden Individualisierung und Subjektivierung christli-

---

[69] Alle drei Zitate MERTIN, Glaube; vgl. MERTIN, Gefühl, wo er als mögliches Mythenmaterial noch das des Katholizismus (heilig, sakral, Geheimnis) und das des Bürgertums (Ruhe, Abgrenzung, Meditation, Alltagsdifferenz) anführt.
[70] Vgl. MERTIN, Glaube und MERTIN, Jurassic, 118.
[71] MERTIN, Raum-Lektüren.
[72] MERTIN, Gefühl.
[73] Dieses wie die in diesem Absatz des Fließtextes folgenden Zitate MERTIN, Raum-Lektüren.

cher Religion"⁷⁴ als Thema, das die Theologie zunehmend beschäftigt, auch explizit anspricht. Wenn bei MERTIN allerdings m. E. der Zusammenhang von Leib und Raum und die leibräumliche Verfasstheit des Menschen nicht genügend gewürdigt werden, so ist indes vor allem sein begrifflicher Vorschlag, vom religiösen statt vom heiligen Raum zu sprechen, bzw. präziser: seine damit einhergehende kategorische Ablehnung heiliger Räume in der Gegenwart zumindest zu hinterfragen. Völlig zu Recht setzt er eine heute gegenüber traditionalen Gesellschaften gewandelte Welt- und Raumerfahrung voraus und liegt auch darin richtig, diese auf eine gewandelte Religiosität zurückzuführen. Seine begriffliche Schlussfolgerung allerdings ist alles andere als zwingend. MERTIN muss sich die Anfrage gefallen lassen, warum, wenn der moderne Mensch zwar immer noch religiös und zu religiöser Erfahrung fähig ist und wenn sich das Heilige doch der religiösen Erfahrung erschließt, ihm dennoch die Erfahrung des Heiligen verschlossen ist. Der Wandel in der Religiosität bleibt davon unbenommen. Vielmehr wäre zu fragen, ob, wenn sich die Religiosität der Menschen gewandelt hat und wandelt, wenn also die Religiosität des modernen Menschen von der des klassischen religiösen Menschen zu unterscheiden ist, eine solche Unterscheidung nicht auch für den Begriff der Heiligkeit bzw. Sakralität selbst in Anschlag zu bringen ist. Warum kann nicht ein ähnlicher Wandlungsprozess bei der Wahrnehmung speziell von Heiligkeit angenommen werden, sodass der heilige Raum damals, der Erfahrung des klassischen religiösen Menschen entsprechend, ontologisch, heute aber eher performativ oder kommunikationstheoretisch (,verflüssigt') fundiert zu denken wäre? In der Tat: „Für den modernen Menschen gibt es keine heiligen Räume *im* [sc. von MIRCEA ELIADE] *beschriebenen Sinne* mehr."⁷⁵ Aber gibt es sie möglicherweise in einem anderen Sinne? In der Weise etwa, dass die Erfahrung des heiligen Raumes als eine spezifische Erfahrung des religiösen Raumes zu verstehen ist, nämlich als vom religiösen Subjekt interpretierte Erfahrung, interpretiert unter Bezugnahme auf die – in dem Fall ihm dann – zur Verfügung stehende Deutungskategorie des Heiligen, und sei es eben im Sinne einer ,stummen

---

[74] MERTIN, Freiräume. MERTIN rekurriert in diesem Zusammenhang – neben HENNING LUTHER – auf HANS-GEORG SOEFFNER, demzufolge in „,pluralistischen' Gesellschaften [...] der zugleich kleinste und größte gemeinschaftliche Nenner letztlich das einzelne Individuum ist. Seine Würde, seine Erfahrungen und Selbstbindungen werden zum Maß der Verankerungen von Überlieferung – und Glauben." (HANS-GEORG SOEFFNER, zit. nach MERTIN, Freiräume bzw. MERTIN, Nutzung, 10) „[D]er einzelne Gläubige [wird] zunehmend zum Produzenten seiner eigenen Theologie" (MERTIN, Heterotop).

[75] MERTIN, Heterotop [Hervorhebung CWB].

Sakralisierung', als Verweis oder als Erinnerung, als (archäologische[76]) Spur oder als ‚Heiligkeitssurrogatextrakt'?

> So geht etwa MICHAEL MEYER-BLANCK davon aus, dass es „auch im Protestantismus ‚irgendwie' […] einen heiligen Raum gibt"[77]. Dieses ‚Irgendwie' entrollt er folgendermaßen: „Gibt es nach evangelischem Verständnis denn überhaupt ‚heilige Räume'? Einerseits nein. Heilig ist vielmehr derjenige Raum, in dem das Evangelium zur Erfahrung wird, ob Kathedrale, Kapelle oder Küche. […] Andererseits gilt aber auch: Der Raum, in dem das Wort gebraucht wurde, der Raum, in dem religiöse Erfahrung mitgeteilt wurde, ist danach nicht mehr der gleiche Raum. […] Heilige Räume sind solche, in denen der Glaube von anderen, teilweise von vielen Generationen imaginiert werden kann. Die Gebrauchsspuren stellen eine Verbindung her zur Geschichte des Glaubens in der Zeit und machen einen selbst zu einem Teil dieser Geschichte. […] Die Heiligkeit liegt also nicht in dem Raum als solchem, sondern in den Spuren, die die Liturgie hinterlassen hat und in dem Glauben, dass diese Spuren wie unsere eigenen Gebete bezogen sind auf das außerhalb dieser menschlichen Versuche Liegende." (6f.) Und so kommt er zu dem Schluss: „[D]er Kirchenraum ist auch im Protestantismus ein heiliger Raum, insofern er die eigene religiöse Erfahrung zu umschließen und aufzuschließen vermag. […] Heiligkeit des Raumes meint nach evangelischem Verständnis keine substanziale Qualität, die dinglich gegeben wäre, unabhängig von der Erfahrung. Aber *in* der Erfahrung wird der Raum zur Erfahrung des Heiligen". (4)

Würde man ein solches Verständnis zugestehen, müsste man also sagen, dass religiöse Räume zu heiligen Räumen werden können. Auch wenn ANDREAS MERTIN diese Differenzierung auf der Begriffsebene wohl nicht konzedieren würde, so räumt er im Übrigen ja durchaus ein: „Natürlich ändert sich ein Raum nicht ontologisch dadurch, dass in ihm gebetet wird – aber er verändert sich doch, z. B. in einem performativen Sinne. Alles andere wäre meines Erachtens ebenso sprach- wie erkenntnistheoretisch unaufgeklärt. Die Formulierung ‚Dies ist ein religiöser Raum' ist nicht ohne Folgen für die Wahrnehmung und die Realität des Raumes."[78] Und wenn somit ein „deutli-

---

[76] MERTIN, Jurassic, 131: „Auch phänomenologisch lässt sich das Heilige als Topographie nur noch archäologisch ermitteln. Was geblieben ist von der ehemaligen Auszeichnung heiliger Ort ist die fortdauernde ‚stumme Sakralisierung'." In diesem Sinne verstehe ich im Übrigen durchaus MANFRED JOSUTTIS, wenn er – wie oben dargelegt – die „Einheit in der praktischen und theoretischen Wahrnehmung von Natur, Religion und Gesellschaft, die mit der Unterscheidung von heilig und profan einmal gegeben war" (s. o. S. 19) zerbrochen sieht und so zwar eine Heiligkeit des Kirchenraums postulieren kann, aber nicht als ungebrochene. (Vgl. zu der spezifischen Verwendung der Abkürzung ‚s. o.' in der vorliegenden Arbeit die Erläuterung im Abkürzungsverzeichnis.)

[77] MEYER-BLANCK, Religion, 6. Die im Fließtext in diesem Absatz in Klammern angegebenen Seitenzahlen beziehen sich auf MEYER-BLANCK, Religion.

[78] MERTIN, Bedeutung.

cher Akzent ist und bleibt [...], die Kirche als einen Ort aufzufassen, in der der Alltag transzendiert wird"[79], warum kann dies dann nicht begrifflich als die Heiligkeit des Kirchenraums kenntlich und fruchtbar gemacht werden – Heiligkeit dabei in dem vorgeschlagenen performativen Verständnis oder im Sinne einer relationalen Heiligkeit[80]. Freilich ist auch mit MERTINs strikter Negation ontologisch qualifizierter heiliger Orte in der Gegenwart – in der gegenüber HORST SCHWEBELs apodiktischer Ablehnung differenzierten Weise sogar noch mehr – durchaus ein Erkenntnisgewinn verbunden. Insofern nämlich, als sie – wie dies oben schon positiv bezüglich SCHWEBELs Position gewürdigt wurde – jegliche naive, mit einer substanzhaften Heiligkeit in Dingen, Orten und Gebäuden rechnenden Topologie ausschließt. Jedoch ist auch seine Begriffsoperation nicht frei von dem Verdacht, alte antagonistische Muster zu bedienen.

Ob man nun ANDREAS MERTINs begrifflicher Unterscheidung zwischen heiligem und religiösem Raum, so wie er sie definiert, folgen will oder nicht, seine Feststellung, die sich ihm aus der Subjektivität der Erfahrung kirchlicher Räume ergibt, ist unhintergehbar: „[D]ie Frage nach den konkreten Menschen, die die Gemeinde bilden, [ist] nicht nur im Blick auf die Raumgestaltung, sondern auch theologisch zentral."[81] Mit der Hinwendung zur subjektiven Raumerfahrung, dem Fokus auf dem Rezeptionsprozess und dabei der zentralen Bedeutung, die MERTIN dem religiösen Subjekt bzw. dem Raumrezipienten in der Konstitution religiöser Räume beimisst, setzt sein Beitrag Maßstäbe, an denen sich auch zukünftige theologische Forschung,

---

[79] MERTIN, Nutzung, 13 bzw. MERTIN, Heterotop.
[80] Vgl. so nur als Beispiel MATTHIAS D. WÜTHRICH, der auf MARTINA LÖWs Raumtheorie Bezug nehmend vorschlägt, „den Kirchenraum als *heiligen* Raum zu deuten, er ist heilig (oder kann es zumindest immer wieder werden) in der subjektiven und kollektiven Produktion von Raum. Damit wird die Freiheit des Wortes Gottes nicht tangiert. Denn ‚Heiligkeit' meint hier eine Beziehungsqualität und bezeichnet nicht eine substanzontologische Heiligkeit des physischen Kirchengebäudes, wie sie Schwebel u. a. kritisiert haben." (WÜTHRICH, Kirchenraum, 86) Eine „Relationsheiligkeit" propagiert aber – wie oben bei der Darstellung der Position HELMUT UMBACHs bereits erwähnt (vgl. o. S. 21 Anm. 20) – auch schon HERBERT MUCK; vgl. MUCK, Liturgie, 205. Die Perspektive hin zu einer performativ und relational verstandenen Heiligkeit des Kirchenraums eröffnen etwa auch Überlegungen MICHAEL MEYER-BLANCKs: „Heiliges und Heiligkeit meint evangelisch, also nach dem Evangelium der Bibel Alten und Neuen Testaments, *weniger eine Eigenschaft als eine Beziehung* – die Beziehung zu dem, von dem es im großen Gloria heißt ‚Denn Du allein bist heilig' - ‚quoniam tu solus sanctus'. Im heiligen Raum kann man Anteil bekommen an dieser Heiligung – im Herantreten und Hinschauen wird man dann ein anderer – man *kommt* wie man ist, ohne dass man jedoch so *bleiben* muss wie man ist. [...] Das Heilige erschließt sich in einem Prozess." (MEYER-BLANCK, Räume)
[81] MERTIN, Nutzung, 10.

2 Anknüpfungspunkte theologischer Theoriebildung zum Kirchenraum

die den Kirchenraum zum Thema macht, messen lassen muss. Freilich wird dabei – mehr als dies MERTIN tut – besonderes Augenmerk auf das Zusammenspiel von Raum und Rezipient zu richten sein. Denn die Anteile, die den Raumgegebenheiten selbst im Rezeptionsprozess zuzuweisen sind, kommen bei MERTIN noch zu kurz, sodass er sich mit der Anfrage konfrontiert sieht: „Konstituiert der Raum die Raumerfahrung am Ende nicht doch maßgeblich mit?"[82]

Jedenfalls, dies gilt es im Besonderen aufzugreifen, weisen die weiterführenden Fragen, die sich ANDREAS MERTIN stellen, genau in die Richtung, in die sich gegenwärtig theologische Beschäftigung mit dem Kirchenraum zu orientieren hat:

> „Deshalb gilt es, nach jenen Codierungen zu fragen, die einen Raum als religiös belangvoll wahrnehmen lassen. Nachzudenken ist über die aktuelle Physiognomie religiöser Raumkultur."[83]
> „Zu fragen wäre also nach den Kommunikationsformen christlicher/religiöser Zeichen im Rahmen gegenwärtiger kultureller Zeichenprozesse"[84].
> Und schließlich: „Wenn es stimmt, dass ,die im Begriff des Sakralraums verborgene Frage nach der Besonderheit des spezifisch christlichen Gottesdienstraumes immer in der Rückfrage mündet, welche Wirkung die Lektüre der Räume und dessen, was darin geschieht, auf den Besucher hat', dann wäre es interessant, der Frage von subjektiver Raumlektüre und Kirchen(um)bau genauer nachzugehen"[85], „dann liegt es doch nahe, sich einmal dafür zu interessieren, welche Lektüreformen die Kirchenbesucher pflegen und welche Lektürewünsche befriedigt werden und welche nicht"[86].

---

[82] SCHAEDE, Handlungsräume, 63. Er spricht deshalb von der „Crux [...] einer subjektivistischen Konstitution von Raumerfahrungen" (SCHAEDE, Handlungsräume, 67). Einer vergleichbar gelagerten Kritik sah sich im Übrigen auch schon HORST SCHWEBEL ausgesetzt. So merkt WOLF-ECKART FAILING ihm gegenüber an: „Identifikation [sc. von Räumen] im Sinne einer ,Unverkennbarkeit des Raumes' ist nicht nur ein Prozeß subjektiver Identifikation, sondern auch Identifikation der Sache und Selbsterweis der Sache im und durch den Raum" (FAILING, Welt, 98). Allerdings hält SCHWEBEL es durchaus für „unbestritten, dass auch der Gegenstand der Wahrnehmung die Erlebnisweise bestimmt" (SCHWEBEL, Chance, 144), und gesteht dementsprechend zu, „dass in den Dingen – selbst im Raum, seiner Proportionen, seinem Licht, seinen Formen und Farben – ein Angebot bereitgestellt wird, auf das der achtsame Rezipient Bezug nehmen kann" (SCHWEBEL, Aspekte, 25).
[83] MERTIN, Nutzung, 10.
[84] MERTIN, Glaube bzw. MERTIN, Freiräume bzw. MERTIN, Subjekt, 85.
[85] MERTIN, Gefühl [unter Aufnahme eines Zitats von RAINER VOLP].
[86] MERTIN, Subjekt, 85; vgl. MERTIN, Nutzung, 11f. Vgl. auch noch MERTINs Leitfragen in MERTIN, Raum-Lektüren, nämlich „was eigentlich unter Raum zu verstehen ist", „was einen Raum in religiöser Hinsicht qualifizieren könnte", „was einen religiösen Raum zum christlich wahrgenommenen Raum macht" und schließlich „ob es darüber hinaus eine Spezifik der protestantischen Raumwahrnehmung gibt".

TOBIAS WOYDACK schließlich versucht sich in seiner Dissertation[87] an einer Klärung der Frage: „Was sind Kirchengebäude theologisch?" – so der Untertitel seiner Arbeit. Seine Überlegungen sind insbesondere insofern von Belang, als sie den Weg in Richtung einer Position weisen, die gegenüber den bisher vorgestellten Beiträgen überspitzte Extreme zu vermeiden sucht. Ausgehend von MARTINA LÖWS soziologischer Raumtheorie und in kritischer Auseinandersetzung mit diversen theologischen Reflexionen zum Thema Kirchenraum sowie anhand konkreter Beispiele aus Hamburg und dem Raum Frankfurt a. M. entwickelt WOYDACK ein subjektives Verständnis des Kirchenraums als eines Ortes, an dem sich die Gott-Mensch-Beziehung lokalisiert, die WOYDACK selbst als ein räumliches Geschehen entfaltet – grundsätzlich ermöglicht von Gott, vom Menschen „synthetisiert [...] über Wahrnehmungs-, Vorstellungs- und Erinnerungsprozesse" (176).[88] Dieses Lokalisieren könne in individueller Weise und an vielfältigen Orten geschehen, sei in institutionalisierter Form aber den Kirchengebäuden vorbehalten[89], die als solche, nämlich „als institutionalisierte Orte der räumlichen Gottesbeziehung" [...] Menschen die Erfahrbarkeit Gottes annehmen lassen" (180). WOYDACK will dieses ‚Annehmen' in doppeltem Sinne verstanden wissen, zunächst im Sinne von ‚Vermuten': Menschen verbänden mit Kirchengebäuden „eine grundsätzliche Erwartungshaltung" (180). „[D]ie Vermutung der Möglichkeit von Gotteserfahrung [fließt] in die Wahrnehmung mit ein" (180).[90] Dies ergibt sich ihnen aus den Gotteserfahrungen der Gottesdienst feiernden Gemeinde. Sodann sei das ‚Annehmen' der Erfahrbarkeit Gottes zu verstehen als ein „sich Öffnen und Einlassen" (180) auf den Beziehungsraum zu Gott. Gerade mit diesem Verständnis des Kirchenraums sieht sich WOYDACK „jenseits der starren Dichotomie heilig – profan" (12) in einer Mittelposition in dem Spektrum theologischer Positionen, denn: „So verstanden sind Kirchen weder rein funktionale Gebäude, die neutral zur Gottesbeziehung wären, noch heilige Orte (der Anwesenheit Gottes) – sie

---

[87] Vgl. WOYDACK, Der räumliche Gott. Die im Fließtext in diesem Absatz in Klammern angegebenen Seitenzahlen beziehen sich hierauf. Vgl. auch (die Überlegungen der Dissertation zusammenfassend) WOYDACK, Gottesbeziehung.
[88] Offenbar geht WOYDACK davon aus, dass es sich dabei um einen reziproken Prozess handelt: „Die Konstitution des göttlichen Beziehungsraumes bringt systematisch Orte hervor, so wie Orte die Entstehung dieses Raumes erst möglich machen. Der Ort ist somit Ziel und Resultat der Platzierung." (WOYDACK, Der räumliche Gott, 228)
[89] Vgl. ebd., 203: „Dergestalt sind sie [sc. die Kirchengebäude] konstitutiv für die Gottesbeziehung – aber nicht die ausschließlichen Orte der möglichen Gotteserfahrung."
[90] In diesem Sinne spricht wohl auch ELISABETH JOOß von einer „geahnte[n] und durch das Gebäude und seine Gegenstände bezeugte[n] Präsenz einer höheren Macht" (JOOß, Theologie, 388).

2 Anknüpfungspunkte theologischer Theoriebildung zum Kirchenraum

sind institutionalisierte Orte, die Menschen sinn- und identitätsstiftend die relationale Differenz zu Gott erfahren lassen. [...] Es [sc. das Kirchengebäude] ist weder nur heilig, noch nur profan, sondern hat aus raumtheologischer Perspektive seinen Ort genau auf der Grenze."[91]

2.2 Fazit

An der exemplarischen Darstellung dieser prominenten protestantisch-theologischen Positionierungen zum Thema Kirchenraum zeigt sich deutlich: Protestantische Theologie arbeitet sich, wenn sie mit dem Kirchenraum befasst ist, immer auch an der Frage nach einer Heiligkeit oder Sakralität des Kirchengebäudes und wie diese – wenn überhaupt – zu denken sei, ab. Ja, an dieser Frage scheiden sich die verschiedenen Auffassungen, sie ist gleichsam das Prisma, welches die theologischen Äußerungen zum Kirchenraum in das erwähnte Spektrum zerlegt.

> „Der komplexe Begriff der *Heiligkeit* wurde in der Literatur unter religionsphilosophischen und theologischen Gesichtspunkten ausführlich erörtert."[92] Dies kann und soll hier nicht weiter dargestellt werden. Als Einstieg zu einer weiterführenden Beschäftigung speziell mit diesem Thema sei allenfalls auf den Exkurs „Ursprung und Diskussion des Sakralitätsbegriffs im 20. Jahrhundert" in KERSTIN WITTMANN-ENGLERTs Habilitationsschrift verwiesen (vgl. 141–144). Auch ihrer Einschätzung nach entzündet sich die „vor allem seit den 1960er Jahren im Bereich der Architekturgeschichte intensiv geführte Debatte [sc. um den Sakralitätsbegriff] [...] bis in die heutige Zeit an der Frage, ob ein umschlossener Raum und Bau tatsächlich heilig bzw. sakral sein können, wie es der Begriff der Sakralarchitektur evoziert, oder ob das Sakrale nicht vielmehr eine handlungsorientierte Kategorie darstellt." (141). Und speziell für den protestantischen Bereich stellt sie fest: „In der evangelischen Kirche ist der Begriff des Sakralen im Hinblick auf die Architektur umstritten." (142).

Gegenwärtige praktisch-theologische Auseinandersetzung mit dem Kirchenraum bewegt sich in dem durch die skizzierten Beiträge abgesteckten Feld und betreibt ihre Theoriebildung im Austausch mit diesen und weiteren Beiträgen zum Thema. Dies realisiert die vorliegende Arbeit insbesondere, indem – wo für die angestellten Überlegungen weiterführend – konkret einzelne Beiträge (namentlich die von RAINER VOLP, KLAUS RASCHZOK und

---

[91] WOYDACK, Gottesbeziehung, 21f.; vgl. WOYDACK, Der räumliche Gott, 203; 213 und 228.
[92] WITTMANN-ENGLERT, Zelt, 143. Die im Folgenden im Fließtext in Klammern angegebenen Seitenzahlen beziehen sich alle auf WITTMANN-ENGLERT, Zelt.

ELISABETH JOOß) herangezogen und referiert werden, um dann an ihnen anknüpfen zu können. Ansonsten sollen an den entsprechenden Stellen kurze Hinweise auf andere Beiträge – darunter auch die soeben nachgezeichneten – genügen. Die vorliegende Arbeit versteht sich damit als Weiterführung und Ergänzung, insofern sie einen andern Blick auf den Untersuchungsgegenstand wirft, also eine andere – nämlich, wie gleich noch entwickelt werden soll – rezeptions- bzw. wirkungsästhetische Perspektive auf den Kirchenraum einnimmt. So will sie sich als Gesprächsbeitrag in der theologischen Diskussion um das Verständnis des Kirchenraums verstanden wissen, als ein Beitrag zu einer praktisch-theologischen Theorie des Kirchenraums. Damit ist bereits die Zielsetzung der vorliegenden Arbeit benannt.

3 Zielsetzung der Arbeit

Mit Blick auf den oben angeführten Befund – das gewachsene Interesse an Kirchenräumen, welches sich u. a. an der großen Zahl an Besucherinnen und Besuchern von Kirchen zeigt – wird man wohl soviel sagen können: Viele Menschen, die eine Kirche betreten, fühlen sich in besonderem Maße und auf besondere Art und Weise von dem Raum angesprochen und respondieren in der einen oder anderen Weise auf diese Anrede; ihnen geschieht etwas. Hier will die vorliegende Arbeit ansetzen, also an den jeweils individuell differenzierten Wirkungen des Kirchenraums oder anders gesagt: den Raumerfahrungen, die sich Besucherinnen und Besucher einer Kirche vermitteln. Jedoch sollen diese individuell differenzierten Wirkungen bzw. genauer: die Resultate von Wirkung, das *Ergebnis* der Begegnung von Raumgegebenheiten und Rezipient, selbst weniger im Fokus der Untersuchung stehen. Vielmehr soll das *Geschehen*, das der Kirchenraum auslöst, im Mittelpunkt des Interesses stehen und so die Frage leitend sein, wie die Verarbeitungsprozesse im Raumrezipienten[1] aussehen, die allererst diese Resultate hervorbringen, und was seitens der Raumgegebenheiten sie auslöst. Das Augenmerk liegt auf den Rezeptionsprozessen bei der Wahrnehmung und dem Erleben des Kirchenraums, auf den „Bedingungen, Modalitäten und Ergebnisse[n] der Begegnung"[2] von Raumgegebenheiten und Rezipient. Im Zentrum der Überlegungen steht damit durchaus auch der Kirchenraum im Sinne eines gestalteten, umbauten Raumes, das konkrete Gebäude, der Kirchenbau.[3] Wie bei den zuvor genannten theologischen Beiträgen zum Kirchenraum geht es um das Verständnis des Kirchenraums und die Frage, was ein Kirchenraum ist, allerdings – und darin unterscheidet sich die vorliegende Arbeit nun von ihren Vorgängerinnen – bedenkt sie diese Frage wir-

---

[1] Meist wird in der vorliegenden Arbeit aus stilistischen Gründen und schlicht um der Sprachökonomie willen auf die explizite Nennung der weiblichen Form, auch auf Splittingformen mit Binnen-I oder Gender_Gap und dergleichen verzichtet. Wenn man heute vielleicht auch nicht mehr sagen kann, die männliche Form schließe die weibliche immer mit ein, so kann man doch wohl darauf hinweisen, dass, wann immer im Folgenden von dem Rezipienten, Leser, (Architektur-)Nutzer, (Kirchen-)Besucher usw. die Rede ist, immer implizit auch an die Rezipientin, Leserin, (Architektur-)Nutzerin, (Kirchen-)Besucherin usw. gedacht ist – wohl wissend, dass es sich hierbei nur um eine unbefriedigende Lösung handelt, die hinter dem Anspruch einer geschlechtergerechten Sprache zurückbleibt. Um die sprachliche Ungleichheit wenigstens stellenweise abzumildern, sollen hier und da auch weibliche Personenbezeichnungen einfließen.
[2] WARNING, Rezeptionsästhetik, 9.
[3] Zum Verhältnis von Kirchenbau und Kirchenraum vgl. u. Kap. 2.2, S. 58ff.

kungsästhetisch. Mit anderen Worten: Das Ziel ist eine sukzessiv im Verlauf des Untersuchungsgangs zu entfaltende praktisch-theologische Theorie des Kirchenraums, welche KLAUS RASCHZOK folgendermaßen als Desiderat umrissen hat: „Praktisch-theologische Beschäftigung mit dem Kirchengebäude hat daher eine integrative Theorie zu entwickeln, die der Funktion des Kirchengebäudes als komplexem spirituellen Potential gerecht wird und für den sachgerechten Umgang mit ihm die erforderliche Kompetenz aus dem Gespräch mit den kulturwissenschaftlich orientierten Nachbardisziplinen wie Architekturtheorie, Kunstwissenschaft, philosophischer Ästhetik, Religionsphänomenologie und Sozialwissenschaften gewinnt."[4] Die vorliegende Arbeit bewegt sich damit im Rahmen einer Praktischen Theologie, die „eben nicht als naive Topographie" konzipiert ist, sondern die – wie WOLF-ECKART FAILING in seiner Antrittsvorlesung, der die Theologie wichtige Impulse für die Raumthematik verdankt, als Zielvorgabe formuliert hat – „eher zu entfalten [ist] als rekonstruktive Topologie, eine theologische Theorie von möglichen Räumen und Orten gelebter christlicher Religion und den dort zu machenden Erfahrungen einer als christlich zu identifizierenden Praxis"[5]. Im Rahmen dessen soll der Kirchenraum als ein exemplarischer Ort gelebter christlicher Religion mit den dort zu machenden Erfahrungen in den Blick genommen werden.

Eine solche Theorie wirkungsästhetisch auszuarbeiten, heißt allgemein gesprochen einerseits das individuelle Rezeptionssubjekt in den Mittelpunkt zu stellen, andererseits das Geschehen, welches sich zwischen Raum und Rezipient abspielt, als (wirkungs)ästhetisches aufzufassen. Gerade dadurch verspricht die Arbeit, der sozio-kulturellen Gegenwartslage in ihren – wie angerissen – individualisierenden und ästhetisierenden Tendenzen besser gerecht zu werden. Und in concreto bedeutet die wirkungsästhetische Vorgehensweise der vorliegenden Arbeit, bei der Ausarbeitung einer Theorie des Kirchenraums wirkungsästhetische Theoreme und Begrifflichkeit zur Anwendung zu bringen, wie sie klassisch in WOLFGANG ISERs Theorie ästhetischer Wirkung vorliegen. ISERs begriffliches Instrumentarium soll dazu dienen, das Geschehen, das sich zwischen Raum und Rezipient abspielt und das sich in Aussagen wie dem eingangs angeführten Zitat INGEBORG FLAGGES

---

[4] RASCHZOK, Kirchenbau II, 566 bzw. RASCHZOK, Spannungsfeld, 17f. Auch PETER SCHÜZ macht darauf aufmerksam, „dass der Begriff des Raumes im Kontext von Praxis und Theorie des Arbeitsfeldes *Kirchenbau im 21. Jahrhundert* wohl kaum anders als interdisziplinär problematisiert werden kann und muss" (ERNE / SCHÜZ, Religion, 14).

[5] Beide Zitate FAILING, Heimatbedürfnis, 391 [im Original kursiv]; vgl. außerdem noch FAILING, Welt. Zum Begriff der gelebten Religion vgl. DOBER, Zeit, 175–178.

3 Zielsetzung der Arbeit

spiegelt, beschreibbar zu machen. Was sich die vorliegende Arbeit also von der Verwendung der ISERschen Wirkungsästhetik verspricht, ist, etwas begrifflich zu fassen und theoretisch zu beschreiben, was oft gar nicht verbalisiert wird und nur schwierig in Worte zu fassen ist. Als eine in erster Linie „partiale, anbaufähige und auf Zusammenarbeit angewiesene methodische Reflexion"[6] – wie HANS ROBERT JAUß, einer ihrer herausragenden Vertreter, sie einmal beschrieben hat –, die sich ihrerseits dadurch auszeichnet, diverse disziplinäre Zugänge auf sich zu vereinen[7], bietet sich die Rezeptions- bzw. Wirkungsästhetik außerdem besonders als Rahmentheorie an, ist sie als solche doch dazu geeignet, bei der Ausarbeitung einer Theorie des Kirchenraums der eben angesprochenen Forderung nach einer *integrativen* Theorie nachzukommen, einer Theorie also, die transdisziplinär ausgerichtet ist und die zu Ergebnissen kommt im Austausch mit architekturtheoretischen und kunstwissenschaftlichen Raumdiskursen und Konzeptionen aus der philosophischen Ästhetik wie der (Religions-)Phänomenologie u. a.

In einem ersten Kapitel soll nun zunächst geklärt werden, was unter Rezeptions- bzw. Wirkungsästhetik (und dem Unterschied zwischen beiden) im Allgemeinen zu verstehen und wie WOLFGANGS ISERs Theorie ästhetischer Wirkung im Besonderen in der Gesamtbewegung zu verorten ist. Aus WOLFGANG ISERs Verständnis des literarischen Werkes als einer Polarität, die sich – wie zu zeigen sein wird – mutatis mutandis auf den Kirchenraum übertragen lässt, ergibt sich dann das weitere Vorgehen der Arbeit.

---

[6] JAUß, Partialität, 381; vgl. JAUß, Erfahrung, 737.
[7] Vgl. so etwa die Einschätzung JEREMY HAWTHORNs: „Im allgemeinen zeichnet sich die Rezeptionsästhetik durch eine gewisse Interdisziplinarität aus und integriert auch Elemente aus der Ästhetik, der Philosophie, der Psychologie und (vor allem) aus der Phänomenologie." (HAWTHORN, Grundbegriffe, 276 [im Original teilweise hervorgehoben])

Methodische Grundlegung: Rezeptionsästhetik und polarer Werkbegriff

> „Wer den Kern der Geschichte im Verhältnis zwischen Werk und Autor sucht, der irrt: Man sollte ihn nicht im Verhältnis zwischen dem Text und seinem Verfasser suchen, sondern in dem zwischen Text und Leser."
> (AMOS OZ)[1]

> „Dagegen umfaßt der Raum der Architektur, in dem sich der Gegenstand dort befinden mag, auch das Dazwischen. Dazu gehören das Ding, der Zwischenraum, ich selbst an meinem Standort und alles, was sich zwischen mir und dem Dort ereignet."
> (ALBAN JANSON)[2]

1 Rezeptionsästhetik: Die Konstanzer Schule und WOLFGANG ISERs Wirkungsästhetik

Rezeptionsästhetik bezeichnet im engeren Sinne eine bestimmte Richtung in der Literatur- und Kunsttheorie und meint hier in der Regel speziell das Programm der – zunächst von anderen in Anlehnung an den Wirkungsort ihrer Hauptvertreter, dann auch von den Akteuren selbst – so genannten ‚Konstanzer Schule', einer Gruppe von Forscherinnen und Forschern vorwiegend aus der Literaturwissenschaft, der Geschichtswissenschaft und der Philosophie um den Romanisten HANS ROBERT JAUß (1921–1997) und den Anglisten WOLFGANG ISER (1926–2007), die man als die Gründungsfiguren der Konstanzer Schule und deren herausragende Vertreter, deren Werke am meisten Beachtung fanden, ansehen kann. Jeweils von einer spezifischen

---

[1] Oz, Geschichte, 56.
[2] JANSON, Entwurf.

44 Methodische Grundlegung: Rezeptionsästhetik und polarer Werkbegriff

Disziplin her kommend waren sie alle einer fächerübergreifenden Theoriebildung und dem Anliegen einer umfassenden Ästhetik verpflichtet. Zum maßgeblichen Forum bildete sich dabei die Forschungsgruppe Poetik und Hermeneutik heraus, die sich in regelmäßigen Kolloquien literatur- und kunsttheoretischen Fragen widmete und die durch die Veröffentlichungen ihrer Tagungsergebnisse – ihrer „Vorlagen und Verhandlungen" (so die Untertitel der ersten beiden Bände) – in einer gleichnamigen Reihe für eine breite, interdisziplinäre Aufnahme ihrer Ideen sorgte und weit über den deutschsprachigen Raum hinaus Wirkung erlangte.³

Die Entstehung der Rezeptionsästhetik Konstanzer Prägung fällt in die Zeit seit den (späten) sechziger Jahren des zwanzigsten Jahrhunderts⁴, die Zeit der Studentenbewegung und eines allgemeinen gesellschaftlichen Wandels, in der die „Forderung nach gesellschaftlicher Emanzipation und Modernisierung, nach Teilhabe an Entscheidungsprozessen"⁵ laut wurde. Die Etablierung der Rezeptionsästhetik ist in diesem Kontext zu sehen. Die Umbruchs- und Aufbruchsstimmung erfasste auch die Literaturwissenschaft, die „einerseits Ausdruck der [...] gesellschaftlichen Wertwandlungen, andererseits deren forcierendes Moment"⁶ war. Als Initialzündung für die „rezeptionsästhetische Wende der Literaturwissenschaft"⁷, in deren Folge sich Konstanz zum Zentrum der Rezeptionsästhetik entwickelte, können die Antrittsvorlesungen von HANS ROBERT JAUß und WOLFGANG ISER an der 1966 neu gegründeten Reformuniversität Konstanz gelten, in denen sie die bis dato in der Literaturbetrachtung im Vordergrund stehende Dyade aus Autor und Werk aufbrechen und um die Instanz des Lesers bzw. Publikums zu einer Triade erweitern. In seiner 1967 gehaltenen Antrittsvorlesung ‚Was heißt und zu welchem Ende studiert man Literaturgeschichte' – zunächst 1967 unter verändertem Titel in der Reihe der ‚Konstanzer Universitätsreden'

---

³ Der erste Band der Reihe (JAUß, Nachahmung) mit den Ergebnissen der Tagung im Sommer 1963 erschien 1964, der siebzehnte und letzte Band (GRAEVENITZ / MARQUARD, Kontingenz) erschien 1998. Neben JAUß und ISER wären zu den Gründungsvätern der Konstanzer Schule noch MANFRED FUHRMANN, WOLFGANG PREISENDANZ und JURIJ STRIEDTER zu rechnen und zum erweiterten Kreis bzw. zur Forschungsgruppe Poetik und Hermeneutik außerdem noch DIETER HENRICH, KARLHEINZ STIERLE und HARALD WEINRICH u. a.
⁴ Etwa zur gleichen Zeit entwickelten sich im englischsprachigen Bereich mit dem Reader-Response-Criticism der Rezeptionsästhetik vergleichbare Konzepte.
⁵ RICHTER, Wirkungsästhetik, 518.
⁶ REESE, Rezeption, 29.
⁷ Ebd., 27 und 29. Von HANS ROBERT JAUß selber wurde für diese Wende der von THOMAS S. KUHN geprägte Begriff des ‚Paradigmenwechsels' in Anspruch genommen; vgl. erstmals in JAUß, Paradigmawechsel, dann verteidigt z. B. in JAUß, Theorie, z. B. 5 und 30. Vgl. die Problematisierung dieser Sicht z. B. bei HOHENDAHL, Leser, v. a. 212 und 223.

1 Rezeptionsästhetik 45

erschienen, dann 1970 in erweiterter Fassung unter dem Titel ‚Literaturgeschichte als Provokation'[8] – löst sich JAUß von der Vorstellung eines zeitlosidentischen Kunstwerkes. Stattdessen geht er von einer sukzessiven Entfaltung des Werkes in dessen historischem Rezeptionsprozess aus. Zentral ist der Begriff des ‚Erwartungshorizontes', der das durch die literarische Sozialisation bedingte Vorverständnis des Rezipienten, „die jeden Rezeptionsprozeß präformierenden Gedankenstrukturen des Lesers im Sinne eines die Lektüre leitenden Referenzsystems"[9] bezeichnet. WOLFGANG ISER, 1967 ebenfalls nach Konstanz berufen, thematisiert in seiner Antrittsvorlesung ‚Die Appellstruktur der Texte. Wirkungsbedingungen literarischer Prosa' (1969, erschienen 1970)[10] die Bedeutungsgenerierung literarischer Texte, die sich im Lesevorgang und durch den Leser ereignet: Bedeutungen sind nicht etwa im Text gegeben und müssten nur herausgefunden werden, vielmehr kommt dem Leser eine aktive Rolle im Sinnbildungsprozess zu. Die Konstanzer Schule war so getragen von dem Impuls – so formuliert JAUß rückblickend –, „den Rezipienten als Empfänger und Vermittler, mithin als Träger aller ästhetischen Kultur, endlich in sein historisches Recht einzusetzen"[11]. In den Fokus rückte die Aneignung durch den Rezipienten und die daraus entstehende Rezeptionsgeschichte und allgemein die sich darin vollziehende Bedeutungskonstitution. Vor diesem Hintergrund, dem „hermeneutischen Vorrang des Rezipienten", versuchte die Rezeptionsästhetik, „allgemeine Fragen des Aufbaus von Kunstwerken, des ästhetischen Werts, der künstlerischen Kommunikation und geschichtlichen Tradierung zu lösen"[12].

Dieser rezeptionsästhetische Ansatz der Konstanzer Schule wurde vielfach aufgenommen – nicht nur in der Literaturwissenschaft. Auch in anderen Disziplinen wurden die Ideen der Konstanzer Schule aufgegriffen, so etwa in der Kunstwissenschaft – vor allem durch WOLFGANG KEMP, der durch eine Übertragung der rezeptionsästhetischen Interpretationsweisen ein „Parallel-

---

[8] Vgl. JAUß, Provokation I bzw. JAUß, Provokation II. Im selben Jahr, in dem JAUß seine Antrittsvorlesung hielt, erschien auch der Aufsatz WEINRICH, Literaturgeschichte I (in erweiterter Fassung abgedruckt als WEINRICH, Literaturgeschichte II), der in der ursprünglichen Fassung zwar zunächst nicht in gleichem Maße Beachtung fand, der aber ähnliche Anregungen hin zu einer Leserorientierung gab.
[9] ANTOR, Rezeptionsästhetik II, 571 bzw. ANTOR, Rezeptionsästhetik I, 230.
[10] ISER, Appellstruktur I, wieder erschienen als ISER, Appellstruktur II.
[11] JAUß, Theorie, 5. Dieses „Interesse am Leser" kann man als „Teil einer kommunikationstheoretischen Neuorientierung, die die historisch-hermeneutischen und sozialwissenschaftlichen Disziplinen seit Ende der sechziger Jahre in Deutschland vollzogen haben" (beide Zitate SCHÖTTKER, Rezeption, 539), ansehen.
[12] Beide Zitate HENCKMANN, Rezeptionsästhetik, 203.

unternehmen[...] für die Kunstwissenschaft"[13] zu entfalten suchte und den Betrachterbezug zum Ausgangspunkt seiner Überlegungen machte. Über den engen Begriff (nämlich bezogen auf die Konstanzer Schule) hinaus spricht man so auch von Rezeptionsästhetik in einem weiteren Sinne. Rezeption meint hierbei jede Art der kommunikativen Aneignung von Literatur im Besonderen und Kunst im Allgemeinen durch den Rezipienten (Leser, Betrachter, Hörer). Rezeptionsästhetik ist dann – allgemein gesprochen – „die wissenschaftliche Disziplin, welche die Bedingungen, Modalitäten, Ergebnisse und Konsequenzen der Aufnahme, eben der Rezeption, eines künstlerischen Werks durch den Adressaten, sei er Leser, Zuschauer, Betrachter oder Hörer [sic] untersucht"[14]. Sie betont so „die sinnschöpfende Leistung des *Rezipienten*" und betreibt die „Aufwertung des Rezipienten vom marginalen Konsumenten zum sinnstiftenden Co-Produzenten", indem sie Verstehen nicht als im Kunstwerk selbst, sondern insbesondere in der ästhetischen Erfahrung des Rezipienten grundgelegt sieht.[15] Dementsprechend negiert und verwirft Rezeptionsästhetik jegliche „Vorstellung eines ästhetischen Gegenstandes, der unabhängig von der partikularen Perspektive des Betrachters gegeben ist"[16]. Das heißt mit anderen Worten: Sinn und Bedeutung eines Kunstwerkes liegen nicht von vornherein fest; vielmehr ist dieses gekennzeichnet durch eine grundsätzliche Offenheit seines Bedeutungs- und Sinnangebots, welches sich erst durch die Verschmelzung mit dem Erwartungs- und Bildungshorizont sowie der Verständnisbereitschaft des Rezipienten konkretisiert.

Die Rezeptionsästhetik Konstanzer Prägung steht für eine „Wende von der Werk- zur *Erfahrungsästhetik*"[17]. Mit ihrem Programm setzte sie sich ab von der Autonomieästhetik des achtzehnten Jahrhunderts, vor allem aber von der Produktions- oder Widerspiegelungsästhetik marxistischer Prägung auf der einen und auf der anderen Seite der Darstellungsästhetik, hier vor allem der Werkästhetik bzw. werkimmanenten Interpretation, deren prominente Vertreter WOLFGANG KAYSER und EMIL STEIGER waren und welche im Nachkriegsdeutschland das vorherrschende Paradigma der Germanistik war.[18]

---

[13] KEMP, Rezeptionsästhetik, 8. Vgl. insgesamt KEMP, Kunstwerk.
[14] HAEFNER, Rezeptionsästhetik, 107. Vgl. bereits die ähnliche Definition der literaturwissenschaftlichen Forschungsrichtung bei WARNING, Rezeptionsästhetik, 9.
[15] Beide Zitate ERNE, Rezeption, 149 bzw. 150.
[16] Ebd., 149.
[17] Ebd.
[18] Vgl. HAEFNER, Rezeptionsästhetik, 107 (zur Absetzung von der Darstellungsästhetik und der werkimmanenten Interpretation) und HENCKMANN, Rezeptionsästhetik, 203 (zur Ab-

1 Rezeptionsästhetik 47

Rezeptions- und wirkungsästhetische Gedanken finden sich freilich schon früher, so etwa u. a. in der Rhetorik oder in Bezug auf die Tragödie, die „– von Aristoteles über Lessing bis Brecht – [...] immer ein Gegenstand wirkungsästhetischer Überlegungen [war]"[19]. So gesehen reichen die Wurzeln der Rezeptionsästhetik, ihre ‚unerkannte Vorgeschichte', zurück bis in die Antike und in die scholastische Theologie.[20] Nicht zuletzt hat man diesbezüglich auch auf den Zusammenhang zwischen reformatorischer und neuzeitlicher Rezeptionstheorie hingewiesen: „Das Kunstwerk wird zu einem Angebot, das sich im Rezipienten vollendet, wenn nicht überhaupt erst konstituiert... Alles das hat mit Luther begonnen."[21] Jedoch blieb es der Rezeptionsästhetik vorbehalten, erstmals eine systematische und methodisch reflektierte Entfaltung solcher Überlegungen zu bieten. Explizit Bezug nimmt sie dabei auf den Strukturalismus und russischen Formalismus, in deren Nachfolge sie sich teils sieht, teils sich als Gegenbewegung versteht.[22] In ihrer ISERschen Ausprägung greift sie – neben semiotischen und systemtheoretischen Konzepten und Begriffen – hauptsächlich drei theoretische Modelle auf: den Prager Strukturalismus, die Phänomenologie ROMAN INGARDENs und die GADAMERsche Hermeneutik.

Zu betonen ist, dass die Rezeptionsästhetik der Konstanzer Schule – anders als es der vereinheitlichende Titel nahezulegen scheint und bei allen Gemeinsamkeiten der verschiedenen Konzepte – keinesfalls ein einheitliches Gedankengebäude ist, kein „wissenschaftstheoretisch geschlossener, monolithischer Block mit identischen Erkenntnisinteressen"[23]. Vielmehr ist Rezeptionsästhetik als Überbegriff zu verstehen, der differenzierte, zuweilen durchaus inhomogene Theorieansätze versammelt. Die beiden führenden Repräsentanten stehen dabei für zwei unterschiedliche, sich ergänzende Ausdifferenzierungen, HANS ROBERT JAUß für die Rezeptionsgeschichte, WOLF-

---

setzung von einer idealistischen Autonomieästhetik). Der Werkästhetik vergleichbare Konzeptionen im englisch- bzw. französischsprachigen Bereich waren der new criticism bzw. die explication de texte; vgl. SPINNER, Werkinterpretation, 259.

[19] RICHTER, Wirkungsästhetik, 516; vgl. SCHNACKERTZ, Wirkung, 708.
[20] Vgl. JAUß, Theorie und JAUß, Rezeption; vgl. auch GIACOMUZZI-PUTZ, Rezeptionsästhetik, 95. Zu Ansätzen, die als Vorläufer oder Wurzeln der Rezeptionsästhetik gelten können, vgl. auch REESE, Rezeption, Kap. 1 und SCHÖTTKER, Rezeption, 545–552.
[21] HOFMANN, Geburt, 47. Vgl. den Hinweis darauf bei ERNE, Lebenskunst I, 13 bzw. bei ERNE, Lebenskunst II, 237.
[22] Vgl. v. a. HENCKMANN, Rezeptionsästhetik, 203; vgl. auch ANTOR, Rezeptionsästhetik II, 571 bzw. ANTOR, Rezeptionsästhetik I, 229 und RATERS, Wirkungsästhetik/Rezeptionsästhetik, 432.
[23] MÜLLER, Handlungstheorien, 187; vgl. auch ISER, Akt, I und FUNKE, Rezeptionstheorie, 13 Anm. 7.

GANG ISER für die Wirkungsästhetik[24]: JAUß nimmt den Text in den Blick als Erfahrungspotential, das sich in seinem geschichtlichen Rezeptionsprozess entfaltet, und rückt daher zuvorderst die Rezeptions*geschichte* des Textes in den Mittelpunkt, die er als „sukzessive Entfaltung eines im Werk angelegten, in seinen historischen Rezeptionsstufen aktualisierten Sinnpotentials"[25] begreift. ISER setzt – wie gleich noch genauer zu sehen sein wird – einen anderen Akzent. Er will die Wirkung, die vom Text auf den Leser ausgeht, untersuchen und setzt deshalb, da seines Erachtens der Text seine Wirkung nur im Rahmen der Lektüre zu entfalten vermag, beim Lesevorgang an (vgl. u. S. 51); „seine [sc. ISERs] Idee der Rezeptionsanalyse [blieb] in erster Linie *Textanalyse*, während die literatur*historische* Dimension des Rezeptionswandels, die JAUß zunächst anvisiert hatte, nicht in den Blick kam. Der von JAUß verwendete Begriff der Rezeptionsästhetik trifft demnach eher auf Isers Theorie der Literatur zu, während JAUß' Rezeptionstheorie auch die *Rezeptionsgeschichte*, also die Geschichte der Überlieferung und Deutung von Werken umfassen sollte."[26]

> Die Forschung bietet hier hinsichtlich der für die Theorien von JAUß und ISER verwendeten Terminologie ein sehr uneinheitliches Bild: Oft werden Rezeptionstheorie oder Rezeptionsforschung als Überbegriffe verwendet; Rezeptionsästhetik hat sich aber als Sammelbezeichnung für die Theoriemodelle der Konstanzer Schule eingebürgert. Einmal wird (wie von JAUß selbst) der Begriff der Rezeptionsästhetik herangezogen, um JAUß' Ansatz zu kennzeichnen, ein andermal, wenn von ISERs Theorie die Rede ist.[27] Dann wiederum wird JAUß' Entwurf mit dem Terminus Rezeptionsgeschichte belegt[28] und ISERs Theorie als Wirkungstheorie oder Wirkungsästhetik bezeichnet[29]. In der vorliegenden Arbeit sollen die Termini verwendet werden, die ISERs texttheoretisch fundierter und bei der Wirkung des Textes ansetzender Theorie am ehesten gerecht werden und mit denen ISER selbst sein Unternehmen bezeichnet, nämlich „Theorie ästhetischer Wirkung"[30] bzw. „Wirkungsästhetik". Deren Fragen seien solche, bei denen „die Interaktion zwischen Text und Kontext sowie die zwischen Text und Leser den Gegenstand der Aufmerksamkeit bilden, während die Rezeptionsästhetik im engeren Sinne sich mit den historischen Bedingtheiten der jeweils dokumentierten

---

[24] Vgl. ISER, Akt, I und JAUß, Partialität, 383 bzw. JAUß, Erfahrung, 738. Zur Problematik dieser begrifflichen Unterscheidung vgl. SCHÖTTKER, Rezeption, 543f.
[25] JAUß, Provokation II, 186.
[26] SCHÖTTKER, Rezeption, 541.
[27] Vgl. so z. B. (in Bezug auf JAUß' Ansatz) WINKGENS, Wirkungsästhetik I, 296 und WINKGENS, Wirkungsästhetik II, 709 bzw. (in Bezug auf ISERs Theorie) LINK, Rezeptionsforschung, 43.
[28] Vgl. so z. B. LINK, Rezeptionsforschung, 45 und REESE, Rezeption, 36.
[29] Vgl. so z. B. WINKGENS, Wirkungsästhetik I, 296 und WINKGENS, Wirkungsästhetik II, 709.
[30] So der Untertitel seines Hauptwerkes ISER, Akt.

1 Rezeptionsästhetik

Rezeption von Texten befaßt"[31]. Außerdem verwendet ISER noch den Begriff der Wirkungstheorie[32].

In der vorliegenden Arbeit soll ein rezeptions- bzw. genauer: wirkungsästhetischer Ansatz verfolgt und dazu konkret WOLFGANG ISERs Wirkungsästhetik als Rahmentheorie herangezogen werden. In Grundzügen hat WOLFGANG ISER seine Theorie ästhetischer Wirkung bereits in seiner oben erwähnten Antrittsvorlesung ‚Die Appellstruktur der Texte. Wirkungsbedingungen literarischer Prosa' ausgestrichen. Seine Schrift ‚Der implizite Leser' (1972), die – größtenteils bereits zuvor verstreut veröffentlichte und überarbeitete – Einzelanalysen englischsprachiger Romane von JOHN BUNYAN bis SAMUEL BECKETT versammelt[33], könnte man als „praktische Dimensionierung seines Ansatzes"[34] verstehen, mit der er seine theoretischen Überlegungen „interpretatorisch durchgespielt und den Spielraum der Besetzung der Leserrolle in ihrer historischen Ausdifferenzierung vermessen [hat]"[35]. 1976 erscheint dann mit ‚Der Akt des Lesens' WOLFGANG ISERs Hauptwerk, in dem er seine Theorie ästhetischer Wirkung systematisch dargelegt, „theoretisch ausgefächert und zu einem umfassenden Modell der kommunikativen Interaktion von Text und Leser abgerundet [hat]"[36]. Wenn im Folgenden WOLFGANG ISERs Theorie ästhetischer Wirkung zur Darstellung gebracht wird, soll allen voran dieses sein Hauptwerk als Quelle dienen. In späteren Jahren bewegte sich WOLFGANG ISERs Aufmerksamkeit mehr und mehr in Richtung einer literarischen Anthropologie, eines Fragehorizonts, den ISER bereits in ‚Der Akt des Lesens' anvisiert hatte, damals noch als offenen Horizont: „Wenn es richtig ist, daß uns durch Texte etwas geschieht und daß wir offenbar von den Fiktionen nicht lassen können [...] – dann stellt sich die Frage nach der Funktion der Literatur für den ‚menschlichen Haushalt'."[37] Konkret in Angriff nahm WOLFGANG ISER diesen Problemkomplex und damit die anthropologische Dimension und Zielrichtung seiner Wirkungsästhetik, der für die vorliegende Arbeit allerdings nur noch am Rande von Relevanz ist, vor allem

---

[31] Beide Zitate ebd., IV.
[32] Vgl. so z. B. ebd., 8 [im Unterschied zu Rezeptionstheorie].
[33] Vgl. ISER, Leser und hier den Untertitel.
[34] PANY, Modelle, 1.
[35] WINKGENS, Iser, 303.
[36] Ebd.
[37] ISER, Akt, 9. ISER fährt fort: „Diese anthropologische Zielrichtung der Literaturwissenschaft ist durch die hier [sc. in ‚Der Akt des Lesens'] entwickelten Gedanken über ästhetische Wirkung erst anvisiert; sie sollen aber dazu dienen, den Blick auf diesen noch offenen Horizont zu richten."

in ‚Das Fiktive und das Imaginäre'[38], wo er die Triade des Realen, Fiktiven und Imaginären in ihrer Wechselseitigkeit dahin gehend expliziert, dass durch die Wiederkehr von Realem im fiktionalen Text als Akt des Fingierens das Imaginäre eine Gestalt gewinnt.

Indem die vorliegende Arbeit Kirchenraumtheorie wirkungsästhetisch entfaltet und dazu ISERs Theorie ästhetischer Wirkung heranzieht, soll gewährleistet sein, gleichermaßen den räumlichen Gegebenheiten wie deren Rezipienten Rechung zu tragen. Sie soll als erfahrungsästhetisch gesättigte ihren Ausgang nehmen an den subjektiven Raumerfahrungen der Nutzerinnen und Nutzer, dabei aber den Kirchenbau als deren objektive Basis und als Wirkungsauslöser nicht aus den Augen verlieren. ISERs Theorie ästhetischer Wirkung ist hierfür als Rahmentheorie besonders geeignet, als sie sich im Vergleich zu anderen rezeptionsästhetischen Ansätzen dadurch auszeichnet, bei der Verhältnisbestimmung zwischen Text und Leser, zwischen Objektpol und Subjektpol einen Mittelweg zwischen objektivistischer und subjektivistischer Position zu beschreiben, zu vermitteln „[z]wischen den beiden Polen einer Ontologisierung des Textes und einer Hypertrophierung des Lesesubjekts"[39].

---

[38] Vgl. ISER, Fiktive; vgl. außerdem z. B. ISER, Fingieren; ISER, Anthropology und ISER, Fingieren II. Vgl. kritisch SUTROP, Fiction, 29–62 [1. Wolfgang Iser: From Reader Response to Literary Anthropology].

[39] KAFITZ, Literaturtheorien, 19; vgl. RICHTER, Wirkungsästhetik, 522; vgl. HOLUB, Reception, 101; auch 103f.

2 Polarer Werkbegriff

2.1 Der Doppelcharakter des literarischen Werks – WOLFGANG ISERs Werkbegriff

Wie bereits angedeutet (vgl. o. S. 48), kann der Satz, dass „ein literarischer Text seine Wirkung erst dann zu entfalten vermag, wenn er gelesen wird"[1], als Ausgangsthese des Theorieunternehmens WOLFGANG ISERs und zugleich dessen gedankliches Zentrum gelten, auf dem sein gesamter theoretischer Ansatz fußt. Um diesen Fix- und gleichzeitig Zielpunkt kreist ISERs gesamte Literaturtheorie. Zunächst besagt der Satz, dass eine Beschreibung der *Wirkung eines Textes* identisch ist mit einer Analyse des *Lesevorgangs*. Dies ist der Grund dafür, warum ISERs Aufmerksamkeit besonders auf die Textlektüre gerichtet ist, warum das Lesen im Zentrum seiner Untersuchung steht. Darüber hinaus verweist diese Einsicht auch auf ISERs Auffassung des fiktionalen Textes; präziser muss man sagen: auf seinen spezifischen Begriff des literarischen Werkes; denn ‚Text' bezeichnet bei WOLFGANG ISER, wie gleich zu zeigen sein wird, im strengen Sinne die Struktur, die den Lesevorgang auslöst, wenngleich ISER darin nicht immer terminologisch konsequent ist (vgl. u. S. 54 Anm. 13). Das literarische Werk ist bei ihm gekennzeichnet durch eine *Prozesshaftigkeit*, welche direkt der *Polarität* des literarischen Werkes geschuldet ist. Er löst den statisch-substantialistischen Werkbegriff vorangegangener Theorien zugunsten eines dynamisch-strukturalistischen auf und verfährt hierbei kommunikationstheoretisch.[2] Da dieser polar konzi-

---

[1] ISER, Akt, 7; vgl. ISER, Akt, 37. Die im Folgenden im Fließtext in Klammern angeführten Seitenzahlen beziehen sich allesamt auf ISER, Akt.
[2] Vgl. SCHMIDT, Ossian, 25. Würde man zu weit gehen, WOLFGANG ISERs Konzeption des Werkbegriffs als Reaktion auf ein „wesentliches Signum der modernen Epoche" (BUBNER, Ästhetik, 62, dann auch in BUBNER, Erfahrung, 33) zu betrachten? Nämlich auf das, was man gemeinhin als die ‚Krise des Werkbegriffs' apostrophiert: die bleibende Infragestellung der traditionellen Werkkategorie, ausgelöst durch die Emanzipationsbewegung der modernen Kunst? (Vgl. hierzu und zum Folgenden BUBNER, Ästhetik, v. a. 38–50 und 60–63 sowie BUBNER, Erfahrung, 9ff., 30ff. und 111–117) Zumindest ließe sich ISERs Bemühen um eine Neubestimmung der Werkkategorie, welche die Aneignungsleistung des Rezipienten in die Werkstruktur integriert und welche so durch eine Prozesshaftigkeit gekennzeichnet ist, in diesem Zusammenhang sehen. Insofern er hierbei mit einem herkömmlichen emphatischen Werkbegriff bricht, kommt der Einsatzpunkt seiner Überlegungen nahe heran an Grundzüge der besagten Krise. Diese zeichnet sich nämlich erstens durch eine Kritik an der überkommenen Wahrheits- und Werkästhetik im Gefolge HEGELs über HEIDEGGER bis ADORNO aus, welche ihrerseits einen Wahrheitsanspruch der Kunst postuliert und diesen in der Werkkategorie verankert (vgl. auch KÜPPER / MENKE, Einleitung, 7f.). Und zweitens

pierte Werkbegriff WOLFGANG ISERs Wirkungsästhetik zugrunde liegt – man könnte ihn als das „dialektische Fundament"³ seiner Theorie bezeichnen –, soll eine Betrachtung desselben zunächst dem weiteren Vorgehen vorangestellt werden.

Für WOLFGANG ISER hat das literarische Werk einen Doppelcharakter. Er versteht es als aus zwei Polen bestehend: auf der einen Seite der künstlerische, auf der anderen Seite der ästhetische Pol. Der künstlerische Pol bezeichnet dabei „den vom Autor geschaffenen Text und der ästhetische die vom Leser geleistete Konkretisation" (38).

Hier zeigt sich WOLFGANG ISERs Wirkungsästhetik sowohl von strukturalistischen als auch von phänomenologischen Theorien beeinflusst. So weist DORIS PANY darauf hin, dass ISERs Konzeption des Werkbegriffs „an die im Prager Strukturalismus geprägte Unterscheidung zwischen Artefakt und ästhetischem Objekt [erinnert]. Während allerdings Mukařovský das ästhetische Objekt als ein Bedeutungskorrelat des materiellen Textes im kollektiven Bewußtsein einer Kulturgemeinschaft bestimmt hatte, bezieht Iser das lesende Subjekt über den ästhetischen Pol direkt in seinen Werkbegriff mit ein."⁴ Und sie fährt fort: „Explizit beruft Iser sich auf Roman Ingarden, der dem literarischen Werk seine Konkretisationen gegenübergestellt hatte."⁵ Fast synonym zum Begriff der Konkretisation verwendet WOLFGANG ISER den Begriff der Realisation.⁶ PETER ZIMA meint darin allerdings eine (strukturalistisch beeinflusste) Weiterentwicklung gegenüber dem INGARDENschen Begriff der Konkretisation zu erkennen: „Iser's ‚realisation' is not simply a new word meant to function as a substitute for Ingarden's *concretisation*: it accentuates Iser's attempt to envisage the reader's response as a creative process, not as a mere filling in of semantic gaps. […] As with the Czech Structuralists, the bulk of the literary meaning shifts from the sphere of production to that of reception."⁷ ISER verwendet jedoch auch den Begriff der Konkretisation selbst auf eine eigene, durchaus von INGARDEN differierende Weise.⁸ Jedenfalls hat

---

zeichnet sich die Krise durch eine Problematisierung der organischen Geschlossenheit und harmonischen Einheit des Kunstwerks vor dem Hintergrund einer systematischen Auflösung derselben durch die moderne Kunst aus.

3   GUMBRECHT, Rezension, 524 [GUMBRECHT sagt dies hier speziell im Blick auf die Untrennbarkeit der Aspekte von Textstruktur und Aktstruktur].
4   PANY, Modelle, 12; sie verweist auf MUKAŘOVSKÝ, Ästhetik.
5   PANY, Modelle, 12; sie verweist auf INGARDEN, Kunstwerk. Speziell zum Begriff der Konkretisation vgl. auch HAWTHORN, Grundbegriffe, 164f. [Art. Konkretisation] und ZIMA, Ästhetik, 243f. ROMAN INGARDEN unterscheidet so – wie EDMUND HUSSERL – zwischen Ontologie (Wesen des Gegenstandes bzw. wesensmäßiger Aufbau des literarischen Werkes) und Phänomenologie (Beschaffenheit des Bewusstseins eines Dings bzw. Perzeption durch den Betrachter / Leser); vgl. ZIMA, Ästhetik, 237–240.
6   Man vgl. nur einmal ISER, Process, 50 und ISER, Akt, 115 [Realisation als „die ‚Beteiligung' des Lesers"].
7   ZIMA, Philosophy, 73.
8   Vgl. besonders ISER, Akt, 270–279 und WARNING, Rezeptionsästhetik, 10–12.

WOLFGANG ISER den Begriff der Konkretisation von INGARDEN übernommen, und insofern kann man dessen Theorie als „Grundlegung der modernen Rezeptionsästhetik" sehen.[9]

Der Text etwa eines Romans setzt sich zusammen aus verschiedenen Positionen, die der Leser im Verlauf der Lektüre aufeinander zu beziehen hat. Dabei lenkt der Text die Vorstellungstätigkeit des Lesers, indem er durch diverse die Rezeption steuernde Textstrukturen Synthesen der Anschauungsperspektiven nahe legt (vgl. u. die Kap. 4.2, S. 103ff., und 1.1, S. 183ff.). ‚Text' selbst bezeichnet bei WOLFGANG ISER folglich das Gesamt der Strukturen, das den Lesevorgang auslöst, das Rohmaterial, das der Leser in der Lektüre bearbeitet und raffiniert.[10] Er ist eine „‚Rezeptionsvorgabe' und damit ein Wirkungspotential, dessen Strukturen Verarbeitungen in Gang setzen und *bis zu einem gewissen Grade* kontrollieren" (I [Hervorhebung CWB]). Das heißt, die Kontrolle der Rezeption durch den Text ist keine totale. WOLFGANG ISER wehrt hier dem möglichen Missverständnis, als sei die Rezeption bloße Internalisierung, indem er das literarische Werk kommunikationstheoretisch entwirft[11]: Zwischen Text und Leser spielt sich eine Kommunikation ab – und zwar im Wortsinn, das heißt Kommunikation nicht etwa verstanden „als Einbahnstraße vom Text zum Leser" (176), sondern vielmehr als Interaktion, als „wechselseitige[s] Einwirken aufeinander" (257). Dementsprechend ist

> „das Lesen als Prozess einer dynamischen Wechselwirkung von Text und Leser beschreibbar zu machen. Denn die Sprachzeichen des Textes bzw. seine Strukturen gewinnen dadurch ihre Finalität, daß sie Akte auszulösen vermögen, in deren Entwicklung eine Übersetzbarkeit des Textes in das Bewußtsein des Lesers erfolgt. Damit ist zugleich gesagt, daß sich diese vom Text ausgelösten Akte einer totalen Steuerbarkeit durch den Text entziehen. Diese Kluft indes begründet erst die Kreativität der Rezeption. [...] Denn das Lesen wird erst dort zum Vergnügen, wo unsere Produktivität ins Spiel kommt, und das heißt, wo Texte eine Chance bieten, unser Vermögen zu betätigen." (176)[12]

Im Gelesenwerden, im Akt der Erfassung des Textes vollzieht sich die für jedes Werk zentrale, konstitutive Interaktion zwischen seiner Struktur und seinem Empfänger, infolge derer der Text sich in die Vorstellung des Rezipienten übersetzt. Die Kategorie ‚Text' selbst rückt als eine Bedingung der

---

[9] WARNING, Rezeptionsästhetik, 10.
[10] ISER, Process, 54 [„raw material of the text"].
[11] Vgl. ISER, Akt, 7: „Der literarische Text wird folglich unter der Vorentscheidung betrachtet, Kommunikation zu sein."
[12] Vgl. speziell zur Interaktion, zur Polarität des literarischen Werkes und überhaupt als bündige Zusammenfassung seiner Theorie ISER, Interaction.

möglichen Wirkung eines literarischen Kunstwerks in den Blick, als das „Wirkungspotential, das im Lesevorgang aktualisiert wird" (7), ist jedoch als solches noch nicht das literarische Werk selbst. Der Text funktioniert „primär als Anweisung auf das, was es hervorzubringen gilt, und kann daher selbst noch nicht das Hervorgebrachte sein" (175).[13]

Wenn WOLFGANG ISER vom Text als Rezeptionsvorgabe spricht, verwehrt er sich dagegen, den so als Wirkungspotential beschriebenen Text im Sinne desjenigen Begriffs der ‚Rezeptionsvorgabe' zu verstehen, der in der Rezeptionstheorie marxistischer Prägung vertreten und speziell in dem Kollektivwerk ‚Gesellschaft – Literatur – Lesen. Literaturrezeption in theoretischer

---

[13] Umfasst der Begriff des literarischen Werkes bei ISER die beiden beschriebenen Pole, so bezeichnet ‚Text', wie dargelegt, streng genommen die Text*gestalt*, die Struktur, die den Lesevorgang auslöst, und ist Anweisung, Instruktion. WOLFGANG ISER ist allerdings in seiner Verwendung des Textbegriffs (bzw. in der klaren Abgrenzung des Begriffs gegenüber dem des literarischen Werkes) nicht immer konsequent. Darin ist er mitnichten allein: Die Begriffe ‚Werk' und ‚Text' austauschbar zu gebrauchen, „ist ein nicht ganz korrektes, wenn auch verbreitetes und durchaus zulässiges Verfahren. [...] Entsprechend der lateinischen Wurzel des Wortes (texere = weben, flechten) ist mit Text die Vorstellung von einer kunstvollen Verflochtenheit der Teile, von einer strukturierten Ganzheit verbunden. Ein solches Verständnis rechtfertigt in gewisser Weise die austauschbare Verwendung von Text- und Werkbegriff." (KAFITZ, Literaturtheorien, 17) So kann ISER beispielsweise auch schreiben: „[D]er Text [ist] der ganze Verlauf, der von der Weltzuwendung des Autors bis zu seinem Erfahrbarwerden durch den Leser reicht." (ISER, Akt, VII) Vielleicht geht man nicht zu weit zu behaupten, dass sich mit einer solchen Weitung des Textbegriffes bei WOLFGANG ISER schon eine – doch sicher mit der oben erwähnten ‚Krise des Werkbegriffs' (vgl. o. S. 51 Anm. 2) zusammenhängende – Entwicklung andeutet, die erst in den Folgejahren zu voller Entfaltung gelangte und sich dahin gehend beschreiben ließe, „daß in der älteren Literaturwissenschaft ein auratischer Werkbegriff verbreitet war, während in der Gegenwart der neutralere Textbegriff bevorzugt wird" (KAFITZ, Literaturtheorien, 17; die hier in der Anm. im Folgenden in Klammern angegebenen Seitenzahlen beziehen sich alle auf KAFITZ, Literaturtheorien), bzw. „daß der Werkbegriff, mit dem in der Regel Geschlossenheit, Kohärenz und eine durch den Autor legitimierte Bedeutung verbunden sind, zunehmend abgelöst wird durch einen erweiterten Textbegriff, der sich ebenso gegen die traditionelle Auffassung von einer Werkautonomie wie gegen die ihr nahestehende strukturalistische Definition des Textes als eine strukturierte Ganzheit richtet. Er bezieht sich nicht mehr nur auf literarische, sondern auch auf nicht-literarische sprachliche und kulturelle Bereiche. ‚Text' wird als offenes Gebilde gedacht, das mit vielerlei anderen Texten vernetzt ist (Intertextualität) und produktionsästhetisch zur Auflösung des Autors, rezeptionsästhetisch zur Aktivierung des Lesers tendiert." (26) Anders als noch bei ISER bzw. sich bei diesem nur in der begrifflichen Inkonsequenz andeutend, wird denn „in neuerer Zeit ‚Text' gegenüber ‚Werk' als umfassender Begriff bevorzugt. [...] Noch umfassender ist der neuere kulturwissenschaftliche Textbegriff, der nicht nur sprachliche Gebilde umfaßt, sondern auch andere kulturelle Hervorbringungen einbezieht, deren Zeichen und Zeichenvernetzungen als Text gelesen werden." (17) Bei der Herausbildung dieses neuen umfassenderen Textbegriffs, der „Öffnung des Textes seit den 60er Jahren" (26) waren sowohl produktions- und rezeptionsästhetische als auch poststrukturalistisch-dekonstruktivistische Vorstellungen beteiligt (vgl. 26).

2 Polarer Werkbegriff

Sicht' der Forschergruppe um MANFRED NAUMANN eingeführt wurde und bei dem ISER nach wie vor eine Prädominanz der Textproduktion gegenüber der Textrezeption bzw. des Autors gegenüber dem Leser kritisiert.[14] Vielmehr ist für WOLFGANG ISER das Lesen und damit der Leser selbst als konstitutiv für das literarische Werk anzusehen. Für das, was einen Text ausmacht – darauf kommt es ISER damit an – braucht es immer (mindestens) zwei:[15] den *Text* in seiner vom Autor verschriftlichten oder wie immer gearteten fest gefügten und damit mehr oder weniger festgelegten Form auf der einen Seite. Dieser Text jedoch ist nur notwendige, nicht zugleich aber hinreichende Bedingung für die sinnproduzierende Tätigkeit des Lesens[16]; er ist, wenn man so will, ‚unbelebte Materie'. Um diese noch unbelebte Materie mit Leben zu erfüllen, braucht es auf der anderen Seite den *Leser*. Im Akt des Lesens haucht dieser dem noch leblosen Text den Lebensatem ein (vgl. 67) und führt den Text (in seiner bloßen Textgestalt) seiner Bestimmung zu – eben gelesen zu werden. Erst im Akt des Lesens also, so könnte man sagen, gewinnt das literarische Werk seine volle Existenz (nämlich als Konvergenz von Text und Leser)[17], wird es lebendig. Erst in der vom Leser zu vollziehenden Sinnkonstitution gelangt der Text zu seiner anvisierten Vollendung, ist dagegen „in seiner materiellen Gegebenheit bloße Virtualität, die nur im Subjekt ihre Aktualität finden kann" (108)[18]. Mit anderen Worten:

> „Eine Theorie literarischer Texte vermag ohne die Einbeziehung des Lesers offensichtlich nicht mehr auszukommen. Das aber heißt, der Leser ist zur ‚Systemreferenz' jener Texte avanciert, die ihren vollen Sinn erst in den von ihnen ausgelösten Verarbeitungsprozessen gewinnen." (60)

---

[14] Vgl. NAUMANN u. a., Lesen. Vgl. bei ISER, Akt, 175f., v. a. Anm. 1, wo er explizit auf diese Veröffentlichung verweist (vgl. auch ISER, Akt, 63f.). Ob ISERs Vorwurf gegenüber der Rezeptionstheorie dieser Prägung zu halten ist, sei dahingestellt. Für eine differenzierte Darstellung des deutsch-deutschen Verhältnisses zwischen Rezeptionsästhetik und Rezeptionstheorie einschließlich der Kritik vonseiten der Rezeptionsästhetik an der Konzeption einer ‚Rezeptionsvorgabe' und der Prädominanz der Produktionsseite vgl. FUNKE, Rezeptionstheorie.

[15] Vgl. zum Folgenden z. B. ISER, Process, 50.

[16] Vgl. so SCHUTTE, Einführung, 181.

[17] Für eine solche Sicht verweist WOLFGANG ISER auf GEORGES POULET, den berühmtesten Vertreter der phänomenologisch geprägten Genfer Schule, der ISER verpflichtet ist (vgl. HAWTHORN, Grundbegriffe, 242), speziell auf POULET, Phenomenology, so bei ISER, Lesevorgang, 272f.; ISER, Akt, 248–251 und ISER, Process, 66.

[18] Und dies verweist wiederum auf die oben angegeben Vorentscheidung ISERs, den Text als Kommunikation aufzufassen (vgl. o. S. 53 Anm. 11). So fährt WOLFGANG ISER an der zitierten Stelle fort: „Daraus ergibt sich für den fiktionalen Text, daß dieser vorrangig als Kommunikation, und für das Lesen, daß dieses primär als ein dialogisches Verhältnis zu sehen ist." (ISER, Akt, 108)

Im Text selbst schlägt sich dies in den bereits angesprochenen die Konstitutionsaktivität vorzeichnenden und damit die Rezeption steuernden Strukturen nieder, in „Aktualisierungsbedingungen [...], die es erlauben, den Sinn des Textes im Rezeptionsbewußtsein des Empfängers zu konstituieren" (61). Die „Gesamtheit der Vororientierungen, die ein fiktionaler seinen möglichen Lesern als Rezeptionsbedingungen anbietet" (60), fasst WOLFGANG ISER in dem Konzept des impliziten Lesers zusammen, das somit eine Textstruktur verkörpert, „durch die der Empfänger immer schon vorgedacht ist", eine „strukturierte[...] Hohlform [...]. So rückt das Konzept des impliziten Lesers die Wirkungsstrukturen des Textes in den Blick, durch die der Empfänger zum Text situiert und mit diesem durch die von ihm ausgelösten Erfassungsakte verbunden wird." (Beide Zitate 61)[19] Der implizite Leser bezeichnet also ein Rollenangebot des Textes an seine Leser, eine Leserrolle, die sich in eine Textstruktur und eine Aktstruktur gliedert, insofern die sich im Lesen vollziehenden Verarbeitungsprozesse zwar vom Text ausgelöst werden – worin ISER den „affektiven Charakter" der Textstruktur (63) ausmacht –, sich aber erst in der Vorstellung des Lesers erfüllen. „Textstruktur und Aktstruktur verhalten sich zueinander wie Intention und Erfüllung. Im Konzept des impliziten Lesers sind sie zusammengeschlossen" (63).[20]

---

[19] Aktualisierung (oder Konkretisation oder Realisation) meint dann präzise „eine bestimmte Besetzung der Struktur des impliziten Lesers" (ebd., 65).

[20] Zum Konzept des impliziten Lesers vgl. v. a. ebd., 60–67, das er wie folgt zusammenfasst: „Das Konzept des impliziten Lesers ist ein transzendentales Modell, durch das sich allgemeine Wirkungsstrukturen fiktionaler Texte beschreiben lassen. Es meint die im Text ausmachbare Leserrolle, die aus einer Textstruktur und einer Aktstruktur besteht. [...] die Textstruktur [richtet] den Blickpunkt für den Leser ein [...] Ein solcher Blickpunkt situiert den Leser zum Text, damit er den Sinnhorizont zu konstituieren vermag" (ISER, Akt, 66). Da dieser jedoch nicht gegeben ist, gilt für ihn: „Das Nicht-Gegebene ist nur durch die Vorstellung erschließbar, so daß sich im Auslösen einer Vorstellungsfolge die Textstruktur in das Rezeptionsbewußtsein des Lesers übersetzt. [...] Das Konzept des impliziten Lesers umschreibt daher einen Übertragungsvorgang, durch den sich die Textstrukturen über die Vorstellungsakte in den Erfahrungshaushalt des Lesers übersetzen." (ISER, Akt, 66f.)
Diesen im Konzept des impliziten Lesers umrissenen Übertragungsvorgang zu verdeutlichen, das ist, wie WOLFGANG ISER im Anschluss an die vorgeführten Ausführungen erklärt, das Ziel der folgenden Kapitel seines ‚Der Akt des Lesens' (vgl. ISER, Akt, 66f.). Dabei verzichtet er allerdings auf den Terminus des impliziten Lesers. Auch wenn sich somit ISERs Wirkungsästhetik vom Konzept des impliziten Lesers leiten lässt, wird der Begriff doch nicht mehr bemüht und bleibt im Hintergrund. Ein ähnlicher Befund ergibt sich aus WOLFGANG ISERs früherer Aufsatzsammlung ‚Der implizite Leser', die „für die spätere Theoriebildung kaum repräsentative[...] Aufsätze[...]" versammelt und die daher auch „mehr durch ihren Titel als durch ihren Inhalt nachgewirkt hat. Der programmatische Titel *Der implizite Leser* hat die Iser-Rezeption leicht dazu verführt, diesen Begriff derart in den Mittelpunkt zu stellen, daß viele wesentlich zentraleren Inhalte aus Isers Werk in den Hintergrund geraten sind. Daß der Begriff des ‚impliziten Lesers' in dem gleichlautenden Werk

2 Polarer Werkbegriff

Jedenfalls spannt sich, um darauf zurückzukommen, das literarische Werk in der Polarität aus vom Autor geschaffenem Text und imaginierender Konkretisation des Lesers, aus künstlerischem und ästhetischem Pol auf. Es geht weder in dem einen, noch in dem anderen Pol auf, ist weder ausschließlich identisch mit dem Text noch bloß mit dessen Konkretisation, „but in fact must lie halfway between the two"[21].

> „Denn das Werk ist mehr als der Text, da es erst in der Konkretisation sein Leben gewinnt, und diese wiederum ist nicht gänzlich frei von den Dispositionen, die der Leser in sie einbringt, wenngleich solche Dispositionen nun zu den Bedingungen des Textes aktiviert werden. Dort also, wo Text und Leser zur Konvergenz gelangen, liegt der Ort des literarischen Werks, und dieser hat zwangsläufig einen virtuellen Charakter, da er weder auf die Realität des Textes noch auf die den Leser kennzeichnenden Dispositionen reduziert werden kann." (38; vgl. 39)

Aus dieser polaren Verfasstheit des literarischen Werkes ergibt sich daher in WOLFGANG ISERs Werkbegriff eine besondere Betonung seiner Prozesshaftigkeit.[22] Die Virtualität des literarischen Werkes bedingt ja gerade, dass es nur je und je zur Verwirklichung gelangt, dass es immer nur als die jeweils von einem Rezipienten aktualisierte Textstruktur (und nicht etwa als diese selbst schon) gegeben ist. Das kann bei WOLFGANG ISER geradezu als das Spezifikum der Gegebenheitsweise des literarischen Werkes gelten. Der Text gelangt „erst durch die Konstitutionsleistung eines ihn rezipierenden Bewußtseins zu seiner Gegebenheit, so daß sich das Werk zu seinem eigentlichen Charakter als Prozeß nur im Lesevorgang zu entfalten vermag. [...] Das Werk ist das Konstituiertsein des Textes im Bewußtsein des Lesers." (39).

Für WOLFGANG ISER ergibt sich aus einem auf diese Weise konzipierten, polaren Werkbegriff für eine wirkungsästhetische Betrachtungsweise – ohne dass er dabei die heuristische Notwendigkeit einer Analyse beider Pole ge-

---

nur in der Einleitung erwähnt wird und im *Akt des Lesens* einen relativ geringen Raum einnimmt, spricht eben nicht dafür, daraus *den* Eckpfeiler der Iser'schen Wirkungsästhetik zu machen." (MAYORDOMO-MARÍN, Anfang, 65).
Es darf nicht verwundern, wenn die vorliegende Arbeit im Folgenden bei der Darstellung der ISERschen Charakterisierung des Aktes des Lesens und hier speziell der Wirkungsstrukturen des Textes ohne die explizite Bezugnahme auf das Konzept des impliziten Lesers auskommt, ist eine solche Auslassung doch schon der Theorie ISERs selbst geschuldet. Gleichwohl wird im Einzelnen zur Darstellung gelangen, was das Konzept umschreibt, nämlich eben der „Übertragungsvorgang, durch den sich die Textstrukturen über die Vorstellungsakte in den Erfahrungshaushalt des Lesers übersetzen".

[21] ISER, Process, 50.
[22] ISER spricht dahin gehend auch von der „dynamic nature" bzw. dem „dynamic character" des literarischen Werkes (ebd. bzw. ISER, Process, 51).

trennt voneinander bestreiten würde – die Notwendigkeit, sich weder der einen, noch der anderen Seite *mit Ausschließlichkeit* zuzuwenden; sie darf das literarische Werk weder auf die „Darstellungstechnik des Textes", noch auf die „Psychologie des Lesers" beschränken (beide Zitate 39). Vielmehr hat sie sich sowohl mit dem Text als auch mit den durch ihn bewirkten Erfassungsakten gleichermaßen zu befassen.

2.2 Der Doppelcharakter des Kirchenraums

Was WOLFGANG ISER zum polar konzipierten Werkbegriff ausführt, lässt sich in vielerlei Hinsicht auf die Beschreibung des Kirchenraums übertragen. So lautet die methodische Grundannahme der vorliegenden Arbeit pointiert: Was ISER vom literarischesn Werk aussagt, gilt mutatis mutandis auch vom Kirchenraum. Diese Annahme soll im Folgenden plausibilisiert werden.

Zunächst ist der Kirchenraum wie jedes architektonische Erzeugnis Raum*kunst*, also das ‚Werk' eines Künstlers.[23] Dass das Erzeugen eines solchen vielerlei Kenntnisse und Fertigkeiten bedarf, liegt auf der Hand. In dem fertig dastehenden architektonischen Erzeugnis geht allerdings der (Kirchen-)*Raum* noch nicht auf. Es gibt den Kirchenraum nie bloß statisch-dinghaft als rein physikalischen Raum, sondern immer nur dynamisch-prozesshaft: Erst durch die Konstitutionsleistung eines ihn wahrnehmenden Rezipienten kommt der Kirchenraum zu seiner Gegebenheit.[24] Um ISERs Formulierung aufzugreifen: Das ‚Werk' Kirchenraum vermag sich zu seinem eigentlichen Charakter als Prozess nur im Vorgang der Raumlektüre, nämlich als aktive Aneignung „im subjektiven Handlungsvollzug"[25], zu entfalten. Der Kirchen*raum* ist nicht ausschließlich und nicht in erster Linie eine architektonische Entität (das konkrete Gebäude, der Kirchen*bau*, die Kirche als Baukörper), sondern ein dynamisch-kommunikativer Prozess, der sich als Interaktion zwischen den baulichen Gegebenheiten und dem Architek-

---

[23] Vgl. so etwa WALDENFELS, Sinnesschwellen, 209.
[24] So wie es überhaupt den „*schlechthin realen Raum*" nicht gibt, denn: „Jeder Raum ist auf bestimmte Weise gelebt, strukturiert, gedeutet. Er dient als beweglicher Rahmen für Handlungsabläufe und dauerhafte Lebensläufe; [...] eine Szene, auf der sich Leben abspielt." (Beide Zitate ebd., 214)
[25] ERNE, Wiederentdeckung, 10. Vgl. hierzu (wie überhaupt zum Begriff der Aneignung von Raum) auch HERLYN, Aneignung, 10 [unter Aufnahme eines Zitats von LENELIS KRUSE/ CARL F. GRAUMANN]: „Aneignung des Raumes heißt ‚sich den physikalischen (aber auch: sozialen, geistigen) Raum handelnd so erschließen, daß Orientierung, also Handlungsentwurf und -realisation, in ihm möglich ist [...]'".

2 Polarer Werkbegriff

turnutzer darstellt.²⁶ Wenn man so will, ist auch der Kirchenraum das Konstituiertsein der bloß architektonisch-struktiven Gegebenheiten in der Vorstellung des Rezipienten.²⁷ In diesem Sinne ist der Kirchenraum *gelebter Raum*; denn dieser ist „nicht eine objektiv fassbare Größe, sondern wird als Korrelat subjektiven Erlebens thematisch"²⁸.

Dieser Prozesshaftigkeit entspricht, dass der von WOLFGANG ISER für das literarische Werk beschriebene Doppelcharakter in entsprechender Weise beim Kirchenraum auszumachen ist: Beim Kirchenraum lässt sich eine dem literarischen Werk vergleichbare Polarität beobachten. Das bedeutet, auch der Kirchenraum spannt sich zwischen zwei Polen auf: Auf der einen Seite die vom Architekten geschaffene gegenständliche Formation in ihrer physischen Qualität, das heißt der fixierte Raum-Text in seiner Materialität und Strukturalität, in seiner gebauten Form und verfestigten Ausgestaltung. Dies soll als der künstlerisch-architektonische Pol des Raums bezeichnet werden. Mit Blick auf diesen Pol hat die Erforschung des Kirchenbaus und seiner Geschichte ihr Recht, also dessen, „was Kirchenanalytiker [...] üblicherweise zu analysieren versuchen, die Struktur der Architektur, Einrichtung und Baugeschichte, Funktionalität und Akustik"²⁹. Nun gilt aber, um eine Formulierung des Architekten und Architekturtheoretikers LARS LERUP aufzugreifen: „Der physische Raum *zuzüglich* seiner Aneignung durch die Menschen: Das ist Raum."³⁰ Architektur ist in diesem Sinne komplementär zu verstehen „als ‚Bauten plus Menschen'"³¹. Oder, um ISERs oben entfaltete Begrifflichkeit heranzuziehen: Insofern die architektonischen Gegebenheiten erst in der Aneignung durch den Rezipienten ihrer Vollendung zugeführt werden und sich in dessen Vorstellung zum Raum konstituieren, funktionieren sie „primär als Anweisung auf das, was es hervorzubringen gilt" (s. o. S. 54). Dieses in der Aneignung Hervorgebrachte, die Konkretisation durch den Rezipienten nun ist der zweite, der ästhetische Pol. Kirchenraum wie Raum im Allgemeinen ist so weder „unabhängig von Personen, noch setzen Personen den

---

[26] Von einer „Kommunikation mit dem Raum und seiner Ausstattung" spricht z. B. RASCHZOK, Kirchenbau I, 391 und 395. Vgl. auch BENN / ZINK, Raum, 74–80, wo sie drei bzw. vier Ebenen der räumlichen Kommunikation unterscheiden (nämlich Expression/ Beziehung, Appell, Information/ Sachinhalte, Selbstoffenbarung).
[27] (Kirchen-)Raum ist so gesehen Vorstellungsgegenstand, imaginäres Objekt. In diesem Sinne spricht auch WOLFGANG MEISENHEIMER davon, „dass Architektur als Vorstellung in Menschen entsteht und dass sie eher den Charakter von Vorgängen hat als den von Sachen" (MEISENHEIMER, Denken, 138).
[28] FAILING, Welt, 100.
[29] STOCK, Kirchgang, 11.
[30] LERUP, Architektur, 101.
[31] Ebd., 24.

Raum allein in ihren subjektiven Vorstellungen und Empfindungen. Beides steht in permanenter Wechselwirkung."[32]

Auf einen derartigen Doppelcharakter des Kirchenraums laufen auch THOMAS ERNEs Bemerkungen zur ‚Kirche als Raum' hinaus.[33] ERNEs Überlegungen nehmen ihren Ausgang an der Beobachtung, dass sich die evangelische Theologie bei der Erforschung des Kirchenbaus lange Zeit und bis in die jüngere Vergangenheit allein auf die Erforschung des Kirchen*baus* und seiner Geschichte konzentriert hat, diese Betrachtungsweise aber mehr und mehr um die Perspektive von Kirche als *Raum* erweitert worden ist, die protestantisch-theologische Theoriebildung sich demnach auf dem Weg ‚Vom Kirchenbau zum Kirchenraum' befinde. THOMAS ERNE demonstriert dies durch einen Vergleich der Lexikoneinträge in der TRE und der vierten Auflage der RGG: Im achtzehnten Band der TRE aus dem Jahre 1989 findet sich ein ausführlicher Artikel ‚Kirchenbau', es fehlen in der TRE dagegen Beiträge zu den Stichwörtern ‚Kirchenraum' (bzw. ‚Raum') oder zu ‚Kirchenraumpädagogik' und dergleichen. Gut zehn Jahre später in der RGG dagegen erscheinen zusätzlich zu einem Artikel ‚Kirchenbau' Beiträge zu den eben genannten Stichwörtern, zu ‚Raum' in philosophischer, religionswissenschaftlicher, dogmatischer sowie liturgisch und praktisch-theologischer Sicht und zu ‚Kirchenraumpädagogik'. In dieser Ausweitung des Themenfeldes, der „Erweiterung des ‚Kirchenbaus' um ‚Kirchenraum' und um ‚Raum' als theologisch-philosophischer Grundbestimmung" sieht THOMAS ERNE „nicht nur einen äußerlichen Befund, sondern eine Erweiterung des Phänomenfeldes und der kategorialen Begrifflichkeit"[34]. Die terminologische Unterscheidung von Kirchenbau und Kirchenraum differenziert zwischen Raumerleben und architektonischem Raum. ERNE hält an dieser Differenzierung fest, geht hierbei jedoch von einer unauflösbaren, wenngleich differenzierten Einheit aus gebautem Raum auf der einen und dem (leiblich) erlebten Raum auf der anderen Seite aus. Mit einer Formulierung DIETER MERSCHs spricht er vom ‚materiellen Dispositiv', welches die Architektur bereit stellt und das in leiblicher Bewegung erschlossen wird. Zwar wird der Raum

---

[32] GEYER, Räume, 67. Vgl. FAILING, Welt, 99: Räume sind nicht bloß die „in ihrer physikalischen Materialität fixierten statischen Gebilde. Sie sind zugleich materiale und kulturell geformte, sozialhistorisch bedingte wie schöpferisch anzueignende, komplexe *Verhältnisse*".

[33] Vgl. zum Folgenden ERNE, Wiederentdeckung, 6–11 („Vom Kirchenbau zum Kirchenraum"), hier v. a. 8–11 („Kirche als Raum"); vgl. außerdem noch ERNE / SCHÜZ, Religion, 11f.

[34] Beide Zitate ERNE, Wiederentdeckung, 9.

2 Polarer Werkbegriff

„entworfen vom Standpunkt eines konkreten Betrachters und ist nicht von der Situation abzulösen, in der ein leibliches Selbst diesen Raum erfährt. [...] Aber auch die Erschließung des Raumes in einer leiblichen Bewegung bleibt verbunden mit der Materialität und Konstruktion des gebauten Raumes. [...] So entsteht der Raum zwar in gewisser Weise im subjektiven Handlungsvollzug, in der leiblichen Bewegung. Der gelebte Raum füllt nicht einen vorhandenen Baukörper nachträglich mit Leben wie einen leeren Container. Aber das materielle Dispositiv des gebauten Raumes geht nicht im Raumerleben, das es mit ermöglicht und strukturiert, einfach und umstandslos auf. Es bleibt ein Rückstand, ein Nichtauflösbares der Materialität, das sich als Widerstand und Irritation der Raumerfahrung und Raumdeutung bemerkbar macht."[35]

Und so stellt sich für THOMAS ERNE „die Frage, ob nicht der Raum in seiner Substanz [...] in den kulturellen Repräsentationen des Raumes als eine Art Restrisiko der Materialität wiederkehrt".[36]

Wie WOLFGANG ISER für eine wirkungsästhetische Betrachtungsweise fordert, dass sie sich weder dem einen noch dem anderen Pol mit Ausschließlichkeit zuwenden dürfe (vgl. o. S. 58), so betont THOMAS ERNE beides: dass der Raum immer von einem konkreten Hier entworfen wird und nicht von der Situation der Raumerfahrung eines leiblichen Selbst abzulösen ist, dass aber andererseits diese Raumerfahrung die Architektur als Ermöglichungsgrund voraussetzt. Der Kirchenraum geht weder in dem einen noch dem anderen Pol auf, seinen Doppelcharakter kennzeichnet es vielmehr, dass er zwischen beiden Polen oszilliert[37]: seinem künstlerisch-architektonischen

---

[35] Ebd., 9f. Das Bedürfnis des Rezipienten nach der Erfahrung der Widerständigkeit von Architektur in ihrer Dinglichkeit und darin der Erfahrung der eigenen Körperlichkeit – darauf macht BÖHME, Architektur, 126 aufmerksam – ist nicht zu unterschätzen. Auch WOLFGANG WELSCH weist darauf hin, dass – im Kontrast zur Realität bzw. der Derealisierung der Medienerfahrung – heute eine Revalidierung gewohnter Erfahrungsformen und u. a. eine neue Wertschätzung für Trägheit und Konstanz, Unwiederholbarkeit und Unveränderlichkeit, für das Beharren des Konkreten und die Massivität der Materie festzustellen ist; vgl. WELSCH, Grenzgänge, 154f. und 317f. Vgl. das in der Einleitung zu Ästhetisierung und einer Verkörperlichung der Kultur Gesagte (vgl. o. S. 14f.). Im Übrigen geht in ISERs Theorie ästhetischer Wirkung, soviel sei hier schon angedeutet, die vom Text eröffnete Beziehungsvielfalt auch nicht einfach und umstandslos in den vom Leser im Verlauf der Lektüre gebildeten Sinngestalten auf. Vielmehr hält das Beziehungsnetz der Darstellungsperspektiven des Textes immer mehr parat, als der Rezipient beim Lesen durch Selektionsentscheidungen de facto aktualisiert. Dieser virtuell bleibende Möglichkeitsüberschuss vermag sich den vom Leser stabilisierten bestimmten Sinngestalten als Irritationen des Textes entgegenzustellen, sie zu relativieren, zu durchkreuzen oder aufzubrechen und dadurch eine Umorientierung der Erfassungsakte zu bewirken. Vgl. u. S. 204 und z. B. ISER, Akt, 204–210.

[36] ERNE / SCHÜZ, Religion, 12.

[37] Auf den gleichen Sachverhalt zielt auch GERNOT BÖHME ab, wenn er dafür plädiert, weder ein bloß geometrisches Verständnis von Raum, das den Menschen darin als Körper

und seinem ästhetischen Pol, oder mit THOMAS ERNE: dem Nichtauflösbaren der Materialität und Konstruktion des gebauten Raumes und der Erschließung des Raumes in einer leiblichen Bewegung, oder mit WOLFGANG ISER: zwischen einer Textstruktur und einer Aktstruktur.

2.3 Weiteres Vorgehen der Arbeit

Aus WOLFGANG ISERs Werkbegriff, wie er oben dargestellt wurde, ergibt sich der Aufbau seiner Theorie ästhetischer Wirkung, wie er sie in seinem Hauptwerk ‚Der Akt des Lesens' darlegt. Dieses gliedert sich „in zwei komplementär aufeinander bezogene Teile"[38], die sich jeweils den beiden Polen des literarischen Werkes zuwenden: In einem ersten Teil richtet sich ISERs Aufmerksamkeit zunächst auf den Text selbst; der Teil behandelt also die Textseite seines polaren Werkbegriffs. Als Leitfrage dieses Teils könnte man formulieren: „Wie sind fiktionale Texte beschaffen, und welche Funktion, d. h. welches Wirkungspotential resultiert aus dieser Beschaffenheit?"[39] Ziel dieses ersten Teiles bei ISER ist es somit, ein – wie er ihn überschreibt – ‚Funktionsgeschichtliches Textmodell der Literatur'[40], auszuarbeiten. Im zweiten Teil fokussiert WOLFGANG ISER den Lesevorgang; dieser Teil kreist damit um den ästhetischen Pol des ISERschen Werkbegriffs. Leitend ist hier die Frage: „Wie realisiert sich diese [sc. aus der Beschaffenheit des Textes resultierende] Funktion beim Lesen?"[41] Ziel dieses zweiten Teiles ist es, – so wieder ISERs Überschrift – eine ‚Phänomenologie des Lesens' zu entfalten.[42]

---

berücksichtigt, noch ein bloß subjektorientiertes, welches den Raum in der leiblichen Anwesenheit des Menschen verankert, zu verabsolutieren, und stattdessen feststellt: „Die Wahrheit liegt vielmehr im Spiel zwischen beidem, zwischen Leib und Körper, zwischen Befindlichkeit und Tätigkeit, zwischen Wirklichkeit [sc. im Sinne der Wirkung auf einen leiblich anwesenden Menschen] und Realität [sc. im Sinne von Dinglichkeit]" (BÖHME, Architektur, 126).

[38] RICHTER, Wirkungsästhetik, 522. Vgl. zum Folgenden das Inhaltsverzeichnis bei ISER, Akt, 5f.
[39] RICHTER, Wirkungsästhetik, 522.
[40] Wenn WOLFGANG ISER sein Textmodell als funktionsgeschichtlich bezeichnet, hebt er damit auf dreierlei ab (vgl. ISER, Akt, 88f.; vgl. MAYORDOMO-MARÍN, Anfang, 68 Anm. 154): Erstens setzt er sich damit von ontologischen Modellen ab, die Fiktion und Wirklichkeit als ein Seinverhältnis und daher als polare Entgegensetzung verstehen. Stattdessen sieht er zweitens die Leistung der Fiktion in ihrer Funktion, nämlich zwischen Welt und Leser zu vermitteln. Und drittens bekundet er damit, dass sein Erkenntnisinteresse zuallererst der pragmatischen Dimension des Textes gilt, die aber „selbstverständlich nicht von der Syntax [...] und der Semantik [...] abstrahieren kann" (ISER, Akt, 88f.).
[41] RICHTER, Wirkungsästhetik, 522.
[42] Die beiden genannten Teile folgen in ‚Der Akt des Lesens' als II und III einem einleitenden Teil I ‚Problemlage'. Ein Teil IV ‚Interaktion von Text und Leser' schließt sich an.

2 Polarer Werkbegriff

Das oben bereits angedeutete Dilemma, sich weder dem einen, noch dem anderen Pol mit Ausschließlichkeit zuwenden zu können (vgl. o. S. 58), spürt man ISERs Darstellung ab: Wenngleich er – wie gesagt – die beiden Pole getrennt voneinander betrachtet, so greift er in beiden Teilen auf den jeweils anderen Pol über. Statt einer Analyse beider Pole völlig getrennt voneinander unternimmt er es, so könnte man eher sagen, sich dem virtuellen Ort des Werkes aus den beiden durch die Pole vorgegebenen Richtungen zu nähern. Dabei liegt es gerade in der Natur eines *Poles*, dass er sein Wesen erst aus dem Gegenüber zum entgegen gesetzten Pol gewinnt. Und so kann nicht verwundern, dass die Darstellung zwischen den beiden Polen oszilliert.

Diese Gliederung in zwei komplementäre Teile soll – entsprechend der Polarität aus künstlerisch-architektonischem und ästhetischem Pol, die sich als beim Kirchenraum in Geltung stehend erwiesen hat – beim weiteren Vorgehen als Raster dienen, um zu einer wirkungsästhetisch konzipierten Theorie des Kirchenraums zu gelangen. So soll das Augenmerk zunächst (Erster Hauptteil) auf den architektonisch-künstlerischen Pol des Kirchenraums gerichtet sein und der Kirchenbau als Wirkungspotential entworfen werden. Dazu wird der erste Teil aus ISERs Theorie ästhetischer Wirkung, also sein Textmodell, herangezogen. Entsprechend dem zweiten Teil bei WOLFGANG ISER lässt sich dann (Zweiter Hauptteil) eine Phänomenologie der Kirchenraumlektüre entwickeln und zwar – mit den Worten ISERs – als „Prozess einer dynamischen Wechselwirkung von Text und Leser" (s. o. S. 53).

WOLFGANG ISER spricht deshalb bezüglich seines Vorgehens bei der Analyse ästhetischer Wirkung von einem „dialektischen Dreischritt von Text und Leser sowie der sich zwischen ihnen ereignenden Interaktion" (ISER, Akt, 8). In seinem Teil IV geht es ihm aber vor allem um „die Mechanismen der Text-Leser-Interaktion" (RICHTER, Wirkungsästhetik, 522) bzw. die Bedingungen der Interaktion, die genau den Überschlag vom Text zum Leser (und somit auch von Teil II zu Teil III innerhalb von ‚Der Akt des Lesens') leisten. Wie unten an der entsprechenden Stelle dargelegt wird (vgl. u. S. 183f.), ist es deshalb durchaus sinnvoll, das von ISER in diesem Teil IV Thematisierte zwischen den beiden komplementären, sich auf die beiden Pole beziehenden Teilen, der Texttheorie und der Phänomenologie des Lesens, zu verhandeln.

Erster Hauptteil:
Der Kirchenbau als Kirchenraumtext – Der künstlerisch-architektonische Pol des Kirchenraums

> *„Chaque face, chaque pierre du vénérable monument est une page non seulement de l'histoire du pays, mais encore de l'histoire de la science et de l'art."*
> *(Victor Hugo)*[1]

Ein erster Gedankengang soll also zunächst dem künstlerisch-architektonischen Pol des Kirchenraums gelten. Im Fokus der Betrachtung steht damit für den Moment der Kirchen*bau*, die materiell-gegenständliche Architektur, ihre Ausgestaltung und was in ihr zur Form geronnen ist.

1 Die Einflussfaktoren auf den Kirchenbau (I) – Vertextung des Kirchenraums

Führt man sich einmal den Bau einer Kirche vor Augen, so wird schnell deutlich, dass mannigfaltige Einflüsse zum Tragen kommen. Die Errichtung eines Kirchenbaus (inklusive Planungs- und Entwurfsprozess, Bauausführung etc.) findet – ganz gleich von welcher Epoche im Einzelfall die Rede ist – nie im luftleeren Raum statt, sondern ist wie jede Architektur eingebunden in einen zeitgeschichtlichen, in einen zeitlichen und räumlichen Kontext und kann daher nie losgelöst von Ort und Zeit betrachtet werden. Dieser Kontext ist der Boden, auf dem der Bau emporwächst; aus ihm ergeben sich die historischen Entstehungsbedingungen für den Kirchenbau. Will man die kontex-

---

[1] HUGO, Notre-Dame, 111.

tuellen Entstehungsbedingungen näherhin differenzieren, sind eine Vielzahl an auf den Kirchenbau einwirkenden Einflüssen in Anschlag zu bringen – seien es unbewusste oder bewusste, seien es individuelle oder kollektive, personelle oder institutionelle. Die Einflussfaktoren lassen sich nach kirchlicher, liturgischer, theologischer, gesellschaftlicher, kultureller, geographischer Art und nach künstlerischen, personenabhängigen und technisch-konstruktiven sowie nach ökonomisch-finanziellen Aspekten (und die Liste ließe sich verlängern!) aufschlüsseln.[2] Ein Kirchenbau ist das Ergebnis dieser seiner historischen, seiner kontextuellen Entstehungsbedingungen, ist „Spur und Dokument einer nicht zu wiederholenden geschichtlichen Konstellation"[3]. Wenn man so will, verdichtet sich in ihm Zeit zum Raum, aus Chronologie wird eine Topologie.[4] Das heißt – und das ist nun ganz entscheidend für den vorliegenden Zusammenhang: Die Kontextbedingungen und Einflussfakto-

---

[2] So von Faktoren sprechen z. B. DAVIES, Buildings, 123 und 205; GERHARDS, Kirchenraum, 236; KIECKHEFER, Theology, 13 und des Öfteren auch RAINER VOLP (z. B. VOLP, Liturgik I, 354). Für eine prägnante und anschauliche Zusammenfassung der einen Kirchenbau prägenden Einflüsse vgl. außerdem GOECKE-SEISCHAB / OHLEMACHER, Handbuch, 68. Vgl. außerdem die Aufzählung unten im Anschluss an die Repertoirediskussion (vgl. u. S. 162ff.).
Dass es sich in der Regel um eine Vielzahl an Einflussfaktoren handelt, dahin gehend lassen sich auch CHRISTOPH MARKSCHIES' Überlegungen verstehen, wenn er mit seiner Heidelberger Akademieabhandlung zur ‚Theologie der Kathedrale' vor einer monokausalen Antwort auf die Frage, ob die mittelalterliche Theologie in den Kathedralen Gestalt gewinnt, warnt (vgl. MARKSCHIES, Theologie I, v. a. 5 und 60f.). Statt der einlinigen „Vorstellung einer direkten, verallgemeinerbaren Kausalbeziehung zwischen einer neuen scholastischen Theologie und einer neuen gotischen Architektur" schlägt er ein komplexeres „Modell abgestufter Kausalitäten und Konvergenzen" vor, das mit „reinen Konvergenzen eines allgemeinen geistesgeschichtlichen Klimas und [...] vielen individuellen Kausalitäten, die ja tatsächlich sehr stark von liturgischen und örtlichen Notwendigkeiten jeder einzelnen Kirche geprägt waren", rechnet (alle drei Zitate MARKSCHIES, Theologie II, 200).
[3] SCHWEBEL, City-Kirche, 13.
[4] Vgl. zur Formulierung ASSMANN, Erinnerungsräume, 311. Ähnlich formuliert auch GERNOT BÖHME in Abwandlung eines Diktums G.W.F. HEGELS, Architektur „sei ihre Zeit in Gebäude gefasst" (BÖHME, Architektur, 174). An anderer Stelle spricht ALEIDA ASSMANN von „räumliche[r] Kristallisierung von Geschichte und Gedächtnis" und von Orten „als Form der Verdichtung und Vergegenständlichung von Geschichte" (beide Zitate ASSMANN, Geschichte, 16), und sie weist auf Folgendes hin: „Mit dem *spatial turn* hat sich immer stärker die Einsicht verbreitet, dass historisches Geschehen nicht nur in Räumen stattfindet, sondern sich mit ihnen auch verschränkt und von ihnen wesentlich mitbestimmt ist." (ASSMANN, Geschichte, 15) Vgl. speziell für den Kirchenbau SCHWEBEL, Kirchenidentität, 94 [Hervorhebung CWB]: „Wir erfahren in einer erstaunlichen Weise eine *Bündelung von Geschichte* durch die Kirchen. Es gibt kein anderes Objekt, ein Buch oder ähnliches, wo man sinnlich unmittelbar etwas über die Geschichte erfahren kann." Und so spricht er vom Kirchenbau als „Geschichte in gebündelter Form" (SCHWEBEL, Kirchenidentität, 95) und als „Geschichtsspeicher" (SCHWEBEL, Kirchenidentität, 96); vgl. SCHWEBEL, Aspekte, 17 und 18f.

1 Die Einflussfaktoren auf den Kirchenbau (I) 67

ren finden ihren konkreten Niederschlag im Baukörper; sie ‚fließen' in ihn ein. Viele verschiedene Ideen und Überzeugungen, Intentionen und Bestrebungen, gemeindliche und gesellschaftliche Realitäten und Lebensäußerungen genauso wie Erwartungen und Hoffnungen, Visionen und Verheißungen artikulieren sich in dem Gebäude einer Kirche, in dem Vergangenheit resümiert, Gegenwart gelebt und Pläne in die Zukunft projiziert werden.[5] Die Einflüsse formen so den Kirchenbau und geben ihm seine jeweils ganz individuelle Gestalt.

Das Einfließen kontextueller Bedingungen bleibt nicht auf das Bauen im Sinne der einmaligen Errichtung einer Kirche, also das Herstellen des Gebäudes, beschränkt, so als bliebe das einmal errichtete Bauwerk nun völlig unberührt von und indifferent gegenüber dem, was sich in ihm und um es herum abspielt. Das Gegenteil ist der Fall: Kirchengebäude selbst haben Geschichte. Sie werden weitergebaut und erhalten, renoviert und restauriert und vor allem: benutzt. All diese Verrichtungen, also nicht nur bauliche Veränderungen im engen Sinne, sondern schon allein die Nutzung eines Kirchenraums, gestalten den Raum, bisweilen sehr nachhaltig.[6] Und so gilt das Gesagte in gleichem Maße für die sich über längere Zeit erstreckende Nutzung eines Kirchenbaus. SIGRID GLOCKZIN-BEVER bringt es auf den Punkt: „Kirche [sc. im Sinne des Gebäudes] ist ein durch Geschichte gezeichneter Raum, in den immer neu Gegenwärtiges eingezeichnet wird."[7] Dies wird weiter unten noch eingehender zu erörtern sein. Vorläufig kann jedoch festgehalten werden: Ein Kirchenbau ist die sich ständig wandelnde Summe der

---

[5] Vgl. dahin gehend z. B. SCHWEBEL, Kirchenidentität, 96 und SOEFFNER, Gebäude I, 51 (wieder in: SOEFFNER, Gebäude II, 127).

[6] Vgl. SCHWEBEL, City-Kirche, 13 und entsprechend die ganz grundlegende Bemerkung von BERNHARD WALDENFELS: „Bauen, das sich vom Wohnen her versteht, bedeutet niemals ein pures Herstellen von Etwas, sondern immer auch ein Gestatten, ein Ein-räumen, das Raum gewährt […]. Auch die Um-gebung zeigt Aspekte des Gegebenen und des Gebenden. Dabei stellt sich die Frage, ob nicht auch Lebewesen, selbst Dinge auf gewisse Weise den Raum gestalten, in dem sie leben oder vorkommen. Dazu wäre einiges zu sagen." (WALDENFELS, Sinnesschwellen, 208, wo er auf MARTIN HEIDEGGERs berühmten im Jahre 1951 bei den Darmstädter Gesprächen des Deutschen Werkbundes gehaltenen Vortrag ‚Bauen Wohnen Denken' verweist).

[7] GLOCKZIN-BEVER, Überlegungen, 164. Dieser Sachverhalt an und für sich ist freilich noch keine Eigenart von Kirchbauten, sondern gilt von Architektur überhaupt. So meint WOLFGANG PEHNT, gebaute Architektur sei „die Sache selbst, wie sie uns die Vergangenheit übergeben hat, mit allen Eintragungen ihrer Geschichte, ihren Beschädigungen, Merkwürdigkeiten, Revisionen, Ergänzungen. Ein Bauwerk ist keine Idee jenseits der Zeit, auch wenn es solche Ideen in sich aufnehmen kann, sondern in der Zeit gewordene Realität. So hat es mit den Generationen vor uns und schließlich mit unserer eigenen gelebt, hat sie ertragen und ist von ihnen ertragen worden. Seine Materialität weist die Spuren dieses Prozesses auf." (WOLFGANG PEHNT, zit. nach HERTWECK, Verdrängung, 293)

Einflüsse, denen er – zur Zeit seiner Errichtung wie seiner Nutzung – ausgesetzt ist, ein historisch gewachsener, sich stetig in Transformation befindlicher Ort. Sehr schön lässt sich dies an einem Beispiel zeigen:

> *Beispiel:*
> *Die Ikonographie der Glasfenster – Bilder des Lebens in all seinen Dimensionen*

Glasfenster sind nicht nur für die Beleuchtung des Raumes, sondern mit ihrem Spiel aus Licht und Farbe ein ganz allgemein für die Raumwirkung und -atmosphäre[8] entscheidender Bestandteil des Kirchenraums, ob er etwa eher lichtdurchflutet, hell und rational anmutet oder eher in mystische Dunkelheit getaucht ist. Auf diesen Zusammenhang macht JOHANNES H. EMMINGHAUS aufmerksam:

> „So sind z. B. die Disposition der Fenster und die Lichtführung innerhalb des Raumes von größter Bedeutung: etwa der obere Lichtgaden der Fensterflucht einer altchristlichen Basilika mit nur gedämpft durch dünne Alabasterscheiben einfallendem Licht oder die großen farbigen Seitenfenster einer mittelalterlichen Hallenkirche, die Lichtzufuhr aus einem in die Kuppel eingreifenden Fensterkranz, der die schwere gemauerte Wölbung gleichsam schwerelos schweben läßt (Hagia Sophia in Konstantinopel), oder aus einem von Fenstern durchbrochenen festen zylindrischen Tambour unterhalb der Kuppel (byzantinische Kreuzkuppelkirchen), aus einem Vierungsturm (mittelalterliche Kathedralen) oder aus einer barocken Vierungskuppel (Rom, S. Ignazio), der Einfall des Lichtes aus großen Chorfenstern (gotische Kirchen) oder aus einem mächtigen Westfenster (Paris, Ste. Chapelle, Altenberg bei Köln). Diese verschiedenen Lösungen bestimmen ganz wesentlich den Raumeindruck"[9].

Auch in dieser ihrer atmosphärischen Wirkung – wenn sich etwa ihre Muster als Farbspiel auf dem Boden abzeichnen – haben die Fenster also Folgen für die Raumwirkung und damit die Aussagekraft eines Kirchenraums. Selbst von rein ornamentalen Fenstern könnte man so sagen, dass sie kommunizieren. Umso mehr gilt dies

---

[8] Der Begriff der Atmosphäre wird im zweiten Hauptteil noch eigens behandelt werden, vgl. u. Kap. 2.2.3, S. 229ff.
[9] EMMINGHAUS, Raum, 375.

1 Die Einflussfaktoren auf den Kirchenbau (I)

etwa in der Gotik, wo die Fenster größtenteils die Wandfläche ersetzen:

> „Die großartigen gotischen Kathedralbauten wurden als reine Lichträume gestaltet, die eben nicht dazu verführten, an einer detaillierten Darstellung biblischer Szenen hängen zu bleiben. Vielmehr sollte das gesamte Panorama der Heilsgeschichte durch ein Wechselspiel von Formen und Farben und durch reiche Ornamente in den Kirchenraum einleuchten, alles in ihm ergreifen, dem Dunkel entreißen und mit dem Kraftfeld des göttlichen Lichtes verbinden. Die Künstler des hohen Mittelalters wollten also auf diese Weise erreichen, dass der gläubige Mensch den Eindruck gewinnt, das göttliche Licht selbst breche mit diesem faszinierenden Farbspiel in die menschliche Wirklichkeit ein. Das Ewige sollte in die Realität sinnenfällig einfallen und aktiv in sie ausstrahlen."[10]

Statt auf ornamentale Fenster mit floralen Mustern oder abstrakten geometrischen Formen ist hier jedoch besonders auf die figürlich-konkreten Verglasungen abzuheben, die als ‚leuchtende Bilder' aus dem Bildprogramm einer Kirche hervorstechen und „die den Betrachter durch Bilder und Symbole in die Welt der Heilsgeschichte erheben"[11]. Daneben waren (und sind) sie mit ihren figürlichen und szenisch-erzählenden Bilderfolgen hervorragende Kommunikationsmedien, die ein beredtes Zeugnis – eben nicht nur heilsgeschichtlicher Ereignisse, sondern auch – ihrer Entstehungszeit geben und aufschlussreich von dem Kontext, dem sie entwachsen sind, erzählen. Vor allem die mittelalterliche Glasgemäldeikonologie umspannt dabei ein weites Feld an Themen, ja die Themen der Glasfenster umfassen geradezu enzyklopädisch die gesamte sichtbare und unsichtbare Welt. Nicht selten schlagen sich so, anschaulich verdichtet, eine Vielzahl der angesprochenen Einflüsse auf einen Kirchenbau in seinen Fenstern nieder.

Dass die in Kirchenfenstern dargebotene weite Themenspanne nicht nur auf mittelalterliche Verglasungen beschränkt ist, dafür sollen zwei moderne Beispiele angeführt werden, die Fenster von JOHANNES SCHREITER für die Heiliggeistkirche in Heidelberg (1977ff.) und das Robert Burns Memorial Window von LEIFUR BREIDFJÖRD, das große Westfenster in der St Giles Cathedral in

---

[10] HAMMES / SCHLIMBACH, Südquerhausfenster, 343.
[11] JOSUTTIS, Weg, 75. Vgl. zum Folgenden KNAPPE, Glasmalerei und KURMANN-SCHWARZ, Glasmalerei.

Edinburgh (1985) (s. Abb. 1). Zunächst die SCHREITER-Fenster: „Sie enthalten in Collagetechnik Dokumente aus Bibel, Theologie, Philosophie, Künsten und Wissenschaften. Ihre Bildwelt verknüpft Notationen kultureller Pilotprojekte mit den liturgischen Orten, z. B. dem Rüstgebet der Gemeinde, dem Gang zur Gabenbereitung und den Fürbitten. Diese Spur spiritueller Situationen wird dann zum Anlaß der Kontemplation (auch von Touristen) außerhalb der Gottesdienste."[12] Bei dem Robert Burns Memorial Window findet die Themenvielfalt eine ausgefallene Verwirklichung. Es greift zurück auf Motive, die nicht nur in der ikonographischen Tradition des Christentums beheimatet sind, sondern die zugleich als Verbildlichung von Themen aufgefasst werden können, die eine wesentliche Rolle im Werk des schottischen Nationaldichters ROBERT BURNS (1759–1796) einnehmen: Themen wie Schöpfung und Natur, das Zusammenleben und die Gemeinschaft der Menschen und der Vorrang der Liebe. Neben halbabstrakten botanischen Darstellungen in den fünf grün gehaltenen Feldern im unteren und figürlichen in den fünf im oberen Register, in dem die Farben Blau, Violett und Rot dominieren, zeigt das fünfbahnige Buntglasfenster im Maßwerk des Bogenfelds eine rot und gelb flammende Sonne, gleichsam eine Strahlenmonstranz, die in ihrem Anspielungsreichtum u. a. auf eine berühmte Gedichtzeile BURNS' verweist: ‚My love is like a red, red rose'.[13]

---

[12] VOLP, Liturgik I, 495. Die Entwürfe lösten seinerzeit einen Sturm der Entrüstung aus; einzig das sog. Physikfenster wurde eingebaut (im Jahr 1984). Vgl. MERTIN, Fensterstreit und MERTIN, Freiräume.
[13] Vgl. O.A., Windows, 16f.

1 Die Einflussfaktoren auf den Kirchenbau (I)

Abb. 1: Robert Burns Memorial Window (LEIFUR BREIDFJÖRD, 1985), St Giles Cathedral, Edinburgh

Figürliche und szenische Bilderfolgen in den Kirchenfenstern gab es seit karolingischer Zeit, zusammenhängend überliefert sind sie jedoch erst seit dem zwölften Jahrhundert. Ihre Blüte erlebte die Glaskunst in den deutschsprachigen Ländern, in Frankreich, Spanien und England im sechzehnten Jahrhundert, dann wieder mit dem Aufkommen der Neo-Stile seit dem neunzehnten Jahrhundert. Die Fenster sollen christliche Lehre und Moral vermitteln, sollen Gotteswort verkünden und die Taten der Heiligen vor Augen führen, sollen ihre Betrachter zur Nachahmung herausfordern und zur Andacht anleiten. Zu diesem Zweck schöpfen sie aus der kirchlich-christlichen Ikonographie. Einen Großteil der figürlichen Darstellungen machen Propheten, Apostel und andere biblische Gestalten, Engel und Heilige aus. Hauptquelle der szenischen Darstellungen waren Heiligenlegenden und Szenen aus der Bibel. Häufig sind genealogische und typologische Fenster. Gerade von den Glasmalereien des Mittelalters lässt sich sagen, dass sie „die stärksten Texte damaliger Mystik, Dokumente zugleich von Theologie und Frömmigkeit, eine Vernetzung mathematischer Rationalität und sinnlicher Vision, von höchster Ästhetik und progressiver Handwerksarbeit" darstellen und „zusammen mit den Raumfluchten das oft einzige die gesamte Versammlung umfassende Sprachsystem [bilden]"[14].

Neben den Verglasungen, die religiöse Motive verwenden und so Inhalte der christlichen Frömmigkeit in den Bau einfließen lassen, gibt es solche, die Motive des gesellschaftlichen und politischen Lebens festhalten. Die Spanne reicht hier von Darstellungen zur Zeit der Entstehung lebender wie verstorbener geistlicher und weltlicher Würdenträger mit der zugehörigen königlichen, adligen und bischöflichen Heraldik über solche politischer und geschichtlicher Ereignisse (etwa einer Krönung oder einer Schlacht) bis hin zu Zunftzeichen, von der Darstellung von Künsten über Bilder von Handwerkern und ihren beruflichen Verrichtungen (etwa im Zuge des Baus einer Kathedrale) bis hin zu Tierkreiszeichen. Nicht zuletzt Stifter ließen sich gerne mit ihren Wappen in den von ihnen gestifteten Fenstern abbilden und auf diese Weise gewissermaßen als ein bleibender Baustein in den Kirchenbau einfügen. „Die Wirkung der leuchtenden Bilder macht sie seit jeher zu Objekten von Stiftungen"[15]. Auch, wo wie in reformiert geprägten Kirchen bewusst auf figürliche Verglasungen und Bildwerke überhaupt verzichtet wird,

---

[14] Beide Zitate VOLP, Kirchenbau, 493.
[15] KURMANN-SCHWARZ, Glasmalerei, 938.

1 Die Einflussfaktoren auf den Kirchenbau (I)

mag selbst dies noch als der bauliche Abdruck einer theologischen Überzeugung und ausgeprägt bildkritischer Vorstellungen interpretiert werden.[16]

Mit der Ikonographie der Glasfenster wurde hier nur ein Beispiel für die vielen Arten herausgegriffen, wie sich die mannigfaltigen Einflüsse auf einen Kirchenbau baulich Geltung verschaffen und raumbildend auswirken. Bildliche Darstellungen in Glas sind nur eine der vielen Weisen, in denen sich der Kontext, in dem sich Errichtung und Nutzung eines Baus vollziehen, im Kirchenraum in konkreter baulicher Ausformung quasi als Ablagerung niederschlägt. Was das kurze Beispiel nur illustrieren sollte: dass die Einflüsse den Kirchenbau formen, dass sie ihm seine jeweils ganz individuelle, konkrete und unverwechselbare Gestalt geben, dass sie in den Baukörper ‚einfließen'. Wie in einen *Text* schreiben sich die Einflüsse in den Kirchenbau ein, sie werden ver-*textet*. Und umgekehrt lässt sich darum aus dem Raum- und Bauprogramm einer Kirche bis zu einem gewissen Maße ihr Wachsen und Werden *ablesen*, das heißt die Bedingungen zu ihrer Entstehungszeit wie die Einflüsse, denen sie über die Zeit ihres Bestehens hin bleibend ausgesetzt war und ist.

Die Gestaltwerdung des Kirchenbaus vollzieht sich als kontinuierliche Textwerdung. Jeder Um- und Anbau, jedes Weiterbauen am Bestand hält bestimmte Kontextbedingungen fest. Und wie oben bereits kurz zur Sprache kam, fließen nicht nur über bauliche Veränderungen im engen Sinne kontextuelle Faktoren in den Baukörper ein. Auch schon die Nutzung eines Kirchenbaus, insofern sie diesen nämlich bleibend bestimmten Einflussfaktoren aussetzt, schlägt sich im Baukörper nieder und vertextet so – um eine Formulierung ALEIDA ASSMANNs aufzugreifen – „eine nichtlineare Geschichte in der *longue durée* ihrer Brüche und heterogenen Schichtungen"[17]. So spricht KLAUS RASCHZOK zu Recht Kirchenräume als verletzliche und sensible Ge-

---

[16] Vgl. z. B. VOLP, Liturgik I, 154, auch MERLEAU-PONTY, Auge, 117: „Das Fehlen eines Zeichens kann selbst ein Zeichen sein". Vgl. MERTIN, Speculum [im Original teilw. hervorgehoben]: „Der Ordo des weißen Raumes [...] einer reformierten Kirche mag für manchen modernen Besucher wie ein karger, leerer und vor allem bilderarmer Raum erscheinen. Nichts ist weniger wahr. Einen derartigen Raum zu betreten, heißt, eine geradezu überschäumende Fülle von Bilder [sic] zu imaginieren, sich ihrer bewusst zu werden, sie bewusst wahrzunehmen, sich des Raumes und seiner Bestreitungen klar zu werden, die Geschichte dieser Entscheidung nachzuvollziehen."

[17] ASSMANN, Geschichte, 17.

bilde an.¹⁸ Auch die ‚Lektüre' des Raumtextes ist darum ihrerseits als Teil der Textwerdung zu verstehen:

> „Die ‚Lektüre' von Kirchengebäuden verweist auf jene, die ‚geschrieben' haben, aber auch auf jene, die ‚lesen', wobei die vorfindlichen Elemente Schritt für Schritt ergänzt werden durch Elemente individueller Interpretation, da auch letztere im oder am Kirchengebäude bleibende Spuren hinterlassen können."¹⁹

Freilich – dies gilt es hier einschränkend anzumerken –, nicht jeder Einfluss, der bei Errichtung und Nutzung am Werk ist, hinterlässt einen derart intensiven, einen buchstäblich tiefschürfenden und auch nicht unbedingt so nachhaltigen Abdruck, dass er zwangsläufig oder auch nach langer oder längerer Zeit (ab)lesbar wäre. Vielmehr wird man davon auszugehen haben, dass sich die Sensibilität und Verletzlichkeit des Kirchenraums eben auch auf die textgewordenen Einflüsse erstreckt und also gilt, was ALEIDA ASSMANN vom ‚Gedächtnis der Orte' sagt: „Auf ein Gedächtnis der Orte ist [...] wenig Verlaß; eher müßte man hier von einem ‚Vergessen der Orte' sprechen. Wie sich die Oberfläche sofort wieder schließt, wenn ein Stein ins Wasser gefallen ist, so schließen sich auch an den Orten die Wunden bald wieder; neues Leben und neue Nutzung lassen bald kaum noch Narben erkennen. [...] Ein Ort – so wird hier deutlich – hält Erinnerungen nur dann fest, wenn Menschen auch Sorge dafür tragen [,][...] Sorge um Spurensicherung und Markierung von Gedächtnisorten"²⁰,

---

[18] Vgl. RASCHZOK, Spuren, 148 und RASCHZOK, Feier, 121. Vgl. auch BAHR, Heterotopos: „Kirchen mögen für die Ewigkeit gebaut werden, unveränderlich oder gar unverletzlich waren sie nie."

[19] SCHÄFER-STRECKENBACH, Kulturkirchen, 65. Dementsprechend bedenkt, so GERARD LUKKEN, die Semiotik der Architektur „nicht allein den Raum als vorgegebenes Produkt, sondern auch den Raum als Produkt, das gebraucht wird. Es handelt sich also sowohl um ein ‚ouvrage réalisé', als auch um ein ‚oeuvre incessante', das ständig durch faktischen Gebrauch im täglichen Leben transformiert wird." (LUKKEN, Dimensionen, 25) Ähnlich der hier vorgelegten Beschreibung, bei der die diversen Einflüsse in die vertextete Struktur des Kirchenbaus Eingang finden, sieht LUKKEN auf dieser architektursemiotischen Linie das Gebäude als „Resultat einer ganzen Kette von Handlungen, die man als ebensoviele narrative Programme ansehen kann" und – ob vieler am Bau (‚ouvrage réalisé') bzw. ebenso einer Renovierung, Änderung, Ergänzung (‚oeuvre incessante') Beteiligter – als „ein Produkt aus vielen Programmen und Gegenprogrammen" (beide Zitate LUKKEN, Dimensionen, 25; vgl. 26 und 28).

[20] ASSMANN, Erinnerungsräume, 326f. (ASSMANN findet den Sachverhalt exemplarisch ausgedrückt in den vom Nationalsozialismus ausradierten Zentren jüdischen Lebens und jüdischer Kultur und entwickelt ihn an der zitierten Stelle anhand dieser.) Freilich geht auch ASSMANN zunächst davon aus, dass Orte „eine Geschichte [haben], die an ihnen haftet und weiterhin ablesbar ist" (ASSMANN, Geschichte, 16); dies ist ja überhaupt die Voraussetzung dafür, dass einmal im Raum kondensierte Einflüsse dann möglicherweise auch wieder ver-

1 Die Einflussfaktoren auf den Kirchenbau (I)

Überhaupt ist ja wohl der Sachverhalt, dass die konkrete Gestalt eines Bauwerks Rückschlüsse auf dessen (andauernden) Entstehungsprozess zulässt, also dessen Errichtung wie fortdauernde Nutzung, der sachliche Grund dafür, dass es so etwas wie kunst- und architekturgeschichtliche Bauforschung überhaupt gibt. In dieser (wissenschaftlichen) Perspektive, der an einer so weit als möglich lückenlosen Klärung des Entstehungsprozesses, einem genauen Ergründen der verschiedenen Phasen und ihrer Zusammenhänge sowie dem Aufdecken auch verschütteter und verstummter Einflüsse gelegen ist, beginnt ein Kirchenbau freilich dann als Dokument seiner Zeitsituation und einander folgender -situationen, als „Geschichtsquelle", zu sprechen, wenn man ihn zu analysieren *versteht*; denn bei dieser Herangehensweise kommt es „entscheidend darauf an, daß wir zu deuten verstehen, was uns Überreste aus vergangener Zeit mitteilen wollen"[21]. Ein solches analytisches Verfahren ist bei den hier vorgelegten Ausführungen jedoch weniger anvisiert. Was im Blick sein soll, ist dagegen die Raumnutzung und -aneignung eines Kirchenraums, die *Raumlektüre* in einem weiten und auch unmittelbareren Sinne eben, wie sie im zweiten Hauptteil entfaltet werden soll.[22] Selbst aber bereits auf dieser niedrigschwelligeren Ebene wird damit zu rechnen sein, dass der Kirchenraumtext gelesen wird und dass die Architektur etwas mitzuteilen hat „über das benutzte Material, die Formgebung, die räumliche Disposition usw. [...], etwa über deren individuelle Geschichte, die Tradition, die gesellschaftliche Stellung des Bauherrn und schließlich vielleicht sogar, wie in den dekonstruktivistischen Visionen, über den vermeintlich gegenwärtigen Zustand des Zerfalls nachvollziehbarer und verläßlicher Strukturen"[23].

Jedenfalls, das wird man konstatieren dürfen und darauf soll es hier ankommen, wird am Text des Kirchenraumes weitergeschrieben. Wenn hier vom

---

blassen und verloren gehen, dass ‚Orte vergessen' können. Vgl. LÜBBE, Religion, 109: „Es gehört zur Potenz der Kunst einschließlich der Architektur, den Ursprungssinn ihrer dienstbaren Leistungen auch dann gegenwärtig zu halten, wenn ihr diese Leistungen rechtlich und rituell explizit gar nicht mehr abverlangt sind."

[21] Beide Zitate STROBEL / BUCH, Ortsanalyse, 10 bzw. 12 [Hervorhebung CWB].

[22] KLAUS RASCHZOK spricht dahin gehend von Rekonstruktion, bei der es nicht so sehr darauf ankomme, „daß das wissenschaftlich korrekt und exakt ist. Denn Rekonstruktion ist immer auch eine Leistung der eigenen Kreativität, die sich verbindet mit den Spuren, die ich selbst einbringe, aus meinem Gewußten, aus dem Fachwissen, aus Veröffentlichungen, und daraus entsteht eine Rekonstruktion bewußt subjektiv, ein Bild des vergangenen Gottesdienstes in verschiedenen Epochen." (RASCHZOK, Feier, 118) Was dabei dann jedoch klar sein muss, ist, dass es – etwa im Falle mittelalterlicher Kirchenräume – nicht darum gehen kann, „unsere eigene Wahrnehmung und Deutung [...] als mittelalterlich zu postulieren" (MARKSCHIES, Theologie II, 198). Beachtung verdient in diesem Zusammenhang auch eine Bemerkung GERT MELVILLEs zu Erinnerungsorten: „Erinnern heißt nicht unbedingt detailliert informieren, erinnern kann auch allein die Aufrechterhaltung eines Mythos bedeuten, bei der es reicht, die entscheidenden Chiffren vorgefertigter Interpretationen zu kennen [...]. Der numinosen Magie eines Erinnerungsortes, die unumgänglich ist für seine Wirkung, mag eine gewisse Unschärfe des einschlägigen Wissens sogar dienlich sein." (MELVILLE, Montecassino, 325)

[23] BÜRKLIN, Entwerfen.

Text des Kirchenraums gesprochen wird, heißt das also keinesfalls, dass es sich um einen einheitlichen Text handelt. Vielmehr wird die Fortschreibung in den seltensten Fällen glatt und stringent vonstattengehen. Man wird an sich ändernde Nutzungsformen und bauliche Anpassungen zu denken haben, an neue Anforderungen, an Umbauten oder Abrisse ganzer Bauteile, an Anbauten und Stilveränderungen, an das Entfernen oder Hinzufügen von Ausstattungsstücken und Nutzungsspuren; Raumteile mögen außer Gebrauch kommen oder gar verfallen, ihre ursprünglichen Nutzungen in Vergessenheit geraten und dergleichen mehr. So muss man mit Spannungen und Widersprüchen, mit „Bedeutungsverschiebungen, Kontrasten, wenn nicht sogar Brüchen rechnen. [...] Der über die Jahrhunderte gewachsene Pluralismus kirchlichen Selbstvollzugs führt als eine diachrone Abfolge zu einer spannungsvollen Synchronie, in der Gegensätzliches vereinigt ist."[24]

> Noch auffälliger ist die Fortschreibung dort, wo ein Kirchenbau nicht nur von Generation zu Generation innerhalb einer Gemeinde oder Konfession weitervererbt wird, sondern wo eine Kirche von einer Konfession oder gar Religionsgemeinschaft auf eine andere übergeht. RICHARD KIECKHEFER beschreibt dies für Chicago, wo aufgrund großer demografischer Veränderungen und damit einhergehender Verschiebungen ganzer Bevölkerungsgruppen besonders viele Kirchenbauten anzutreffen sind, die in ihrer Geschichte von mehr als einer Religionsgemeinschaft genutzt worden sind. Freilich schreiben sich auch Nutzungswechsel dieser Art in den Bau ein: „Populations that have passed through a neighborhood have left their traces of their presence, archeological layers of religious cultures within the buildings that remain."[25] Neue Nutzer eines Gebäudes werden sich den Bau aneignen, also den Text fortschreiben. Womöglich werden sie auch Veränderungen vornehmen und Nutzungsspuren der Vornutzer beseitigen. Dennoch werden die verschiedenen Schichten dem Bau mehr oder weniger sichtbar imprägniert bleiben: „The building was transformed, but the stages of its transformation remained traceable."[26] Bleiben Nutzungsspuren der Vornutzer unverändert erhalten, stechen sie aufgrund ihres Andersseins im Vergleich zu denen der Nachnutzer oftmals sogar noch mehr ins Auge und ziehen in ihrer befremdenden Wirkung mehr Aufmerksamkeit auf sich.

Die verschiedenen, über längere Zeit im Bauwerk als Kondensate erhaltenen Einflüsse können nebeneinander stehen und miteinander widerstreiten oder

---

[24] SCHLÜTER, Lesarten, 20f. Vgl. zu einer so verstandenen Fortschreibung auch noch DEGEN, Raum I, 8 und DEGEN, Lernort I, 102f. Um eine Formulierung ALEIDA ASSMANNs zu borgen, könnte man hinsichtlich der verschiedenen Schichten eines Kirchenbaus von der „Ungleichzeitigkeit des Gleichzeitigen" sprechen; vgl. ASSMANN, Geschichte, 18 (sie sagt dies hier hinsichtlich urbaner Bausubstanz).
[25] KIECKHEFER, Theology, 195.
[26] Ebd., 196.

1 Die Einflussfaktoren auf den Kirchenbau (I)

sich ergänzen; oder sie überlagern sich und ältere Einflüsse überprägen jüngere. Treffend hat man dementsprechend von Kirchen als Palimpsesten gesprochen.[27]

Fürs Erste lässt sich zusammenfassen: *Kirchenräume sind Texte, die geschrieben und gelesen werden und an denen weitergeschrieben wird.* Oder mit anderen Worten: Der künstlerisch-architektonische Pol des Kirchenraums ist sein Textpol. Davon soll im Folgenden ausgegangen werden. Ziel dieses ersten Hauptteiles ist es, diese These zu vertiefen und so für den – wie oben entfaltet – zweipolig aufgefassten Kirchenraum ein spezifisches Textmodell zu erarbeiten, entsprechend dem WOLFGANG ISERs und unter Verwendung desselben. Es soll also rezeptions- bzw. wirkungsästhetisch vorgegangen werden und daher ist der Rezipient im Blick zu halten: Es ist nach dem Kirchenbau zu fragen, aber unter der Maßgabe, welche Gegebenheiten es in ihm gibt, durch die er sich – was dann eigens im zweiten Hauptteil näher betrachtet werden soll – in der aktiven Aneignung durch den Rezipienten in dessen Vorstellung als sinnfällig entfalten kann. Wie bei ISER ist also die folgende Schlüsselfrage leitend: Wie ist der Kirchenraumtext beschaffen, und welches Wirkungspotential resultiert aus dieser Beschaffenheit?[28] Oder anders gewendet: „Wie sehen die *Strukturen* [sc. innerhalb des Textes und speziell im vorliegenden Fall: des Kirchenraumtextes, Anm. CWB] aus, die die Verarbeitung der Texte im Rezipienten lenken?"[29]

Wenn der Textbegriff so auf den Kirchenraum Anwendung findet, soll dies zunächst als *metaphorische* Redeweise verstanden werden. Allerdings geschieht dies – und das gilt überhaupt für die Heranziehung einer Literaturtheorie zur Erhellung kirchenraumtheoretischer Überlegungen – nicht aus einer Verlegenheit heraus, die dazu zwänge, über den Raum unter Entlehnung von Termini aus einem gänzlich anderen Bereich (dem der Text- bzw. Literaturtheorie) zu sprechen; vielmehr handelt es sich dabei um eine tiefere Wahrheit: Zwischen beiden besteht, wie schon durch die Werkpolarität sowohl des architektonischen als auch des literarischen Werkes angedeutet und wie vor allem die folgenden Überlegungen zeigen werden, um eine Strukturverwandtschaft, von der her sich eine Übertragung der Begrifflichkeit nahelegt.[30] Wenn man so will, wird der Kirchenraum „unter der Vorentscheidung betrachtet, Kommunikation zu sein" (s. o. S. 53 Anm. 11).[31]

---

27 Vgl. so z. B. BAHR, Heterotopos; vgl. auch FRANÇOIS, Kirchen, 723.
28 Vgl. o. das Zitat von MATTHIAS RICHTER (vgl. o. S. 62).
29 ZIMA, Ästhetik, 251.
30 Zur Formulierung vgl. BÖHME, Architektur, 83f. Wenngleich GERNOT BÖHME auf die Gefahren aufmerksam macht, die ein Verstehenwollen von Architektur mit Hilfe von An-

Von Kirchenräumen als Texten zu sprechen, diese Redeweise kann sich – neben anderen[32] – auf eine Theorie des Kirchenraums berufen, die m. E. der treffendste, in seiner gedanklichen Schärfe und Tiefe nach wie vor unübertroffene Beitrag zum Thema darstellt, auf RAINER VOLPs Überlegungen zum Kirchenraum. Diese hat RAINER VOLP überwiegend in Form von Vorträgen und Aufsätzen vorgelegt. Sie ergeben zusammen ein Gesamtbild, welches in seiner umfassenden zweibändigen Liturgik ‚Die Kunst, Gott zu feiern'[33] kulminiert. Um im weiteren Fortgang der Arbeit auf einem vertieften Verständnis der Textualität des Kirchenraums aufbauen zu können, soll an VOLPs Überlegungen angeknüpft werden. Daher ist sein Beitrag nun zunächst in seiner Breite vorzustellen, bevor weiter auf die Einflussfaktoren auf den Kirchenbau und dazu im Einzelnen auf Teile aus WOLFGANG ISERs Theorie ästhetischer Wirkung einzugehen sein wird.

---

leihen aus anderen Künsten, etwa der Literatur, mit sich bringt – namentlich das Verschleiern des genuinen Anspruchs von Architektur durch einen Nebel von Metaphern –, so weist er doch auch darauf hin, dass solche Verwandtschaften und Wechselbeziehungen fruchtbare Heuristiken sein können, vgl. BÖHME, Architektur, 107. Als eine solche fruchtbare Heuristik soll der Textbegriff hier verwendet und sollen im Folgenden die ästhetischen Konzepte aus WOLFGANG ISERs Theorie entlehnt werden.
Freilich ist hinsichtlich der metaphorischen und doch zugleich die Metaphorizität sprengenden Verwendung des Textbegriffs der vorliegenden Arbeit eine Nähe zu solchen Theorien, die den oben angesprochenen umfassenderen, offenen Textbegriff aufgreifen, „der nicht nur sprachliche Gebilde umfaßt, sondern auch andere kulturelle Hervorbringungen einbezieht, deren Zeichen und Zeichenvernetzungen als Text gelesen werden" (s. o. S. 54 Anm. 13), gar nicht zu verschleiern. Vgl. hierzu auch GOMOLLA, Architektur [unter Aufnahme eines Zitats von ROLAND BARTHES]: „Seit den 70er Jahren propagieren Linguisten und Semiologen wie Roland Barthes eine Abkehr von der bisher rein metaphorischen Verwendung des Textbegriffs. Unter Rückgriff auf Ferdinand de Saussures Theorien stellen sie eine direkte Analogie von sprachlichen und architektonischen Strukturen her, wobei dem urbanen Raum besondere Aufmerksamkeit zuteil wird. Die Stadt wird als kohärentes Zeichensystem aufgefasst, das wie ein Text gedeutet werden kann. So definiert Barthes die Stadt als ‚discours' bzw. als ‚écriture' und bezeichnet denjenigen, der sich in ihr bewegt, als ‚une sorte de lecteur'." Vgl. fernerhin noch APEL, Gemeinde, 53f., der den Textbegriff metaphorisch auf den Gottesdienst anwendet.

[31] Vgl. z. B. SCHÄFER-STRECKENBACH, Kulturkirchen, 53–55 [Kap. "Die Architektur als kommunikatives Phänomen"]. Beachte aber die Einschränkung, die UMBERTO ECO anbringt: „Die ganze Kultur sub specie communicationis zu betrachten, heißt nicht, daß die ganze Kultur nur Kommunikation ist, sondern daß sie besser und tiefer verstanden werden kann, wenn man sie unter dem Gesichtspunkt der Kommunikation betrachtet" (ECO, Einführung, 36).
[32] Exemplarisch angeführt seien MEYER-BLANCK, Predigt, 173 und besonders BIERITZ, Liturgik, z. B. 86f.
[33] Vgl. VOLP, Liturgik I und VOLP, Liturgik II.

2   RAINER VOLPs Beitrag zu einer Theorie des Kirchenraums – Der Kirchenraum als Text[1]

RAINER VOLP geht von der semiotischen Prämisse einer Zeichenhaftigkeit der Welt aus, der Vorstellung also, dass die gesamte Welt aus einer Fülle von bedeutungsvollen, lesbaren Zeichen besteht. Diese Semiotizität der Welt umschreibt er folgendermaßen:

> „Schon wenn wir wach werden, trifft uns ein Universum von Zeichen, das auf uns einredet: Geräusche und Lichtwirkungen bündeln sich zu Botschaften, die sich durch Vorgewußtes und auch gegenseitig interpretieren. Niemals ist der Mensch Analphabet, immer kann er in vielfältigen Sprachen lesen und sie deuten. Daraus besteht, was wir ‚Leben' nennen. Wem nichts mehr irgendetwas bedeutet, stirbt. Wirklichkeit, gedacht als Realität, die uns etwas bedeutet, enthüllt ihren Sinn in einem Universum von Zeichen, welches wir mit Hilfe schon kodierter Vorverständnisse ständig neu kombinieren und dechiffrieren."[2]

In dieser Perspektive erscheint auch Architektur als ein System von Zeichen. Zunächst bestimmt sich der Sinn eines Raumes oder Raumelementes zwar nach seinem Zweck. Eine allein an der Nutzung ansetzende, rein funktionale Perspektive auf Architektur würde jedoch zu kurz greifen. Raumelemente machen Interpretationsofferten jenseits ihrer Zweckgebundenheit. Ein Pfeiler kann etwa, außer als Träger von Last gelesen zu werden, auch Aufwärtsstreben symbolisieren, eine Halle Würde oder eine Nische Intimität. „Der Raum ist insofern nicht nur in der bloß funktionalen Denotation, sondern auch durch symbolische Konnotationen realitätsstiftend."[3] Die Nutzung wie im Übrigen auch die Erzeugung von Architektur sowie die beschriebenen Sinnzuschreibungen gehorchen bestimmten Regeln. Diese lassen sich nach RAINER VOLP am besten als Zeichenprozesse beschreiben: Das Dechiffrieren auch des gebauten Zeichens erfolgt anhand kodierter Vorverständnisse, nach bestimmten Regeln und Handlungsmustern, das heißt im Rahmen von Architekturcodes. Als Beispiel führt RAINER VOLP die Figur der Treppe an:[4]

---

[1] Vgl. zum Folgenden VOLP, Selbstverständnis, 228; VOLP / IMMEL, Beten; VOLP, Bauen; VOLP, Stadt; VOLP, Liturgik I; VOLP, Orte; VOLP, Space; VOLP, Kirchenbau; VOLP, Labyrinth sowie VOLP, Architektur. Vgl. außerdem die Darstellungen bei KLIE, Zeichen, 242–255; UMBACH, Pforten, 305–309 und WOYDACK, Der räumliche Gott, 151f.
[2] VOLP, Liturgik I, 80.
[3] Ebd., 129.
[4] Vgl. hierzu wie für den gesamten Absatz VOLP, Bauen, 231. Die angesprochene Eindeutigkeit der Funktion darf nicht zu der falschen Annahme verleiten, als könne die einem Kir-

Ihre *Funktion* mag eindeutig sein – sie dient dem Auf- und Absteigen. Ihre *Bedeutung* jedoch kann von Situation zu Situation und von einer historischen Epoche zur andern stark differieren – je nach kodiertem Vorverständnis mag die Treppe etwa einmal gedeutet werden als „Würdeabstand vor dem Thronsitz", ein andermal assoziiert werden mit „Eingang zur Fluchtkatakombe"[5]. Architektur vereinigt so grundsätzlich ganz verschiedene Gesichtspunkte auf sich, unter denen sie betrachtet werden kann: Sie kann angesehen werden „als

- Repräsentation einer gesellschaftlichen Macht,
- Verwirklichung eines Individuums (Fürst, Architekt, Pfarrer, Gruppe, Mäzen),
- ästhetisches Objekt (Schönheit, Ehrlichkeit, Modernität),
- multiplikable Ware (preiswert, funktionell, stabil, schnell),
- Kommunikationsmittel (Medium für Gemeinschaftsbildung)"[6].

Architekt wie Rezipient finden derartige Zuschreibungen vor. Es handelt sich wie gesagt um kodierte Vorverständnisse, die von den jeweils zu einem bestimmten Zeitpunkt vorherrschenden Kultursystemen geprägt werden und die in „Beruf, Bildung, Weltanschauung, Alter, psychischer und sozialer Verfassung begründet sind"[7]. Daher kommt dem Architekten auch weniger die Aufgabe zu, mit seinem Bau eine Botschaft zu transportieren oder selbst eine Bedeutung des Raumes einzuspielen, als vielmehr die räumlichen Voraussetzungen für künftige Situationen zu schaffen: Architektur konditioniert künftige Situationen; sie ist „vor allem eine Vorwegnahme von Situationen"[8]. Dies gilt auch von kirchlicher Architektur, ja, sie ist sogar die

---

chenraum oder einem Raumteil zugedachte Funktion nicht dazu herangezogen werden, um etwas über die liturgischen Verrichtungen vergangener Epochen zu erfahren. Es sind nämlich im Gegenteil gerade „die intendierten und verdrängten Funktionen der Räume", die „über das Leben der Religion" und „das religiöse Universum einer Zeit umfassend Auskunft geben können": „Wer sie aufschlüsselt, die intendierte Atmosphäre eingeschlossen, kann über liturgische Tendenzen in der Regel mehr erfahren, als wenn er nur die Anweisungen agendarischer Texte vor Augen hat." (Alle vier Zitate VOLP, Liturgik I, 346)

[5] Beide Zitate VOLP, Bauen, 231. Vgl. VOLP, Space, 176.
[6] VOLP, Bauen, 231.
[7] Ebd., 228.
[8] VOLP, Stadt, 309; vgl. VOLP, Architektur, 714 und. VOLP, Space, 175: „[A]s the written record, the precipitate, of situations and decisions, architecture aims at giving actions their best possible chance and scope – [...] by opening up freedom of ‚reading'". Vgl. noch VOLP, Liturgik I, 346: „Die Ermöglichung von Funktionen des Lebens: das ist die Bedeutung architektonischer Zeichen."

schwierigste Bauaufgabe, „weil sie Situationen mit einem *Höchstmaß an unverfügbarem Erlebniswert* konditionieren soll"[9].

Als ein Zeichensystem, dessen Zeichen interpretiert, dechiffriert und kombiniert werden und die etwas bedeuten können, bezeichnet RAINER VOLP Architektur als eine *Sprache* bzw. *Sprachsorte*: „Die Räume und ihre Gegenstände sind hochkomplexe Sprachen, die sich als Träger von Bedeutung im situativen Umgang erschließen."[10] Diese Erschließung im situativen Umgang versteht RAINER VOLP als Lesevorgang: Architektonische Erzeugnisse werden gelesen. So spezifiziert er die Sprachlichkeit des Raumes folgendermaßen:

> „Durch das Zusammenspiel von wenigstens drei Dimensionen werden Räume zur Sprache:
> – Sie bieten *Gestaltelemente* an, die wir als Raum denotieren oder konnotieren. Schon ein in die Erde gerammter Stab kann eine uferlose Fläche zum erfahrbaren Ort machen.
> – *Verinnerlichte Raumerfahrungen* versetzen uns in die Lage, die gegebenen Elemente zu ‚lesen'.
> – Erst *im Umgang mit dem Raum* erfahren wir Enge und Weite, Nähe, Distanz, Direktschall und Nachhall etc."[11]

Diese grundlegenden Feststellungen über Architektur trifft RAINER VOLP auch und besonders im Blick auf den Kirchenraum, der ja sein eigentlicher Untersuchungsgegenstand ist: Der Kirchenraum ist architektonisches Zeichen und als solches als sprachliches Phänomen zu fassen, welches sich im aktiven Umgang mit ihm erschließt. Dieser aktive Umgang, die Aneignung des Kirchenraums durch einen Rezipienten ist als Lesevorgang zu charakteri-

---

[9] VOLP, Bauen, 233; vgl. VOLP, Stadt, 309 und 315.
[10] VOLP, Liturgik I, 129. Noch genauer müsste man formulieren: Die Architektur als das System von Zeichen ist Sprache, also die Räume und ihre Gegenstände in ihrer Gesamtheit. Die *einzelnen* Räume dagegen müsste man als sprachliche Äußerungen oder – wie das RAINER VOLP ja auch tut und wie im Folgenden gleich dargelegt wird – als *Texte* bezeichnen.
[11] Ebd. In dieser Spezifizierung der Sprachlichkeit des Kirchenraums durch RAINER VOLP zeigt sich eine auffällige Parallelität zu WOLFGANG ISERs Theorie ästhetischer Wirkung und hier speziell dem Doppelcharakter des literarischen Werkes. Wie oben dargestellt, beschreibt ISER das literarische Werk als zwischen zwei Polen aufgespannt – zwischen künstlerischem und ästhetischem Pol, *Text* und *Konkretisation* – und sieht es daher erst in der *Interaktion* zwischen Text und Leser als zu seiner eigentlichen Existenz gelangt. In VOLPs Beschreibung entsprechen dem exakt die drei skizzierten Dimensionen: die konkret fassbaren Gestaltelemente, mithin die *Text*seite des Kirchenraums, die Leseleistung mit den darin aktiven Verarbeitungsmechanismen auf Seiten des ‚Lesers', mithin die *Konkretisation* auf der Rezipientenseite, und schließlich die Tatsache, dass allererst im Umgang mit dem Raum, also in der *Interaktion* mit diesem, Wirkung sich entfaltet und somit Raum erfahren wird.

sieren. Insofern der Kirchenraum als lesbare, abgegrenzte, für die Wahrnehmung strukturierte Einheit fungiert, spricht RAINER VOLP von ihm als *Text*.[12] Wie RAINER VOLP diese drei Sachverhalte – erstens den Kirchenraum als Text, zweitens den Kirchenraum als sprachliches Phänomen und drittens die Aneignung des Kirchenraums als Lesevorgang – im Einzelnen für den Kirchenraum entfaltet, ist nun im Folgenden zu skizzieren.

2.1 Der Kirchenraum als Text

Nach RAINER VOLP wird eine inhaltlich strukturierte Einheit, wie sie der Kirchenraum darstellt, „in dem Augenblick zum lesbaren Text, in dem sie Regeln verrät, die bei ihrer Herstellung wirksam waren"[13]. Das lenkt den Blick auf die Entstehungssituation des Kirchenbaus. Kirchenräume wie überhaupt Erzeugnisse der Architektur sind sogar besonders komplexe Texte, weil bei ihrer Erbauung „viele Modi äußerer Kommunikation und innerer Kontemplation"[14] beteiligt waren. Außer auf die Entstehungssituation eines Kirchenbaus im engeren Sinne, also den Planungs- und Bauprozess einer Kirche, trifft dies jedoch gleichermaßen auf den späteren Gebrauch des Kirchenraums zu. Konditioniert der Kirchenraum zunächst als architektonisches Erzeugnis im Vorhinein künftige Situationen, so kennzeichnen im Nachhinein die vergangenen Situationen ihrerseits den Kirchenraum. Text ist der Kirchenraum nämlich insofern, als dieser Gebrauch körperlich wahrnehmbare und das heißt lesbare Abdrücke – die Atmosphäre des Raumes eingeschlossen – in ihm hinterlässt. Texte sind greifbar und als solche sind Kirchenräume „spürbare, sichtbare, hörbare Texturen"[15]. Der Kirchenraumtext, genauer: „die Syntax von Räumen, das heißt die Struktur an der Oberfläche [...] repräsentiert eine aus geschichtlichen Situationen hervorgegan-

---

[12] Vgl. ebd., 133: „Wir reden nur dann von Texten, wenn bestimmte Einheiten abgegrenzt und strukturiert erscheinen, so daß wir mit Hilfe der Texte auch das System einer dahinter liegenden Sprache erkennen können. Diese Funktion betrifft nicht nur Schriftzeichen der Literatur, sondern auch Bilder, Bauwerke, Geräte, Musik, wie überhaupt *alle Arten von Medien, die der Vermittlung einer Sprache dienen*. [...] Die Bedingung der Möglichkeit, in Ausdrucksbeziehungen inhaltlich strukturierte Zusammenhänge im Fluß des Lebens lesbar zu machen, nennen wir ‚Text'." Vgl. auch KLIE, Gottesdienst, 261 und STOLT, Räume, 185.
[13] VOLP, Liturgik I, 133.
[14] Ebd., 134.
[15] VOLP, Orte, 57. Vgl. VOLP, Liturgik I, 133: „‚Texte' sind Texturen, d. h. körperlich wahrnehmbare Abdrücke eines Vorgangs."

2 Rainer Volps Beitrag zu einer Theorie des Kirchenraums 83

gene und in vielen weiteren Situationen verfestigte Tiefenstruktur"[16]. Text ist der Kirchenraum also im Sinne eines gewachsenen, immer wieder chiffrierten und daher vielschichtigen Textes.[17]

Will man vom Kirchenraum als Text sprechen, rückt somit die Baugeschichte als konstitutive Komponente des Kirchenraums in den Blick. Erst sie macht einen Kirchenraum zu dem individuellen Text, der er ist.[18] Und umgekehrt lassen sich Kirchenbauten als anschauliche Lebens- und Glaubenszeugnisse und räumlich-gegenständliche Dokumente ihrer Zeit lesen. RAINER VOLP kann daher von der Baugeschichte des Kirchenraums als der Vertextung von Orten sprechen: Im Umgang mit ihren Räumen vertextet Kirche wichtige Tätigkeiten und Situationen im Blick auf Innen- wie Außenräume. RAINER VOLP verfolgt diesen Prozess der Vertextung von Orten durch die gesamte Entwicklung des Kirchenbaus und demonstriert ihn in einem Durchgang durch die Geschichte:[19] So führt er u. a. Jesu Kritik am Tempel als Ausgangspunkt der Vertextung an, die οἰκοδομή als Modell und Ziel der Gemeinschaft in den ersten Gemeinden und den Bau der Haus- und Titelkirchen und der Baptisterien in nachapostolischer Zeit sowie das Entstehen der Basilika als beredtes Dokument der Anerkennung des Christentums als Staatsreligion. Weiterhin sieht er im mittelalterlichen Kirchenbau und dessen baulichen Kommunikationsmustern einen zunehmenden Dualismus von Welt und Kirche, von weltlichen und klerikalen Funktionen bezeugt. Schließlich ist für ihn der Kirchenbau des 19. Jahrhunderts „die Spur eines verzweifelten Kampfes um religiöse Authentizität im Umfeld technologischen Fortschritts"[20]. Diesen sich über die gesamte Kirchbaugeschichte erstreckenden Prozess der Vertextung wichtiger Situationen und Tätigkeiten der Kirche fasst RAINER VOLP zusammen, indem er drei Typen von Vertextungen, drei „divergierende und konvergierende Raumhorizonte", herausarbeitet, in welchen zusammen sich die Gesamtheit kirchlichen Handelns spiegelt: „Herberge (Haus), Hof, Halle"[21]. Die *Herberge* steht ihm dabei für

---

[16] VOLP, Kirchenbau, 491. Von einer „Syntax gottesdienstlicher Räume" spricht wiederholt auch KLAUS RASCHZOK; vgl. RASCHZOK, Spannungsfeld, 32; RASCHZOK, Kirchenbau II, 575 und RASCHZOK, Kirchenbau I, 409. Zum Strukturbegriff vgl. VOLP, Liturgik I, 118–121 (zu Oberflächen- und Tiefenstrukturen v. a. 119f.).
[17] Vgl. VOLP, Orte, 58.
[18] Vgl. VOLP, Bauen, 231: „Jeder gebaute Raum ist ein *Individuum*. Das gilt je mehr, desto stärker er gebraucht und verändert wurde oder werden soll." Vgl. RASCHZOK, Kirchenbau II, 575 bzw. RASCHZOK, Spannungsfeld, 31f.
[19] Vgl. hierzu im Besonderen VOLP, Kirchenbau, 491ff. und VOLP, Liturgik I, 181ff. (Kap. 2.1) und 344ff. (Kap. 4.1). Zu den Typisierungen vgl. VOLP, Bauen, 229f. und VOLP, Stadt, 305ff.
[20] VOLP, Kirchenbau, 498.
[21] Beide Zitate VOLP, Bauen, 229.

die typische Vertextung der Tradition einer kleinen Gottesdienst feiernden Gruppe (Jesus mit seinen Jüngern, die ersten Christen in ihren Hauskirchen, die Familie beim Feiern der Hausandacht, protestantische Dorfkirchen als ‚gute Stube' des Dorfes usw.). Den *Hof* sieht er als die typische Vertextung der die Privatheit der Kleingruppe sprengenden öffentlichen Kommunikation der Kirche (Jesu öffentliches Reden und Handeln, Prozessionen, Demonstrationen, Kirchentage, Basilika als überdachtes *Forum* usw.). Und die *Halle*, der gebräuchlichste Typ des Gottesdienstraums und das sich durch die Kirchenbaugeschichte ziehende Leitbild, gilt RAINER VOLP als typische Vertextung von Versammlung, Fest und Asyl, die den öffentlichen Platz überdacht, und als Darstellung aller wichtigen Lebensprozesse der Kirche und darüber hinaus (Jesu Predigen in der Synagoge, zentrale Bedeutung des Abendmahltisches oder der Kanzel, eigene Gebäude oder Gebäudeteile für bestimmte Verrichtungen, Basilika als *überdachtes* Forum usw.).

An einer solchen Beschreibung der Vertextung von Orten wird deutlich: Der Textbegriff bei RAINER VOLP ist nur dann angemessen erfasst, wenn beide Aspekte des ‚Kirchenraumtextes' berücksichtigt werden: Wenn Text in gleichem Maße als einerseits eine Oberflächenstruktur verstanden wird, eine abgegrenzte, für die Wahrnehmung strukturierte Einheit, die Syntax des Raumes, also als ‚Textur' des Kirchenraums, die an seiner Oberfläche körperlich wahrnehmbar und ablesbar ist. Wenn in ihm aber andererseits eine Tiefenstruktur gesehen wird, die von dieser Oberflächenstruktur repräsentiert wird und die ihre Tiefe dadurch gewinnt, dass sie Tätigkeiten und Situationen vertextet, also als die ‚Textur', die der Abdruck eines Vorgangs ist. Beides bedingt sich gegenseitig.

2.2 Die Raumsprache als Instrument im Orchester der Sprachen des Gottesdienstes

Als die für diesen Prozess wichtigsten Stationen, als diejenigen Situationen, die dem Kirchenraum seinen ihm ganz eigenen Charakter und seine besondere Würde verleihen, betrachtet RAINER VOLP die Gottesdienste, die in dem Raum gefeiert wurden und werden. Das heißt: Herausragende, ja konstitutive Bedeutung in dem angesprochenen Prozess der Vertextung von Orten kommt in besonderem Maße der Nutzung des Kirchenraums als Gottesdienstraum zu. Auch die Gottesdienste und sie vor allem lagern sich in ihm als lesbare Texturen ab. Sie machen geradezu die Tiefenstruktur des Kirchenraumtextes aus: Kirchenräume sind zuallererst „umfassende und zugleich profilierte Spuren *gottesdienstlicher* Situationen. [...] Sie atmen etwas von Gotteserfahrungen, welche in der durch Musik, Bild, Ritual und Rede verstärkten Textur zu einer ergreifenden Lektüre geraten können."[22] Das aber bedeutet nichts anderes, als dass die Spuren vergangener (gottesdienstlicher) Situationen die Grundlage für neue unverfügbare (Glaubens-)Erfahrungen sind bzw. sein können. Die lesbaren Texturen gottesdienstlicher Situationen, etwa „Kindergottesdienstspuren, die aufgeschlagene und erreichbare Bibel, die brennenden Kerzen – alles Brücken zwischen Andachten", sind ihrerseits „Einladungssignale zum Fest"[23]. Somit verweist die Tiefenstruktur des Kirchenraumtextes nicht nur auf verfestigte Raumsituationen und vertextete Ereignisse, aus denen sie hervorgegangen ist, auf vergangene Kirchbaugeschichte, sondern zugleich auch auf künftige Erfahrungen, indem sie den Raum für zukünftige Situationen bereitstellt, indem der Kirchenraum einlädt, neue Raumsituationen zu entdecken, ja RAINER VOLP betont gerade, dass beides aufs Engste zusammenhängt: „Texte [...] sind kondensierte Spuren von Ereignissen, deren Lektüre künftiges Handeln vorbereitet, *indem* sie vergangenes sichtet."[24] „Auch alte Bauten sind Texte, die uns zu neuen Texten verhelfen wollen."[25]

Die gottesdienstlichen Situationen sind genau die angesprochenen Situationen unverfügbarer Erlebnisse, die die kirchliche Architektur konditioniert und die ihrerseits den Kirchenraum kennzeichnen, welcher auf diese Weise authentische Erfahrungen, Ereignisse, Beziehungen mitteilbar macht, kommuniziert. Dem entspricht wiederum, dass RAINER VOLP in seiner Liturgik den Kirchenraum als eine der Sprachen bzw. Sprachsorten *des Gottesdienstes* klassifiziert – neben Begriffs-, Bild- bzw. visuellen und Tonsprachen und als eine Dimension der Körpersprache.[26] An anderer Stelle[27] spricht RAINER

---

[22] VOLP, Kirchenbau, 490f. [Hervorhebung CWB].
[23] Beide Zitate VOLP, Orte, 57.
[24] VOLP, Liturgik I, 132 [Hervorhebung CWB].
[25] VOLP, Selbstverständnis, 147. RAINER VOLP spricht dahin gehend von den „ungeahnten Qualitäten alter Mauern für neue Handlungsimpulse" (VOLP, Orte, 57).
[26] Vgl. hierzu und zum Folgenden VOLP, Liturgik I, 122ff. (Kap. 1.4.2). Vgl. speziell zur räumlichen Sprache des Kirchenraums als einer Dimension der Körpersprache VOLP, Kirchenbau, 491, wo er den Bewegungsraum des menschlichen Körpers als „Quelle des Gottesdienstes" bezeichnet. Den Raum als ein Medium der gottesdienstlichen Kommunikation bzw. als eine Sprache des Gottesdienstes erwähnen auch BIERITZ, Liturgik, 87 und LUKKEN, Dimensionen, 21. Und wenn MARTIN BENN „Raum und Kunst" unter die „Elemente der Performance des Gottesdienstes" subsumiert, zielt er in die gleiche Richtung (beide Zitate BENN, Einleitung, 10).
[27] Vgl. VOLP / IMMEL, Beten. Die in diesem Absatz im Fließtext in Klammern angegebenen Seitenzahlen beziehen sich alle hierauf.

VOLP Raum, Zeit, gesprochenes Wort, Musik und Bilder nicht als Sprachen oder Sprachsorten an, sondern bezeichnet sie – anders, nämlich in semiotischer Terminologie, aber mit der gleichen Intention – als Codes, die im Gottesdienst konvergieren und ständig ineinander spielen. Dieses Zusammenspiel konstituiert den Gottesdienst *kommunikativ*, führt sogar zu einer „hohe[n] Dichte des kommunikativen Bedeutungsgeflechts in Gottesdiensten" (251) bzw. zu einer „Verstärkung der Bedeutung des Globalcode Gottesdienst" (256). So ergibt sich aus dem Zusammenspiel der Codes, dass sich die Liturgie als ein Syntagma darstellt, welches „als Einheit erlebt [wird], obwohl es sich in vielen unterschiedlichen Codes spiegelt" (264): Liturgie gibt es nie neben, sondern immer nur „in den Verflechtungen von räumlichen, zeitlichen, akustischen wie visuellen Codes" (260).[28]

Als eine der im Gottesdienst konvergierenden Codes bzw. Sprachsorten gibt der Kirchenraum also im besten Falle dem Feiern des Gottesdienstes Raum und bringt als ein Instrument im Zusammenspiel mit anderen Instrumenten im Orchester sprachlicher Systeme den Gottesdienst zum Klingen. Ist dies der Fall, ist der Raum konstitutiver Teil des Ereignisses Gottesdienst. Im schlimmsten Falle kann er dagegen die Feier auch verhindern oder konterkarieren. In jedem Falle sprechen Räume – ob sie nun beredt sind oder eher wortkarg:

> „[E]s ist das erste, was der Besucher einer Kirche tut: er registriert elementare Widersprüche zwischen dem, was Pfarrer sagen [sic] und dem Raum, der die Botschaft ist – etwa wenn ein ausgerechnet evangelischer Pfarrer im hohen Chor einsam der passiven, im Schiff versunkenen Gemeinde gegenüber thront; wenn er ihr bloß entgegenredet und fern von ihr agiert. Viele Altäre und Kanzeln auf Podien verbergen mehr das Tun als daß sie es zum Vorschein bringen – der reformatorische Ursprung, das allgemeine Priestertum bleibt eher Behauptung. Auch die Liebe, wenn Behinderte, Fremde, Kinder und Alte kaum den Abendmahlsort erklimmen können. Der Umgang mit Räumen offenbart elementar die Inhalte."[29]

---

[28] Bei einer solchen Charakterisierung des Gottesdienstes liegt RAINER VOLPs vorherrschendes Interesse nach eigenem Bekunden darin, „zu zeigen, wie das Zusammenwirken verschiedenster Bedeutungsträger und Bedeutungsdimensionen das Verständnis des Gottesdienstes nicht dogmatisch fixiert, sondern ein Spektrum von Identifikationsmöglichkeiten […] spielerisch anbietet" (ebd., 250 [im Original kursiv]). Denn: „Religiöse Kommunikation braucht offensichtlich Freiräume, die nicht, wie fälschlich angenommen, schon vor dem Ereignis durch festgelegte Bedeutungen besetzt sind." (VOLP / IMMEL, Beten, 264)

[29] VOLP, Orte, 57; vgl. VOLP, Kirchenbau, 490f. Vgl. noch VOLP / IMMEL, Beten, 252: „Jeder Raum verhindert oder erzeugt Bedeutungen. Sie werden verstärkt, zerstört oder verunsichert durch die Weise, wie man übliche Raumerwartungen durchkreuzt". Vgl. VOLP / IMMEL, Beten, 265: „Es gibt Codes, die, wenn sie zusammentreffen, die Aussage verwischen oder sogar blockieren. Andere verstärken sich gegenseitig."

2 Rainer Volps Beitrag zu einer Theorie des Kirchenraums

Auch in Bezug auf den Kirchenraum steht also in Geltung, was RAINER VOLP für architektonische Erzeugnisse im Allgemeinen annimmt: Als architektonisches Zeichen ist der Kirchenraum ein *sprachliches System* bzw. eine *Sprachsorte*, und zwar im Verbund der gottesdienstlichen Sprachen. Als Text verweist der Kircheraum auf die räumliche Sprache der Architektur im Allgemeinen und auf die vielen räumlichen Situationen und die gottesdienstlichen Sprachen als ihr dahinter liegendes System im Besonderen.

2.3 Die Aneignung des Kirchenraums als (leiblich-körperlicher) Lesevorgang

Neben den beiden genannten Aspekten, seiner Textlichkeit im Sinne einer Oberflächenstruktur und der einer Tiefenstruktur, kommt dem Kirchenraum bei RAINER VOLP, noch ein dritter zu, der bereits mehrmals kurz zur Sprache kam, der nun jedoch noch einmal eigens zu thematisieren ist, weil er in RAINER VOLPs Ausführungen zum Kirchenraum der wichtigste Aspekt ist, der Schlüssel und Voraussetzung dafür, dass überhaupt vom Kirchenraum als Text gesprochen werden kann, und ohne den deshalb VOLPs Verständnis des Kirchenraums als Text schlechterdings nicht sachgemäß erfasst wäre.

Wie es für RAINER VOLP generell die Sprachlichkeit von Architektur ausmacht, sich im situativen Umgang als Träger von Bedeutung zu erschließen, so gilt auch vom Kirchenraum: Er erschließt sich als Träger von Bedeutung *im situativen Umgang*, das heißt erst und erst dann, wenn mit ihm praktisch umgegangen, wenn er also interpretiert und gedeutet wird: Räume „*beginnen zu reden*, wenn wir sie interpretieren, das heißt als ‚Texte' lesen. Wir tun dies im Blick auf Gliederung und Einheitlichkeit, Weite und Enge, Helligkeit und Dunkelheit, befreiende und bedrückende Ausgestaltung."[30] Und wie bei Architektur im Allgemeinen, so versteht RAINER VOLP auch beim Kirchenraum im Besonderen diesen situativen Umgang als Lesevorgang. Vielmehr umgekehrt: Wenn immer RAINER VOLP davon spricht, dass der Kirchenraum als Text gelesen wird, steht das Lesen des Kirchenraums gedacht als situatives Umgehen in und mit dem Raum im Hintergrund. Das Verständnis einer Textualität des Kirchenraums ergibt sich bei RAINER VOLP aus seinem Verständnis der Raumlektüre als situativem Umgang.

Situativer Umgang – das heißt dann, das Lesen des Kirchenraums als eines Textes darf bei RAINER VOLP nicht dahin gehend missverstanden werden, als

---

[30] VOLP, Kirchenbau, 491. Vgl. VOLP, Space, 177.

handle es sich dabei um eine Tätigkeit, bei der allein der Sehsinn aktiv würde. Vielmehr vollzieht sich das Lesen des Kirchenraums mit allen Sinnen als ein leiblich-körperlicher, wenngleich nicht allein auf Gefühl oder Einfühlungsvermögen zu reduzierender Vorgang. Wenn ein Rezipient, wie eingangs in INGEBORG FLAGGEs Zitat beschrieben (vgl. o. S. 13), einen Kirchenraum wahrnimmt, auf ihn reagiert und ihm respondiert, wenn er ihn deutet und dechiffriert, wenn er in ihm eigenständig produktiv tätig wird und ihn mit Bedeutung belegt, dann *liest* er ihn.

Ein solches Verständnis der Raumlektüre ist dem Umstand geschuldet, dass Räume sehr unmittelbar mit dem Körper des Menschen und seinem Verhalten korrespondieren – was im Übrigen auch der Grund dafür ist, dass RAINER VOLP die räumliche Sprache, wie bereits erwähnt, als eine Dimension der Körpersprache ansieht (vgl. o. S. 85): Weil wir einen Körper haben und dieser Körper Raum ist, sind wir empfänglich für Raum und reagieren auf den Raumkörper Kirchenraum: „Each of us is a body, and, as a body, responds to the body of that space. This is more than vague sensitivity. It is a reading of space"[31]. Daraus folgt für RAINER VOLP, dass jeder Mensch dazu in der Lage ist, Räume zu lesen: „Räume erschließen sich jedem, sie vertexten die Botschaft öffentlich und verständlich."[32] Es gibt, wie RAINER VOLP formuliert, „keine Analphabeten gegenüber einem gestalteten Ort, den wir ‚Raum' nennen. Ob dieser hoch oder niedrig, licht oder dunkel, luftig oder stickig, offen oder verstellt, erhaben oder verkäuflich wirkt, das empfindet jeder, sogar ein blinder Mensch. Der Raum ist schon die Botschaft, die erste (im Mutterleib), die umfassendste in jedem Tagesablauf: Kirchenräume sind unendlich oft und tief chiffrierte Texte."[33] Beginnend mit der ganz ursprünglichen im Mutterleib, sind es, wie oben im Zusammenhang der Sprachlichkeit des Raumes angesprochen (vgl. o. S. 81), verinnerlichte Raumerfahrungen, die in die Lage versetzen, die gegebenen Elemente in eine Raumlektüre zu überführen. Was Räume offenbaren, sind zunächst sehr elementare Inhalte (eben, wie oben gesagt, etwa Weite und Enge, Nähe und Distanz, Direktschall und Nachhall, Helligkeit und Dunkelheit, befreiende und bedrückende Ausgestaltung und dergleichen). Gerade jedoch in einer solchen Elementarisierung entdeckt RAINER VOLP eine räumlich-körperliche Konkretion des Evangeliums: „Kirchenräume sind die elementarsten Texte; in sol-

---

[31] VOLP, Space, 171; vgl. hierzu wie zum gesamten Abschnitt VOLP, Orte, 57f. und VOLP, Liturgik I, 157f.
[32] VOLP, Orte, 57; vgl. VOLP, Kirchenbau, 491 und VOLP, Space, 171.
[33] VOLP, Orte, 58.

chen Texten (zu deutsch: lesbare Zeichen, Zusammenfügungen) konkretisiert sich das Evangelium körperlich."[34]

Mit dieser Darstellung von RAINER VOLPs Beitrag zu einer Theorie des Kirchenraums wurde bereits weit über den Ausgangspunkt dieses ersten Hauptteils, die Einflussfaktoren auf den Kirchenbau, vorausgegriffen. Für den zweiten Hauptteil der vorliegenden Untersuchung wird auf die durch RAINER VOLPs Überlegungen angerissenen Themen zurückzukommen sein. Für den Moment sind zunächst besonders VOLPs Ausführungen zum Kirchenraum als Text von Belang. Der Kirchenraum ist Text auf der einen Seite, insofern er seine Entstehungssituation bezeugt, auf der anderen Seite, insofern er Situationen Raum gibt und insofern dieser sein Gebrauch körperlich wahrnehmbare, sichtbare, hörbare, spürbare Texturen in ihm hinterlässt. Die Geschichte des Kirchenbaus ist als die Vertextung von Orten aufzufassen, der Kirchenbau selbst als anschauliches Lebens- und Glaubenszeugnis und räumlich-gegenständliches Dokument seiner Zeit. Hieraus ergeben sich zwei Aspekte im Blick auf die Textualität des Kirchenraums: Als Text bzw. Textur[35] ist er Oberflächen- und Tiefenstruktur gleichermaßen, er ist als für die Wahrnehmung strukturiere Einheit (im situativen Umgang) lesbar, verweist als solche aber auf vertextete Situationen, von denen den Gottesdiensten konstitutive Bedeutung zukommt.

---

[34] Ebd.
[35] Zum Texturbegriff vgl. neuerdings die Dissertation von BEATE-IRENE HÄMEL (HÄMEL, Textur-Bildung), in der sie den Texturbegriff für die religionspädagogische Theoriebildung fruchtbar zu machen sucht, indem sie unter religionspädagogischen Gesichtspunkten aktuelle Erkenntnisse der Kultur-, Sozial- und Identitätsforschung reflektiert und dabei Kultur, Identität und Religion bzw. Religiosität als ‚Text-Gewebe', als Texturen auffasst.

3   Die Einflussfaktoren auf den Kirchenbau (II)

Am Anfang dieses ersten Hauptteiles war – um diesen Sachverhalt hier noch einmal aufzugreifen – die Rede von den mannigfaltigen Einflüssen, die bei Errichtung und Nutzung auf einen Kirchenbau treffen. Diese wurden differenziert nach kirchlichen, liturgischen, theologischen, gesellschaftlichen, kulturellen, geographischen sowie künstlerischen, personenabhängigen, technisch-konstruktiven und ökonomisch-finanziellen Aspekten. Diese Faktoren und Einflüsse gehen in den Text des Kirchenraums ein, sie werden ver-*textet* – und sind in ihm als dessen Strukturelemente vorhanden. Sie sind als dessen Komponenten in ihm, das heißt genauer: in seiner Tiefenstruktur aufgehoben und an seiner Oberflächenstruktur ablesbar.

Nun stellt es sich jedoch so dar, dass nicht alle Kontextelemente des historischen Kontexts, in dem Kirchenbau und Nutzung vonstattengehen, zwangsläufig auch raumbildend wirken, das heißt sich als Einflussfaktoren geltend machen und damit vertextet werden. Nicht alle möglichen Einflüsse treten notwendigerweise als solche auf den Plan. Vielmehr ist im Einzelfall zu differenzieren, welche Teilmenge aus dieser Gesamtheit von Kontextelementen aktiviert wurde, welche Einflussfaktoren konkret am Bau zur Wirkung gelangt und damit am Kirchenraumtext ablesbar sind. Diese spezifische Teilmenge ist es, die den Kirchenbau zu dem macht, der er ist, ist also konstitutiv für die unverwechselbare individuelle bauliche Gestalt einer Kirche: Die als Einflussfaktoren aktivierten Kontextelemente prägen den Kirchenbau und prägen sich in ihn ein. Ferner ist die Gewichtung innerhalb der zum Tragen gekommenen Faktoren in Rechnung zu bringen, denn nicht alle Einflussfaktoren wirken sich in gleicher Weise und in demselben Maße form- und raumbildend auf den Bau aus. Vielmehr kann die Gewichtung von Fall zu Fall stark divergieren. Auch diese Gewichtung ist in hohem Maße ausschlaggebend für die konkrete Ausprägung einer Kirche.

Wolfgang Iser ist in seiner Untersuchung daran gelegen zu beschreiben, aus welchen außertextuellen Gegebenheiten sich der literarische Text speist, wie diese in den Text eingehen und in ihm als dessen Strukturelemente vorhanden sind. Um seine theoretischen Erwägungen zu diesem Problemkomplex für den Kirchenraumtext fruchtbar machen zu können, soll an dieser Stelle nun also wieder die wirkungsästhetische Theorie Wolfgang Isers in den Fokus der Betrachtung rücken und zwar zunächst sein Textmodell.

4 WOLFGANG ISERs Textmodell – Das Repertoire und die Strategien des literarischen Textes

4.1 Das Repertoire – Selektion des literarischen Textes[1]

Ein literarischer, ein fiktionaler Text ist das Resultat der Weltzuwendung eines Autors und als deren Verkörperung, ‚Verschriftlichung', selber Weltzuwendung.[2] Literatur lässt sich auf Welt ein. WOLFGANG ISER sieht darin die Funktion von Fiktion: „Statt deren bloßes Gegenteil zu sein, teilt Fiktion uns etwas über Wirklichkeit mit." (88) Das Seinsverhältnis von Fiktion und Wirklichkeit in polarer Entgegensetzung, die „alte Opposition von Fiktion und Wirklichkeit" ersetzt WOLFGANG ISER so durch ein „Mitteilungsverhältnis"; Fiktion ist konzipiert als „Kommunikationsstruktur": „Wenn Fiktion nicht Wirklichkeit ist, so weniger deshalb, weil ihr die notwendigen Realitätsprädikate fehlen, sondern eher deshalb, weil sie Wirklichkeit so zu organisieren vermag, daß diese mitteilbar wird" (alle vier Zitate 88). Der fiktionale Text organisiert also Wirklichkeit. Das heißt: Für den Text selbst ergibt sich aus der Weltzuwendung nicht nur, dass er auf Welt und Wirklichkeit bezogen ist, sondern dass sich in ihm ein Weltausschnitt wiederfindet, dass er Wirklichkeitsbruchstücke einkapselt – dies allerdings nicht als bloße Abbildung von Realität, sondern auf eine ganz spezifische, gleich noch zu erläuternde Weise. Diese eingekapselten Wirklichkeitsbruchstücke fasst WOLFGANG ISER zusammen unter dem Begriff des *Textrepertoires*: Mit den Elementen des Repertoires greift der Text auf seine Umwelt, auf die soziale Lebenswelt zurück. WOLFGANG ISER unterscheidet bei diesem Umweltbezug des Textes zwei zu differenzierende Arten. Das Einkapseln geschieht einerseits durch den Rückgriff auf vorangegangene Literatur, zum anderen durch das Aufnehmen und die Verarbeitung sozialer und historischer Normen der

---

[1] Vgl. zum Folgenden ISER, Akt, 87–143, auch ISER, Leser, 7–12; ISER, Fingieren, 125–128 und ISER, Fiktive, 24–51 [passim]. Vgl. außerdem PANY, Modelle, 22–32 und BONNEMANN, Interaktion, 27–58. Der Begriff der Selektion – wie der unten im Zusammenhang der Textstrategien verwendete der Kombination (vgl. u. Kap. 4.2, S. 103ff.) – findet schon Verwendung in dem grundlegenden Beitrag ROMAN JAKOBSONs ‚Poetik und Linguistik' (1960), vgl. TITZMANN, Äquivalenzprinzip, 13. Überhaupt sind Repertoire und Strategien, Selektion und Kombination „wohlbekannte Begriffe aus dem (namentlich linguistischen) Strukturalismus, die Iser aber in einem eigentümlichen Sinn verwendet" (RICHTER, Wirkungsästhetik, 523).

[2] Vgl. ISER, Akt, IVf. und ISER, Fingieren, 125 Die im Folgenden im Fließtext in Klammern angeführten Seitenzahlen beziehen sich allesamt auf ISER, Akt.

Lebenswelt, von Konventionen und Traditionen, die Bezugnahme auf historische und soziale Kontexte, „auf den sozio-kulturellen Kontext im weitesten Sinne, aus dem der Text herausgewachsen ist – kurz auf das, was die Prager Strukturalisten als die außerästhetische Realität bezeichnet haben" (115).[3] Dabei bieten sich die Elemente des Repertoires immer als eine Mischung aus beiden dar, als eine Mischung aus vorangegangener Literatur und außertextuellen Normen (vgl. 132).

WOLFGANG ISER sieht im Repertoire „jenen Bestandteil des Textes, in dem die Immanenz des Textes überschritten wird" (115), den „Weltbezug des fiktionalen Textes" (155), obschon er – soviel sei hier schon angedeutet – diesen Bezug nicht mimetisch oder nachahmungspoetisch versteht[4]. Man hat dementsprechend das Textrepertoire als den „Nexus zwischen literarischem Text und den nichtliterarischen Systemen (Politik, Religion, Philosophie) einer Gesellschaft"[5] bezeichnet. Und weil der Text, indem er in seinem Repertoire auf Realitätskontexte zurückgreift, eben auch eine ihm vorausliegende Bekanntheit einkapselt und so die Möglichkeit bietet, an Wissens- und Erfahrungsbestände des Lesers anzuknüpfen, ist damit zugleich der Nexus zwischen fiktionalem Text und Leser angegeben.[6] Text / Wirklichkeit und Text / Leser – dies sind die beiden Schnittpunkte, an denen das funktionsgeschichtliche Textmodell ISERs angesiedelt ist: Der fiktionale Text kommt zu stehen zwischen Wirklichkeit und Leser, ist gleichsam Vermittlungsinstanz zwischen beiden. Und dabei ist es „die Fiktion als Relais zwischen lesendem Subjekt und mitgeteilter Realität", deren Funktion sich in dieser „Vermittlung von Subjekt und Wirklichkeit erfüllt": „Als Kommunikationsstruktur schließt die Fiktion Wirklichkeit mit einem Subjekt zusammen, das durch die Fiktion mit einer Realität vermittelt wird." (Alle drei Zitate 88)[7]

---

[3] Vgl. ISER, Fingieren, 123 Anm. 2: „Das Reale ist für den vorliegenden Zusammenhang als die außertextuelle Welt verstanden, die als Gegebenheit dem Text vorausliegt und in der Regel dessen Bezugsfelder bildet. Diese können Sinnsysteme, soziale Systeme und Weltbilder genauso sein wie etwa andere Texte, in denen eine je spezifische Organisation bzw. Interpretation von Wirklichkeit geleistet ist. Folglich bestimmt sich das Reale als die Vielfalt der Diskurse, denen die Weltzuwendung des Autors durch den Text gilt."

[4] Vgl. HIEBEL, Vorwort, V und ISER, Literaturverständnis, 21.

[5] ZIMA, Ästhetik, 252.

[6] In den im Repertoire eingekapselten Bruchstücken enthält „der fiktionale Text sehr viele identifizierbare Realitätsfragmente […]. Insofern also kehrt im fiktionalen Text eine durchaus erkennbare Wirklichkeit wieder" – wenn auch „unter dem Vorzeichen des Fingiertseins", in Klammern des ‚Als-Ob' (beide Zitate ISER, Fiktive, 37), was auf die bereits erwähnte, noch eigens auszuführende spezifische Weise der Bezugnahme verweist.

[7] Hier kommt wieder ISERs Vorentscheidung, den literarischen Text als Kommunikation zu betrachten, zum Tragen (vgl. o. S. 53 Anm. 11). Um diese Bestimmung des Textes als Kommunikation bzw. das Text-Leser-Verhältnis zu fundieren, greift WOLFGANG ISER auf die

4 Wolfgang Isers Textmodell

Da bei dem Umweltbezug, bei dem Rückgriff auf Realitätskontexte immer einzelne Normen sozialer und historischer Wirklichkeit bzw. einzelne Bruchstücke vorangegangener Literatur heraus-gegriffen werden, ist einsichtig, dass dem Hineinziehen der außertextuellen Realität ein Auswahlvorgang voraufgehen muss, dass „Selektionsentscheidungen" (118) getroffen werden müssen.[8] WOLFGANG ISER kann daher in Bezug auf die Repertoire-Elemente auch von *selektiertem Material* sprechen.

Als Nexus zwischen Text und Leser und deren „gemeinsame[r] Besitz" (116; vgl. 138), verkörpert das Repertoire „ein gewisses Maß an vorgängiger Gemeinsamkeit" (108) und liefert damit eine wichtige Voraussetzung für das Gelingen einer Kommunikation. „Denn eine Kommunikation kann nur dort stattfinden, wo diese Gemeinsamkeit gegeben ist" (116). Die bloße Gemeinsamkeit zwischen Text und Leser, die der Text durch den Rückgriff auf seine Umwelt hervorbringt, diese bloße Gemeinsamkeit allein führt jedoch noch nicht zur Kommunikation zwischen Text und Leser. Das Repertoire ist nur das „Material der Kommunikation" (116). Für eine Interaktion hält es WOLFGANG ISER für nicht minder entscheidend, dass der ‚gemeinsame Be-

---

Sprechakttheorie nach JOHN L. AUSTIN und JOHN SEARLE zurück, der es darum geht, „die Bedingungen zu beschreiben, die das Gelingen der Sprachhandlung gewährleisten" (ISER, Fingieren, 89; vgl. hierzu und zum Folgenden insgesamt ISER, Fingieren, 89–114; auch BONNEMANN, Interaktion, 18–25 und PANY, Modelle, 17–22). Die Sprechakttheorie dient ISER als Ausgangsbasis für sein Textmodell und dazu, „heuristische Voraussetzungen zu gewinnen, durch die sich kommunikative Strukturen fiktionaler Texte in den Blick bringen lassen" (ISER, Fingieren, 90). In diesem Sinne stellt er fest, dass fiktionale Rede zwar über die zentralen Bestände des illokutionären Sprechaktes verfügt, sich von diesem allerdings vor allem durch den fehlenden Situationsbezug unterscheidet, durch welchen erst der Empfang der Mitteilung garantiert oder zumindest stabilisiert wird. Als Konsequenz ergibt sich daraus für ISER, dass der fiktionale Text selbst all jene Anweisungen bzw. Elemente aufweisen muss, die das Erstellen einer solchen Situation und damit das Gelingen der Sprachhandlung erlauben. Dies sind beim Sprechakt zum einen ‚Konventionen' und zum anderen ‚akzeptierte Prozeduren' und – in Ableitung hierzu von ISER so benannt – analog beim literarischen Text zum einen eben das besagte *Textrepertoire*, zum anderen die später noch eigens zu thematisierenden *Textstrategien* (vgl. u. Kap. 4.2, S. 103ff.).

[8] Genauso wie die Mitteilungs- und Wirkungsintention bei der Textproduktion „dem Autor nicht in expliziter Form ‚bewußt' sein" muss, bleiben auch die Selektionsentscheidungen nicht selten unter der Schwelle des Bewusstseins: „Texte sind – so gesehen – Resultate von (zumeist intuitiv verlaufenden) Entscheidungs- bzw. Selektionsprozessen und manifestieren die Mitteilungs- und Wirkungsintentionen eines konkreten historischen Subjekts. Diese Selektions- und Kombinationsprozesse sind beeinflußt (und z.T. vermutlich determiniert) durch die ‚komplexe Voraussetzungssituation' eines Autors (also seine Code- und Regelkenntnisse, seine psychische und soziale Situation, die Stufe seiner Sozialisationsgeschichte ist, seine Textkenntnisse, sein Wirklichkeitsmodell, Wertpräferenzen und Intentionen etc.)." (Beide Zitate KINDT / SCHMIDT, Textrezeption, 130f.)

sitz' von Text und Leser „nicht in totaler Deckung steht" (116).[9] Für das In-Gang-Kommen einer Kommunikation ist es gerade notwendig, dass eine produktive Differenz zwischen Text und Leser besteht bzw. entsteht. Und das nicht trotz des selektierten Materials in seiner Bekanntheit, sondern in diesem und durch dieses. Das Bekannte interessiert nicht in seinem Bekanntsein, sondern „mit dem Bekannten [soll] etwas gemeint werden [...], das seiner noch ungekannten Verwendung entspringt" (117). Entscheidend ist daher in Bezug auf das Repertoire, dass dem selektierten Material etwas durch die Wiederkehr im Text, durch dieses Einrücken in eine andere Umgebung geschieht, dass die Wiederholung des jeweiligen Elements – wie bereits erwähnt – nicht den Charakter bloßer Abbildung besitzt.[10] Vielmehr erfährt das selektierte Element beim Einrücken in den Text, in den neuen, *ästhetischen* Kontext, eine partielle Aufhebung seiner Bekanntheit. Statt als bloße Abbilder erscheinen die Repertoire-Elemente im Zustand der Reduktion (vgl. 116) bzw. deformiert (vgl. 137f.).

Im Folgenden soll nun im Rückgriff auf ISERs Ausführungen auf die beiden beschriebenen Elementbereiche eingegangen werden, zunächst auf die

---

[9] WOLFGANG ISER geht von einem „‚Kontingenzbetrag' aus, das heißt einer Differenz zwischen subjektivem Vorwissen und dargestellter fiktionaler Welt", aus der sich eine „Asymmetrie" ergibt, die nach „Ausgleich und Korrektur verlangt" (alle drei Zitate HIEBEL, Vorwort, VI). Vgl. u. S. 184f. bzw. ISER, Akt, 108f. und v. a. 257–280 [„Die Asymmetrie von Text und Leser"]. Andererseits erweist sich eben, wie angesprochen, auch der ‚gemeinsame Besitz' als von Bedeutung. Und selbst wenn sich „die Teilüberlagerung der Repertoire-Elemente mit solchen des Lesers [...] in fiktionalen Texten einem Nullwert [nähert]" (was auch – wie noch auszuführen sein wird – aus der besonderen Zusammenstellung der Elemente im Repertoire selbst resultiert, vgl. u. Kap. 4.1.3, S. 98ff.), lässt sich noch sagen: „Die Nicht-Identität bildet dann den minimalen Kontakt, der noch zwischen den beiden Repertoires [sc. zwischen Textrepertoire und Dispositionsrepertoire des Lesers] besteht." (LINK, Rezeptionsforschung, 139) Die doppelte Bedingung für Kommunikation – also einerseits das Bestimmte, Determinierte, Gegebene, explizit Gesagte, Bekannte, andererseits das Unbestimmte, Undeterminierte, die Aussparungen, das implizit Gemeinte, erst zu Konstituierende – ergibt sich WOLFGANG ISER aus der Sprechakttheorie; vgl. besonders ISER, Akt, 97f.; 108f. und 109f.; auch 138f.

[10] Vgl. ISER, Akt, 202: „Denn der fiktionale Text ist als nicht-denotierendes Zeichensystem zunächst offen, und das heißt, er erschöpft sich nicht in der Bezeichnung vorfindbarer empirischer Gegebenheiten. Folglich bietet er sich dem Leser als ein Strukturierungsangebot, durch das etwas konstituiert werden kann, das in der empirischen Welt der Objekte gerade nicht gegeben ist." An anderer Stelle, wo WOLFGANG ISER das Oppositionsverhältnis von Fiktion und Wirklichkeit bzw. von Realem und Fiktivem um die Kategorie des Imaginären erweitert und zu einer dreistelligen Beziehung ausbaut, spricht er hinsichtlich dieses Vorgangs von Selektion als einem Akt des Fingierens: „Bezieht sich also der fiktionale Text auf Wirklichkeit, ohne sich in deren Bezeichnung zu erschöpfen, so ist die Wiederholung ein Akt des Fingierens, durch den Zwecke zum Vorschein kommen, die der wiederholten Wirklichkeit nicht eignen." (ISER, Fingieren, 122)

4 Wolfgang Isers Textmodell

Selektion aus dem sozio-kulturellen Kontext, dann auf die Bezugnahme auf vorausgegangene Literatur. Ganz entscheidend dafür, dass das Repertoire als ‚gemeinsamer Besitz' eine Anknüpfungsmöglichkeit für den Leser bildet und *zugleich* im Vorgang der Selektion eine produktive Differenz zwischen Text und Leser entstehen lässt, ist nach WOLFGANG ISER die ästhetische Veränderung des Bekannten im Vorgang der kohärenten Deformation. Diese soll daher in einem dritten Schritt beschrieben werden.

4.1.1 Der sozio-kulturelle Kontext als Material

Die angesprochenen Selektionsentscheidungen, die der Auswahl des selektierten Materials zugrunde liegen, spezifiziert WOLFGANG ISER dahin gehend, dass sich der Text – im Falle der selektierten sozialen und historischen Normen, der Traditionen, Konventionen etc. – nicht auf „Wirklichkeit schlechthin" (118) bezieht, sondern immer schon auf gedeutete Wirklichkeit, auf Wirklichkeitsmodelle bzw. Sinnsysteme. Denn: „Unsere *Lebenswelt* ist immer eine *interpretierte Welt*, und wir bewegen uns in *Ordnungsformen* und *Weltbildern*, die wir angesichts ihres Funktionierens *für die Wirklichkeit* selbst halten."[11] Die Wirklichkeitsmodelle bzw. Sinnsysteme sind für ISER „Strukturen der Weltbemächtigung" (119). Damit fasst er sie im Anschluss an NIKLAS LUHMANN als Wirklichkeit verarbeitende Strukturen auf, die einen bestimmten, je spezifischen Sinn- und Weltaufbau leisten, indem sie ihrerseits Kontingenz und Weltkomplexität reduzieren. Diese Reduktion vollzieht sich im Relevantwerden nur jeweils eines Ausschnitts von Wirklichkeit und beinhaltet daher selbst einen Selektionsvorgang. Der Text greift so in seinem Repertoire, in seinem selektierten Material, auf Modelle zurück, in denen selbst schon Selektionsentscheidungen getroffen und Reduktionen vollzogen worden sind und werden.[12] Der fiktionale Text lebt in seinem Umweltbezug von diesen Systemen. Er ist jedoch seinerseits auch ein „sinnkon-

---

[11] ISER, Literaturverständnis, 21. Vgl. für den vorliegenden Zusammenhang überhaupt ISER, Literaturverständnis, 21f.
[12] Vgl. WINKGENS, Wirkungsästhetik I, 296f. (= WINKGENS, Wirkungsästhetik II, 709): In der „Repräsentation einer außertextuellen Realität bezieht sich der Text weder auf eine kontingente Wirklichkeit schlechthin, sondern auf existierende Sinnsysteme, die im Sinne der Systemtheorie N. Luhmanns ihrerseits Sinn und Ordnung nur durch die ‚Reduktion von Wirklichkeitskomplexität' zu generieren vermögen und daher notwendigerweise ihre eigenen Ausschließungen, Begrenzungen und Defizite mithervorbringen, noch reproduziert er durch Widerspiegelung einfach ihre vertikal stabilisierte lebensweltliche Geltungshierarchie".

stituierendes System [...]. Das heißt, in seinem Aufbau zeigen sich die zur Sinnstabilisierung notwendigen Selektionen, die am gewählten Repertoire ablesbar sind." (120)

Nun ist es allerdings vor allem so, dass sich Texte oft gerade „auf etwas [beziehen], das in der Struktur des Systems nicht enthalten, zugleich aber als dessen Grenze aktualisierbar ist" (120). Literatur ist Reaktion auf die jeweiligen Sinnsysteme einer Epoche und ihrer Defizite und kommuniziert diese.[13] Dadurch zeichnet sich laut ISER die Fiktionalität des literarischen Textes aus, zeigt sich hierin doch gerade die Funktion der Fiktion, Kommunikation zu sein: „Fiktional sind diese Texte deshalb, weil sie weder das entsprechende Sinnsystem noch dessen Geltung denotieren, sondern viel eher dessen Abschattungshorizont bzw. dessen Grenze zum Zielpunkt haben." (120; vgl. 122) Und noch mehr: Fiktionale Texte bilanzieren und artikulieren das Orientierungsdefizit eines Sinnsystems, indem sie eine fiktionale Lösung anbieten (vgl. 123).[14] Gerade diese Bilanzierung und Artikulation des Orientierungsdefizits eines bestimmten Sinnsystems einer Epoche firmiert bei WOLFGANG ISER denn auch folgerichtig als die Funktion der Literatur.[15]

4.1.2 Der Rückgriff auf vorangegangene Literatur

Wie oben ausgeführt, fasst WOLFGANG ISER das Repertoire als eine Mischung aus vorangegangener Literatur und außertextuellen Normen. Im Repertoire sind die hineingezogenen sozialen und historischen Normen der Lebenswelt, die Konventionen und Traditionen durchsetzt mit Elementen aus der Literaturtradition. Weil das Normen- und das literarische Repertoire so mit-

---

[13] WOLFGANG ISER spricht diesbezüglich auch von der „Geltungsschwäche der betreffenden Sinnsysteme" (ISER, Akt, 122) und der „Artikulation des Problemüberhangs" (ISER, Akt, 123) oder – allgemeiner formuliert – von den „Hinterlassenschaften, die Aussparungen, Defizite, Verluste, Vernichtungen, aber auch verschenkte Möglichkeiten sein können" (ISER, Literaturverständnis, 22); vgl. auch noch ISER, Leser, 8f.
[14] Vgl. auch WINKGENS, Wirkungsästhetik I, 297 (= WINKGENS, Wirkungsästhetik II, 709).
[15] Aber auch das Gegenteil kann der Fall sein: Die Literatur kann im Dienste des herrschenden Systems stehen. In diesem Falle besteht ihre Wirkung darin, eine die Stabilität dieses Systems bedrohende Gegebenheit zu beseitigen und es so vor möglicher Problematisierung zu bewahren (vgl. ISER, Akt, 130). Zu den Problemen von ISERs (allzu verengender) These einer Bilanzierungsfunktion von Literatur – der man die Eigentümlichkeit der von ISER zur Konzeption seiner Theorie vornehmlich verwendeten Romane (und hier allen voran die seiner ‚Lieblingsautoren' HENRY FIELDING, LAURENCE STERNE, JAMES JOYCE und SAMUEL BECKET) deutlich abspürt – vgl. BONNEMANN, Interaktion, 93–95 und PANY, Modelle, 24–29 v. a. 27–29.

4 Wolfgang Isers Textmodell

einander ‚*verflochten*' sind (lat. plectere = flechten), spricht WOLFGANG ISER von „Komplexion"[16]. Jeder fiktionale Text, so WOLFGANG ISER, nimmt so in seinem „literarische[n] Repertoire" (133) Anleihen in der Literaturtradition. Vorangegangene Literatur wird in wechselnder Anspielungsdichte im Text parat gehalten (vgl. 133)[17], ja oftmals werden „ganze [sc. literarische] Traditionen in zitathafter Abbreviatur in den Text" (132) hineingezogen.[18] Dabei denkt ISER zwar auch an das Aufgreifen literarischer Motive und Topoi, vor allem aber an den Gebrauch überkommener geprägter literarischer Formen und Gattungen.[19] Das heißt – und das ist von Bedeutung für das Verständnis des literarischen Repertoires –, dass, wenn ISER von der Aufnahme von Elementen vorangegangener Literatur, wenn er von literarischen Verweisungen durch einen Text spricht, er nicht so sehr auf die Verarbeitung vorangegangener literarischer Werke in materialer Hinsicht abhebt als vor allem in formaler Hinsicht auf die Anführung bestimmter Reaktionsmuster fiktionaler Texte auf zeitgenössische Sinnsysteme (und deren Defizite), also die Zitation typisierter Antworten auf die von Sinnsystemen aufgeworfenen Fragen. „Anspielung auf vorausgegangene Literatur" (133) meint also den Rückgriff auf „Darstellungsweisen vorangegangener Texte" (153), auf das „Arsenal der Artikulationsmuster, durch die in vorangegangener Literatur die Reaktion der Texte auf ihre Umwelt formuliert worden ist" (136)[20], auf literarische *Schemata*. Und in der Schematisierung erfüllen die Rückgriffe auf die Literaturtradition auch ihren Zweck innerhalb des Repertoires: Wenn der fiktionale Text Reaktion auf den Problemüberhang eines Systems ist und daher

---

[16] ISER, Akt, 134.
[17] In den Mischungsverhältnissen vorausgegangener Literatur mit außertextuellen Normen sieht WOLFGANG ISER „elementare Differenzierungen literarischer Gattungen" begründet – je nachdem, ob entweder der Anteil außertextueller Normen (wie etwa beim Roman) oder mehr der Rückgriff auf vorausgegangene Literatur überwiegt (wie etwa in der Lyrik); vgl. ebd., 132f.
[18] Heute würde man dies wohl mit dem etwa zeitgleich mit den rezeptionsästhetischen Überlegungen der Konstanzer Schule aufgekommenen, namentlich von JULIA KRISTEVA eingeführten, dann vor allem von GÉRARD GENETTE systematisierten und unter dem Überbegriff der ‚Transtextualität' auf die Bezugnahme zwischen literarischen Texten, die Text-Text-Beziehung (in Form von Zitaten und Allusionen), eingeschränkten Begriff der *Intertextualität* bezeichnen; vgl. KAFITZ, Literaturtheorien, 21–24.
[19] Vgl. ISER, Process, 62: „[L]iterary patterns and recurrent literary themes". Vgl. HIEBEL, Vorwort, VI („Gattungsformen und literarische Muster").
[20] Insofern der Text in seinem literarischen Repertoire auf Muster von Reaktionen auf Sinnsysteme und ihre Defizite rekurriert, sind also bereits hier, in der Anlage des literarischen Repertoires, die beiden Elementbereiche des Repertoires strukturell verknüpft. Auf eine derartige Beziehung weist ISER selbst hin, vgl. ISER, Akt, 133. Vgl. den Hinweis auf eben denselben Sachverhalt bei MAYORDOMO-MARÍN, Anfang, 69.

dieses System in den Repertoire-Elementen aufgeblendet wird, leuchtet ein, dass, je komplexer dieser Problemüberhang, desto ausdifferenzierter auch das Repertoire ist. Und hier kommen die literarischen Schemata ins Spiel. Das Repertoire begegnet der Komplexität des jeweiligen Systems, das im Normenrepertoire aufgeblendet wird, durch Generalisierungen. Die Elemente des literarischen Repertoires *organisieren* die „heterogene Vielfalt außertextueller Normen" (134). Und diese Generalisierungsleistung wird just durch das literarische Repertoire erbracht. Die literarischen Schemata liefern eine „Organisationsform" (135), die es erlaubt, „das spezifische Maß an Generalisierung [zu] erzielen, das für den Antwortcharakter des Textes auf komplexere Verhältnisse unabdingbar ist" (135).

Die Beziehbarkeiten, die so zwischen den literarischen Schemata und dem Normenrepertoire bestehen, sind für WOLFGANG ISER schließlich für die ästhetische Dimension des Textes relevant. Deshalb ist jetzt noch genauer auf die bereits erwähnte ästhetische Veränderung der selektierten Elemente einzugehen.

4.1.3 Die kohärente Deformation und das Äquivalenzsystem des Textes

Neben dem Einkapseln einer ihm vorausliegenden Bekanntheit durch den Rückgriff auf den sozio-kulturellen Kontext sowie durch literarische Anspielungen, zeichnet das Repertoire auch dafür verantwortlich, eine für das Ingangsetzen von Kommunikation von Text und Leser erforderliche produktive Differenz zwischen beiden zu erzeugen. Dies geschieht durch eine ästhetische Veränderung der selektierten Elemente. Diese vollzieht sich nach ISER zum einen im Vorgang der Selektion, zum anderen durch die gegenseitige Einflussnahme der Elemente des Normenrepertoires auf die des literarischen Repertoires und vice versa.[21]

Zunächst zur ästhetischen Veränderung im Vorgang der Selektion. Die selektierten Elemente sind aus ihrem ursprünglichen Funktionszusammenhang herausgenommen, „entpragmatisiert" (100; vgl. 157; 159 und 328), und als Repertoire-Elemente in einen neuen Kontext gestellt. Dadurch werden sie neu beziehungsfähig; das Aufnehmen anderer, neuer Relationen, die vorher einzugehen sie ob ihrer Gebundenheit durch ihre Funktion nicht imstande

---

[21] Gleichwohl gilt: „Das Aufrufen des bekannten Hintergrundes und die Veränderung seines Bekanntseins fallen zusammen." (ISER, Akt, 159)

4 Wolfgang Isers Textmodell

waren, wird ermöglicht. Sie sind nunmehr herabgestuft zu einem „Interaktionspol" (116).[22] Zugleich aber verlieren sie dabei die alten Bezüge nicht gänzlich. Der alte Kontext bleibt zwar inaktiv, aber gegenwärtig als Hintergrund, vor dem sich das Neue abzeichnen kann. Zweierlei wird also durch das Repertoire geleistet: erstens das Parathalten eines Hintergrundes und zweitens das Freisetzen neuer Beziehungsfähigkeit.[23] Dabei allerdings bleibt WOLFGANG ISER in seiner Beschreibung des Selektionsvorgangs nicht stehen. Er betont, dass es sich bei den Repertoire-Elementen keineswegs um das „Abbild gegebener Verhältnisse" (117; vgl. 120) handelt.[24] Die Wiederholung der selektierten Elemente im Text ist keine bloße Reproduktion. Vielmehr ist der Vorgang der Selektion darstellbar zu machen als ein „Umformulierungsprozeß von Welt"[25], als „Umorganisation außertextueller Realität" (117), und das heißt: als ästhetische Veränderung ihres Bekanntseins. Bezogen auf die selektierten Normen und Werte heißt dies, dass sie bei der Aufnahme in den Text einer „Umcodierung ihrer Geltung" (123) unterzogen werden; die Geltung des Bekannten ist gelöscht (vgl. 124). Die Konventionsbestände und damit der dem jeweiligen Sinnsystem spezifische Sinnaufbau, dessen Weltzugriff und dessen eigene Selektionsentscheidungen werden zum Hintergrund herabgestuft, die vom Sinnsystem nicht gewählten Möglichkeiten dagegen werden hervorgeholt. „Das bedeutet, daß sie [sc. die eingekapselten Normen bzw. Konventionen] im Text so organisiert werden, daß sie in Konstellationen erscheinen, die im Wissens- und Erfahrungsbereich des Lesers keine

---

[22] WOLFGANG ISER spricht diesbezüglich (bzw. bezüglich der Selektion und der unten eigens noch zu erörternden Kombination, vgl. u. Kap. 4.2, S. 103ff.) von dem „Ereignischarakter" oder der „Ereignishaftigkeit des Textes": „Ereignishaft ist jedes Durchbrechen der Referenz, weil nun die Elemente der Bezugsrealität aus ihrer Zuordnung entlassen sind." Und daraus folgt: „Ereignishaft ist der Text deshalb, weil in der Selektion die Referenz der Bezugsrealität durchbrochen und in der Kombination die Semantik des Lexikons entgrenzt ist." (Alle vier Zitate ebd., V; vgl. VIf.; vgl. auch ISER, Fingieren, 126f. und 132)

[23] Diesem Umstand ganz parallel liegt WOLFGANG WELSCHs Kennzeichnung von Kunstwerken als „*in sich selbst schon hermeneutisch verfaßt*", die er folgendermaßen begründet: „Denn erstens beziehen sie [sc. die Kunstwerke] sich rezeptiv auf vorgängige Sinnkontexte – in spezifischer Selektion und Auslegung; zweitens ist in ihrer Binnenstruktur ein jedes Moment die Auslegung der anderen". Wenn er schließlich anführt, dass drittens ‚die Werke durch ihre interne Sinnbildung Bedeutungskonstellationen [generieren], die dann auch auf werkexterne Kunst- und Lebensverhältnisse auszustrahlen, in diesen zu intervenieren vermögen" (alle drei Zitate WELSCH, Grenzgänge, 225), so geht das konform mit WOLFGANG ISERs – gleich noch zu anzusprechender (vgl. u. S. 100) – Qualifizierung des Konventionsbestands als Fundament einer Beteiligung des Lesers am Text.

[24] Allerhöchstens handelt es sich um deren Abbild „im Zustand ihres Überschrittenseins" (ISER, Akt, 117). Selektion ist in diesem Sinne Grenzüberschreitung; vgl. ISER, Fingieren, 125–127 und ISER, Fiktive, 48f.

[25] ISER, Fiktive, 49.

Entsprechung haben."²⁶ So wird zwar an Bekanntes angeknüpft, aber zugleich Neues vermittelt. Dieser Sachverhalt ist für WOLFGANG ISER deshalb von entscheidender Bedeutung, weil sich gerade dadurch eine dialogische Beziehung von Text und Leser auszubilden vermag. Denn indem das Repertoire auf die Systeme zurückgreift, indem es auf sie reagiert, bekommt der Leser einen „wenn auch verfremdeten Konventionsbestand" (131) geboten. Dieser Konventionsbestand (in seiner Entfremdung) ist das Fundament einer Beteiligung des Lesers am Text.

> Und dies gilt, so betont ISER, nicht nur für den zeitgenössischen, sondern auch für einen historisch späteren Leser eines Textes (vgl. 131). Ja, in dem verfremdenden Darbieten von Realitätsbruchstücken, in ihrer Differenz zum Leser, in ihrer Unbestimmtheit – ein Komplex, der unten noch eigens zu thematisieren sein wird (vgl. u. Kap. 1.1, S. 183ff.) – liegt gerade das Charakteristikum literarischer Texte begründet, das darin besteht, „daß sie ihre Kommunikationsfähigkeit nicht verlieren, wenn ihre Zeit vorbei ist" (28). Man kann also sagen, dass die Entpragmatisierung des selektierten Materials „die Bedingung dafür [ist], daß sie [sc. fiktionale Texte] an die Erfahrungswirklichkeit vieler verschiedener Leser auch unterschiedlicher Epochen anschließbar sind"²⁷. Fiktionale Texte bieten so die Möglichkeit, „sich ihrer Geschichtlichkeit zu widersetzen": „Zwar sind auch literarische Texte davon nicht frei", gleichwohl meint ISER, dass sie zumindest insofern als „geschichtsresistent erscheinen", als „ihre Struktur es dem Leser immer wieder von neuem erlaubt, sich auf das fiktive Geschehen einzulassen"²⁸. Diese Struktur ist just die oben beschriebene Struktur des impliziten Lesers (vgl. o. S. 56), die „Leserrolle des Textes", die „historisch und individuell unterschiedlich realisiert wird, je nach den lebensweltlichen Dispositionen sowie dem Vorverständnis, das der einzelne Leser in die Lektüre einbringt" (beide Zitate 65). Die Konzeption des impliziten Lesers ist somit gleichsam WOLFGANG ISERs Erklä-

---

²⁶ PANY, Modelle, 26.
²⁷ RICHTER, Wirkungsästhetik, 522.
²⁸ Alle vier Zitate ISER, Appellstruktur II, 248f.; vgl. ISER, Akt, 247 und 319. Vgl. FISH, Afraid, 4f.: „Iser thus manages the considerable feat of operating at a level that escapes historical contingency while at the same time acknowledging the legitimacy of historically conditioned readings both as phenomenon and as an object of study." WOLFGANG ISER unterscheidet bezüglich der Beteiligung des Lesers typisierend zwei Einstellungen (ISER, Akt, 131): „eine partizipierende" – nämlich wenn die selektierten Normen noch der Lebenswelt des Lesers entsprechen – und eine „betrachtende Einstellung" – wenn die selektierten Normen auf ihren Geltungshorizont verweisen und sich über diesen Verweis die historische Situation des Textes rekonstruieren lässt, denn: „Iser behandelt literarische Texte in seinen Interpretationen grundsätzlich als Äußerungen, die in einer historisch genau definierten Situation getan werden und dort etwas Bestimmtes bewirken möchten." (PANY, Modelle, 16). Entscheidend ist aber, dass für beide Fälle gilt: „Der fiktionale Text erlaubt es seinen Lesern, die jeweilige Position zu transzendieren, an die sie in der Lebenswelt gebunden sind." (ISER, Akt, 132)

4 Wolfgang Isers Textmodell

rungsversuch dafür, „warum ein Leser über historische Distanzen hinweg einen Text immer noch aufzufassen vermag" (59).[29]

Entsprechend stellt sich die Sache im Falle des literarischen Repertoires bei der Selektion vorausgegangener Literatur dar. Bei der Wiederholung der literarischen Elemente im Repertoire handelt es sich nicht um „Reproduktion, sondern um Funktionalisierung des Wiederholten" (133). Durch die Streichung des ehemaligen Kontexts und das Einrücken in einen neuen geschieht auch dem Element im literarischen Repertoire eine Entpragmatisierung (vgl. 133). Jedoch gilt auch hier: Der alte Kontext bleibt als „virtueller Horizont" (134), der im Repertoire aufgeblendet wird, erhalten; „er bleibt gegenwärtig, wenngleich seine Geltung gelöscht ist" (134). Auch diesbezüglich ließe sich also – wenngleich ISER das nicht tut – von einer Umcodierung oder zumindest dem Löschen der Geltung des alten Kontextes sprechen.

Daraus, dass Repertoire-Elemente des literarischen und des Normenrepertoires aus verschiedenen Systemen entnommen sind – nämlich wie gesagt einerseits den Sinnsystemen der Umwelt des Textes und andererseits der vorausgegangenen Literatur als Arsenal von Artikulations- bzw. Reaktionsmustern –, resultiert nun, dass die beiden Elementbereiche in ihrer Kompilation innerhalb des Repertoires selbst auch nicht ohne Effekt aufeinander bleiben. WOLFGANG ISER geht davon aus, dass diese verschiedene Herkunft der beiden Elementgruppen der Grund dafür ist, dass sie „in ihrem Bekanntheitsgrad einander nicht äquivalent" sind (136). Damit zeigt ISER an, dass die Elemente der beiden Bereiche – in ihrem ursprünglichen Vorkommen in den jeweiligen Realitätskontexten – in der Regel bzw. nicht zwangsläufig aufeinander bezogen sind.[30] Indem sie nun im Repertoire zusammengestellt werden, zeigt der Text eine Verknüpfungsnotwendigkeit der beiden an.[31] Wird die Verknüpfung vom Leser realisiert, zieht das nach sich, dass beide Elementgruppen – im Repertoire zusammengestellt und aufeinander bezogen – sich gegenseitig irritieren (vgl. 137) und durch die wechselseitige Einwirkung einem Veränderungsprozess unterzogen werden. Wieder mit ISER gesprochen: „Durch die wechselseitigen Projektionen entstehen Deformationen des Repertoires" (137). Den Begriff von MAURICE MERLEAU-PONTY aufnehmend nennt WOLFGANG ISER den angesprochenen Veränderungsprozess

---

[29] Problematisiert hat diese Sicht ISERs z. B. LINK, Appellstruktur, 556–567 [Abschnitt „Geschichtsresistenz?"]; vgl. auch PANY, Modelle, 29f. Vgl. aber eine ähnliche Erklärung des Interesses an fiktionalen Texten neuerlich bei FLUCK, Erfahrung, 19f.
[30] Vgl. PANY, Modelle, 31.
[31] Dies verweist bereits auf die Aufgabe, welche den Textstrategien zukommt, vgl. u. Kap. 4.2, S. 103ff.

daher „kohärente Deformation" (136). Bei diesen Deformationen handelt es sich um ein Aufsprengen der jeweiligen Bekanntheit der Repertoire-Elemente. Mit anderen Worten: Bekannte Beziehbarkeiten werden suspendiert. ISER spricht in diesem Zusammenhang von „suspendierte[r] Äquivalenz der im Repertoire zusammengestellten Elemente" (138). Diese Suspension nötigt schließlich den Leser, selbst neue, ungekannte Äquivalenzbeziehungen zwischen dem veränderten Bekannten herzustellen, selbst ein *Äquivalenzsystem des Textes* auszubilden.[32] Das heißt also: Im Repertoire selbst bleibt die Äquivalenz „virtuell" (143), die Repertoire-Elemente liefern lediglich die Folie, auf der der Leser im Leseakt die Verknüpfungen realisiert. „Eingekapselte Normen und literarische Bezugnahmen setzen den Horizont des Textes, durch den ein bestimmter Verweisungszusammenhang vorgegeben ist, aus dem [sc. vom Leser, CWB] das Äquivalenzsystem des Textes gebildet werden muß." (143)[33] Das Äquivalenzsystem des Textes ist ein imaginäres Objekt, das sich in der Vorstellung des Lesers ausbildet, ein Vorstellungsgegenstand, der in der Lektüre gebildet wird (vgl. 154). WOLFGANG ISER verwendet für den gleichen Sachverhalt daher auch den Begriff des *ästhetischen* Gegenstandes.[34] Die

---

[32] Das heißt also: Diese Suspension der Äquivalenz der Repertoire-Elemente zieht nicht zugleich auch eine Suspension der Äquivalenz „*im Text selbst*" (ISER, Akt, 136 [Hervorhebung CWB]) nach sich. Im Gegenteil führt die Suspension der Äquivalenz der selektierten Elemente, ihre Deformation durch die wechselseitige Projektion, gerade zur Ausbildung eines Äquivalenzsystems des Textes. Vgl. TITZMANN, Äquivalenzprinzip, hier bes. 12: „Texte wählen ihre Bestandteile aus den Elementen des Sprachsystems (die selbst zu Teilsystemen organisiert sind: ‚Paradigmen' [...]) und kombinieren diese Elemente zu (‚syntagmatischen' [...]) Folgen von Sprachzeichen. Das Äquivalenzprinzip behauptet, daß Texte (insbesondere, aber nicht nur ‚literarische') durch die Herstellung von *Äquivalenzen* einerseits zwischen den syntagmatisch sukzessiven Elementen, andererseits zwischen den verschiedenen (phonologischen, metrischen, lexikalischen, syntaktischen, semantischen, ideologischen) Ebenen des Textes neue systematische (‚paradigmatische') Ordnungen konstruieren können". Für PETER V. ZIMA ist der Äquivalenzbegriff bei ISER problematisch, weil unklar sei, wie das Herstellen von Äquivalenzverhältnissen zu denken ist. Was fehle, sei „das Konzept einer semantischen Struktur", und so bliebe „die semantische Kohäsion des Textes sowie die Beziehungen zwischen heterogenen Textsequenzen" ungeklärt (beide Zitate ZIMA, Ästhetik, 257f.).

[33] Vgl. WINKGENS, Wirkungsästhetik I, 710 (= WINKGENS, Wirkungsästhetik II, 298): „Ziel der kommunikativen Interaktion ist die Erzeugung des Äquivalenzsystem des Textes, das mehr ist als alle Positionen und Perspektiven zusammen. Es ist im Text als System zwar virtuell angelegt, nicht aber verbal realisiert, so daß es den je individuellen Konsistenzbildungsakten von Lektüre und Interpretation obliegt, es gemäß den Signalen der Textstruktur hervorzubringen."

[34] Das Äquivalenzsystem des Textes fällt für WOLFGANG ISER also zusammen mit dem ästhetischen Gegenstand des Textes. In unserem Zusammenhang spricht er vom Äquivalenzsystem des Textes, ansonsten bevorzugt er meist den Begriff des ästhetischen Gegenstands. Vgl. PANY, Modelle, 37 Anm. 122 und v. a. ISER, Akt, 167 und 168f.

4 Wolfgang Isers Textmodell

Vorstellungstätigkeit des Lesers – der im zweiten Hauptteil noch eigens das Augenmerk gelten soll – ist jedoch keineswegs willkürlich, sondern verläuft auf Bahnen, die vom Text vorgezeichnet werden. Dies bezweckt er durch seine Strategien:

> „Im Gleichnis des Hausbaus entsprächen dem Textrepertoire die Bauelemente und den Textstrategien der Bauplan. Dieser Bauplan regelt den Textaufbau und die Vorstellungsbildung im Bewußtsein des Lesers. Es ist gleichsam die Baustelle, auf der – vermittels der kognitiven Operationen, die das Lesen begleiten – der ästhetische Gegenstand, den der fiktionale Gegenstand darstellt, überhaupt erst entsteht."[35]

Die Textstrategien in ISERs Textmodell sollen nun noch kurz thematisiert werden.

4.2 Die Strategien – Kombination des literarischen Textes[36]

Damit der Leser das virtuell bleibende Äquivalenzsystem bilden kann, bedarf es im Text gewisser Steuerungsmechanismen, die die Organisation der Repertoire-Elemente in der Weise leisten, dass eine Lenkung der Konstitutionsaktiviät des Lesers erzielt wird (vgl. 143). Mit anderen Worten: Damit eine Übertragung des Textes in die Vorstellung des Lesers erfolgen kann, ist eine Textstruktur vonnöten, die das Repertoire so strukturiert, dass Auffassungs- bzw. Erfahrungsbedingungen entstehen (vgl. 155f.). Diese Organisation bzw. Strukturierung der Repertoire-Elemente leisten die von ISER so genannten Textstrategien.[37] Er nennt sie ‚Strategien', weil sich durch sie „nur die operativen Zielrichtungen des Textes" (157) anzeigen.[38]

---

[35] RICHTER, Wirkungsästhetik, 524f.
[36] Vgl. zum Folgenden ISER, Akt, 143–174, auch ISER, Leser, 7–12; ISER, Fingieren, 128–135; und ISER, Fiktive, 24–51 [passim]. Vgl. außerdem PANY, Modelle, 33–39; BONNEMANN, Interaktion, 58–76 und MAYORDOMO-MARÍN, Anfang, 70–72. Die im Folgenden im Fließtext in Klammern angeführten Seitenzahlen beziehen sich allesamt auf ISER, Akt.
[37] Wie bereits angesprochen (vgl. o. S. 93 Anm. 7), gewinnt WOLFGANG ISER das Konzept der Strategien in Ableitung aus der Sprechakttheorie: Die Strategien erfüllen im fiktionalen Text jene Funktion, „die im Dialogmodell der Sprechakte den *accepted procedures* zufällt […]. ‚Akzeptierte Prozeduren' verkörpern im Sprechaktmodell jene Verfahren bzw. Regeln, die dem Sprecher und dem Hörer vorgegeben sein müssen, soll die Sprachhandlung gelingen." (ISER, Akt, 145)
[38] Konkret greifbar sind die Textstrategien in der Regel in den verschiedenen Erzähltechniken, die sich in literarischen Werken finden lassen. ISERs Erkenntnisinteresse richtet sich jedoch weniger „auf die Inventare ihrer [sc. der Textstrategien] höchst variantenreichen Techniken […], durch die sich Strategien realisieren" (ebd.). Vielmehr ist ihm daran gele-

Die Aufgabe der Strategien besteht für ISER vor allem im *Stiften von Beziehungen* – einerseits textimmanent, nämlich zwischen den Repertoire-Elementen untereinander – WOLFGANG ISER spricht hier auch von „innertextuelle[n] Relationierungen"[39] –, andererseits über den Text hinaus, nämlich zwischen dem durch das Repertoire evozierten Bezugsfeld und dem Leser.[40] Die Strategien organisieren „die Sujetfügung des Textes genauso wie dessen Kommunikationsbedingungen" (144).

Innerhalb des Textrepertoires skizzieren die Strategien also erstens Beziehungen zwischen den Elementen. Auf diese Weise regulieren sie die Interrelation und die *Kombination* dieser Elemente. Wichtig für ISER ist jedoch, dass sie diese Kombinationen nicht „total organisieren" (144), das heißt, dass durch ihre Organisation die Kombinationen nicht zur Gänze vorherbestimmt sind, sondern dass lediglich Kombinations*möglichkeiten* umrissen werden (vgl. 143 und 144). Handelte es sich dagegen um eine vollkommene Determination der Kombinationen, wäre die (Vorstellungs-)Aktivität des Lesers bei der Bildung des ästhetischen Gegenstandes und damit seine Beteiligung bei der Ausbildung des Äquivalenzsystems von vornherein ausgeschlossen.

Im Gegensatz dazu – und das ist nach ISER die zweite Abzweckung der Strategien – zielen diese gerade auf ein Zueinander-in-Beziehung-Setzen des durch das Repertoire evozierten Bezugsfeldes, also des „Verweisungszusammenhang[s] des Repertoires" (143f.), mit dem Leser des Textes, indem sie den Weltbezug des Textes übersetzbar machen (vgl. 169). Somit „organisieren sie die Einschaltung des Lesers in das Verhältnis des Textrepertoires zu seinem lebensweltlichen Bezugssystem"[41]. Den Strategien kommt hier die Aufgabe zu, durch ihre Regulierungsanstrengung die Empfangsbedingungen auf Seiten des Lesers zu garantieren (vgl. 144). Jedoch betont ISER – aus denselben Gründen wie oben – auch in diesem Zusammenhang, dass die Organisation keine totale sein kann (vgl. 144).

Diesen beiden Abzweckungen entsprechend unterteilt WOLFGANG ISER die Strategien in zwei Grundgestalten bzw. „Basisstruktur[en]" (161). In Bezug auf die Organisation des Verhältnisses des Textrepertoires zu seinem

---

gen, die den individuell praktizierten Techniken zugrunde liegende Struktur herauszuarbeiten.
[39] ISER, Fingieren, 130; vgl. ISER, Fiktive, 29–34.
[40] Die Strategien lassen sich somit weder ausschließlich der Darstellungsseite (Text), noch bloß der Wirkungsseite (Leser) zuordnen; „vielmehr liegen sie dieser begriffsrealistischen Trennung der Ästhetik immer schon voraus" (ISER, Akt, 144).
[41] PANY, Modelle, 33.

4 Wolfgang Isers Textmodell

Bezugsfeld ist diese Basisstruktur die Vordergrund-Hintergrund-Beziehung; sie reguliert die Selektion, die „Außenbeziehung" (162) des Textes[42].

> „Wird aber nun das im jeweiligen Bezugsfeld nicht Gemeinte durch seine Transponierung in den Text virulent, so drängt sich dieses in den Vordergrund, ruft aber zugleich das Bezugsfeld auf, von dem es sich abhebt. Ja, das in den Vordergrund gerückte Element gewinnt seine Kontur erst durch diese Absetzung von einem Hintergrund, der sich als solcher überhaupt nur konstituiert, weil das herausgelöste Element ursprünglich dessen Bestandteil war. So entspringen den Selektionsentscheidungen im Text ständig solche Vordergrund-Hintergrund-Beziehungen, durch die im Prinzip zweierlei geschieht. 1. Ruft das gewählte Element sein ursprüngliches Bezugssystem auf, so markiert es gleichzeitig eine semantische Differenz, die sich zwischen dem bekannten und noch unbekannten Verwendungszusammenhang ausspannt. 2. Die Selektion läßt nicht nur die semantischen Differenzen des Textes zu seinen verschiedenen Bezugssystemen entstehen; sie erzeugt durch die Vordergrund-Hintergrund-Beziehung eine elementare Verstehensbedingung des Textes. Denn die noch ungekannte Verwendung des gewählten Elements entzöge sich dem Verstehen, wäre der bekannte Hintergrund durch die im Text erfolgende Entpragmatisierung des gewählten Elements nicht aufgerufen." (157)[43]

In Bezug auf die textimmanente Repertoireorganisation ist die grundlegende Strategie die Thema-Horizont-Struktur; sie organisiert die „Innenbeziehungen" (162) des Textes, die Kombination der selektierten Elemente im eigentlichen Sinne.

> Zunächst bildet die „‚Vorsortierung' des gewählten Repertoires durch die Verteilung auf die einzelnen Darstellungsperspektiven" (169), also die „Innenperspektivik des Textes [...] den Rahmen für die Kombination der selektierten Elemente" (163). Die Thema-Horizont-Struktur zeichnet dann Operationen vor, „die eine Zuordnung der einzelnen Perspektiven aufeinander erlauben" (164). Dadurch organisiert sie erstens „eine für die Auffassung zentrale Beziehung zwischen Text und Leser" (165). Zweitens bringt die Thema-Horizont-Struktur die Texpositionen durch eine solche Zuordnung, durch das „Netz reziproker Beziehungen" (166), in eine wechselseitige Beobachtbarkeit (vgl. 166 und 168), worin die Textpositionen wechselseitige Veränderungen erfahren[44]; über diese – „kumulativen" (169) – Veränderungen kann sich erst der ästhetische Gegenstand aufbauen. Denn, drittens, „erst ihre [sc. der sehr heterogenen, in den Text eingezo-

---

[42] Sie ist „die zentrale Struktur für Erfassungsvorgänge, ja für das Verstehen überhaupt" (ISER, Akt, 158) und „liegt als zentrale Erfassungsbedingung allen Textstrategien zugrunde" (ISER, Akt, 161).
[43] Zur Vordergrund-Hintergrund-Beziehung insgesamt vgl. ebd., 155–161.
[44] Vgl. ebd., 349: „In einem solchen Akt [sc. der durch die Beziehungsfähigkeit ermöglichten Auffassung der Textpositionen] bleiben sich die Positionen nicht gleich. Sie kehren das hervor, oder geben das preis, was in ihrer bloßen Gegebenheit verdeckt war."

genen Weltbezüge] wechselseitige Veränderung [vermag] das Äquivalenzsystem des Textes zu erzeugen, das mit dem ästhetischen Gegenstand zusammenfällt" (167).[45] „Folglich ist das Äquivalenzsystem etwas, das in keiner der einzelnen Textpositionen, aber auch in keiner der einzelnen Textperspektiven je für sich selbst gegeben ist. Es ist auch mehr als alle Positionen und Perspektiven zusammen. Ist aber das Äquivalenzsystem als der ästhetische Gegenstand eine Formulierung dessen, was keine Textposition je für sich formuliert, so ist er als die Formulierung eines noch Unformulierten die Möglichkeit, formulierte Positionen zu durchschauen, weil durch ihn ein bislang Unformuliertes entstanden ist." (169)

Am Ende der Darstellung des ISERschen Textmodells, gegliedert in Repertoire und Strategien, kann nun Folgendes als Zwischenergebnis und gleichsam als Ausblick auf den zweiten Hauptteil, in dem die Vorstellungstätigkeit des Rezipienten eigens zum Gegenstand zu machen sein wird, festgehalten werden:

Die ästhetische Gegenständlichkeit des Textes „kommt erst in den Deformationen der parat gehaltenen Schemata zum Vorschein; folglich drückt sich der ästhetische Gegenstand als Hohlform in der Veränderung der ‚Schemata' ab. Damit ist zugleich gesagt, dass der ästhetische Gegenstand ein Vorstellungsgegenstand ist, der vom Leser über deformierte und dementierte Schemata hervorgebracht werden muß. Denn es ist die mangelnde Bestimmtheit des ästhetischen Gegenstands im Text, die seine Erschließung durch die Vorstellung des Lesers notwendig macht. Mangelnde Bestimmtheit aber sagt nicht, daß die Vorstellung nun völlig frei wäre, sich alles und jedes zu imaginieren. Vielmehr zeichnen die Textstrategien jene Bahnen vor, durch die die Vorstellungstätigkeit gelenkt und damit der ästhetische Gegenstand im Rezeptionsbewußtsein hervorgebracht werden kann." (154)

---

[45] Vgl. ebd., 307: „Durch die Struktur von Thema und Horizont erscheinen die Segmente nicht nur in wechselseitiger Bezogenheit voreinander; diese Struktur bildet auch die Voraussetzung dafür, daß sie transformiert werden. Erst die Transformation der Segmente lässt den ästhetischen Gegenstand entstehen, und das folgt allein schon daraus, daß weder die einzelne Darstellungsperspektive, geschweige denn ihre jeweiligen Segmente diesen Gegenstand je für sich repräsentieren können." Daraus kann man folgern, „daß die Segmente eines fiktionalen Textes ihre jeweilige Bestimmung nicht in sich selber tragen, sondern diese erst in Beziehung zu anderen Segmenten gewinnen" (ISER, Akt, 302; vgl. 349).

5 Die Einflussfaktoren auf den Kirchenbau (III) – Repertoire und Selektion des Kirchenraumtextes

Die differenziert aus WOLFGANG ISERs Theorie ästhetischer Wirkung erhobenen Begriffe des Repertoires und der Strategien, der Selektion und der Kombination versetzen nun in die Lage, die auf den Kirchenbau einwirkenden und sich auf seine konkrete Gestalt auswirkenden Einflüsse genauer zu fassen und zu beschreiben. Die oben entfalteten in den Kirchenraumtext eingegangenen und als dessen Strukturelemente in ihm, in seiner – um auf RAINER VOLP zu rekurrieren – Tiefenstruktur aufgehobenen Einflüsse wird man als das *Repertoire* des Kirchenraumtextes bezeichnen können. In diesem seinem Repertoire findet sich der Kirchenraumtext in einer Bezogenheit auf seine Umwelt vor. Im Repertoire schöpft er aus seinem Umfeld. In seinem Repertoire lässt sich somit der Weltausgriff des Kirchenraums fassen. In der vorliegenden Arbeit soll der Begriff also dezidiert im ISERschen Sinne verwendet werden. Wenn im Folgenden vom Repertoire des Kirchenraumtextes die Rede ist, sind konkret die in den Kirchenraumtext eingegangenen und damit zu Elementen dieses seines Repertoires gewordenen Einflussfaktoren gemeint.[1] Ein solcher Repertoirebegriff ist somit zu unterscheiden von einer sonst durchaus geläufigen Verwendung des Begriffs, die unter einem Repertoire der Architektur den Gesamtpool an allgemein verständlichen Zeichen, aus dem der Architekt zur Umsetzung seiner Bauaufgabe schöpfen kann, versteht.[2]

---

[1] In einem dieser Verwendung ähnlichen Sinne wohl auch VOLP, Selbstverständnis, 147.
[2] Für diese zweite, durchaus geläufige, aber von der ISERschen zu unterscheidende Verwendung des Repertoirebegriffs vgl. z. B. JOEDICKE, Architektur, 193: „Dem Baumeister früherer Zeiten stand somit ein Repertoire an Zeichen zur Verfügung, das für den Laien verstehbar und erkennbar war." Vgl. auch WOLFGANG MEISENHEIMER, der von der Annahme ausgeht, „dass in der Architektur […] ein begrenztes Repertoire von Ausdrucksmitteln zur Verfügung steht" (MEISENHEIMER, Denken, 26; die hier in der Anm. im Folgenden in Klammern angegebenen Seitenzahlen beziehen sich alle auf MEISENHEIMER, Denken), ein „Repertoire der Architekturgesten" (55; vgl. 105, 146 u. ö.), so z. B. – wie besonders deutlich etwa in der Gotik – ein „Repertoire bestimmter Hochformen" (28); MEISENHEIMER spricht in diesem Sinne auch vom „Katalog der Gestaltungsmittel" (124), vom „Vokabular" (126) und vom „Arsenal von Kunstgriffen" (141). Vgl. des Weiteren auch DREYER, Architektursemiotik, 3252 und v. a. 3261 sowie z. B. KLOTZ, Geschichte, 47. Der formalästheti-

Der oben beschriebene Sachverhalt, dass nicht alle möglichen Einflüsse aus dem historischen Kontext auch notwendigerweise als solche auf den Plan treten, also dass nicht alle Elemente des historischen Kontexts auch zwangsläufig Repertoire-Elemente werden, lässt sich treffend mit ISERs Begriff der *Selektion* umschreiben: Wenn der Kirchenraumtext aus seinem Umfeld schöpft, *selektiert* er aus seinem historischen Kontext. Dass es sich bei der Selektion der Repertoire-Elemente tatsächlich um einen Auswahlvorgang handelt, erhellt nicht zuletzt daraus, wie viele Entscheidungen zu treffen sind, bis eine Kirche in ihrer Gestalt vor Augen steht. Konkret greifbar wird der Auswahlvorgang somit in den vielen Entscheidungsfindungsprozessen im Verlauf eines Bauvorhabens, bei Neu- wie Umbauten: angefangen bei der Wahl des Bauplatzes, über Inventar und Dekor, bis hin zur Regelung von Nutzungen und Nutzungserweiterungen, also „[h]insichtlich der Gestaltung eines Kirchenraums – ja hinsichtlich der Gestaltwerdung von Kirche im gesellschaftlich-kulturellen Kontext überhaupt":

> „Solche Entscheidungen [sc. wie jene, als man sich in konstantinischer Zeit angesichts einer innerhalb des Geschichtsprozesses entstandenen Herausforderung für die Basilika und gegen den Tempel als Architekturform für den christlichen Kirchenbau entschied] sind bei jedem Kirchenneubau, jeder Kirchenrenovierung, bei jedem neuen Altar, jeder Kanzel oder einem sonstigen Ausstattungsstück im Kirchenraum erforderlich. [...] Die Beschäftigung mit Geschichte zeigt, welche Vielfalt von Gestaltwerdungen an verschiedenen Orten zu verschiedenen Zeiten verwirklicht wurden."[3]

Mit den Entscheidungen der im weitesten Sinne kirchlichen ‚Entscheidungsträger' allein ist der Auswahlvorgang, der sich bei der Gestaltung eines Kirchenbaus abspielt, aber noch nicht zureichend erfasst. Selektion im ISERschen

---

sche Bereich, aus dem der Architekt zur Umsetzung seiner Bauaufgabe schöpft, soll unten eigens besprochen werden (vgl. u. Kap. 6.1, S. 110ff.).

[3] Beide Zitate SCHWEBEL, Gestalt, 150; vgl. SCHWEBEL, Aspekte, 17. Vgl. zu den im Rahmen eines Kirchen(um)baus zu fällenden Entscheidungen auch VOLP, Bauen, v. a. 234f. Bedeutung für die Gestalt eines Kirchenbaus wächst in diesem Zusammenhang freilich der Frage zu, wer jeweils entscheidet; vgl. ELLWARDT, Kirchenbau, 74–76 und ILLIES, Architektur, 61: „Eine Eigentümlichkeit der Architektur ist schon der Ursprung vieler Gebäude: Sie sind meist nicht die Schöpfung eines Einzelnen. Es mag einen federführenden Architekten geben, aber in der Regel entwerfen und planen Büros oder Bauhütten Gebäude, Bauherren nehmen Einfluß und selbst Handwerker fällen eigene Entscheidungen. Dazu kommt die oft Jahrhunderte lange Bau- und Veränderungszeit wie beim Kölner Dom." Hinzuweisen ist schließlich noch darauf, dass – wie oben zur Selektion des literarischen Textes angemerkt – ebenso auch die Selektionsentscheidungen beim (Um)Bau und der Nutzung einer Kirche nicht selten unter der Schwelle des Bewusstseins bleiben und so auch der Kirchenraumtext Resultat „von (zumeist intuitiv verlaufenden) Entscheidungs- bzw. Selektionsprozessen" (s. o. S. 93 Anm. 8) ist.

5 Die Einflussfaktoren auf den Kirchenbau (III)

Sinne und Gestaltwerdung von Kirche im gesellschaftlich-kulturellen Kontext überhaupt erfolgt schon auf einer dieser Entscheidungsebene vorgelagerten Stufe. Da letztlich jede Gestaltwerdung und konkrete Gestaltung eine Selektionsentscheidung einschließt, fällt nicht zuletzt den beim Bau einer Kirche beteiligten Künstlerinnen und Architekten eine wichtige Rolle im Selektionsprozess zu. Schon innerhalb des künstlerischen Aktes selbst nämlich lassen sich die für die Repertoireselektion relevanten Entscheidungen verorten. In der Architekturtheorie etwa wird auf die dem Entwurfsprozess innewohnende Entscheidungsnotwendigkeit hingewiesen. ALBAN JANSON spricht mit Bezug auf LE CORBUSIER davon, dass Architektur, dass eine „gestaltete räumliche Situation", durch eine Entscheidung hervorgebracht wird: „Diese Entscheidung ist im *Entwurf* gefällt worden, ausgewählt aus einem Feld von Alternativen und begründet in einer durchdachten Struktur als entschiedene freie Setzung."[4] So gilt vom Entwerfen von architektonischen Werken – wie im Übrigen mutatis mutandis auch von anderen Kunstwerken:

> „Entwerfen ist Entscheiden"[5], „und wenn der Architekt die Verantwortung nicht abwälzen will […], dann ist er es, der sich festlegen muß, auswählen muß, bestimmte Elemente in einer ganz bestimmten Art und Weise miteinander verknüpfen muß… und der damit automatisch eine persönliche Äußerung erzeugt […]. Es gibt keine abstrakte Architektur, es gibt keine abstrakten Gebäude, jedes Fenster, jede Tür, jeder Fassadenausschnitt muß ganz konkret in bezug auf seine Lage, seine Größe, seine Form, seine Gliederung, seine Konstruktion und seine materielle Beschaffenheit festgelegt werden – und damit repräsentiert jedes fertiggestellte Gebäude neben anderen Aussagen immer auch die Summe der persönlichen Auswahl- und Verknüpfungsentscheidungen des Architekten"[6].

---

4 Beide Zitate JANSON, Entwurf. Vgl. ZUMTHOR, Atmosphären, 35: „[E]s sind tausend ‚Entscheide-dich-Fälle', mit denen jeder Architekt konfrontiert wird".
5 ALDO ROSSI, zit. nach FISCHER, Architektur, 10.
6 Ebd. Freilich – dies gilt es hier einschränkend anzumerken, wenn es auch am bloßen Dass der Notwendigkeit, beim Bau Entscheidungen zu treffen, nichts ändert – ist gerade bei älteren (mittelalterlichen und auch frühneuzeitlichen) Kirchenbauten die Rolle des Baumeisters nicht überzubewerten. So differenziert etwa CHRISTOPH MARKSCHIES im Anschluss an GÜNTER BINDING für den mittelalterlichen Baubetrieb „erstens zwischen dem theologisch gebildeten Bauherrn, zweitens dem Theologen oder Laien, dem das *magisterium*, die Bauverwaltung übertragen wurde, und drittens dem *magister operis*, dem Werkmeister. […] Der Bauherr entwickelte Bauabsicht und *significatio* bzw. *symbolum*; der handwerklich geschulte *artifex* war für die technische Bauerstellung und Konstruktion samt deren Neueinfällen verantwortlich." (MARKSCHIES, Theologie II, 200) Und für den frühneuzeitlichen Kirchenbau führt KATRIN ELLWARDT aus: „Die Rolle des planenden Architekten oder Baumeisters wird vor allem in der älteren Forschung gern überbewertet. Die Intentionen des Auftraggebers besitzen bei weitem größere Relevanz als die künstlerischen Ideen eines Architekten. Die Baumeister der frühen Neuzeit waren keine frei schaffenden Künstler nach moderner Vorstellung." (ELLWARDT, Kirchenbau, 76)

6 Die Elementbereiche im Repertoire des Kirchenraumtextes (I)

WOLFGANG ISER unterscheidet, wie oben nachgezeichnet, im Repertoire des literarischen Textes zwei Elementbereiche, die literarischen Schemata und das Normenrepertoire. Beide Bereiche sind für die ästhetische Dimension des Textes und damit für das Ingangsetzen einer Kommunikation zwischen Text und Leser von Bedeutung – nicht zuletzt aufgrund der Beziehbarkeiten beider Repertoires und einer daraus resultierenden ästhetischen Veränderung der selektierten Elemente. Auch die mannigfaltigen Einflüsse, die auf den Kirchenbau einwirken und die infolgedessen als Repertoire-Elemente in den Kirchenraumtext Eingang gefunden haben, die Einflüsse, als deren Summe sich der Kirchenbau darstellt, eben die Faktoren kirchlicher, liturgischer, theologischer, gesellschaftlicher, kultureller, geographischer etc. Art, von denen die Rede war, auch dieses selektierte Material kann man im Repertoire heuristisch in verschiedene Bereiche unterscheiden. In ihrer Besonderheit machen diese Bereiche jeweils eine bestimmte Dimension des Kirchenraumtextes aus und – so die These, die im zweiten Hauptteil zu entfalten sein wird – bilden die Grundlage, auf der sich eine Kommunikation zwischen Kirchenraumtext und Rezipient, zwischen Raum und Nutzer, entfalten kann.

6.1 Das architektonische Repertoire – Das Arsenal architektonischer Artikulationsmuster

Zunächst heben sich im Repertoire Elemente ab, die nach unmittelbar formalästhetischen Gesichtspunkten von den andern zu unterscheiden sind und die die architektonisch-technische bzw. baukünsterliche Dimension des Kirchenbaus ausmachen. Ganz allgemein gefasst schöpft hier das Repertoire des Kirchenraumtextes aus dem, was man als das architektonische Vokabular, die Grundbausteine des architektonischen Ausdruckssystems bezeichnen könnte.[1] Die Selektion in diesem Bereich zielt damit darauf, was in der archi-

---

[1] Also „die elementaren Einheiten der architektonischen Sprache" (DREYER, Architektursemiotik, 3247). Wenn der Architekt entwirft, greift er auf dieses „Regelsystem" zurück, „ähnlich einem Redner, der bei der Erzeugung seiner Sätze auf das Regelsystem der gesprochenen Sprache zurückgreifen kann" (beide Zitate FISCHER, Architektur, 10).

6 Die Elementbereiche im Repertoire des Kirchenraumtextes (I)

tektursemiotischen Theoriebildung am Anfang steht, die konstituierenden Elemente des semiotischen Systems. Derartige Elemente sind nach CLAUS DREYER u. a.:

„– Konstruktiv-technische Elemente wie Material, Oberfläche, Farbe, Stütze, Balken, Ausfachung, Abdeckung usw.
- Funktionale Elemente wie Fenster, Tür, Treppe, Boden, Decke, Wand, Dach usw.
- Formale Elemente wie Giebel, Gaube, Portikus, Erker, Säule, Architrav usw.
- Räumliche Elemente wie Ecke, Winkel, Zwischenraum, Zentralraum, Langraum, Wegraum, Platzraum usw.
- Raumtypen wie Labyrinth, Basilika, Monopteros, Atrium, Galerie, Enfilade usw."[2]

Jeder Sakralbau schöpft in seiner Struktur aus dem Reichtum dieser architektonischen Formen und künstlerischen Gestaltungsmittel. Dabei artikuliert und realisiert jeder Bau immer nur einzelne der genannten architektonischen Elemente. Wie oben formuliert: Der Kirchenraumtext selektiert in seinem Repertoire, hier in diesem Elementbereich seines Repertoires tut er dies aus der Gesamtheit an architektonischen Elementen.

Die Selektion dieser Repertoire-Elemente im Kirchenraumtext lässt sich festmachen an der Konstruktion, der spezifischen Kombination und Zusammenstellung, in der die verwendeten Materialien und Techniken stehen, mithin der technisch realisierten Struktur eines Baukörpers. Diese ist bestimmt durch den gegenwärtigen Stand der technischen Entwicklung im Blick auf Tragwerks- und Konstruktionstechnik, aber auch ganz grundlegend, im Blick auf physikalische Parameter überhaupt wie etwa Materialeigenschaften und Raumakustik. Auch Materialherstellung, Materialverfüg-

---

Da es sich, wenn WOLFGANG ISER vom Text als Struktur, vom Textrepertoire und seinen Elementbereichen spricht, um strukturalistisches Erbe handelt, ist es nicht verwunderlich, dass man sich, wendet man ISERs Begrifflichkeit auf den Kirchenraumtext an, in begriffliche Nähe zu Versuchen begibt, Architektur als Sprache zu betrachten, und zwar genauer: den Versuchen derjenigen „Richtung, die stark auf der Formalisierung der Sprache besteht" und die dazu führt, „die syntaktische Komponente in den Vordergrund zu rücken und Architektur vorwiegend unter dem Gesichtspunkt der Struktur zu betrachten" (beide Zitate DREYER, Architektursemiotik, 3248). Allerdings geht WOLFGANG ISER mit seiner Theorie ja weit über dieses strukturalistische Erbe hinaus, und auch die vorliegende Arbeit bleibt hier nicht stehen.

[2] Ebd., 3237. Dass es sich in diesem Falle um architektursemiotische Überlegungen handelt, ist dabei nicht entscheidend. BERNHARD WALDENFELS beispielsweise spricht von ganz anderen Prämissen ausgehend, aber in der Konsequenz ähnlich von „raumbildende[n] Dingen, das heißt Dinge[n], die Raum mit entstehen lassen. Solche raumbildende [sic] Dinge sind Wand, Fußboden, Dach, Fenster, Türöffnung oder Treppe." (WALDENFELS, Sinnesschwellen, 202)

barkeit und -beschaffenheit spielen eine Rolle.³ Als Unterscheidungsmerkmal dieser Elemente gegenüber anderen im Repertoire bietet sich also zunächst ein technisch-konstruktiver Aspekt an, in gewissem Sinne das, was VITRUV – neben *utilitas* und *venustas* – als eine Grunderfordernis an Architektur gestellt hat und als *firmitas* bezeichnet.⁴ Dass Konstruktion und Materialeigenschaften für die Gestalt eines Kirchenbaus ausschlaggebend sind, leuchtet unmittelbar ein. So mag beispielsweise der Bau einer geschlossenen Wand weniger aus ästhetischen Gründen gewählt worden sein, sondern erklärt sich unter Umständen allein von der Bauweise her: „Wenn es sich um einen Massivbau aus Werkstein oder Ziegeln handelt, muß die Wand aus konstruktiven Gründen möglichst geschlossen gehalten werden, da sie tragend ist."⁵ Eine solcherart von der Bauweise geforderte geschlossene Wand führt dazu, dass in der Regel die Fensteröffnungen im Verhältnis zur Wandfläche eher klein sind. Man danke an Kirchbauten der Romanik – im Gegensatz etwa zur Auflösung der Wand und der Diaphanität in Kirchen der Gotik.⁶ Neben anderen Faktoren waren es so immer auch solch technisch-konstruktive und materialbedingte Einflussgrößen, die die jeweilige Ausprägung eines Kirchenbaus bestimmten. Auf diesen Sachverhalt weist HERBERT MUCK hin: „Der Kirchenbau der Vergangenheit war immer ein echtes Anliegen der Stoffbewältigung, der Technik und des Baumeisterlichen nach dem jeweiligen Stand der Möglichkeiten."⁷ Auch für seine Gegenwart im Jahre 1961 sieht er dies nicht anders: „Wie ehedem bedient sich auch heute der Kir-

---

3   Die Materialverfügbarkeit kann ein Grund für die Ausbildung regionaler ‚Dialekte' im Kirchenbau sein. So wurde etwa „in natursteinarmen Regionen (z. B. Poebene, Schwäbisch-bayerische Hochebene, Rheingraben, Norddeutsche Tiefebene) seit dem späteren 12. Jh. in wachsendem Umfang [Backstein] gebrannt und [...] verwendet" (HAAS, Kirchenbau, 444f.). „Da unter den geeigneten Baustoffen stets die am leichtesten verfügbaren verwendet wurden, haben sich von Materialien geprägte Baulandschaften gebildet, am deutlichsten die Backsteingebiete, aber auch Kalksteingebiete, Sandsteinlandschaften mit verschiedenen Steinfarben, Granitgebiete sowie die Bruchstein- und Schiefergebiete" (HAAS, Kirchenbau, 445).
4   Vgl. VITRUVIUS POLLIO, Architektur, 1. Buch, 3. Kap.
5   JOEDICKE, Architektur, 10.
6   Vgl. ILLIES, Architektur, 63: „Offensichtlich ist diese firmitas einerseits notwendige Voraussetzung der Existenz von Bauwerken, andererseits sind Wissen und die technischen Kenntnisse einer Zeit auch bestimmend für die jeweilige Gestalt. Nachdem die Architekten gelernt hatten, Rippengewölbe mit Spitzbögen zu konstruieren, deren Last über ein Strebewerk abgeleitet werden konnte, waren die hochragenden gotischen Kathedralen mit ihren geringen Wandflächen möglich. Gußeisen oder Stahlbeton haben ebenso neue Formen ermöglicht." (CHRISTIAN ILLIES versäumt allerdings an der zitierten Stelle nicht, darauf hinzuweisen, dass es „recht umstritten [ist], ob die Technik tatsächlich neue Stile erzeugt" [ILLIES, Architektur, 63 Anm. 32].)
7   MUCK, Sakralbau, 9; vgl. LEYDECKER, Kirchenraum, 49.

6 Die Elementbereiche im Repertoire des Kirchenraumtextes (I) 113

chenbau der technischen Mittel, welche die Zeit anzubieten hat."[8] Und man kann sicher sagen, dass dies für den anspruchsvollen Kirchenbau einer jeden Zeit zutrifft und dass sich dies folglich als ein bautechnischer Elementbereich im Repertoire des Kirchenraumtextes niederschlägt: „Kirchenbauten spiegeln [...] auch den bautechnischen Wissensstand und das künstlerische Vermögen einer Zeit bzw. das ihrer Baumeister, Handwerker und Künstler."[9] Freilich werden Form und Gestalt eines Kirchenbaus nicht ausschließlich von technisch-konstruktiven Bedingungen bestimmt (weshalb sich ja das Repertoire des Kirchenraumtextes auch in mehrere Elementbereiche gliedert). Zumindest lässt sich jedoch sagen, dass durch die Grenzen der technischen Machbarkeit oder etwa durch die Nicht-Verfügbarkeit eines Baustoffs bestimmte Formwerdungen von vornherein ausgeschlossen sind:

> „Material und Konstruktion determinieren nicht die Form, aber sie setzen Grenzen für ihre Anwendung. Die Überspannung eines großen Raumes mit Werksteinen zum Beispiel ist an ein bestimmtes System (Gewölbe) gebunden und nur bis zu einer bestimmten Spannweite möglich. Wird für die Überspannung ein Balken aus Stein verwendet, werden die möglichen Spannweiten sehr klein. Stahlbeton oder Stahl erlauben andere Spannweiten und andere Systeme."[10]

Dieser Elementbereich des Repertoires soll, wieder unter Entlehnung eines ISERschen Begriffs, als das *Arsenal architektonischer Artikulationsmuster* bestimmt werden.[11] Neben dem architektonischen Vokabular bzw. den rein

---

[8] MUCK, Sakralbau, 47. Überhaupt gilt vom Kirchenbau (aller Zeiten, so möchte man hinzufügen), dass er „zuerst einmal konsequent als ehrlich verantwortete technische Aufgabe angepackt werden muß, um den Namen *Bau* zu verdienen" (MUCK, Sakralbau, 10).
[9] GOECKE-SEISCHAB / OHLEMACHER, Handbuch, 68.
[10] JOEDICKE, Architektur, 24. Vgl. MUCK, Sakralbau, 10: „Richtige Konstruktion ist nicht das Letzte. Aber sie ist die Voraussetzung. Alle Bau- und Raumschöpfung muß von hier ausgehen." Auch JÜRGEN JOEDICKE räumt indessen ein, dass die Konstruktion nicht allein zureichend ist für die Begründung der Gestalt eines Baus und dass etwa der Gebrauch neuer Materialien nicht allein ausschlaggebend für die Herausbildung einer neuen Form ist; vgl. JOEDICKE, Architektur, 10–12.
[11] HELMUT STRIFFLER spricht sogar von „[a]rchetypische[n] Elementarformen", die „stets die Basis für architektonische Entfaltung [bilden]" (STRIFFLER, Architektur, 170). Dabei geht es ihm um die „Wirksamkeit von Gestalt", die „erwächst aufgrund einer bestimmten Situation als ein ahnendes Staunen, das den Betroffenen anrührt, sein Innerstes bewegt und auf unbewusst geistige Zusammenhänge verweist" (beide Zitate STRIFFLER, Architektur, 169). Um solcher Wirksamkeit willen finden bestimmte Bauformen bzw. die archetypischen Elementarformen immer wieder Aufnahme in der Architektur. Dieser „mit der Gestaltsprache der Architektur verbundene Wirkungstransfer lässt sich in allen Epochen der Baugeschichte erkennen. Er ist geradezu der Antrieb ihrer Entwicklung." (STRIFFLER, Architektur, 170) Als Beispiel für den Gestalttransfer zum Zwecke des Wirkungstransfers führt STRIFFLER die Baufigur der Kuppel an – von der Renaissance im Rückgriff auf antike Vorbilder, über Barock, Klassizismus und Historismus, bis in die Gegenwart –, derer sich als

konstruktiv-technischen, funktionalen, formalen und räumlichen Elementen des architektonischen Systems sind darunter alle denkbaren Lösungen für die Bauaufgabe Kirche zu verstehen. Aber nicht nur das: überhaupt architektonische Antworten, die auf bauliche Anforderungen hin formuliert und im Zuge der Bauaufgabe Kirche aufgegriffen wurden.[12] Das Arsenal soll also ganz dezidiert als nicht auf die Sakralarchitektur beschränkt verstanden werden. Denn unter Umständen kann gerade eine einmal in der Profanarchitektur gefundene Ausdrucksform, z. B. ein Bautypus, der sich in der Profanarchitektur ausgebildet hat, als für den Kirchenbau angemessen empfunden und angewendet werden (und im Übrigen auch vice versa[13]). Selektion in diesem Bereich meint daher das Schöpfen aus den so verstandenen Artikulationsmustern. Dieses kann sich als das explizite wie implizite Wiederaufgreifen einmal gefundener architektonischer Lösungen, also als ‚Rückgriff' (um diesen nicht unproblematischen Begriff Isers zu verwenden) gerieren. Zum Greifen ist ein solcher ‚Rückgriff' etwa bei der Errichtung von Replikatbauten. Als prominentes Beispiel aus unseren Tagen wäre hier die Dresdener Frauenkirche anzuführen. Eine andere Spielart des ‚Rückgriffes' sind Anspielungen und Zitate konventioneller und historischer Formen, wenn architektonische „Traditionen in zitathafter Abbreviatur in den Text" (s. o. S. 97) hineingezogen werden. Nicht nur in der Postmoderne, als deren Prinzip man neben anderem das Zitat ansehen mag[14], findet dies häufig Anwendung. Sondern auch schon im traditionellen Kirchenbau war dies durchaus üblich. Hier sollte „die häufige Aufnahme von Zitaten wichtiger Gebäude und ihrer Teile" nicht zuletzt dazu dienen, „an deren Bedeutung anzuknüp-

---

Statussymbol auch in Profanbauten (etwa Banken, Parlamente, Museen etc.) bedient wird; vgl. STRIFFLER, Architektur, 170–173.

[12] Vgl. SCHÄFER-STRECKENBACH, Kulturkirchen, 55: „Architektur ist eine Reaktion auf Bedürfnisse und daraus abgeleiteter [sic] Funktionen."

[13] Denn umgekehrt übt auch die Sakralarchitektur selbst ihren Einfluss auf andere Bereiche der Architektur aus. Im Mittelalter ist der Sakralbau sogar „die führende Bauaufgabe [...]. Er beeinflusst andere Bereiche des Bauens stärker, als er selbst von ihnen beeinflusst wird" (HAAS, Kirchenbau, 442, Z. 36–38). Und in der Postmoderne mag man von einer „Sakralsimulation" sprechen, „in der im Architekturdesign die Versatzstücke der Sakralbautradition florieren" (beide Zitate ANSORGE u. a., Raumerfahrungen, 80).

[14] Vgl. so z. B. SCHWEBEL, Kirchenbau, 521. Ebenso sieht CLAUS DREYER neben anderem „das Wiederauftauchen historischer und typologischer Formen" als besonders auffallend für die Postmoderne an und zählt „das Zitat, die Nachahmung, die Montage" zu den „[v]orherrschende[n] Methoden zur Realisierung dieser Erscheinungen" (alle drei Zitate DREYER, Architektursemiotik, 3261). Schließlich führt auch GERNOT BÖHME u. a. „die Präsenz von Geschichte im Zitat" (BÖHME, Architektur, 175), „Einbindung in historische Zusammenhänge und Rückgriff auf traditionelle Stilelemente" (BÖHME, Architektur, 7) als für die Postmoderne kennzeichnende Züge an.

6 Die Elementbereiche im Repertoire des Kirchenraumtextes (I) 115

fen – man denke an die Typen der Anastasis-Rotunde, die Geburtskirche, die Aachener ‚Fenstergitter', auch die Kuppel der Peterskirche"[15]. Zu denken ist aber ganz besonders auch an retrospektive und historisierende Tendenzen und die Imitation oder Kopie ganzer Stile, prominent erfolgt etwa im Historismus des 19. Jahrhunderts. Solch retrospektive und historisierende Tendenzen sind gerade im Kirchenbau von gar nicht zu überschätzender Bedeutung: „Indeed, most forms of church design are either revivals of earlier forms or borrowings from secular architecture, if not both."[16]

Mitnichten allerdings vollzieht sich das Wiederaufgreifen in diesem Elementbereich immer als expliziter ‚Rückgriff' und ist damit keineswegs als auf das Zitat, die Rekonstruktion oder die historistische Architektur der Neo-Stile begrenzt zu sehen. Vielmehr ist das Wiederaufgreifen in einem viel weiteren Sinne zu verstehen, liegt es doch im Wesen von Architektur, nie voraussetzungslos zu sein:

> „Die Annahme einer voraussetzungslosen Architektur, einer Architektur, die völlig neuartig und ohne jede Verbindung zur Vergangenheit ist, ist eine Fiktion. Geschichte ist immer in der Architektur gegenwärtig. Was unterschiedlich ist, sind der Grad und die Art der Aneignung sowie die gewählten historischen Bezugspunkte."[17]

So wird man davon ausgehen können, dass jeder Kirchenbau immer auch in Verbindung mit architektonischen Lösungen der Vergangenheit steht und solchermaßen aus den architektonischen Artikulationsmustern selektiert. Das zeigt sich beispielsweise auch dort, wo, wie manches Mal in der Kirchbaugeschichte, das Kirchenbauwesen den Entwicklungen in Theologie und Liturgie eher hinterherhinkte. Dann waren es eben nicht nur oder sogar nachrangig liturgische oder theologische Einflussfaktoren – deren Beitrag zum kirchenraumtextlichen Repertoire noch zu behandeln sein wird (vgl. u. die Kap. 6.2, S. 117ff., und 8.1, S. 133ff.) –, sondern vor allem die Selektion hergebrachter Formen aus dem Arsenal architektonischer Artikulationsmuster, die sich maßgeblich bestimmend und ausschlaggebend für die konkrete Gestalt eines Kirchenbaus erwies. Für eine solche ‚Trägheit der Formen' mögen exemplarisch eine Reihe von lutherischen Stadtkirchen des 18. Jahr-

---

[15] Beide Zitate ANSORGE u. a., Raumerfahrungen, 71.
[16] KIECKHEFER, Theology, 196. Ob diese Behauptung in der Allgemeinheit durchzuhalten ist, sei dahingestellt. Jedenfalls wird man aber dem katholischen Liturgiewissenschaftler HANS BERNHARD MEYER zustimmen können, der meint, dass es (moderne) Kirchenbauten gibt, „die bewußt oder unbewußt an konventionell-traditionellen Formen und Vorstellungen festhalten, und andere, die an urtümlich-archaische Bau- und Bildideen anknüpfen" (MEYER, Kirchenbau, 5).
[17] JOEDICKE, Architektur, 196; vgl. KIECKHEFER, Theology, 196.

hunderts stehen, bei denen KATHRIN ELLWARDT ein „noch recht traditionelle[s] Raumschema, das an der seitlichen Kanzelposition und damit an der Trennung der Prinzipalstücke Altar und Kanzel festhält"[18], konstatiert. „Der Kirchenraum besitzt folglich zwei Richtungen und zwei Hauptachsen: längs zum Altar, quer zur Kanzel. Das Prinzip der sich scheidenden Achsen wurde von den Lutheranern angewandt, die sich damit bewusst auf althergebrachte Traditionen bezogen."[19] Desgleichen verweist sie auf das Phänomen der Nachgotik im Zeitalter des Konfessionalismus, wo „ein altertümlicher Stil von Katholiken wie Protestanten zielgerichtet eingesetzt [wurde], um zu betonen, dass man in der Traditionslinie der alten Kirche stand"[20].

Der Elementbereich soll dabei nicht als auf das Aufgreifen einmal gefundener architektonischer Lösungen beschränkt verstanden werden. Er umfasst mehr als die Entscheidung für oder gegen einen bestimmten Stil, eine bestimmte architektonische Gliederung und Raumform (Längsbau, Querbau, Zentralbau etc.), eine bestimmte Formensprache und Proportionierung, einen Bautyp (Basilika, Halle etc.), mehr als die Wahl von Materialien und Dekoration und den Umgang mit Licht und Farbe. Selektion aus dem Arsenal architektonischer Formen wäre in hohem Maße unterbestimmt, wollte man sie auf „das antiquarische Spiel mit Typen und Formen, den alten und eigenen"[21], reduzieren, als sei sie, „gemäß dem Verdacht Friedrich Nietzsches, zukunftsverweigernde Flucht in die Vergangenheit"[22]. Stattdessen soll all das inbegriffen sein, was raum- und zeitübergreifend die Verwirklichung der architektonischen Struktur betrifft, was auch unabhängig von einer einmal verwirklichten, historischen Gestalt die Wahl von Materialien, konstruktiven Elementen, plastischen und räumlichen Formen und Stilfragen etc. anbelangt. Die Selektion in diesem Elementbereich vollzieht sich so gleichermaßen auch als das Suchen nach neuen Formen (welches nichtsdestotrotz gleichfalls als Selektion aus dem Arsenal an architektonischen Artikulationsmustern zu bezeichnen ist) und hier besonders als Dialog von Sakralarchitektur im Besonderen und Architektur und Kunst im Allgemeinen. Eine so verstandene Selektion durch den Kirchenraumtext, die sich des grundlegenden architektonischen Vokabulars bedient, um auf kreative Weise

---

[18] ELLWARDT, Kirchenbau, 46. Sie führt als bekannteste Repräsentanten dieses Typus die Katharinenkirche in Frankfurt a. M. (1678–1680) und die Dreifaltigkeitskirchen in Worms und Speyer (1709–1725 bzw. 1701–1717) an; vgl. ELLWARDT, Kirchenbau, 46.
[19] ELLWARDT, Kirchenbau, 47.
[20] Ebd., 37.
[21] SCHULTES, Raum, 81.
[22] LÜBBE, Religion, 106.

neue Formen und neue, innovative Lösungsansätze für die Bauaufgabe Kirche zu finden, ist im Kirchenbau der Gegenwart wie der Vergangenheit auszumachen: „Erfindungen architektonischer Formen ziehen sich durch die gesamte Kirchenbaugeschichte."[23] Noch eindrücklicher als bei einem, wie ausgeführt, aus der ‚Trägheit der Formen' sich ergebenden ‚Rückgriff' zeigt sich so die Selektion im Bereich des architektonischen Repertoires des Kirchenbaus, zeigt sich die Relativierung rein theologischer oder liturgischer Einflussfaktoren, mithin die Tatsache, dass man sich Architektur „nicht allein als Medium der Realisierung von theologischen Ideen, also bloß als ‚Gehilfin', vor[zu]stellen [hat], wie sich immer wieder in der Kirchenbaugeschichte gezeigt hat"[24], wenn sich die architektonische Formfindung als der innovative und progressive (und nicht regressive, auf traditionelle Bauformen zurückkreifende) Part bei der Gestaltwerdung von Kirche erweist. Solches lässt sich beispielsweise an der Moderne beobachten, wo man der Architektur sogar eine Vorreiterrolle gegenüber der Theologie zuweisen kann, wie HORST SCHWEBEL erläutert:

> „Der Umbruch von einer historisierenden Architektur zur Architektur der Moderne mit neuen Materialien in neuen Formen hat auch den Kirchenbau geprägt. […] Die großen Stahl-Glas-Konstruktionen, die im 19. Jh. einzig profanen Zwecken dienten (beispielsweise für Bahnhofshallen), drangen in den Kirchenbau ein, ebenfalls das Material Beton, das die Möglichkeit zu neuen plastischen Raumformen bot. Neue *architektonische Leitbilder* – die Kirche von Ronchamp u. a. – bestimmten in der Folge – teils *unabhängig von theologischen Erwägungen* – den Kirchenbau. In ihren theoretischen Ausführungen erwiesen sich einige Architekten als eigenständige Innovatoren, die mit ihrem Beitrag nicht allein ein Gehäuse schaffen, sondern selbst ein Idealbild von Kirche verwirklichen wollten."[25]

6.2 Das liturgisch-gottesdienstliche Repertoire – Kirchenraum und Liturgie als reziprokes Beziehungsverhältnis

Bislang war nur von eher konstruktiv-technischen und baukünstlerischen Elementen im Repertoire des Kirchenraumtextes die Rede bzw. von solchen Elementen, die sich durch formalästhetische Kriterien von den andern heuristisch differenzieren lassen. Schon durch diese Elemente, nämlich indem sich der Kirchenraumtext hier auf andere, sakrale wie profane Architekturen bzw. das grundlegende Arsenal architektonischer Artikulationsmuster bezo-

---

[23] Vgl. SCHÄFER-STRECKENBACH, Kulturkirchen, 91.
[24] SCHWEBEL, Kirchenbau, 515.
[25] Ebd., 515 [Hervorhebungen CWB].

gen findet und indem er so aus Wirklichkeitskontexten selektiert, greift er auf Erfahrungs- und Wissensbestände des Rezipienten aus. Dabei deutete sich jedoch gelegentlich an, dass die sich in diesem Elementbereich niederschlagenden Einflussfaktoren selbst bereits in einem Geflecht mit anderen Kontextelementen stehen – etwa mit geographischen Einflüssen, wenn die Materialverfügbarkeit zu regionalen Ausformungen (Backsteingotik) führt, oder mit theologischen, wenn Architekten mit ihren Bauten ein „Idealbild von Kirche verwirklichen" (s. o. S. 117) wollen. In den seltensten Fällen werden ausschließlich formale Parameter die Formenwahl, die Selektion des Kirchenraumtextes entscheiden. Dazu kommt, dass es im konkreten Einzelfall allermeist alles andere als einfach sein wird, zu bestimmen, welcher Beweggrund nun zu welcher gestalterischen Ausprägung geführt hat. Hier deutet sich schon an, dass – auch wenn sie hier getrennt thematisiert werden – im Repertoire des Kirchenraumtextes die verschiedenen Elementbereiche nur je in einem Mischungsverhältnis vorkommen. Jedenfalls – das soll nun zunächst beschäftigen – wird ein Kirchengebäude bei Weitem nicht nur bestimmt durch technisch-konstruktive Notwendigkeiten. Neben dem Blick auf die Bezogenheit des Kirchenraumtextes auf das Arsenal architektonischer Artikulationsmuster liegt es im Falle eines Kirchenbaus ja zunächst auf der Hand, zu fragen, welche praktischen religiösen Vollzüge sich auf einen Kirchenbau ausgewirkt haben. Geht man davon aus, dass Kirchenbauten in aller Regel für eine gottesdienstliche Nutzung vorgesehen sind[26], gerät der Kirchenraum als Gottesdienstraum in den Blick und die Frage nach raum- und formbildenden liturgischen Handlungen. Es geht also darum, den Kirchenraumtext auf seine kirchlich-religiöse und seine liturgische Dimension hin zu befragen. CORNELIUS GURLITTs Diktum auf dem zweiten *Tag für Kirchenbau* in Dresden 1906, die Liturgie sei die Bauherrin, kann hierfür als einschlägig gelten.[27] Die konkrete Gestalt eines Kirchenraums, mit welchen Ausstattungsstücken er bestückt und wie er gegliedert ist, wird zu einem Gutteil davon bestimmt, welchen praktischen, liturgisch-gottesdienstlichen Belangen er zu genügen hat: „Die Topologie eines kirchlichen Kultraumes entspricht in hohem Maße seiner gottesdienstlichen Ingebrauchnahme. [...] Die räumliche Textur zeichnet sich durch starke Affinitäten zur liturgischen Textur aus"[28]. Und als Konsequenz ergibt sich daraus, „daß es in erster Linie die von

---

[26] Allerdings muss deutlich herausgestellt werden, dass Gebäude – und so auch Kirchenbauten – nie nur *einen* Zweck erfüllen, sondern eine „Fülle möglicher Zwecke, Unterzwecke und Zweckkombinationen" (ILLIES, Architektur, 68).
[27] Zu CORNELIUS GURLITT vgl. PAUL, Gurlitt.
[28] KLIE, Gottesdienst, 273; vgl. 275.

6 Die Elementbereiche im Repertoire des Kirchenraumtextes (I) 119

der Liturgie gestalteten Räume sind, die über das religiöse Universum einer Zeit umfassend Auskunft geben können"[29]. Für den vorliegenden Zusammenhang lässt sich formulieren: Liturgie und Gottesdienst können als wichtige Elemente des kirchenraumtextlichen Repertoires gelten. Kirchenraum und Liturgie – allgemein gesprochen Raum und Ritual[30] – stehen dabei in einem reziproken Beziehungsverhältnis[31]: Einerseits formt die Liturgie den Kirchenbau. Nicht nur fließt sie im Vorhinein in das Anforderungsprofil bei dem Bau einer Kirche ein, um diese auf die gottesdienstlichen Bedürfnisse hin zu gestalten und auf bestimmte liturgische Verrichtungen hin zu konzipieren[32]; insofern ist GURLITT durchaus recht zu geben und die Liturgie Bauherrin. Sondern sie ist auch dann raumgreifend und wirkt gestaltend auf den Kirchenbau, wenn Liturgie gefeiert wird, nämlich wenn sie den Kirchenraum bespielt und inszeniert. Im Zuge der gottesdienstlichen Nutzung wird der Kirchenbau interpretiert und modelliert[33], sie hinterlässt ‚Schraffuren'[34]. Der Einfluss der Liturgie auf den Kirchenraum ist sogar so nachhaltig, „dass

---

[29] VOLP, Liturgik I, 346; vgl. auch KOCH, Kirchenbau, 111.

[30] Vgl. FAILING, Welt, 118: „Der Zusammenhang von Raum und Ritual ist evident und von Kulturanthropologen und Religionswissenschaftlern und Soziologen vielfach beschrieben worden." Vgl. zu diesem Zusammenhang überhaupt FAILING, Heimatbedürfnis, 387–389 bzw. FAILING, Welt, 118–120. ‚Raum und Ritual' war auch das Thema des 21. Evangelischen Kirchbautages 1993; vgl. BÜRGEL, Raum und hier besonders BUSSE, Raum. Vgl. außerdem LUKKEN, Dimensionen.

[31] Vgl. exemplarisch KLIE, Gottesdienst, 270 („wechselseitige[s] Resonanzverhältnis") und RASCHZOK, Kirchenbau II, 575 bzw. RASCHZOK, Spannungsfeld, 31 („Gottesdienstliches Geschehen ist raumabhängig und raumproduktiv zugleich."). Vgl. zum Folgenden insgesamt KLIE, Gottesdienst, 269–279; RASCHZOK, Kirchenbau I, 391–395; SCHÄFER-STRECKENBACH, Kulturkirchen, 93 und KAUPP, Raumdimension, 257f. Im Übrigen steht diese Reziprozität von gebauter Form einerseits und Nutzung andererseits bei architektonischen Werken allgemein in Geltung. So weist etwa WOLFGANG MEISENHEIMER darauf hin, „wie sehr eine mögliche Handlung eine Form und wie stark eine Form eine Handlung bestimmt" (MEISENHEIMER, Denken, 71).

[32] Vgl. z. B. KIECKHEFER, Theology, 21: „The form of sacred architecture will follow largely from the conception of spiritual process it is meant to suggest and foster". Selbst also, wenn man Kirchengebäude gänzlich funktional und als nicht mehr denn „[l]iturgische Außenhäute" (KLIE, Kirchengebäude, 129) sehen möchte, ist dem Kirchenraumtext Liturgie und Gottesdienst als Elementbereich zuzuschreiben. Freilich – das wird sich im Folgenden zeigen – erweisen sich Kirchenräume dann gerade darin als Sinninstruktion; sie sind eben doch nicht nur dies: „Außenhäute", sondern – wie THOMAS KLIE nicht versäumt hinzuzufügen: „*Bedeutsame* Umräume unseres Kultes" (KLIE, Kirchengebäude, 129 [Hervorhebung CWB]).

[33] Vgl. in diesem Sinne bereits ASMUSSEN, Gottesdienst, 164 [im Original teilweise hervorgehoben]: „Der Bau eines kirchlichen Gebäudes wächst aus den Erfordernissen des gottesdienstlichen Geschehens […]. Denn das Geschehen, das sich in diesem Hause abspielt, gestaltet das Haus".

[34] Vgl. KLIE, Kirchengebäude, 136.

kirchlichen Räumen auch bei Profanisierung ihre historische Prägung durch den liturgischen Gebrauch bleibt"[35]. Deshalb vermag ein Kirchenbau eben nicht nur umfassend Auskunft zu geben über das religiöse Universum zur Zeit seiner Errichtung, sondern im Sinne dessen, was hier als die Fortschreibung am Kirchenraumtext entfaltet wurde, auch über die Entwicklung der religiösen Universen über den Zeitraum seiner gottesdienstlichen Nutzung hinweg. Andererseits determiniert der Raum in seiner Statik das Geschehen in ihm zwar nicht gänzlich, aber er präfiguriert und strukturiert seinerseits die Liturgie. Das heißt, das Bespielen des Raumes verläuft bis zu einem gewissen Grade in den von ihm vorgegeben Bahnen; er steckt das Spielfeld ab – was sich beispielsweise da besonders bemerkbar macht, wo ein mittelalterlicher Kirchenraum sich gegenüber neuen Liturgieformen als sperrig erweist. Der Raum ermöglicht als integrierender Bestandteil der Liturgie, als Instrument im Orchester der Sprachen des Gottesdienstes seine Feier und ordnet das liturgische Geschehen (vgl. o. Kap. 2.2, S. 84ff.). Er ist offen für die Situation der gottesdienstlichen Feier, zugleich aber situiert er auch die Gottesdienst Feiernden und strukturiert die liturgischen Vollzüge, er „ist nicht bloß Objekt liturgischer Feier, sondern auch Subjekt: er spielt mit, er ist selber ‚Liturge'"[36]. Beide Aspekte gehen Hand in Hand und bedingen einander. Eine solche wechselseitige Beeinflussung von Kirchenraum und Liturgie, von Raum und Ritual kann wohl als Konsens in der theologischen Forschung erachtet werden.

KLAUS RASCHZOK hat einen Beitrag zu einer Theorie des Kirchenraums vorgelegt, in dem er dem Zusammenhang von Raum und Gottesdienst besondere Beachtung schenkt, allerdings geht sein Gottesdienstbegriff dabei weit über das hinaus, was man sich traditioneller Weise unter (Sonntags-)Gottesdienst vorzustellen geneigt sein mag. Neben dieser Aufweitung des Gottesdienstbegriffs ist sein Spurenmodell für den vorliegenden Zusammenhang noch in mancherlei anderer Hinsicht erhellend und weiterführend – nicht zuletzt aufgrund von Überschneidungen zwischen KLAUS RASCHZOKs Spurenbegriff und dem in der vorliegenden Arbeit entfalteten Begriff des Repertoires bzw. des Repertoire-Elements. Sein Beitrag soll deshalb hier, bevor die Entfaltung des kirchenraumtextlichen Repertoires selbst wieder in den Fokus rückt, eigens dargestellt werden.

---

[35] BÖHME, Architektur, 150.
[36] GERHARDS, Kirchenraum, 242; vgl. auch JOSUTTIS, Weg, 139f. und (speziell zur prädeterminierenden Bedeutung des Grundrisses eines Kirchenbaus) MARX, Raum, 31–34.

7 KLAUS RASCHZOKs Beitrag zu einer Theorie des Kirchenraums – Das Spurenmodell[1]

KLAUS RASCHZOKs Modell nimmt gleichermaßen religionsphänomenologische und soziologische wie semiotische und rezeptionsästhetische Gedanken auf und greift zurück auf ein „multiperspektivisches Theorieensemble"[2], das sich namentlich aus Theorien HERMANN SCHMITZ' und HANS-GEORG SOEFFNERs, RAINER VOLPs und HANS ASMUSSENs speist. Mit seinen Überlegungen setzt er sich ausdrücklich von der These einer Funktionslosigkeit von Kirchengebäuden außerhalb ihrer gottesdienstlichen Nutzung und einer Neutralität des Kirchenraums zur Gottesbeziehung ab – wie vor allem vertreten durch HORST SCHWEBEL und ANDREAS MERTIN (vgl. o. S. 21ff.) – und möchte eine Mittelposition zwischen ontologischem und funktionalem Verständnis des Kirchenraums einnehmen. Zwar ist auch für RASCHZOK die gottesdienstliche Nutzung das zentrale Konstituens des Kirchenraums und einzige Quelle jedweder theologischen Wertschätzung, die ihm zukommen mag: „Kirchenräume und ihre Ausstattung [vermitteln] keine von ihrer historischen wie gegenwärtigen gottesdienstlichen Nutzung unabhängige theologische Bedeutungen oder symbolische Sinngehalte"[3]. So ist es RASCHZOKs erklärtes Ziel, mit seinen Überlegungen den Zusammenhang von Gottesdienst und Kirchenraum herauszuarbeiten und zu beschreiben. Jedoch will er von gottesdienstlicher Nutzung nicht auf den sonntäglichen, von der Gemeinschaft gefeierten Gottesdienst, also den Gottesdienst im engeren Sinne reduziert sprechen, sondern geht stattdessen von einem aufgeweiteten Gottesdienstbegriff aus, welcher die Kommunikation mit dem Raum und seiner Ausstattung auch außerhalb der gemeinschaftlichen Gottesdienstfeier mit einschließt und ihn als lebendigen Raum begreift. Denn anstelle einer Teilnahme am Gottesdienst im engeren Sinne partizipieren im Raum gegenwärtiger volkskirchlicher christlicher Religiosität viele Menschen am Gottesdienst nur noch über das Aufsuchen des Kirchengebäudes außerhalb der

---

[1] Vgl. zum Folgenden RASCHZOK, Feier; RASCHZOK, Spuren; RASCHZOK, Luther; RASCHZOK, Kirchenbau I; RASCHZOK, Kirchenbau II und neuerdings RASCHZOK, Spannungsfeld.
[2] RASCHZOK, Kirchenbau II, 570 bzw. RASCHZOK, Spannungsfeld, 24. KLAUS RASCHZOK selbst rechnet sein Spurenmodell semiotisch orientierten praktisch-theologischen Konzepten im weiteren Sinne zu; vgl. RASCHZOK, Spuren, 150.
[3] RASCHZOK, Kirchenbau I, 391.

üblichen Gottesdienstzeiten.⁴ RASCHZOK will mit dieser Aufweitung des Gottesdienstverständnisses der Engführung der Kirchenraumbetrachtung allein auf den sonntäglichen Gottesdienst, welche einer solchen, wie er es nennt, „volkskirchlichen Kirchenraumfrömmigkeit"⁵ nicht gerecht wird und welche er deshalb als ein Defizit vieler liturgiewissenschaftlicher Kirchenraumtheorien ausmacht, entgegenwirken. RASCHZOK zielt so auf eine Überwindung der Trennung beider Nutzungsformen – Gottesdienst im engeren und Gottesdienst im weiteren Sinne.

Dem aufgeweiteten Gottesdienstbegriff liegt ein phänomenologischer Gedankengang HERMANN SCHMITZ' zu Grunde, den RASCHZOK referiert: Ein Kirchenbesucher kann mit dem Kirchengebäude religiöse Erfahrungen machen (Religion phänomenologisch verstanden als Betroffenheit von Göttlichem). Tut er dies, feiert er als Einzelner einen Gottesdienst, ereignet sich also das, was RASCHZOK Gottesdienst im umfassenderen Sinne nennt, nämlich angelehnt an HERMANN SCHMITZ, demzufolge auch ein Reisender, der eine Kirche „mit andächtiger Aufgeschlossenheit durchmustert, eine Art Gottesdienst – als Kultur göttlicher Atmosphären im umfriedeten Raum – vollbringen"⁶ kann. In dieser religionsphänomenologischen Perspektive

---

⁴ Vgl. so RASCHZOK, Spannungsfeld, 19. In diese Richtung weist auch HANNS KERNERs These, die er auf der Basis empirischer Untersuchungen aufstellt: „Auch wenn kein Gottesdienst stattfindet, wird der Kirchenraum als Ort der religiösen Erfahrung, der Begegnung mit Gott oder einfach als Ort der Stille wahrgenommen." (KERNER, Lebensraum, 15) Vgl. außerdem HAUSCHILDT, Nutzen, 36f.

⁵ RASCHZOK, Kirchenbau II, 566 bzw. RASCHZOK, Spannungsfeld, 18. Umgekehrt will er aber genauso das Defizit vermeiden, das Erschließungsmodell auf das Einzelerleben zu reduzieren und den Aspekt des *gemeinsam* im Raum gefeierten Gottesdienstes auszublenden; vgl. RASCHZOK, Feier, 112–114.

⁶ HERMANN SCHMITZ, zit. nach RASCHZOK, Spuren, 143 bzw. RASCHZOK, Kirchenbau I, 396. Gestützt werden kann eine solche Auffassung etwa durch die Eintragungen in Gästebüchern, die in Kirchenräumen ausliegen. EBERHARD BIBELRIETHER kommt aufgrund von Gästebucheintragungen in St. Sebaldus in Nürnberg zu dem Schluss, dass der „Kirchenraum predigt, auch wenn kein Pfarrer auf der Kanzel steht. Es ereignet sich so etwas wie Gottesdienst, obwohl kein Gottesdienst angesagt ist." (zit. nach GEYER, Räume, 32f.) Ebenso sieht GISELA GROß „die Gebete und Äußerungen, die Menschen in Eintragungsbücher schrieben, als Bestandteile *individueller gottesdienstlicher Rituale*", welche „in Verbindung zu der gottesdienstlichen Gemeinschaft" stehen (beide Zitate GROß, Wahrnehmung, 102). In diesem Sinne, so könnte man denn schlussfolgern, weitet sich das individuelle gottesdienstliche Ritual und geht über das Individuum hinaus; es bildet sich eine erweiterte Gottesdienstgemeinde (die in Verbindung steht zur Gottesdienstgemeinde im engeren Sinne), umso mehr, wenn man in Betracht zieht, dass auch innerhalb von Eintragungsbüchern aufeinander Bezug genommen wird und so eine Kommunikation entsteht: „Menschen kommunizieren mit Gott und gleichzeitig mit anderen Menschen dadurch, dass sie ihre Anliegen veröffentlichen." (GROß, Wahrnehmung, 100) Vgl. schließlich noch LEYDECKER, Kirchenraum, 55.

kommt dem Kirchenraum eine Gott und Mensch vermittelnde Rolle zu. Vor diesem Hintergrund ist es zu sehen, wenn KLAUS RASCHZOK von Kirchen als „Erlebnisräumen für die Gottesbegegnung"[7] spricht. Gerade aber solche Erfahrungen und Widerfahrnisse, die einen Kirchenraum für den Nutzer zu einem derartigen Erlebnisraum für die Gottesbegegnung werden lassen, stehen für RASCHZOK in einem ursächlichen Zusammenhang mit dem im Kirchengebäude gefeierten Gottesdienst im traditionellen Sinne. Denn – immer noch in der religionsphänomenologischen Perspektive HERMANN SCHMITZ' –, dass der Kirchenraum eine solche Wirkung auf den Kirchenbesucher zu zeitigen in der Lage ist, diese Strahlkraft erwächst ihm aus in ihm angestauten Erregungen, verstanden als quasi-objektive, im Raum inkarnierte Atmosphären. Sie entspringen dem Gottesdienst im engeren Sinne und machen den Kirchenraum zu einer „Stätte der Kultur göttlicher Gefühle"[8]. Als Folge der gottesdienstlichen Nutzung wird der als Umfriedung gedachte Kirchenraum „zu einem Speicher für die Macht des Göttlichen. Er saugt sich damit voll wie ein Schwamm und steht denen zur Verfügung, die sich dem Kirchenraum aussetzen."[9]

KLAUS RASCHZOK verwehrt sich dagegen, solcherart als Stätte der Kultur göttlicher Gefühle und infolgedessen als Erlebnisräume für die Gottesbegegnung verstandene Kirchengebäude als Behausungen Gottes selbst misszuverstehen. Mit HANS-GEORG SOEFFNER wendet RASCHZOK daher einschränkend ein, dass Kirchengebäude weder Wohnstatt Gottes noch der Menschen seien: „Stattdessen haben sich in diesen steinernen Statthaltern des Außeralltäglichen die darin symbolisierte(n) Geschichte(n) und Erfahrungsgeschichten häuslich gemacht"[10]. In einer Gesellschaft fungieren Kirchengebäude gleichermaßen als Statthalter eines generationen-übergreifenden Familiengedächtnisses wie eines kollektiven kulturellen Gedächtnisses von Dörfern und Städten, innerhalb dessen sie „Grenzsteine zwischen der alltäglichen Lebenswelt und der – möglichen – Erfahrung von Transzendenz"[11] sind, und als kollektive Identitätssymbole. Von besonderer Relevanz bei der SOEFFNERschen Sicht der Dinge ist nun aber, dass nicht mehr die Erfahrungen des

---

[7] RASCHZOK, Spuren, 154 bzw. RASCHZOK, Kirchenbau II, 574 bzw. RASCHZOK, Spannungsfeld, 29; vgl. auch RASCHZOK, Kirchenbau I, 391.
[8] RASCHZOK, Kirchenbau I, 396.
[9] Ebd.; vgl. RASCHZOK, Spuren, 144; RASCHZOK, Kirchenbau II, 570f. und RASCHZOK, Spannungsfeld, 24. An anderer Stelle beruft sich KLAUS RASCHZOK auf MANFRED JOSUTTIS, der – wie oben erwähnt, vgl. o. S. 18 – von einer Aufgeladenheit des Kirchenraums mit göttlichen Energien ausgeht; vgl. RASCHZOK, Spannungsfeld, 28 (mit Hinweis auf JOSUTTIS, Umgang II).
[10] HANS-GEORG SOEFFNER, zit. nach RASCHZOK, Kirchenbau I, 397.
[11] Ebd.

Kollektivs, sondern nunmehr die des Einzelnen das Maß der Verankerung von Überlieferung bilden: „Ein subjektiv geprägter und individuell gestützter Glaube bildet sich aus"[12]. Innerhalb dieser individualisierten Religiosität erfüllen Kirchengebäude als „Erfahrungs- und Handlungsräume eines nach wie vor existenten Glaubensentwurfes"[13] und so als kollektiver Halt und Stütze für den Einzelnen eine wichtige Funktion. Von daher erklärt sich ihre besondere „Stellung im Spannungsfeld von Gesellschaft und christlicher Religiosität"; hier liegt ihre umfassende Bedeutung „für den Aufbau persönlicher wie gesellschaftlicher christlicher Religiosität"[14] begründet.

Gestützt werden diese soziologischen Beobachtungen von RAINER VOLPs semiotisch konzipiertem Beitrag zu einer Theorie des Kirchenraums, der in der vorliegenden Arbeit bereits oben zur Darstellung kam und auf den RASCHZOK Bezug nimmt. Denn auch RAINER VOLPs Betrachtung nimmt ihren Ausgang am Einzelnen, ist jedoch ebenfalls zugleich rückgebunden an das gottesdienstliche Geschehen. Es ist der einzelne Rezipient, der von der Textur des Kirchenraums zu eigenständiger Lektüre und produktiver Tätigkeit angeregt wird, und die an der Oberfläche abzulesende Tiefenstruktur ist ihrerseits allererst gebildet aus den gottesdienstlichen Situationen.

Im Zentrum der Überlegungen KLAUS RASCHZOKs steht der Spurenbegriff, den er aus HANS ASMUSSENs Gottesdienstlehre übernimmt,[15] einem Verste-

---

[12] Ebd.
[13] Ebd.
[14] Beide Zitate RASCHZOK, Spannungsfeld, 17. Vgl. in diesem Sinne schon MEYER, Kirchenbau, 16: Der Kirchenbau ist „ein Ort der ‚Tradition', der die einzelnen und die Gruppe in die Glaubensgeschichte einbindet".
[15] Vgl. HANS ASMUSSEN, zit. nach RASCHZOK, Kirchenbau I, 398: „Es ist freilich richtig, dass [sic] christliche Gottesdienste in jedem nur denkbaren Raum möglich sind. Aber ebenso steht fest, dass [sic] jedweder Raum, der für gottesdienstliche Zwecke benutzt wird, sehr bald die Spuren dieser Benutzung an sich trägt. Er verändert sich und gewinnt eine Gestalt, die anzeigt, dass [sic] in ihm christliche Gottesdienste gehalten werden." KLAUS RASCHZOK verfolgt die Spurenvorstellung über HERMANN VON BEZZEL bis zu WILHELM LÖHE zurück (vgl. v. a. RASCHZOK, Spuren, 146 Anm. 19; vgl. auch RASCHZOK, Kirchenbau I, 401 und RASCHZOK, Luther, 106f.) und zieht zur weiteren Klärung des Spurenbegriffs außerdem Äußerungen KARL SPAMERs und ALEIDA ASSMANNs heran (vgl. RASCHZOK, Kirchenbau I, 399f.). In RASCHZOK, Spuren, 146 Anm. 21 weist er noch auf den Terminus ‚Lebensspur' bei ALFRED LÄNGLE hin. Eine zeitgenössische Parallele, die HANS ASMUSSEN aber wohl nicht bewusst war, sieht RASCHZOK in den Überlegungen des französischen Sozialwissenschaftlers MAURICE HALBWACHS und seinem Begriff der Spur (‚trace') gegeben; vgl. RASCHZOK, Spuren, 146 Anm. 19.
Die Rede von ‚Spuren' im Zusammenhang des Kirchenraums findet sich auch bei RAINER VOLP (vgl. o. S. 85; vgl. z. B. auch VOLP, Liturgik I, 154 oder VOLP, Liturgik II, 981 [„Sie <sc. Räume bzw. Kirchenräume> indizieren als Spuren das Leben der Kirche, sie implizieren aber auch als nonverbale ‚Texte' künftige Situationen"]), bei MEYER-BLANCK, Predigt, 166 („Das, was ‚intra usum' geschieht, bleibt teilweise ‚extra usum' haften. *Predigt und Got-*

hensansatz, den zu bezeichnen RASCHZOK das Etikett ‚rezeptionsästhetisch' bemüht (freilich nicht in dem spezifischen, auf die Konstanzer Schule beschränkten Sinne, wie dies die vorliegende Arbeit tut). ASMUSSENs Spurenbegriff besagt, dass die in einem Kirchenraum gefeierten Gottesdienste nicht ohne gestalthafte Folgen für den Raum bleiben, dass Raum und Gottesdienst vielmehr zu einer Einheit verschmelzen und das gottesdienstliche Geschehen so auch außerhalb des Gottesdienstes sinnlich wahrnehmbare Spuren hinterlässt (vgl. o. S. 119 Anm. 33). Die Spuren sind in ihrer Intensität durchaus unterschiedlich, sind zum Teil sichtbar, zum Teil unsichtbar, zum Teil sinnlich wahrnehmbar – etwa ein dünnwandig gewordener Abendmahlskelch, der seine kontinuierliche Benutzung dokumentiert –, zum Teil aber auch als Atmosphären bzw. Fluidum auszumachen.[16] In diesem Zusammenhang betont KLAUS RASCHZOK, dass seinem Spurenmodell „ein eher demütiger Charakter" eignet: „Spuren können gelesen werden, aber sie drängen sich nicht auf. Sie beanspruchen keine Macht. Spuren sind von ihrem Charakter her eher flüchtig."[17] Er grenzt sich damit von MANFRED JOSUTTIS' Macht-Hypothese heiliger Räume und darin implizit von HERMANN SCHMITZ ab. Die Spurenvorstellung dient ihm so innerhalb seines Modells gleichsam als Gegengewicht und Korrektiv für die Aufnahme der phänomenologischen Überlegungen von HERMANN SCHMITZ.

Die Spuren, die der Gottesdienst hinterlässt, wirken ihrerseits wiederum zurück auf die gottesdienstliche Nutzung, indem sie ihr Orientierung, Sicherheit und Halt bieten.[18] Das Bemerkenswerte dieser Spuren ist, dass es

---

tesdienst hinterlassen ‚Gebrauchsspuren'"; vgl. auch MEYER-BLANCK, Religion, 7), bei ULRIKE SCHÄFER-STRECKENBACH (die von Spuren spricht, insofern „die vorfindlichen Elemente [sc. in einem Kirchengebäude] Schritt für Schritt ergänzt werden durch Elemente individueller Interpretation" [SCHÄFER-STRECKENBACH, Kulturkirchen, 65]), bei dem katholischen Liturgiewissenschaftler HANS BERNHARD MEYER (der von Kirchenbauten als „Räumen aus den verschiedensten Epochen, in denen viele Generationen durch die Jahrhunderte hin […] Spuren ihres Glaubens hinterlassen haben" [MEYER, Kirchenbau, 4], spricht) und bei vielen anderen mehr.

[16] Vgl. RASCHZOK, Spuren, 146 und 148f.; RASCHZOK, Kirchenbau I, 399.
[17] Beide Zitate RASCHZOK, Spuren, 149 (mit Hinweis auf JOSUTTIS, Wort, 174f.). Vgl. in diese Richtung auch STOCK, Kirchgang, 15 [Hervorhebungen CWB] (im Zuge der Besprechung des Gedichts ‚Church Going' von PHILIP LARKIN): „Alles was da schon einmal vor sich gegangen ist, ist abgelagert in der *lautlosen* Präsenz der Dinge. […] Zusammengebraut zu einem *Schweigen, in dem alles lautlos, aber vernehmlich* nachhallt, was in den heiligen Hallen je ertönt ist." In diesem Zusammenhang spricht er denn auch von Spuren und der Atmosphäre des Raumes: „Die Spur des Gebrauchs ist dem Haus eingeschrieben und auch dem Gedächtnis des Besuchers. […] Die Atmosphäre des Raumes ist das Sediment und der Nachhall der in ihn eingegangenen Geschichte." (STOCK, Kirchgang, 15)
[18] Zu den Spuren als Konstitutionsfaktor des Gottesdienstes – und zwar im engeren wie im weiteren Sinne – und dabei ihrer spezifischen Leistung hinsichtlich des Gewährens von

sich um eine Verknüpfung zweier Ebenen handelt: Einerseits Spuren von Lebensgeschichten – in Form expliziter Gottesdienstspuren der Gottesdienst Feiernden wie in Form von Alltagsspuren, also „Lebens-, Glaubens- und Gebetsspuren derer [...], die die Woche über dort [sc. im Kirchenraum] Zuflucht, Stille und das Gebet gesucht haben"[19], mithin Spuren eines Gottesdienstes im umfassenderen Sinne. Jeder Nutzer fügt dem Bau seine eigenen Spuren zu: Kirchenräume sind angereichert mit Lebensgeschichten, und Biographien von Menschen gehen wiederum eine „Tiefenbindung"[20] mit dem Kirchengebäude ein; der Nutzer wird zu einem Teil des Kirchenraums – zu einem „lebendige[n] Stein in den auf Christus bezogenen und ausgerichteten Bau"[21] – und umgekehrt der Raum zu etwas dem Nutzer Zugehörigen. Bei der weiteren Ebene der Spuren handelt es sich um Spuren des göttlichen Wirkens, vor allem Christusspuren. Denn Spuren der Gottesdienst feiernden Gemeinde sind zugleich Spuren der Inbesitznahme durch Christus, der im Gottesdienst unter seiner Gemeinde anwesend ist. Hier, im Gottesdienst, wo die persönlichen Lebensgeschichten der Gottesdienst Feiernden und Gottes Geschichte mit den Menschen sinnfällig aufeinander bezogen werden, wird die Vermittlungsleistung zwischen beiden erbracht und kommt die Verknüpfung von lebensgeschichtlichen Spuren und solchen des göttlichen Wirkens zustande. So wird im Kirchenraum im Laufe von Generationen ein Netz aus Spuren vergangener, gegenwärtiger und zukünftiger gottesdienstlicher Nutzung geknüpft: „Die Spuren der eigenen Lebensgeschichte, die Spuren der Lebensgeschichte der Vorfahren und der vielen Generationen vor mir verbinden sich immer wieder wie im Abendmahlskelch mit den Christusspuren. [...] Christus-Spuren aus den gefeierten Gottesdiensten vermengen sich mit den Lebensspuren."[22] „Die Zeitachsen Vergangenheit, Gegenwart und

---

Orientierung und Halt, Vertrautheit und Sicherheit vgl. RASCHZOK, Kirchenbau I, 402; RASCHZOK, Kirchenbau II, 567 und 574f. sowie RASCHZOK, Spannungsfeld, 19 und 31f. Zu den Konsequenzen aus RASCHZOKs Spurenmodell speziell für den sonntäglichen Gottesdienst vgl. im Besonderen RASCHZOK, Spannungsfeld, 35f.

19 RASCHZOK, Spannungsfeld, 36.
20 RASCHZOK, Kirchenbau II, 577 bzw. RASCHZOK, Spannungsfeld, 34. Vgl. RASCHZOK, Feier, 115: „Glaubens- und Raumerfahrung verbinden sich miteinander. Schlüsselerfahrungen des Glaubens können sich mit Räumen verbinden. Sie bleiben auch in unserer Erinnerung so als raumhafte Eindrücke aufbewahrt." Vgl. auch RASCHZOK, Spuren, 147 und die Beispiele bei RASCHZOK, Feier, 114f. KLAUS RASCHZOK weist darauf hin, dass neuere skandinavische Diskurse zum Kirchenraum die Lebensfragen aktivierende Funktion von Kirchengebäuden hervorheben; vgl. RASCHZOK, Spannungsfeld, 26 (mit Hinweis auf RYÖKÄS, Abbruch).
21 RASCHZOK, Spuren, 148 bzw. RASCHZOK, Kirchenbau I, 399.
22 RASCHZOK, Spuren, 147; vgl. RASCHZOK, Spuren, 146f. KLAUS RASCHZOK spricht hinsichtlich der „Spuren der Lebensgeschichte" und der „Spuren des Wirkens von Christus, des

7 Klaus Raschzoks Beitrag zu einer Theorie des Kirchenraums 127

Zukunft bilden die Koordinaten dieses dreidimensionalen Netzes"[23], sodass der Besucher eines Kirchenraums sich zwar räumlich und zeitlich verortet, sich aber zugleich auf dem Wege und in der zeitlichen Entfaltung des Raumkontaktes befindet. Der Zusammenhang zur gottesdienstlichen Nutzung zeigt sich so auch darin, dass der Kirchenraum die gestalthafte Realisierung dessen ist, „dass es keinen zeitlich losgelösten Gottesdienst der Gegenwart gibt, sondern dass Gottesdienst immer eingebunden ist in Vergangenheit, Gegenwart und Zukunft"[24]. Ausdrücklich sieht RASCHZOK also auch Spuren des zukünftigen, endzeitlichen Gottesdienstes in das Spurennetz mit eingeschrieben, Zukünftiges hier mit RUDOLF BOHREN im Sinne einer „durch den Heiligen Geist realisierte[n] und auf zukünftige Vollendung weisende[n] Neuheit der Gegenwart"[25]. Diese Zukunfts-Spuren sind zu gewahren im Sinne einer Vision, angelegt im Bau als Fragment. Je intensiver und dichter das Spurennetz aus Gottesdienst- und vor allem Christusspuren ist, einen desto macht- und kraftvolleren Eindruck hinterlässt der Kirchenraum.

Für Spuren im Kirchenraum führt KLAUS RASCHZOK ganz unterschiedliche Beispiele an[26]: Das können eine Kerze oder der Zettel an der Gebetswand sein – als Spur für das Gebet eines Besuchers –, ein Gesangbuch, flüchtige Orgelklänge oder der Nachhall des eigenen Gesangs, der mit dem Raum verbunden bleibt. Eine Spur ist so auch der bereits erwähnte Abendmahlskelch: Da der aus dem Kelch Trinkende in eine unmittelbare Beziehung zu Christus und seinem Blut gestellt wird, erscheint RASCHZOK der Abendmahlskelch geeignet als Paradigma für die Verknüpfung lebensgeschichtlicher Spuren, der eigenen wie derer vieler Generationen zuvor, mit den Christusspuren. Daneben denkt er etwa an Befestigungsspuren früherer Ausstattungsstücke oder eine ausgetretene steinerne Treppe hinauf zur Kanzel – als Spur kontinuierlichen Predigens an diesem Ort und Hinweis, dass der Prediger sich in eine lange Kette von Zeugen einreiht. Auch Epitaphien und Totenschilde und andere Erinnerungszeichen wie Gefallenen-Ehrenmäler

---

Wirkens von Gott Vater und dem Heiligen Geist" auch von „zwei unterschiedliche[n] Gattungen von Spuren" (alle drei Zitate RASCHZOK, Feier, 125).

[23] RASCHZOK, Kirchenbau I, 399; vgl. RASCHZOK, Spuren, 147 und 156f.
[24] RASCHZOK, Kirchenbau I, 401. Vgl. RASCHZOK, Kirchenbau I, 400: „Gemeinschaft der Heiligen wird im Kirchenraum mit Hilfe der Spuren gestalthaft erlebbar, enthebt den gegenwärtig gefeierten Gottesdienst seiner Gegenwart und stellt ihn in die Aufhebung der Zeit." In dem gestalthaften Erfahr- und Erlebbarmachen der Gemeinschaft der Heiligen im Gottesdienst sieht KLAUS RASCHZOK sogar die „wesentliche Leistung des Kirchenraumes" (RASCHZOK, Kirchenbau I, 410).
[25] RASCHZOK, Kirchenbau I, 399 (mit Hinweis auf BOHREN, Glaube, 6); vgl. RASCHZOK, Spuren, 147f.
[26] Vgl. RASCHZOK, Spuren, 146f. und 149f. und RASCHZOK, Kirchenbau I, 399.

oder Pfarrer- bzw. Pastorenbilder in den Sakristeien sind Spuren, die nicht nur an die Generationen von Christinnen und Christen, die den Bau lange zuvor nutzten, an verstorbene Familienangehörige oder das frühere Wirken eines Geistlichen erinnern sollen, sondern die in exemplarischer Funktion die Entschlafenen im Kirchenraum als Teil der Gemeinschaft der Heiligen repräsentieren.[27] Engel- und Heiligenfiguren und -bilder dienen RASCHZOK als Beispiel für Zukunfts-Spuren des endzeitlichen Gottesdienstes, in denen das mehrdimensionale Geschehen gestalthaft erlebbar wird, welches auch in jeder Abendmahlsfeier zur Darstellung gelangt: dass nämlich die gegenwärtige Gemeinde sich einreiht in die vergangene und die zukünftige und letztlich die himmlische Gemeinde.[28]

Seinen rezeptionsästhetischen Akzent bekommt KLAUS RASCHZOKs Darstellung des Theoriemodells HANS ASMUSSENs schließlich, wo er das Wahrnehmen der im Kirchenraum aufbewahrten Spuren beschreibt und als Lesevorgang charakterisiert: „Diese [sc. der Gemeinde und Christi] Spuren werden gelesen und damit produktiv aufgefüllt. So kommt es zur Christusgegenwart, über dem Lesen der Spuren in ihrer Verwobenheit zwischen den Zeiten, zwischen Christus, der Gemeinde und dem Raum."[29] Dieser Lesevorgang ist als therapeutischer Prozess zu begreifen und bringt das zur Geltung, was KLAUS RASCHZOK die „therapeutische Funktion des Kirchenraums"[30] nennt: Durch das Wahrnehmen von Spuren im Kirchenraum und das Hinzufügen eigener in der zeitlichen Entfaltung des Raumkontaktes in Vergangenheit, Gegenwart und Zukunft, in dem sich die Christusannäherung ereignet, partizipiert der Besucher einer Kirche an den heilenden Kräften des

---

[27] Vgl. dahin gehend auch STEFFENSKY, Seele, 20 bzw. STEFFENSKY, Sehnsucht, 85 (vgl. ähnlich auch STEFFENSKY, Schatten, 31): „Der heilige Raum ist der Raum, in dem die Toten meine Zeugen sind. [...] Jeder Kirchenraum ist dunkel von der Patina der Seufzer, der Gebete, der Zweifel, der Hoffnung der Toten. [...] Der Raum redet zu mir und erzählt mir die Geschichte und die Hoffnung meiner Toten und lebenden Geschwister." Vgl. außerdem noch FRANÇOIS, Kirchen, 717f., die auf die Verbindung der Lebenden mit den Toten im Kirchenraum hinweist und darauf, dass sich diese in ältester Zeit etwa schon daran zeigt, dass viele Kirchen an Begräbnisorten von Märtyrern erbaut wurden, und dass diese Verbindung durch zahlreiche Elemente – sie führt Denkmäler, Votivbilder, Kenotaphe, Grabplatten und -kapellen, auch die bereits erwähnten Pfarrerporträts und Gedenktafeln für gefallene Soldaten an – und schließlich auch die Verknüpfung von Kirche und Kirchhof zum Ausdruck kommt.

[28] Vgl. RASCHZOK, Spuren, 150 und RASCHZOK, Feier, 116f.

[29] RASCHZOK, Kirchenbau I, 399. Vgl. RASCHZOK, Kirchenbau II, 410 und 573: „Ein heiliger Raum ist ein Raum, mit dem ehrfürchtig umzugehen ist, weil in ihm Spuren aufbewahrt sind, mit deren Hilfe Christus sich immer wieder neu zu vergegenwärtigen vermag." Vgl. auch RASCHZOK, Spannungsfeld, 29 und RASCHZOK, Luther, 108.

[30] RASCHZOK, Spuren, 156.

7 Klaus Raschzoks Beitrag zu einer Theorie des Kirchenraums

Raumes, das heißt genauer: an den „von Christus ausgehenden heilenden Kräfte, die im Kirchenraum in Gestalt von Spuren präsent sind"[31]. Nur folgerichtig, in dieser Explizitheit aber dennoch bemerkenswert, sieht RASCHZOK den Kirchenraum daher zwar nicht von den Menschen, aber von Gott als Medium eingebunden in den Prozess der Heilsvermittlung. Zwar kommt ihm als einem Adiaphoron im Sinne der Konkordienformel keine Heilsbedeutung zu, dennoch aber „nimmt Gott auch die scheinbar äußere Gestalt in seinen Dienst und wird der Kirchenraum von ihm – und nicht von den Menschen – als Medium eingebunden in den Prozeß, der sich im Gottesdienst wie im persönlichen Gebet vollziehenden Heilsvermittlung".[32]

Wenngleich KLAUS RASCHZOK versucht, den Sinngehalt des Kirchenraums rezeptionsästhetisch in den Akt der Raumlektüre zu verlegen, und trotz seiner Beteuerung, es handle sich bei der Spurenvorstellung nicht um ein ontologisches Verständnis des Kirchenraums, welches diesem eine ihm innewohnende Sakralität zuschreibe, weil sie eine auf Gebrauchstraditionen fußende Zuschreibung vornehme, begibt sich RASCHZOK mit seinem Spurenmodell zumindest in die Gefahr, das Pendel in Richtung eines ontologischen Verständnisses ausschlagen zu lassen und damit vom angestrebten Mittelweg zwischen ontologischem und funktionalem Verständnis abzukommen.[33] Insbesondere die Vorstellung von den Christusspuren tendiert zu einer Ontologisierung von Heiligkeit, die dem Kirchenraum,

---

[31] Ebd., 157. Auf die heilenden Kräfte des Kirchenraums, seine therapeutische Funktion kommt bereits EBERHARD BIBELRIETHER in einem Brief an HORST SCHWEBEL aus dem Jahr 1994 zu sprechen: „Der von der Frömmigkeit einer früheren Zeit gestaltete und durchwirkte Raum schafft etwas, […] was Menschen auch bei Jesus zuteil wird: Sie werden freier. Sie können sich öffnen. Sie können in sich Züge entdecken, die ‚draußen' in der Regel untergehen. Menschen entdecken ursprünglich Gutes in sich. Das ist ein therapeutischer Vorgang. […] Mag sein, dass es dogmatisch gesehen, keine ‚heiligen Räume' gibt, aber es gibt ‚heilende Räume', und das könnte nach meiner Meinung sehr viel mit dem Evangelium zu tun haben, das die leitete, die diese Räume bauten, und die leitete, die diese Räume ausstatteten und lange benützten." (EBERHARD BIBELRIETHER, zit. nach SCHWEBEL, Aspekte, 30)

[32] RASCHZOK, Luther, 106. Damit sieht RASCHZOK sich in der Tradition MARTIN LUTHERs, der seines Erachtens den Kirchenraum dadurch in das Geschehen der Gottesbegegnung eingebunden erachtet, dass die Gottesbeziehung der Gemeinde vom Kirchenraum Besitz ergreift. RASCHZOK schließt daraus (HORST SCHWEBELs Position widersprechend, vgl. o. S. 21ff.): „Der Raum wird benötigt, um die Gottesbeziehung zu ermöglichen. Er verhält sich also keineswegs neutral zur Gottesbeziehung." (RASCHZOK, Luther, 105; vgl. RASCHZOK, Kirchenbau I, 400)

[33] Vgl. dahin gehend z. B. WITTMANN-ENGLERT, Zelt, 143: „Diese These der Spuren kann jedoch in einem evangelischen Kirchenraum insofern nur schwer überzeugen, als sich die evangelische Kirche mit Luther gegen jede dingliche Heiligkeit ausgesprochen hat." KLAUS RASCHZOK räumt selbst ein, dass die Spurenvorstellung und ontologische Aussagen über den Raum sich in ihrer Konsequenz ähneln; vgl. RASCHZOK, Spuren, 148. MICHAEL MEYER-BLANCK meint dagegen, dass es sich bei der Rede von Spuren im Kirchenraum um „keine ontologische Qualitätsaussage" handelt (MEYER-BLANCK, Predigt, 166).

obschon verkörpert in seinen Spuren, zukommt. Freilich betont RASCHZOK, es handle sich bei den Spuren um Gottesdienstspuren. Während dabei jedoch einleuchtet, dass die Gottesdienst feiernde Gemeinde ihre Spuren oder der Andacht haltende Einzelne seine lebensgeschichtlichen Spuren hinterlässt, bleibt doch im Ungewissen, inwiefern es sich bei den Gottesdienstspuren zugleich auch um Christusspuren handelt. Auch anhand der diversen Beispiele sichtbarer und unsichtbarer Spuren kann RASCHZOK nicht deutlich machen, was er unter Christusspuren versteht. So bleibt RASCHZOK eine Erklärung, inwiefern nicht die Christusspur selbst schon die Gegenwart Christi ontologisch festhält, schuldig. Schließlich sind die von Christus ausgehenden Kräfte im Kirchenraum in Gestalt von Spuren präsent. Und Christusspuren sind als solche in seinshaft-substantieller Art im Kirchenraum, der sich mit der Macht des Göttlichen voll gesogen hat wie ein Schwamm und infolgedessen ein Speicher für die Macht des Göttlichen ist, vorhanden und den Nutzern in freier Verfügbarkeit zuhanden, wie RASCHZOK im Anschluss an HERMANN SCHMITZ erklärt. Angesichts solcher Formulierungen vermag RASCHZOKs Versicherung, bei Kirchenräumen als Erlebnisräumen für die Gottesbegegnung handle es sich nicht um Behausungen Gottes, den Vorwurf einer Ontologisierung nur teilweise zu entkräften und zeugt eher von dem Bewusstsein, dass sein Spurenmodell in eine solche abzugleiten droht.[34] Insbesondere bleibt in diesem Zusammenhang zu hinterfragen, inwiefern und warum gerade die Intensität der Spuren, ihre Flüchtigkeit, entscheidend für das Ob oder Obnicht einer als ontologisch verstandenen Sakralität des Kirchenraums sein soll.[35]
Durch den Gedanken des produktiven Auffüllens der Spuren im Verlauf ihrer Lektüre versucht RASCHZOK dieser ontologisierenden Tendenz seines Modells entgegenzusteuern. Der Begriff der Spur betont aber zunächst die Produzentenseite: Die Spur verweist auf ihren Urheber. Das Hinterlassen von Spuren, selbst wenn sie ihm im Sinne einer Fortschreibung am Kirchenraumtext im Zuge des Rezeptionsprozesses beigefügt werden, ist als Teil dessen zu begreifen, was oben mit RAINER VOLP als Vertextung angesprochen wurde und somit als Textproduktion zu begreifen. Alles in allem wird man also das Hinterlassen von Spuren im Kirchenraum eher, wie dies die vorliegende Arbeit tut, im Sinne einer Vertextung des Kirchenraums verstehen und RASCHZOKs Spurenmodell wirkungsästhetisch zu präzisieren haben, insofern – wie er das durch das Lesen der Spuren und seine (oben nicht referierte) ‚geistliche Raumerschließung' ja auch tut, aber noch stärker – die Rezipientenseite betont und immer mitgedacht wird. Komplementär zur Textstruktur als künstlerisch-architektonischem Pol des Kirchenraums (also der Spur) gilt es den ästhetischen Pol (also das Lesen der Spur) zu beleuchten. Repertoire und Repertoire-Elemente als Begriffe zur Beschreibung des künstlerisch-architektonischen Pols selbst vermeiden eine Betonung der Produzentenseite, in deren Gefahr RASCHZOKs Spurenbegriff steht, und wehren einer ontologisierenden Vorstellung des Kirchenraums als Sakralraum.

---

[34] Dementsprechend richtet TOBIAS WOYDACK an RASCHZOKs Spurenmodell die Anfrage „ob durch die Spuren-Vorstellung nicht doch zumindest latent eine Verortung Gottes stattfindet" (WOYDACK, Der räumliche Gott, 155).

[35] Vgl. ebd., 155 Anm. 406: „Polemisch könnte weitergefragt werden: Sind diese Spuren quantitativ messbar und ist so zu unterschiedlichen Qualitäten der Heiligkeit zu kommen?"

8 Die Elementbereiche im Repertoire des Kirchenraumtextes (II)

KLAUS RASCHZOK ist dahin gehend beizupflichten, dass er Kirchenräume als Spiegel ihrer vergangenen, gegenwärtigen und zukünftigen gottesdienstlichen Nutzung ansieht. Die Plausibilität dieser Sicht sollte im Verlauf der Überlegungen, die zum Verständnis des Kirchenraums als Text geführt haben, deutlich geworden sein. Zudem ist auf die Überschneidungen hinzuweisen, die – bei allen angesprochenen Schwierigkeiten, die dieser birgt – zwischen KLAUS RASCHZOKs Spurengebriff und dem in der vorliegenden Arbeit bevorzugten, von WOLFGANG ISER übernommenen Begriff des Repertoires bzw. Repertoire-Elements bestehen. Denn der Spurenbegriff und die Beispiele, die KLAUS RASCHZOK für Spuren anbringt, zeigen, was in der Repertoirediskussion oben bereits anklang, dass nämlich, analog zu den RASCHZOKschen Spuren, die in das Repertoire eingegangenen Elemente durchaus in unterschiedlicher Intensität wahrnehmbar bzw. lesbar sind, dass sie zwar teils in ihrem Charakter eher flüchtig oder gar unsichtbar oder als Atmosphären oder Fluidum – ein Phänomen, das im zweiten Hauptteil noch gesondert thematisiert werden wird – auszumachen sind, dass sie sich aber teils doch auch sehr konkret und greifbar im Kirchenraumtext darbieten können.

Auch ist bereits auf einen in seiner Bedeutung für das Verständnis dessen, was Kirchenraum ist, kaum zu unterschätzenden Sachverhalt hinzuweisen, der bei KLAUS RASCHZOK angedeutet ist und der erst unten im Anschluss an WOLFGANG ISERs Begriff der Komplexion zur Entfaltung gelangen wird (vgl. u. Kap. 9, S. 165ff.), dass nämlich die Elemente im Repertoire des Kirchenraumtextes immer in einer Durchmischung auftreten, durch die sich eine Verknüpfungsnotwendigkeit anzeigt. In RASCHZOKs Spurenmodell klingt der Sachverhalt an, wo er von einer Verwobenheit der Spuren spricht, die er für charakteristisch für den Kirchenraum hält und über deren Lektüre es zu einer Christusgegenwart kommen kann.[1]

Zu würdigen ist an RASCHZOKs Beitrag zu einer Theorie des Kirchenraums ausdrücklich, dass er durch sein aufgeweitetes Gottesdienstverständnis eine Trennung der beiden Nutzungsformen – Gottesdienst im engeren

---

[1] Vgl. dahin gehend auch RASCHZOK, Feier, 118: „Wie die einzelnen Ausstattungselemente einander zugeordnet sind, darauf kommt es an."

Sinne, das heißt gemeinschaftliche Raumnutzung und gemeinsam gefeierter Gottesdienst der Gemeinde, und Gottesdienst im weiteren Sinne, das heißt individuelle Raumaneignung und Religionspraxis des Einzelnen – überwinden hilft und dass er – unbenommen der seinem Modell innewohnenden Probleme, auf die hingewiesen wurde – dem Kirchenraumnutzer eine konstitutive Rolle zuweist. Damit trägt er nicht nur der Tatsache Rechnung, dass – wie RASCHZOK mit HANS-GEORG SOEFFNER erkennt – der Einzelne das Maß der Verankerung von Überlieferung bildet, sondern er versucht, indem er erst in der Raumlektüre die Möglichkeit einer Christusgegenwart gegeben sehen möchte, seinem Modell einen rezeptionsästhetischen Akzent zu verleihen. Der Raumlektüre und damit dem ästhetischen Pol des Kirchenraums wird der Fokus des zweiten Hauptteils der vorliegenden Arbeit gelten. Hier ist nun zunächst an KLAUS RASCHZOKs Überlegungen zu einem aufgeweiteten Gottesdienstverständnis anzuknüpfen, die sich als aufschlussreich und weiterführend für die Darlegung von Liturgie und Gottesdienst als Elementbereich des kirchenraumtextlichen Repertoires erweisen. Denn das aufgeweitete Gottesdienstverständnis zeigt gut begründet, dass nicht ausschließlich der gemeinschaftliche Gottesdienst seine Spuren hinterlässt, dass also nicht nur Liturgie und Gottesdienst (im traditionellen, engen Sinne) als Elementbereich des kirchenraumtextlichen Repertoires anzugeben sind, sondern sich auch die Raumaneignung außerhalb dieser festgesetzten Zeiten, die als Gottesdienst in einem umfassenderen Sinne zu verstehen ist, im Bauwerk ihren Niederschlag findet (bei RASCHZOK in Form der Alltagsspuren). Will man dem Rechung tragen, so muss man – und das kann nun im Anschluss an die Darstellung des Spurenmodells KLAUS RASCHZOKs festgehalten werden – nicht nur Liturgie und Gottesdienst (im engeren Sinne), sondern auch den Gottesdienst in einem umfassenderen Sinne als einen Elementbereich des Repertoires, also als einen Bereich, aus dem der Kirchenraumtext Material selektiert, anführen. Das Repertoire des Kirchenraumtextes umfasst mithin neben Elementen des kollektiven Glaubens einer Gemeinschaft auch solche des subjektiven Glaubensvollzuges Einzelner, neben der institutionell verankerten Liturgie auch Elemente privater Frömmigkeit, individueller Religiosität und Spiritualität, die ja auch zum religiösen Universum ihrer jeweiligen Zeit gehören. Aufgrund dieses Elementbereichs ist ein Kirchenbau deshalb immer auch „Stein gewordenes Dokument einer bestimmten Frömmigkeitshaltung"[2], „geronnene Form von Frömmigkeit *und* Gottesdienst"[3].

---

[2] KORSCH, Erwartungsräume, 317.
[3] DEGEN, Lernort I, 98 [Hervorhebung CWB].

8 Die Elementbereiche im Repertoire des Kirchenraumtextes (II)

8.1 Das theologische Repertoire – Theologische Akzentsetzungen und Glaubensinhalte

Man kann also sagen: „Nicht nur die Liturgie beeinflusst den Kirchenbau. Eine Vielzahl weiterer Interpretationsmöglichkeiten innerhalb der Kirche bestimmt die Nutzung und Gestaltung der Kirchengebäude mit. Naheliegend ist der Einfluss theologischer Akzentverschiebungen auf liturgische und architektonische Codierungen."[4] Es leuchtet deshalb ein, dass freilich neben der Liturgie und dem Gottesdienst (im engen Sinne) auch das *Verständnis* von Gottesdienst von nicht geringem Einfluss auf die Gestalt des Kirchbaus ist.[5] Als solches ist es als ein – wenn auch zentrales – Beispiel für baupraktische Konsequenzen *theologischer* Theoriebildung anzusehen. Daher eng verbunden mit Liturgie und Gottesdienst als Einflussfaktoren auf den Kirchenbau, aber dennoch sinnvoller Weise eigens als Repertoire-Element hier zu besprechen, ist die jeweilige zeitgebundene[6] Theologie, vor deren Hintergrund und in deren geistigem Umfeld ein Kirchenbau errichtet, genutzt oder umgebaut wird.

Theologische Strömungen und Konzepte haben schon immer großen Einfluss darauf gehabt, wie Kirchengebäude konkret ausgestaltet wurden, welche Bauteile und Ausstattungsstücke als nötig galten oder welche Einrichtungsgegenstände gar zu entfernen waren (man denke nur an die Kirchen der mittelalterlichen Reformorden oder an die ‚Bilderstürme' zur Zeit der Reformation).[7] Der theologische (und auch konfessionelle) Begründungszusammenhang ist von ganz entscheidendem Einfluss auf das jeweilige Aussehen – und daher am Bau auch ablesbar – und auf die Wirkkraft einer Kirche. Theologie ist beteiligt am Wachsen und Werden des Kirchenraumtextes und ist dementsprechend in ihm als Element seines Repertoires vorhanden. Man hat in diesem Sinne von Kirchenbauten als „gebauter Theologie"[8] gesprochen. Dieser Sachverhalt lässt sich anhand einiger Beispiele konkretisieren.

---

[4] SCHÄFER-STRECKENBACH, Kulturkirchen, 93f.
[5] Vgl. ZEINDLER, Gott, 411: „[B]ei dieser Gestaltung [sc. der Gestaltung eines Gottesdienstraums] [ist] stets das Selbstverständnis der Kirche – vor allem die Ekklesiologie und die Theologie des Gottesdienstes – thematisch."
[6] Vgl. JOOß, Grundkategorie, 82 [Hervorhebung CWB]: „Gotteshäuser, Gotteräume – sie sind Zeugnis *aktueller* Glaubensgeschichte, Räume im Übergang."
[7] Vgl. DOBER, Zeit, 114.
[8] DEGEN, Raum I, 8; vgl. KIECKHEFER, Theology („Theology in Stone"). Dass Theologie ein gewichtiger Einflussfaktor auf den Kirchenbau ist, zeigt sich z. B. selbst, ja sogar besonders an den Gemeindezentren der sechziger Jahre: „Als Zeugnisse der ‚Entsakralisierung' sind

> Beispiel: Der Kirchenbau als ‚gebaute Theologie'

Nicht selten spiegeln Sitzordnung und Raumgliederung bzw. Grundriss einen dezidiert theologischen Anspruch, soll mit Sitzordnung und Raumaufteilung eine theologische Aussage architektonisch artikuliert werden. So wurde beispielsweise – neben dem offensichtlichen praktischen Nutzen, den der Einbau von festem Gestühl mit sich brachte, als sich die Kirchen der Reformation in den mittelalterlichen Kirchenbauten einrichteten, nämlich schlicht, längere Predigten hören zu können – mit dem Einbau zugleich auch einem reformatorischem Theologoumenon, dem Priestertum aller Gläubigen, eine architektonische Gestalt verliehen.[9] Hatten zuvor nur der Klerus und hohe weltliche Würdenträger den Gottesdienst im Sitzen verfolgt, wurde nun der Überzeugung, zu der reformatorische Theologie gelangt war, auch baulich Ausdruck verliehen, dass nämlich in soteriologischer Hinsicht alle Getauften gleichen geistlichen Standes sind und der Pfarrer nur primus inter pares ist.[10]

Auch diverse zeitgenössische Kirchenbauten lassen sich anführen, bei denen das Abgeben eines theologischen Statements zumindest als eine Dimension der Raumanordnung gelten kann.

Gemeindezentren im eigentlichen Sinn ‚gebaute Theologie', da sich in ihnen eine komplexe Vorstellung von kirchlicher Präsenz in der säkularisierten Welt verbirgt." (WITTMANN-ENGLERT, Zelt, 113)

[9] Vgl. VOLP, Liturgik I, 368 und VOLP, Kirchenbau, 494. Anders dagegen VOLP, Selbstverständnis, 147 (vgl. VOLP, Stadt, 309): „[D]as ‚Priestertum aller Gläubigen', einer der stärksten Motoren unserer Kirche, kastrierte man mit festem, zur Passivität zwingendem Gestühl." Diesem Theologoumenon zu architektonischer Gestalt zu verhelfen, kann gleichwohl als eine Dimension des Kirchengestühls angesehen werden, wenngleich das Sitzen der Gemeinde nicht auf diesen theologischen Aussagegehalt reduziert werden kann und in der Folge auch durch die Gegenreformation für den katholischen Bereich übernommen wurde; vgl. RASCHZOK, Kirchenbau I, 393.

[10] Vgl. ELLWARDT, Kirchenbau, 50.

Abb. 2: Kapelle mit dem Licht (TADAO ANDŌ, 1989), Ibaraki / Japan, Innenansicht

Als das Einfließen theologischer Auffassungen etwa des Gottesdienstes oder – damit zusammenhängend – des Verständnisses von Gemeinde bzw. der Gewichtung von Amt und Gemeinde ließe sich etwa der Zug zur baulichen Umsetzung eines eher konservativen oder gar anachronistischen Verständnisses von Gemeinde anführen, den man bei nicht wenigen Sakralbauten der jüngeren Vergangenheit ausgemacht hat, etwa bei PETER ZUMTHORs katholischer Kapelle in Sumvitg, Schweiz, der Caplutta Sogn Benedetg (1988), oder

TADAO ANDŌs presbyterianischer Kapelle mit dem Licht in Ibaraki, Japan (1989) (s. Abb. 2), denen „ein Verständnis von Gottesdienst eignet, bei dem der Priester [bzw. Pfarrer; CWB] ganz auf seiner, die Laien ganz auf ihrer Seite stehen, als ob es bei der Liturgie um ein Gegenüber statt um ein Miteinander ginge", oder bei der katholischen Herz-Jesu-Kirche in München (ALLMANN / SATTLER / WAPPNER, 2000), die als „reine Wegkirche[...] mit starker Längsrichtung [...] nur hergebrachten Vorstellungen von Heiliger Messe"[11] baulichen Ausdruck zu verleihen scheint.

Besonders sinnfällig und gelungen ist die architektonische Artikulation eines theologischen Topos und damit dessen Einfließen in das Repertoire des Kirchenraums in der Stiftskirche in Stuttgart (s. Abb. 3).[12]

Abb. 3: Stiftskirche, Stuttgart, Innenansicht

---

[11] Beide Zitate STEGERS, Geschichte, 27.
[12] Vgl. zum Folgenden AUER u. a., Stiftskirche.

8 Die Elementbereiche im Repertoire des Kirchenraumtextes (II)

Seit der Umgestaltung (1999–2003; Architekt: BERNHARD HIRCHE, Hamburg) steht hier der Altar zentral in der Mitte: die Altarskulptur ‚Lichthöhle' (2001–2003, Bollinger-Lehbolz Sandstein gebrochen am oberen Zürichsee, 105 x 170 x 152 cm, Monolith, Gewicht ca. 4 Tonnen), geschaffen von dem Karlsruher Künstler HOLGER WALTER, monumental und zugleich doch filigran. Die Kirchenbänke respektive die sitzenden Gemeindeglieder gruppieren sich um dieses liturgische und architektonische Gravitationszentrum im Raum. Auch in dieser modernen Raumlösung erhält die Lehre vom Priestertum aller Gläubigen einen architektonischen Ausdruck: Der Altar „ist von allen Seiten für (fast) alle gleich zugänglich. Die jesuanische Dauerprovokation wird so auch im 21. Jahrhundert anschaulich. Soziale Rangunterschiede werden entdramatisiert, Milieugrenzen werden durchlässig, wenn Gott einlädt an einen Tisch"[13]. Damit interpretiert und kommentiert die Raumlösung den gotischen Baugedanken und die entsprechenden Gliederungsprinzipien des vorreformatorischen Raumes, in denen sich ein gänzlich anderes Gemeindeverständnis artikulierte – umso mehr, da die ursprüngliche, längsgerichtete liturgische Ausrichtung des Raumes beim Umbau bewusst aufbewahrt worden ist, nämlich indem der historische Longitudinalbau mit seiner Dreischiffigkeit und seiner Netzgewölbekonstruktion in moderner Weise zitiert wird: Einmal markieren von der Decke hängende Beleuchtungs- und Beschallungskörper die Stellen, an denen ehemals Pfeiler standen. Das evoziert die Dreischiffigkeit, die Jochhöhe und die Arkaden. Und zum Zweiten ‚schweben' in diesen drei stilisierten Schiffen große an Stahlseilen befestigte gläserne Schallsegel an der Deckenkonstruktion; es entsteht der Eindruck oder zumindest die Ahnung eines Kreuzrippengewölbes (s. Abb. 4).

---

[13] ERNE, Gravitationszentren, 57. Mit der Ausrichtung des Raumes um die liturgische Mitte, reiht sich die in der Stuttgarter Stiftskirche gefundene Raumlösung in eine lange Tradition, in der, um „auch die Würde presbyterialer Funktionen aller Getauften" zu demonstrieren, „seit der Reformation immer wieder versucht wird, den gesamten Raum als liturgisches Zentrum, das heißt als Zentralraum oder Querschiff auszubilden. Dort, wo das Längsschiff dominierte, blieb das Mittelschiff häufig frei von Gestühl, sei es, weil die zum Schiff ausgerichteten Bänke der Seitenschiffe für die Honoratioren und deren Familien genügten (Marienkirche Wolfenbüttel) oder weil im Mittelschiff Tische zum Abendmahl aufgestellt wurden (Westerkirche Amsterdam 1620-31)." (Beide Zitate VOLP, Kirchenbau, 494f.; vgl. KIECKHEFER, Theology, 46) Vgl. schon MARTIN BUCERS Vorschlag, zu Gottesdienstzwecken runde Gebäude zu bauen, „wobei der Priester in der Mitte steht und die Versammlung rund um ihn geschart ist" (MARTIN BUCER, zit. nach VOLP, Selbstverständnis, 148).

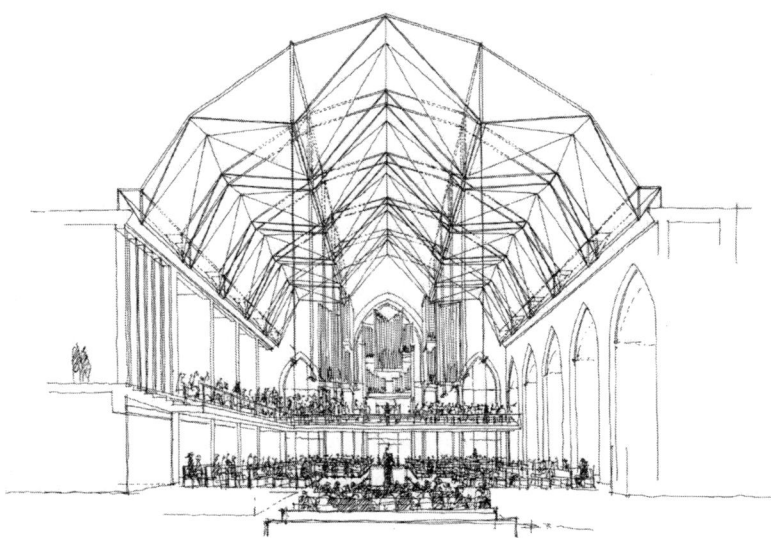

Abb. 4: Stiftskirche, Stuttgart, Entwurfsskizze (BERNHARD HIRCHE)

Alt und neu – und darin inbegriffen die verschiedenen Gemeindeverständnisse und theologischen Konzepte – stehen einander in ästhetischer Brechung gegenüber und interpretieren und kommentieren einander.

Dass sich bestimmte theologische Strömungen oder Akzentsetzungen auf Kirchenbauten ausgewirkt haben, wird schon einsichtig, wenn man sich vergegenwärtigt, wie verschieden Kirchenbauten unterschiedlicher konfessioneller Prägung allein ihrem Aussehen nach sind. RICHARD KIECKHEFER versucht in seiner Abhandlung über ‚Church Architecture from Byzantium to Berkeley'[14], dieser Vielgestaltigkeit zu begegnen, indem er den Kirchenbau grob in drei Traditionslinien bzw. Grundtypen einteilt:

1. Den ersten Grundtypus benennt KIECKHEFER als die klassische sakramentale Kirche (*classic sacramental church*) – meist longitudinal ausgeführt, mit Schiff und Chor, reich an Ausstattung und Ausschmückung, mit starker Symbolwirkung. Im Zentrum der Blick- und Bewegungsrichtung – etwa bei

---

[14] So der Untertitel seiner Arbeit: KIECKHEFER, Theology. Zum Folgenden vgl. KIECKHEFER, Theology, v. a. 11–15.

8 Die Elementbereiche im Repertoire des Kirchenraumtextes (II) 139

Prozessionen – steht der Altar, Ort der sakramentalen Feier. Ihre Anfänge nimmt diese geschichtsträchtige und einflussreiche Traditionslinie in den ersten öffentlichen Kirchbauten der Christenheit. Dementsprechend ist die gebräuchlichste Ausformung dieses Grundtypus der basilikale Aufbau, das heißt ein Bau mit längsgerichtetem Mittel- bzw. Haupt- und niedrigeren Seitenschiffen, oft mit apsidialem Abschluss im Osten. Als Beispiel dient KIECKHEFER Santa Maria Maggiore in Rom (s. Abb. 5).

Abb. 5: Santa Maria Maggiore, Rom, Innenansicht

Ausformungen dieses Grundtypus sind neben der russisch-orthodoxen und der anglikanischen vornehmlich in der römisch-katholischen Tradition zu finden. Nicht zuletzt lässt sich an diesem Grundtypus eine Betonung des Altarsakraments wie eine Neigung zu Prozessionen ablesen.

2. Dem gegenüber steht als zweiter Grundtypus die klassische evangelische Kirche (*classic evangelical church*), die als Traditionslinie im Spätmittelalter ihren Ausgang nimmt, von reformatorischem Gedankengut angestoßen wird

und speziell im 16. Jahrhundert zur baulichen Ausformung gelangt. Sie dient zuvorderst der Erbauung des Individuums und der Gemeinde durch Evangeliumspredigt. Ihr Innenraum ist daher als Zuhörerraum gestaltet und auf Kanzel und Prediger ausgerichtet. Weil die Hörbarkeit von besonderer Wichtigkeit ist, sind Kirchen dieses Typus oft kleiner als Kirchen der klassischen sakramentalen Tradition. Sie weisen in der Regel eine wesentlich schlichtere Ausstattung auf und nicht selten eine Schmucklosigkeit, wenn nicht gar gänzliche Abstinenz in der künstlerischen Ausgestaltung. Angestrebt ist eine Ästhetik, die sich eher durch eine würdevolle Erhabenheit und Klarheit als durch prunkvolle Pracht auszeichnet. In diesem Bautypus schafft sich die reformatorische Hochschätzung des Wortes eine Raumgestalt, weshalb er auch typisch ist für Kirchen reformatorischer Prägung. Und in seiner Schlichtheit und seiner Zurückhaltung gegenüber künstlerischen und bildlichen Darstellungen artikuliert dieser Typus bildtheologische Fragestellungen protestantischer Theologie.

3. Schließlich führt KIECKHEFER als dritten Typus die moderne Gemeinde- bzw. Gemeinschaftskirche (*modern communal church*) an, bei der sich die feiernde Gemeinde oft um Altar oder Kanzel schart. Diese Sitzordnung macht die versammelte Gemeinde selbst zum baulichen Epizentrum, das Versammeltsein zum Gottesdienst in Gemeinschaft wird architektonisch unterstrichen. Fast immer sind Kirchengebäude dieses Typus mit einem großzügigen Eingangsbereich und Gruppenräumen versehen. Damit trägt der Bau der Tatsache Rechnung, dass die einzelnen Gemeindeglieder sich nicht schon im Alltag als Gemeinschaft erleben, und soll architektonisch erreicht werden, die sich versammelnde Gemeinde auf ihrem Weg zum Ort des Gottesdienstes als Gottesdienstgemeinde zu konstituieren. Von ihrer Ausstattung her steht die moderne Gemeinde- bzw. Gemeinschaftskirche zwischen erstem und zweitem Typus, das heißt, sie steht in ihrer Ausschmückung hinter der Üppigkeit der klassischen sakramentalen Kirche zurück, zeigt in ihrer künstlerischen Ausgestaltung jedoch auch nicht die Schlichtheit der klassischen evangelischen Kirche. Im Kirchenraum dieses Grundtypus soll eine warme, einladende, ansprechende und zugleich feierliche Atmosphäre erzielt werden.

> Zu der Typisierung RICHARD KIECKHEFERs ist noch Folgendes anzumerken: Freilich sind alle Kirchen auf ihre Weise ‚evangelisch' (*evangelical*), auf ihre Weise ‚sakramental' (*sacramental*) und auf ihre Weise ‚gemeinschaftsfördernd' (*communal*): „All churches are evangelical, if only in reading and commenting on the gospel and claiming to worship in its spirit. All churches are communal, bringing congregations together for worship. And all churches are sacramental, even if

8 Die Elementbereiche im Repertoire des Kirchenraumtextes (II) 141

they see the word of God as the truest sacrament and the fountain from which others flow."[15] Es geht KIECKHEFER mit seiner Typisierung jedoch darum, zu zeigen, dass sich bestimmte Faktoren als für die Form und Gestalt eines Kirchenbaus federführend erweisen, dass entweder Sakralität oder Evangelikalität oder Kommunalität dem Bau als Leitidee zugrunde liegt: „[T]here are churches that [...] take sacramentality in various senses and on more than one level as a fundamental determinant of church design. Other churches [...] accept evangelical proclamation as the basic determinant of design. Yet others [...] have seen the gathering of community not simply as a factor in sacramental or evangelical worship but as itself a key determinant in design of the church building."[16]

Die drei Grundtypen, die RICHARD KIECKHEFER ausführt, machen deutlich: Theologische Konzepte, von denen der Bauherr einer Kirche oder sein Umfeld beeinflusst ist, theologische Strömungen, von denen eine Gemeinde, die ein Gebäude nutzt, durchdrungen ist[17], genauso wie konfessionelle Prägungen bestimmen nicht nur religiöse Vollzüge im Raum, sondern theologische Akzentsetzungen finden auch ihren Niederschlag im Kirchenbau und seiner Ausstattung selbst. Theologie kann als ein Repertoire-Element des Kirchenraumtextes gelten.

Von Theologie als Repertoire-Element ist freilich nicht nur hinsichtlich theologischer Strömungen und konfessioneller Prägungen zu sprechen, sondern bereits überall dort, wo der Kirchenraumtext überhaupt auf Theologoumena, auf christliche Themen und Glaubensinhalte anspielt und wo er diese also in sein Repertoire hineinzieht und so Glaubensäußerungen ‚verbaut'[18]. Gleiches haben wohl MARGARETE LUISE GOECKE-SEISCHAB und JÖRG OHLEMACHER vor Augen, wenn sie vom „theologischen und spirituellen Gehalt einer Kirchenarchitektur" sprechen, wenn sie einen „Sinnzusammenhang zwischen christlichem Weltbild und seinem irdischen Abbild, dem Kirchenbau", entdecken oder wenn sie als dessen „Sinngehalt [...] de[n]

---

[15] KIECKHEFER, Theology, 13.
[16] Ebd. Vgl. bezüglich der Einteilung des Kirchenbaus nach Grundtypen schließlich noch die Vermutung DIETRICH KORSCHs, „daß es auch eine bestimmte Typik von Kirchengebäuden gibt, die mit einem bestimmten Rhythmus der religiösen Erfahrungen zu koordinieren sind. Ein Bisschen [sic] grob konfessionell gesagt: wir könnten einmal schauen, welche Räume sich von ihrem Rhythmus her etwa einer katholischen Tradition oder einer evangelischen Tradition verdanken." (KORSCH, Schlusswort, 253)
[17] Die Problematik, ob und inwiefern dabei gelebte Religion den Grundsätzen einer Theologie wirklich folgt, kann in unserem Zusammenhang außen vor bleiben; vgl. dazu FAILING, Welt, 93.
[18] Vgl. KLIE, Gottesdienst, 271: „Die Ostung (*Orient*-ierung) von Kirchen, die Ausrichtung des Raumes auf die Kanzel bzw. den Altar, die Raumproportionen – all das sind Spielformen ‚verbauter' Glaubensäußerungen."

Glaube[n] an Jesus Christus" angeben.[19] Der ISERsche Repertoirebegriff vermeidet dagegen den nicht unproblematischen Begriff des ‚Gehalts' und die Gefahr, die kirchenraumtextlichen Bezüge auf die verschiedenen Bereiche, aus denen er selektiert, also die Wirklichkeitsbruchstücke, die der Kirchenraumtext in seinem Repertoire bereit hält, ontologisch misszuverstehen.

Von theologischem Repertoire kann schließlich da die Rede sein, wo der Kirchenraumtext speziell auf biblische Erzählungen und Heilsgeschichte, auch auf Heiligenlegenden Bezug nimmt.[20] Nicht umsonst hat man von romanischen und gotischen Kirchen als ‚Bibliae pauperum' gesprochen.[21] Der Elementbereich umfasst damit zugleich die lange Tradition christlicher Symbolik und Ikonographie, die jene ins Bild setzt und die das Bildprogramm einer Kirche instruiert. Man denke nur einmal an Bauform und Symbolik des Jerusalemer Tempels, wie sie sich in den biblischen Schilderungen bieten, und daran, wie diese sich für viele Kirchenbauten zu allen Zeiten als äußerst wirkmächtig erwiesen und demgemäß in das Repertoire ihrer Raumtexte Eingang gefunden haben.[22] Zu denken ist auch bereits an die Namen von Kirchenbauten, die im Falle evangelischer Kirchen, wenn sie frühere Patrozinien übernehmen, sich etwa auf biblische Gestalten beziehen oder den Bezug auf Heilige mehr beiläufig weiter überliefern oder die andernfalls, auch z. B. wenn sie wie die zahlreichen Luther-, Calvin-, Gustav-Adolf- oder Martin-Luther-King-Kirchen den Namen eines prominenten Vertreters des Protestantismus tragen, „als Verkündigungs- oder Programmaussagen zu verstehen"[23] sind. Außerdem sei die Taube als Sinnbild für den Heiligen Geist er-

---

[19] Alle drei Zitate GOECKE-SEISCHAB / OHLEMACHER, Handbuch, 12 bzw. 16. Ähnliches schwebt wohl auch HANS BERNHARD MEYER vor, wenn er etwa von der „religiösen Substanz" kirchlicher Bauten (MEYER, Kirchenbau, 5), oder WILHELM GRÄB, wenn er von „den symbolischen Formen, den Bildern und Geschichten, die sie [sc. die ästhetisch-religiösen, das heißt sakralen Räume] in sich bergen" (GRÄB, Gott, 106), spricht.

[20] Vgl. KIECKHEFER, Theology, 149: „The historical reference most expected within a church is to biblical narrative, and second to the lives of the saints". Im Blick darauf, wie biblische Motive sich im Bildprogramm einer Kirche wieder finden und so die Raumlektüre befördern, könnte man von „enzyklopädischer Anreicherung" sprechen (VOLP, Labyrinth, 24).

[21] So z. B. ETIENNE FRANÇOIS bezüglich romanischer und gotischer Kathedralen: „[A]ls Bibliae pauperum sollten sie [sc. durch die Fülle und Vielfalt ihrer Dekoration] das ganze Kompendium der Heiligen Schrift, der Heils-, der Kirchen- und oft auch der Weltgeschichte sinnlich vermitteln und fassbar machen." (FRANÇOIS, Kirchen, 711) Vgl. GOECKE-SEISCHAB / OHLEMACHER, Handbuch, 22.

[22] Vgl. BEYER, Kirchenbau, 267.

[23] WURSTER, Patrozinium, 117; vgl. FRANÇOIS, Kirchen, 718. MANFRED JOSUTTIS sieht in der Namensgebung – das Phänomen religionsgeschichtlich einordnend – eine „Form der energetischen Aufladung von heiligen Orten" (JOSUTTIS, Weg, 71; JOSUTTIS rezipiert hier NIELS GUTSCHOW, demzufolge „eine Sakralisierung von Orten häufig durch die Namensgebung vollzogen [wird]" [NIELS GUTSCHOW, zit. nach JOSUTTIS, Weg, 71]).

8 Die Elementbereiche im Repertoire des Kirchenraumtextes (II)   143

wähnt, die Evangelistensymbole und freilich in Sonderheit das Symbol des Kreuzes, das als im Grundriss oder in bildlichen Darstellungen, auf dem Altar oder als Lichtschlitz eingeschnitten in die Altarwand wie bei TADAO ANDŌs oben erwähnter Kapelle mit dem Licht (vgl. o. S. 136), auf der Kirchturmspitze oder in manch anderer Form, mit oder ohne Crucifixus in den Kirchenraumtext Eingang findet und welches „als das zentrale Symbol des Christentums für diese Religion insgesamt steht"[24]. Als solches gibt es wie ein Vorzeichen die Tonart an, gibt dem Raum eine religiöse Grundierung und kommuniziert in deutlicher Erkennbarkeit, dass es sich um einen christlichen Raum handelt. Die Beispiele für biblische Bezugnahmen und theologische Programmatiken der Raumtexte von Kirchen sind Legion. Zur Veranschaulichung sei die in ihrem Bestand auf eine gotische dreischiffige Hallenkirche zurückgehende, in den Jahren 1665–1677 zur Predigt- und Hofkirche umgebaute und mit reicher barocker Ausstattung versehene Unionskirche in Idstein herausgegriffen (s. Abb. 6). In KATHRIN ELLWARDTs Beschreibung des Innenraums wird die enge Bezugnahme des Bildprogramms dieser Kirche auf biblische Themen, Geschichten und Figuren deutlich:

> „Alle Wand- und Deckenflächen oberhalb der Arkade sind mit Ölgemälden bedeckt, die in 38 Einzelszenen die neutestamentliche Heilsgeschichte, das Leben und Wirken Jesu und der Apostel bis hin zur Offenbarung des Johannes erzählen. […] Die Brüstungen der Emporen und des Gestühls tragen Schrifttafeln mit Bibelversen, die sich auf die Personengruppe beziehen, welche gemäß der Sitzordnung dort ihre Plätze hatte. Unter den Emporen finden sich kleine Bilder von Engeln, die passende symbolische Gegenstände halten. Wort und Bild fügen sich zu einem biblischen Lehrgebäude zusammen. Der große Marmoraltar im Chor verbildlicht ergänzend das Abendmahl. Die marmorne Kanzel wird getragen von dem alttestamentlichen Propheten Samson; ein Engel hält den Schalldeckel. […] Das Fresko im Chorgewölbe veranschaulicht den christlichen Glauben nach der Offenbarung des Johannes in einer schwer verständlichen Symbolsprache."[25]

---

[24] MARKSCHIES, Kreuz, 574.
[25] ELLWARDT, Kirchenbau, 16f. Freilich kann eine solche programmatische Bezugnahme auf die Bibel und ein so eminent theologisches Bildprogramm wiederum Ausdruck einer bestimmten theologischen Strömung und konfessionellen Prägung sein. So führt ELLWARDT die genannte Unionskirche gerade als Beispiel an für ein „besonders umfangreiches *lutherisches* Bildprogramm" (ELLWARDT, Kirchenbau, 16 [Hervorhebung CWB]). Demgegenüber zeichnen sich reformierte Kirchenbauten – die man in der oben dargestellten Einteilung RICHARD KIECKHEFERs dem zweiten Grundtypus zuzurechnen hätte, vgl. o. S. 139f. – eben gerade durch ihre Bildlosigkeit aus und artikulieren darin die reformierte Antwort auf die bildtheologischen Fragestellungen protestantischer Theologie. Andererseits könnte man wiederum die Bild- und Schmucklosigkeit und den sich darin ausdrückenden Bezug auf

Abb. 6: Unionskirche, Idstein, Innenansicht

Wenn der Kirchenraumtext sich in diesem Elementbereich seines Repertoires auf Theologoumena bzw. christliche (Glaubens-)Inhalte bezogen findet, verleiht dieser dem Kirchenbau ein christliches Gepräge und profiliert ihn als christlichen, macht ihn zu einem qualifizierten Raum[26], einem symbolisch geformten und symbolträchtigen, einem aufgeladenen und verdichteten, definierten Ort[27]. Das theologische Repertoire des Kirchenraumtextes zeichnet so dafür verantwortlich, dass Kirchenbau als eine Form der Gestaltwerdung des Christentums zu gelten hat. In diesem Sinne kann THOMAS KLIE sagen, Kirchengebäude seien: „Steingewordene Zeugen unserer Reli-

---

    das Zweite Gebot, das Bilderverbot, als ein Repertoire-Element ansehen, das aus dem Bereich biblischer Theologie selektiert ist.

[26] Vom Kirchenraum als qualifiziertem Raum spricht beispielsweise ADOLPHSEN, Heiligkeit, 136.

[27] Vgl. GRÜNBERG, Backsteinkirchen, hier als Einstieg GRÜNBERG / HÖNER, Symbole, z. B. 14: „[Symbole] entstehen in einem komplexen Vorgang von Bedeutungszuschreibungen und -ver-knüpfungen, individuellem und kollektivem Erleben sowie deren Kommunikation und Tradierung durch die Menschen". In diesem Sinne sind Kirchen „Symbolträger" (GRÜNBERG / HÖNER, Symbole, 20). Zur Aufladung von Orten und zur Unterscheidung von Raum und Ort vgl. ASSMANN, Geschichte, 13–18.

… gion. Verbauter Glaube. Architektonischer Ausdruck eines frommen Bewusstseins und eines starken Willens zur Darstellung."[28]

> „Ein Kirchenraum bildet nicht nur die gegenwärtige Kirche ab, sondern reicht zurück an die Wurzeln unserer christlichen Identität, die sich in bestimmten architektonischen und künstlerischen Formen ausdrückt. Er ist aber auch kein Museum längst vergangener Zeiten."[29] „Die bildstarken Räume unserer Kirchen zeigen eben keine Museumsstücke, sondern sie [...] nehmen hinein in heilige Verläufe, sie vergegenwärtigen biblisches Geschehen".[30]

Im Kirchenraumtext findet sich so das christliche Selbst- und Weltverhältnis – also wie sich der Mensch in der Welt im Lichte Gottes sieht, wie er die Gegenwart vor dem Hintergrund der Geschichte, nämlich der *Heils*geschichte deutet und was er von der Zukunft erwartet – artikuliert, gewinnt der ‚virtuelle Deutungsrahmen'[31] des christlichen Glaubens greifbare Gestalt und erhält ein sinnenfälliges Symbol (vgl. u. Kap. 10, S. 171ff.). In dieser Artikulation christlichen Selbst- und Weltverhältnisses weisen Kirchenbauten also immer auch über sich selbst hinaus auf eine andere, eine – wenn man so will – *ganz* andere Wirklichkeit und finden sich in ihrem Repertoire *explizit* auf diese bezogen[32]: „Kirchenbauten sind immer ein geschichtlicher kontingenter Ausdruck der theologischen Grundspannung, von der auch jeder Gottesdienst bestimmt ist: Letztverbindlichem im Vorletzten angemessen Gestalt – und damit auch Raum – zu geben."[33] Die Eigenschaft der Artikula-

---

[28] KLIE, Kirchengebäude, 129. Vgl. BENN, Einleitung, 7; auch GRÄB, Autonomie, 244 und BIERITZ, Liturgik, 86.
[29] ARNOLD, Begegnungsorte, 27.
[30] KLIE, Kirchengebäude, 141. Im Übrigen gilt das Gesagte nicht nur für die figürliche Darstellung biblischer Personen oder dergleichen, sondern: „Bildnerische Ausdrucksformen etablieren Menschen-, Welt- und Gottesbilder auch in einfachen Chiffren wie Ornamenten und anderen stark abstrahierten Gestalten. Schon die Farbe und die Gestaltung des Lichts – in Kerzen und Fenstern [vgl. o. die angesprochene Bedeutung der Kirchenfenster, Anm. CWB] – machen Aussagen über wesentliche theologische Zielsetzungen." (VOLP, Liturgik I, 154)
[31] Vgl. HEINE, Kirchen, 130 [Hervorhebung CWB]: „Zwischen dem Garten Eden am Anfang und dem himmlischen Jerusalem am Ende tun sich ‚Zeitlöcher' auf (Christa Wolf), die den vergangenen Glanz vergegenwärtigen und das zukünftige Licht in kleinen Portionen vorwegnehmen. [...] Erst ein *virtueller Deutungsrahmen* macht es möglich, die Zeitlöcher wahrzunehmen und zu einem Ganzen zu fügen, sodass die realen Brüche nicht mehr das Leben bestimmen."
[32] Pathetischer formuliert RAINER VOLP: „…daß Gott zu Wort komme [...] So kann man aufs erste, sehr generell gesagt, das bauliche Selbstverständnis wohl aller evangelischen Kirchen zusammenfassen. [...] [N]icht Repräsentation menschlicher Macht, sondern Präsentation des Lebenssinns, wie ihn Christen erfahren, will Kirche ermöglichen." (VOLP, Selbstverständnis, 147 [im Original mit Hervorhebungen])
[33] KLIE, Gottesdienst, 267; vgl. 272.

tion christlichen Selbst- und Weltverhältnisses, welche den Verweis über sich hinaus beinhaltet, teilen Kirchenbauten also mit den in ihnen gefeierten Gottesdiensten, mit denen sie – was nun schon mehrfach zur Sprache gekommen ist – in einem reziproken Zusammenhang stehen.[34] Und wie diese integrieren die Raumtexte von Kirchen – ganz in der Weise, wie im Spurenmodell KLAUS RASCHZOKs entfaltet (vgl. o. Kap. 7, S. 121ff.) – nicht nur Vergangenes und Gegenwärtiges; auch schon Zukünftiges kann als ein Element angesehen werden, welches das Repertoire des Kirchenraumtextes darbietet. Nämlich einerseits, indem sich Kirchenräume situationsoffen zeigen, das heißt – wie RAINER VOLP anmerkt (vgl. o. S. 85) –, dass sie künftige Situationen, besonders gottesdienstliche bzw. solche unverfügbarer (Glaubens-)Erfahrungen (und zwar durchaus im Rekurs auf vergangene gottesdienstliche Situationen), konditionieren.[35] Und andererseits, indem sie wie die in ihnen gefeierten Gottesdienste und Liturgien und im Verbund mit denselben den Blick auf eine eschatologische Zeit hin weiten:

> „[I]t may be helpful to say that a church is a place of conjunction in four senses – integrating the past and the future with the present experience of the worshiping community, relating the liturgy experienced within the church to an idealized liturgy imaged as celestial worship, connecting the living with the dead, and bringing the particular church into association with other churches, and by intention with the Church universal"[36].

So ist es neben dem liturgisch-gottesdienstlichen Repertoire nicht zuletzt das theologische Repertoire – in seiner beschriebenen Vielfalt und Weite –, durch welches man dem Kirchenraumtext selbst eine religiöse Dimension zuweisen kann.[37]

---

[34] So meint etwa WILHELM GRÄB, dass es – „auch in der modernen Kultur" (GRÄB, Ästhetik, 737; die folgenden Zitate alle ebd. [Hervorhebung CWB]) – gerade die Liturgien der in Kirchenräumen abgehaltenen Gottesdienste sind, die diese „zu eigentümlichen Orten ästhetisch-religiöser Erfahrung [machen]", „zu spirituellen Erfahrungsräumen". Gilt zunächst: „Die Liturgien der kirchlichen Gottesdienste inszenieren und artikulieren die spezifische Weltsicht des Christentums", so kann GRÄB darum andererseits sagen: „[D]ie kirchlichen Räume *mit den Liturgien*, die in ihnen gefeiert werden [...] deuten das Leben in der christlichen Sinnperspektive, vergewissern es seiner Gründung im Gott des Evangeliums und der Begleitung durch ihn".

[35] Zur Zukunftsoffenheit des Kirchenraumes vgl. noch RASCHZOK, Kirchenbau I, 410f.

[36] KIECKHEFER, Theology, 148. Vgl. überhaupt KIECKHEFER, Theology, 148ff. [Kap. „Integration of Past, Present, and Future"]. Auf das Einspielen eschatologischer Lesarten der Zeit im Gottesdienst und die Spiegelung dieser der Liturgie eigenen Rhythmik im Kirchenraum weist auch THOMAS KLIE hin, vgl. z. B. KLIE, Gottesdienst, 276f.

[37] Von einer religiösen – neben einer historischen und einer liturgischen – Dimension von Kirchenräumen spricht z. B. SCHWEBEL, Kirchenidentität, 97.

8.2 Das sozio-kulturelle Repertoire – Gesellschaftlich-politisch-kulturelle, familiäre und individuell-lebensgeschichtliche Kontexte

Der liturgisch-gottesdienstliche wie der theologische Elementbereich sind als Teile eines umfassenderen Komplexes innerhalb des Repertoires anzusehen, welcher allgemein aus Sozialstrukturen und psychischen Dimensionen, den Rationalitäts- und Glaubensformen, die sich im Kirchenbau artikulieren, wie den praktischen Vollzügen, die sich raum- und formbildend ausgewirkt haben, selektiert ist, also eines Komplexes, mit dem der Kirchenraumtext aus seinem *sozio-kulturellen Kontext* im weitesten Sinne schöpft. Nicht nur Liturgie und Gottesdienst (im engeren und weiteren Sinne, also die religiöse Nutzung insgesamt) und Theologie als solche lassen sich an Kirchenbauten ablesen, sondern die Selektion aus dem sozio-kulturellen Kontext umfasst schließlich auch Elemente aus dem gesellschaftlich-politisch-kulturellen Kontext.[38] Der Selektion aus diesem Bereich ist es geschuldet, dass Kirchenbauten eben nicht nur christliche, sondern auch bürgerliche Identität[39] artikulieren und dass sie „immer auch ein hervorragendes Zeugnis der Kultur ihrer Epoche wie der gesellschaftlichen Strukturen sind, die sie bestimmen"[40]. Dies soll zunächst anhand eines Beispiels verdeutlicht werden.

> *Beispiel:*
> *Mittelalterliche Kirchenbauten – Durchdringung von weltlichem und geistlichem Leben*
>
> Besonders deutlich tritt das Einfließen des sozio-kulturellen Kontexts am Kirchenbau des Mittelalters hervor, zumal der Gotik (12.– 16. Jahrhundert). Hier vereinigen sich Architektur, Plastik und Skulptur, Glasmalerei und bildende Kunst zu dem Gesamtkunstwerk

---

[38] KIECKHEFER spricht z. B. davon, dass, „even after the Reformers did their work, the saturation of ordinary life and social convention with pious associations can still be read in the design and furnishings of late medieval churches" (KIECKHEFER, Theology, 167f.).
[39] So sagt THOMAS KLIE, Kirchengebäude seien „[ä]sthetische Zeichen christlicher und bürgerlicher Identität" (KLIE, Kirchengebäude, 129).
[40] BIERITZ, Liturgik, 104f. Vgl. auch EMMINGHAUS, Raum, 375: Der Kirchenbau „ist nicht nur religiöses Zeugnis seiner Zeit: Vielerlei soziologische, kultur- und zeitgeschichtliche Implikationen bestimmen die Gestaltung des Bauwerkes mit." Damit reihen sich Kirchenbauten in eine Riege von repräsentativen Gebäuden, die – wie etwa auch Gerichtsgebäude oder Schlösser – „soziale Hierarchien manifest machen" (BÖHME, Atmosphäre, 18).

des Mittelalters. Das Eingehen des sozio-kulturellen Kontextes zeigt sich hier, z. B. an den Ausstattungsstücken, nicht nur in seiner liturgisch-theologischen, sondern eben auch in seiner gesellschaftlich-politisch-kulturellen Dimension:

> „Die Glasfenster der mittelalterlichen Kirchen, die Seitenkapellen der Kathedralen, Retabeln und Altarbilder zeugen von Adligen, Patriziern und Zünften, die sie gestiftet haben. Beispielhaft sei hier nur der wunderschöne Flügelaltar von Jan van Eyck in der Kathedrale von Gent genannt, der [sc. in geöffnetem Zustand] die Anbetung des Lamm Gottes darstellt und [sc. in geschlossenem Zustand] am Rande zwei Bilder der Stifter, des Kaufmanns Jodocus Vijd und seiner Frau Elisabeth Borluut, enthält."[41] (S. Abb. 7)

Abb. 7: Genter Altar (JAN VAN EYCK [um 1390–1441], geschlossener Zustand), Gent, Sint Baafskathedraal

---

[41] FRANÇOIS, Kirchen, 715.

Bestimmend für die Symbolik der gotischen Kathedrale war die Vision vom himmlischen Jerusalem (Offb 21).[42] Daher findet sich hier die christliche Ideenwelt in ganz einzigartiger Weise verbildlicht. Zahlreiche biblische Bezüge und eine weit ausgreifende religiöse Ikonographie[43] spiegeln die Theologie der Zeit. Der Reichtum an Bildern zeugt von einer durchgehenden Veräußerlichung liturgischer Frömmigkeit, die Zahl der Altäre und die damit zusammenhängende Vielräumigkeit von der reichhaltigen Liturgie und der Vielfalt des religiösen Lebens. Genauso aber manifestiert sich der sozio-kulturelle und gesellschaftliche Kontext, insofern in diesen Kapellen „die gesellschaftlichen Gruppen der Gemeinde, der Klerus und der Adel, die Zünfte und Bruderschaften, in der großen himmlischen Stadt ihre kleine, ihnen zugeordnete Heimat finden; hier verehren sie ihre Patrone, gedenken sie ihrer Toten, feiern sie ihre Jahrestage und Feste, stellen sie ihre Weihegaben auf. Nicht nur die Liturgie mit ihren Funktionsräumen und -orten [...], sondern auch die soziale Struktur der Gemeinde gestaltet den Raum mit und beheimatet deren Glieder im Kosmos der erlösten Welt, deren Sinnbild die Kathedrale ist."[44] Die räumliche Trennung weltlicher und klerikaler Funktionsräume – u. a. durch Seitenkapellen und dadurch, dass der Chorraum dem Klerus vorbehalten bleibt, oft vom Schiff getrennt durch Chorschranken oder durch einen Lettner, vor dem ein Volksaltar Aufstellung findet – vertextet baulich den Dualismus von Welt und Kirche.[45] Eindrückliche architektonische Beispiele für diesen Dualismus sind die Dome von Mainz und Worms, in deren Doppelchörigkeit sich das Gegenüber von Thron und Altar, Kaiser und Papst, „die selbstbewußte Eigenständigkeit der beiden Gewalten" baulich umgesetzt findet.[46]

---

[42] Vgl. z. B. VOLP, Liturgik I, 359, auch BIERITZ, Liturgik, 106f.; GOECKE-SEISCHAB / OHLEMACHER, Handbuch, 21f. und KLIE, Kirchengebäude, 131. Vgl. überhaupt zum Folgenden VOLP, Liturgik I, 347–361 [Kap. 4.1.1].

[43] Besonders eindrücklich am Westportal gotischer Kathedralen als Symbolisierung der „porta coeli, über der Christus als der Weltenrichter thront, um den sich die ganze Schöpfung und die Gestalten der Heilsgeschichte des Alten und des Neuen Bundes gruppieren" (MEYER, Kirchenbau, 52).

[44] Ebd. Eigenständige gottesdienstliche Subräume im mittelalterlichen Kirchenraum für die einzelnen soziologischen Gruppierungen wie Klerus und Laien, Zunft- und Ordensgemeinschaften spricht auch RASCHZOK, Kirchenbau I, 393 an.

[45] Vgl. VOLP, Kirchenbau, 493f.

[46] VOLP, Liturgik I, 356; vgl. UMBACH, Pforten, 165f.

Zugleich erhöht die räumliche Abtrennung der kultischen Verrichtungen und ihre Konzentration auf festegelegte Orte im Kirchenraum jedoch auch die Variabilität der Raumnutzung, zumal die Kirchen nicht mit Bänken oder Stühlen ausgestattet und so in ihrer Raumkonfiguration weniger festgelegt waren. So erfüllten mittelalterliche Kirchen, verstärkt durch die sich aus der Raumaufteilung ergebende Variabilität, neben ihren religiösen und rein kultischen Funktionen diverse andere Zwecke, die ihrerseits Spuren hinterließen und also im Prozess der Vertextung im Raumtext Eingang gefunden haben: Kirchen waren außer Gottesdienstraum und Ort kultischer Verrichtungen auch zentrale Versammlungsstätte der bürgerlichen Gemeinde und Zufluchtsort der Bevölkerung in Krisen- und Notzeiten, Heimat und öffentlicher Lebensraum für das Volk.[47] Sie dienten nicht selten als Rathaus oder Gerichtsstätte, als Archivraum oder Stadtbibliothek, bisweilen als Warenspeicher oder Stall, als Gasthaus und Markt.[48] Die Türen der Kirchenportale fungierten als Anschlagsäulen für öffentliche Bekanntmachungen, Kirchtürme als Wachtürme zur Feuerwache und zum frühzeitigen Erkennen feindlicher Angriffe.[49] Ihre Glocken waren kirchlich-religiöses und zugleich weltliches Signal, ihr Geläut rief zu Gottesdienst und Gebet, wie es – im Verein mit der Turmuhr als häufig einziger Uhr vor Ort – auch die weltlich-praktische Zeit rhythmisierte. Kirchen waren so „Kommunikationszentrum' *avant la lettre*"[50] – und zwar religiöser wie weltlicher Kommunikation –, soziale, gesellschaftliche und politische Treffpunkte, Kristallisationspunkte eben nicht nur des geistlichen, sondern zugleich des weltlichen Lebens. Dieser weltlich-religiöse Doppelcharakter hat sich in den Mauern dieser Kirchenbauten abgelagert. All die verschiedenen, die religiös-kirchlichen wie auch die weltlichen Verrichtungen spiegeln sich in der räumlichen Konstellation und dem Inventar, der künstlerischen Ausstattung und dem Bildprogramm mittelalterlicher Kirchen. Für die vorliegende

---

[47] Vgl. VOLP, Liturgik I, 359. Dass Kirchenräume mit der abnehmenden Macht des Klerus zu Bürgerkirchen wurden, verschafft sich dann etwa im Hallen-Charakter der Bauten baulichen Ausdruck; vgl. VOLP, Liturgik I, 359f.
[48] Vgl. z. B. KUYS, Funktionen, 41ff., v. a. 44 und SIGNORI, Kommunikationsraum, v. a. 120.
[49] Vgl. KUYS, Funktionen, 35–37 und EMMINGHAUS, Raum, 383f. Nicht zuletzt diesen weltlichen Funktionen des Turms ist es geschuldet, dass der Türmer in der Regel von der Stadt angestellt wurde; sie finden ihren Nachhall in der Tatsache, dass die Wartung mancher Türme bis heute in den Aufgabenbereich der Stadt fällt.
[50] KUYS, Funktionen, 44.

8 Die Elementbereiche im Repertoire des Kirchenraumtextes (II)   151

Arbeit bedeutet dies: Es ist ein Charakteristikum mittelalterlicher Kirchen, dass sie ein sehr ausgeprägtes und breites sozio-kulturelles Repertoire mit vielen religiösen, theologischen, liturgischen Bezügen auf der einen Seite aufweisen und gesellschaftlichen, politischen, kulturellen auf der anderen. Einerseits ist der Dualismus von Kirche und Welt als Repertoire-Element durch die Raumaufteilung im Raumtext festgehalten. Andererseits jedoch führt die enge Verflochtenheit von geistlicher und weltlicher Gewalt, von Kirche und Gesellschaft und die weitgehende Übereinstimmung von Bürger- und Kirchengemeinde, von der diese Epoche gleichermaßen gekennzeichnet ist, dazu, dass das Repertoire einer mittelalterlichen Kirche sich aus weit mehr als nur Elementen religiöser Provenienz speist: Es hält den politisch-gesellschaftlichen Kontext in hoher Anspielungsdichte parat.[51] Mit anderen Worten: Eine mittelalterliche Kirche verfügt in ihrem Raumtext, ihrem Raum- und Bildprogramm, durch ihre skulpturalen und bildlichen Darstellungen und ihre Raumkonfiguration typischerweise über einen, um es so zu formulieren, hohen Sättigungsgrad an Verbindungslinien hinein in die Gesellschaft, die Politik, die Kultur: „[a] church [sc. of the fourteenth or fifteenth century] would typically be saturated with intimate and jumbled links to society."[52]

Das Beispiel illustriert, wie der Kirchenraumtext auf den sozio-kulturellen Kontext ausgreift, der infolgedessen im Kirchenraum als selektiertes Material aufgehoben ist. Durch das selektierte Material findet sich der Kirchenraumtext in einer Bezogenheit auf extratextuelle Wirklichkeitskontexte und greift so auf Wissens- und Erfahrungsbestände des Rezipienten aus. Und weiter zeigt das Beispiel: Das Ausgreifen des Kirchenraumtextes auf den sozio-kulturellen Kontext, sein selektiertes Material, ist an ganz konkreten Raumelementen und Einrichtungsgegenständen festzumachen, die Repertoire-Elemente sind im Kirchenraum buchstäblich mit Händen zu greifen. Exempla-

---

[51] So sieht etwa THOMAS KLIE „[i]n der romanischen Himmelsburg [...] die Einheit von weltlicher und geistlicher Herrschaft zum Ausdruck" gebracht (KLIE, Gottesdienst, 263; vgl. MEYER, Kirchenbau, 47). Vgl. FRANÇOIS, Kirchen, 715: „Dass dabei [sc. bei der Formung, Prägung und Gestaltung eines Kirchenbaus durch die Gemeinschaft] das Profane und Sakrale nicht voneinander zu trennen sind, versteht sich von selbst."

[52] KIECKHEFER, Theology, 167. RICHARD KIECKHEFER macht darauf aufmerksam, dass die Liturgie in ähnlicher Weise sozio-kulturell gesättigt war und wie vom Kirchengebäude selbst, so auch von der Liturgie mannigfaltige Verbindungslinien zu gesellschaftlichen Vollzügen verliefen; vgl. KIECKHEFER, Theology, 168.

risch kann dafür der mittelalterliche, allen voran der gotische Kirchenbau stehen, der, wie gesehen, durch die Verflochtenheit von geistlichem und weltlichem Leben, die sich in den Raumtext einzeichnet, und begünstigt durch die große Variabilität der Raumnutzung, die sich aus dem baulich artikulierten, gleichzeitigen Dualismus von Klerus und Volk ergibt, besonders viele Verbindungslinien in die Gesellschaft aufweist. Das Ausgreifen des Kirchenraumtextes auf seinen sozio-kulturellen Kontext ist jedoch kein Proprium des mittelalterlichen Kirchenraums (wenngleich hier aufgrund der historischen Umstände besonders deutlich) und bei Weitem nicht auf diesen beschränkt.[53] Auch die Raumtexte von Kirchen anderer Epochen selektieren in ihrem Repertoire aus ihrem sozio-kulturellen Kontext und auch hier lässt sich das selektierte Material an zahlreichen konkreten Raumelementen und Einrichtungsgegenständen festmachen. Eine anschauliche Gestalt für den Reichtum an Bezügen des Kirchenraumtextes liefert etwa die folgende Beschreibung des Kirchenraums. Da diese den Sachverhalt sehr treffend ausführt, soll die Beschreibung, die einem Vortrag PETRA BAHRs entnommen ist, trotz ihrer Länge in extenso hier angeführt werden:

> „Es besteht kein Zweifel: Kirchen sind bedeutende architektonische Räume, die häufig die Geschichte einer ganzen Stadt in den Mauern tragen. Umbauten, Anbauten und Neubauten, Abrisse und Renovierungen legen sich übereinander wie die Schriften auf einem alten Palimpsest. Epitaphe und Bronzetafeln künden von traurigen Todesarten. Dort das adelige Fräulein, das im Kindbett stirbt und vom Vater, dem Patronat eine ewige Erinnerung an der Seite des Kirchenschiffs erhält. Hier die langen Namenslisten der Erichs, Gustavs und Karls, junge Männer, die ein paar Jahre früher noch die Namen der Angebeteten in die Kirchenbank geritzt haben und nun in der Hölle von Verdun ihr Leben ließen. Kirchen in der Stadt sind auch die Stein gewordene Erinnerung der wechselvollen Religionsgeschichte. Die Spuren von Reformation und Gegenreformation, von Umwidmung, Profanierung und Resakralisierung, von Brandschatzung und Neuaufbau verweisen auf eine unruhige, ja bisweilen gewaltvolle Geschichte. Kirchen mögen für die Ewigkeit gebaut werden, unveränderlich oder gar unverletzlich waren sie nie. Bilderstürme und Kriegsbeute haben Lücken in die ausgestellten Kunstschätze gerissen. In vielen Kirchen werden sie die weißen Flecken noch erkennen. – Spuren des Verlustes oder der Zerstörung, die bis in die städteplanerische Abrissphase der 70er Jahre ragen, sind überall sichtbar. Hier hat einmal ein Bild gehangen. Hier stand eine Apostelbüste. Hier haben sie die Retabel zerstört, dort die Rückseite

---

[53] So konstatiert etwa ULRIKE SCHÄFER-STRECKENBACH eine Verflechtung kirchlicher und nicht-kirchlicher Interpretationsprozesse und nennt als Beispiel aus der jüngeren Geschichte neben anderen die Gemeindezentren der sechziger Jahre, in denen sich ein Bild von ‚Kirche als Agora' Raum schaffte und in denen so der Kirchenbau gleichsam zum Marktplatz und Kommunikationszentrum wurde; vgl. SCHÄFER-STRECKENBACH, Kulturkirchen, 98–100.

8 Die Elementbereiche im Repertoire des Kirchenraumtextes (II)

des Flügelaltars übermalt, da wiederum den Hochaltar herausgerissen, hier den zweiten Turm abgetragen oder die Glocken eingeschmolzen. Viele Kirchen tragen auch schon eine eigene Umnutzungsgeschichte in ihren Mauern und manch eine Umnutzungsgeschichte ist schlicht Ausdruck eines großen Mangels. An Baumaterialien, an Metall, an Raum. Kirchen waren auch als heilige Räume niemals sakrosankt, sondern als Projektionsflächen und Austragungsorte von religiösen, ästhetischen und politischen Konflikten brisante Orte. Oft genug waren sie auch nur Experimentierflächen für wechselnde Geschmäcker oder die allmähliche Veränderung des religionsästhetischen Stilempfindens. [...] Kirchen waren und sind als öffentliche Orte immer auch Orte, in denen sich die großen gesellschaftlichen Konflikte spiegeln – oft genug, bevor sie entschieden sind. Da sind zuallererst natürlich die theologischen Konflikte, etwa der Streit um die Bedeutung des Abendmahls, der sich sofort im Arrangement des Kirchraums niedergeschlagen hat. Und ja [sic!] nach Bekenntniswenden wurde auch im Kirchraum wieder ordentlich umgestellt, herausgerissen, neu in Auftrag geben und neu möbliert."[54]

Das Kirchengebäude ist Projektionsfläche; politische Konflikte und religiöse Auseinandersetzungen, historische Ereignisse und Lebensgeschichten Einzelner und ihrer Familien hinterlassen ihren Abdruck im Text des Kirchenraums; kirchliche und gesellschaftliche Verhältnisse artikulieren sich in ihm, es spiegelt Geschichte. Epitaphe und Bronzetafeln, Inschriften auf Altären, Orgelprospekten oder Fenstern, Namen als Gebrauchsspuren eingeritzt in Kirchenbänke, in ihrer Leere laut schreiende weiße Flächen als klaffende Wunden und Spuren des Verlustes und der Zerstörung und anderes mehr fungieren dabei als sinnfällige, konkrete Platzhalter einer ereignisreichen Geschichte – Profan- wie Kirchengeschichte, politischer wie Religionsgeschichte, Kunst- wie Liturgiegeschichte –, deren der Kirchenbau Zeuge geworden ist; sie sind gewissermaßen Repräsentanzen. Zahlreiche Fäden reichen so vom Kirchenraumtext hinein in den sozio-kulturellen Kontext, ablesbar an zahlreichen Ausstattungsstücken, an Kunstgegenständen und architektonischen Merkmalen, vermittels derer das Leben der Gesellschaft im Kirchenraum als Element anwesend ist.

Nicht selten ist auch die Geschichte einer Familie mit dem Kirchenraum verknüpft und selektiert der Raumtext Elemente aus diesem familiären Kontext, um sie in seinem Repertoire aufzubewahren. Wie dieses Selektieren des Raumtextes aus einem familiären Kontext vonstattengehen kann und woran das selektierte Material konkret zu gewahren ist, geht aus folgender Begebenheit hervor, von der KLAUS RASCHZOK berichtet:

---

[54] BAHR, Heterotopos.

> „In der Nördlinger St. Georgskirche begegnete mir eine Familie aus Basel. Willem Jörg, der Sprecher des in Südafrika, Holland und der Schweiz verstreut lebenden Familienverbandes war an den wichtigen Ereignissen des Kirchenjahres persönlich anwesend: am Reformationsfest, in der Osternacht, manchmal im Pfingstgottesdienst, gerne auch an den Weihnachtsfesttagen, wenn es sein berufliches Engagement zuließ. Er kam eigens aus Basel angereist, um in Nördlingen im Gottesdienst anwesend zu sein. Er hat diesen Kirchenraum aufgesucht, weil sich Spuren seiner Familie dort befanden. Seit 170 Jahren war seine Familie zwar schon nicht mehr am Ort ansässig, und dennoch war es für ihn wichtig, diesen Ort immer wieder aufzusuchen und sich auch um die Epitaphien und Totenschilde an den Wänden der Kirche zu kümmern, die bis ins 16. Jahrhundert zurück an seine Familienangehörigen erinnerten."[55]

Die Selektion und das Bezogensein des Kirchenraumtextes durch sein Repertoire reichen so weit, dass sich nicht nur Familien mit ihrer Geschichte in einem Kirchengebäude repräsentiert finden. Das Ausgreifen des Kirchenraumtextes auf außerästhetische Realitäten bezieht auch Biographien einzelner Menschen mit ein, aus denen er gewissermaßen Bruchstücke selektiert. So verspüren zuweilen Menschen eine tiefe Bindung zu einem Kirchenraum – Lebensgeschichten sind auch Raumgeschichten[56] –, nicht zuletzt weil sich wichtige Haltepunkte ihres Lebens (Taufe, Konfirmation, Hochzeit usw.), denkwürdige Momente des Innehaltens und der Feier dort abgespielt haben. Für den vorliegenden Zusammenhang entscheidend ist nun aber, dass umgekehrt und als Folge aus dieser Einsicht Raumgeschichten Lebensgeschichten sind in dem Sinne, dass sich die Signaturen der Lebens- und Glaubensgeschichte(n) in den Raumtext eingezeichnet haben und in ihm als – nicht selten ausschließlich für die Person selbst relevante und lesbare – Repertoire-Elemente gegenwärtig sind.

An der Sitzordnung – die als Teil der Raumanordnung insgesamt oben bereits als Beispiel für die bauliche Artikulation theologischer Konzepte, etwa des Priestertums aller Gläubigen, herangezogen wurde (vgl. o. S. 134 und 137) –, und zwar konkret an den diversen Sitzmöbeln, die sich in einem Kirchenraum in der Regel finden, lässt sich exemplarisch das Einziehen des sozio-kulturellen Kontextes, infolge dessen politisch-gesellschaftliche, ja familiäre und individuell-lebensgeschichtliche Elemente im kirchenraumtextlichen Repertoire aufgehoben sind, aufzeigen.

---

[55] RASCHZOK, Spuren, 149.
[56] Vgl. FAILING, Welt, 91. Vgl. WALDENFELS, Lebenswelt, 197: „Mensch und Dinge sind nicht nur in Geschichten verstrickt, sondern auch in Szenerien verwickelt, und nur so gewinnen sie ihre Identität."

> *Beispiel:*
> *Sitzmöbel im Kirchenraum als ästhetisch gebrochene Repräsentanzen gesellschaftlicher Wirklichkeit*

Dass die Raumtexte von Kirchenbauten eine Vielzahl sozio-kultureller Repertoire-Elemente besitzen, durch die sie in den gesellschaftlichen Kontext ausgreifen, gilt auch und speziell für protestantische Kirchen, deren Errichtung in die Zeit frühneuzeitlicher Fürstenstaaten mit ihrer ständischen Gesellschaft fällt.[57] Bei Kirchen dieser Epoche ist die Selektion aus dem sozio-kulturellen Kontext sogar besonders ausgeprägt. Ihre Raumtexte sind folglich reich an sozio-kulturellen Repertoire-Elementen. Dies ist dem historischen Umstand geschuldet, dass der Landesherr kraft seines Amtes zugleich Landesbischof bzw. praecipuum membrum ecclesiae war und so auf seine Person weltliche und geistliche Macht vereinigte. Aufgrund dessen nahm er maßgeblich auf den Kirchenbau Einfluss. Häufig gingen dabei religiöse Motive und herrschaftlicher Repräsentationswille Hand in Hand und sind oft kaum eindeutig zu unterscheiden. Freilich mag man den Landesherren eine religiöse Gesinnung im Blick auf den Kirchenbau gar nicht absprechen: „Viele Fürsten waren tief religiös und sahen es als ihre Aufgabe an, Kirchen zu bauen und dadurch ihren Beitrag zur Verbreitung des Glaubens zu leisten." (61) Oftmals verweist etwa ein dezidiert theologisches Bildprogramm einer Kirche auf das lutherische Bekenntnis des Landesherrn. In dieser Perspektive erscheinen Kirchenbauten durchaus als Ausdruck authentischen Glaubens. Allerdings spielten gerade in solch einem Fall nicht selten repräsentative Motive, Machtstreben und Geltungsdrang oder konfessionspolitisches Kalkül eine ebenso große Rolle, Letzteres umso mehr in Grenzlagen zu anderskonfessionellen Territorien oder in einem anderskonfessionellen Kontext[58]. Der fließende Übergang von religiösen zu politischen Beweggründen ist

---

[57] Vgl. zum Folgenden ELLWARDT, Kirchenbau, v. a. 60ff.; auch KOCH, Kirchenbau, 125–127; BOCK, Kirchengestühl und UMBACH, Pforten, 249–256. Die im Folgenden im Fließtext in Klammern angeführten Seitenzahlen beziehen sich allesamt auf ELLWARDT, Kirchenbau.

[58] Vgl. ELLWARDT, Kirchenbau, 59 und 68. Kirchenbau konnte so „gezielt eingesetzt werden, um über die Landesgrenzen hinweg politische Absichten zu signalisieren" (ELLWARDT, Kirchenbau, 67). Auch noch im 19. Jh. konnte etwa der katholische Kirchenbau in Bayern architektonischer Ausdruck eines katholisch-politischen Machtanspruchs Bayerns gegenüber protestantischen Staaten sein; vgl. HAMMER-SCHENK, Kirchenbau, 500.

evident; eine solche Kirche ist „ein Architektur gewordenes Herrschaftssymbol und zugleich ein steinernes Glaubensbekenntnis des Fürsten" (68).[59] Neben rein religiösen Motiven lassen sich an den Kirchenbauten so gleichermaßen „die repräsentativen Ansprüche der Landesherrschaft" (61; vgl. 24; 48; 59) ablesen: an der Raumaufteilung, einer differenzierten Sitzordnung, an Grablegen, Wappen und Inschriften und anderem mehr. Eindrücklich zeigen dies etwa Herrschaftsstände oder -logen, die sich „in allen Hof- und Residenzkirchen, aber auch in vielen protestantischen Dorf- und Stadtkirchen" (62; vgl. 67) finden. Über diesen Ständen oder an deren Brüstung war „das Wappen des Herrscherhauses, das Allianzwappen des Bauherrenpaares oder dessen Monogramme" (65) angebracht. Selbst in manchen Dorfkirchen in kleineren Orten, die Amtssitz waren, die jedoch selten oder nie in den Genuss eines Besuchs des Fürsten kamen, gab es derartige herrschaftliche Stände. Nicht zuletzt dies zeigt die Repräsentationsfunktion, die solche Stände erfüllten: „Durch den Herrschaftstand war der Landesherr im Kirchenraum präsent, auch wenn er nicht in persona anwesend war." (65)[60] Der Kirchenbau fungiert so als ein Repräsentationsbau des Landesherrn – in der Doppelbedeutung des Wortes: Einerseits dient der Kirchenbau als repräsentativer Bau und Statussymbol der öffentlichen Repräsentation, der Wahrung gesellschaftlichen Prestiges und der Demonstration absolutistischer Macht. Die herausgehobene Stellung des Landesherrn hat ihr konkret greifbares architektonisches Pendant in den Herrschaftsständen, vermittels derer der Kircheraumtext auf gesellschaftliche Realitäten und Hierarchien bezogen ist, die er raumtextlich festhält und die also ablesbar sind. Andererseits ist der Landesherr selbst im Kirchenraum re-*präsent*iert, indem der Herrschaftsstand ihn ästhetisch vertritt. Die Person des Landesherrn als Teil der außerästhetischen Realität findet in Form eines künstlerisch gestalteten Einrichtungsgegenstandes – also in einen ästhetischen Kontext gestellt – als Repertoire-Element Eingang in den Text des

---

[59] RAINER VOLP weist darauf hin, dass – im Unterschied zur Erfahrung von Zeit – „im Raum Widersprüche gleichzeitig beieinander sein können: die Macht und die Ohnmacht, der Konflikt und die Übereinstimmung, die Öffentlichkeit und die Intimität, der Ernst und die Heiterkeit, der Tod und die Freude, der Narr als Herr und der Herr als Bruder und als Schwester." (VOLP, Stadt, 315)

[60] Vgl. auch WARNKE, Geschichte, 309.

Kirchenraums und ist somit im Kirchenraum präsent und aufgehoben.

Eine Repräsentation im Kirchenraum war nicht allein dem Landesherrn vorbehalten. Auch in solchen Patronatskirchen, wo nicht der Landesherr Inhaber des Patronatsrechts war, gab es vergleichbare baulich herausgehobene Sitzplätze, so genannte Priechen, für den Patron. Solche Patronatslogen, Betstuben oder Patronatssitze, die oft auch mit Wappen und epigraphischem Beiwerk geschmückt waren, erfüllten eine ähnlich repräsentative Funktion wie die landesherrlichen Stände (vgl. 68–70). KATHRIN ELLWARDT meint, dass sogar der Stellenwert von Repräsentation an und in der Kirche gerade da besonders gut sichtbar werde, „wo die Instanz der fürstlichen Landes- und Kirchenherrschaft fehlt, weil die jeweilige Landesverfassung nicht die eines frühneuzeitlichen Fürstenstaates war. In den evangelischen Reichsstädten übernahm der Magistrat die Rolle der Obrigkeit und das Patronat. An die Stelle des Herrschaftsstandes trat dort das Gestühl für die Ratsherren" (71). RICHARD KIECKHEFER entdeckt hierin eine Gliederung des Kirchenraums, die der vorreformatorischen Unterteilung in Laien und Klerus, baulich in Szene gesetzt durch Chorschranken oder Lettner und dergleichen, durchaus vergleichbar ist, wenn sie nicht gar in deren Tradition steht und sie in andere Bahnen umleitet: „The segmentation of church interiors did not end with the Reformation but took a different direction, with the creation of box pews and magistrates' lofts reserved for families and for town dignitaries within the context of a preaching space. [...] It was almost as though the urge to subdivide could not be restrained but needed to find new forms after earlier screens and private chapels had generally been abolished."[61]

Freilich handelt es sich beim Ratsherrengestühl wie bei den landesherrlichen Ständen um ein Herrschafts- und Statussymbol; repräsentiert wird im Sinne von Machtdemonstration. Es soll ein architektonisches Statement abgegeben werden, das die gesellschaftliche Hierarchie festhält und einen Machtanspruch untermauert. Es geht ja gerade, wie ausgeführt, um die Vertextung gesellschaftlicher Realitäten, die sich als Repertoire-Elemente im Kirchenraumtext wiederfinden. Sicher verschafft sich der Wille zu einer solchen Machtdemonstration in der Geschichte des Kirchenbaus und der Gestalt-

---

[61] KIECKHEFER, Theology, 37.

werdung von Religion als eine wichtige Triebfeder Geltung und ist als eine Dimension des Kirchenbaus nicht zu vernachlässigen. Manch eine Kirche wurde zweifellos in erster Linie zu solch repräsentativen (im Sinne von: ostentativen) Zwecken erbaut. ANDREAS MERTIN stellt etwa für den mittelalterlichen Kirchenbau fest, dass hier „in aller Regel der demonstrative Gestus, die Funktionalisierung der Architektur des Kirchengebäudes im Sinne der Aufrechterhaltung von gesellschaftlichem Prestige [überwog] [...]. Und das sollte sich auch in der Neuzeit nicht ändern."[62] Denn obwohl sich die Reformation teilweise gegen eine solche „ostentative Funktionalisierung" gestellt hatte, führte das „gouvernementale Element" der landesherrlichen Verfasstheit zu einer „Interessenslage [...], die sich auch im Kirchenbau repräsentiert sehen wollte, die nicht nur eigene Logen und Grabmale wünschte, sondern den gesamten Bau als Geste verstand und verstanden wissen wollte"[63]. Zu widersprechen ist allerdings einer Sicht, die den Kirchenbau auf eine ostenative Geste reduzieren zu können meint. Eine solche Sicht vernachlässigt die Diversität der zu Architektur geronnenen Einflüsse und die Vielfalt im Kirchenbau vertexteter Situationen. Das sozio-kulturelle Repertoire des Kircheraumtextes speist sich aus weit mehr als nur ostentativen Elementen.[64] So steht der Kirchenbau als Repräsentationsarchitektur

---

[62] MERTIN, Ostentation; vgl. hierzu und zum Folgenden auch noch MERTIN, Denkmal.

[63] Alle drei Zitate MERTIN, Ostentation. ANDREAS MERTIN zufolge verliert demgegenüber der Kirchenbau in der Moderne diese Bedeutung: „Kathedralen als ostentative Gesten sind nun eher Fabrikhallen, Banken, Stadien oder Flughäfen. [...] Weder gesellschaftlich noch gestalterisch hat die räumliche Gestaltung der Kirchen noch jene ostentative Bedeutung, die sie vorher einmal gehabt hatte. Dies ist allerdings weniger einer gewandelten Programmatik zu verdanken (wiewohl es auch diese gegeben hat), als vielmehr einer veränderten Rolle und Wahrnehmung der Kirche in der Welt. Ostentative Gesten im Kirchenbau (die es weiterhin gibt) haben nun einen spezifischen Retro-Flair, sie reklamieren eine urbane Bedeutung des Kirchenbaus, die ihnen im Gefüge der Stadt zumindest funktional nicht mehr zukommt. [...] Erst in den letzten Jahren und angesichts des sich angeblich abzeichnenden Kampfes der Kulturen werden Kirchenbauten als ostentative Zeichenensembles wieder entdeckt." (MERTIN, Ostentation) Hier sieht MERTIN eine „politische Strategie" am Werke: „[E]s [geht] bei der symbolischen Besetzung von Räumen und Orten nicht um Predigt und Seelsorge, sondern um politische Theologie im Sinne der Funktionalisierung theologischer Gehalte zur Legitimierung politischer Positionen in den gegenwärtigen globalen Auseinandersetzungen." (Beide Zitate MERTIN, Ostentation)

[64] Dementsprechend stellt RAINER VOLP fest, dass Kirchenbauten nicht in erster Linie „Repräsentation menschlicher Macht, sondern Präsentation des Lebenssinnes, wie ihn Christen erfahren", ermöglichen (VOLP, Selbstverständnis, 147; vgl. o. S. 145 Anm. 32). Seines Erachtens kristallisieren sich in Kathedralen und Kapellen wie in anderen Gebäuden Kontemplation und Spiritualität einerseits, andererseits Markt und Macht (und zwar in christli-

8 Die Elementbereiche im Repertoire des Kirchenraumtextes (II)   159

zwar durchaus auch im Dienste der Obrigkeit. Doch wäre der Repräsentationsgedanke, also die Vorstellung, dass der Kircheraum in seinem Repertoire auf seinen sozio-kulturellen Kontext ausgreift und dass so vermittels der Repertoire-Elemente gesellschaftliche Realitäten und Gruppen oder Einzelpersonen in (bau)ästhetischer Ausgestaltung und Brechung (!) im Kirchenraum aufgehoben und gegenwärtig, also re-präsentiert sind, unterbestimmt, würde man ihn im Sinne von Ostentation und Machtdemonstration auf die Obrigkeit reduziert verstehen. M. E. ist demgegenüber von Repräsentation im Kirchenraum im Sinne eines Aufgehobenseins im Kirchenraum nicht allein im Blick auf Herrscher, Rat, Patrone, also die Obrigkeit auszugehen, sondern vielmehr auch im Blick auf die gesamte Gemeinde und einzelne Raumnutzer.[65]

Eine besonders anschauliche Bestätigung hierfür liefert nach der Einführung des Kirchengestühls im Zuge der Reformation (und vereinzelt bereits in vorreformatorischer Zeit[66]) die Sitzordnung der Gemeinde und die Aufgliederung des Raumes insgesamt (vgl. 76–79). Die Kirche war der – vielleicht einzige – Ort in der ständischen Gesellschaft, wo alle Gesellschaftsschichten unter einem Dach zusammenkamen. Und die gesellschaftlichen Verhältnisse, der ständische Aufbau, spiegelt sich in Raumgliederung (vgl. 31)[67] und Sitzordnung. Die Kirchenstuhlordnung macht die ständische Ordnung der Gesellschaft sinnfällig, inszeniert diese[68], differenziert nach Alter, Geschlecht und Herkunft, Familien- und Berufsstand, rechtlichem und sozialen Status usw. So vertextet das Kirchengestühl, zumal archi-

---

cher Transformation der Markt- und Machtsymbole). „Daher finden wir heute in allen Epochen und Gebäudedetails sowohl institutionell-imperiale wie franziskanisch-mystische Tendenzen." (VOLP, Bauen, 229)

[65] Dem entspricht es, wenn RAINER VOLP den Kirchenbau der Barockzeit durch sowohl „demokratische Improvisation wie absolutistische Demonstration" (VOLP, Liturgik I, 376) gekennzeichnet sieht.

[66] Vgl. KIECKHEFER, Theology, 46; vgl. insgesamt v. a. JOSUTTIS, Weg, 123.

[67] Dass die Raumgliederung so einen hierarchischen Aufbau spiegelt, stellt ROBIN MARGARET JENSEN bereits für die Anfänge des christlichen Kirchenbaus basilikaler Ausformung („when Christians finally began to have a distinct kind of architecture – just before and throughout the reign of Emperor Constantine in the fourth century" [JENSEN, Substance, 112]) fest: „[T]he church building was the base of an organized and hierarchical community with several ranks of clergy and laity. People had a certain ‚place' within the system, and their place inside the building was defined according to their role and status." (JENSEN, Substance, 114)

[68] Vgl. ELLWARDT, Kirchenbau, 80.

tektonisch konzipiertes Gestühl⁶⁹, die ständische Ordnung der Gesellschaft und zieht sie als Element in das Repertoire des Kirchenraums. Gestühle für einzelne Zünfte und Gilden, die es neben den herausgehoben Sitzgelegenheiten der Obrigkeit auch gab, vermitteln in ihrer künstlerischen Ausgestaltung, etwa durch Schnitzereien, häufig nicht nur etwas vom Selbstverständnis der Bürger, sondern lassen diese Personengruppen und ihr Handwerk im Kirchenraum anwesend sein – ähnlich der oben erwähnten Präsenz des Landesherrn durch seine Herrschaftsloge auch bei persönlicher Abwesenheit. Auch auf der Ebene von einzelnen Personen ist eine solche (bau)ästhetische Repräsentation zu beobachten. Jeder hatte einen ihm zugewiesenen Sitzplatz, einen seinem gesellschaftlichen Stand entsprechenden Kirchenstand, für den Kirchenstuhlgelder erhoben wurden. In der Regel behielt man seinen angestammten Platz ein Leben lang und nicht selten war er mit dem Namen, den Initialen oder gar mit dem Wappen des Inhabers oder der Inhaberin gekennzeichnet. Jeder und jede war durch die Kirchenstuhlordnung im Kirchenraum vertreten, war repräsentiert. Und offensichtlich war dies den Menschen der Zeit wichtig, denn selbst „wenn die Plätze nicht offiziell gekennzeichnet wurden, griffen ihre Besitzer gern zur Selbsthilfe und versahen mit Hilfe des eigenen Taschenmessers die Brüstung vor ihrem Platz mit ihrem Namen oder den Initialen, eventuell auch mit einer Jahreszahl oder kleinen Kritzeleien" (79). Die Vertextung und das Einziehen von Kontextelementen in das kirchenraumtextliche Repertoire vermittels der Sitzplätze erstrecken sich also soweit, dass diese als ästhetische Platzhalter sogar eines jeden einzelnen Gemeindeglieds fungieren können. Hier wie schon im Falle der herrschaftlichen Stände werden ästhetische Repräsentanzen außerästhetischer Realität geschaffen.

Mit der Sitzordnung bzw. dem Kirchengestühl ist nur ein Beispiel für das Hereinziehen des politisch-gesellschaftlichen Kontexts in den Kirchenraum und eine sich daraus ergebende ästhetische Repräsentanz von gesellschaftlichen Gruppen bis hin zu einzelnen Personen im Kirchenraum genannt. An-

---

[69] Vgl. RASCHZOK, Kirchenbau I, 394: „Das vom Architekten beim Kirchenbau [sc. dem Neubau eines evangelischen Kirchengebäudes des ausgehenden 17. und des 18. Jahrhunderts] von Anfang an mit konzipierte Gestühl erhielt raumbildende Funktion und repräsentierte zugleich die gottesdienstliche Gemeinde." Vgl. ebenso RASCHZOK, Spannungsfeld, 21 und RASCHZOK, Kirchenbau II, 569.

dere Beispiele lassen sich ergänzen. So erfüllen etwa Stifter in ihrer bildlichen oder anderweitigen Repräsentation im Kirchenraum, von der schon im Rahmen des ersten Beispiels, der Ikonographie der Glasfenster, und bei der Erwähnung des Genter Altars kurz die Rede war (vgl. o. S. 148), eine entsprechende Funktion, also das Einziehen von Bruchstücken aus dem sozio-kulturellen Kontext als Repertoire-Elemente in den Kirchenraumtext: „Die unterschiedlichen Stifter (Familien, Bruderschaften, Zünfte und Gilden) zeigen die Verankerung dieser ‚heiligen Orte' im gesellschaftlichen Leben insgesamt."[70] Und auch im oben referierten Spurenmodell KLAUS RASCHZOKs (vgl. o. Kap. 7, S. 121ff.) erfüllen die Alltagsspuren eine analoge Funktion, bleiben doch diejenigen, die den Kirchenraum wochentags zu Stille und Andacht, zum Innehalten und zum Gebet aufgesucht haben, in ihm vermittels ihrer Lebens-, Glaubens- und Gebetsspuren repräsentiert. Diese Alltagsspuren schaffen eine wahrnehmbare, das heißt ästhetische Repräsentanz, sodass die „am Sonntagmorgen Gottesdienst feiernde ‚Gemeinde' [...] sich bewusst machen [kann], dass in ihrem Gottesdienst über das Kirchengebäude auch die mit anwesend sind, die die Woche über ihr Leben in dieses Kirchengebäude hineingetragen haben"[71].

Die Beispiele bestätigen, dass der Kirchenraumtext auf den sozio-kulturellen und selbst auf ganz individuell-lebensgeschichtliche Kontexte ausgreift. Sie bewahrheiten weiter die Annahme, dass infolgedessen diese Kontexte im kirchenraumtextlichen Repertoire – bzw. in seiner Tiefenstruktur – als dessen Elemente aufgehoben sind. Das Ausgreifen des Kirchenraumtextes auf den sozio-kulturellen, auf politisch-gesellschaftliche wie familiäre und individuell-lebensgeschichtliche Kontexte ist daher an ganz konkreten Raumelementen und Einrichtungsgegenständen – an der Oberflächenstruktur der Textur – im Sinne ästhetischer und das heißt – wie gleich noch näher zu erörtern sein wird: ästhetisch gebrochener, ‚deformierter' Repräsentanzen abzulesen, die Repertoire-Elemente sind im Kirchenraum buchstäblich mit Händen zu greifen. Exemplarisch kann dafür die Sitzordnung in einem Kirchenraum stehen, das Ausgreifen ist jedoch bei Weitem nicht darauf beschränkt; Repertoire-Elemente lassen sich, wie die diversen Beispiele gezeigt haben, zahlreiche finden.

Als Zwischenzusammenfassung lässt sich nun Folgendes festhalten: Im Repertoire des Kirchenraums sind verschiedene Elementbereiche zu unterscheiden, erstens die architektonischen Artikulationsmuster, zweitens – als

---

[70] UMBACH, Pforten, 197.
[71] RASCHZOK, Spannungsfeld, 36.

Teile des selektierten Materials aus dem sozio-kulturellen Kontext – liturgisch-gottesdienstliche und theologische – theologisch hierbei verstanden in der beschriebenen Vielfalt und Weite – sowie gesellschaftlich-politische und kulturelle Elemente.

Die auf einen Kirchenbau einwirkenden Einflüsse sprechen diverse andere Arbeiten auf eine Art und Weise an, die der hier vorgetragenen nicht unähnlich ist. Sie seien hier am Ende der Repertoirediskussion wenigstens noch kurz angeführt. So etwa MANFRED JOSUTTIS, der die auf einen Kirchenbau einwirkenden Einflüsse zumindest kurz anschneidet: „Dessen (sc. des Kirchenraums) Gestaltung ist von zahlreichen Faktoren bestimmt, von architektonischen Traditionen und Moden, von theologischen Einsichten und liturgischen Bedürfnissen, von technischen Möglichkeiten und gesellschaftspolitischen Zielen."[72] In eine ähnliche Richtung weisen HANS BERNHARD MEYERS Überlegungen, wenn er die Frage stellt, warum Kirchenbauten eine so große Vielfalt an Formen und Stilen aufweisen, und sie bestimmt sieht „durch die mannigfaltigen Wandlungen der religiösen Vorstellungen, der wissenschaftlichen Erkenntnisse und technischen Möglichkeiten"[73]. Und KARIN LEYDECKER spricht hinsichtlich der Entwicklung des Kirchenbaus, hinsichtlich der – wie sie sich ausdrückt – „Geschichte der steinernen Zeichen, die von der Anwesenheit Gottes auf Erden sprechen" – davon, dass jede Zeit „vor dem Hintergrund ihres kosmologischen Verständnisses und nach dem jeweiligen Stand der Baukultur und -technik ihre spezifischen Zeichen [fand]"[74].
HORST SCHWEBEL und ROLAND DEGEN nun ordnen im Zuge ihrer kirchenraumtheoretischen Überlegungen die Einflussfaktoren und gelangen dabei zu ähnlichen Ergebnissen wie die vorliegende Arbeit. So kommt ROLAND DEGEN der hier vorgeschlagenen Systematisierung der Elementbereiche im kirchenraumtextlichen Repertoire sehr nahe, wenn er ein Verständnis des Kirchenbaus referiert „1. als Form gewordene Gottesdienstgeschichte […] 2. als kulturgeschichtliche Heimatkunde […] 3. als Spiegelung sozialer Zustände […] 4. als Aufgaben- und Funktionskatalog christlicher Gemeinde […] 5. als Erschließung gebauter Theologie […] 6. als Symbol von Kontinuität in ständiger Veränderung und Neugestaltung […] 7. als Präsenz heutiger Christentums-Auseinandersetzung und Äußerung gemeindlichen Lebens […] 8. als ‚Spielfeld' von Gegenwart und Antizipation von Zukunft als Verheißung"[75].

---

[72] JOSUTTIS, Weg, 137.
[73] MEYER, Kirchenbau, 4. Für ihn trifft dies ausdrücklich auch auf Kirchenbauten der Moderne zu, für die – wie er sagt – „im guten Sinn des Wortes modernen Bauten, die den Einfluß neuer Architekturtheorien, aber auch der zeitgenössischen Theologie und Liturgie erkennen […] lassen" (MEYER, Kirchenbau, 5; vgl. 11 und 18).
[74] Beide Zitate LEYDECKER, Kirchenraum, 49.
[75] DEGEN, Raum I, 7f. [im Original hervorgehoben]; vgl. ähnlich DEGEN / HANSEN, Architektur, 72f.; vgl. außerdem die sich aus diesem Verständnis des Kirchenbaus ergebenden Typen von Raumerkundungen bei DEGEN, Lernort I, 10–18 und DEGEN, Lernort II, 1225–1227 sowie die sich daraus ergebenden Erschließungsfragen an einen Kirchenraum bei DEGEN, Lernort I, 102.

8 Die Elementbereiche im Repertoire des Kirchenraumtextes (II)

Und HORST SCHWEBEL unterscheidet mit Blick auf die Geschichte des modernen Kirchenbaus die folgenden drei Faktoren, die er als für den Kirchenbau bestimmend hält[76]:

(1) Erstens den kirchlich-theologischen Faktor: Unter ihn subsumiert SCHWEBEL „neue Entwicklungen im Gemeindeverständnis, eine neue Bestimmung des Verhältnisses von Kirche und Welt […][,] [e]in Ja oder Nein zum Begriff des Sakralen, die negative oder positive Einschätzung der Säkularisierung"[77].

(2) Als zweiten Faktor die Architekturentwicklung: Hierzu zählt SCHWEBEL „neue Materialien (Beton, Plexiglas), neuartige Verfahren der Realisation und neue architektonische Leitbilder", die den Kirchenbau beeinflussen.

(3) Schließlich drittens den Faktor Zeitgeist / allgemein-gesellschaftliche Entwicklung: „der gesellschaftlich-kulturell-politische Kontext, in dem die Kirchen gebaut, restauriert, renoviert oder sogar abgestoßen werden".

Was HORST SCHWEBEL hier für den modernen Kirchenbau ausführt, kann mutatis mutandis auch für Kirchen anderer Epochen Geltung beanspruchen. An anderer Stelle unterzieht SCHWEBEL die Einflüsse auf die Baugestalt einer Kirche einer derartigen Generalisierung und nimmt – nun epochenunabhängig im Blick auf den Kirchenbau allgemein – eine leicht veränderte, in der Stoßrichtung aber ähnliche Grobgliederung der Faktoren vor. So benennt SCHWEBEL mit Bauherr, Gottesdienst und Architektur „drei für die Endgestalt des Kirchenbaus richtungsweisende Einflussfaktoren"[78] und möchte diese Trias als ein Dreieck vorgestellt wissen:

„Der erste Punkt des Dreiecks ist der *Bauherr* mit seinem spezifischen Interesse. Eine Kirchengemeinde am Stadtrand ist ein anderer Bauherr als ein Kloster, ganz zu schweigen von einem Fürsten, der Bürgerschaft von Stralsund, dem Papst oder dem Kaiser. Mag bei all diesen genannten Personen auch ein kirchliches Interesse vorhanden sein, so gibt es bereits hier große Unterschiede in dem, was sie unter Kirche verstehen, abgesehen davon, dass sie selbstverständlich ein Interesse an Selbstdarstellung und Machtdemonstration haben.

Der zweite Punkt der Trias betrifft den *Gottesdienst* oder weiter gefasst: Es geht um das geistliche Geschehen, das in diesem Gebäude stattfinden soll. Man könnte auch von der die Bauaufgabe prägenden gottesdienstlich-geistlichen Funktion sprechen.

Der dritte Punkt der Trias betrifft die *Architektur* der Kirche. Damit sind alle

---

[76] Vgl. SCHWEBEL, Faktoren, 134; die folgenden Zitate, wenn nicht explizit anders angeführt, alle ebd. Vgl. SCHWEBEL, Kirchenbau, 514f. Eine solche Einteilung hat HORST SCHWEBEL auch neuerdings vertreten: „Vornehmster und einen Bau auslösender Zweck war sicherlich die beabsichtigte Funktion als Gottesdienstraum. Aber wir wissen, dass auch politische, architektonische oder kunsthistorische Gründe die Bauformen maßgeblich geprägt haben." (SCHWEBEL, Kirchenidentität, 95; vgl. überhaupt 94f.)
[77] SCHWEBEL, Kirchenbau, 515.
[78] SCHWEBEL, Gestalt, 150. Wenn er darauf hinweist, dass diese „keineswegs in einem harmonischen Gleichgewicht auftreten" (SCHWEBEL, Gestalt, 150), so macht er auf denselben Sachverhalt aufmerksam, der oben als die Gewichtung der im Zuge der Textwerdung des Kirchenraums zum Tragen gekommenen Faktoren thematisiert wurde (vgl. o. S. 90).

Aspekte der Form, des Stils, der Materialien und der dinglich-konkreten Ausgestaltung gemeint."[79]

Eine gegenüber der SCHWEBELschen leicht divergierende, aber durchaus vergleichbare Einteilung ergibt sich aus WILHELM GRÄBs Erörterung der Frage, wodurch gegenwärtig eine Diskussion „über die Umgestaltung gottesdienstlicher Räume" veranlasst sein könne, nämlich seines Erachtens durch dreierlei:

„a) durch Veränderungen im Verhältnis von Kirche – Religion – Gesellschaft. Dafür kann als Beispiel die Innenstadtkirche stehen, die ihre Gemeinde verloren hat;

b) durch Veränderungen im ästhetischen Empfinden gottesdienstlicher Räume. Dafür kann als Beispiel das Gemeindezentrum im Neubauviertel stehen, das den Menschen zu nüchtern, zu funktional, zu alltäglich erscheint;

c) durch Veränderungen in der liturgischen Praxis einer Gemeinde. Dafür kann als Beispiel eine neugotische Kirche stehen, die für neue Gottesdienste, in denen die Gemeinde auf vielfache Weise stärker gestaltend mitbeteiligt wird, in denen sie sich vor allem am Tisch des Herrn versammeln will, nicht geeignet ist."[80]

Nach GRÄB geht es somit im Blick auf den Kirchenraum um drei Fragen: um „Fragen zur Religionskultur in der modernen Gesellschaft überhaupt", um „Fragen zur Ästhetik des gottesdienstlichen Raumes, seiner Rituale und Symbole" und schließlich um „Fragen zur Entsprechung von Religionsästhetik und Liturgie".

---

[79] SCHWEBEL, Gestalt, 150. Wiederum leicht variiert skizziert SCHWEBEL das Dreieck an anderer Stelle: „Was man heute unter Kirchenbau versteht, ist ein geschichtlich Gewordenes, das bauliche Ergebnis unterschiedlicher Realisationen des Dreiecks: *Kirche* (in ihrer jeweiligen Sozialgestalt), *Gottesdienst* und *Kultur*." (SCHWEBEL, Aspekte, 17)

[80] Beide Zitate – wie die drei im Fließtext folgenden – GRÄB, Raum, 172.

9 Kohärente Deformation und Äquivalenzsystem – Die Komplexion im Repertoire des Kirchenraumtextes

Es sei noch einmal deutlich herausgestellt, dass es sich bei der vorgenommenen Differenzierung der Repertoire-Elemente in verschiedene Bereiche um eine heuristische Unterscheidung handelt. Im Repertoire des Kirchenraumtextes gehen die Elementbereiche ineinander über und sind die Elemente (religiöse, theologische, liturgisch-gottesdienstliche, gesellschaftlich-politisch-kulturelle usw.) miteinander verwoben.[1] Eine solche Durchmischung stellte sich deutlich an allen drei angeführten Beispielen dar: Im ersten Beispiel schöpften die Kirchenfenster in ihrer Ikonographie enzyklopädisch aus einer weiten Spannbreite an Themen und zogen so Elemente ganz unterschiedlicher Provenienz in das Repertoire des Kirchenraumtexts. Im zweiten Beispiel zeigte sich die mittelalterliche Kirche, zumal die gotische Kathedrale, reich an sowohl biblischen Bezügen und einer weit ausgreifenden religiösen Ikonographie als auch weltlichen Motiven und damit reich an selektiertem Material aus sowohl dem religiös-kirchlichen als auch politisch-gesellschaftlichen Kontext. Durch die enge Verzahnung des kirchlichen und des öffentlichen Lebens und weltlicher Verrichtungen, die sich im Kirchenraum dieser Epoche abspielten und sich in den Raumtext eingezeichnet haben, hält dieser den politisch-gesellschaftlichen Kontext sogar in besonders hoher Anspielungsdichte parat. Aus dem dritten Beispiel ließ sich eine Verwobenheit der Elementbereiche nicht nur daraus ersehen, dass sich an einem Ausstattungs-

---

[1] Und das gilt ja nicht erst im kirchenraumtextlichen Repertoire, vielmehr stehen – darauf wurde oben schon kurz hingewiesen, vgl. o. S. 118 – die sich im Repertoire niederschlagenden Einflussfaktoren selbst bereits in einem Geflecht mit anderen Kontextelementen. Das heißt, schon auf einer außertextuellen Ebene ist eine reziproke Beeinflussung zwischen Theologie und politischen, gesellschaftlichen und kulturellen Entwicklungen zu beobachten. Dieser Sachverhalt findet sich auch z. B. bei MANFRED JOSUTTIS angedeutet, wenn er eine „enge Verflechtung von theologischen und gesellschaftlichen Entwicklungen" konstatiert (JOSUTTIS, Weg, 108). Oder bei HORST SCHWEBEL, wenn er von der „Enkulturation des Evangeliums" spricht, welche „auch im Bauprozess ihren Niederschlag gefunden [hat]" (beide Zitate SCHWEBEL, Aspekte, 17), oder wenn er – mit Bezug auf das Verhältnis der drei von ihm genannten Einflussfaktoren auf den Kirchenbau, vgl. o. S. 163 – die Frage stellt: „Ist in der kirchlich-theologischen und der architektonischen Entwicklung aber nicht bereits der Zeitgeist-Faktor berücksichtigt?", und hinzufügt: „Sie beide ohne gesellschaftlich-kulturellen Kontext begreifen zu wollen, wäre eine Verkürzung" (beide Zitate SCHWEBEL, Kirchenbau, 515).

stück religiöse Motive ablesen ließen oder ein Kirchenbau als Ausdruck authentischen Glaubens gelten durfte, dass ein anderer Einrichtungs- oder Kunstgegenstand hingegen herrschaftlichen Repräsentationswillen, Machtstreben und Geltungsdrang artikulierte oder eine Kirche sich als architektonisches Zeugnis eines konfessionspolitischen Kalküls erwies. Denn im Falle der Errichtung einer Kirche durch den Landesherrn stellen sich religiöse und repräsentative (oder ostentative) Triebfedern gar nicht in so klarer Unterschiedenheit dar. Das hat zur Folge, dass ein und derselbe Bau oder Ausstattungsgegenstand aus beiden Motivlagen erklärbar ist, dass sich eine bauliche Gestalt oder künstlerische Ausschmückung oft nicht auf eine Ursache allein zurückführen lässt und als Repertoire-Element verschieden interpretiert, ‚gelesen' werden kann. Entsprechend ließ sich in den Beispielen oben auch das Einführen des Kirchengestühls und die Sitzordnung der Gemeinde als ganz unterschiedlichen Gründen geschuldet auffassen: erstens dem ganz praktischen Grund, dass das Sitzen der Gemeinde das Hören längerer Predigten ermöglichte (vgl. o. S. 134), zweitens dem Grund, dass damit die theologische Einsicht des ‚Priestertums aller Gläubigen' architektonisch artikuliert werden konnte (vgl. o. S. 134 und 137), und schließlich drittens dem Grund, dass dadurch die gesellschaftliche Gliederung eine ästhetische Wiederholung im Kirchenraum erfuhr (vgl. o. S. 155ff.). Weitere Interpretationen ließen sich anfügen. Deshalb zeigt sich an dem genannten dritten Beispiel eben auch, dass die Verwobenheit der Elementbereiche *auch* eine Entsprechung zur Verwobenheit der Kontextelemente selbst ist, und vor allem, dass die Durchmischung im kirchenraumtextlichen Repertoire erst durch den Rezipienten und seine Interpretationsleistung ins Werk gesetzt wird, dass er Beziehbarkeiten im kirchenraumtextlichen Repertoire aktualisiert.

Die Verwobenheit und Durchmischung der Elementbereiche soll mit WOLFGANG ISER als *Komplexion* bezeichnet werden. Und wie in ISERs Theorie für das literarische Werk, so kommt der Komplexion der Repertoire-Elemente auch für den Kirchenraum eine konstitutive Rolle zu.[2] Den Abläufen beim literarischen Werk entsprechend lassen sich die Vorgänge beim Kirchenraum nachzeichnen:

Im Vorgang der Selektion des Kirchenraumtextes werden Elemente aus ihrem ursprünglichen Kontext (den gesellschaftlichen Hierarchien, archi-

---

[2] Von ‚Verwobenheit' spricht auch KLAUS RASCHZOK. In seinem Spurenmodell kommt der Verwobenheit der Spuren insofern eine konstitutive Rolle für den rezeptionsästhetisch verstandenen Lesevorgang zu, als es, wie oben referiert, „zur Christusgegenwart [kommt], über das Lesen der Spuren in ihrer Verwobenheit zwischen den Zeiten, zwischen Christus, der Gemeinde und dem Raum" (S. o. S. 128).

9 Kohärente Deformation und Äquivalenzsystem 167

tektonischen Artikulationsmustern, der Theologie, Religion und Liturgie, dem Glaubensleben und der Glaubenspraxis etc.) entnommen und in einen neuen, den kirchenraumtextlichen, versetzt. Die Elemente erscheinen nun als Repertoire-Elemente im Kircheraumtext. Oben wurde bereits auf die besondere Bedeutung hingewiesen, die dem theologischen – im Verbund mit dem liturgischen – Repertoire zukommt, insofern es sich als konstitutiv für das christliche Gepräge des Kirchenraumtextes erweist. Hier nun kommt insbesondere dem Elementbereich der architektonischen Artikulationsmuster – in seiner ganzen, oben dargestellten architektonisch-technischen wie ästhetisch-künstlerischen Breite, das heißt konstruktiv-technische, funktionale, formale und räumliche Elemente wie unterschiedliche Raumtypen, architektonische Formen wie künstlerische Gestaltungsmittel einschließend – eine tragende Rolle zu: Sie erbringen eine Organisationsleistung; sie organisieren die heterogene Vielfalt der selektierten Elemente. Wie die literarischen Schemata im Falle des literarischen Werkes bieten die architektonischen Artikulationsmuster im Falle des Kirchenraumtextes eine „Organisationsform" an, mit der sich „das spezifische Maß an Generalisierung erzielen [läßt], das für den Antwortcharakter des Textes auf komplexere Verhältnisse unabdingbar ist"³. Sie sind wie gesagt das Vokabular, die Sprache, mit deren Hilfe architektonisch kommuniziert wird, anhand derer außerästhetische Realität in (bau)ästhetische Gestalt überführt wird.

Die Selektion stellt sich so dar als die Auswahl von Bruchstücken einer außerästhetischen Realität und das Einstellen dieser Realitätsbruchstücke in einen ästhetischen Kontext; wenn man so will könnte man, wenngleich der Begriff nicht unproblematisch ist⁴, von einer *Ästhetisierung* sprechen – nämlich in dem grundsätzlichen Sinne, wie ihn WOLFGANG WELSCH auf den Punkt bringt: „‚Ästhetisierung' bedeutet, daß Nicht-Ästhetisches ästhetisch gemacht oder als ästhetisch begriffen wird"⁵ – oder besser von einer *ästhetischen Transposition*⁶. Indem sich die Elemente durch ihre ästhetische Transposition der Bindungen des ursprünglichen Kontextes entledigt und in einen neuen Zusammenhang gestellt, ‚entpragmatisiert', finden, ergibt sich ihnen eine neue Beziehungsfähigkeit; sie agieren als Interaktionspole. So bleibt der Selektionsvorgang nicht ohne Auswirkung auf die selektierten Elemente, die

---

[3] Beide Zitate s. o. S. 98; vgl ISER, Akt, 134.
[4] Vgl. z. B. MERTIN, Geisteslage.
[5] WELSCH, Grenzgänge, 142 Anm. 14; vgl. auch schon 20f.
[6] Der Begriff der ästhetischen Transposition ist entlehnt aus SCHWÖBEL, Religion, 98. ANDREAS MERTIN spricht von „Kon-Textualisierung eines Gegenstandes in den ästhetischen Diskurs" bzw. von „De-Kontextualisierung" (beide Zitate MERTIN, Minima).

als Folge einer ästhetischen Veränderung unterzogen werden. Der Vorgang der Selektion geht über die bloße Abbildung gegebener Verhältnisse hinaus, Selektion ist nicht Reproduktion. Statt um bloße Abbildung handelt es sich bei dem Einrücken der selektierten Elemente in das Repertoire des Kirchenraumtextes um eine Umorganisation realer Verhältnisse, eine Umformulierung von Welt und in diesem spezifischen Sinne um eine ästhetische Veränderung der Elemente. Das heißt, sie haben *so* keine Entsprechung im Wissens- und Erfahrungsbestand des Rezipienten, sondern erscheinen in ästhetischer Brechung. Zwar markiert das Aufrufen des ursprünglichen Verwendungszusammenhangs des Elements zunächst die „semantische Differenz" (s. o. S. 105) zwischen dem bekannten Bezugssystem und der noch unbekannten Verwendung im Text; der Hintergrund ist in seiner ursprünglichen Geltung gelöscht. Herabgestuft zu einem virtuellen Horizont scheint er darüber hinaus aber im Repertoire auf und gibt als Bezugsrahmen einen bestimmten Verweisungszusammenhang vor. Anders gewendet: Den selektierten Elementen geht ihr ursprünglicher Kontext nicht gänzlich verloren. Vielmehr ergibt sich das Evozieren des Bezugsfelds eines selektierten Elements direkt aus dem Vorgang der Selektion. Denn das Repertoire-Element gewinnt seine Kontur dadurch, dass es sich von einem Hintergrund absetzt, dessen ursprünglicher Bestandteil es war. Als solcher bleibt der Hintergrund indes erhalten (also beispielsweise, wenn – wie in der oben als Beispiel angeführten Unionskirche, vgl. o. S. 143 – ein Bibelvers oder eine biblische Figur als Repertoire-Element in den Raumtext eingehen und zugleich deren biblischer Kontext und vor allem auch etwa die Bibel in ihrer grundlegenden Bedeutung als Heilige Schrift und als „einig Richter, Regel und Richtschnur"[7] aufscheint). Dieses Parathalten eines Hintergrundes ist gerade als eine Leistung des Kirchenraumtextes zu kennzeichnen, insofern er dadurch an Bekanntes anschließt und so die für eine Kommunikation zwischen Raum und Rezipient nötige Gemeinsamkeit schafft.

Neben dieser der Selektion selbst geschuldeten ästhetischen Veränderung der selektierten Elemente resultiert eine solche zum Zweiten daraus, dass das Repertoire sich als ein Netz angezeigter Beziehungen darstellt, das heißt, dass Verknüpfungsnotwendigkeiten zwischen den Repertoire-Elementen vorgezeichnet sind. Denn gerade dadurch, dass sich die entpragmatisierten Elemente mit aus anderen Kontexten stammenden, nicht äquivalenten Elementen innerhalb des Repertoires zusammengestellt, eben verwoben finden, gerade aus der Verschiedenheit, der – wenn man so will – Iniquität der Re-

---

[7] O.A., BSLK, 769.

9 Kohärente Deformation und Äquivalenzsystem

pertoire-Elemente bei gleichzeitiger Verflechtung ergibt sich die Notwendigkeit von Verknüpfungen. So sind Beziehbarkeiten im Repertoire des Kirchenraumtextes angezeigt, die den Elementen in den Kontexten, aus denen sie selektiert sind, ursprünglich nicht zukommen. Eine – durch den Rezipienten zu leistende – Aktualisierung der Beziehbarkeiten führt schließlich zu wechselseitigen Projektionen und damit einhergehenden Irritationen der selektierten Elemente, zu einer ästhetischen Veränderung derselben, zur kohärenten Deformation.

Auch im Falle der kohärenten Deformation, die durch die Aktualisierung der im Repertoire angezeigten Verknüpfungsnotwendigkeit zwischen den Elementen zu ihrem Ziel kommt, gilt, was schon bei der ästhetischen Veränderung im Zuge der Selektion galt: Derart verändert haben die Repertoire-Elemente keine Entsprechung im Wissens- und Erfahrungsbestand des Rezipienten, ihre Bekanntheit ist aufgesprengt. Im außerästhetischen Kontext geläufige Beziehbarkeiten sind aufgehoben. Oder mit WOLFGANG ISER: Die Äquivalenz der Repertoire-Elemente ist suspendiert. Diese Suspension der Äquivalenz erweist sich als konstitutiv für eine Kommunikation zwischen Kirchenraum und Rezipient. Denn sie nötigt diesen, selbst Äquivalenzbeziehungen herzustellen und ein Äquivalenzsystem auszubilden, welches im Kirchenraumtext nur virtuell bleibt. Die Virtualität des Äquivalenzsystems bringt also den Rezipienten ins Spiel und erweist sich als von ganz wesentlicher Bedeutung für ein wirkungsästhetisch fundiertes Verständnis des Kirchenraums: Die Realisierung der im Repertoire angezeigten Beziehbarkeiten der Elemente erfolgt im Rahmen der aneignenden Raumlektüre in der Vorstellung des Rezipienten. Er ist es, der, wenn er den Raumtext liest und ihn sich aneignet, die Aktualisierungsleistung erbringt. Das Äquivalenzsystem des Kirchenraumtextes und damit der ästhetische Gegenstand Kirchenraum werden vom Rezipienten als imaginäres Objekt hervorgebracht. Die Virtualität des Äquivalenzsystems kann daher als die ästhetische Dimension des Kirchenraums angesehen werden (ästhetisch nämlich wirkungstheoretisch verstanden in dem Sinne, als sie darauf angelegt ist, sich im Akt der Rezeption zu erfüllen).

Damit ist der Gedankengang nun deutlich bei der Konstitutionsaktivität des Rezipienten und somit beim zweiten, dem ästhetischen Pol des Kirchenraums angelangt, der das Thema des zweiten Hauptteils sein wird. Bevor allerdings dieser zweite Hauptteil in Angriff genommen werden kann, ist noch kurz zu klären, welche Struktur innerhalb des Kirchenraumtextes dafür verantwortlich ist, dass sich der Kirchenraumtext in die Vorstellung des Rezipienten zu übersetzen und so der ästhetische Gegenstand Kirchenraum auszubilden vermag. Zu fragen ist also abschließend nach Steuerungsmechanismen im Kirchenraumtext, die das Repertoire wie dargestellt organisieren und so eine Lenkung der Konstitutionsaktivität des Rezipienten erzielen. Kurzum: Zu fragen ist für den Kirchenraumtext nach dem, was WOLFGANG ISER die *Textstrategien* nennt.

10 Strategien und Kombination des Kirchenraumtextes

Die vornehmliche, von WOLFGANG ISER beschriebene und oben nachgezeichnete doppelte Aufgabe der Textstrategien besteht – um dies kurz in Erinnerung zu rufen – einerseits im Stiften einer Beziehung textimmanent, nämlich zwischen den Repertoire-Elementen untereinander, andererseits über den Text hinaus, nämlich zwischen dem durch das Repertoire evozierten Bezugsfeld und dem Rezipienten. Beides war bei der Entfaltung der Komplexion im kirchenraumtextlichen Repertoire ebenfalls aufgetreten: Das Stiften einer Beziehung über den Kirchenraumtext hinaus dort, wo vom Evozieren des Bezugsfelds eines selektierten Elements im Zuge der Selektion und so vom Parathalten eines Hintergrundes die Rede war und wo dies als eine Leistung des Kirchenraumtextes gekennzeichnet wurde, insofern er dadurch an Bekanntes anschließt und so die für eine Kommunikation zwischen Raum und Rezipient nötige Gemeinsamkeit schafft. Das Stiften wiederum einer textimmanenten Beziehung trat dort auf den Plan, wo die Rede vom Anzeigen einer Verknüpfungsnotwendigkeit war. Insofern diese Abzweckungen als „die operativen Zielrichtungen des Textes" (s. o. S. 103) die Strukturierung der Repertoire-Elemente anzeigen, wird man sie – in Entsprechung zum Repertoire und in der ISERschen Terminologie – als die *Strategien* des Kirchenraumtextes bezeichnen können. Im Evozieren des Bezugsfeldes im Zuge der Selektion, welches als das Parathalten eines Hintergrundes identifiziert wurde, wird man die Basisstrategie der *Vordergrund-Hintergrund-Beziehung* sehen dürfen. Sie sorgt für die Regulierung der Selektion und damit der Außenbeziehungen des Kirchenraumtextes. Die Regulierung der Kombination der Repertoire-Elemente des Kirchenraumtextes und damit die Organisation seiner Innenbeziehungen, oben manifest als Verknüpfungsnotwendigkeit, gilt es nun noch zu entfalten. Zunächst hat man hierfür davon auszugehen, dass der Kirchenraumtext ein „perspektivisches System"[1] darstellt. Dies impliziert zweierlei:

Erstens: Wenn sich, wie zu Anfang dieses ersten Hauptteils angenommen und dann breit entfaltet, viele verschiedene Ideen und Überzeugungen, Intentionen und Bestrebungen, gemeindliche und gesellschaftliche Realitäten

---

[1] ISER, Akt, 162. (So bezeichnet ISER den literarischen Text im Zuge der innertextuellen Organisation durch die Strategien.)

und Lebensäußerungen genauso wie Hoffnungen und Erwartungen in dem Gebäude einer Kirche artikulieren und wenn die Rezipienten in der fortschreitenden Nutzung am Kirchenraumtext als dessen ‚Autoren' weiterschreiben, dann schlagen sich im Kirchenraumtext vor allem verschiedene, mitunter auch widerstreitende Sichtweisen, *Perspektiven*, nieder. Um mit WOLFGANG ISER zu sprechen: Der Text ist als Weltzuwendung von den Blickpunkten seiner ‚Autoren'[2] her je als eine perspektivische Hinsicht auf Welt angelegt und zeigt sich hierin eben als perspektivisches System.[3] In diesem Sinne ist der Kirchenraumtext eine reiche und vielschichtige Deutung der Wirklichkeit.[4] Wenn also durch die Selektion – wie ausgeführt – auf Wirklichkeitsbruchstücke zurückgegriffen wird, so erscheinen diese im Repertoire des Kirchenraumtextes als gedeutete. Dabei gilt hier jedoch analog zu dem, was WOLFGANG ISER für den literarischen Text erörtert hat, dass sich die Selektion des Kirchenraumtextes nicht auf „Wirklichkeit schlechthin" (s. o. S. 95) bezieht, sondern ihrerseits schon auf gedeutete Wirklichkeit. Ablesbar an der (selbst deutenden und dadurch perspektivischen) räumlichen Gestalt ist mithin immer *gedeutete und interpretierte Wirklichkeit*: „Mit dem Bau, der Gestaltung und Nutzung eines Kirchengebäudes zeigten und zeigen Menschen, was und wie sie glauben, denken, reden, handeln und fühlen."[5] Trifft dies auf das sozio-kulturelle Repertoire insgesamt zu (so wie sich im Übrigen in der Architektur überhaupt das Weltbild einer Zeit implizit Ausdruck verschafft[6]), so in besonderem Maße – wie gesehen (vgl. o. S. 145) – in den Elementbereichen des liturgisch-gottesdienstlichen und theologi-

---

[2] Also all derjenigen, die an der Textwerdung des Kirchenraums (Errichtung wie Fortschreibung) mitwirken. GERARD LUKKEN spricht in semiotischer Terminologie vom „– gemeinhin kollektive[n] – Aktant[en]" (LUKKEN, Dimensionen, 26).

[3] Vgl. ISER, Akt, 61: „Was die Textstruktur anlangt, so muß man davon ausgehen, dass jeder literarische Text eine von seinem Autor entworfene perspektivische Hinsicht auf Welt darstellt. Als solche bildet der Text gegebene Welt nicht einfach ab, sondern konstituiert eine Welt aus dem Material dessen, was ihm vorliegt. In der Art der Konstitution manifestiert sich die Perspektive des Autors." Vgl. ISER, Akt, IVf.

[4] Vertextet das Bauwerk Wirklichkeit und ist es selbst Weltdeutung, bedeutet dies, dass es diese Wirklichkeit lesbar macht; vgl. GRÄB, Raum, 181: „Architektur und Kunst entwerfen solche Zeichen, in denen die Welt für uns lesbar wird".

[5] SCHÄFER-STRECKENBACH, Kulturkirchen, 65; vgl. 104. Daher könnte man den Architekten eines Kirchenbaus (und nicht nur ihn: alle, die im Sinne dessen, was oben als die Fortschreibung am Kirchenraumtext bezeichnet wurde, als dessen ‚Autoren' anzugeben sind) verstehen als „Interpret der dazugehörenden religiösen Welten" (SOEFFNER, Gebäude II, 131) und – so muss man nach dem, was oben im Zuge der kirchenraumtextlichen Repertoirediskussion erkannt wurde, hinzufügen – ebenso all der anderen Bereiche, aus denen der Kirchenraumtext schöpft.

[6] Vgl. u. a. ILLIES, Architektur, 73; MEYER, Kirchenbau, 8; WALDENFELS, Sinnesschwellen, 201. Vgl. außerdem noch NORBERG-SCHULZ, Architektur.

schen Repertoires, insofern vermittels dieser im Kirchenraum eben ein ganz bestimmtes Wirklichkeitsmodell, ein spezifisches Sinnsystem explizit wird: das christliche[7], und der Kirchenraumtext dadurch sein christliches Profil erhält.

Überdies zeigt sich die Perspektivität des Kirchenraumtextes, der Bezug auf gedeutete Wirklichkeit und darin zugleich nicht bloße Reproduktion von Realität, sondern deren Umorganisation, Umformulierung, und mithin ästhetische Veränderung insofern, als sich in einem Kirchenbau nicht nur „darin symbolisierte Geschichte(n) und Erfahrungsgeschichte(n) häuslich gemacht"[8] haben, insofern er nicht nur „die in Raum und Form gestalteten, symbolisierten und dokumentierten Erfahrungen vorangegangener Generationen mit ihrem Glauben"[9], nicht nur Vergangenes und Erinnertes verkörpert, sondern insofern das, was im Kirchenraumtext symbolischen Ausdruck findet, oft auch ideale, erwünschte, erhoffte Verhältnisse sind.[10] Dafür lassen sich verschiedene architektonische Raumkonzeptionen (,Perspektiven') als Beispiele anführen. Nur einige wenige seien hier genannt: Erhoffte Verhältnisse etwa entwirft ein solcher Kirchenbau, der konzeptionell die eschatologische Hoffnung auf ein Neues Jerusalem proklamiert, in dem Wahrheit und Gerechtigkeit ihre Verwirklichung finden. Ideale Verhältnisse werden aber auch evoziert, wenn die Kathedrale als Abbild des Himmels stilisiert ist, sich über einem überkuppelten Kirchenbau wie der Hagia Sophia „die himmlische Welt der Kuppeln [erhebt]" und „Erde und Himmel [sich] treffen"[11] oder sich in einer barocken Kirche illusionistisch die Decke als Himmel wölbt (,Barockhimmel')[12]. Ferner wird ein Idealbild gezeichnet, wo ein Kirchengebäude darauf angelegt ist, die ursprüngliche und essentielle Einheit

---

[7] Vgl. so auch SCHÄFER-STRECKENBACH, Kulturkirchen, 23; vgl. JOSUTTIS, Weg, 136 und GRÄB, Raum, 177f.
[8] SOEFFNER, Gebäude II, 132.
[9] Ebd., 131.
[10] So meint schon HEINRICH LÜTZELER, dass Architektur Verhältnisse nicht nur artikuliert, sondern diese selbst entwerfen kann: „[W]er baut, will ordnen. [...] Diese Ordnung ist nicht nur künstlerisch zu verstehen, sondern ist immer zugleich auch Lebensordnung. In der Architektur schafft sich das Miteinandersein der Menschen ,Raum'; sie ist der Ausdruck oder der Entwurf der Gemeinschaft, vielmehr: ist beides zugleich und gewinnt gerade dadurch eine fruchtbare Spannung zu dem sie benutzenden Menschen." (LÜTZELER, Bauformen, 256) Darin, dass Kirchenbauten ideale, erwünschte, erhoffte Verhältnisse entwerfen, antworten sie – analog zur Bilanzierungsfunktion des literarischen Textes (vgl. o. S. 96) – auf ein Defizit, einen Problemüberhang und bieten gewissermaßen eine ,fiktionale Lösung' an. Vgl. dahin gehend VOLP, Selbstverständnis, 148: „Die aktuelle Ausprägung des Baus [...] ist die jeweilige Antwort auf Defizite der Gemeinschaft."
[11] MEYER, Kirchenbau, 42 [im Original kursiv].
[12] Vgl. z. B. ZAHLTEN, Himmelsbilder.

des Menschen mit der Natur zu inszenieren, und dazu in seiner architektonischen Gestaltung die Vorstellung eines Paradiesgartens artikuliert oder wo es durch die Integration von architektonischer Struktur mit umgebender Natur eine Theologie der Schöpfung predigt.[13] Auf eine erwünschte oder erhoffte Wirklichkeit weist schließlich auch ein Kirchenbau, der programmatisch als Zelt, Arche oder Schiff und so als Bild für die ‚ecclesia peregrinans' konzipiert ist[14], oder das Kirchengebäude, das explizit dem wandernden Gottesvolk als Schutzraum auf seinem Weg dienen soll[15].

> ROBIN MARGARET JENSEN führt diese und weitere Beispiele und anhand derer eine (nicht als erschöpfend zu verstehende) Typologie der von Architekturen transportierten „enduring theological archetypes" vor Augen: „Some of the structures that define sacred space are designed to suggest a civic utopia where truth and justice are valued in this life. These spaces might evoke the values of the Renaissance or the Enlightenment by echoing neoclassical and ideal urban forms. As we enter them, we become citizens of the New Jerusalem. They have the appearance of a courtroom or a traditional academic building – a place that holds up the values of justice, knowledge, and the search for rationally determined truth. Other religious structures are meant to suggest the heavens or a celestial place of infinite, transcendent, and majestic beauty. These structures emphasize soaring heights or hovering domes so that the eye is drawn upward from the earth and trained on a place on high – either a cloud-filled sky or a starry firmament. [...] As we enter these spaces, we are less citizens in a republic than humble servants at the gates of heaven.

---

[13] Exemplarisch kann hierfür der Typus der Kirche mit offener Glaswand angeführt werden, der sich ursprünglich in Skandinavien entwickelte und bei dem der Einbezug der Natur in den Kirchenraum und deren Inszenierung durch eine Altarwand aus transparentem Glas erreicht wird: „Der Gottesdienstbesucher blickt auf einen Wald oder einen See. [...] Wegweisend für diesen Typ wurde Wayfarer's Chapel der Unitarier in Palos Verdes in Kalifornien (Frank Lloyd Wright, 1960)." Wenn sich dagegen die Kirche in einem städtischen Kontext befindet und die Glaswand daher Blicke auf die städtische Umgebung freigibt, ist dies eher als „Folge eines antisakralen Affekts" zu kennzeichnen, der sich „gegen eine im Sakralraum sonst vollzogene Trennung zwischen Kirche und Welt richtet" (alle drei Zitate SCHWEBEL, Kirchenbau, 522; vgl. KIECKHEFER, Theology, 130–132 [„Thorncrown Chapel and the Integration of Structure with Environment"]; bei beiden finden sich weitere Beispiele, ebenso bei WITTMANN-ENGLERT, Zelt, 118f.). Zum Bezug des Kirchenbaus zur natürlichen Umwelt bzw. deren Einbezug in das Gebäude am Beispiel von LE CORBUSIERs Chapelle Notre-Dame-du-Haut in Ronchamp vgl. DOBER, Zeit, 122ff.

[14] Vgl. WITTMANN-ENGLERT, Zelt, 17ff. [Erster Teil: „Der Bau als Bild der *ecclesia peregrinans*"].

[15] Diese Programmatik findet sich etwa in der bereits erwähnten Caplutta Sogn Benedetg in Sumvitg von PETER ZUMTHOR (vgl. o. S. 135), die mit ihrer markanten Holzkonstruktion „an bäuerliche Stadel, also einfache alpenländische Schutzbauten [erinnert]" und so „eine durchaus geläufige Bedeutung des Kirchenbaues [evoziert], nämlich Schutz auf dem irdischen Pilgerweg zum ewigen Heil zu bieten" (beide Zitate FREIGANG, Meisterwerke, 325).

10 Strategien und Kombination des Kirchenraumtextes 175

> A third possible type is the architecture that suggests a garden, a place of origin and of uncomplicated and unconstrained natural beauty. This is Eden, where we return in the end and where we rediscover our primal and essential union with nature. [...] As an ideal of sacred space, the garden is the opposite of the perfect city. [...] Such spaces depend, at the very least, on evoking the image of lush and verdant nature, as well as the presence of open air and running water.
> Some religious architecture [...] may remind us of the tent in the wilderness, a space that could be packed up and moved along with a community on a pilgrimage. Last – but certainly not least – is the essential symbol of the domestic structure, the house, which shelters and comforts a family. Symbolic of our mother, this sort of architectural space emphasizes warmth, intimacy, simplicity, comfort, and safety."[16]

Zweitens zeigt sich der Kirchenraumtext vor allem darin als perspektivisches System, dass seine Anlage selbst perspektivisch ist.[17] Dies ist dahin gehend zu verstehen, dass die Repertoire-Elemente als Textpositionen auf (segmentierte[18]) ‚*Textperspektiven*' verteilt erscheinen, die somit „bestimmte, in den Text eingezogene Weltbezüge repräsentieren" (167; vgl. 171)[19] und dass die verschiedenen Einflüsse und Sichtweisen, die in den Kirchenraumtext Eingang gefunden haben, so in ihm selbst wiederum eine „Ansichtenmannigfaltigkeit" (167) konstituieren. Ziehen die Perspektiven ihre Perspektivität also zunächst daraus, dass sie unterschiedlichen Blickpunkten entspringen, so erweist sich dafür und vor allem für eine innertextuelle Organisation als noch entscheidender, was WOLFGANG ISER für den literarischen Text ausführt: Die Perspektiven des (Kirchenraum-)Textes markieren als solche „in der Regel unterschiedliche Orientierungszentren im Text, die es aufeinander zu beziehen gilt" (62). Sie eröffnen jeweils unterschiedliche Hinsichten auf einen gemeinsamen, von ihnen intendierten[20], aber von keiner Perspektive total

---

[16] Beide Zitate JENSEN, Substance, 121–123.
[17] Vgl. zum Folgenden außer dem oben zu den Strategien Gesagten (vgl. o. S. 103ff.) noch ISER, Akt, 61–63 und 162–165. Die im Folgenden im Fließtext in Klammern angeführten Seitenzahlen beziehen sich allesamt auf ISER, Akt.
[18] Die Textperspektiven erscheinen segmentiert, insofern sie „im Text nicht voneinander gesondert sind, geschweige denn in strenger Parallelität aufeinander folgen", sondern „sich im Textgewebe [durchschichten]" (ISER, Akt, 163).
[19] Man könnte also die Repertoire-Elemente als „component parts" bezeichnen, insofern sie „make statements, claims, or observations, or convey information, and so establish various perspectives in the text" (ISER, Process, 52) (was ISER an der angegebenen Stelle speziell von den – von ROMAN INGARDEN so genannten – intentionalen Satzkorrelaten sagt).
[20] Vgl. ISER, Akt, 185: „Der hier verwendete Begriff der Perspektive impliziert, daß von einem bestimmten Standpunkt aus ein Sachverhalt intendiert wird. Sodann meint er eine Form der Zugänglichkeit zu diesem Sachverhalt. Beide Charakteristika sind für einen nicht-denotierenden [sc. fiktionalen, CWB] Text von zentraler Bedeutung; denn hier liefern Standpunkt und Zugänglichkeit allererst Steuerungsbedingungen, zu denen der Gegenstand des

repräsentierten ästhetischen Gegenstand und zugleich „durch die in ihnen angelegten Blickpunkte eine Konstellation wechselseitiger Beobachtbarkeit" (163).²¹ Das heißt – für den Kirchenraumtext wie für den literarischen Text gleichermaßen –,

> „daß die ästhetische Gegenständlichkeit des Textes über eine solche von den einzelnen Textperspektiven eröffnete wechselseitige Hinsicht aufeinander zustande kommt. So entsteht der ästhetische Gegenstand aus dem Spiel dieser ‚Innenperspektiven' des Textes; er ist insofern ein ästhetischer, als ihn der Leser über die von der wechselnden Blickpunktkonstellation vorgezeichnete Lenkung hervorzubringen hat." (163)²²

WOLFGANG ISER nennt „diese Konstellation die Innenperspektivik des Textes, um sie von jener perspektivischen Hinsicht zu unterscheiden, die ein Text auf die Bezugssysteme seiner Umwelt eröffnet" (163) und die oben darin erkannt worden war, dass ein Text von seinen Autoren je als eine perspektivische Hinsicht auf Welt angelegt ist (vgl. o. S. 172). Für den Kirchenraumtext ist festzuhalten, dass seine Innenperspektivik so den Rahmen für eine Kombination der Repertoire-Elemente abgibt, die ihrerseits durch die Thema-Horizont-Struktur organisiert wird (vgl. o. S. 105), indem diese als die „zentrale Kombinationsregel der Textstrategien" (164) die Zuwendungen des Rezipienten steuert und dadurch zugleich die Zuordnung der Perspektiven aufeinander koordiniert.

An der perspektivischen Anlage des Kirchenraumtextes in seiner doppelten Ausrichtung – dass also einerseits selektierte Repertoire-Elemente dessen Perspektiven konstituieren und sich wiederum andererseits vor allem über eine Kombination und Integration dieser Perspektiven der ästhetische Gegenstand Kirchenraum aufbaut – zeigt sich, dass die Repräsentation profaner Wirklichkeit, etwa der Hierarchie einer Gesellschaft, des Fürsten usw. im

---

Textes hervorgebracht werden soll. Deshalb spielt in dem hier verwendeten Begriff der Perspektive weniger die optische Sicht eine Rolle, sondern der Zugang zu einem Sachverhalt, der von einem bestimmten Punkt intendiert ist."

²¹ Diese seine – wenn man so will – doppelte Perspektivität (einmal nach außen gerichtet, einmal nach innen gerichtet) führt dazu, dass der Text „selbst ein perspektivisches Gebilde [ist], durch das sowohl die Bestimmtheit dieser Hinsicht [sc. die perspektivische Hinsicht des Autors auf Welt] als auch die Möglichkeit, sie zu gewärtigen, entsteht" (ebd., 61).

²² Genau an dieser Stelle setzt das Konzept des impliziten Lesers an (vgl. o. S. 56), denn es ist just die „im Text angelegte[...] Leserrolle", die „von jedem Leser [verlangt], daß er den ihm vorgegebenen Blickpunkt bezieht, damit er die divergierenden Orientierungszentren der Textperspektiven zum System der Perspektivität aufheben kann, wodurch sich zugleich der Sinn dessen erschließt, was in den einzelnen Perspektiven jeweils repräsentiert ist" (beide Zitate ebd., 62).

10 Strategien und Kombination des Kirchenraumtextes 177

Kirchenraum kein Selbstzweck ist. (Dies gilt selbst dann, wenn dieser Zweck in vielen Fällen die Triebfeder zum Bau gewesen sein mag, man denke nur an den obrigkeitlichen Willen zur Selbstrepräsentation als Hauptgrund für den Bau einer Kirche oder die Anschaffung eines Ausstattungsgegenstandes.) Vielmehr zeichnen sich die Perspektiven des Kirchenraumtextes gerade dadurch aus, dass sie über sich selbst hinausweisen, dass sie sich transzendieren – wie es eben auch den besonderen Charakter von Sätzen in literarischen Werken ausmacht, auf etwas zu verweisen, das außerhalb ihrer selbst liegt: „In their capacity as statements, observations, purveyors of information, etc., they are always indications of something that is to come, the structure of which is foreshadowed by their specific content."[23]

Dass der den Perspektiven gemeinsame Verweisungszusammenhang konkret werden kann und die ästhetische Gegenständlichkeit des Kirchenraumtextes zustande kommt, dass dazu die verschiedenen Perspektiven des Kirchenraumtextes aufeinander bezogen werden, dafür braucht es, das ist deutlich, den Rezipienten. Er verwirklicht in der Raumaneignung und -lektüre das Spiel der Innenperspektiven des Kirchenraumtextes. Dadurch, dass er den Kirchenraumtext liest, sich durch den Raum und sein Perspektivgeflecht hindurchbewegt und die – verschiedene in das Repertoire eingegangene Elemente repräsentierenden – Perspektiven aufeinander bezieht und integriert, bringt er in seiner Vorstellung den Kirchenraum als ästhetischen Gegenstand hervor. Dieser Vorgang soll nun in den Fokus rücken. Deshalb gilt es nun, in einem zweiten Gedankengang die Rezipientenaktivität, die Kirchenraumlektüre zu behandeln.

---

[23] ISER, Process, 53.

Zweiter Hauptteil:
Phänomenologie der (Kirchen)Raumlektüre –
Der ästhetische Pol des Kirchenraums

„Alles, was Lektüre wird, wird damit zum Text."
(RAINER VOLP)[1]

„Der architektonische Raum ist kein passiver Raum, sondern ein Raum in Erwartung."
(BERNHARD TSCHUMI)[2]

Im ersten Hauptteil wurde die Textualität des Kirchenraums beleuchtet, die Dimension des Kirchenbaus, anschauliches Lebens- und Glaubenszeugnis und räumlich-gegenständliches Dokument seiner Zeit und nicht zuletzt der gottesdienstlichen Situationen, denen er Raum gibt, zu sein. Dieser Kon-text des Kirchenbaus geht als diverse Elemente in das kirchenraumtextliche Repertoire ein. Es wurde bereits darauf hingewiesen, dass die Rede vom Repertoire des Kirchenraumtextes jedoch nicht dahin gehend missverstanden werden darf, als sei damit der Kirchenraum schon hinreichend erfasst. In Aufnahme der wirkungsästhetischen Einsichten WOLFGANG ISERs konnte im ersten Hauptteil plausibel gemacht werden, dass die Virtualität des Äquivalenzsystems im Kirchenraumtext den Rezipienten ins Spiel bringt und dass die Realisierung der im Repertoire angezeigten Beziehbarkeiten der Elemente im Rahmen der aneignenden Raumlektüre durch den Raumnutzer erfolgt (vgl. o. S. 169). Der Kirchenraumtext, der im ersten Hauptteil im Fokus der Untersuchung stand, ist also Rezeptionsvorgabe und Wirkungspotential, das in der Raumaneignung aktualisiert wird. Entsprechend zeigte sich auch bei den kirchenraumtheoretischen Überlegungen RAINER VOLPs und hier speziell der Verwendung des Begriffs der Raumlektüre (vgl. o. S. 87ff.), dass das Lesen eines Kirchenraums nicht das Empfangen einer durch die Architektur übermittelten Botschaft meinen kann, sondern vielmehr den Nachvollzug

---

[1] VOLP, Liturgik I, 133.
[2] So in einem Interview, siehe O.A., Aktivierung, 71.

der (gottesdienstlichen) Situationen, die vom Kirchenbau konditioniert werden, und derer, die in ihm vertextet sind und als deren Statthalter er fungiert.³ Der Kirchenraumtext – das sind wesentlich räumliche Strukturen, *die für einen Leser da sind*. Damit wird der Blick auf die Rezipiententätigkeit gelenkt, seine Aneignungsleistung. Darum gilt es den Begriff des Kirchenraumtextes um den der Raumlektüre zu ergänzen bzw. umgekehrt: Nur aus der Perspektive, dass der Kirchenraum gelesen wird, ist es überhaupt angebracht, vom Kirchenraum*text* zu sprechen.⁴ Wenn so zunächst der Kirchenraum als Text behandelt wurde, so sind doch die aneignende Lektüre und die Konkretisierung durch den Rezipienten die sachlogische Grundlage für die Rede einer Textualität des Kirchenraums und damit der gedankliche Ausgangspunkt der vorliegenden Arbeit.⁵ Setzt diese mit ihrer Argumentation also am Begriff der Raumlektüre an, trifft sie sich mit der Argumentationsstruktur RAINER VOLPs. Wie bei der Darstellung seiner Ausführungen gesehen (vgl. o. S. 87), ist auch seine Theorie des Kirchenraums nur von seiner Beschreibung des Lesevorgangs, als den er den situativen Umgang mit dem Kirchenraum kennzeichnet, her zu verstehen. Auch bei ihm ist, wie angesprochen, dieser Aspekt die Voraussetzung dafür, überhaupt vom Kirchenraum als Text sprechen zu können. Das Verständnis einer Textualität des Kirchenraums ergibt sich bei RAINER VOLP aus seinem Verständnis der Raumlektüre (und nicht etwa umgekehrt).

Dem Komplex der Raumlektüre soll sich nun dieser zweite Hauptteil zuwenden, der in drei Abschnitte gegliedert ist: Zunächst sollen WOLFGANG ISERs wirkungsästhetische Überlegungen dargestellt werden – hier nun speziell seine Phänomenologie des Lesens, der zweite der beiden komplementä-

---

³ Vgl. JANSON, Entwurf: „Wir lesen ihn [sc. den architektonischen Inhalt] nicht als Bedeutung ab, sondern wir vollziehen ihn."
⁴ Überhaupt kann die Rede vom Lesen in Bezug auf den (Kirchen-)Raum sowohl in der Theologie als auch in der Kunst- und Architekturtheorie als durchaus gebräuchlich erachtet werden. So spricht nicht nur, wie erwähnt, KLAUS RASCHZOK vom Lesen des Kirchenraums (vgl. o. Kap. 7, S. 121ff.), sondern auch andere, so etwa MEYER-BLANCK, Räume; MERTIN, Glaube und v. a. MERTIN, Raum-Lektüren sowie KLIE, Kirchengebäude, 138 [„Lektüre architektonischer Texte"]. Vgl. GOMOLLA, Architektur: „Dass Architektur ‚lesbar' ist, ist keinesfalls eine Erfindung des 19. bzw. 20. Jahrhunderts. Seit den Anfängen der Baugeschichte haben Gebäude nicht nur einen bestimmten funktionalen Wert, sondern sie besitzen darüber hinaus auch eine semantische Qualität und sind in symbolischem Sinn Bedeutungsträger."
⁵ Dass die vorliegende Arbeit trotzdem zunächst an der Textseite ansetzt, ist dennoch sinnvoll, denn man wird auch „bei der Frage, wie man auf Räume reagiert, auszugehen haben bei dem, was an Raum-Gegebenheiten den baulichen Ausgangspunkt für ein Raumerlebnis bildet, das ‚WAS', auf das sich Wahrnehmung, Gegenleistung, Deutung beziehen." (MUCK, Lebensentfaltung, 112)

10 Strategien und Kombination des Kirchenraumtextes 181

ren Teile seines ‚Der Akt des Lesens' –, um die so erhobenen wirkungsästhetischen Konzepte schließlich, im dritten Abschnitt, auf den Kirchenraum anzuwenden. Auf diese Weise soll der Begriff der Raumlektüre inhaltlich profiliert und – Ziel dieses zweiten Hauptteils – eine Phänomenologie der Kirchenraumlektüre entwickelt werden. Um die Kirchenraumlektüre in ihrer Eigenart als leiblich-körperlichen Vorgang fassen zu können, ist vor diesem dritten und letzten Abschnitt noch ein zweiter eingeschaltet, in dem grundlegende raumphänomenologische Überlegungen anzustellen sein werden. Zunächst gilt es nun aber, die Aufmerksamkeit auf die Überlegungen ISERs zu einer Phänomenologie des Lesens zu richten.

1 WOLFGANG ISERs Phänomenologie des Lesens – Der Lesevorgang als Interaktion von Text und Leser

Textrepertoire und -strategien halten – das war die Stoßrichtung des ISERschen Textmodells – „den Text lediglich parat, dessen Potential sie zwar entwerfen und vorstrukturieren, das jedoch der Aktualisierung durch den Leser bedarf, um sich einlösen zu können"[1]. Dem Leser und seiner Vorstellungstätigkeit, der Aktstruktur als Komplement zur Textstruktur innerhalb der Kommunikationssituation (vgl. 175), und damit dem zweiten Pol des literarischen Werkes gilt folgerichtig der Fokus des zweiten Teils in WOLFGANG ISERs Theorie ästhetischer Wirkung. Hier widmet er sich vor allem der Frage, wie im Lektürevorgang die Konstitutionsaktivität des Lesers vonstattengeht, also den „Erfassungsakte[n]" (177), durch die der Transfer des Textes in die Vorstellung des Lesers erfolgt.

Bevor jedoch die Erfassungsakte und die Vorstellungstätigkeit zum Thema gemacht werden, sollen noch kurz die Bedingungen der Interaktion von Text und Leser geklärt werden, wie WOLFGANG ISER das im dritten Teil seines ‚Der Akt des Lesens' tut. Hier bespricht er strukturelle Merkmale des Textes, also Strukturen, die er zwar im Text ausmacht, die aber ihre Bedeutung in der Vorstellungstätigkeit des Lesers entfalten, indem sie diese in Gang bringen und steuern. Somit vermitteln sie zwischen Textpol und ästhetischem Pol[2], sie nehmen den – wie man es einmal ausgedrückt hat – „Raum *zwischen*

---

[1] ISER, Akt, 175. Die im Folgenden im Fließtext in Klammern angeführten Seitenzahlen beziehen sich allesamt auf ISER, Akt.

[2] Wenn WOLFGANG ISER statt vom ästhetischen Pol vom Leserpol spricht (so ebd., 7; vgl. 353: „Rezeptionspol"), ist dies zwar insofern berechtigt, als er die Aneignung des Textes – und damit den dem Textpol entsprechenden ästhetischen Pol – als Vorstellungsaktivität *des Rezipienten* versteht, bei der dieser auch seine Dispositionen, seine Erfahrungsgeschichte etc. einbringt. Jedoch ist diese Benennung eher unpräzise, und zwar insofern, als er Lektüre gerade als *Interaktion* zwischen Text und Leser beschreibbar machen will: Der Rezipient bringt seine Dispositionen ein, die Lektüre spielt sich aber auf der Basis der Textgrundlage ab und wird von dieser gelenkt. Dementsprechend behandelt ISERs zweiter Teil nicht den Leser an und für sich mit seinen Dispositionen, sondern „[d]as Zusammenspiel von Text und Leser" (ISER, Akt, 175) – so die Überschrift zu ISERs Kap. III,A,1. – und entfaltet eine Phänomenologie des *Lesens*, eine „Beschreibung des Lesevorgangs" (ISER, Akt, 7). Und sein letzter Teil zielt – anders als es dessen Überschrift, „Interaktion von Text und Leser" (ISER, Akt, 257), nahelegt – weniger ab auf eine Beschreibung dieser Interaktion, sondern mehr auf eine Thematisierung speziell der „Antriebe der Interaktion" (ISER, Akt,

1 Wolfgang Isers Phänomenologie des Lesens

Text und Leser"[3] ein. Ihre Darstellung kann gleichsam als Brückenschlag dienen zwischen dem Textmodell, das im ersten Hauptteil entfaltet wurde, und der Vorstellungstätigkeit des Lesers, der die Aufmerksamkeit in diesem zweiten Hauptteil zu gelten hat. Dies lässt es als durchaus sinnvoll und angeraten erscheinen, zuerst auf die Bedingungen der Interaktion (also ISERs dritten Teil) einzugehen, um dann erst im Anschluss daran die Phänomenologie des Lesens (also ISERs zweiten Teil), in der die Interaktion zur Einlösung gelangt, in den Blick zu nehmen.[4]

1.1 Die Bedingungen der Interaktion[5]

1.1.1 Die Leerstelle als ausgesparte Anschließbarkeit – Antrieb und Lenkung der Interaktion von Text und Leser

Im ersten Hauptteil wurde, um diesen Sachverhalt des ISERschen Textmodells in Erinnerung zu rufen, festgestellt, dass ein ‚gemeinsamer Besitz' von Text und Leser für eine Kommunikation der beiden eine unerlässliche Voraussetzung darstellt, und in der Folge dieser ‚gemeinsame Besitz' als das Repertoire des Textes entfaltet. Zugleich wurde aber auch festgehalten, dass das selektierte Material Voraussetzung einer Kommunikation nur insofern ist, als es eben der Kommunikation als Material zur Verfügung steht. Als für eine Text-Leser-Interaktion nicht minder entscheidend zeigte sich laut WOLFGANG ISER, dass der ‚gemeinsame Besitz' nicht in totaler Deckung steht, sondern dass gerade erst eine Differenz von Text und Leser für das In-Gang-Kommen einer Kommunikation verantwortlich zeichnet. Im dritten Teil seiner Theorie ästhetischer Wirkung nun erkennt WOLFGANG ISER diesen Sachverhalt im Anschluss an verschiedene Modelle dyadischer Inter-

---

7f.) bzw. der „Antriebe der Konstitutionsaktivität" (ISER, Akt, 280) – so die Überschrift zu ISERs Kap. IV,B.
[3] MAYORDOMO-MARÍN, Anfang, 75.
[4] Daraus, dass an dieser Stelle sowohl zunächst ISERs dritter als auch anschließend sein zweiter Teil zur Darstellung gelangen, erklärt sich auch, warum hier die Besprechung der ISERschen Theorie mehr Raum einnimmt, als dies im ersten Hauptteil der Fall war (vgl. o. Kap. 4, S. 91ff.).
[5] Vgl. zum Folgenden ISER, Akt, Kap. IV und ISER, Interaction; auch bereits ISER, Appellstruktur II, v. a. 234ff. und 248ff. Vgl. außerdem PANY, Modelle, 56–71; BONNEMANN, Interaktion, 76–91; RICHTER, Wirkungsästhetik, 527–530; MAYORDOMO-MARÍN, Anfang, 75–78 und KUHANGEL, Text, 112ff., zu den Problemen der ISERschen Theorie v. a. 121ff. Kritisch auch LINK, Rezeptionsforschung, 132f. Die im Folgenden im Fließtext in Klammern angeführten Seitenzahlen beziehen sich allesamt auf ISER, Akt.

aktion, namentlich aus der Sozialpsychologie und psychoanalytischen Kommunikationsforschung, als eine ganz allgemein für jede Form der Interaktion geltende Bedingung, die er auf die Text-Leser-Beziehung überträgt (vgl. 257ff.). Und diese Bedingung sieht WOLFGANG ISER trotz des ‚gemeinsamen Besitzes', den das Repertoire darstellt, bzw. gerade durch das Repertoire, insofern dessen Elemente nicht in bloßer Abbildung, sondern in der beschriebenen kohärenten Deformation erscheinen, beim literarischen Werk erfüllt. Auch hier liegt eine Differenz vor, eine „fundamentale Asymmetrie von Text und Leser" (262), die sich gerade aus der mangelnden Deckung, aus den – wenn man so will – *Unbestimmtheitsgraden* ihres ‚gemeinsamen Besitzes' ergibt, also „jene Erfahrungs- bzw. Wissenslücke, die den Leser dazu veranlaßt, eigene Vorstellungen an den Text heranzutragen"[6]. Die fundamentale Asymmetrie von Text und Leser erweist sich so als Antrieb und Konstituens einer Kommunikation von Text und Leser, als „konstitutive[...] Leere" (263), die das Interaktionsverhältnis von Text und Leser begründet. Die mangelnde Deckung mobilisiert die Vorstellungstätigkeit, die Interpretations- und Deutungsleistung des Lesers, indem dieser die konstitutive Leere mit projektiven Vorstellungen zu besetzen hat. Die in der Interaktion zwischen Text und Leser entstehende „Erfahrungslücke" (261) wird durch Interpretation geschlossen. Damit zeigt sich bereits die Bedeutung, die den Unbestimmtheitsgraden für die Vorstellungstätigkeit des Lesers, welche unten im Einzelnen beschreibbar zu machen sein wird, zukommt. Hier soll nun jedoch zunächst noch die Frage verhandelt werden, inwieweit die Unbestimmtheit im Text ‚lokalisierbar' ist (vgl. 283), wie sich die Unbestimmtheitsbeträge, die sich aus der Asymmetrie von Text und Leser ergeben, konkret *im Text* niederschlagen. Denn um die Unbestimmtheitsbeträge „realisieren zu können, müssen Steuerungskomplexe im Text vorhanden sein, da die Kommunikation zwischen Text und Leser erst dann zu gelingen vermag, wenn sie kontrolliert bleibt" (264). Es gilt also zu fragen, was für Textstrukturen die Text-Leser-Interaktion in Gang zu setzen in der Lage sind (264). Angeschnitten wurde dies im ersten Hauptteil bereits im Zuge der Darstellung der kohärenten Deformation und bei den Strategien. Darauf bleibt WOLFGANG ISERs Lokalisierung der Unbestimmtheit in literarischen Texten jedoch nicht beschränkt. Deshalb ist hier nun auf WOLFGANG ISERs Konzeption der Leerstellen, in der er das im Rahmen seines Textmodells zur kohärenten Deformation und den Strategien Ausgeführte weiterführt und ausbaut, einzugehen.

---

[6] PANY, Modelle, 57.

1 Wolfgang Isers Phänomenologie des Lesens

Die konstitutive Leere, von der die Rede war, die Unbestimmtheitsbeträge, manifestieren sich für WOLFGANG ISER im Text konkret in den von ihm so genannten *Leerstellen*; sie sind die zentralen Strukturen von Unbestimmtheit im Text. Leerstellen sind, indem sie „als bestimmte Aussparungen Enklaven im Text markieren und sich so der Besetzung durch den Leser anbieten" (266; vgl. 265), genau die „Systemstelle" (266), an der die Vorstellungstätigkeit des Lesers ansetzt, „zentrales Umschaltelement der Interaktion von Text und Leser" (266). Fragt man also danach, wie sich die Unbestimmtheitsbeträge im Text niederschlagen, so ist man vor allem darauf verwiesen, was der Text ausspart, was er *nicht* sagt, wenngleich er es meint: „Sie [sc. die Leerstellen] ziehen den Leser in das Geschehen hinein und veranlassen ihn, sich das Nicht-Gesagte als das Gemeinte vorzustellen" (265; vgl. 287).[7] Wenn WOLFGANG ISER von der Besetzung der Leerstelle durch die Vorstellung des Lesers spricht, ist damit weniger die inhaltliche Vervollständigung einer „Bestimmungslücke" (284) gemeint, als vielmehr das Andeuten einer Beziehbarkeit.[8] So lassen sich Leerstellen zunächst in Bezug auf das Textrepertoire, nämlich wie schon angedeutet hinsichtlich der kohärenten Deformation, ausmachen (vgl. 286): Indem die selektierten Elemente im Zuge der Selektion zunächst aus ihrem ursprünglichen Kontext herausgenommen, alte Bindungen gelöst und so bekannte Beziehbarkeiten suspendiert werden, erscheinen sie herabgestuft zu Interaktionspolen und in einer *Verknüpfungsnotwendigkeit*: Mögliche Anschließbarkeiten werden nahegelegt, sodass das Löschen, das Umcodieren der Geltung bzw. die Entpragmatisierung der Elemente – wie WOLFGANG ISER formuliert – „als Leerstelle im Text angezeigt" (286) sind und der Leser sich zu einer Besetzung stimuliert sieht. Schon im Blick auf das Repertoire zeigt sich also:

---

[7] Vgl. ISER, Akt, 265f.: „Der Kommunikationsprozeß wird also [...] durch die Dialektik von Zeigen und Verschweigen in Gang gesetzt und reguliert. Das Verschwiegene bildet den Antrieb der Konstitutionsakte, zugleich aber ist dieser Produktivitätsreiz durch das Gesagte kontrolliert, das sich seinerseits wandelt, wenn das zur Erscheinung gebracht wird, worauf es verwiesen hat." Vgl. auch ISER, Lesevorgang, 254f. und das unten zur Negativität Gesagte, vgl. u. S. 194.

[8] Mit seiner Leerstellenkonzeption knüpft WOLFGANG ISER an ROMAN INGARDENs Konzept der Unbestimmtheitsstellen an, setzt sich aber zugleich von diesem ab (vgl. ISER, Akt, 267ff.; vgl. auch bereits ISER, Appellstruktur II, 250 Anm. 6). Er geht insoweit über INGARDEN hinaus, „als ihre [sc. der Leerstellen] Konkretisierung durch den Leser nicht nur als eine undynamische Komplettierung von ‚Lücken' im Text, sondern als Basis für das offene, Sinn konstituierende Geschehen in der Interaktion von Text und Leser gedacht wird" (WINKGENS, Leerstelle I, 144 = WINKGENS, Leerstelle II, 377).

„Statt einer Komplettierungsnotwendigkeit zeigen sie [sc. die Leerstellen] eine Kombinationsnotwendigkeit an. Denn erst wenn die Schemata des Textes aufeinander bezogen werden, beginnt sich der imaginäre Gegenstand zu bilden, und diese vom Leser geforderte Operation besitzt in den Leerstellen ein zentrales Auslösemoment. Durch sie ist die im Text ausgesparte Anschließbarkeit seiner Segmente signalisiert. Folglich verkörpern sie die ‚Gelenke des Textes', denn sie funktionieren als die ‚gedachten Scharniere' der Darstellungsperspektiven und erweisen sich damit als Bedingungen der jeweiligen Anschließbarkeit der Textsegmente aneinander. Indem die Leerstellen eine ausgesparte Beziehung anzeigen, geben sie die Beziehbarkeit der bezeichneten Positionen für die Vorstellungsakte des Lesers frei; sie ‚verschwinden', wenn eine solche Beziehung vorgestellt wird." (284)[9]

Dies ist näher zu erläutern. Vermittels des Begriffs der Anschließbarkeit rekurriert WOLFGANG ISER mit seinem Leerstellenkonzept auf eine fundamentale Kategorie nicht nur der Textbildung – nämlich als „zentrale Voraussetzung der Textkohärenz" (285) –, sondern der Wahrnehmung überhaupt. Diesen Bezug zur Wahrnehmung im Allgemeinen erläutert WOLFGANG ISER anhand des wahrnehmungspsychologischen Begriffs der *„good continuation"*: „Dieser meint die konsistente Verbindung von Wahrnehmungsdaten zu einer Wahrnehmungsgestalt sowie das Anschließen von Wahrnehmungsgestalten aneinander." (Beide Zitate 287) Bei der Lektüre bringt sich dieses Prinzip insofern zur Geltung, als auf Seiten des Lesers mit der habituellen Erwartung, auf einen kohärenten Text zu treffen (vgl. 287), der „Erwartung von Sinnkonstanz" und infolgedessen einer „Konsistenzbildung" zu rechnen ist (beide Zitate VI).[10] Genau hier gewinnen Leerstellen ihre Bedeutung: „Immer dort, wo Textsegmente unvermittelt aneinander stoßen, sitzen Leerstellen, die die *erwartbare Geordnetheit* des Textes unterbrechen." (302 [Hervorhebung CWB]) Indem Leerstellen Anschlüsse aussparen, durchbrechen sie die Erwartung der ‚good continuation'. Diese Unterbrechung als solche, die bloße Aussparung eines Anschlusses und das Auslassen einer expliziten Be-

---

[9] SABINE KUHANGEL kritisiert zu Recht das Folgende: „Es wäre sinnvoller, statt von ausgesparter *Anschließbarkeit* von ausgespartem *Anschluss* zu sprechen [wie es ISER gelegentlich selbst tut, so z. B. ISER, Akt, 294 und 313, Anm. CWB]: Der im fiktionalen Text ausgesparte *Anschluss* seiner Segmente wird durch den Leser hergestellt. Voraussetzung dafür ist jedoch die grundsätzliche *Anschließbarkeit* der Segmente, die gerade deshalb *nicht* ausgespart werden darf." (KUHANGEL, Text, 117; vgl. 125 Anm. 359)

[10] Angesichts dieser Erwartung von Sinnkonstanz gilt nämlich sogar für eine „vermeintliche Sinnlosigkeit, daß sie […] in jedweder Sprachverwendung solange eine Kontextarrangierung erfährt, bis sie sinnvoll wird" (ISER, Akt, VI). Vgl. ISER, Fingieren, 146f. und weiterführend VOLLHARDT, Rezeptionsästhetik, 200f.

1 Wolfgang Isers Phänomenologie des Lesens

ziehung, hält WOLFGANG ISER als die allgemeine oder elementare Funktion der Leerstelle fest (vgl. 301 bzw. 304).

Als solche ist sie Voraussetzung ihrer zweiten Funktion, die sie in der „von ihr bewirkte[n] Leistung im Interaktionsprozeß" (301) wahrnimmt und die darin besteht, als „Kommunikationsstruktur" (305) das Stiften einer Beziehung zu initiieren: Als Aussparung ist die Leerstelle nämlich zugleich und allererst Bedingung von Beziehbarkeit. Sie markiert die Anschließbarkeit und Kombinationsnotwendigkeit der Textschemata bzw. der segmentierten Darstellungsperspektiven, „aus der sich erst jener Einbettungszusammenhang bilden läßt, der dem Text Kohärenz und der Kohärenz Sinn gibt" (285)[11], bzw. – hinsichtlich des Äquivalenzsystems des Textes – „die Notwendigkeit, eine Äquivalenz heterogener Segmente herzustellen" (313); sie organisiert die syntagmatische Achse der Lektüre (vgl. 327). Die Kombination der Perspektivensegmente und Textpositionen und die Bildung eines Äquivalenzsystems löst sich jedoch erst in der Vorstellungstätigkeit des Lesers ein: „Die Leerstellen sparen die Beziehungen zwischen den Darstellungsperspektiven des Textes aus und ziehen dadurch den Leser zur Koordination der Perspektiven in den Text hinein: sie bewirken die kontrollierte Betätigung des Lesers im Text." (267) Somit nehmen Leerstellen die Vorstellungstätigkeit des Lesers zu Bedingungen des Textes in Anspruch und regulieren sie bis zu einem gewissen Grad. Sie sind genau die besagten Steuerungskomplexe, die nötig sind, um die Unbestimmtheitsbeträge zu realisieren, sie sind Antrieb und Lenkung zugleich.

Indem die Leerstelle die – vom Text offen gelassene – Verknüpfung der Perspektivensegmente umreißt, regelt sie nicht nur die Leseraktivität – das Realisieren einer Beziehung –, sondern macht Perspektivensegmente ihrerseits zu sich wechselseitig bestimmenden Projektionsflächen (vgl. 305) und ermöglicht so „Transformationen durch wechselseitige Auslegung der miteinander verspannten Textsegmente" (318).[12] Hierin – sowohl in der Steue-

---

[11] Das heißt also, dass Textkohärenz erst in der Vorstellung des Lesers zur Einlösung gelangt; vgl. ISER, Akt, 287.

[12] Dies sieht WOLFGANG ISER als den ersten Aspekt der Funktion der Leerstelle als Kommunikationsstruktur an, ihre erste „strukturbildende Eigenschaft", die sich eben darin zeigt, „daß sie ein Feld als wechselseitige Projektionen gegebener Segmente von Textperspektiven angesichts ausgesparter Beziehungen zu organisieren vermag" (beide Zitate ebd., 305; zum Feldbegriff vgl. ISER, Akt, 305). Als weitere strukturbildende Eigenschaft der Leerstelle sieht WOLFGANG ISER es an, dass durch sie die Thema-Horizont-Struktur „den Charakter einer sich selbst regulierenden Struktur" (ISER, Akt, 311) gewinnt, die gleichwohl im Leser den Eindruck erweckt, er reguliere „durch den Umsprung seines Blickpunktes [das heißt durch die Horizontierung der einen Position bei gleichzeitiger Thematisierung einer anderen, Anm. CWB] die Perspektiven seiner Betrachtung selbst" (ISER, Akt, 310f.).

rungsfunktion wie in der hieraus resultierenden Organisation der Perspektivensegmente zu sich wechselseitig bestimmenden und transformierenden Projektionsflächen – konvergiert die Leerstelle mit den Strategien, speziell der oben beschriebenen grundlegenden Strategie der Thema-Horizont-Struktur, von der gesagt wurde, sie zeichne eine Zuordnung der einzelnen Perspektiven zu einem Netz reziproker Beziehungen vor, in welchem diese wechselseitige Veränderungen erfahren. Im Grunde ist die Leerstelle der Thema-Horizont-Struktur sogar vorgeordnet, insofern sie „die Umschaltungen von Thema und Horizont bewirkt" (327). WOLFGANG ISER kann jedenfalls von einer ehemals thematischen, nun zum Horizont gewordenen Textposition sagen, sie bilde im Blick auf die nun thematische Position eine „Leerstelle der fallengelassenen thematischen Relevanz", die „eine wichtige Steuerungsfunktion für den Erfassungsakt" darstellt: „[D]ie Erfassung eines Themas ist durch die notwendige Besetzung eines vorgegebenen Horizonts gesteuert" (alle drei Zitate 307; vgl. 313f. und 332). Zeigten sich Leerstellen so zunächst im Blick auf das Repertoire, so wird nun deutlich, dass sie mehr noch auf der Ebene der Textstrategien zu verorten sind, die oben ja ihrerseits als Steuerungsmechanismen des Textes entfaltet wurden, als sie durch die Andeutung möglicher Beziehungen auf eine Lenkung der Konstitutionsaktivität des Lesers zielen und so auf die Kombination der Elemente bezogen sind.[13] Man hat sogar ISERs Konzeption der Leerstelle strukturell direkt den Strategien zugeordnet.[14]

In gewissem Maße besteht die Bedeutung der Leerstelle für die Interaktion von Text und Leser nach ISER deshalb darin,

> „daß sie den beschriebenen Transformationsvorgang [sc. der sich durch die Thema-Horizont-Struktur an den Textsegmenten ergibt, Anm. CWB] zumindest strukturell der subjektiven Willkür entzieht. [...] Wenn sich dann Schwankungsbreiten in der Auffassung ergeben, so gründen diese weniger in der beschriebenen Struktur, sondern eher in den unterschiedlichen Vorstellungsinhalten, die die Textsegmente in der Einbildungskraft des Lesers aufrufen." (311) „Ist die Interaktionsstruktur von Thema und Horizont im Prinzip der subjektiven Willkür entzogen, weil sie zumindest als Defizienz auch dann noch funktioniert, wenn man sich gegen ihre Wirksamkeit sperrt, so entsteht die Vielfalt der Interpreta-

---

[13] Insofern kann man sagen, dass Leerstellen „ebenso in den Strategien stecken. Der Text als perspektivisches Gebilde erfordert eine ständige Beziehung seiner Darstellungsperspektiven aufeinander. Da aber diese Perspektiven sich im Textgewebe durchschichten, gilt es, die Beziehung zwischen den verschiedenen Segmenten einer jeweiligen Perspektive sowie zwischen den Segmenten verschiedener Perspektiven im Lesevorgang unentwegt herzustellen." (ebd., 286)
[14] Vgl. RICHTER, Wirkungsästhetik, 528.

tionen primär nicht aus dieser Struktur, sondern aus den Vorstellungsinhalten derjenigen Positionen, die innerhalb dieser Struktur in die Wechselbeziehung von Thema und Horizont geraten." (312)

Hervorzuheben gilt es allerdings vor allem Folgendes: Indem die Leerstelle nicht nur eine Beziehung ausspart, sondern den Leser zum Stiften der ausgelassenen Beziehung einschaltet, bedingt sie „die Betätigung des Lesers im Text" (313). Um noch einmal das Prinzip der ‚good continuation' zu bemühen, kann man zusammenfassend konstatieren:

„Unterbrechen die Leerstellen die Anschließbarkeit der Schemata, und das heißt, lassen sie die selektierten Normen des Repertoires sowie die Segmente der Darstellungsperspektiven unvermittelt aufeinanderstoßen, dann heben sie die Erwartung der *good continuation* auf. Daraus entspringt eine Steigerung der Vorstellungstätigkeit, denn es gilt nun, die scheinbar ungeregelten Anschlüsse der Schemata über eine vorgestellte Verbindung zu einer integrierten Gestalt aufzuheben. So bewirkt in der Regel die von Leerstellen unterbrochene *good continuation* eine verstärkte Kompositionsaktivität des Lesers, der nun die [...] Schemata – oftmals gegen eine entstehende Erwartung – kombinieren muß." (288)
„Als Unterbrechung der Textkohärenz transformieren sich Leerstellen zur Vorstellungstätigkeit des Lesers. Sie gewinnen dadurch den Charakter einer sich selbst regelnden Struktur, indem die von ihnen verursachten Aussparungen als Antriebe für das Vorstellungsbewußtsein des Lesers wirksam werden: es gilt, das Vorenthaltene durch Vorstellungen zu besetzen." (301) Die Leerstelle kann als „elementare Matrix für die Interaktion von Text und Leser gelten" (301).

Somit erweisen sich die Leerstellen als „elementare Kommunikationsbedingung" (294) und als „zentrales Auslösemoment" (s. o. S. 186) der Vorstellungsbildung. Genau hier ist der sachliche Punkt erreicht, an dem WOLFGANG ISERs Leerstellenkonzeption den Brückenschlag leistet vom Pol des Textes zum ästhetischen Pol.

1.1.2 Die Negation als Durchstreichung des Bekannten – Die Situierung des Lesers zum Text als Verortung „zwischen einem ‚Nicht-Mehr' und einem ‚Noch-Nicht'"[15]

Als einen – wenn man so will – Spezialfall der Leerstellen kann man die von WOLFGANG ISER so genannten Negationen (bzw. die von ihnen produzierten Leerstellen) betrachten, die nun noch zu behandeln sind. Organisieren die Leerstellen die Verknüpfung der Textpositionen – nämlich durch deren Ver-

---

[15] Speziell zu den Negationen vgl. ISER, Akt, 327–347.

spannung in eine Thema- und Horizont-Beziehung –, also die syntagmatische Achse der Lektüre, so ist hinsichtlich der Strukturierung der aufgefassten Inhalte selbst noch nichts angegeben, das heißt noch nichts hinsichtlich der Veränderungen, welche die Positionen innerhalb dieser Verspannung erfahren. Wenngleich sich diese inhaltliche Ebene als weniger steuerbar durch den Text zeigt, so lässt sich im Text gleichwohl eine Struktur ausmachen, die eine Vorstrukturierung der Auffassung von Textinhalten bezweckt und die somit auf der paradigmatischen Achse der Lektüre zu veranlagen ist (vgl. 327). Ebenjene sieht WOLFGANG ISER in den Negationspotentialen bzw. Negationen gegeben, durch die „bestimmte Durchstreichungen im Text erfolgen" (266), die „ein bestimmtes, durch das Repertoire repräsentiertes Wissen, durchstreichen, einklammern, neutralisieren oder in ein bloß potentielles Wissen zurückverwandeln" (350; vgl. 343) und die – wie noch zu erläutern sein wird – auf diese Weise virtuell gebliebene Themen markieren (vgl. 348). WOLFGANG ISER erkennt in ihnen – neben den eigentlichen Leerstellen – einen zweiten Leerstellentyp, eine zweite Systemstelle im Text für die Interaktion von Text und Leser (vgl. 266).

Die syntagmatische Achse (also Textstrategien bzw. Leerstellen im engen Sinne) und die paradigmatische Achse (also Textrepertoire bzw. Negationen) der Lektüre spielen dabei wieder zusammen (vgl. 332). Denn Negationen erfolgen just *in* der reziproken Verspannung der Textpositionen. Sie resultieren daraus, dass diese in der Verspannung – eben einschränkend, einklammernd oder eben negierend – aufeinander einwirken. Dies kann beispielsweise in der Figur des Gegenspielers geschehen (vgl. 350). Die besagten Durchstreichungen im Text ergeben sich so aus widerstreitenden, gegenläufigen, scheinbar unvereinbaren Textpositionen, was zu einer Problematisierung und Infragestellung der im Repertoire aufgerufenen Elemente bzw. der selektierten Normen führt.[16] Statt um „Pauschalabweisungen" der eingekapselten Repertoire-Elemente handelt es sich deshalb mehr um „Teilnegationen, die den als problematisch empfundenen Aspekt herausstellen" (beide Zitate 329). Auf diese Weise bringen die Negationen in die Verspannung der

---

[16] Aus einer solchen Problematisierung erklärt sich, warum die „Literatur von Homer bis zur Gegenwart […] reich [ist] an Beispielen des Mißglücktseins, des Scheiterns, der Negativierung menschlichen Strebens sowie der Deformation des Menschen, ihres Wollens, ihrer Verhältnisse, ihres Fühlens und Denkens" (ebd., 350). Freilich dient eine solche entstellende Darstellung nicht etwa dem Zweck, die Welt als depravierte abzubilden, sondern viel eher dazu, mit der Deformation zugleich deren Verursachung und mögliche Aufhebung (in der Vorstellung des Lesers) thematisch zu machen, worin WOLFGANG ISER einen „für die Fiktion charakteristische[n] Doppelaspekt" (ISER, Akt, 351) erkennt; vgl. das hier Folgende und ISER, Akt, 350–353.

1 Wolfgang Isers Phänomenologie des Lesens 191

Textpositionen zusätzliche Leerstellen ein (vgl. 332). Negationen erzeugen also Leerstellen (vgl. 328 und 334). WOLFGANG ISER kann aber auch davon sprechen, dass es sich bei den Negationen – im Gegensatz zu den Leerstellen im engen Sinne – selber um „Leerstellen", nämlich „auf der paradigmatischen Achse der Lektüre" (beide Zitate 327), handelt. Eine Vorstrukturierung der Auffassung der Inhalte erbringen sie dabei zunächst insoweit, als sie „restriktiv im Blick auf die Kombinierbarkeit der Positionen und damit selektiv im Blick auf die von der Vorstellung zu erzeugende Sinngestalt [wirken]" (332; vgl. 350): Nicht alles und jedes ist im Leseakt vorstellbar; die Vorstellungsakte bleiben bis zu einem gewissen Grad vom Text gesteuert.

In erster Linie fungiert jedoch auch die Negation als Auslösemoment für die Vorstellungsbildung. Denn durch die Negation

> „bietet sich dem Leser das Bekannte als überschritten; es ist ihm zur ‚Vergangenheit' entrückt, und er ist in ein Verhältnis der Posteriorität zu dem ihm Bekannten gesetzt. [...] [A]ls das verschwiegene Thema der Streichung markiert sie [sc. die Negation] die Notwendigkeit, eine bestimmte Einstellung zu entwickeln, die es dem Leser erlaubt, das in der Negation Verschwiegene zu entdecken. So verortet die Negation den Leser zwischen einem ‚Nicht-Mehr' und einem ‚Noch-Nicht'. [...] Denn aus dem Wissen, das der Text durch sein Repertoire anbietet bzw. durch die mitgeführten Schemata aufruft, soll etwas gewonnen werden, das dieses Wissen noch nicht enthält. [...]
> Damit wird die Negation zu einem entscheidenden Antrieb für die Vorstellungsakte des Lesers, der das verschwiegene und damit nicht gegebene Thema der Negation als imaginäres Objekt zu bilden hat." (328f.)[17]

Die von der Negation erzeugten Leerstellen zeichnen dabei das virtuell gebliebene Thema bzw. die virtuellen Konturen des imaginären Objekts als „Hohlform" (329) vor.[18] Besetzt der Leser diese Hohlform, dieses „Vakuum" (347) mit seinen Vorstellungen, dann erfolgt jene Verortung, jene „Situie-

---

[17] Im Blick darauf, dass die Negation den Leser in ein Verhältnis der Posteriorität zu dem ihm Bekannten bringt, spricht WOLFGANG ISER davon, dass sie Leerstellen in der Leserposition erzeugt; vgl. ebd., 335.
[18] In ihrer restringierenden und selegierenden und solchermaßen lenkenden Funktion „markieren die Leerstellen das nicht Gegebene und bilden damit eine Hohlform der Sinngestalt, deren Ausfüllen nur durch die Vorstellung des Lesers erfolgen kann. Die Leerstellen haben folglich eine textspezifische und eine vorstellungsspezifische Relevanz, deren Unzertrennlichkeit die Bedingung dafür abgibt, daß sich das Interaktionsspiel zwischen Text und Leser zu entfalten vermag." (ebd., 334f.) Der Begriff der Hohlform umreißt demgemäß genau das, was WOLFGANG ISER als „die charakteristische Doppelnatur der von der Negation erzeugten Leerstellen [...], der die Interaktion von Text und Leser weitgehend entspring:" (ISER, Akt, 334), bezeichnet.

rung des Lesers zum Text" (329)[19], erfährt er eine „Einstellungsdifferenzierung" (328). Denn aufgrund der durch die sich wechselseitig negierenden Textpositionen bewirkten Problematisierung des im Repertoire aufgerufenen Wissens kann der Leser weder den Standpunkt einer der angebotenen, im Text dargestellten Positionen bekannten Wissens einnehmen noch diese Positionen bloß wechselseitig ergänzen (vgl. 334; vgl. außerdem 353f.). Vielmehr besetzt er die in diesem Vorgang entstehenden Leerstellen dadurch, dass er die widerstreitenden Positionen so verbindet, dass sie transformiert werden, nämlich „im Sinne einer Konvergenz, in der beide [...] überstiegen sind" (334), oder anders formuliert: dadurch, dass er ihre virtuelle Äquivalenz entdeckt (vgl. 334). In dieser überbietenden Transformation der gegebenen Textpositionen – die bedingt (das heißt: angestoßen und gelenkt) ist von deren reziproker Verspannung und die darin besteht, dass der Leser eine Einstellung bezieht, durch die er über das verfügt, was den dargestellten Textpositionen „gleichermaßen fehlt, aber nottun würde" (334) – erscheint dem Leser der Sinn des Textes (vgl. 332), und die von den Negationen erzeugten Leerstellen erweisen sich als „Hohlform der Sinngestalt" (334). Es zeigt sich „jene eigentümliche Erfahrung fiktionaler Texte, daß das vom Text angebotene bzw. durch seine Schemata im Leser aufgerufene Wissen einer gelenkten Innovation fähig wird" (335). Darin sieht WOLFGANG ISER denn auch die „produktive Leistung der Negation":

> „Sie macht den alten Sinn, den sie negiert, noch einmal bewusst, indem sie ihn mit einem neuen überlagert, der zwar leer bleibt, aber gerade deshalb des alten und nun durchgestrichenen Sinnes bedarf, weil dieser durch die Negation in ein Material der Auslegung und der Motivierbarkeit zurückverwandelt ist, aus dem nun die Bestimmung der von der Negation thematisch gemachten Leerstellen gewonnen werden muß." (Beide Zitate 335)

Besonders zu betonen ist, dass in einer solchen Situierung des Lesers zum Text nicht nur die Textpositionen selbst Transformationen erfahren, sondern dass auch der Habitus des Lesers, seine ihn orientierenden Sinnvorstellungen der Beobachtung und mithin der Veränderung fähig werden (vgl. 337 und 342). In dem Maße nämlich, wie der Leser die aus den Negationen resultierenden Leerstellen und die solcherweise vorgezeichnete Hohlform auf die beschriebene Weise besetzt, und in dem Maße, wie er so das vom Text Verschwiegene, wenngleich Konturierte in seiner Vorstellung ausformuliert, wird er in den Text hinein- und von seinem habituellen Standpunkt abgezo-

---

[19] Vgl. ebd., 335: „Insofern fixiert die Negation im Text den Ort des Lesers zum Text." Vgl. ISER, Akt, 337 und auch ISER, Kritik, 333.

1 Wolfgang Isers Phänomenologie des Lesens

gen (vgl. 337). In der in diesem Vorgang entstehenden und vom Leser als solche wahrgenommenen Sinngestalt des Textes sind die vom Leser transformierten und zur Äquivalenz gebrachten Textpositionen und seine habituellen Positionen zu einem Ausgleich gebracht (vgl. 337). Die imaginäre Formulierung des durch die Negation Verschwiegenen, die „Entdeckung des in der Negation angezeigten Themas" (338), zeitigt eine (Rück-)Wirkung auf den Habitus, er wird transzendiert, erfährt eine Korrektur und wird seinerseits einer Negation (vgl. 337) unterzogen:

> „Im Hervorbringen der Sinngestalt beginnt der Leser seinen Habitus zu negieren, aber nicht, um ihn zu vernichten, sondern als einen zeitweilig suspendierten gegenwärtig zu halten im Blick auf eine Erfahrung, von der er nur sagen kann, daß sie ihm evident sei, denn er hat sie durch seine Entdeckung selbst hervorgebracht." (337f.)

WOLFGANG ISER spricht zur Differenzierung der Negationstypen für diesen Fall von sekundärer Negation: Der Leser produziert „durch die Entdeckung des in der Negation angezeigten Themas eine *sekundäre Negation*", nämlich „wenn er gehalten ist, die Entdeckung auf seinen Habitus zurückzukoppeln" (beide Zitate 338 [Hervorhebung CWB]). Es handelt sich also bei den sekundären Negationen um solche, „die im Text nicht markiert sind, sich aber im Lektüre-Akt aus dem Zusammenwirken der Steuerungssignale des Textes mit den vom Leser hervorgebrachten Sinngestalten ergeben" (340).[20] Allerdings räumt WOLFGANG ISER ein, dass beide Negationstypen nicht strikt voneinander zu trennen, sondern vielmehr immer in Mischungsverhältnis-

---

[20] Vgl. ISER, Akt, 341: „Primäre Negationen markieren ein virtuell gebliebenes Thema, dem der negierende Akt entspringt. Deshalb beziehen sie sich vorwiegend auf das in den Text eingezogene, der außertextuellen Umwelt entnommene Repertoire. Ihre Relevanz ist daher themenspezifisch. Sekundäre Negationen markieren die notwendige Rückkoppelung der im Lesen erzeugten Sinngestalten auf den Habitus des Lesers. Sie werden dadurch wirksam, daß sie […] oftmals dessen Korrektur bedingen […]. Ihre Relevanz ist daher funktionsspezifisch." Nicht alle primären Negationen halten den Leser dazu an, sekundäre zu bilden: „Immer dort, wo die Negationen des Textes so motiviert werden können, daß ihre Erschließung den Habitus des Lesers nicht notwendigerweise transzendiert, fällt die sekundäre Negation und damit die Rückwirkung des Entdeckten auf den Habitus weitgehend aus." (ISER, Akt, 338) Allenfalls kann – wie nicht selten bei Unterhaltungsliteratur der Fall – als Rückwirkung noch eine Bestätigung des Lesers in seinem Habitus angegeben werden. Demgegenüber erkennt WOLFGANG ISER bei moderner Literatur ein Übergewicht sekundärer Negationen (vgl. ISER, Akt, 338 und 341). Hinsichtlich der Relation primärer und sekundärer Negationen lassen sich somit historische Verschiebungen beobachten. Speziell zur Prosa BECKETTs, die für WOLFGANG ISER einen vorläufigen Höhepunkt der „Instrumentalisierung primärer Negationen im Dienste sekundärer" (ISER, Akt, 343) darstellt, vgl. ISER, Akt, 343–347.

sen anzutreffen sind (vgl. 341). Gerade darin, dass schon die Formulierung des durch die primäre Negation Verschwiegenen ihrerseits dort zum Ziel kommt, wo sie „sich als Korrektur in den Habitus des Lesers einzeichnet und somit zur Erfahrung wird" (341), zeigt sich die kommunikative Intention des literarischen Textes: „Primäre und sekundäre Negationen bilden das Kommunikationsrelais im Text, durch das sich die Negation des Bekannten in eine Erfahrung des Lesers zu übersetzen vermag." (341)

Nachtrag: Die Negativität fiktionaler Texte[21]
Leerstellen und Negationen beziehen durch Aussparung und Aufhebung die Formulierungen des Textes auf einen unformulierten Horizont; der formulierte Text ist durch Unformuliertes gedoppelt.[22] Diese Doppelung bezeichnet WOLFGANG ISER resümierend als die „Negativität fiktionaler Texte" (348), die „als das Nicht-Gesagte der Konstitutionsgrund des Gesagten [ist], der sich über Leerstellen und Negationen insoweit zum Vorschein bringt, als dadurch das Gesagte ständig modalisiert wird. Aus solcher Modalisierung erfolgt dann eine Steigerung des Gemeinten, so daß durch die Negativität die Formulierungen des Textes ihren entscheidenden Zuwachs erfahren." (348; vgl. 353) „Damit kommt das zum Vorschein, was Fiktion als Kommunikation leistet. Was immer im einzelnen als Inhalt durch sie in die Welt kommt, das wirklich im Leben Nicht-Gegebene, was folglich nur sie anzubieten vermag, besteht darin, daß sie uns das zu transzendieren erlaubt, woran wir so unverrückbar gebunden sind: unser Mittendrinsein im Leben. Negativität als Konstituens der Kommunikation ist daher eine Ermöglichungsstruktur. Sie verlangt eine Bestimmung, die immer nur durch das Subjekt erfolgen kann. Daraus resultiert zwar der subjektiv eingefärbte Charakter des Sinnes fiktionaler Texte, aber auch die hohe Prägnanz gefällter Sinnentscheidungen." (354) „Wenn es daher den *einen* Sinn fiktionaler Texte nicht gibt, so ist dieser Mangel die produktive Matrix dafür, daß er in den verschiedensten Kontexten immer wieder Sinn zu geben vermag." (355)

---

[21] Vgl. zum Folgenden speziell ebd., 348–355 und außerdem BONNEMANN, Interaktion, 85–91.
[22] Umgekehrt erhält im Übrigen auch die Unbestimmtheit „ihre Funktion durch die dialektische Zuordnung auf die im Text formulierten Bestimmtheiten" (ISER, Akt, 283).

1.2 Die Phänomenologie des Lesens – Der Transfer des Textes in die Vorstellung des Lesers

1.2.1 Der Leser als wandernder Blickpunkt[23]

Bei seiner Beschreibung der Erfassungsakte im Lektürevorgang, also denjenigen Akten, in deren Verlauf ein Transfer des Textes in die Vorstellung des Lesers erfolgt, umreißt WOLFGANG ISER zuerst deren Rahmenbedingung. Dabei setzt er an dem entscheidenden Unterschied an, den er zwischen Lektüre und Objektwahrnehmung sieht. Während das Wahrnehmungsobjekt durch ein außenstehendes Subjekt in einer Momentaufnahme, wenn nicht zur Gänze erfasst, so doch als Ganzes in den Blick genommen werden kann, so entzieht sich der literarische Text einer solchen Betrachtung.[24] Er erschließt sich erst – wie sich schon aus dem Äquivalenzsystem des Textes ergibt, von dem oben gesagt wurde, es sei mehr als alle Positionen und Perspektiven zusammen (vgl. o. S. 106) – im Fluss der Lektüre, nach und nach, und so erst „über die Ablaufphasen der Lektüre als ein ‚Objekt'" (177). Erst indem sich der Leser während der Lektüre als „perspektivischer Punkt" (178) durch das Gewebe von Perspektivensegmenten, durch das perspektivische System des Textes hindurch*bewegt*, gelangt er zu einer Auffassung des Textes.

Diese Einsicht in den Lesevorgang bringt WOLFGANG ISER zu einer doppelwertigen Qualifizierung des Text-Leser-Verhältnisses. Einerseits zeigt sich damit im Leservorgang eine besonders intensive Form der Beziehung zwischen Text und Leser – der Leser bewegt sich zwischen den Perspektivsegmenten hin und her, er betritt und durchmisst den *Raum* des Textes –, eine Beziehung, die mit der Kategorie des Gegenübers nicht mehr angemessen zu beschreiben ist: „Stehen wir dem Wahrnehmungsobjekt immer gegenüber, so sind wir im Text immer *mitten drin*." (177 [Hervorhebung CWB]) Das Verhältnis Text-Leser ist somit nicht als Subjekt-Objekt-Relation beschreibbar zu machen. Um die Stellung des Lesers gegenüber dem Text

---

[23] Vgl. zum Folgenden ebd., 177–193; ISER, Lesevorgang; ISER, Process und ISER, Reading. Vgl. außerdem PANY, Modelle, 40–43; JEANROND, Text, 108 und MAYORDOMO-MARÍN, Anfang, 73.

[24] Ob diese Trennung von Wahrnehmen und Vorstellen so aufrecht zu erhalten ist, ist – vorsichtig formuliert – fraglich. Vielmehr spricht Einiges dafür, dass auch der visuell wahrgenommene Gegenstand „nie in seiner Gänze faßbar [ist]" (JOOß, Raum, 84; vgl. 85). Wahrnehmen wird selber wohl eher wie oder sogar *als* Vorstellen beschreibbar zu machen sein; vgl. u. Kap. 2.2, S. 216ff., v. a. S. 229; vgl. auch MUSTROPH, Lektüren, 54. Dieser Einspruch tut allerdings der hier folgenden Argumentation ISERs keinen Abbruch.

bzw. vielmehr seine Positionierung *innerhalb* des Textes (‚mitten drin') angemessen zu charakterisieren, entfaltet IsER stattdessen das Konzept des *wandernden Blickpunktes*: „Als wandernder Blickpunkt innerhalb dessen zu sein, was es aufzufassen gilt, bedingt die Eigenart der Erfassung ästhetischer Gegenständlichkeit fiktionaler Texte." (178)[25] Dies wird zusätzlich dadurch verstärkt, dass fiktionale Texte zwar aus ihrer Umwelt selektieren, dass aber eben, wie oben bei der Darstellung des Textrepertoires entfaltet (vgl. o. S. 94 und 98ff.), diese Umweltelemente nicht bloß abgebildet werden, sondern ihnen bei der Wiederkehr im Text etwas geschieht: nämlich dass sie entpragmatisiert erscheinen, ihre Bekanntheit partiell aufgehoben ist und ihnen so zu neuer Beziehungsfähigkeit verholfen wird. Da es in diesem Vorgang, wie ausgeführt, der Leser ist, der den ästhetischen Gegenstand als imaginäres Objekt hervorbringt, *kann* er sich beim Lesen gar nicht distanzieren; eine „Distanzierungschance" (178) bleibt ihm versagt. Erst wenn und indem er ‚mitten drin' ist, erweckt er den Text mit Leben.

Andererseits bewirkt das Nacheinander der Lektürephasen auch, dass sich der ästhetische Gegenstand des Textes dem Leser je und je entzieht, dass der Text dem Leser als wanderndem Blickpunkt „transzendent" (178) bleibt. Erst das Nacheinander bringt die ästhetische Gegenständlichkeit zur Entfaltung. Was der Leser in einem einzelnen Lektüreaugenblick[26] erfasst, ist nie der ästhetische Gegenstand in seiner Totalität, sondern steht immer zurück hinter dem, was insgesamt die ästhetische Gegenständlichkeit des Textes ausmacht. Die ästhetische „Gegenständlichkeit des Textes [ist] mit keiner ihrer Erscheinungsweisen im stromzeitlichen Fluß der Lektüre identisch" (178), vielmehr ist „ihre Ganzheit nur durch Synthesen zu gewinnen. Durch sie übersetzt sich der Text in das Bewußtsein des Lesers, so daß sich die Gegen-

---

[25] Der Begriff ‚wandernder Blickpunkt' erfasst genau den Blickpunktwechsel des Lesers im Leseprozess, also das Einnehmen bestimmter Perspektiven bzw. das Umspringen zwischen den Perspektivensegmenten (vgl. o. S. 175 Anm. 20), durch welches „sich die Textperspektiven voneinander abzuheben [beginnen], so daß sich der wandernde Blickpunkt immer als Sonderung von Textperspektiven artikuliert" (ISER, Akt, 186). Der Sache nach findet WOLFGANG ISER das Konzept des wandernden Blickpunktes durchaus schon in Diskussionen des 18. Jahrhunderts, genauerhin in der von HENRY FIELDING, dann auch von SIR WALTER SCOTT und anderen verwendeten Metapher der Postkutsche, „die den Leser zu einem Reisenden stilisiert, der den oft beschwerlichen Weg durch den Roman aus der Sicht eines wandernden Blickpunktes nimmt" (ISER, Akt, 33).

[26] Lektüreaugenblicke ergeben sich streng genommen immer dort, „wo der wandernde Blickpunkt die Perspektive wechselt"; das heißt, „Lektüreaugenblicke beginnen sich dadurch voneinander zu sondern, daß der wandernde Blickpunkt zwischen den Perspektiven umspringt" (beide Zitate ebd., 186). Allerdings verwendet WOLFGANG ISER den Begriff nicht durchgehend in dieser begrifflichen Schärfe.

1 Wolfgang Isers Phänomenologie des Lesens

ständlichkeit des Textes durch die Abfolge der Synthesen als ein Bewußtseinskorrelat aufzubauen beginnt." (179)[27]

WOLFGANG ISER bringt dieses Einerseits-Andererseits, diese Ambiguität zwischen Beteiligung und Distanz des Lesers folgendermaßen auf den Punkt: „Mitten drin zu sein und gleichzeitig von dem überstiegen zu werden, worin man ist, charakterisiert das Verhältnis von Text und Leser." (178)

Mit dem Konzept des wandernden Blickpunkts sind ganz grundlegende Prozesse des Lesens umrissen und auf den Begriff gebracht, einbegriffen die Vor- und Rückbezogenheit, die sich der Lektüre aus diesem Konzept ergibt. So gleicht der Leser, sich als wandernder Blickpunkt durch den Text hindurchbewegend, das, was er gerade liest, mit dem zuvor Gelesenen ab[28]. Zudem fließen Erwartungen hinsichtlich der Fortentwicklung des Textes, die sich im Laufe der Lektüre gebildet haben, in die Bewertung dessen, was gerade gelesen wird, ein. Zur Näherbestimmung dieses Sachverhaltes bedient sich WOLFGANG ISER der Begriffe Retention und Protention, die er aus EDMUND HUSSERLs Analyse des inneren Zeitbewusstseins entlehnt.

> In seiner ‚Phänomenologie des inneren Zeitbewusstseins' zieht EDMUND HUSSERL die Begriffe Retention und Protention als Strukturmomente der Bewusstseinstätigkeit heran, um zu erklären, wie die Vielheit (zeitlich) unterscheidbarer Momente eines Auffassungsganzen, etwa die Töne einer Melodie, zu einem anschaulichen Ganzen zusammentreten. Dies geschieht – um im Beispiel der Melodie zu bleiben – einerseits, indem ein verklingender Ton in seinem Verklingen noch festgehalten und zu einer Erinnerung verarbeitet wird, indem er in eine *Retention* übergeht[29]; dabei handelt es sich um einen kontinuierlichen Prozess: „Jedes *impressionale* Bewußtsein geht ständig fließend über in immer neues *retentionales* Bewußtsein."[30] Und andererseits kommt es zur Zusammenstellung des Melodieganzen, indem beim Hören des Tones von der Voraussetzung ausgegangen wird, dass sich das ‚Musikerlebnis' nicht schon in diesem einzelnen Ton erschöpft, indem stattdessen eine Erwartung auf die noch ausstehenden Töne gehegt wird.[31] Solche Erwartungen bezeichnet HUSSERL als „*Protentionen*, die das Kommende als solches leer konstituieren und auffangen, zur Erfüllung bringen"[32].

---

[27] Auf die synthetische Aktivität des Lesers und die darin erzeugten Bewusstseinskorrelate wird unten noch eigens eingegangen (vgl. u. Kap. 1.2.2, S. 200ff.); hier geht es zunächst um die Rahmenbedingung der Erfassungsakte.
[28] Vgl. die oben im Zuge der Textstrategien angesprochene Thema-Horizont-Struktur (vgl. o. S. 105f.).
[29] Vgl. HUSSERL, Phänomenologie, 24.
[30] Ebd., 29.
[31] Vgl. ebd., 23 und 35.
[32] Ebd., 52 [Hervorhebung CWB].

WOLFGANG ISER entfaltet die Begriffe von Retention und Protention für das literarische Werk zunächst auf der Satzebene des Textes[33]: Als über die bloße Abbildung des von ihnen verwendeten und in ihnen erscheinenden selektierten Materials hinausgehende und als erst im Zusammenspiel mit anderen Sätzen eine Sinneinheit, nämlich ihren ästhetischen Gegenstand, entwerfende stellen sich Sätze in fiktionalen Texten als „intentionale Satzkorrelate" (180) – ein Begriff, den ISER von ROMAN INGARDEN aufgreift – dar.[34] Jedes intentionale Satzkorrelat besitzt einen „semantische[n] Richtungsstrahl" (181); es bietet zwar eine gesättigte Anschauung, die aber trotz aller Konkretheit Leervorstellungen aufweist und durch die Antizipation ihrer Auffüllung im Leser eine Erwartung auf das Kommende weckt: Im Verlauf der Lektüre bildet sich ein „Leerhorizont der Erwartung" (189). Umgekehrt geht, wenn im kontinuierlichen Prozess des Lesens ein Satzkorrelat gelesen ist, dieses – samt den geweckten Erwartungen – als Wissen in die Erinnerung des Lesers ein: Das Gelesene bleibt als Erinnerungssediment erhalten (vgl. 186 und 190), es entsteht ein „Leerhorizont ausbleichender Erinnerung" (189). „Auf diese Weise bleiben im stromzeitlichen Fluß des Lesens Vergangenheit und Zukunft in gradueller Abschattung gleichsam immer gegenwärtig" (189) und der Leser befindet sich durch seine Positionierung im Text als wandernder Blickpunkt, durch sein Mittendrin-Sein, immer am „Scheitelpunkt von Protention und Retention" (181). Das heißt, dass der Raum des Textes[35] sich für den Leser immer zugleich nach vorn wie nach hinten aufspannt, bezogen auf vergangene wie zukünftige Lektüre:

> „Jeder Augenblick der Lektüre ist eine Dialektik von Protention und Retention, indem sich ein noch leerer, aber zu füllender Zukunftshorizont mit einem gesättigten, aber kontinuierlich ausbleichenden Vergangenheitshorizont so vermittelt, daß durch den wandernden Blickpunkt des Lesers ständig die beiden Innenhorizonte des Textes eröffnet werden, um miteinander verschmelzen zu können." (182f.)[36].

---

[33] Der Sachverhalt lässt sich aber gleichermaßen auch auf der Ebene der Textperspektiven aufzeigen, was ISER denn auch tut, vgl. ISER, Akt, 184ff.
[34] Vgl. ISER, Process, 52 und auch KUHANGEL, Text, 113.
[35] Zur Verräumlichung der zeitlichen Erstreckung der Lektüre, zur Ausbildung einer abgestuften Raumtiefe und einer Text*welt* durch die synthetisierenden Operationen des wandernden Blickpunktes vgl. ISER, Akt, 189.
[36] Es ist also deutlich, „daß sich der Fluß des Lesens nicht in einsinniger, unumkehrbarer Richtung vollzieht, sondern daß die retentionale Vergegenwärtigung den Blick auch zurückspringen lässt" (ebd., 188). Vgl. zur Lektüre als Dialektik aus Protention und Retention noch ISER, Process, 56f.

1 Wolfgang Isers Phänomenologie des Lesens

Zu einem späteren Zeitpunkt der Lektüre können Textsignale so bestimmte, in die Erinnerung eingegangene Sachverhalte bzw. Perspektivensegmente aufrufen, ‚wecken'. Mit dem geweckten Sachverhalt wird zugleich seine Umgebung wachgerufen, in die er eingebettet ist. Das Textsignal, der „Weckungsstrahl" (190), selbst intendiert indes ausschließlich den bestimmten Sachverhalt, das Aufrufen der Einbettung übernimmt dagegen das retentionale Bewusstsein des Lesers. So vergegenwärtigt bietet sich der geweckte Sachverhalt dergestalt dar, dass er „von einem Punkt außerhalb seiner gewärtigt werden kann", also „im Horizont seiner möglichen Beobachtbarkeit"; er wird „immer zugleich als ein Erfasstes gegenwärtig" (alle drei Zitate 190). Dieses Auftreten im Status des Erfasstwerdens führt dazu, dass am geweckten Sachverhalt Aspekte sichtbar werden, die zuvor nicht sichtbar waren: Das erinnerte Element verändert sich. Und mutatis mutandis gilt dies auch von der Erwartung des Lesers, sodass sowohl „die retentionale Vergegenwärtigung des vergangenen in eine ständige Modifikation des jeweiligen Jetzt" (186) als auch „das gegenwärtige Jetzt in eine Modifikation des vergangenen umschlägt" (188).[37]

Bei der reziproken Verspannung von Retention und Protention handelt es sich um eine synthetische Aktivität in der Vorstellung des Rezipienten, „eine individuell differenzierte Konstitutionsaktivität des Lesers" (189) – abhängig von dessen „Erinnerungsvermögen, Interesse, Aufmerksamkeit und Kompetenz" –, in der denn auch „der Quellpunkt für die subjektiv verschiedene Inhaltlichkeit der im wandernden Blickpunkt vorgezeichneten intersubjektiven Struktur der Erfassungsakte fiktionaler Texte" (beide Zitate 192) liegt. Der Text stößt diese Aktivität an, formuliert die sich aus der Verspannung aus Retention und Protention ergebenden Modifikationen an Erinnertem wie an Erwartetem aber nicht selbst. „Textsignal und Bewußtseinstätigkeit des Lesers [verschmelzen] zu einem produktiven Akt […], der auf keine seiner beiden Komponenten reduzierbar ist" (190; vgl. 180). Die reziproke Verspannung von Retention und Protention, die sich programmatisch im Konzept

---

[37] „So spielen im Lesevorgang ständig modifizierte Erwartungen und erneut abgewandelte Erinnerungen ineinander." (ISER, Akt, 182) Vgl. ISER, Akt, 186: „Da der wandernde Blickpunkt in keiner Textperspektive ausschließlich situiert ist, vermag sich der Ort des Lesers nur über die Kombinationsvielfalt der Textperspektiven zu etablieren. Diese Kombinationen müssen die perspektivische Anlage des Textes entfalten, was nur über die retentionalen Modifikationen der vielen im Lesen durch Abhebung artikulierten Augenblicke möglich ist. Dadurch wird diese Struktur zur Voraussetzung für den Transfer des Textes in das Bewußtsein des Lesers." Die wechselseitige Modifikation ist als eine Spezifizierung der Konstellation wechselseitiger Beobachtbarkeit anzusehen, von der oben im Rahmen der Thema-Horizont-Struktur die Rede war (vgl. o. S. 105).

des Lesers als wanderndem Blickpunkt ausgedrückt findet, bildet dabei die Rahmenbedingung für den Transfer des Textes in die Vorstellung des Lesers.[38]

1.2.2 Die synthetische Aktivität des Lesers – Gestaltbildung, Geschehenscharakter und Verstrickung[39]

Nach der Darlegung der Rahmenbedingung der Erfassungsakte im Lektürevorgang wendet sich WOLFGANG ISER den Erfassungsakten selbst und den Bewusstseinskorrelaten zu, die in diesem Prozess ausgebildet werden. Konkret geht es dabei um die Frage, wie sich im Lesevorgang der Text als konsistenter Zusammenhang in die Vorstellung des Lesers übersetzt, und letzten Endes darum, wie der Leser dem Text Sinn beilegt.

Die „Basis des Erfassens" (194) bzw. die „Grundstruktur der Erfassungsakte" (205) ergibt sich für WOLFGANG ISER direkt aus dem Modus des wandernden Blickpunktes, nämlich daraus, wie dieser den Text in ein „Netz von Beziehungsmöglichkeiten" (193) – und zwar als Konsequenz der „Beziehungsvielfalt seiner Perspektiven" (192) – auffächert und so zu „Interaktionsstrukturen auseinander[faltet]" (194)[40]: Der Leser hat Beziehungen herzustellen und Sinneinheiten zu bilden, „Gruppierungen, durch die interagierende Textperspektiven zu einem Äquivalent zusammengeschlossen werden" (193f.). Die synthetische Aktivität des Lesers vollzieht sich also als Gruppierungsaktivität, nämlich indem die von den Leestellen ausgesparten Anschlüsse hergestellt werden. Für die Bezeichnung der dabei gebildeten Sinneinheiten greift WOLFGANG ISER auf den wahrnehmungspsychologi-

---

[38] Zusammenfassend lässt sich somit sagen: „Der wandernde Blickpunkt bezeichnet den Modus, durch den der Leser im Text gegenwärtig ist. Diese Gegenwart bestimmt sich als Strukturierung des Textes, der dadurch in die Innenhorizonte von Erinnerung und Erwartung aufgefächert wird. Die daraus entspringende dialektische Bewegung bewirkt eine ständige Modifikation der Erinnerung, sowie eine Komplizierung der Erwartung. Dafür sorgen die voneinander abgehobenen Textperspektiven, die sich als wechselseitige Horizonte stabilisieren und damit ständig aufeinander bezogen sind. Diese Horizontdialektik wird zum Antrieb für die vom Leser zu leistenden synthetischen Aktivitäten." (ebd., 193)

[39] Vgl. zum Folgenden ebd., 177–256; ISER, Lesevorgang; ISER, Process; ISER, Reading. Vgl. außerdem PANY, Modelle, 44–55 und MAYORDOMO-MARÍN, Anfang, 73–75.

[40] WOLFGANG ISER spricht u. a. auch vom „Fächer von Bedeutungsmöglichkeiten" (ISER, Akt, 201), vom „Möglichkeitsfächer" (ISER, Akt, 202) oder vom „Realisationsspektrum" (ISER, Akt, 45) und davon, dass die Leerstellen eine „Möglichkeitsvielfalt" (ISER, Akt, 286) eröffnen, „ein Netz von Beziehbarkeiten, durch das sich die Segmente [sc. Textsegmente, CWB] bzw. Bilder wechselseitig bestimmen" (ISER, Akt, 303).

1 Wolfgang Isers Phänomenologie des Lesens

schen Begriff der *Gestalten* zurück. Diese werden gebildet, indem der Leser die vorgezeichneten Beziehungen identifiziert und so beim Lesen des Textes das bloße Sprachzeichen mit seinem im Text nicht explizit formulierten Verweisungszusammenhang zu einer Einheit zusammenschließt (vgl. 197 und 226).[41] Dieser „allen Erfassungsakten zugrunde liegende[...] Gestaltbildungsprozeß" (209) nimmt also seinen Ausgang von den Zeichenbeziehungen des Textes und ergibt sich aus der Interaktion von Text und Leser, nämlich indem die synthetischen Akte der Vorstellung Textzeichen gruppieren und in einen einheitlichen, konsistenten Zusammenhang überführen[42]; der formulierte Text ist „das Muster strukturierter Anweisung für die Vorstellung des Lesers" (20). Die „zentrale Kategorie der Vorstellung" (222) ist dabei das *Bild*: „Im Bild geschieht die Besetzung dessen, was das Textmuster ausspart, durch seine Struktur jedoch konturiert." (20f.)[43]

Insofern die Beziehungen der Textzeichen untereinander, das „Beziehungsnetz" (193) mit seinem „Fächer von Möglichkeiten" (200) die Voraussetzung der Gestaltbildung sind, bleibt, da ja Textstrategien und Leerstellen die Zeichenbeziehungen vorzeichnen, die Gestaltbildung in gewissem Maße vom Text kontrolliert.[44] Hervorgebracht werden die konsistenten Gestalten aber vom Leser. Die Gestalten sind das Äquivalent der angesprochenen Beziehungen in der Vorstellung des Lesers[45], Projektionen (vgl. 195; 197; 263 u. ö.; auch 344f. und 347). Die Gestaltbildung spielt sich so in der Einbildungskraft des Lesers ab, vollzieht sich aber gleichwohl bis zu einem gewissen Grad intersubjektiv eindeutig.[46] Ein hoher Grad an intersubjektiver Eindeutigkeit ist etwa im Blick auf das Erstellen einer Kohärenz von Figurenkonstellationen und Handlungszusammenhängen gegeben. In hohem Grade subjektiv dagegen ist die *Sinn*gestalt[47] eines Textes, also der Sinn, den der

---

[41] Gestalt ist bei WOLFGANG ISER also konsequent im Sinne der Gestaltpsychologie verstanden: „Gestaltkohärenz ist im Gegensatz zu formalistischen Textmodellen keine Eigenschaft des Textes" (MAYORDOMO-MARÍN, Anfang, 74).

[42] Konsistenzbildung also „vollzieht sich als Folge ständig zu schließender Gestalten" (ISER, Akt, 202); sie „ist die unabdingbare Grundlage der Erfassungsakte überhaupt" (ISER, Akt, 204f.).

[43] Vgl. ebd., 219–225.

[44] Insofern sind die Gestalten keine dem Text aufoktroyierten Bedeutungen; vgl. ebd., 195.

[45] Vgl. ebd., 205: „Damit ist der Punkt markiert, an dem die Textstruktur in eine Aktstruktur umschlägt".

[46] Dieser spezifischen intersubjektiven Eindeutigkeit, die bis in die selektiven Realisierungen bzw. episodischen Aktualisierungen hineinreicht, ist die grundsätzliche intersubjektive Zugänglichkeit des (dann je subjektiv zu vereindeutigenden) Realisierungsfächers selbst vorgeordnet, die fassbar wird im Konzept des impliziten Lesers; vgl. ebd., 65f.

[47] WOLFGANG ISER unterscheidet – wie er es eher unpräzise auch nennt (vgl. ebd., 205) – zwei Textebenen bzw. genauer: zwei Modalitäten oder Typen von Gestalten (vgl. ISER, Akt,

Leser dem Text beilegt und den er erfährt. Denn wenn man nach der Sinnhaftigkeit der Handlungsebene fragt und sich somit auf die Sinnebene des Textes begibt, kommt in hohem Maße die Individualität des Lesers ins *Spiel*; die Gestaltbildung auf der Sinnebene ist für WOLFGANG ISER insgesamt als kreativer Akt zu kennzeichnen: Weil der Sinn des Textes

> „noch nicht mit der formulierten Aspekthaftigkeit seiner Schemata identisch ist, sondern sich erst in der Vorstellung über die wechselseitige Qualifizierung der im Text gegeben Aspekte zu bilden vermag[,] [...] bleibt zwar der Sinn auf das bezogen, was der Text sagt, und ist nicht eine willkürliche Produktion des Lesers; dennoch muß er in der Vorstellung erzeugt werden [...]. Daraus folgt, daß die in der Vorstellungsbildung sich vollziehende Sinnkonstitution des Textes einen kreativen Akt darstellt" (230f.).[48]

Innerhalb der Gestaltbildung manifestiert sich dies an der Notwendigkeit einer Auswahl, die sich aus dem Netz von Beziehungsmöglichkeiten ergibt. Denn eine konsistente Gestalt gibt es nur, „wenn eine und nicht alle Möglichkeiten gleichzeitig gewählt werden" (201; vgl. VI).[49] Bei der Gestaltbil-

---

200ff.): einen ersten, intersubjektiv relativ eindeutigen Typ, welcher in den Figurenkonstellationen und Handlungszusammenhängen aufgeht; daneben einen zweiten, von durch individuelle Dispositionen beeinflussten Selektionsentscheidungen hervorgerufenen und daher mehr subjektiven Typ, welcher in der Sinnhaftigkeit von Handlungs- und Figurenkonstellation gegeben ist. Beide Gestalttypen sind eng miteinander verknüpft: „Keine [sc. Textebene] ist ohne die andere denkbar. Denn der Sinn hat nur Sinn im Blick auf die in der Handlung organisierte Faktizität, und diese wiederum bedarf der Auslegung, damit man begreift, was durch sie gesagt ist." (ISER, Akt, 205)

[48] Das Netz von Beziehungsmöglichkeiten und speziell die Leerstellen eröffnen also einen „Auslegungsspielraum" (ISER, Appellstruktur II, 235), und man geht nicht zu weit, zu sagen, dass in ISERs Theorie der „Begriff des Spielraums ein konstitutives Kriterium des Ästhetischen darstellt" (Grimm, Rezeptionsgeschichte, 44) und der Text als auf Polysemie bzw. Multivalenz angelegt gedacht ist (vgl. Grimm, Rezeptionsgeschichte, 44). Dies spricht man – wie im Übrigen auch ISER selbst (vgl. ISER, Akt, 46) – auch gerne als die ‚Offenheit des Kunstwerkes' an; vgl. im Speziellen ECO, Kunstwerk und dazu KUHANGEL, Text. In späteren Jahren hat WOLFGANG ISER den Begriff des Spiels noch stärker und – unter Rückgriff auf spieltheoretische Überlegungen – reflektierter herangezogen; vgl. z. B. ISER, Fiktive, Kap. V [„Textspiel"] und ISER, Anthropology, Kap. 12 [„The Play of the Text"].

[49] Vgl. JEANROND, Text, 114. Zusätzlich ergibt sich die Notwendigkeit einer Auswahl für ISER aus der Tatsache, dass der Leser bei der Lektüre die Gedanken eines anderen denkt und somit eine Fremderfahrung macht. Weil diese aber wesengemäß den Erfahrungshorizont des Lesers überschießt und diesem somit zunächst nur teilweise zugänglich ist, ist er zu einer selektiven Realisierung gezwungen; vgl. ISER, Akt, 206.
WOLFGANG ISER spricht im Blick auf den angesprochenen Auswahlvorgang von „Selektionsentscheidungen" (ISER, Akt, 193 u. ö.; auch z. B. ISER, Leser, 92), die der Leser zu treffen hat. Seine Verwendung des Begriffs ‚Selektion' bzw. ‚Selektionsentscheidung' hier ist zu unterscheiden von der in seinem Textmodell, wo er mit ‚Selektion', wie dargelegt, das Hineinziehen außertextueller Realität, des sozio-kulturellen Kontexts und vorangegangener

1 Wolfgang Isers Phänomenologie des Lesens

dung handelt es sich somit um die selektive Realisierung *einer* Möglichkeit aus dem Beziehungsnetz zahlreicher Sinnmöglichkeiten. Der Auswahlvorgang ist nun aber in hohem Maße beeinflusst „von den individuellen Dispositionen des Lesers, von seinen Bewußtseinsinhalten, seinen epochal und sozial bedingten Anschauungen – kurz, von seiner Erfahrungsgeschichte" (201). Das heißt, in der Vorstellungsbildung werden „die subjektiven Sedimentierungen vorhandenen Wissens" (233) im Leser mobilisiert – sei es nun auf affirmative oder dementierende Art und Weise (vgl. 222 und 233) –, „Assoziationen seines Wissensvorrats" (233) geweckt. Hierin liegt die Subjektivität der Gestaltbildung begründet.[50] Was dabei den Anteil der Subjektivität kontrolliert, ist der durch den Text vorgegebene Bezugsrahmen; die Schemata lenken das Aufrufen des Erinnerten und die Vorstellungtätigkeit des Lesers (vgl. 233 und 236). Hier erweist sich die formgebende Funktion des Textrepertoires für die Vorstellungsbildung:

> „Soziale Normen, zeitgenössische und literarische Anspielungen etc. erweisen sich nun als Schemata, die den Umfang aufgerufener Erinnerung bzw. des geweckten Wissensvorrats konturieren." (233)

In das Schema, das sich nämlich durch die „Kargheit seiner Formulierung als Hohlform" (233) darstellt, kann dann das sedimentierte Wissen des Lesers einfließen. „Damit nutzt der Text durch seine Schemata die individuelle Erfahrungsgeschichte seiner Leser". (233)[51]

WOLFGANG ISER betont, dass bei der Gestaltbildung auch den in dem Auswahlvorgang nicht gewählten Möglichkeiten eine entscheidende Rolle zukommt: Die bei der Wahl einer Möglichkeit nicht berücksichtigten Möglichkeiten werden durch die Auswahl „gleichsam erst mit erweckt" (206). Als

---

Literatur, in den Text und mit ‚Selektionsentscheidungen' den dieser voraufgehenden Auswahlvorgang bezeichnet (vgl. o. S. 91ff.).

[50] Subjektiv ist die Sinngestalt in dem Sinne, dass sie nicht intersubjektiv identisch ist; ISER spricht von einer „Streubreite" (ISER, Akt, 232). Dies bedeutet jedoch nicht zugleich, dass sie nicht auch intersubjektiv verstehbar wäre (vgl. ISER, Akt, 193 und 244), was sich aus der grundsätzlichen intersubjektiven Zugänglichkeit des Realisierungsfächers ergibt (vgl. o. S. 201 Anm. 46).

[51] Von den Gestalten als Projektionen zu sprechen (vgl. o. S. 201) – auch eingedenk der Tatsache, dass es bei den Leerstellen um eine Besetzung geht –, hat also durchaus seine Berechtigung. Diesen subjektiven Anteil bei der Gestaltbildung gilt es gegenüber der Kritik herauszustellen, wie sie etwa WERNER G. JEANROND vorbringt, nämlich, dass es sich in ISERs Theorie beim Verhältnis von Text und Leser nicht um ein „Verhältnis gleichautoriärer Wechselwirkung" handle, welches aufgrund dessen nicht dialektisch genannt werden könne (JEANROND, Text, 108), oder gar, dass die Gestaltwerdung „zum Sklavendienst am Text" würde (JEANROND, Text, 110).

nicht gewählte Möglichkeiten werden sie virtuell, verbleiben zunächst im Hintergrund und überschatten die durch den Auswahlvorgang gebildeten Gestaltkonfigurationen. Dergestalt können sie dann zu einem späteren Zeitpunkt auf die Gestaltbildung zurückwirken, nämlich indem sie „sich über die stabilisierten Sinngestalten lagern und diese soweit zu irritieren vermögen, daß sie in die Schwebe geraten" (207). Der Auswahlvorgang konstituiert so neben der Gestalt selbst einen „Möglichkeitsüberschuss" (207) ausgeschlossener Möglichkeiten, einen „Möglichkeitskranz" (207) virtualisierter Möglichkeiten, die in der Lage sind, die zuvor gebildete Gestalt in Bewegung zu bringen und schließlich zu modifizieren. Die einzelne Gestalt ist dabei „sowohl aktuelle Einheit wie auch transitorisches Moment" (210). Mit anderen Worten: Die Gestaltbildung produziert selbst ihre latente Störung und „läßt den Erfassungsakt als eine Kettenreaktion von Gestaltsprengungen verlaufen" (213), eine Abfolge vorläufiger Sinnstabilisierung, Problematisierung und erneuter Integration der gewonnenen Gestalten.[52]

Den Leerstellen kommt in der auf diese Weise ablaufenden Vorstellungsbildung eine gewichtige Rolle zu. WOLFGANG ISER beschreibt den Ablauf von Stabilisierung, Problematisierung und erneuter Integration – die „Vorstellungsketten" (315) bzw. die vom Leser in Gang gebrachte, „vom Text gelenkte Interaktion seiner [sc. des Lesers] Vorstellungen" (292) – mit Blick auf die Leerstelle, ohne den Gestaltbegriff eigens zu bemühen, folgendermaßen:

---

[52] WOLFGANG ISER spricht diesbezüglich von einem „‚Schneeballeffekt' der Vorstellungsbildung" (ISER, Akt, 237) und von „polythetisch verlaufenden Vorstellungsakten", in denen „sich das im Gesagten Verschwiegene zu einem Vorstellungszusammenhang im Bewußtsein des Lesers [realisiert]" (beide Zitate ISER, Akt, 239). Die Vorstellungsfolge sieht er wesentlich der zeitlichen Ausdehnung der Lektüre geschuldet: „Das Lesen bringt durch seinen Verlauf eine Zeitachse hervor, auf der sich die von der Vorstellung erzeugten imaginären Objekte im Nacheinander versammeln. [...] Ein solches Nacheinander ermöglicht dann, Unterschiede, Kontraste und Oppositionen zwischen den im Lektüreprozess erzeugten Vorstellungsgegenständen zu gewärtigen. [...] So erscheint in der Vorstellungsfolge der Lektüre das einzelne imaginäre Objekt vor dem Hintergrund eines bereits zur Vergangenheit entrückten. [...] Da das jeweils neue seinerseits durch die zeitliche Erstreckung der Lektüre in die Vergangenheit rückt, zeichnet es sich mit der ihm widerfahrenden Modifikation dem jeweils gegenwärtigen Vorstellungsobjekt ein. [...] Daraus ergeben sich dann die kumulativen Modifikationen der auf der Zeitachse zusammenlaufenden Vorstellungsgegenstände." (ISER, Akt, 239f. Zur Zeitqualität des Sinnes vgl. ISER, Akt, 241–243.) Der Leser vollzieht also im Verlauf der Vorstellungsbildung zwei eng miteinander verbundene Aktivitäten: „1. die Entfaltung der im Text vorgegebenen Aspekte zu Vorstellungsgegenständen, und 2. deren ständige Modifikation auf der Zeitachse des Lektüre." (ISER, Akt, 243) Es ist deutlich, dass sich in derart ablaufenden Vorstellungsakten die oben beschriebene Rahmenbedingung des wandernden Blickpunktes, speziell Protention und Retention, zur Geltung bringt (vgl. o. Kap. 1.2.1, S. 195ff.).

1 Wolfgang Isers Phänomenologie des Lesens

> „Besetzt der Leser durch seine Vorstellungen [...] die von der Leerstelle jeweils vorgezeichnete Bestimmungsbedürftigkeit der Erfassungsstruktur, so kann es nicht ausbleiben, daß einmal gebildete Vorstellungen angesichts neuer Bestimmungsbedürftigkeiten wieder preisgegeben werden müssen. Dadurch kommt es zu einem Reaktionsverhältnis der Vorstellungen untereinander. Denn wir reagieren auf eine Vorstellung, indem wir sie durch eine andere ersetzen, wobei die neue von dem konditioniert bleibt, was die alte nicht mehr zu leisten vermochte. Damit zeichnet sich die preisgegebene Vorstellung der nachfolgenden ein." (315).

WOLFGANG ISER unterscheidet hierbei zwischen Vorstellungen ersten und zweiten Grades: Die Gestalt bzw. Vorstellung, wie sie sich zunächst in dem beschriebenen Auswahlvorgang bildet, bezeichnet ISER als Vorstellung ersten Grades (vgl. 292). Vorstellungen zweiten Grades sind demgegenüber solche, die in dem dargestellten Gestaltsprengungsprozess entstehen, „solche, mit denen wir auf gebildete Vorstellungen [sc. ersten Grades, CWB] reagieren" (289) und die sich immer dann ergeben, „wenn die von der Vorstellung ersten Grades geweckte Erwartung nicht eingelöst wird" (290). Indem Leerstellen, wie ausgeführt, glatte Anschließbarkeiten aussparen, erweisen sie sich geradezu als „Bedingung für die Kollision von Vorstellungen in der Lektüre" (290).[53] Den Prozess der Vorstellungskollisionen interpretiert WOLFGANG ISER – in Anlehnung an eine und Absetzung von einer Auffassung von Kunst als Wahrnehmungserschwerung, wie sie von den russischen Formalisten vertreten wurde – als Vorstellungserschwerung (vgl. 290–293), der nicht zuletzt das ästhetische Potential fiktionaler Texte entspringt:

> „Sie [sc. die Vorstellungserschwerung] bewirkt vor allem über die wechselnden Umorientierungen, die sich aus der Reaktion auf Vorstellungen durch solche zweiten Grades ergeben, sich im Blick auf das [sc. durch das Repertoire angebotene bzw. aufgerufene] Wissen gerade das vorzustellen, was durch es verdeckt war, bzw. im Wissen etwas zu entdecken, das wir gar nicht sehen konnten, solange die gewohnte Perspektive herrschte, durch die wir über das Gewußte verfügten. So läuft die Vorstellungserschwerung darauf hinaus, den Leser von habituellen Dispositionen abzulösen, damit er sich das vorzustellen vermag, was durch die Entschiedenheit seiner habituellen Orientierungen vielleicht unvorstellbar schien." (293)

Sind es die Leerstellen, die die Vorstellungskollisionen bzw. die Vorstellungserschwerung bedingen, zeigt sich hier insbesondere auch ihre ästhetische Relevanz (vgl. 289f.).

Es leuchtet ein, dass sich die Veränderung der Vorstellungen, die aus de-

---

[53] Daraus folgt, „daß die Lebhaftigkeit unserer Vorstellung proportional zu den Leerstellenbeträgen steigt" (ebd., 293).

ren Kollision resultiert, in hohem Maße konstitutiv zeigt für eine Interaktion von Text und Leser (vgl. 263). Erführen die einmal gebildeten, auf den Text projizierten Vorstellungen (ersten Grades) keine korrigierende Veränderung im weiteren Verlauf der Textlektüre und das heißt: würden diese „Projektionen des Lesers sich widerstandslos dem Text überlagern" (263), fände wirkliche Interaktion im Sinne eines wechselseitigen Einwirkens aufeinander überhaupt nicht statt. Die von den Leerstellen bedingte Kollision von Vorstellungen, die Abfolge vorläufiger Sinnstabilisierung, Problematisierung und erneuter Integration gewonnener Gestalten ermöglicht dagegen die Text-Leser-Interaktion.

Schon allein dadurch, dass der Leser die Gestalt in seiner Vorstellung bildet, ist er in ihr befangen (vgl. z. B. 207 und 293); WOLFGANG ISER spricht dahin gehend davon, dass in der Vorstellung die Subjekt-Objekt-Spaltung aufgehoben ist (vgl. 21f.; 227; 248 und v. a. 251):

> „[I]ndem wir uns etwas vorstellen, sind wir zugleich in der Präsenz des Vorgestellten; denn dieses existiert während seines Vorgestelltseins nur durch uns, so daß wir in der Gegenwart dessen sind, was wir hervorgebracht haben." (225; vgl. 244f.)

Und auch in der soeben ausgeführten Problematisierung der einmal gebildeten Gestalten und der erneuten Integration reagiert der Leser nur auf das, was er selbst hervorgebracht hat, kann sich also auch von diesem Vorgang nicht ablösen. Es liegt auf der Hand, dass die beschriebene latente Störung der Gestaltbildung, die fortlaufende Irritation der Gestalten, sich auf diese Beteiligung auswirkt: Sie ist nicht ungebrochen, sondern wird bei fortlaufender Lektüre ihrerseits durchkreuzt und aufgebrochen und ist so einer ständigen Irritation unterzogen, die „eine Spannung [erzeugt], die den Leser zwischen vollkommenem Befangensein und latenter Distanzierung oszillieren lässt" (208; vgl. 293).[54] Dieses ständige Hin- und Herschwingen zwischen Befangensein und beobachtender Distanz im Verbund mit dem ständigen Reagieren auf die Problematisierung des Hervorgebrachten bewirkt, dass der Leser den Text als *Geschehen* erfährt, in dem „die vom Text gesteuerten Gegenläufigkeiten der Gestaltbildung miteinander verbunden" (209) sind:

---

[54] Die Oszillation zwischen Befangensein und Distanzierung hat ihre Entsprechung in WOLFGANG ISERs doppelwertiger Einschätzung des Text-Leser-Verhältnisses – einerseits der besonders intensiven Form der Beziehung zwischen Text und Leser, dem Mittendrinsein des Lesers im Text, andererseits der eigentümlichen Transzendenz des Textes und seiner ästhetischen Gegenständlichkeit –, die oben nachgezeichnet wurde (vgl. o. S. 195ff.).

1 Wolfgang Isers Phänomenologie des Lesens

> „[D]ieser Reaktionsmodus erst macht es plausibel, weshalb wir den Text wie ein reales Geschehen zu erfahren vermögen. Wir fassen ihn [sc. den Text] nicht auf wie ein gegebenes Objekt, wir begreifen ihn auch nicht wie einen Sachverhalt, der durch prädikative Urteile bestimmt wird; vielmehr ist er uns durch unsere Reaktionen gegenwärtig. Der Sinn des Werks gewinnt damit selbst den Charakter des Geschehens, und da wir dieses als Bewusstseinskorrelat des Textes erzeugen, erfahren wir diesen Sinn als Wirklichkeit." (210)

Das Befangensein des Lesers in den von ihm in seiner Vorstellung hervorgebrachten Gestalten fasst WOLFGANG ISER im Anschluss an WILHELM SCHAPP[55] noch präziser als Verstricktsein: „Verstricktsein ist der Modus, durch den wir in der Gegenwart des Textes sind, und durch den der Text für uns zur Gegenwart geworden ist." (214)[56] Aus dem Verstricktsein ergeben sich für WOLFGANG ISER gravierende Folgen für die Wirkung des Textes:

> „Bewirkt die Verstrickung unser Gegenwärtigsein im Text, so ist dieses ein Bewußtseinskorrelat, durch das der Geschehenscharakter seine notwendige Ergänzung erfährt. Einem Geschehen gegenwärtig zu sein, heißt, daß uns in solcher Gegenwart auch etwas geschieht. Je mehr der Text für uns zur Gegenwart wird, desto mehr wird das, was wir sind – jedenfalls für die Dauer der Lektüre – zur Vergangenheit. Indem ein fiktionaler Text die uns beherrschenden Ansichten zur Vergangenheit entrückt, bietet er sich selbst als eine Erfahrung, denn was nun geschieht bzw. geschehen kann, war nicht möglich, solange die uns orientierenden Ansichten selbst unsere Gegenwart bildeten. [...] Das Lesen zeigt insofern die Struktur der Erfahrung, als das Verstricktsein unsere Vorstellungsorientierungen zur Vergangenheit entrückt und damit zugleich deren Geltung für die neue Gegenwart suspendiert. Das heißt jedoch nicht, daß jene in die Vergangenheit zurückgeschobene Erfahrung damit verschwände. Im Gegenteil: Als Vergangenheit ist sie immer noch meine Erfahrung, die nun allerdings in eine Interaktion mit der noch unvertrauten Gegenwart des Textes tritt. [...] Das aber heißt: durch die Erfahrung des Textes geschieht etwas mit unserer Erfahrung." (214f.)

Das Verstricktsein des Lesers im Text fungiert damit als Erfahrungsbedingung. Aber mehr noch: Der Modus des Verstricktseins strukturiert zugleich den Erfahrungserwerb – nämlich als Interaktion und Verschmelzung sedimentierter und neuer Erfahrung, als „Wechselwirkung von Umschichtung und Formgebung" (216). Der Leser macht also während des Lesens eine Er-

---

[55] Vgl. SCHAPP, Geschichten (vgl. den Hinweis ISER, Akt, 214 Anm. 37). In seiner ‚Philosophie der Geschichten' entwickelt WILHELM SCHAPP eine narrative Ontologie und vertritt die These, die sich dahingehend zusammenfassen ließe, dass der Mensch jeweils ist, was und wer er ist, durch ‚Geschichten', in die er ‚verstrickt' ist, dass er also allererst über sein Verstricktsein in Geschichten Wirklichkeit und Gegenwart, ‚Sein' erlangt; vgl. JEANROND, Text, 109 Anm. 125 und DREHSEN, Narrare, 65.

[56] Vgl. so bereits ISER, Leser, 7.

fahrung; in der Lektüre geschieht etwas mit seiner Erfahrung. Er macht – wenn man so will – eine Erfahrung mit der Erfahrung. Nach WOLFGANG ISER gilt jedoch die Wechselwirkung von Umschichtung und Formgebung für die Struktur des Erfahrungserwerbs generell und so macht für ihn dieses Reflexivwerden der Erfahrung allein auch noch nicht das spezifisch Ästhetische des beschriebenen Interaktionsverhältnisses zwischen sedimentierter und neuer Erfahrung aus. Dessen ästhetisches Moment liegt seines Erachtens vor allem darin, derartige Vorgänge durchsichtig zu machen: Die sich einstellende Erfahrung ist eine ästhetische, sofern sie „den Erfahrungserwerb selbst bewusst [macht]; das Zustandekommen der [sc. ästhetischen] Erfahrung ist von der ständigen Einsicht in die Bedingungsverhältnisse begleitet. Dadurch gewinnt die ästhetische Erfahrung ein transzendentales Moment." (217) Als Durchsichtigmachen ist dabei eben jener Sachverhalt angesprochen, von dem oben im Zuge der Problematisierung der einmal gebildeten Gestalten und der erneuten Integration die Rede war: dass nämlich der Leser zwischen Befangensein und *beobachtender Distanz* oszilliert (vgl. o. S. 206). Mit anderen Worten:

> „An diesem Punkt gewinnen die vom Leser im Gestaltbildungsprozeß erzeugten Diskrepanzen ihre eigentliche Relevanz. Sie bewirken es, daß der Leser die Unzulänglichkeit der von ihm erzeugten Gestalten selbst gewärtigen kann und folglich in eine latente Distanz zu seiner eigenen Beteiligung am Text gerät, so daß er sich in einer fremd gelenkten Tätigkeit zu beobachten, wenigstens aber zu sehen vermag. Sich im Vorgang der Beteiligung wahrnehmen zu können, bildet ein zentrales Moment ästhetischer Erfahrung; es gewährt einen eigentümlichen Zwischenzustand: man sieht sich zu, worin man ist." (218)[57]

Macht das lesende Subjekt in der Lektüre eine Erfahrung mit seiner Erfahrung, so bedeutet dies, dass es seinerseits durch den zu einem Vorstellungsbild synthetisierten Zusammenhang *affiziert* wird – WOLFGANG ISER spricht deshalb auch vom „affektive[n] Charakter des Vorstellungsbildes" (226). Oder anders gewendet: Dem Leser widerfährt eine Irrealisierung, nämlich in dem Sinne, dass die Vorstellung ihn aus seiner eigenen Realität heraus- und von sich selbst abhebt (vgl. 227; 243f. und 251f.). Wenn die Gestaltbildung auf der Sinnebene zwar vom Text vorgezeichnet ist, sich aber erst in der Vorstellungstätigkeit des Rezipienten vollzieht, wenn sie eine Formulierung von

---

[57] Dass gerade die Problematisierung einmal gebildeter Gestalten innerhalb des Gestaltbildungsprozesses für die ästhetische Qualität des Vorgangs von Relevanz ist, war schon angedeutet worden, nämlich da, wo davon die Rede war, dass die ästhetische Relevanz der Leerstellen sich insbesondere darin zeige, dass sie die Vorstellungskollisionen bzw. die Vorstellungserschwerung bedingen (vgl. o. S. 205).

1 Wolfgang Isers Phänomenologie des Lesens

Unformuliertem ist (vgl. o. S. 106 und 194), dann bedeutet dies, dass in der Irrealisierung „immer zugleich die Möglichkeit liegt, uns selbst zu formulieren und dadurch das zu entdecken, was unserer Bewußtheit bisher entzogen schien. In diesem Sinne bietet Literatur die Chance, durch Formulierung von Unformuliertem uns selbst zu formulieren." (255)[58]

> In diesem Zusammenhang ist noch auf die nicht unproblematische Unterscheidung WOLFGANG ISERs von Sinn und Bedeutung als zwei Stufen des Verstehens hinzuweisen, die er von PAUL RICŒUR übernimmt und die dieser wiederum im Anschluss an Überlegungen GOTTLOB FREGEs und EDMUND HUSSERLs formuliert hat.[59] Denn wird die beschriebene Erfahrung des Lesers, durch Formulierung von Unformuliertem sich selbst zu formulieren, also durch die Sinnkonstitution gewissermaßen sich selbst zu konstituieren, als solche *wirksam*, dann spricht ISER von Bedeutung. Das Wirksamwerden der Erfahrung ergibt sich daraus, dass der gebildete Sinn auf ein Bezugssystem hin ausgelegt wird. Bezeichnet ISER mit *Sinn* also präzise „die in der Aspekthaftigkeit des Textes implizierte Verweisungsganzheit, die im Lesen konstituiert werden muß", so ist für ihn *Bedeutung* „die Übernahme des Sinnes durch den Leser in seine Existenz" (beide Zitate 245).
> Diese begriffliche Unterscheidung, so wie WOLFGANG ISER sie ausführt, vermag allerdings nicht zu überzeugen. Denn schon bei der Konstitution des Textsinns spielen – wie oben gesehen (vgl. o. S. 201ff.) – subjektive Dispositionen eine entscheidende Rolle und das heißt: sie steht selbst schon vermittels der Erfahrungsgeschichte des Rezipienten in einem konstitutiven Zusammenhang mit einem Bezugssystem und hat, wenn es stimmt, dass dem Leser in diesem Prozess etwas geschieht, er eine Erfahrung mit der Erfahrung macht, offensichtlich bereits Implikationen für die Existenz des Lesers. WERNER G. JEANROND spricht sogar von einer „existentiellen Einheit von Sinnerschließung durch das Lesen und Selbstwerdung des Lesers"[60] bei WOLFGANG ISER. Wie anders wäre es auch zu verstehen, wenn, wie mit ISER oben ausgeführt wurde, der Leser am Hervorgebrachten partizipiert und darin befangen ist? Wenn das lesende Subjekt durch die von ihm gebildeten Vorstellungssynthesen affiziert wird und ihm eine Irrealisierung widerfährt? Wenn subjektive Sedimentierungen von Wissen mobilisiert und affirmativ bestätigt oder dementiert und zurückgewiesen werden? Wenn der Leser im Text verstrickt ist und dadurch etwas mit der Erfahrung des Rezipienten geschieht?

---

[58] Deshalb kommt der Irrealisierung besonders auf der Sinnebene Bedeutung zu, insofern sie nämlich die Voraussetzung dafür ist, dass speziell „die vom Leser produzierte Sinnkonfiguration zu einer Erfahrung zu werden [vermag]" (ISER, Akt, 227)

[59] Vgl. zum Folgenden ebd., 244f.; auch 41–43 und 46; vgl. auch HAWTHORN, Grundbegriffe, 289f.

[60] JEANROND, Text, 109. Auch WERNER G. JEANROND hält die von WOLFGANG ISER vorgenommene Unterscheidung von Textsinn und Textbedeutung für nicht stichhaltig; vgl. JEANROND, Text, 109. Im Übrigen zeigt sich die Rückkoppelung der Konstitution des Textsinns auf den Erfahrungshaushalt und den Habitus des Lesers innerhalb der Lektüre auch bei ISERs Differenzierung der Negationen, bei den primären, mehr noch bei den sekundären Negationen, und vor allem daran, dass beide immer in Mischungsverhältnissen anzutreffen sind; vgl. o. S. 193f.

Wenn bei der Gestaltbildung „die individuellen Dispositionen des Lesers, seine Bewußtseinsinhalte, seine [...] Anschauungen sowie seine eigene Erfahrungsgeschichte in mehr oder minder massiver Weise mit den Zeichen des Textes zu einer Sinnkonfiguration zusammengeschlossen werden" und sich Gestalten „erst im Zusammenspiel mit solchen Einstellungen bilden [können]"[61]? Die Anfragen machen deutlich, dass die begriffliche Aufspaltung in Sinn- und Bedeutungsebene im Akt des Lesens nicht, jedenfalls nicht so wie von ISER vorgenommen, haltbar ist. In der hier vorgenommenen Konzeptualisierung der wirkungsästhetischen Erkenntnisse WOLFGANG ISERs für eine Phänomenologie der Kirchenraumlektüre ist ihr daher nicht zu folgen. Der Anwendbarkeit seiner wirkungsästhetischen Überlegungen zu einer Phänomenologie des Lesens tut dies jedoch keinen Abbruch.

---

[61] Beide Zitate ISER, Lesevorgang, 264.

2 Der Zusammenhang von Leib und Raum – Grundlegende raumphänomenologische Einsichten

Bevor nun die in WOLFGANG ISERs Theorie ästhetischer Wirkung angestellten Überlegungen zu einer Phänomenologie des Lesens, die im vorigen Kapitel dargelegt wurden, für eine Ausarbeitung einer Phänomenologie der Kirchenraumlektüre herangezogen werden können, muss – um von vornherein die Gefahr auszuschließen, die Propria einer *Raum*lektüre im Unterschied zur Lektüre eines *literarischen* Textes zu verwischen – noch auf einige Charakteristika speziell der Raumwahrnehmung eingegangen werden. Hinzuweisen ist hier im Besonderen darauf, dass Raumwahrnehmung sich durch ein leiblich-körperliches Moment auszeichnet. Im ersten Teil, namentlich bei der Darstellung der Überlegungen RAINER VOLPs (vgl. o. Kap. 2.3, S. 87ff.), war dies schon zur Sprache gekommen. So wurde darauf hingewiesen, dass VOLP in seinem Beitrag zu einer Theorie des Kirchenraums die Aneignung des Kirchenraums als leiblich-körperlichen Lesevorgang beschreibt. Er führt aus, dass das Lesen des Kirchenraums sich mit allen Sinnen vollzieht und dass der sachliche Grund dafür in einer sehr unmittelbaren Korrespondenz von Räumen mit dem Körper (besser: Leib) des Menschen und seinem Verhalten zu suchen ist. Damit war schon dem vorgegriffen worden, was nun eigens besprochen werden muss: der Zusammenhang von Leib und Raum.

Wenn auf die Bedeutung der Leiblichkeit von Raumwahrnehmung eingegangen wird, so ist damit ein Verständnis der Raumlektüre ausgeschlossen, welches sich unter der falschen Prämisse, Architektur sei (ausschließlich) visuelle Kunst – und nur unter dieser eindimensionalen Perspektive – nahelegen könnte[1], nämlich ein Verständnis der Raumlektüre als eines bloßen Entzifferns von Zeichen oder Symbolen oder des Lesens ausschließlich im Sinne einer linearen Augenbewegung. (So, wie man sich das Lesen eines literarischen Textes vorzustellen geneigt sein mag, wenngleich – wie bei WOLFGANG ISER gesehen – eine solche Beschreibung auch schon für die Lektüre eines literarischen Textes zu kurz greift.) Stattdessen ist der benannte Zusammenhang von Leib und Raum zu berücksichtigen. Er kann als An-

---

[1] Vgl. hierzu und zum Folgenden BÖHME, Architektur, 54; 90; 105; 107–111, 134. Vgl. allgemein zur Kritik am Visualprimat und Okularzentrismus WELSCH, Grenzgänge, 152f. und 236–246.

satzpunkt einer Phänomenologie der Kirchenraumlektüre dienen. Wenn die Arbeit im ersten Hauptteil mehr das „*Was* der Repräsentation" im Kirchenraum beleuchtet hat, liegt damit nun der Schwerpunkt auf dem „*Wie* der Präsentation", das heißt auf Affekt und Gefühl, Präsenz und Performanz, also den affektiven, unbewussten Qualitäten und damit dem „performativen Charakter der Architektur" (wenngleich beide Seiten nicht auseinanderzureißen sind).[2] Zwar erfreut sich die Betonung von Präsenz und Performanz im gegenwärtigen architekturtheoretischen Diskurs großer Beliebtheit.[3] Aber in der Behandlung von Kirchenbau und Raumtext (als Grundlage von Wirkung) im ersten und Leib und Kirchenraum, Präsenz und Performanz (das heißt also – wenn man so will –: von Wirkung selbst) im zweiten Hauptteil spiegelt sich mehr noch „eine alte Kontroverse", „ein wiederkehrendes programmatisches Grundproblem: Der Widerstreit zwischen Theorie und Praxis, Ratio und Gefühl, Repräsentation und Präsenz, Sinn und Performanz oder zeitgenössischer: ‚hot' und ‚cool'", letztlich die Dualität von Leib und Geist.[4]

Der Zusammenhang von Leib und Raum ist ein Grundtopos phänomenologischer Theoriebildung, hier speziell leibtheoretischer Überlegungen.[5] Um ihn präziser zu fassen und ihn mithin als theoretisches Fundament für die folgende Phänomenologie der Kirchenraumlektüre zu legen, sollen nun phänomenologische Ansätze, die Raumphänomene aus der Leiberfahrung wahrzunehmen lehren, zu Wort kommen.

---

[2] Alle drei Zitate KUHNERT u. a., Präsenz, 23. Vom Kirchenraum als Performativ spricht z. B. STEPHAN SCHAEDE. Auch bei ihm ist deutlich, dass die performative Kraft sich aus den Raumgegebenheiten, der ‚Textur', entwickelt: „Die Kirche ist als Performativ ein Raum, der denjenigen, der ihn betritt, in dem Moment, in dem er eintritt, *durch die Raumtexturen*, also das, was die Formen, Farben, Geräusche und Durchblicke besagen, verändert. Sie verändert als religiöser Performativ in religiöser Weise." (SCHAEDE, Handlungsräume, 67 [Hervorhebung CWB])

[3] Vgl. v. a. die Kontroverse um die post-kritische oder projektive Theorie, die sog. post-criticality-Debatte; vgl. dazu KUHNERT u. a., Präsenz. Als Theoretiker der post-criticality-Debatte führt KUHNERT speziell ROBERT SOMOL und SARAH WHITING sowie SYLVIA LAVIN auf.

[4] Beide Zitate ebd., 23.

[5] GERNOT BÖHME weist darauf hin, dass „für den Raum qua leiblicher Anwesenheit die Phänomenologie [zuständig ist]" (BÖHME, Anwesenheit, 36). Zu nennen wären hier – außer den im Folgenden ausführlich besprochenen – in der Tradition EDMUND HUSSERLs neben anderen die Theorien MAURICE MERLEAU-PONTYs, ELISABETH STRÖKERs, HERMANN SCHMITZ' und BERNHARD WALDENFELS'.

2 Der Zusammenhang von Leib und Raum

2.1 Die leibräumliche Verfasstheit des Menschen

Phänomenologische Theorien betonen, dass Raum eine unhintergehbare anthropologische Dimension menschlicher Existenz ist. Der Mensch findet sich immer und überall (!) schon im Raum vor und geht im und mit dem Raum um.[6] Raum ist „präreflexiv im Vollzug aller leiblichen und geistigen Tätigkeiten immer schon da"[7]. Jedes Geschehen, jedes Ereignis findet *statt*, hat also einen Ort und ist ohne diesen Raumbezug schlechterdings nicht vorstellbar. „Räumlichkeit ist eine Wesensbestimmung menschlichen Daseins."[8]

Dabei findet sich der Mensch nicht nur *im* Raum vor. Er ist als räumlich begrenztes Wesen selbst leibräumlich verfasst: „[D]er Leib aber ist ein selber räumlich ausgedehntes Gebilde, durch das ich gewissermaßen in den Raum eingelassen bin, mit einem eignen Raumvolumen, und durch eine Oberfläche nach außen hin abgegrenzt, also wirklich eine Art von Innenraum, der sich von einem Außenraum unterscheidet."[9] Das Bemerkenswerte ist die konstitutive Bezogenheit beider Räume – des Raumes, der ich bin, und des Raumes, der um mich ist[10] – aufeinander. Der Leib ist „selber ein Raum, ein Eigenraum, und damit ein Teil des uns umgebenden Raums. Er gehört insofern auch auf die Seite des erlebten Objekts. [...] Und die eigentümliche Schwierigkeit beruht darauf, daß beides wiederum aufs engste miteinander zusammenhängt."[11] Leib zeigt sich als konstitutiv für die Erschließung von Raum; Leibtheorie und Raumtheorie gehören zusammen.

Dieser Zusammenhang soll im Folgenden vertieft werden. Dazu soll die Dissertation von ELISABETH JOOß herangezogen werden. In ihrer „materialreichen und gedanklich differenzierten"[12] Arbeit, auf die im Verlauf dieses zweiten Teils noch öfter zurückzukommen sein wird, unterzieht sie das

---

[6] Vgl. z. B. BEUTTLER, Gott, 13ff. [Abschn. „Der allgegenwärtige Raum"].
[7] FAILING, Welt, 98. Man könnte also, wie das DIETRICH KORSCH tut – sagen: „Der Raum ist das, über das hinaus Größeres nicht gedacht werden kann." (KORSCH, Schlusswort, 249; vgl. 249f.)
[8] BOLLNOW, Mensch, 22.
[9] Ebd., 288.
[10] MANFRED JOSUTTIS stellt die Frage: „Was ist ein Raum? Die Antwort ist zugleich einfach und hochkomplex. Jeder Raum ist eine begrenzte, gestaltete, lebenssteuernde Welt, die ich bin und in der ich bin. Raum gibt es für menschliche Wahrnehmung also immer nur in dieser Doppelausgabe: Ich als Raum bin in einem Raum." JOSUTTIS spricht so von dem „Doppelcharakter von Räumlichkeit: der Raum, der ich bin, und der Raum, in dem ich bin" (beide Zitate JOSUTTIS, Umgang I, 242 bzw. 243 [= JOSUTTIS, Umgang II, 35 bzw. 36).
[11] BOLLNOW, Mensch, 287. Vgl. auch STRÖKER, Raum, z. B. 158f.
[12] ERNE, Interpretation, 362.

christliche Raumverständnis nach eigenem Bekunden[13] einer Untersuchung in kategorialer Hinsicht, das heißt fundamentalanalytisch und hermeneutisch. Dabei geht sie so vor, dass sie philosophische und religiöse Vorstellungen zum Raum – nämlich genauerhin die Raumdeutungen in den philosophischen Entwürfen IMMANUEL KANTs, EDMUND HUSSERLs und der neueren Leibphänomenologie auf der einen, in der jüdisch-christlichen Tradition, schriftlich fixiert in den biblischen Texten, andererseits – zunächst darstellt und analysiert, um sie anschließend ins Verhältnis zueinander zu setzen. Im Zuge der Darstellung des leibphänomenologischen Ansatzes arbeitet JOOß den Zusammenhang von Leib und Raum mithilfe verschiedener Vertreter leibtheoretischer Überlegungen präzise heraus. Hier zieht sie vor allem die Leibtheorien von HERMANN SCHMITZ und THOMAS FUCHS, von denen sie sich ob deren Leib-Körper-Dualismus, in dem sie den cartesianischen Leib-Seele-Dualismus auf anderer Ebene fortleben sieht, abgrenzt, und die Theorie von BERNHARD WALDENFELS, an die sie anschließt, heran. Als Grund dafür, den Leibbegriff als Ausgangspunkt einer Erörterung des Raumproblems zu nehmen, führt sie die „synthetische Funktion der Leiblichkeit" an,

„die zunächst einmal in der grundsätzlichen Vermittlungsleistung zwischen einem ‚internen' und einem ‚externen' Bereich leiblichen Daseins besteht. Der interne Aspekt bezeichnet das Icherleben, das durch den reflexiven Aspekt als jemeiniges Bewußtsein von diesem Icherleben präsent wird. Diese Relation von Ich und Bewußtsein wird zum einen durch den Leib allererst ermöglicht, zum anderen schließt sie den Leib mit ein. Der externe Bereich zeichnet sich im Unterschied dazu dadurch aus, daß eine Vermittlung der eigenen Person (des gesamten intern-reflexiven Bereiches) mit der Umwelt stattfindet, welche ebenfalls wieder die eigene Leiblichkeit zur Grundlage und zum Inhalt hat. Strukturell lässt sich daran ersehen, daß der Leib die mediale Zentralstelle jeglichen Welt-, Umwelt- und Selbstbezuges darstellt und daß der ihm zugehörige Beschreibungs- und Beziehungs*raum* über den je vom Leib selbst eingenommenen Raum hinausgeht." (Beide Zitate 60)

Der Leib ist also als in sich selbst differenzierter zu charakterisieren, und zwar differenziert nach seinem Eigenerleben und dem Bewusstsein davon einerseits (interner und reflexiver Aspekt), andererseits seiner Bezogenheit auf anderes und andere (externer Aspekt).

Zur näheren Spezifizierung des internen und des reflexiven Aspektes be-

---

[13] Vgl. JOOß, Raum, 17. Die im Folgenden im Fließtext in Klammern angeführten Seitenzahlen beziehen sich allesamt auf JOOß, Raum.

2 Der Zusammenhang von Leib und Raum

dient sich JOOß der Begriffe Geist, Emotion, Leben.[14] Durch die Begriffe Geist und Emotion werden sowohl rationale Denkbewegungen und Bewusstseinsakte als auch der seelisch-emotionale Bereich im Sinne einer „Gesamtheit des spontanen und unmittelbaren Leiberlebens, das zuvor als interner Aspekt bezeichnet wurde" (67), in den Leibbegriff integriert. Schließlich sieht JOOß noch die Begriffe Leib und Leben in Relation stehend, insofern nur Lebewesen als Leib bezeichnet werden. Durch die Verwendung des Lebensbegriffs in Bezug auf den Leib etabliert sie den Leibbegriff als erkenntnistheoretischen Grundbegriff, nämlich indem Leib als die Instanz verstanden wird, vermittels derer sich ein Mensch seines Lebendigseins bewusst wird. Den externen Leibaspekt spezifiziert JOOß dahin gehend, dass sie den Modus der für die Leiblichkeit konstitutiven Bezogenheit auf anderes und andere als gestaltenden Umgang der Menschen untereinander qualifiziert, als Wahrnehmen, Handeln, Geschlechtlichkeit, Kommunikation. Mit MAURICE MERLAU-PONTY und BERNHARD WALDENFELS weist sie darauf hin, dass sich der Leib in seiner Bezogenheit zur Welt als ein doppelter zeigt, eher passiv als Welthabe und eher aktiv als Weltstiftung, als ‚habitueller' (insofern er bestimmte Dispositionen enthält) und ‚aktueller Leib' (insofern er im Sehen, Hören, Hantieren tätig ist). Welt und Leib sind also gerade nicht als klar abgegrenzter Außen- und Innenbereich voneinander geschieden. Vielmehr fungiert der Leib als Medium des Weltbezuges, indem er zwischen Leib und Welt vermittelt und die Welt allererst bezugsfähig macht, *zugleich* aber auch als Medium des Selbstbezuges, indem der Leib durch seine Differenz zum Fremden bestimmt ist, das heißt immer schon anderes voraussetzt, um sich von diesem absetzen zu können („Selbstbezug als Fremdbezug" [73]). Dieser „Bezug auf das Selbst als auf eines, das immer schon auf anderes aus, also intentional bestimmt ist, läßt den Raum als ein ursprüngliches Moment von Leib erscheinen [...]: Ein Hier-Sein schließt das gleichzeitige Dort-Sein immer mit ein, nämlich das Dort-Sein des Anteilnehmens, Mitleidens oder Hinorientiertseins, ohne das kein Hier-Sein möglich ist. Dies zeigt zugleich den sozialen Charakter von Raum." (73)

Dieser kurze Durchgang durch den Zusammenhang von Raum und Leib so, wie ihn ELISABETH JOOß dargestellt hat, bestätigt, „daß Raumwahrnehmung und -interpretation leiblich vermittelt sind und insofern der Raum selbst als mit dem Leib und seinen Vollzügen konstitutiv verbunden angesehen werden muß" (78).

---

[14] Vgl. hierzu ebd., 67–69. Zur Spezifizierung des externen Leibaspektes vgl. JOOß, Raum, 69–73.

Diese Einsicht in den Raum in kategorialer Hinsicht hat Konsequenzen für die Aneignung jedes konkreten architektonischen Raumes, also auch des Kirchenraumes, und gewinnt so ihre Relevanz für eine Profilierung des Begriffs der Kirchenraumlektüre. Denn aus dem konstitutiven Zusammenhang von Leib und Raum folgt, dass der architektonische Raum vom Menschen in seiner leiblichen Anwesenheit rezipiert wird und die genuine Erfahrungsweise von Architektur nur das leibliche Spüren sein kann[15], sich also bewahrheitet, was oben mit RAINER VOLP schon angenommen wurde: Raumwahrnehmung und -interpretation, also das Lesen des Kirchenraums, vollzieht sich als leiblicher Vorgang. Dies gilt es für die Rezipiententätigkeit bei der Kirchenraumlektüre festzuhalten. Sie ist konstitutiv mit der Leiblichkeit des Rezipienten verbunden. Und das heißt: Will man, wie dies die vorliegende Arbeit tut, den Kirchenraum in den Fokus nehmen, insofern er gelesen, gedeutet und interpretiert wird, insofern er wahrgenommen wird und Wirkungen zeitigt, kann das nur unter ausdrücklichem Einschluss der Leibkategorie geschehen. Der Kirchenraum, das hat der kurze Durchgang durch den Zusammenhang von Raum und Leib gezeigt, ist nur zu denken, wenn man ihn als *Raum leiblicher Anwesenheit* fasst.

2.2 GERNOT BÖHME: Der Raum leiblicher Anwesenheit

Der Begriff des Raumes leiblicher Anwesenheit geht zurück auf GERNOT BÖHME. Er bestimmt ihn präzise als den Raum, den ein Mensch in seiner Leiblichkeit erfährt, also den „Raum, den wir leiblich oder am eigenen Leibe spüren" bzw. „der durch die Weite des leiblichen Spürens aufgespannt wird"[16]. Man kann sich, wie das auch GERNOT BÖHME tut, dem Begriff des Raumes leiblicher Anwesenheit via negationis nähern, indem man ihn zunächst von zwei Raumkonzepten abgrenzt, die sich als im europäischen Denken äußerst einflussreich erwiesen haben und die man als „die beiden Grundkonzepte der europäischen Philosophie des Raumes"[17] bezeichnen

---

[15] Vgl. BÖHME, Architektur, 90 und 105.
[16] Ebd., 88 bzw. 82. Vgl. BÖHME, Anwesenheit, 37: „Zwar ist der leibliche Raum jeweils der Raum, in dem ich leiblich anwesend bin, er ist aber zugleich die Ausdehnung oder besser die Weite meiner Anwesenheit selbst."
[17] BÖHME, Architektur, 15. Entsprechend unterscheidet auch OTTO FRIEDRICH BOLLNOW „zwischen dem abstrakten Raum der Mathematiker und der Physiker und dem konkret erlebten menschlichen Raum" (BOLLNOW, Mensch, 16). Vgl. zum Folgenden BÖHME, Architektur, 15f. und 88 und 118f.

2 Der Zusammenhang von Leib und Raum

kann: dem aristotelischen Konzept des Raumes als Topos einerseits, dem cartesianischen des Raumes als Spatium andererseits.

ARISTOTELES behandelt das Raumproblem im 4. Buch der Physik.[18] Hier findet sich seine berühmte Definition des Topos (τόπος) als Gefäß bzw. als die innere Oberfläche des umgebenden Körpers. Der Schwerpunkt dieser Definition von Raum liegt auf dem Raum als von Körpern begrenztem und umgebenem. Raum qua τόπος hat eine bestimmte räumliche Ausdehnung, ein bestimmtes räumliches Volumen und ist endlich. Der topologische Raum ist ein geschlossener Kosmos: Jeder Körper hat seine ihm angestammte Stelle, seinen ‚natürlichen Ort' und seine Umgebung. Die Orte stehen in Lage- und Umgebungsbeziehungen zueinander, und der topologische Raum ist bestimmt durch Richtungen (Oben / Unten, Vorn / Hinten, Rechts / Links). Das topologische Raumkonzept findet seine Ausprägung in der Mathematik, und zwar in der Topologie als der „Wissenschaft von einer Mannigfaltigkeit von Lage- und Umgebungsbeziehungen"[19].

Vom topologischen Raum zu unterscheiden ist der Begriff des Raumes als *Spatium*, der euklidische Raum, wie ihn RENÉ DESCARTES in seiner analytischen Geometrie konstruiert, der abstrakt als imaginärer Raum unendlicher Ausdehnung gedacht wird. Mit dieser „spekulative[n] Idee des schlagartig ganzen, unendlichen Raumes, die sich von der Renaissance über die barocke Raumtheologie (einschließlich der Physik Newtons) bis zu Kant hinzieht"[20], gelingt es DESCARTES als Erstem, „einen mathematisch beherrschbaren Raumbegriff zu entwickeln, der sich zur Repräsentation konkreter räumlicher Verhältnisse eignet"[21]. Gestalt gewinnt dies bei DESCARTES durch die Einführung des orthogonalen Koordinatensystem (‚cartesisches Koordinatensystem'), in dem jeder Körper, jeder Ort, jeder Punkt geometrisch lokalisierbar, jede Distanz metrisch erfassbar ist. Auch hier können Körper in Verhältnisbeziehungen zueinander bestimmt werden. Das Raumkonzept zeichnet sich jedoch dadurch aus, dass die Raumbeziehungen als mess- und quantifizierbare in den Blick genommen werden; die Ausdehnung des Raumes ist messbar in Länge, Breite und Tiefe. Dementsprechend findet der cartesianische Raumbegriff seine Ausprägung in der Geometrie als der „Wissenschaft von einer Mannigfaltigkeit mit metrischen Beziehungen"[22]. ELISA-

---

[18] Vgl. zum aristotelischen Raumbegriff noch BOLLNOW, Mensch, 26–31 [Kap. „Der Raumbegriff bei Aristoteles"] und OTT, Raum, 119f.
[19] BÖHME, Architektur, 118.
[20] SCHMITZ, Raum, 39.
[21] EVERS, Materie, 20.
[22] BÖHME, Architektur, 118; vgl. 16.

BETH JOOß beschreibt einen solchen Raum als homogenen Raum, dessen Besonderheit gerade darin liegt, dass es in ihm „keine ausgezeichneten Plätze, keinen Mittelpunkt und keine Gliederung gibt"[23] und dass Richtungen in ihm austauschbar sind.

Im Unterschied zu GERNOT BÖHME kann ELISABETH JOOß dank ihrer Einordnung des Körperbegriffs in einen, wie beschrieben, in sich selbst differenzierten Leibbegriff und dadurch der Überwindung des Leib-Körper-Dualismus den homogenen Raum als gleichermaßen in der Leiblichkeit grundgelegt bestimmen.[24] Wenn man auch mit JOOß den homogenen Raum daher als *letztlich* in der Leiblichkeit angesiedelt sehen wird[25], so steht der homogene Raum cartesianischer Prägung doch in Differenz zum Raum leiblicher Anwesenheit. Und auch wenn der toplogische Raum aristotelischer Prägung etwa durch die in ihm vorhandenen Richtungen dem Raum leiblicher Anwesenheit durchaus verwandt ist, so unterscheidet sich auch dieser entscheidend vom Raum leiblicher Anwesenheit. Das wesentliche Unterscheidungsmerkmal zu beiden Raumkonzepten ist die leiblich verortete Subjektivität. Den beiden Raumkonzepten aristotelischer wie cartesianischer Prägung gemein ist nämlich, dass sie den Raum als objektive Größe betrachten. Als solche ist der Raum Gegenstand von Geometrie und Mathematik. Wird der Raum dagegen phänomenologisch betrachtet und als Raum leiblicher Anwesenheit erkannt, so ist er eine subjektive Größe. „Das Entscheidende [sc. am Raum leiblicher Anwesenheit] nämlich ist meine Involviertheit in diesen Raum beziehungsweise sein existenzieller Charakter."[26]

Aufgrund der Verortung auch des homogenen Raumes in der Leiblichkeit ist zwar für ELISABETH JOOß durchaus auch der homogene Raum „als der Raum, der als Teil des eigenen Leibes auch Teil der Handlungen ist, Teil des eigenen gelebten Raumes"[27]. Dennoch wird man festhalten müssen, dass sich

---

[23] LENELIS KRUSE, zit. nach JOOß, Raum, 77.
[24] Vgl. ebd.
[25] HERMANN SCHMITZ führt aus, dass „in unserer Lebenserfahrung das einzige Fundament für die sonst bloß spekulative Idee des schlagartig ganzen, unendlichen Raumes", also den beschriebenen homogenen Raum, „die maßlose, das heißt nicht metrisch [...] überformte Weite" ist, die sich z. B. ereignet, „wenn sich der Blick in die Tiefe des Raumes verliert und den spürbaren Leib mitzieht [...], beim Starren in Glanz, beim Dösen in der Sonne, in Trance und Ekstase, beim Sichüberlassen an betäubenden Rausch und Schwindel" (alle drei Zitate SCHMITZ, Raum, 39; vgl. 45).
[26] BÖHME, Anwesenheit, 37. Vgl. MEYER, Kirchenbau, 18: „Achse im so wahrgenommenen Raum [sc. dem erlebten Raum, wie ihn der Mensch als Wirklichkeit erfährt] ist der Mensch selbst". Auch MEYER grenzt ihn vom „ungegliederten mathematischen Raum" (MEYER, Kirchenbau, 18) ab.
[27] JOOß, Raum, 77.

2 Der Zusammenhang von Leib und Raum

der Raum leiblicher Anwesenheit doch zumindest nach dem Grad oder besser: der Explizitheit seiner Subjektivität von den beiden anderen Raumkonzepten unterscheidet. Er trifft sich dabei mit dem, was ELISABETH JOOß im Anschluss an BERNHARD WALDENFELS als orientierten Raum beschreibt: Der orientierte Raum ist gebunden an das Hier, von dem aus etwas erfahren wird und von dem alle Raumerschließung ihren Ausgang nimmt. Dabei „nimmt der Leib eine Schlüsselstellung in der Raumkonstitution ein: Er bildet immer den absoluten Mittelpunkt jeweiligen Erlebens und ist in eben dieser besonderen Eigenschaft auch selbst räumlich codiert"[28].

Sicher ist auch der homogene Raum von Bedeutung in Bezug auf Architektur, nämlich insoweit ihre objektive Seite relevant wird, also im vorliegenden Fall das, was als Kirchen*bau* vom Kirchen*raum* unterschieden wurde. Für eine wirkungsästhetische Untersuchung des Kirchen*raums*, der im Rezeptionsprozess erst als solcher entsteht, wird man sich aber vor allem auf das Konzept des Raumes leiblicher Anwesenheit zu beziehen haben. Dieses Konzept ist daher noch eingehender zu betrachten. Der Raum leiblicher Anwesenheit lässt sich den verschiedenen Weisen der Weltzuwendung des wahrnehmenden Subjekts entsprechend als Wahrnehmungs-, Handlungs- und Stimmungsraum akzentuieren.[29] Diese drei Raumakzentuierungen sollen nun im Einzelnen betrachtet werden.

2.2.1 Der Raum leiblicher Anwesenheit als Raum sinnlicher Wahrnehmung

Wenn der Raum leiblicher Anwesenheit wie oben mit GERNOT BÖHME bestimmt wird als der Raum, den ein Mensch in seiner Leiblichkeit erfährt, als der Raum, den wir leiblich oder am eigenen Leibe spüren, dann kommt der sinnlichen Wahrnehmung eine tragende Rolle bei der Raumkonstitution zu: Leiblicher Raum ist die Sphäre der sinnlichen Präsenz eines Menschen.[30] Insofern ist er *Wahrnehmungsraum*.[31] In ihrer bereits erwähnten Dissertation

---

[28] Ebd., 75.
[29] Vgl. so BÖHME, Anwesenheit, 37. Eine prägnante Beschreibung des Raumes leiblicher Anwesenheit in allen drei Akzentuierungen (ohne dabei terminologisch darauf einzugehen) findet sich bei MEISENHEIMER, Denken, 18.
[30] Vgl. JOSUTTIS, Umgang II, 35: „Begrenzt ist der konkrete Raum immer durch die Ausdehnung meiner Körperlichkeit und die Reichweite meiner Sinne."
[31] Der Begriff der Wahrnehmung dabei aber „aus seiner Verengung auf Informationsverarbeitung, Datenbeschaffung oder Situationserkennung befreit. Zur Wahrnehmung gehört die affektive Betroffenheit durch das Wahrgenommene, [...] gehört die Leiblichkeit.

geht ELISABETH JOOß die verschiedenen leiblich verorteten Sinnesorgane in ihrer Bedeutung für die Raumkonstitution durch. Für eine nähere Charakterisierung des Wahrnehmungsraumes entlang der einzelnen Sinne kann wieder ihre Untersuchung herangezogen werden.[32] Bei einem solchen Vorgehen gilt es allerdings zu beachten, worauf ELISABETH JOOß aufmerksam macht, dass nämlich die verschiedenen Sinneseindrücke sich wechselseitig durchdringen und aufeinander verwiesen sind. Sie betont ausdrücklich, dass mit einer solchen Untersuchung der einzelnen Sinne in ihren jeweiligen Eigentümlichkeiten getrennt voneinander „nicht in Abrede gestellt werden [soll], daß selbstverständlich innerhalb der vollzogenen Wahrnehmung eine ständige Verflochtenheit der Eindrücke von Raum vorliegt" (79).[33]

2.2.1.1 Der Raum leiblicher Anwesenheit als Tastraum

Haptisch, also mit dem Tastsinn, wird Raum hauptsächlich mittels der Hände und der Füße wahrgenommen. Dabei kommt die leibliche Selbstdifferenzierung im Tastsinn in einer zweifachen Intentionalität zum Tragen – nach außen und auf den eigenen Körper gerichtet – und dementsprechend in einer Außenwahrnehmung, bei der außerhalb des Körpers liegende Gegenstände getastet werden, und einer Eigenwahrnehmung, bei der der Körper selbst getastet wird. Die Eigenwahrnehmung führt zu einer taktilen Doppelempfindung: „In der Berührung meiner selbst durch mich selbst finde ich mich selbst als ein Tastender und als ein Getasteter vor." (81) Dass dem Leib in diesem Zusammenhang eine ihm bewusste „Deckungseinheit von Leibesbefindlichkeit und Leibwahrnehmung"[34], von Subjekt und Objekt, zukommt, die ihren Grund „in der Einheit und Identität des Leibes als eines synergischen Ganzen"[35] findet, erkennt JOOß als Grundbedingung für die Unterscheidung von Innen und Außen. Gerade aber in dieser Absetzung eines Außen gegen ein Innen, die in der Leibesfunktion selbst begründet liegt, zeigt der Tastsinn seine für die Raumkonstitution konstitutive Rolle. Was nun die

---

Wahrnehmen ist im Grunde die Weise, in der man leiblich bei etwas ist, bei jemandem ist oder in Umgebungen sich befindet." (BÖHME, Atmosphäre, 47f.)

[32] Vgl. zum Folgenden JOOß, Raum, 79–91. Die im Folgenden – in diesem Abschnitt wie im Abschnitt zum Handlungsraum (vgl. u. Kap. 2.2.2, S. 225ff.) – im Fließtext in Klammern angeführten Seitenzahlen beziehen sich allesamt auf JOOß, Raum.

[33] Belegt sieht JOOß den Sachverhalt der Verflochtenheit der Sinneseindrücke im Phänomen der Synästhesie. Vgl. dazu unten das zu den synästhetischen Charakteren Gesagte; vgl. u. S. 237f.

[34] ELISABETH STRÖKER, zit. nach JOOß, Raum, 82.

[35] MAURICE MERLEAU-PONTY, zit. nach ebd.

2 Der Zusammenhang von Leib und Raum

haptische Außenwahrnehmung selbst angeht, so zeichnet sich diese für ELISABETH JOOß infolge des (im Übrigen auch beim Geschmackssinn gegebenen) ständigen Leibkontaktes mit dem getasteten Gegenstand – neben etwa der Wahrnehmung der Temperatur von Gegenständen – in einzigartiger Weise durch eine Erschließung der gegenständlichen Welt vor allem in ihrer Widerständigkeit und Dinghaftigkeit und damit in ihrer stofflichen Beschaffenheit aus: Der Tastsinn „ist verantwortlich für die Konstitution der Materialität räumlicher Dinge" (80). Für den vorliegenden Zusammenhang besonders von Belang ist die Tatsache, dass der Tastsinn sich als aufs Engste zusammengehörig mit der leiblichen Bewegung erweist[36], wobei „die Kontinuität der eigenen Leibbewegung in einzelnen Phasen [...] auch das ertastete Etwas als Kontinuität erscheinen [läßt]" (81). Auf diese Weise entsteht der Tastraum sukzessiv in Entsprechung zur Sukzession leiblicher Bewegung. Hierin zeigt sich die essentielle Bedeutung der Zeitlichkeit für die Raumkonstitution und „der Tastsinn als im ganz ursprünglichen Sinne als raum-zeitlicher Sinn" (81).

2.2.1.2 Der Raum leiblicher Anwesenheit als Sehraum

Visuell wird der Raum mittels der Augen wahrgenommen. Der Sehraum ist so infolge seiner leiblich-körperlichen Voraussetzungen Vornraum. Von grundlegender Bedeutung für das Sehen erweist sich zunächst das Licht qua

---

[36] Nicht richtig liegt JOOß m. E. allerdings mit ihrer Einschätzung, eine „solch intensive Zusammengehörigkeit von Bewegung und Wahrnehmungssinn [ließe] sich für die Visualität nicht in gleichem Maße feststellen"; sie fährt fort: „Zwar muß auch hier zu jeder Wahrnehmung eine Bewegung der Augen erfolgen, doch prägt sich auch ohne die geringste Augenbewegung ein simultanes Bild des Nebeneinander." (Beide Zitate ebd., 80) Damit verkennt JOOß die eminente Wichtigkeit der Bewegung und des damit einhergehenden Perspektivenwechsels und dadurch eben des *Nacheinanders* der Seheindrücke für die Raumkonstitution – ein Sachverhalt, der unten im Zusammenhang der Begehung des Kirchenraums noch eingehender zu behandeln sein wird (vgl. u. S. 241ff.). JOOß selbst weist denn im Zusammenhang der visuellen Raumwahrnehmung auch die Bewegung – einerseits „die reine Okulomotorik, also die reine Augenbewegung, [...] die dem Betrachter erst das Ganze seines Gesichtsfeldes zum Bewußtsein bringt", andererseits die Körperbewegung, „sei es als bloße Kopfbewegung oder gar als Fortbewegung des ganzen Leibes" (beide Zitate JOOß, Raum, 86) – als wesentliche Komponente der Raumkonstitution aus (vgl. u. S. 223 Anm. 39). Auch GERNOT BÖHME kommt auf die Möglichkeit zu sprechen, mit den Augen in der Tiefe des Raumes umherzuwandern, „d. h. nicht nur meine Augen von einem Objekt zum anderen wandern [zu] lassen, sondern auch meine Aufmerksamkeit in wechselnder Tiefe im Raum [zu] fixieren", und hält es für durchaus denkbar, dass gerade diese Möglichkeit „für unser Gefühl, uns in einem Raume zu befinden, überhaupt entscheidend ist" (beide Zitate BÖHME, Architektur, 96). Vgl. auch noch HANSEN, Zugänge, 63f.

Helligkeit, nämlich als die Bedingung der Möglichkeit von Sehen überhaupt, sodann aber auch die Finsternis, nämlich insofern sie im Zusammenspiel mit dem Licht Gegenstände in ihrer Begrenztheit, Artikuliertheit und Bestimmtheit sichtbar werden lässt.[37] Als spezifisch für die visuelle Wahrnehmung sieht ELISABETH JOOß daher die Farbwahrnehmung und damit zusammenhängend Helligkeit und Dunkelheit, die jeweils ihren Effekt auf die Konstitution von Raum haben:

> „Dunkelheit ist dabei sichthemmend, die Profile der Gegenstände verschwimmen, und der Horizont des vornliegenden Raumes wird enger. Bei Helligkeit jedoch ist das Farbensehen möglich, das eine raumkonstituierende Funktion besitzt: Weit entfernt liegende Gegenstände oder Landschaften erscheinen dem Betrachter anders gefärbt als direkt vor ihm liegende und umgekehrt. Ebenfalls von Bedeutung sind Schatten von Gegenständen, die Räumlichkeit und Perspektivität evozieren." (83f.)

Mit der Perspektivität ist die Strukturierung des visuellen Wahrnehmungsraumes angesprochen. Es kennzeichnet die visuelle Wahrnehmung, dass ihr ein Gegenstand immer nur in einer bestimmten Perspektive gegeben ist, und das heißt, dass ein Gegenstand in der Wahrnehmung immer rückbezogen bleibt auf die Leibperspektivität. Dass der Gegenstand dabei zwar aufgefächert in verschiedene perspektivische Ansichten erscheint, dennoch aber als identischer erfahren wird, führt JOOß darauf zurück, dass „eine gegenseitige Durchdringung und Interpretation des visuell Wahrgenommenen erfolgt" (84), dass jede Perspektive in eine andere eingeht. Wird der Wahrnehmungsraum also durch die Perspektivität strukturiert, so findet diese selbst Begrenzung und Halt im Horizont, der dadurch „notwendige Orientierungsgröße für den Menschen [ist], ohne die die Welt nicht vorstellbar ist" (85). Hierbei kommt dem Horizont eine Doppelrolle zu: Als Reichweite des Blickfeldes stellt er zugleich Eröffnung und Grenze des Möglichkeitsraumes für Bewe-

---

[37] Vgl. BÖHME, Architektur, 95. Vgl. BÖHME, Architektur, 95: „In einem gewissen Sinne wird der Raum sogar durch das Licht geschaffen." Die Bedeutung von Licht (qua Helligkeit) und Finsternis zeigt sich z. B. in mittelalterlichen Kirchen in der Anordnung des Bildprogramms, nämlich in der „*Ordnung nach dem Beleuchtungsgrad*", einer „Rangordnung, die vom Licht zum Dunkel führt" (beide Zitate GOECKE-SEISCHAB / OHLEMACHER, Handbuch, 35). Das heißt, bildliche Darstellungen heilsgeschichtlich zentraler Themen und Personen sind in der Regel in gut ausgeleuchteten Raumregionen angebracht (also etwa im Osten, im Chor oder der Apsis, oder tendenziell weiter oben), weniger Wichtiges dagegen in dunkleren (also etwa im Westen oder in Bodennähe). Vgl. zur visuellen Raumwahrnehmung überhaupt BÖHME, Architektur, 93–104.

2 Der Zusammenhang von Leib und Raum

gung dar.³⁸ Wie schon im Falle des Tastraumes sieht JOOß auch für den visuellen Sinn einen engen Zusammenhang zwischen Wahrnehmung und Bewegung, der dazu führt, dass der Sehraum als kontinuierlicher und kohärenter erscheint, denn, so stellt sie mit ELISABETH STRÖKER fest, „nur ein beweglicher Leib ist fähig, in der Einseitigkeit des Anblicks Verweisungen auf andere Dinggegebenheiten zu gewahren, […] die aber nur in der aktuellen Leibesdynamik eingelöst werden können"³⁹. Auch im Zusammenhang von visueller Wahrnehmung und Bewegung zeigt sich so wieder die wesentliche Rolle, die dem Zeitmoment in der Raumkonstitution zukommt.

2.2.1.3 Der Raum leiblicher Anwesenheit als Hörraum

Auditiv oder akustisch wird der Raum mittels der Ohren wahrgenommen. Anders als der visuelle Raum baut sich der Hörraum nicht als Vornraum auf, sondern eher dem Tastraum vergleichbar als Um-Raum, „in dem Geräusche und Klänge aus jeder Richtung wahrgenommen werden" (87). In ihrer Darstellung der auditiven Raumwahrnehmung rekurriert ELISABETH JOOß auf ERWIN STRAUS' ‚Formen des Räumlichen', in denen er „die bislang umfassendste Untersuchung zum akustischen Raum angestellt" (87) hat. Im Anschluss an STRAUS bestimmt JOOß Geräusch und Schall als Grundmomente des akustisch Wahrgenommenen. Das Geräusch verweist immer auf seine Geräuschquelle und damit die Richtung, aus der ein Geräusch kommt, und weist den Hörraum somit als Richtungsraum aus (wenn auch ob der durchaus unspezifisch bleibenden Bezogenheit des Geräuschs auf seine Quelle nicht als eigentlich orientierten Raum). In Form von Klängen und Tönen löst sich im Gegensatz dazu der Schall von seiner Quelle und entwickelt ein gewisses Eigenleben. Insofern ist er auch nicht in gleichem Maße richtungsbezogen wie das Geräusch und ist weniger als Eigenschaft denn als Raum erfüllendes Geschehen zu charakterisieren, infolgedessen man erst von einem akustischen Raum sprechen kann. So füllt der Schall „den Raum im Sinne einer Raumbildung bzw. einer Volumenentwicklung, die sich im Gehör als

---

[38] Analog bestimmt GERNOT BÖHME Abstände bzw. Begrenzungen einerseits und die Möglichkeit zu freier Bewegung andererseits als charakteristisch für den Sehraum (in seiner Begrifflichkeit: den gelichteten Raum); vgl. ebd., 95. Zu Horizont und Perspektive vgl. auch noch BOLLNOW, Mensch, 74–80.

[39] ELISABETH STRÖKER, zit. nach JOOß, Raum, 86. Vgl. o. S. 221 Anm. 36.

Klangraum konstituiert"⁴⁰. Hierin sieht JOOß die Wirkung begründet, die die Akustik auf die Erfahrung von Größe und Extension, auf Enge und Weite eines Raumes ausübt, wenn etwa eine Raum, in dem sich der Schall ungehindert ausbreiten oder gar nachhallen kann, als weiter empfunden wird als ein schallisolierter Raum gleichen Volumens. Schließlich erkennt JOOß auch für den akustischen Raum ein zeitliches Moment, welches den Klangraum strukturiert, nämlich insofern er „wie kein anderer von der Zeitform der Gegenwart geprägt ist" (89), anschaulich etwa bei einem Musikstück, in dem Töne sowohl gleichzeitig als auch nacheinander erklingen und verklingen und so den Hörraum in jedem Moment neu erstehen lassen.

2.2.1.4 Der Raum leiblicher Anwesenheit als Raum olfaktorischer Wahrnehmung

Insofern Raumwahrnehmung über Nase und Zunge erfolgt und so auch Geruchs- und Geschmackssinn – von ELISABETH JOOß aufgrund ihrer unlösbaren Verbundenheit zusammen behandelt – an der Raumkonstitution beteiligt sind, akzentuiert sich der Raum als olfaktorischer. Als charakteristisch für die Raumwahrnehmung mittels Geruchs- und Geschmackssinn erweist sich für JOOß die Tatsache, dass zwar viele Gerüche auf die Wahrnehmung treffen, diese aber nicht bewusst werden, wenn auch gleichwohl in die (meist passiv bleibende, da nicht aktiv reproduzierbare) Erinnerung eingehen. Erst bei wiederholtem Wahrnehmen bestimmter Gerüche erweist sich deren Relevanz für die Raumkonstitution, nämlich indem sich im neuerlichen Riechen und Schmecken „ein ganzer Erinnerungsraum öffnet", indem sich eine „olfaktorische *Anamnese*" (beide Zitate 90) ereignet.⁴¹ Den Ereignischarakter

---

[40] Ebd., 88. Die Bedeutung der Stimme für den Schall- und Klangraum im Zusammenhang des Leiberlebens und die Zugehörigkeit des Sprechens zum akustischen Raum kann hier außen vor bleiben; vgl. dazu JOOß, Raum, 88f.

[41] Ähnlich spricht auch ALEIDA ASSMANN (mit Bezug auf MARCEL PROUSTs mémoire involontaire) von einem „Moment der Anamnesis", den sie folgendermaßen beschreibt: „Ein simpler Geschmacksreiz, ausgelöst durch einen Löffel Tee mit einem aufgeweichten Gebäckstück, kann urplötzlich den Kontakt zu verborgenen Erinnerungsschichten herstellen." (Beide Zitate ASSMANN, Erinnerungsräume, 163) Überhaupt muss man betonen, dass nicht nur der olfaktorischen Wahrnehmung, sondern allen verschiedenen Sinneseindrücken eine tragende Rolle dabei zukommt, inwieweit und in welcher Weise Raum erinnert wird, nämlich insofern insbesondere die affektive Qualität eines Raumes im Gedächtnis haften bleibt; vgl. FLADE, Architektur, 109. GERNOT BÖHME weist beispielsweise darauf hin, „dass das Gefühl für Heimat wesentlich durch den Sound einer Gegend vermittelt wird und dass das charakteristische Gefühl eines Lebensstils, einer städtischen oder einer ländlichen Atmo-

einer solchen olfaktorischen Anamnese, der sich darin äußert, dass sie den wahrnehmenden Menschen unwillkürlich überkommt, erklärt JOOß mit dem Hinweis auf die Anteilhabe, die Riechen und Schmecken an einem Gegenstand geben, die diesen dadurch zu einem Teil der Raum-Leib-Relation macht und die zu einer wechselseitigen Durchdringung der Räume führt. In der anamnetischen Struktur der Raumwahrnehmung mittels Riechen und Schmecken zeigt sich nicht zuletzt, dass schließlich auch dem olfaktorischen Raum ein zeitliches Moment innewohnt.[42]

2.2.2 Der Raum leiblicher Anwesenheit als Handlungsraum

Insofern der Raum leiblicher Anwesenheit den Möglichkeitsraum meiner Handlungen und Bewegungen darstellt, ist er Spielraum, Bewegungsraum, *Handlungsraum*.[43] Er ist begrenzt durch die Reichweite meines Körpers und seine Bewegungsfähigkeit; umgekehrt kann all das, was mir in meiner leiblichen Anwesenheit erreichbar ist, dem Handlungsraum zugerechnet werden. ELISABETH JOOß spricht (im Zusammenhang des orientierten Raumes, vgl. o. S. 219) von der „*Begrenztheit*, des Raumes, der mit dem je eigenen Handlungs-, Bewegungs- oder Erfahrungshorizont sein Ende findet. Diese Raumgrenze ist individuell verschieden im Sinne ihrer lebensgeschichtlichen Verankerung" (76).

Der Mensch spannt den (Handlungs-)Raum um sich auf, indem er sich zum Umraum verhält und sich in ihm bewegt, indem er Raum handelnd erschließt, das heißt, indem er intentional auf diesen Raum ausgerichtet ist. Dieses ‚Ausgerichtetsein-auf' kann als Ausgangspunkt aller Raumkonstitution gelten. Da „Intentionalität als Grundkonstituens leiblichen Daseins immer gerichtete Bewegung [ist]" (93), ergibt sich die Struktur des Handlungsraumes aus der Selbstbewegung des Leibes: Die Richtungen bzw. Raumachsen in ihm bestimmen sich nach den „Richtungen der leiblichen Intentionalität" (92), in denen sich der Weltzugriff vollzieht, als Oben / Unten,

---

sphäre ganz wesentlich durch den jeweiligen akustischen Raum bestimmt ist" (BÖHME, Architektur, 79).

[42] Dabei zeigt sich der Zeitaspekt nicht nur in der anamnetischen Struktur der olfaktorischen Raumwahrnehmung. ELISABETH JOOß weist darauf hin, dass das zeitliche Moment „gerade bei der Geschmacksentfaltung selbst, ohne dabei einen anamnetischen Vorgang vor Augen zu haben, [...] von entscheidender Bedeutung ist: Die verschiedenen Zungenregionen können umso besser Geschmack generieren, je länger sie mit dem entsprechenden Gegenstand in Berührung kommen" (JOOß, Raum, 91).

[43] Vgl. z. B. BOLLNOW, Mensch, 202–213; zum ‚Spielraum des Handelns' speziell 210–212.

Links / Rechts und Vorne / Hinten. Im Unterschied zu den Richtungen im oben beschriebenen toplogischen Raum stehen diese Richtungen ausdrücklich in Abhängigkeit zum Leibsubjekt und seiner Bewegungsfähigkeit. Bemerkenswert ist dabei,

> „daß alle diese Dimensionen nicht neutral betrachtet werden, sondern kulturellen Zuschreibungen von Wertigkeiten unterliegen, wie etwa bei der Bevorzugung der rechten Seite. […] Die diesbezüglichen kulturellen Differenzen vermögen dabei deutlich zu zeigen, daß der Raum ohne affektive Zuschreibungen von Werten, sprich ohne kulturelle und sozial kommunizierte Deutungen, nicht denkbar und damit auch nicht erlebbar ist." (76f.)

Für eine Näherbestimmung der verschiedenen Richtungsgegensätze einschließlich ihrer Wertungen und Deutungen kann noch einmal auf ELISABETH JOOß rekurriert werden, die die verschiedenen Dimensionen in aller Ausführlichkeit behandelt.[44] Mit Blick auf den Richtungsgegensatz des Oben und Unten, die Vertikale, weist ELISABETH JOOß darauf hin, dass dieser sich nicht allein aus der Selbstbewegung des Leibes ableiten lässt, sondern zu einer Erklärung der leibunabhängigen Schwerkraft (und des aufrechten Gangs als deren leibliche Entsprechung) bedarf. „Denn die Schwerkraft läßt zumindest eine unbegrenzte Aufwärtsbewegung des Leibes im ganzen nicht zu, da man sich in der natürlichen Körpervorfindlichkeit nicht dauerhaft vom Boden abheben kann. Ebenso stößt die Abwärtsbewegung an eine natürlich Grenze, nämlich an die des Erdmassivs, in dem die Schwerkraft gründet." (95) Der Richtungsgegensatz des Oben und Unten erweist sich aber gerade darin als die stabilste Dimension innerhalb der menschlichen Erfahrung, weil die Schwerkraft ein eindeutiges Bestimmen des Oben selbst bei einer Lageveränderung des Leibes erlaubt. Vom aufrechten Gang und leibzeitlichen Wachstumsprozessen des Leibes (wie etwa dem Gehenlernen in der Kindheit) schließt JOOß schließlich auf eine raumzeitliche Struktur und eine lebensgeschichtliche Verankerung des Gegensatzpaares Oben / Unten. Damit einher geht eine bestimmte Deutung der Gegensätze Oben und Un-

---

[44] Vgl. JOOß, Raum, 92: „Diese Richtungen [sc. der leiblichen Intentionalität] sind jedoch nicht je für sich, sondern erscheinen im menschlichen Bewußtsein zueinander ins Verhältnis gesetzt und geordnet, indem immer zwei komplementäre Richtungen zu einem Gegensatzpaar zusammengefaßt und dann als *Dimension* bezeichnet werden." Zu der gesamten hier folgenden Darstellung der Dimensionen des Oben / Unten vgl. JOOß, Raum, 94–97, zu der des Gegensatzpaares Links / Rechts vgl. JOOß, Raum, 97–100 und schließlich zu der des Richtungsgegensatzes Vorn / Hinten vgl. JOOß, Raum, 100–105. Zu allen drei Dimensionen vgl. als gute Zusammenfassung WALDENFELS, Wohnen, 55f. Vgl. überdies die kurze Erwähnung des erlebten Raumes bei MEYER, Kirchenbau, 18f.

ten, nämlich die Obenrichtung als Gegenpol zur Richtung der Schwerkraft positiv konnotiert (als Ausdruck von Freiheit, Überlegenheit, Siegen, Erhebung), negativ konnotiert (als Ausdruck von Niederlage, Abgründigkeit, Ge- und Bedrücktsein) die Untenrichtung.[45]

Der Gegensatz von Links und Rechts, die Horizontale, ist gegenüber der Vertikalen ganz eindeutig subjektiv und leibabhängig zu bestimmen, gelten die Richtungen doch immer nur aus der Sicht eines Leibsubjektes und in Bezug auf dasselbe (sodass sich im Gegensatzpaar Links / Rechts „ein polares Wechselverhältnis zwischen dem Leib und den intendierten Dingen aus[drückt]" [97]). Eine lebensgeschichtliche und damit einhergehend kulturelle Abhängigkeit erkennt JOOß auch bei dem Gegensatz Rechts und Links, nämlich in der schon erwähnten generellen Höherbewertung der rechten Seite gegenüber der linken in unserem Kulturraum, die sie darin begründet sieht, „daß der Mensch sich der Vorzugshand entsprechend den Raum einrichtet und darin Wertungen vornimmt" (99).[46] Die Temporalität des Links-Rechts-Gegensatzes sieht JOOß schließlich in einem Gegenwartsbezug der Dimension gegeben, der sich jeweils in gegenwärtigen Handlungsvollzügen ausgedrückt findet, nämlich darin, dass jede Bewegung und jede Handlung sich vor die Wahl gestellt sieht: ob sie eben nach links oder nach rechts ausgeführt werden soll.

Schließlich: Die Anatomie des menschlichen Körpers, nämlich die Ausgerichtetheit von Augen, Mund und Nase, aber auch zu einem Großteil der Hände und der Füße nach vorn, macht das Gegensatzpaar von Vorn und Hinten zum heterogensten der Gegensatzpaare. Sie bedingt, dass es für die Sagittale, die Tiefendimension (als der Explikation des Gegensatzpaares Vorn / Hinten) „nur eine Hauptrichtung, nämlich die nach vorne" (101f.) gibt. Dadurch spannt sich der Vornraum auf als der Spielraum intentionaler Gestaltungstätigkeit und ist positiv konnotiert. Der Rückraum dagegen ist

---

[45] Diese Deutung der Gegensätze Oben und Unten findet sich in mittelalterlichen Kirchen z. B. darin wieder, dass Bildwerke meist stufenweise – von den göttlichen Personen über Engelsgestalten, Märtyrer und Heilige bis zur irdischen Welt – ihrer Bedeutung nach von oben nach unten aufgebaut sind; vgl. GOECKE-SEISCHAB / OHLEMACHER, Handbuch, 34.

[46] Vgl. WALDENFELS, Wohnen, 56: „Schließlich steckt die Unterscheidung von Rechts und Links voller moralisch-rechtlicher und politischer Konnotationen, von dem Beiklang des Rechtmäßigen und Linkischen bis zur parlamentarischen Sitzordnung". Diese unterschiedliche Bewertung der rechten und linken Seite schlägt sich – wie bereits der Oben-Unten-Gegensatz – im mittelalterlichen Kirchenbau nieder, nämlich darin, dass „die [sc. von der Apsis aus gesehen] rechte Seite mehr als die linke [bedeutet]" (GOECKE-SEISCHAB / OHLEMACHER, Handbuch, 35), dass die Nordseite die Evangelienseite, die Südseite die Epistelseite ist usw. (Für eine Gegenüberstellung der dargestellten Personen vgl. GOECKE-SEISCHAB / OHLEMACHER, Handbuch, 35.)

offen für negative Konnotationen dadurch, dass er zwar beim tätigen Handeln auch mit gegeben ist, namentlich akustisch und in beschränktem Maße taktuell, aber „in den alltäglichen Bewegungsvollzügen kaum präsent" (101) ist.[47] Im Grunde bleibt der Rückraum ewig potentieller Bewegungsraum, da er gegebenenfalls durch Drehung des Körpers in der Regel sogleich zum Vornraum wird und so gesehen nie über den Status des Potentialis hinauskommt („von Ausnahmesituationen wie z. B. dem Zurückweichen abgesehen" [101]). In ihrer intentionalen Gerichtetheit zeigt sich einerseits die Leibbezogenheit der Tiefendimension, andererseits die Sonderrolle, die ihr unter den Richtungsgegensätzen Oben / Unten, Links / Rechts und Vorne / Hinten für den Zusammenhang von Raum und Subjekt zukommt, nämlich insofern, als sich in der intentionalen Gerichtetheit das Bezogensein des Leibsubjektes auf die Dinge, des Hier auf das Dort, ausgedrückt findet, also das, was oben als der Ausgangspunkt aller Raumkonstitution erkannt wurde, insofern darin Raum als ein ursprüngliches Moment von Leib zutage tritt (vgl. o. S. 215f.). In der Gerichtetheit nach vorn zeigt sich für JOOß so „das entscheidende Wesensmerkmal der Tiefe": „die Bezogenheit auf den Ichleib, auf das Eigenerleben, das den Raum jeweils in Abhängigkeit von der eigenen Stellung zum Ausdruck bringt" (beide Zitate 102). Dies betrifft nicht zuletzt auch Aussagen über Nähe und Ferne von Dingen, weshalb ELISABETH JOOß auch die Bestimmungen von Zentralität und Peripherie der Tiefendimension zurechnet: Ob etwas als nah oder fern empfunden wird, bestimmt sich höchst subjektiv, nämlich nach den Kriterien der Wertigkeit und Vertrautheit. Diese Kriterien unterliegen dem Einfluss psychischer Faktoren, sodass die Tiefendimension mehr als die anderen Dimensionen den Zusammenhang von eigener Befindlichkeit und Raumerleben offenbart – ein Zusammenhang, der schon auf den Raum leiblicher Anwesenheit als Stimmungsraum ausgreift und der unten noch eigens in den Fokus gerückt werden wird. Das zeitliche Moment der Tiefendimension schließlich ergibt sich für JOOß aus der Intentionalität des Handelns: Der Weg, den das Handeln in seiner Bewegung „in den Vorn-Raum hinein aus sich heraussetzt" (104), bringt die zeitliche Implikation zum Vorschein und macht deutlich, „daß die Tiefendimension in temporaler Hinsicht den Zusammenhang von Gegenwart und Zukunft thematisiert. […]

---

[47] So spiegelt sich im mittelalterlichen Kirchenraum schließlich – wie schon die Gegensätze Oben / Unten und Links / Rechts – auch das Gegensatzpaar von Vorn und Hinten, nämlich in der Ostung des Raumes und damit zusammenhängend in der Gegenpoligkeit von westlicher (als Seite des Bösen und Sitz dämonischer Kräfte, auch der weltlichen Macht) und östlicher Seite (als Seite des Heils und der Wiederkunft Christi, auch der klerikalen Macht); vgl. GOECKE-SEISCHAB / OHLEMACHER, Handbuch, 22–24 und 29f.

2 Der Zusammenhang von Leib und Raum

Der eigene Leib in seinem jeweiligen Gegenwartserleben stellt dabei die Scheide zwischen Vergangenheit und Zukunft dar" (104).

2.2.3 Der Raum leiblicher Anwesenheit als Stimmungsraum – Die Atmosphäre des Raumes

Der Raum leiblicher Anwesenheit ist – wie oben gesagt – der Raum der sinnlichen Präsenz eines Menschen. Macht man dann Ernst mit einem inhaltlich gefüllten Begriff sinnlicher Wahrnehmung der – im Gegensatz zu einem traditionellen Begriff von Wahrnehmung im Sinne eines bloßen Konstatierens von Informationen und eines bloßen Auffassens eines sensorischen Inputs (vgl. o. S. 219 Anm. 31) – das Affektive, die Emotionalität und das Imaginative in die Wahrnehmung im Sinne einer ganzheitlich verstandenen Sinnlichkeit mit einschließt[48], so muss eine Beschreibung des Raumes leiblicher Anwesenheit schließlich noch dahin gehend erweitert werden, inwieweit der Raum den Menschen affektiv anspricht, ihn berührt und in ihm Gefühle auslöst. Das heißt, es muss darauf eingegangen werden, inwieweit der Raum pathisch[49], also emotional und sinnlich wahrgenommen wird und den Rezipienten in seiner Stimmung zu tangieren in der Lage ist, kurz: inwieweit er in sein Befinden eingeht. Der Raum leiblicher Anwesenheit soll thematisiert werden, insofern er „die Modulation oder Artikulation leiblichen Spürens selbst"[50] ist. Diesem Sachverhalt soll nun eigens Rechnung getragen werden, indem der Raum leiblicher Anwesenheit als gestimmter Raum bzw. *Stimmungsraum* entfaltet wird.[51] Dazu werden im Folgenden hauptsächlich die Ausführungen GERNOT BÖHMEs zum Thema herangezogen.[52]

Von dem Zusammenhang von Befindlichkeit und Raumerleben war oben bereits kurz im Zuge der Behandlung der Tiefendimension die Rede (vgl. o. S. 228). Erwähnung fand dort exemplarisch, dass Ferne und Nähe nach höchst subjektiven Kriterien bestimmt werden. Insofern stellt die Akzentuierung des Raumes leiblicher Anwesenheit als Stimmungsraum eine notwen-

---

[48] Vgl. BÖHME, Atmosphäre, 15.
[49] Vgl. HASSE, Raum, 48.
[50] BÖHME, Architektur, 123.
[51] Vom gestimmten Raum sprechen z. B. BOLLNOW, Mensch, v. a. 229–243 (im Anschluss an LUDWIG BINSWANGER) und STRÖKER, Raum, v. a. 1. Kap.
[52] Vgl. zum Folgenden BÖHME, Atmosphäre; BÖHME, Architektur und BÖHME, Anwesenheit. Die im Folgenden im Fließtext in Klammern angeführten Seitenzahlen beziehen sich entweder auf BÖHME, Architektur (in diesem Fall kenntlich gemacht durch den Zusatz „Arch") oder auf BÖHME, Atmosphäre (dann mit dem Zusatz „Atmos" gekennzeichnet).

dige Ergänzung bzw. Weiterführung des oben zum Handlungsraum (wie auch, was noch zu zeigen sein wird, zum Wahrnehmungsraum) Ausgeführten dar, als nämlich erst durch den Stimmungsraum die Dimensionen des Handlungsraumes, die Richtungen der leiblichen Intentionalität, in ihrer Auswirkung auf den Gefühlshaushalt des Menschen profiliert werden:

> „Der leibliche Raum bzw. der Raum, insofern wir ihn durch unsere leibliche Anwesenheit erfahren, erhält nun seinen Charakter nicht nur durch bloße Engung und Weitung, durch Richtung und Zentrierung, Konzentration und Artikulation, vielmehr hat er immer auch einen emotionalen Charakter. Schon Weite und Enge sind ja als leiblich empfunden nicht emotional neutral, sondern haben als solche einen Stimmungscharakter." (Arch 89)

Wird ein Raum in der Perspektive leiblichen Erlebens als eng erfahren, so würde ihm ein beengender oder beklemmender Stimmungs- oder Anmutungscharakter zugeschrieben werden können; die emotionale Entsprechung auf Seiten des Subjektes wäre ein Gefühl der Beengung und Beklemmung. Umgekehrt entspräche dem Stimmungscharakter eines als weit erfahrenen Raumes auf Seiten des wahrnehmenden Subjektes ein Gefühl der öffnenden Weitung. Nicht nur bei Enge und Weite, die als die gegenläufigen Tendenzen der Engung und Weitung bzw. als Spannung und Schwellung den vitalen Antrieb des Menschen bilden und in denen so die Dimension der leiblichen Dynamik fußt[53], tritt dieser Zusammenhang von Raum und Befindlichkeit zutage. Vielmehr reihen sich Weite und Enge in eine ungezählte Menge von Ausdrücken, die sowohl den Stimmungscharakter eines Raumes als auch den Charakter der Befindlichkeit zu umschreiben in der Lage sind. Zu denken ist hier zunächst daran, dass Kategorien, die eigentlich der Umschreibung räumlicher Situationen dienen, auf Befindlichkeiten Anwendung finden, neben nah / fern, weit / offen und beengend / eng auch noch etwa niederdrückend / bedrückt, erhebend / erhoben, lastend / belastet und dergleichen. Dann aber auch umgekehrt, dass Ausdrücke der Befindlichkeit als Stimmungs- oder Anmutungscharaktere herangezogen werden, wenn etwa von einem Raum gesagt wird, er wirke ernst, heiter oder melancholisch.[54] In die-

---

[53] Vgl. SCHMITZ, Atmosphären, 55f. und SCHMITZ, Raum, 38–40.
[54] Vgl. BÖHME, Architektur, 123 und 132. GERNOT BÖHME wählt die Ausdrücke ernst, heiter, melancholisch nicht zufällig, sondern unter Rückgriff auf CHRISTIAN C. L. HIRSCHFELDs Theorie der Gartenkunst, in der die Ausdrücke zur Beschreibung der in der Landschaftsarchitektur des englischen Gartens zu gestaltenden Parkszenen dienen; vgl. BÖHME, Architektur, 27–31 und 123. Darüber hinaus führt BÖHME die folgenden Stimmungscharaktere an: majestätisch, herrschaftlich, muffig, kleinbürgerlich, ärmlich und wohlhabend, warm und frostig, kühl, kalt, abstoßend, hell und düster, gespannt und entspannt, kompakt, zer-

2 Der Zusammenhang von Leib und Raum

sem (doppelten) Sachverhalt zeigt sich der enge Zusammenhang von Raum und Befindlichkeit, der sich im Begriff des Sich-Befindens selbst spiegelt, nämlich in dessen Doppeldeutigkeit: „*Sich befinden* heißt einerseits *sich in einem Raume befinden* und heißt andererseits *sich so und so fühlen*, so und so gestimmt sein. Beides hängt zusammen und ist in gewisser Weise eins: In meinem Befinden spüre ich, in was für einem Raum ich mich befinde." (Arch 122)[55] Nach WOLFGANG MEISENHEIMER lässt sich dies darauf zurückführen, dass es „der Eindruck bestimmter Gesten [ist], die der Leib bei seinen Raumerlebnissen erfährt. Es sind die Ausdrucksgesten, die er an der gebauten Form abliest und zugleich als seine eigene Empfindung identifiziert. [...] Die gestalteten Objekte dort und das erlebende Ich hier haben – vor jedem begrifflichen Verstehen – einen gemeinsamen Ausdrucksraum."[56]

Gerade deshalb ist der Begriff der Befindlichkeit so geeignet für eine Charakterisierung des Raumes leiblicher Anwesenheit als Stimmungsraum, offenbart er doch in seiner Doppeldeutigkeit den zugrundeliegenden Zusammenhang von Raum einerseits und dem Bereich des Gefühls, der Emotionalität, des Affektiven andererseits. Die Doppeldeutigkeit findet sich in gleicher Weise wieder im Begriff des Stimmungsraumes selbst, insofern er beides bezeichnet: sowohl die Stimmungsqualität eines Raumes, eines Ortes, einer Umgebung, als auch meine eigene Stimmung, insofern diese unter dem Eindruck des Raumes steht, also einerseits „eine bestimmte Atmosphäre oder Tönung, die über der jeweiligen Umgebung liegt, wie auch die räumlich er-

---

rissen, ruhig und geschäftig, belebend, anregend, beschwingt, aufdringlich und zurückhaltend, feindlich, gemütlich, heimelig, sachlich, elegant, gediegen, festlich, mittelalterlich; vgl. BÖHME, Architektur, passim (18f.; 25f.; 110; 114; 123; 132; 158f.) und BÖHME, Atmosphäre, passim, z. B. 29 und 97. Für eine Einteilung der Charaktere in verschiedene Gruppen vgl. u. S. 236. Vgl. außerdem noch weitere Beispiele bei VOGT-GÖKNIL, Raumbegriff, 67; speziell zum weiten Raum vgl. VOGT-GÖKNIL, Raumbegriff, 71–79 und zum engen Raum vgl. VOGT-GÖKNIL, Raumbegriff, 80–88.

[55] GERNOT BÖHME schränkt erläuternd ein: „Natürlich ist der Raum nicht nur das, was ich von ihm empfinde [...]. Der Raum hat auch seine dingliche Konstitution und vieles, was zu ihr gehört, geht nicht in mein Befinden ein. Und ebenso ist natürlich mein Befinden nicht nur dadurch bestimmt, dass ich spüre, wo ich mich befinde, vielmehr bringe ich immer schon Stimmungen mit und aus meinem Körper steigen Regungen auf, die mein Befinden bestimmen. Und doch, es gibt diese Mitte, diesen Zusammenhang zwischen Raum und Befindlichkeit, und er ist sogar immer virulent." (BÖHME, Architektur, 122; vgl. BÖHME, Atmosphäre, 97)

[56] MEISENHEIMER, Denken, 11f. Vgl. MEISENHEIMER, Denken, 55: „Das Repertoire der Architekturgesten und das Repertoire der Raumerfahrungen des Leibes korrespondieren miteinander."

gossene Atmosphäre, an der ich mit meiner Stimmung partizipiere"[57]. Oder mit anderen Worten:

> „In der Wahrnehmung der Atmosphäre spüre ich, in welcher Art Umgebung ich mich befinde. Diese Wahrnehmung hat also zwei Seiten: auf der einen Seite die Umgebung, die eine Stimmungsqualität *ausstrahlt*, auf der anderen Seite ich, indem ich in meiner Befindlichkeit an dieser Stimmung teilhabe und darin gewahre, daß ich jetzt hier bin. Wahrnehmung qua Befindlichkeit ist also spürbare Präsenz. Umgekehrt sind Atmosphären die Weise, in der sich Dinge und Umgebungen präsentieren." (Atmos 96)

Mit der Atmosphäre als räumlicher Trägerin von Stimmungen ist der Schlüsselbegriff für das Verständnis des gestimmten Raumes gefallen, der nun Gegenstand der Untersuchung sein soll. Gleich zu Beginn sei darauf hingewiesen, dass mit dem Begriff der Atmosphäre die bereits angesprochene notwendige Ergänzung impliziert ist, die an dem oben zum Wahrnehmungsraum Ausgeführten anzubringen ist, denn: „Das primäre Thema von Sinnlichkeit sind nicht die Dinge, die man wahrnimmt, sondern das, was man empfindet: die Atmosphären." (Atmos 15; vgl. 48 und 95f.) In der Raumkonstitution ist mithin das Wahrnehmen von Atmosphären der Wahrnehmung von einzelnen Dingen, Gegenständen, Formen, Farben etc. vorgeordnet. GERNOT BÖHME kann Atmosphären daher als den „primären und in gewisser Weise grundlegenden Gegenstand der Wahrnehmung" (Atmos 95) bezeichnen. Erst vor dem Hintergrund von Atmosphären – wenn man so will, in deren Färbung oder Tönung – werden dann Einzeldinge unterschieden. Das, wes man bei der Raumwahrnehmung zuerst gewahr wird, ist gewissermaßen der *Raum selbst*, Raum hier jedoch verstanden als „die affektiv getönte Enge oder Weite, in die man hineintritt, das Fluidum, das einem entgegenschlägt" (Atmos 95). Das schließt – soviel sei hier schon angemerkt – im Übrigen nicht aus, sondern im Gegenteil mit ein, dass Atmosphäre aus einem Ensemble an Eindrücken zusammengesetzt ist. „Die Atmosphäre eines Raumes besteht aus vielen Bausteinen: aus Geruch, Klang, aus Wärme oder Kälte, aus Licht und Schatten, aus der Struktur der Materialien und der raumbildenden Wirkung der Farbe."[58]

Aus der Tatsache, dass einem auf diese Weise eine Atmosphäre entgegenschlägt, dem Eindruck, nicht man selbst sei aktiv, sondern es geschehe einem etwas, also aus der scheinbaren Subjektunabhängigkeit der Atmosphäre in

---

[57] BÖHME, Anwesenheit, 37.
[58] LEYDECKER, Kirchenraum, 53. Vgl. zu diesem Sachverhalt das zu den sog. Erzeugenden von Atmosphäre Gesagte, vgl. u. S. 235ff.

2 Der Zusammenhang von Leib und Raum

der ersten Begegnung mit ihr, lässt sich ein weiteres Merkmal von Atmosphären ersehen: ihre Quasi-Objektivität.[59] Dementsprechend versteht GERNOT BÖHME mit HERMANN SCHMITZ – auf dessen Leibphilosophie, in der eine Ausarbeitung des Atmosphärebegriffs vorliegt, er sich bezieht – als aktive, von außen andrängende und ergreifende Gefühlsmächte, als räumlich in die Weite ergossene, quasi objektive Gefühle (vgl. Atmos 29; Arch 16 und 19).

Das Charakteristikum von Atmosphären erkennt GERNOT BÖHME in ihrem ambivalenten ontologischen Zwischenstatus, der sich in der doppelten Bestimmung des Stimmungsraumes spiegelt. Sie schweben eigentümlich zwischen den Objekten bzw. Umgebungen, von denen sie ausgehen, und dem Subjekt, das sie spürt, haben sowohl eine „subjektiv-psychische" als auch eine „objektiv-physische Komponente"[60]. Beiden gilt es gleichermaßen Rechnung zu tragen.

Die subjektiv-psychische Komponente zeigt sich insofern, als Atmosphären als etwas Subjektives erscheinen, weil sie ausschließlich im Prozess der Wahrnehmung in Erscheinung treten. Dies weist auf die bereits angedeutete konstitutive Rolle des Rezipienten bei der Wahrnehmung von Atmosphären in seiner Rezeptivität wie in seiner Produktivität. Einerseits ist Atmosphäre daher subjektiv, insofern sie vom Menschen in seiner Leiblichkeit und das heißt nur je im eigenen Empfinden gespürt wird, indem die Stimmung des Wahrnehmenden unter dem Raumeindruck einer atmosphärischen Veränderung ausgesetzt wird (*Rezeptivität*). Andererseits ist Atmosphäre subjektiv, insofern der Rezipient seine eigene Stimmung und Befindlichkeit in die Atmosphäre einbringt (*Produktivität*), was nichts anderes bedeutet, als „dass Atmosphären ihre letzte Bestimmtheit erst durch die Reaktion des Subjekts erfahren" (Arch 25; vgl. 132)[61]. Mit anderen Worten:

---

[59] Vgl. BÖHME, Architektur, 22 und 26. Vgl. BÖHME, Atmosphäre, 96: „Umgangssprachlich würde man wohl die Frage, wie man Atmosphären wahrnimmt etwa so beantworten: *Durch Intuition. Ich spüre sie halt.*" Vgl. SCHMITZ, Gefühlsraum, 100: „Die Gegebenheit eines solchen Gefühls, das als Atmosphäre alles jeweils Erlebte umgreift und doch nirgends untergebracht werden kann, läßt sich am Ehesten mit den Worten ‚es liegt etwas in der Luft' beschreiben". Auf Ähnliches wird wohl angespielt, wenn von der ‚Ausstrahlung eines Ortes' gesprochen wird; vgl. so z. B. MUCK, Raum, 20; vgl. auch BIERITZ, Liturgik, 87.

[60] Beide Zitate STEGERS, Geschichte, 33.

[61] Darin, dass das Leibes-Ich beim Spüren der Atmosphäre (also in seiner Rezeptivität) Affekte, Emotionen, Imaginationen und Erinnerungen einbringt, erweist es sich im Übrigen ja schon als produktiv. Vgl. MEISENHEIMER, Denken, 21: „Die Regie der Wahrnehmungsverläufe führt mein Leibes-Ich, das Erinnerungen und Wünsche einbringt, so dass schon die Wahrnehmungserlebnisse deutlich ‚die meinen' sind. Nicht zwei Menschen erfahren einen architektonischen Ort auf die gleiche Weise."

> „Der Betrachter ist [sc. bei der Wahrnehmung von Atmosphären] nicht damit befaßt, sich über etwas aufzuklären, das es ohne ihn bereits gibt. Wenn Atmosphären wahrgenommen werden, ist dies ein Prozeß, in dem Atmosphären als aktuelle Präsenz erst entstehen. Das anschauende Bewußtsein ist in das Erscheinen von Atmosphären als konkrete Präsenz aktiv involviert. Ohne die Aktivität des wahrnehmenden Bewußtseins können sich Atmosphären als Eindruck eines erscheinenden Zusammenhangs nicht bilden. Das Wahrnehmen von Atmosphären erweist sich insofern als ein genuin produktiver Prozeß, in dem Rezeption zu Produktion wird."[62]

Das allerdings ist nur die eine Seite – die andere ist die objektiv-physische Komponente von Atmosphäre. GERNOT BÖHME verwehrt sich wie HERMANN SCHMITZ[63] zu Recht gegen eine reduktionistisch-introjektionistische Verengung, die Atmosphären *gänzlich* auf der Subjektseite verortet und sie als bloße Projektionen von Stimmungen im Sinne subjektiv-privater Seelen- oder Bewusstseinszustände auffasst, als welche man die Rede von heiteren oder melancholischen Atmosphären (miss-)verstehen könnte. Einen Beleg für die Objektivität von Atmosphären sieht Böhme in der Möglichkeit, von ihnen umgestimmt zu werden, also in der Möglichkeit, in einer bestimmten Stimmung befangen in eine Atmosphäre hineinzugeraten, von dieser ergriffen und womöglich in eine andere Stimmung versetzt zu werden. Atmosphären erscheinen also – und, da „sie gerade in ihrer das Subjekt übersteigenden Bedeutung unbekannt sind bzw. verleugnet werden" (Arch 25), gilt es, dies besonders zu betonen! – gleichermaßen auch als etwas Objektives, insofern sie nämlich von Dingen (oder Menschen oder Umgebungskonstellationen) bzw. dinglichen Qualitäten ausgehen: Atmosphären sind der „Atemkreis der Dinge"[64].

Atmosphären lassen sich so weder ausschließlich auf Seiten der wahrgenommenen Objekte, noch bloß auf Seiten des wahrnehmenden Subjektes festmachen, sondern sind überpersönlich und präobjektiv und als „gemeinsame Wirklichkeit des Wahrnehmenden und Wahrgenommenen" (Atmos 34)[65] der Differenzierung von Subjekt und Objekt „vor- und übergeordnet"[66]. Wenngleich HERMANN SCHMITZ sowohl Transsubjektivität als auch Prä-

---

[62] BOCKEMÜHL, Atmosphären, 218. MICHAEL BOCKEMÜHL betont dies auch und besonders in partieller Absetzung bzw. als Präzisierung von BÖHMEs Atmosphärebegriff, vgl. BOCKEMÜHL, Atmosphären, 220f.
[63] Vgl. SCHMITZ, Gefühlsraum, §149 (hier v. a. 98f. und 102f.) und § 161.
[64] KNODT, Atmosphären, 51. Vgl. dahin gehend auch MEISENHEIMER, Denken, 55.
[65] GERNOT BÖHME fährt fort: „Sie ist die Wirklichkeit des Wahrgenommenen als Sphäre seiner Anwesenheit und die Wirklichkeit des Wahrnehmenden, insofern er, die Atmosphäre spürend, in bestimmter Weise leiblich anwesend ist." (BÖHME, Atmosphäre, 34)
[66] SCHMITZ, Gefühlsraum, 99.

2 Der Zusammenhang von Leib und Raum

Objektivität von Atmosphären betont, so leidet sein Ansatz nach Meinung GERNOT BÖHMEs doch vor allem daran, „daß er den Atmosphären eine gewissermaßen zu große Selbständigkeit gegenüber den Dingen zubilligt" (Atmos 30). Demgegenüber wahrt GERNOT BÖHME die Schwebe und überwindet zugleich den ontologischen Zwischenstatus von Atmosphären, deren „ontologische Ortlosigkeit":

> „Die Atmosphären sind so konzipiert weder als etwas Objektives, nämlich Eigenschaften, die die Dinge haben, und doch sind sie etwas Dinghaftes, zum Ding Gehöriges, insofern nämlich die Dinge durch ihre Eigenschaften […] die Sphären ihrer Anwesenheit artikulieren. Noch sind Atmosphären etwas Subjektives, etwa Bestimmungen eines Seelenzustandes. Und doch sind sie subjekthaft, gehören zu den Subjekten, insofern sie in leiblicher Anwesenheit durch Menschen gespürt werden und dieses Spüren zugleich ein leibliches Sich-Befinden der Subjekte im Raum ist." (Beide Zitate Atmos 33f.)

So kommt die Atmosphäre zwischen den „Umgebungsqualitäten und menschlichem Befinden" zu stehen: „Dieses *Und*, dieses zwischen beidem, dasjenige, wodurch Umgebungsqualitäten und Befinden aufeinander bezogen sind, das sind die Atmosphären." (Beide Zitate Atmos 22f.)[67] In ihrem ontologischen Zwischenstatus erfüllen die Atmosphären also nichts weniger als eine Vermittlungsfunktion bzw. eine „synthetische Funktion" (Atmos 34), indem sie Objekt und Subjekt aufeinander beziehen, indem sie genau dasjenige sind, „was zwischen den objektiven Qualitäten einer Umgebung und unserem Befinden vermittelt" (Arch 16). Bei dem Phänomen der Atmosphäre handelt es sich damit um nichts anderes als die Polarität aus künstlerisch-architektonischem und ästhetischem Pol – wenn man so will, in phänomenologischem Gewande –, die oben als charakteristisch für den (Kirchen-)Raum gekennzeichnet wurde, wobei die Atmosphäre genau die Instanz ist, die beide Pole in Beziehung bringt.

Auf Seiten der Objekte, von denen Atmosphären ausgehen, kann GERNOT BÖHME die Atmosphäre auf konkrete, dingliche Gegebenheiten – „Gegenstände, deren Qualitäten, Arrangements, Licht, Ton usw."[68] – zurückführen, von BÖHME „die *Erzeugenden* von Atmosphäre" (Arch 123)[69] genannt. Sie

---

[67] Den gleichen Sachverhalt spricht auch PETER ZUMTHOR an, wenn er im Zusammenhang von Atmosphären von der „Wechselwirkung zwischen unseren Empfindungen und den Dingen, die uns umgeben" (ZUMTHOR, Atmosphären, 30), spricht.
[68] BÖHME, Räume, 113.
[69] Vgl. ebd., 112: „Es geht dabei [sc. bei der Erzeugung von Atmosphären] um den Einsatz durchaus dinglicher, technischer Hilfsmittel, nicht aber als kausale Wirkfaktoren, sondern als Erzeugende für Atmosphären."

verleihen der Atmosphäre ihren je eigenen Stimmungs- oder Anmutungscharakter, von dem oben schon einmal die Rede war (vgl. o. S. 230), sind also ausschlaggebend für die Art und Weise wie ein Raum emotional anmutet. Bedenkt man, dass die Erzeugenden – bewusst oder unbewusst – gesetzt werden, wird deutlich, dass GERNOT BÖHME trotz aller Betonung der Ambivalenz von Atmosphären also durchaus eine Herstellbarkeit, eine Machbarkeit von Atmosphären annimmt, die er beispielsweise im Design, im Bühnenbild, der Werbung, der akustischen Möblierung, der Kosmetik umgesetzt sieht (vgl. Atmos 34–39, v. a. 35; Arch 25–31, v. a. 29). Es liegt auf der Hand, dass GERNOT BÖHMEs Rückbindung der Atmosphäre an dingliche Qualitäten sich so von großer Bedeutung insbesondere auch für den Architekten erweist. Der Architekt *produziert* eine Atmosphäre (bzw. genauer: zumindest die Objektseite der Atmosphäre[70]) durch seine Arbeit, durch den gezielten Einsatz architektonischer Mittel; der Architekt PETER ZUMTHOR hat dies die „handwerkliche Seite"[71] der Schaffung von Atmosphären genannt. „Die sinnlichen Items, die er [sc. der Architekt] setzt, die Farben, die Oberflächengestalt, die Linienführung, die Arrangements und Konstellationen, die er schafft, sind zugleich eine Physiognomie, von der eine Atmosphäre ausgeht" (Atmos 97).[72] Die Erzeugenden von Atmosphäre können also dinglicher Art sein, bleiben jedoch darauf nicht beschränkt. GERNOT BÖHME rechnet zunächst klassische architektonische Mittel wie Geometrie, Gestalt und Proportion, auch räumliche Strukturen und Konstellationen zu den Erzeugenden, aber durchaus auch Licht, Ton, Geräusch und Musik. Auf der Ebene der Charaktere von Atmosphären fallen die genannten vor allem als *Bewegungsanmutungen* ins Gewicht, die „im Befinden wesentlich als Bewegungssuggestionen, aber auch als Massigkeit oder als Lastcharakter, insbesondere aber als

---

[70] Denn, um eine Überbetonung der Objektseite von Atmosphäre zu vermeiden und so den ontologischen Zwischenstatus von Atmosphäre zu verfehlen, gilt es freilich, deren Subjektseite im Blick zu behalten. Präziser als GERNOT BÖHME muss man also formulieren, dass „Gestaltung von Atmosphären, wie sie durch Landschaftsplanung, Architektur, Design, Werbung usw. realisiert wird, [...] keine andere Aufgabe [hat], als *Bedingungen* zu schaffen, unter denen Atmosphären wahrgenommen werden können" (BOCKEMÜHL, Atmosphären, 219 [Hervorhebung CWB]).
[71] ZUMTHOR, Atmosphären, 31.
[72] Vgl. ebd., 30: „Damit [sc. mit der Wechselwirkung zwischen unseren Empfindungen und den Dingen, die uns umgeben] habe ich als Architekt zu tun. Ich arbeite an den Formen, Gestalten (Physiognomien), an der materiellen Präsenz [...]. Mit meiner Arbeit trage ich bei zu den realen Gegebenheiten, den atmosphärischen Setzungen im Raum, an denen sich unsere Empfindungen entzünden." WOLFGANG MEISENHEIMER spricht in diesem Sinne von der „Konstruktion von Atmosphären" (MEISENHEIMER, Denken, 52) und vom architektonischen Ort als „atmosphärisches Artefakt" (MEISENHEIMER, Denken, 23).

2 Der Zusammenhang von Leib und Raum 237

Enge und Weite des Raumes leiblicher Anwesenheit erfahren" (Arch 124) werden. Es handelt sich also um Charaktere wie die oben schon erwähnten: eng und weit, nah und fern, niederdrückend und erhebend, auch abstoßend und anziehend, aufdringlich und zurückhaltend und dergleichen wären zu nennen. Von nicht zu unterschätzender Bedeutung für die Erzeugung von Atmosphären erweist sich aber vor allen Dingen die Materialität der Umgebung, von der eine Atmosphäre ausgeht, genauer: die Erscheinung ihrer Materialität.[73] Denn in den Blick geraten Materialien hier nicht als Werkstoffe, sondern vor allem hinsichtlich ihrer Erscheinungsqualitäten, nämlich insofern ihr Charakter, das heißt „die *Qualität* ihrer atmosphärischen Ausstrahlung" (Arch 158), in den Charakter der Atmosphäre eingeht. Wichtig für Materialität in diesem Sinne ist daher – und darin ist man an den oben behandelten Wahrnehmungsraum verwiesen (vgl. o. Kap. 2.2.1, S. 219) – die Oberfläche „in ihren haptischen Qualitäten. Entscheidend ist aber, dass man diese haptischen Qualitäten in der Regel gerade nicht haptisch verifizieren muß [sic], dass sie auch ohne konkrete Berührung atmosphärisch spürbar sind." (Arch 159) Dementsprechend bezeichnet GERNOT BÖHME die Charaktere, die von der Materialität – wie im Übrigen auch von der Farbgebung u. a. – herrühren, als *synästhetische Charaktere*:

> „Es sind dies Charaktere, die immer mehrere Sinne betreffen, und deshalb auch stellvertretend durch verschiedene Sinne wahrgenommen werden, bzw. von Seiten des Gegenstandes durch verschiedene Materialqualitäten erzeugt werden können: Das Kalt durch Blau, das Abstoßende durch glänzende Glasur, das Schrille durch Farbkontraste." (Arch 159)[74]

Neben warm oder frostig, kühl, kalt, als welche ein Raum erfahren werden kann, wären auch hell und düster, muffig und modrig und dergleichen als synästhetische Charaktere anzusprechen. Darüber hinaus gehen von Materialien unter Umständen auch Charaktere aus, die GERNOT BÖHME *gesellschaftliche Charaktere* nennt, nämlich insofern Materialien auch als Bedeutungsträger fungieren können. So mag einem Material traditions- und kulturspezifisch – das heißt aufgrund gesellschaftlicher Konventionen oder aufgrund besonderer Herkunft oder aufgrund des lang anhaltenden Ge-

---

[73] Vgl. zum Komplex der Materialien und der Materialität speziell BÖHME, Architektur, 152–162.
[74] Dass die mehrere Sinne betreffenden synästhetischen Charaktere stellvertretend durch einzelne Sinne wahrgenommen werden können, lässt sich z. B. daraus ersehen, „dass ein Raum etwa als kühl erfahren werden kann, weil er in einem Fall ganz und gar gekachelt ist, im anderen Falle blau gestrichen ist, im dritten Fall eine verhältnismäßig niedrige Temperatur zeigt" (ebd., 124). Vgl. auch MEISENHEIMER, Denken, 36.

brauchs eines Materials für einen besonderen Zweck[75] – eine Bedeutung zukommen und erst dieses Faktum für das Erzeugen einer bestimmten Atmosphäre verantwortlich sein. Als Beispiele führt BÖHME Purpur und Porphyr als kaiserliche Symbole und so als Auslöser einer hoheitlichen Atmosphäre an oder Granit, das als nationales Material eine vaterländische Atmosphäre erzeugen sollte; auch die Verwendung von Spolien ließe sich in diesem Zusammenhang nennen (vgl. Arch 125 und 159f.). Atmosphären gesellschaftlichen Charakters wären etwa majestätisch, herrschaftlich, kleinbürgerlich, heimelig, gemütlich, elegant, gediegen usw. Gesellschaftliche Charaktere lassen sich zwar durchaus auch als synästhetische Charaktere oder als Bewegungsanmutungen fassen, ihre Charakteristik erwächst ihnen aber aus ihrer Konventionalität. Gemütlichkeit beispielsweise ist ein Charakter, der sich aus synästhetischen wie auch konventionellen Bestandteilen zusammensetzen kann, insofern das Verständnis von Gemütlichkeit möglicherweise von einer Kultur zur andern differiert und je nach Tradition anders interpretiert werden kann. Schließlich sind jedenfalls auch Zeichen und Symbole – „von Materialien über Gegenstände bis zu Insignien im engeren Sinne" (Arch 125) – aufgrund ihrer kulturellen Bedingtheit in der Lage, Atmosphären zu erzeugen.

All das Gesagte trifft freilich auch auf den Kirchenraum zu, auf den es hier ankommen soll. Darauf, dass etwa Farbe und Licht entscheidend an Raumwirkung und -atmosphäre eines Kirchenraums beteiligt sind, wurde bereits

---

[75] Vgl. dahin gehend z. B. folgende Beobachtung von MANFRED JOSUTTIS: „Das religionsgeschichtliche Material liefert eine Fülle von Belegen dafür, daß der Wahrnehmungs- und Verhaltensgegenstand Altar im Vollzug kultischer Praxis Qualitäten gewinnt, die ihm auch jenseits des Kultes eine spezifische Aura verleihen." (JOSUTTIS, Weg, 142) Und REINHARD KNODT registriert ein Bedürfnis, „uns zum Beispiel mit Dingen zu umgeben, denen die *Spur* des *Gebrauchs*, der *Pflege* und der *Nähe* sichtbar, ahnbar, spürbar oder wenigstens als interpretative *Aura* zugeschrieben werden kann. Eine ‚Patina', Alter, ja überhaupt Alterungsfähigkeit von Dingen – vom Wein bis zum Schrank –, Handarbeit, ein wenigstens ahnbarer Weg der einfachen, ‚natürlichen' Herstellung oder Herkunft, bestimmte assoziative Verbindungen zum Sehnsuchtsmodell des Wilden, des Exotischen oder des Numinosen sind solche atmosphärischen Assekuranzen." (KNODT, Atmosphären, 62) Vgl. – besonders eingedenk dessen, was im ersten Hauptteil erörtert wurde – schließlich noch KNODT, Atmosphären, 64: „Der atmosphärische Wert vieler Dinge ist davon abhängig, daß sie solch eine Nähe [sc. im Sinne von Teilhabe und Teilnahme an einer personenbestimmten Atmosphäre, das heißt Nähe zu Menschen] herstellen, symbolisieren oder inszenieren. Im ‚Atemkreis' eines bestimmten Gegenstandes ist es dann, als hätten wir menschliche Fäden durch die Jahrhunderte zu jenen geknüpft, die ein Bild malten, einen alten Schrank bauten, vor uns besaßen oder jenes abgegriffene Buch vor uns lasen. Atmosphärische Korrespondenz mit *Dingen* ist also in vieler Hinsicht eine ästhetisch transformierte Korrespondenz mit *Menschen*".

2 Der Zusammenhang von Leib und Raum

im ersten Teil im Zusammenhang der Ikonographie der Glasfenster hingewiesen. Für den vorliegenden Zusammenhang besonders von Belang ist nun aber, dass für BÖHME Zeichen und Symbole Atmosphären zu erzeugen in der Lage sind. Hier zeigt sich, dass im Begriff des Stimmungsraums der Überschlag von den allgemeinen raumphänomenologischen Überlegungen hin zum konkreten Raum, für die vorliegende Arbeit also: zum Kirchenraum, vollzogen ist, indem nämlich der Kirchenraumtext sich nun als Erzeugender von Atmosphäre zur Geltung bringt. Dies geht anschaulich aus der folgenden Schilderung hervor:

> „Wenn wir die alten Kathedralen der Romanik und Gotik betreten, ändern wir oftmals Haltung und Sprache, Bewegung und Gestik. Aus den Steinen und Fenstern, den Lichtbrechungen in den steinernen Kanneluren erzählt uns die Patina der Vergangenheit die unzähligen Geschichten von Getauften und Toten, von den Gläubigen in Trauer und Schmerz, von Jubel und auch von Freude. Trotz Schuhsohlen unter den Füßen meinen wir die leidensvollen Geschichten in den steinernen Grabplatten zu spüren. Die architektonische Sprache hat diese Wahrnehmungen gefördert, sie hat über Materialität und Licht eine Atmosphäre der besonderen Berührungen hervorgerufen. Der Raum in seiner materiellen und immateriellen Präsenz wird zum Kommunikator der Erinnerungen, der Stein gewordenen Erzählungen von Gottesdiensten mit Taufen, Hochzeiten und Beerdigungen."[76]

All das, was im ersten Teil als Kirchenraumtext entfaltet wurde, so zeigt sich nun hinsichtlich der Atmosphäre, die dem Rezipienten im Kirchenraum entgegenschlägt und an der er selbst mit seiner Befindlichkeit, seiner Emotionalität und Imaginationskraft partizipiert, kann als deren objektive Seite angesehen werden. Damit stellt die Atmosphäre genau das Scharnier zwischen einem Modell des Kirchenraumtextes und einer nun zu entfaltenden Phänomenologie der Kirchenraumlektüre dar. Darauf, dass Zeichen und Symbole Atmosphären zu erzeugen in der Lage sind, wird dabei zu gegebener Zeit zurückzukommen sein.

---

[76] PFEIFER, Räume, 56.

3 Phänomenologie der Kirchenraumlektüre – Kirchenraumlektüre als Interaktion von Raumtext und Rezipient

Auf der Basis der skizzierten phänomenologischen Einsichten zur Raumwahrnehmung im Allgemeinen kann nun die Kirchenraumlektüre im Speziellen in Angriff genommen werden. Dazu sollen die grundlegenden raumphänomenologischen Erkenntnisse in Zusammenhang gebracht werden mit den oben dargestellten Überlegungen WOLFGANG ISERs zu einer Phänomenologie des Lesens. Die aus ISERs Wirkungsästhetik erhobene Begrifflichkeit soll dazu dienen, die bei der Rezeption des Kirchenraums ablaufenden Aneignungsprozesse einer Beschreibung zugänglich zu machen.

3.1 Sukzessivität der Kirchenraumlektüre – Der Leser als wandernder Blickpunkt

Eine Übertragung der ISERschen Gedanken auf den Kirchenraum legt sich nicht zuletzt dadurch nahe, dass der Kirchenraumtext ein entscheidendes Merkmal mit dem literarischen Text teilt, welches WOLFGANG ISER als die Rahmenbedingung der Erfassungsakte im Lektürevorgang kennzeichnet: Auch der Kirchenraumtext entzieht sich einer Momentaufnahme durch den Rezipienten und erschließt sich vielmehr in einem sukzessiven Wahrnehmungsprozess. Dies ergibt sich zunächst aus der Tatsache, dass Raum nicht als Gegenüber wahrgenommen wird, er vielmehr den Rezipienten umgibt und umfängt: „Dem Raum stehen wir nicht gegenüber, sondern wir sind von ihm umfangen, wir sind in ihm. Unsere Beziehung zu ihm ist daher eine *umhafte*."[1] Was WOLFGANG ISER für den literarischen Text metaphorisch konstatiert, gilt für den Kirchenraumtext also zunächst im eigentlichen, nicht übertragenen Sinne: *Wir sind mitten drin.* Um den Kirchenraumtext zu lesen, um sich Raum anzueignen, muss man sich daher durch den Raum hindurchbewegen.

> „Innenraum liegt nie vor mir, er hüllt mich ein. Er ist kein Objekt, vielmehr bin ich ein Teil von ihm. Deshalb hängen echte Architekturerlebnisse auch stark mit

---

[1] VOGT-GÖKNIL, Raumbegriff, 68; vgl. auch DEGEN, Kirchenräume, 13.

3 Phänomenologie der Kirchenraumlektüre 241

dem Drang zusammen, sich zu bewegen; man muß sich umschauen, den Kopf und den Körper wenden, Schritte tun. Das Innenraumerlebnis ist wie eine Molluske ständig in Bewegung; es ist eben nicht nur ein räumliches Komposit, sondern auch eine Ereignisfolge. Es ist szenisch und vibriert von lauter Raum- und Zeitdifferenzen."[2]

Auch für die Rezeption des Kirchenraums steht somit der enge Zusammenhang von sinnlicher Erfahrung und Bewegung in Geltung, der oben im Zuge der Leibphänomenologie aufgewiesen wurde und der sich exemplarisch beim Tastraum zeigte, der sukzessiv in Entsprechung zur Sukzession leiblicher Bewegung entsteht (vgl. o. S. 221f.). Wenn also eingangs von der These ausgegangen wurde, dass der Kirchenraum das Konstituiertsein der bloß architektonisch-struktiven Gegebenheiten in der Vorstellung des Rezipienten ist (vgl. o. S. 59), so kann dies nun dahin gehend präzisiert werden, dass dem ein Konstitutionsprozess voraufgeht, der Perzeption und Aktion gleichermaßen umfasst: Bewegung und Wahrnehmung sind in der Lektüre des Kirchenraumtextes Komponenten eines einheitlichen Aneignungsprozesses[3], der – wie oben geschehen – als leibliches Spüren zu charakterisieren ist, sodass neben visuellen, auditiven und olfaktorischen Eindrücken Bewegungsempfindungen eine entscheidende Rolle bei der Kirchenraumlektüre spielen.

Also: Kirchenraum entsteht sukzessiv (in aktiver, Bewegung und Wahrnehmung umfassender Aneignung des Rezipienten). Von ihm lässt sich daher in abgewandelter Form das oben mit WOLFGANG ISER zum literarischen Werk Formulierte sagen: Er erschließt sich erst im Fluss der Lektüre, nach und nach, und so erst „über die Ablaufphasen der Lektüre als ein ‚Objekt'" (s. o. S. 195). Und: Dem so verstandenen Kirchenraum eignet ein kinetisches Moment; Bewegung erweist sich als für die Kirchenraumlektüre wesentlich – sei es auch nur in der Form der Augenbewegung oder der Bewegung des Kopfes, besonders aber in der Form der leiblichen Bewegung des ganzen Körpers, als Gehen: „In der Baukunst – je echter sie ist, um so sicherer – ist unser Gehen, die Ortsbewegung unseres Körpers, geradezu die unterste Grundmöglichkeit für die Aufnahme der Form. Wir *erfahren* den Raum durch Gehen. Dabei tasten wir auch. Dabei sehen wir auch, wenn wir nicht blind sind…"[4] Durchaus sachgemäß hat man daher den sukzessiven Wahrnehmungsprozess, als welcher sich die Kirchenraumlektüre darstellt, als *Be-*

---

[2] MEISENHEIMER, Brief; vgl. MEISENHEIMER, Denken, 35 und DEGEN / HANSEN, Architektur, 71.
[3] Vgl. so auch HANSEN, Zugänge, 65f.
[4] WILHELM PINDER (1948), zit. nach DEGEN, Raum I, 5 (auch zit. bei DEGEN, Kirchenräume, 13); vgl. MUCK, Lebensentfaltung.

gehung beschrieben: „Die Begehung erfaßt im Schreiten, im Zuge einer Prozession, das Ganze, das in seinen Teilen ansichtig ist, aber im Schreiten immer mehr ist als die Summe dieser Teile."⁵ Kirchenraumlektüre, so könnte man sagen, ist „Kirchgang"⁶. In der Begehung als charakteristischer Form der Kirchenraumlektüre offenbart sich – entsprechend der doppelwertigen Qualifizierung des Text-Leser-Verhältnisses, die WOLFGANG ISER in seiner Wirkungsästhetik vornimmt – eine Ambiguität von Beteiligung und Distanz des Rezipienten: einerseits eine ‚Transzendenz' des Kirchenraumtextes gegenüber einer totalen Wahrnehmung, andererseits eine besondere Intensität der umhaften Raum-Rezipienten-Beziehung (‚mitten drin').

Was die ‚Transzendenz' des Kirchenraumtextes in der Lektüre desselben angeht, können zwei Formen unterschieden werden – eine grundsätzliche, die die Komplexität des Kirchenraumtextes selbst betrifft, und eine zweite, die dem Nacheinander der Lektürephasen in der Begehung entspringt. So entzieht sich der Kirchenraumtext einer totalen Wahrnehmung *einerseits* schon aus dem Grund, dass architektonische Texte noch vielschichtiger sind und eine noch wesentlich höhere Komplexität aufweisen als literarische, insofern sie den Rezipienten eben in seiner Leiblichkeit ansprechen und so eben nicht nur auf einer kognitiv-optischen Ebene kommunizieren, sondern noch auf mehreren anderen Wahrnehmungskanälen – taktuell, akustisch, olfaktorisch, kinetisch.⁷ Dazu kommt, dass Kirchenraumlektüre bei der Erfassung des Textes in der Regel fragmentarisch bleibt, weil dieser der Eigenleibbewegung des Rezipienten nicht zur Gänze zugänglich ist und schon deshalb in der Lektüre nicht erschöpfend erfasst werden kann (man denke etwa an das Phänomen, auf das man in nicht wenigen Kirchenbauten trifft, dass Dekorationen und Schmuck auch an gänzlich unzugänglichen Stellen angebracht sind). In den ästhetischen Gegenstand, der der Kirchenraum ist, gehen also nie alle Elemente des Kirchenraumtextes ein, vielmehr wählt der

---

⁵ BIZER, Begehung, 169; vgl. BIERITZ, Liturgik, 87 (vgl. 86): „Dieser *Ort* [sc. an dem Gottesdienst Raum greift] wird nur so als *Raum* erfahren und begriffen, indem wir ihn begehen, uns ihm nähern, uns von ihm entfernen, von anderen Orten zu ihm wechseln, ihn dabei gleichsam ‚lesen' wie ein Buch." Von Begehung hinsichtlich des (Kirchen-)Raums sprechen außerdem noch z. B. DEGEN, Raum I, passim; KAMEKE, Kirchenpädagogik, passim; KLIE, Kirchengebäude, 138; KUNSTMANN, Orientierung, 166 und 171; FAILING, Welt, 98; auch ILLIES, Architektur, 71.

⁶ So von „Kirchgang" statt von Begehung (aber im gleichen Sinne) bzw. neben Begehung sprechen etwa STOCK, Kirchgang; UMBACH, Pforten, 171–174 und MERTIN, Erfahrungen, 3. Vgl. auch einmal GEHRING, Schriftprinzip, 204f., v. a. Anm. 689 [zur Lektüre als Spazierengehen und zur ‚Ambulanz der Imagination'].

⁷ RAINER VOLP hat dementsprechend Kirchbaufragen als „wahrscheinlich sogar den komplexesten Gegenstand praktischer [sic] Theologie" bezeichnet (VOLP, Bauen, 228).

3 Phänomenologie der Kirchenraumlektüre

Rezipient aus, nimmt selektiv wahr. Dieser Sachverhalt wurde bereits kurz angerissen, nämlich als mit THOMAS ERNE darauf hingewiesen wurde, dass „das materielle Dispositiv des gebauten Raumes [...] nicht im Raumerleben, das es mit ermöglicht und strukturiert, einfach und umstandslos auf[geht]", sondern dass „ein Rückstand [bleibt], ein Nichtauflösbares der Materialität, das sich als Widerstand und Irritation der Raumerfahrung und Raumdeutung bemerkbar macht" (beide Zitate s. o. S. 61). WOLFGANG ISERs Begrifflichkeit in Anschlag bringend: Die der Kirchenraumlektüre inhärente Selektivität der Raumwahrnehmung konstituiert einen Möglichkeitsüberschuss, einen Möglichkeitskranz nicht gewählter, virtualisierter Möglichkeiten, die den durch selektive Raumwahrnehmung entstandenen Raumeindruck überschatten und irritieren und die Raumerfahrung zu einem späteren Zeitpunkt modifizieren können.[8]

Die Selektivität der Raumwahrnehmung ist ein Grund für eine je individuelle, rezeptionsbedingte Raumwirkung: Wieviele Details etwa bei der Raumlektüre wahrgenommen werden, was im Lesefokus steht, hängt nicht zuletzt von der Aufmerksamkeit des Rezipienten[9] ab und dem Weg, den er durch den Raum zurücklegt. Wenngleich der Raum etwa durch seine Gerichtetheit auf die Bewegungsrichtung des Rezipienten einwirkt (vgl. u. S. 244 Anm. 14), so verläuft Kirchenraumlektüre dennoch nicht linear (wie etwa das Lesen eines literarischen Textes, sieht man einmal von neueren, nonlinearen Erzählformen in der Literatur ab).[10] Vielmehr hat man sich die als Kirchenraumbegehung verlaufende Lektüre durchaus als nonlinear vorzustellen, nämlich als „Phänomenabfolge von Attraktion der Aufmerksamkeit, bewusstem Wahrnehmen und Sich-Ergreifen-Lassen", also so, wie DIETRICH KORSCH das Verhalten beim Besuch von Kunstausstellungen beschreibt, deren besonderen Reiz es gerade ausmache, „dass, durch den Raum gehend, der Blick schweift, hier und da hängen bleibt, die Entscheidung sich verdichtet, näher hinzutreten, schärfer zuzusehen, dass aus erster Attraktion ein

---

[8] Der Selektivität der Wahrnehmung des Rezipienten bei der Kirchenraumlektüre entspricht auf der Ebene der Vorstellungsbildung die Tatsache, dass Gestaltbildung immer nur eine selektive (und von daher individuelle) Realisierung des Kirchenraumtextes sein kann; vgl. u. S. 262ff.

[9] Auch WOLFGANG ISER führt – neben Erinnerungsvermögen, Interesse und Kompetenz – Aufmerksamkeit als einen der die intersubjektive Struktur realisierenden subjektiven Faktoren an; vgl. ISER, Akt, 192.

[10] Wenngleich oben ja mit WOLFGANG ISER auch schon für die Lektüre literarischer Texte festgestellt wurde, „daß sich der Fluß des Lesens nicht in einsinniger, unumkehrbarer Richtung vollzieht, sondern daß die retentionale Vergegenwärtigung den Blick auch zurückspringen lässt" (s. o. S. 198 Anm. 36). Dennoch geht auch ISER von einer festgelegten Leserichtung aus; vgl. ebd., 342f.

bewusstes Sich-Aussetzen wird, dass da – in aller Komplexität – eine Wahl stattfindet, die sich, wenn es glückt, in eine ergreifende ästhetische Erfahrung verdichtet oder verwandelt"[11].

Andererseits und damit zusammenhängend ergibt sich in der Kirchenraumlektüre eine ‚Transzendenz' des Kirchenraumtextes gegenüber einer totalen Wahrnehmung wie beim literarischen Text aus dem Nacheinander der Lektürephasen[12], welches nach sich zieht, dass die ästhetische Gegenständlichkeit des Kirchenraumtextes das in leiblicher Anwesenheit, gehend je und je Wahrgenommene immer übersteigt (das Ganze nur je in seinen Teilen ansichtig ist):

> „[A]rchitecture is an art form that we can enter and in fact *must* enter to understand. [...] Our experience of this art cannot help but be physical because our bodies are actually inside of it. We feel it, smell it, and hear it as well as see it. In fact, the presence and interaction of people is essential to the design. *This kind of art cannot be seen all at once. We behold it only partially, a section at a time.* We cannot see both inside and outside or back and front at the same moment."[13]

Um mit ISER zu sprechen: „[I]hre [sc. der ästhetischen Gegenständlichkeit] Ganzheit [ist] nur durch Synthesen zu gewinnen. Durch sie übersetzt sich der Text in das Bewußtsein des Lesers, so daß sich die Gegenständlichkeit des Textes durch die Abfolge der Synthesen als ein Bewußtseinskorrelat aufzubauen beginnt." (S. o. S. 196)[14]

---

[11] Beide Zitate KORSCH, Erwartungsräume, 315f. Im Übrigen geht DIETRICH KORSCH davon aus, dass „ästhetische Einzelerfahrung im Museum und ästhetische Gesamtwahrnehmung in der Kirche" (KORSCH, Ästhetik, 249) sich entsprechen. In diese Richtung weist auch eine relativ hohe Verweildauer von Rezipienten bei einem Kirchenbesuch, die sich in der Befragung ‚Der anonyme Kirchenbesucher' zeigte und die RALF HOBURG wie folgt interpretiert: „Für einen Kirchenbesuch verweist diese Verweildauer auf ein intensives Besuchserlebnis." (HOBURG, Kirchenbesucher, 6)

[12] In diesem Zeitmoment liegt ein weiterer, der vielleicht wichtigste Grund für eine je individuelle, rezeptionsbedingte Raumwirkung, die deshalb auch bei einem zweiten Lesen nie dieselbe ist. Denn das Zeitmoment bedingt, dass es auch hinsichtlich der Kirchenraumlektüre etwas gibt, was WOLFGANG ISER die „strukturbedingte Unwiederholbarkeit des identischen Sinnes" nennt (ISER, Akt, 243; vgl. hierzu überhaupt 241–243).

[13] JENSEN, Substance, 103 [Hervorhebung CWB].

[14] In dieselbe Richtung weisen Überlegungen JÜRGEN JOEDICKES zum Raum in der Architektur. So definiert er Raum als die Summe der nacheinander erfahrenen Beziehungen zwischen Körpern bzw. Orten (vgl. JOEDICKE, Architektur, 13 und 21; die hier in der Anm. im Folgenden in Klammern angegebenen Seitenzahlen alle ebd.). Diese Definition besagt erstens, „daß Raum nicht als etwas Seiendes verstanden wird, sondern als eine Folge der Wahrnehmung. Architektonischer Raum ist gebunden an den Menschen und seine Wahrnehmung." (18) Und zweitens ergibt sich daraus ein Zeitmoment, weil „Raumwahrnehmung [...] immer die [sc. zeitliche, CWB] Folge einer Reihe partieller Wahrnehmungen [ist]" (21). Dies führt wiederum zu der Begehung als genuiner Art der Raumlektüre und hat

3 Phänomenologie der Kirchenraumlektüre

Hierin zeigt sich nun jedoch zugleich die besondere Intensität der Raum-Rezipienten-Beziehung. Denn das Umhafte dieser Beziehung führt eben zu einem *Mittendrin-Sein*, dazu, dass einerseits, mit Blick auf die Rezipienten, – wie eben zitiert – „our bodies are actually inside of it", und dass andererseits, mit Blick auf die räumlichen Gegebenheiten, „the presence and interaction of people is essential to the design". Darüber hinaus gewinnt das *Mittendrin-Sein* auch im Falle der Kirchenraumlektüre noch eine übertragene Bedeutung: Erst der Rezipient bringt in seiner leiblichen Anwesenheit und in der sukzessiven Aneignung den Kirchenraum hervor, der sich so als Korrelat in der Vorstellung des Rezipienten und in diesem Sinne als ein ästhetischer Gegenstand aufbaut. Der Rezipient verhält sich zum Kirchenraum also nicht wie ein Subjekt zum Objekt; vielmehr unterläuft Raumwahrnehmung diese Unterscheidung (was sich in den raumphänomenologischen Betrachtungen nicht zuletzt am Phänomen der Atmosphäre zeigte, die mit ihrer subjektiv-psychischen und ihrer objektiv-physischen Komponente als der Differenzierung von Subjekt und Objekt vor- und übergeordnet ausgewiesen wurde; vgl. o. S. 233ff.): „Sobald wir uns im konkreten Erleben klarmachen, wie wir Architektur erfahren, können wir sie nicht bloß als Objekt begreifen. Da Architektur ihrem Wesen nach etwas ist, worin wir selbst uns aufhalten, *sind wir auch bei ihrer Betrachtung selbst immer schon in ihr enthalten.*"[15]

Trägt man der Bedeutung der leiblichen Bewegung und der Sukzessivität im Wahrnehmungsprozess des Kirchenraums Rechnung, so drängt sich WOLFGANG ISERs Konzept des *wandernden Blickpunktes* zur Charakterisierung des Kirchenraumtext-Leser-Verhältnisses respektive der Positionierung des Rezipienten zu den räumlichen Gegebenheiten im Zuge der Aneignung des Kirchenraums geradezu auf: Der wandernde Blickpunkt ist der Modus, in dem der Rezipient im Kirchenraum lesend, das heißt den Raum aneignend, gegenwärtig ist. Eingedenk des im ersten Hauptteil zum Kirchenraumtext Ausgeführten, kann deshalb auch hier mutatis mutandis gesagt werden, was oben zum literarischen Werk formuliert wurde: Erst, indem sich der Leser während der Kirchenraumlektüre als ‚perspektivischer Punkt'

---

freilich Implikationen für die architektonische Gestaltung von Raumtexten: „Den Weg, den ein Betrachter im Raum zurücklegt, ist entscheidend für die Art des Raumerlebnisses […] als Summe partieller (und zwar auf diesem Weg gemachter) Wahrnehmungen […]. Durch Festlegungen der möglichen Gehlinie hat es der Architekt in der Hand, bestimmte Raumerlebnisse zu provozieren. Hierin ist eines der elementaren Gestaltungsmittel der Architektur zu sehen." (22)

[15] JANSON, Entwurf [Hervorhebung CWB]. Auf diesen Sachverhalt weist auch KLAUS RASCHZOK mehrfach hin; vgl. z. B. RASCHZOK, Kirchenbau II, 571; RASCHZOK, Spannungsfeld, 25; RASCHZOK, Kirchenbau I, 410 und auch RASCHZOK, Spuren, 153.

durch das Gewebe von Perspektivensegmenten, durch das perspektivische System des Kirchenraumtextes hindurch*bewegt*, gelangt er zu einer Auffassung des Textes (vgl. o. S. 195). Als wesentlich erweist sich leibliche Bewegung also nicht nur darin, dass sie sich Räume (nämlich im Sinne von Bauten bzw. der architektonischen Gegebenheiten) erschließt, sondern vielmehr darin, dass sie sich diese ihrerseits schafft (nämlich im Sinne des Zusammenspiels von architektonischen Gegebenheiten und Rezipient). Die leibliche Bewegung setzt den Raum aus sich heraus, und zwar in der Wahrnehmung und dem Nachvollzug der räumlichen Gegebenheiten, des Kirchen*baus*, des Kirchenraumtextes. Kirchenraum entsteht in der als leibhaften Vollzug verstandenen sukzessiven Aneignung eines leiblich anwesenden Rezipienten, als welche die Lektüre des Kirchenraums hier verstanden werden soll.

Entsteht Kirchenraum also in einem sukzessiven Aneignungsprozess des Rezipienten, eignet ihm ein Moment der *Zeitlichkeit*. Das Durchschreiten eines Raumes braucht Zeit, ist eingebettet in einen Zeit-Raum. Begehung ist ein raumzeitlicher Vor-gang. Nirgends wurde das so deutlich wie bei der Behandlung der Tiefendimension, die in temporaler Hinsicht den Zusammenhang von Gegenwart und Zukunft thematisiert und deren zeitliches Moment sich aus der Intentionalität des Handelns ergibt, evident an dem Weg, den das Handeln in seiner nach vorn gerichteten Bewegung aus sich heraussetzt (vgl. o. S. 228). Das räumliche Nebeneinander führt so zu einem zeitlichen Nacheinander sinnlicher Eindrücke, die sich in der Raumwahrnehmung wie eine Kette aneinander reihen und die zum ästhetischen Gegenstand synthetisiert diese Kette gleichwohl übersteigen. Was Lesen deshalb in diesem Zusammenhang meint, ist zutreffend beschrieben als „die ‚zeitlich abrollenden Wirkungen der Bewegung' und eine Zusammenschau von nacheinander gewonnenen Teilansichten"[16]. Mit ELISABETH JOOß wurde auf die essentielle Bedeutung der Zeitlichkeit für die Raumkonstitution hingewiesen (vgl. o. S. 221), die sich auch jeweils in den einzelnen Sinnen zeigte. Auch beim Kirchenraum als Raum leiblicher Anwesenheit und hier speziell in seiner Akzentuierung als Wahrnehmungsraum lässt sich das Zeitmoment in den verschiedenen Sinneseindrücken beobachten: „Durch seine Anlage, seine Dimensionen, die Lichtverhältnisse, durch die verwendeten Materialien und Techniken, durch Farben, Proportionen und Symmetrien und durch anderes

---

[16] GEYER, Räume, 65 [unter Aufnahme eines Zitats von FRITZ SCHUMACHER]. Vgl. MEISENHEIMEr, Denken, 21: „Der Raum umgibt mich wie eine gestaltete Szene, in der die gebauten Dinge mit ihren ausgewählten Eigenschaften nebeneinander erscheinen. Die Bewegungen meines Leibes haben Einfluss auf das Nacheinander ihres Erscheinens, auf das ‚patch-work' der sinnlichen Phänomene, das in mir entsteht."

3 Phänomenologie der Kirchenraumlektüre 247

mehr wirkt ein Raum auf vielfältige Art auf diejenigen, die sich in ihm aufhalten. Er affiziert verschiedene Sinne, so neben dem Sehsinn und dem Gehör auch Tast- und Geruchsinn."[17]

Wie dies im Verlauf der sich als Begehung vollziehenden Kircheraumlektüre konkret wird, soll nun im Folgenden veranschaulicht werden.

Beispiel: Die Kirchenraumlektüre als Begehung des Kirchenraums mit allen Sinnen

In der Begehung wird der Kirchenraum mit den Füßen (selten, vielleicht zu selten auch mit den Händen) ertastet, z. B. so, wie oben mit GÜNTER PFEIFER beschrieben: „Trotz Schuhsohlen unter den Füßen meinen wir die leidensvollen Geschichten in den steinernen Grabplatten zu spüren." (S. o. S. 239) So entsteht der Kirchenraum in der Kontinuität der Leibbewegung des Rezipienten als kontinuierlicher und kohärenter *Tastraum*.

Als *Hörraum* imponiert sich der Kirchenraum etwa durch die Nachhall*zeit* des Orgelklangs oder des Gemeindegesangs, durch den sich ausbreitenden Schall, wenn laut gebetet oder gepredigt wird, auch, wenn ein Gegenstand laut zu Boden fällt, eine Bank knarrt oder eine Tür zufällt. Besonders das Geräusch, das die Schritte des Rezipienten selbst beim Eintritt oder beim Begehen des Kirchenraums oder die Schritte fremder Leute machen, und sei es die sich auf einer Besichtigungstour befindliche Touristengruppe, vermittelt einen Eindruck von der Größe des Raumes, von seiner Enge oder Weite. Dass im Übrigen – das sei nur am Rande bemerkt – beide, Enge und Weite, leiblich nicht neutral empfunden werden, darauf wurde oben hingewiesen; und im Zuge der Ausführungen zur Atmosphäre wurde eigens auf den Stimmungs- und Anmutungscharakter von Enge und Weite eingegangen (vgl. o. S. 230). Ruft man sich weiter ins Gedächtnis, was ebenfalls oben angesprochen wurde, dass der Hörraum sich als Um-Raum aufbaut, dann verwundert es nicht, dass sich die Raumakustik als von entscheidender Bedeutung für die Atmosphäre des Kirchenraumes erweist. In ganz hervorgehobener Weise kommt dies freilich bei der Musik im Gottesdienst zum Tragen.

---

[17] ZEINDLER, Gott, 407.

Als *Sehraum* erschließt sich der Kirchenraum in der zeitlich strukturierten Abfolge der Blicke: Zunächst lenken die räumlichen Gegebenheiten den Blick. Die strenge und klare horizontale Gliederung etwa eines Renaissance-Kirchenbaus richtet „das tastende Auge"[18] auf die Waagerechte aus; ein gotischer Kirchenbau betont dagegen die Vertikalität und zieht die Blicke nach oben. So können bestimmte Raumpartien architektonisch hervorgehoben sein – etwa der Altarbereich oder die Kanzel –, um sie in ihrer Bedeutung zu unterstreichen. Lichteinfall und Schatten spielen dabei eine große Rolle für den Raumeindruck. Vor allem aber lenkt das bereits Gesehene den Fortgang der Begehung und verweist auf potentielle Raumaneignungen, zeigt mögliche Bahnen zum Fortsetzen der Lektüre auf. Der Sehraum führt damit wie kein anderer dem Rezipienten den Kirchenraum als Möglichkeitsraum seiner Handlungen und seiner leiblichen Bewegung und damit als Raum leiblicher Anwesenheit in seiner Akzentuierung als Handlungsraum *vor Augen*. Beim Gang durch den Kirchenraum können sich dunklere und hellere Bereiche abwechseln, manches Detail ist klar und deutlich zu sehen, anderes bleibt im Verschwommenen und Vagen; einmal eröffnen sich Perspektiven, dann wieder werden Einblicke verwehrt[19]: Hier der Altar und das Kruzifix, der Taufstein, die Kanzel, dort Stufen, eine Nische, Um- oder Durchgänge, ein Portal, ein hoher Raumteil oder ein Nebenraum, ein Gestühl oder Kirchenbänke, ein Lettner oder eine Chorschranke. Bestimmte Einrichtungs- oder Kunstgegenstände ziehen die Aufmerksamkeit auf sich, werden ‚thematisch' und wollen eingehender betrachtet werden, laden ein zum Andächtig-Werden und In-sich-Gehen; Stufen und Treppen regen an zur Besteigung, Durchgänge und Portale zum Durchschreiten, Sitzgelegenheiten, sich zu setzen und zu verweilen; andere Einrichtungsgegenstände und Raumteile – wie Lettner oder Chor-

---

[18] MEISENHEIMER, Denken, 73.
[19] In inszenierter Form begegnet ein solches Verbergen darüber hinaus in der sakralen Tradition der rituellen Verhüllung von Kult- und Gnadenbildern, „die sich an manchen Orten bis heute als liturgisches Erbgut erhalten hat, beispielsweise beim Madonnabild auf dem sizilianischen Monte S. Giuliano, das mit sieben Schleiern das ganze Jahr über verhüllt bleibt, bis es im Rahmen einer großen Prozession zu Mariae Himmelfahrt feierlich enthüllt wird" (DREHSEN, Bürger-Eucharistie, 189). In diesem Zusammenhang ist auch der liturgische Wechsel zwischen den verschiedenen Ansichten eines Flügel- bzw. Wandelaltars zu sehen, etwa der Alltags- und der Festtagsseite des im ersten Hauptteil als Beispiel angeführten Genter Altars (vgl. o. S. 148).

3 Phänomenologie der Kirchenraumlektüre 249

schranken – versperren den Zugang. Bewegung wird so angestoßen und gerichtet oder gegebenenfalls eben (aus)gebremst. Um die oben zitierte Formulierung ELISABETH STRÖKERs aufzugreifen (vgl. o. S. 223): Verweisungen auf andere Dinggegebenheiten werden gewahrt und in der aktuellen Leibesdynamik eingelöst.

Im Wechsel aus Eröffnen von Perspektiven und Vorenthalten von Einblicken, aus Zeigen und Verbergen, aus Ausrichtung des Blickes und künstlichem Durchbrechen von Sichtachsen setzt der Kirchenraum schließlich eine Gedankentätigkeit in Gang. Im architektonischen Spiel aus dem Weisen eines Weges und dem Vorenthalten von Zugang, aus in Bewegung Versetzen und Bewegung Verlangsamen, aus potentieller und eingelöster Bewegung baut der Kirchenraumtext Erwartungen auf und löst Assoziationen aus, ruft Ahnungen, Antizipationen, hervor und Erinnerungen, Retrospektionen, wach.[20] Die sich in der Bewegung vollziehende Raumwahrnehmung mit allen Sinnen bewirkt im Rezipienten so eine *geistige* Aktivität. Das *Lesen* eines Kirchenraums bedeutet in diesem Sinn nicht zuletzt ein „Wechselspiel von wahrgenommenen Raumgegebenheiten und durch sie ausgelösten geistigen Bewegungen"[21]. Die geweckten Erwartungen und die ausgelösten Assoziationen – einschließlich „synästhetischer Assoziationsketten, die unbewusst aufsteigen und unauflöslich mit bestimmten Gegenständen im Raum verbunden sind"[22] – beziehen sich auf das Raum- und Bildprogramm. Das heißt, sie beziehen sich erstens auf die rein baulichen Gegebenheiten (nämlich – und hierin haben sie ihre Bedeutung dafür, wie der Kirchenraum erfahren wird – insoweit sie als Träger des selektierten Materials fungieren). Sie beziehen sich zweitens auf die künstlerischen und religiösen bzw. liturgischen Ausstattungsstücke (nämlich insofern auch diese offen sind für eine Interpretation und Aneignung durch den Rezipienten und insofern diese daher – um mit

---

[20] Vgl. MEISENHEIMER, Denken, 81: „Mit Ausblicken und Durchblicken wird ein Erlebnisraum konstruiert, der zwar in der Vorstellung eines Betrachters entsteht, aber im architektonischen Ensemble vorgebildet ist. [...] Unterbrechungen der Blickfolge durch verschlossene Türen, vergitterte Fenster und dergleichen Details können durchaus zur Komposition gehören, sie enttäuschen und steigern möglicherweise eine Erwartung, die sich aufgebaut hat." Insofern könnte vom Kirchenraumtext gesagt werden, was WOLFGANG ISER für den literarischen Text konstatiert: „Der Kommunikationsprozeß wird also [...] durch die Dialektik von Zeigen und Verschweigen in Gang gesetzt und reguliert. Das Verschwiegene bildet den Antrieb der Konstitutionsakte, zugleich aber ist dieser Produktivitätsreiz durch das Gesagte kontrolliert, das sich seinerseits wandelt, wenn das zur Erscheinung gebracht wird, worauf es verwiesen hat." (S. o. S. 185 Anm. 7)
[21] ZEINDLER, Gott, 407.
[22] LEYDECKER, Kirchenraum, 54.

ISER zu sprechen – Leervorstellungen aufweisen und so ihre Auffüllung antizipieren). Beide waren oben dem, was in der vorliegenden Arbeit als Kirchenraumtext bezeichnet wird, zugerechnet worden. Drittens beziehen sich die Erwartungen und Assoziationen auch auf die Raumatmosphäre (nämlich insofern diese von den vorhandenen Raumgegebenheiten erzeugt wird): Was erwartet mich hinter der nächsten Ecke oder der nächsten Säule? Welches Bild, welches Kunstwerk, welcher Einrichtungsgegenstand? Welcher „malerische, musivische, plastische und epigraphische Schmuck"[23]? Helligkeit oder Dunkelheit? Enge oder Weite? Wie mutet mich der Kirchenraum an? Was verbirgt sich hinter dieser Tür? Was für ein Raum? Auf was für eine Atmosphäre treffe ich? Auch schon außerhalb des Kirchgebäudes: Was erwartet mich in dem Gebäude? Setzt sich der Stil, das Bildprogramm fort? Hält der Kircheninnenraum, was der Außenraum verspricht? „Wieviel Kraft brauche ich, um das schwere massive Kirchentor zu öffnen? Wie ist mein Empfinden, wenn die Tür zur Kirche nur eine schwache Glastüre ist?"[24]

Im Zuge dieses Prozesses können bestimmte Erwartungen durch den Kirchenbau zunächst geweckt, dann eingelöst oder enttäuscht werden. Diese Erwartungen sind oftmals dafür verantwortlich nicht nur, inwiefern der Bau das Bewegungsspektrum seiner Rezipienten absteckt und inwieweit er deren Bewegungen über Bewegungssuggestionen determiniert oder zumindest beeinflusst, sondern vor allem auch, wie er sie anmutet. Jedenfalls kennzeichnet dieses Spiel aus Wecken, Einlösen und Enttäuschen von Erwartungen die für einen Kirchenraum (wie andere architektonische Räume) charakteristische Aneignungsweise, die Begehung. Zur näheren Beschreibung dieses Sachverhalts drängt sich ISERs von HUSSERL übernommenes Begriffspaar von Retention und Protention auf: Die bereits wahrgenommenen Textsegmente gehen als Raumeindrücke in die Erinnerung ein und bleiben retentional gegenwärtig; es entsteht ein „Leerhorizont ausbleichender Erinnerung" (s. o. S. 198). Die beschriebenen Erwartungen und Assoziationen, die bei der Raumlektüre geweckt werden, bilden einen „Leerhorizont der Erwartung" (s. o. S. 198). Und der Leser des Kirchenraumtextes befindet sich durch den Modus des wandernden Blickpunktes in jedem Augenblick der

---

[23] EMMINGHAUS, Raum, 375. Vgl. insgesamt zu den hier aufgeführten Fragen und als Beispiel für eine sich als Begehung vollziehende Kirchenraumlektüre den Durch*gang* durch die Klosterkirche von Lippoldsberg bei UMBACH, Pforten, 172–174.
[24] LEYDECKER, Kirchenraum, 53.

3 Phänomenologie der Kirchenraumlektüre 251

Lektüre am „Scheitelpunkt von Protention und Retention" (s. o. S. 198).²⁵ Ein Raumeindruck oder eine Anmutung zu einem späteren Zeitpunkt der Raumlektüre mag dann ein vormals wahrgenommenes Textsegment, ein Ausstattungsstück oder ein Raumteil mitsamt der assoziierten Atmosphäre, aufrufen. Entscheidend dabei ist nun, dass ein dergestalt wachgerufenes Ausstattungsstück oder Raumteil „im Horizont seiner möglichen Beobachtbarkeit" (s. o. S. 199) auftritt und so neue Aspekte an ihm sichtbar werden, was wiederum auf die Erwartung des Rezipienten rückwirkt. Sowohl das erinnerte Textsegment als auch die Erwartung des Rezipienten verändern sich. Auch im Falle der Aneignung des Kirchenraums gilt also, dass „die retentionale Vergegenwärtigung des vergangenen in eine ständige Modifikation des jeweiligen Jetzt" und „das gegenwärtige Jetzt in eine Modifikation des vergangenen umschlägt" (beide Zitate s. o. S. 199).

Dies soll nun an einem weiteren Beispiel veranschaulicht und vertieft werden.

Beispiel: Die wechselseitige Irritation von Repertoire-Elementen und das Abbauen der Spannung durch den Rezipienten – die Leerstelle im Kirchenraumtext

Wie jedes Ausstattungsstück, so ruft auch ein solches, das gesellschaftliche Wirklichkeit bemüht und diese so als Repertoire-Element in den Kirchenraumtext Eingang finden lässt, bestimmte Assoziationen, Erinnerungen und Erwartungen, womöglich gar Befürchtungen hervor. Dies ist beispielsweise der Fall bei den im ersten Teil angeführten gesellschaftlich-hierarchischen Repräsentationen, etwa bei landesherrlichen Herrschaftsständen mit ihren Wappen und Inschriften, Ratsherrengestühlen oder der Kapelle eines Patriziergeschlechts oder dergleichen. Zunächst und offensichtlich evoziert ein solches Textsegment die hierarchische Gliederung der ständischen Gesellschaft. Zur Zeit frühneuzeitlicher Fürstenstaaten stellte es dem Rezipienten so seine untergeordnete Stellung vor Augen und mag ihm Gehorsam, Untertänigkeit, Demut und dergleichen abverlangt

---

[25] Oder wie bereits mit ELISABETH JOOß formuliert: „Der eigene Leib in seinem jeweiligen Gegenwartserleben stellt dabei die Scheide zwischen Vergangenheit und Zukunft dar" (s. o. S. 229).

haben.²⁶ Und sicherlich war dies auch so intendiert.²⁷ Als Teil der Architektur und als Segment des Kirchenraumtextes sieht sich allerdings dieses Bruchstück außerästhetischer Wirklichkeit in den ästhetischen Kontext des Kirchenraums transponiert, erscheint ästhetisch verändert und in seiner Geltung umcodiert – und weist dadurch über sich hinaus²⁸. Die gesellschaftliche Norm (nämlich die ständisch-hierarchische Gliederung der Gesellschaft) ist ‚entpragmatisiert', also insofern in ihrer Funktion verändert, als sie nun nicht mehr – wie im gesellschaftlichen Zusammenhang – als Regulativ wirkt, sondern selbst thematisch wird. Als entpragmatisiertes ist das Wirklichkeitsbruchstück zu neuer Beziehung fähig und agiert als Interaktionspol.

Eine mögliche sich aus der Verspannung von Retention und Protention ergebende Modifikation im Verlauf der Raumlektüre könnte nun wie folgt aussehen: Zunächst ginge das Textsegment mit der aneignenden Lektüre in die Erinnerung des Rezipienten ein und es stünden vielleicht die genannten Assoziationen im Vordergrund. Stellt man sich weiter vor, dass der Rezipient im Fortgang der Raumlektüre auf eine bildliche Umsetzung des Memento mori, etwa eine (wie für diese typisch: die Medien Bild und Text, nämlich Dialogverse, kombinierende) Totentanzdarstellung trifft, welche den

---

[26] Assoziationen heute könnten ganz andere sein, z. B. Befremden angesichts einer vergangenen Gesellschaftsform oder ein Überlegenheitsgefühl gegenüber einer überwundenen Herrschaftsform oder gar Nostalgie im Rekurs auf die ‚gute alte Zeit'. Nicht nur (Kirchenraum-)Texte, auch deren Lektüre verdankt sich einer bestimmten historischen Konstellation – was auf einen Problemkomplex verweist, der unten als die kommunikative Dimension der in der Kirchenraumlektüre zu machenden Erfahrung noch eigens zur Sprache kommen wird (vgl. u. Kap. 3.2.3, S. 280ff.).

[27] MATTHIAS ZEINDLER weist darauf hin, „dass der von den Gottesdienstbesuchern wahrgenommene Raumcharakter nicht mit dem von den Erbauern Intendierten übereinstimmen mag. Dies kann daran liegen, dass die intendierte Qualität den Wahrnehmenden aus individuellen Gründen nicht verständlich ist, aber auch daran, dass die Wahrnehmungsbedingungen sich gegenüber denjenigen der Erbauungszeit verändert haben." Als anderes, „aktuelles Beispiel" führt er „das Schicksal vieler deutscher Kirchen aus den 50er Jahren an. Sie sind heute, gemessen an der Grösse der Gottesdienstgemeinden, nicht nur oft zu gross, ihre Formensprache und ihre häufig karge Ausstattung wird auch von vielen als kalt und sinnenfeindlich empfunden." (Alle drei Zitate ZEINDLER, Gott, 408 Anm. 95) Vgl. zur kurzen Halbwertszeit grade politischer Bedeutungen von Kirchen KIECKHEFER, Theology, 153.

[28] Religiöse Ausstattungsstücke, Kunstgegenstände etc. als Träger von Repertoire-Elementen zeigen insofern, was oben mit Worten WOLFGANG ISERs für die Perspektiven des Kirchenraumtextes festgestellt wurde: „In their capacity as statements, observations, purveyors of information, etc., they are always indications of something that is to come, the structure of which is foreshadowed by their specific content." (S. o. S. 177)

3 Phänomenologie der Kirchenraumlektüre

Betrachter nicht nur an seine eigene Vergänglichkeit erinnerte, sondern auch daran, dass der Tod ohne Ansehung von Alter und Stand ins Leben tritt. In diesem Sinne zeigte etwa der im Zweiten Weltkrieg zerstörte, teilweise BERNT NOTKE (1430/40–1509) zugeschriebene monumentale Totentanz von 1463 in der Flüster- oder Totentanzkapelle der Lübecker Marienkirche – eine der berühmtesten Darstellungen des Totentanzmotivs – auf einem fast dreißig Meter langen umlaufenden Fries vierundzwanzig Paare (s. Abb. 8)[29]: jeweils eine Todesfigur und den Vertreter eines Standes, in der hierarchischen Abfolge der Ständegesellschaft – beginnend mit Papst und Kaiser über u. a. geistliche und weltliche Würdenträger bis hin zu Klausner und Bauer, um mit einem jungen Mann, einer jungen Frau und einem Kind in der Wiege ‚den Reigen vollzumachen', all dies – „ein Novum, das nirgendwo vor Notkes Lübecker Totentanz nachgewiesen worden ist" – vor dem Panorama der Hansestadt, was die Wirkung zusätzlich unterstützte:

> „Durch die Projektion der Tanzenden vor die Stadt Lübeck konnte sich der Betrachter nicht nur – wie in anderen Totentänzen auch – in seinem Standesvertreter wiedererkennen, sondern sich darüber hinaus auch vergegenwärtigen, daß ihm persönlich hier und jetzt mit dem Totentanz ein Spiegel vor Augen gehalten wurde, der ihn mit dem unmittelbar an ihn gerichteten Memento mori konfrontierte."[30]

Dass der Betrachter so einen Spiegel vorgehalten bekommt oder zumindest dass er seines eigenen Todes eingedenk gemacht wird, trifft in gewissem Maße auch noch auf den heutigen Raumrezipienten zu. Zwar existiert das Original des Monumentalgemäldes heute nicht

---

[29] Vgl. – neben FREYTAG, Totentanz, dem Standardwerk speziell zum Lübecker Totentanz – allgemein zum Totentanzmotiv NEUMANN, Todestanz und neuerdings die Dissertationen DREIER, Totentanz (hier speziell zum Lübecker Totentanz 92f. [Kap. 3.3.1]) und WARDA, Memento (hier speziell zum Lübecker Totentanz 69–77).

[30] Beide Zitate FREYTAG / BLESSIN, Vorwort und Einleitung, 7; vgl. WARDA, Memento, 72f. Neben vielen anderen, oft an Friedhofs- oder Klostermauern angebrachten Exemplaren – so etwa der Großbasler (um 1435) und der Berner Totentanz (1516/18), die bis auf wenige kleinformatige Fragmente (Großbasler) bzw. vollständig (Berner) zerstört sind – ließen sich als weitere Beispiele für monumentale Totentänze, die sich wie der Lübecker im Innern eines Kirchenbaus befinden, die folgenden anführen: das in Beziehung zum Lübecker Totentanz stehende Totentanzfresko in der Marienkirche in Berlin (um 1490), der Füssener Monumental-Totentanz (1602) – das erste Exemplar für einen katholischen Auftraggeber und Ausgangspunkt der Entstehung des katholischen Totentanztyps – und die Tafelgemälde in der St.-Petri-Kirche in Wolgast (um 1700); vgl. zu den genannten und für weitere Beispiele WARDA, Memento und DREIER, Totentanz.

mehr, aber es begegnet ihm in der Lübecker Marienkirche in mehreren Reminiszenzen. Tritt man heute in die Nordkapelle, die ‚Totentanz-Kapelle', bietet sich einem nicht nur ein (leider äußerst mäßiger) Druck einer verkleinerten Kopie des NOTKE-Totentanzes, sondern vor allem auch eine moderne Adaption: die beiden Totentanz-Fenster ALFRED MAHLAUs (1956/57)[31].

Jedenfalls sind im Kirchenraumtext zwei Segmente in eine Konstellation gebracht, in der sich beide irritieren, bzw. vielmehr: der Kirchenraumtext deutet eine Beziehbarkeit seiner Segmente an. Gleichwohl ist eine explizite Beziehung ausgespart, sodass sich hier strukturell eine Leerstelle (was die bloße Aussparung angeht: in ihrer allgemeinen oder elementaren Funktion) manifestiert, als die sich die Entpragmatisierung im Kirchenraumtext anzeigt. Mit anderen Worten: Die Textsegmente stehen in einer gewissen Spannung zueinander, die unter Umständen vom Rezipienten abgebaut wird; die Leerstelle (in ihrer zweiten Funktion) markiert die Anschließbarkeit der Textsegmente und stimuliert den Rezipienten zu einer Besetzung, das heißt zu einer Kombination der Segmente, durch die sich der imaginäre Gegenstand aufzubauen beginnt. Die Leerstelle nimmt die Vorstellungstätigkeit des Rezipienten zu Bedingungen des Kirchenraumtextes in Anspruch.

Im angeführten Beispiel würde also möglichenfalls der Verweis auf die ständische Gliederung der Gesellschaft im Totentanz beim Betrachten des Bildes im Rezipienten zunächst die selektierte, zuvor gelesene soziale Norm der ständisch-hierarchischen Gesellschaft wachrufen. Retentional vergegenwärtigt würde diese dann in Interaktion mit dem im Bild repräsentierten Repertoire-Element treten. Als eine mögliche Besetzung der Leerstelle und Verknüpfung der Textsegmente, also als individuell differenzierte Konstitutionsaktivität des Rezipienten wäre denkbar, dass der Totentanz die vorgenannte Norm problematisieren – wenn man so will: durchstreichen oder negieren – würde, nämlich im Sinne eines *omnia mors aequat*, des Todes als großem Gleichmacher. Die Konstitutionsaktivität des Rezipienten hätte in diesem Fall eine Veränderung, nämlich Relativierung des hierarchischen Anspruchs gezeigt, nämlich insofern dieser in der Raumlektüre mit dem in der Totentanzdarstellung fassbaren Gegenentwurf einer ‚gerechten' Herrschaft in Beziehung

---

[31] Vgl. HÜLSEN, Totentanz-Fenster.

3 Phänomenologie der Kirchenraumlektüre

gesetzt wurde (wenn auch nur auf ästhetischer Ebene, aus der sich freilich ethische Konsequenzen ergeben können, vgl. u. S. 258).[32] Die Leerstelle hätte so zu „Transformationen durch wechselseitige Auslegung der miteinander verspannten Textsegmente" (s. o. S. 187) geführt und erwiese sich als Negation im ISERschen Sinne, also als eine Leerstelle auf der paradigmatischen Achse der Kirchenraumlektüre, durch die bestimmtes, durch das Repertoire aufgerufenes Wissen durchgestrichen, eingeklammert oder zumindest neutralisiert wäre. Von der Negation bzw. Leerstelle angestoßen hätte der Rezipient durch das aufgerufene, aber darin überschrittene Repertoireelement etwas gewonnen, was dieses so nicht enthielt, hätte die sich problematisierenden Segmente in eine Konvergenz gebracht, in der beide überstiegen sind (vgl. o. S. 192).[33] Auf diese Weise hätte sich ihm der bestimmte Sinn des Kirchenraumtextes erschlossen, indem er ihm diesen (von der Leerstelle bis zu einem gewissen Grad reguliert) selbst beigelegt hätte, und Sinngenerierung ließe sich bestimmen als Wirkungsprozess zwischen Raumtext und Rezipient.

Bei WOLFGANG ISER firmiert, worauf hingewiesen wurde (vgl. o. S. 96), die Bilanzierung und Artikulation des Orientierungsdefizits eines bestimmten Sinnsystems einer Epoche als die Funktion der Literatur. Das Beispiel macht plausibel, dass man diese Funktion – bis zu einem gewissen Grad und sicher nicht als einzige – durchaus auch dem Kirchenraum zuschreiben könnte.

Abb. 8: *Totentanz in der Flüster- bzw. Totentanzkapelle der Lübecker Marienkirche (1463, teilweise BERNT NOTKE [1430/40–1509] zugeschrieben, Ausschnitt)*

---

[32] Vgl. DREIER, Totentanz, 113f.
[33] Vgl. DEGEN, Raum I, 5: Der Kirchenraum „negiert und kontrastiert das uns täglich umgebende Banale, schafft Transzendenz und ermöglicht Religion – sofern wir ihn gewähren lassen".

Freilich gilt es einschränkend zu dem Beispiel anzumerken, dass die vorgeführte Lektüre, diese spezielle Aktualisierung nur *eine* mögliche in einem ganzen Netz von Beziehungsmöglichkeiten darstellt; darauf wird gleich noch eigens einzugehen sein (vgl. u. S. 262). Es wurde bereits gesagt, dass die ursprüngliche Intention beim Anbringen derartiger Bauelemente und Ausstattungsstücke viel eher das Festschreiben von Gehorsam, Untertänigkeit und Demut gewesen sein mag. Als andere Konkretisation bzw. ursprünglich *intendierte* Aktualisierung könnte daher – neben der vorgeführten, wenn man so will subversiven Lesart – das Befestigen gesellschaftlicher Zustände und – im Blick auf die religiöse Dimension des Kirchenraumtextes – auch deren religiöse Überhöhung, das ‚Heiligen' gegebener Verhältnisse, angesehen werden. KARL-HEINRICH BIERITZ führt eine solche gesellschaftliche Strukturen festschreibende und religiös überhöhende Lesart am kirchenbaugeschichtlichen Übergang von der Hauskirche zur Basilika vor Augen:

> „Man hat darauf hingewiesen, dass die Basilika ‚als Abbreviatur der antiken Stadt zu betrachten ist, die ihrerseits Abbild des Kosmos sein will.' Der Wechsel von der Hauskirche in die Basilika wäre dann zugleich als Überschritt vom οἶκος – als sozialer Einheit – in die πόλις und damit in gewisser Weise als ‚Veröffentlichung' des christlichen Gottesdienstes (im Sinne des *cultus publicus*) zu begreifen. Er verliert damit notwendig seinen gegengesellschaftlichen Charakter und wird auch zum Abbild der sozialen Strukturen, wie sie das antike Stadt- und Staatswesen bestimmen. Werden Kirchenraum und Liturgie zugleich als ‚Abbild des himmlischen Jerusalem' und des in ihm gefeierten Gottesdienstes verstanden, impliziert dies die kosmisch-theologische Überhöhung politischer Strukturen."[34]

Andererseits – und auch dies gilt es dem angeführten Beispiel erläuternd hinzuzufügen – handelt es sich bei der darin vorgeführten exemplarischen subversiven Lesart, die die Autorität höherstehender Standesvertreter in Frage stellt, keineswegs etwa um eine, mit der eine moderne Interpretation rückprojiziert würde, vielmehr darf,

---

[34] BIERITZ, Liturgik, 97 [unter Aufnahme zweier Zitate von MEYER, Kirchenbau, 38f.]. Speziell zur Hauskirche vgl. BIERITZ, Liturgik, 90–92 und speziell zur Basilika vgl. BIERITZ, Liturgik, 92–94. Dass gleichwohl immer auch subversive Lesarten möglich sind, davon geht auch WILHELM GRÄB aus, wenn er speziell für die bildende Kunst ausführt: „Bilder der Kunst eignen sich im Grunde nicht für doktrinale Zwecke. Das Auge des Betrachters ist immer frei, anders zu sehen als nach Maßgabe der Illustration einer Lehre gesehen werden soll." (GRÄB, Autonomie, 237)

3 Phänomenologie der Kirchenraumlektüre

zumal der Impuls zu einer solchen Konkretisation durchaus im Totentanzmotiv selbst angelegt ist, angenommen werden, dass auch ein zeitgenössischer Rezipient zu der exemplarisch vorgelegten Aktualisierung gelangen konnte. Dass es sich bei einer derartigen Lesart um eine Aktualisierung eines im Totentanzmotiv angelegten Potentials handelt, findet sich bestätigt in dem breiten Befund, zu dem ROLF PAUL DREIER in seiner Dissertation kommt und den er dazu heranzieht zu zeigen, dass dem Gleichheitsmotiv und damit einhergehend der Gesellschaftskritik – neben religös-erbaulichen und anderen gesellschaftlichen Motiven – eine bedeutende inhaltliche Rolle für das Totentanzmotiv zukommt, sogar besonders in Totentänzen aus vorreformatorischer Zeit: „Seit dem Ende des 15. Jahrhunderts wurde die Thematik der Gleichheit der Menschen im Diesseits in den Totentänzen deutlicher in den Vordergrund gerückt, nachdem die Urtotentänze [sc. der Danse Macabre von Paris von 1424/1425 und der Basler Totentanz von ca. 1435] die jenseitsorientierte Gleichheit aller Menschen im Tod stärker betont hatten."[35] Konkret zeigt sich dies im Lübecker Totentanz etwa daran, dass mehrmals Kritik an weltlicher und geistlicher Obrigkeit laut wird, dass explizite „Seitenhieb[e] an die Adresse gesellschaftlich höher gestellter Personen" (118) gerichtet werden. So wird etwa dem König vorgeworfen, er habe das Wenden und Verkehren des Rechts unter sich zugelassen (vgl. 102), dem Lübecker Bürgermeister sein betrügerisches Tun (vgl. 114); der Edelmann gibt zu, seine Untertanen hätten unter seinem bösen Regiment zu leiden gehabt (vgl. 115); und dem Lübecker Domherrn wird vorgehalten, er habe Gott vergessen (worauf dieser in seiner Ignoranz nichts anderes zu entgegnen weiß als die Bemerkung, er hätte noch länger reichlich Nutzen ziehen wollen aus seinen Pfründen) (vgl. 105). Der Bauer wird demgegenüber einer positiven Beurteilung unterzogen und erscheint als eifrig und arbeitsam, als gehorsam und pflichtgetreu (vgl. 118). Damit weist der Lübecker Totentanz eine Tendenz auf, die überhaupt für Totentänze der vorreformatorischen Periode kennzeichnend ist, indem sie „den Bauern als wehrhafte, selbstsichere, konkrete Identifikationsfigur mitten in der Gesellschaft [porträtieren]" (116f.). ROLF PAUL DREIER sieht da-

---

[35] DREIER, Totentanz, 100. Zum Gleichheitsmotiv in den Totentänzen vgl. überhaupt DREIER, Totentanz, passim, v. a. 100ff. [Kap. 3.4.1] und 240 [Kap. 7.2.1], auch 73 Anm. 276, 130f. [Kap. 3.5], 234 und 235. Die in diesem Absatz des Fließtextes in Klammern angeführten Seitenzahlen beziehen sich allesamt auf DREIER, Totentanz.

rin das Bestreben, „die Erkennbarkeit der Handlung für das breitere Publikum [zu] steigern, und damit den Zuschauer stärker ins Geschehen ein[zu]beziehen, wodurch die zunehmend weltorientierte, auch gesellschaftspolitische Reformbotschaft des vorreformatorischen Totentanzes eine breitere Wirkung erzielen konnte" (117).

Die beiden vorgeführten gänzlich entgegengesetzten Aktualisierungen (Einflößen von Untertänigkeit versus Relativierung eines Machtanspruchs) widersprechen dabei nicht der Sinnhaftigkeit des Kirchenraumtextes. Sie zeigen vielmehr dessen Unbestimmtheit, wenn man so will: seine „strukturierte Polysemie" und „ein Spektrum semantischer Oszillationen"[36], also die ‚Ereignishaftigkeit' des Kirchenraumtextes (vgl. o. S. 99 Anm. 22) und das heißt: seine Interpretationsoffenheit. Vor allem offenbaren sie so gerade die konstitutive Bedeutung des Rezipienten im Sinnbildungsprozess. Im Übrigen zeigt sich in dem Gegensatz die grundsätzliche Spannung zweier miteinander widerstreitender ethischer Konsequenzen, die aus dem Glauben gezogen wurden und die sich durch die Geschichte des Christentums ziehen, die Spannung zwischen der christlichen Religion als „Fundament" und – „durchsetzt von Negativität" – genauso als „Ferment"[37], das heißt als stabilisierender wie als gesellschafts- und religions- (nämlich Religion vor allem in ihrer institutionalisierten Form) kritischer Kraft: „Das Christentum hat gesellschaftliche Ordnungen oft stabilisiert. Es hat sie aber immer wieder auch erschüttert, kritisiert, verändert – durch seinen Ausgriff auf große Transzendenzen. Das Christentum gründet schließlich in entscheidenden Transformationserfahrungen unseres humanen Endlichkeitsbewusstseins. [...] Deshalb stärkt der christliche Glaube immer wieder in der Hoffnung auf einen neuen Himmel und eine neue Erde, auf die Überwindung des menschlichen Elends, die Abschaffung ungerechter Verhältnisse. [...] Immer wieder hat das Christentum in seiner 2000-Jährigen [sic] Geschichte deshalb auch zum Kampf ermutigt für die Errichtung einer besseren Welt."[38]

---

[36] Beide Zitate ISER, Akt, V.
[37] Alle drei Zitate ERNE, Fundament.
[38] GRÄB, Autonomie, 233.

3 Phänomenologie der Kirchenraumlektüre 259

3.2 Die synthetische Aktivität des Rezipienten und ästhetische Erfahrung

Das Beispiel jedenfalls verdeutlicht, wie die synthetische Aktivität des Rezipienten bei der Aneignung des Kirchenraums vonstattengeht, dass sie sich nämlich in erster Linie als eine von *Leerstellen* ausgelöste und als deren Besetzung sich darstellende *Gruppierungsaktivität* vollzieht. In der im Beispiel angenommenen Kirchenraumlektüre wurde zunächst eine in Form des Ausstattungsstückes in den Kirchenraumtext eingegangene und so in dessen Repertoire aufgeblendete, dadurch in ihrer Bekanntheit veränderte, selektierte soziale historische Norm (in dem Fall eine gesellschaftlich-hierarchische) identifiziert. Dann wurde sie in der sich aus ihrer Entpragmatisierung ergebenden Verknüpfungsnotwendigkeit (der Leerstelle) mit einem anderen Repertoire-Element in Beziehung gebracht und im Zuge dessen einer Veränderung, einer – wenn man so will – kohärenten Deformation unterzogen. Wurde in der Normenselektion deren Bekanntheit suspendiert, so stellte der Leser im Zuge der Raumlektüre neue Äquivalenzen her.

Der Rezipient ist es also, der die Verknüpfungsnotwendigkeiten der im Kirchenraumtext zusammengestellten Repertoire-Elemente realisiert, indem er Relationen herstellt und Sinneinheiten bildet, nämlich Leerstellen besetzt. Im Anschluss an WOLFGANG ISER können die gebildeten Sinneinheiten als *Gestalten* und der gesamte Vorgang als *Gestaltbildung* bezeichnet werden. Auch im Falle der Kirchenraumlektüre erweist sich dabei der Modus des wandernden Blickpunkts als Voraussetzung der Gestaltbildung (und damit als Rahmenbedingung der Erfassungsakte), indem dieser nämlich im Zuge der Raumlektüre, im Verlauf der Begehung, des ‚Kirchgangs', allererst den Text des Kirchenraums zu einem „Netz von Beziehungsmöglichkeiten" auffächert und zu „Interaktionsstrukturen auseinander[faltet]" (beide Zitate s. o. S. 200). Die als Gruppierung vonstattengehende Konstitutionsaktivität ergibt sich so aus der Eigenart der Kirchenraumlektüre, das heißt aus der leiblichen Bewegung des Rezipienten bei der Begehung des Kirchenraums und der ihr inhärenten Zeitlichkeit. Hierbei zeigt sich das dynamische Zusammenspiel von Kirchenraumtext und Rezipient: Die räumlichen Gegebenheiten markieren die Konstellation der Elemente, zeigen Verknüpfungsnotwenigkeiten an; der Kirchenraumtext zeichnet (durch seine Leerstellen bzw. durch seine Strategien) die Beziehungen vor. Aber erst der Rezipient realisiert diese, indem er die sich aus der Konstellation ergebenden Spannungen abbaut, Leerstellen besetzt und die Elemente in einen konsistenten Zusammenhang bringt, mit anderen Worten: indem er den imaginären Gegenstand bzw. die integrierte Gestalt (als Äquivalent der vorgezeichneten Beziehungen in seiner Vorstellung) bildet und so Sinnzusammenhänge herstellt.

Als ein weiteres Beispiel für eine Leerstelle in einem Kirchenraum lässt sich folgende räumliche Situation anführen, die ULRIKE SCHÄFER-STRECKENBACH beschreibt: „An einer Lichtwand im großen Veranstaltungsraum der zum Umweltforum umgebauten Auferstehungskirche in Berlin-Friedrichshain hängt ein bleiverglastes, bunt gestaltetes Fenster, auf dem der auferstandene Christus in einer Mandorla dargestellt ist. Es ist jenes Fenster, das vor dem Umbau den Chorraum zierte, der jetzt durch einen aus Stahl, Glas und Beton erbauten Seminar- und Bürokomplex ersetzt ist. Mit dem Fenster wird auf die frühere Nutzung und Gestaltung des Gebäudes verwiesen […]. Der Veranstaltungsraum (ehemaliges Kirchenschiff) wird vorrangig als Tagungssaal genutzt. Das Glasfenster ist darin der einzige nicht transportable Gegenstand des kirchlichen Interieurs. Wer dieses Kirchenfenster betrachtet, wird also nicht nur an die kirchliche Nutzung erinnert, sondern kann auch zu einer Verhältnisbestimmung kirchlicher und nicht-kirchlicher Nutzung herausgefordert werden."[39] Auch in diesem Falle besteht die Leerstelle, deren Funktion sich darin zeigt, dass sie den Rezipienten in seiner Sinngenerierungskompetenz einschaltet und zu einer Verhältnisbestimmung herausfordert, aus einer Verknüpfungsnotwendigkeit zweier – wenn man so will – Textpositionen, in denen selektiertes Material repräsentiert ist: auf der einen Seite das Fenster, 1958 von INGE PAPE als Altarfenster gestaltet, das – im Übrigen zusammen mit der ebenfalls verbliebenen Orgel – für die frühere ,kirchliche', die religiöse Nutzung und die gottesdienstliche Funktion des Gebäudes steht, auf der anderen Seite die neuen Einbauten aus Glas und Stahl und die Einrichtungsgegenstände, die die neue Nutzung des Baus als ,Veranstaltungs- und Eventlocation' repräsentieren.

Überhaupt kann man das interpretationsbedürftige Zusammen von Alt und Neu in vielen Kirchenräumen als Leerstelle anführen, also etwa, wenn ein modern gestalteter Altar, der für den Gemeindegottesdienst genutzt wird, im Kontrast steht zu einem mittelalterlichen Hochaltar im Chor – womöglich noch mit Chorgestühl und durch einen Lettner abgetrennt –, oder wenn alte und neue, verschiedene Gemeindeverständnisse verkörpernde Raumanordnungen widerstreiten – wie etwa im ersten Teil in dem Beispiel der Stuttgarter Stiftskirche vorgeführt (vgl. o. S. 136ff.). In solchen Fällen schafft die Leerstelle eine produktive Differenz.[40] Zu denken wäre aber z. B. auch an die anregende und viel diskutierte Prä-

---

[39] SCHÄFER-STRECKENBACH, Kulturkirchen, 64f.
[40] Auf diesen Schluss laufen auch Überlegungen HORST SCHWEBELs zu, wenn er meint: „Der ,garstige breite Graben' (Lessing) zwischen dem Einst und dem Jetzt lässt sich nicht überspringen"; dennoch ist „[j]eder Raum, jeder Gegenstand im Raum, jedes Bildwerk […] für einen heutigen Besucher der Kirche grundsätzlich rezipierbar. Ob jedoch die zeitgenössische Wahrnehmung oder Rezeption mit der von Damals übereinstimmt, ist keineswegs gesagt. Es ist sogar zu vermuten, dass der heutige Rezipient das Damalige anders wahrnimmt. Diese Differenz ist freilich kein Manko, sondern kann als *produktive Differenz* begriffen werden." (Beide Zitate SCHWEBEL, Aspekte, 28 [Hervorhebung CWB]) ROLAND DEGEN

3 Phänomenologie der Kirchenraumlektüre 261

senz von (moderner) Kunst im Kirchenraum: „Wenn Gegenwartskunst in sie [sc. die Kirche] einzieht", dann ergibt sich eine Leerstelle, die man dahin gehend beschreiben könnte, dass sie „unweigerlich Auseinandersetzungen [provoziert], besonders dann, wenn die Gegenwartskunst auf autonome Weise Bezüge zu den Motiven der ikonografischen Tradition des Christentums herstellt"[41]. Die Reihe an Beispielen ließe sich verlängern.

Die Beispiele konzentrierten sich der Anschaulichkeit halber exemplarisch auf die Verknüpfung zweier Elemente. Nun wird es aber in der Kirchenraumlektüre zur Kombination zahlreicher Segmente des Kirchenraumtextes und somit freilich – im Gegensatz zu der im Beispiel allzu vereinfacht dargestellten integrierten Gestalt – auch zu einer Komplexivierung des imaginären Gegenstandes kommen. Zeigen sich Verknüpfungsnotwendigkeiten zwischen mehreren Elementen, so bedeutet dies, dass die Anzahl der Leerstellen ansteigt; eine „gestiegene Kombinierbarkeit der Textsegmente zeigt sich im Anwachsen der Leerstellenbeträge"[42]. WOLFGANG ISER beobachtet in der Literaturgeschichte – speziell der historischen Entwicklung seit dem Roman im 18. Jahrhundert – ein Zunehmen der Leerstellenbeträge.[43] Bei Kirchenbauten – so ließe sich sagen – ist gerade umgekehrt zu beobachten, dass die Unbestimmtheitsgrade bzw. Leerstellenbeträge ihrer Raumtexte in der Regel mit dem Alter zunehmen. Dies liegt nicht so sehr daran, dass bei besonders alten Kirchenbauten aufgrund der größeren Wissens- und Erfahrungslücke zwischen Raum(kon)text und Rezipient von einer geringeren Deckung des – um erneut WOLFGANG ISERs Begriff aufzugreifen – ‚gemeinsamen Besitzes' auszugehen ist und so aufgrund des breiteren ‚garstigen Grabens' die Unbestimmtheitsgrade anwachsen. Vielmehr ergibt sich eine Zunahme der Leerstellenbeträge bei älteren Kirchenbauten aus dem, was im ersten Hauptteil als

---

    spricht von der fruchtbaren „Irritation, die sich ergibt, wenn unsere Gegenwart mit Form gewordener Vergangenheit und ihren Sinn-Inhalten zusammen stößt" (DEGEN, Raum I, 5).

[41] Beide Zitate GRÄB, Autonomie, 244; vgl. auch GRÄB, Lebensgeschichten, 100; 134–136 und v. a. 130f. und zum Komplex Kunst im Kirchenraum nur als Beispiele RASCHZOK, Anmutungen und MEYER ZU SCHLOCHTERN, Interventionen.

[42] ISER, Akt, 318. Vgl. RICHTER, Wirkungsästhetik, 528: „Die Kombinationsnotwendigkeiten werden desto zahlreicher, (1) je reicher ein Text an bedeutungstragenden und aufeinander beziehbaren Details ist, (2) je mehr diese Details unterschiedlichen Standpunkten und Sichtweisen zugeordnet werden können und (3) je weniger offensichtlich die Beziehungen sind oder je weniger einschlägige Hinweise im Text bereits formuliert sind – solange der Text lesbar bleibt".

[43] Vgl. dazu im Einzelnen ISER, Akt, 315–327. Vgl. überhaupt das Anwachsen der Leerstellen ‚von Bunyan bis Beckett', dargestellt in ISER, Leser und in ISER, Appellstruktur II, 241–247, wo WOLFGANG ISER es bereits unternimmt, „das seit dem 18. Jahrhundert beobachtbare Anwachsen der Unbestimmtheitsgrade in literarischen Texten zu klären" (ISER, Appellstruktur II, 230).

Fortschreibung des Kirchenraumtextes ausgeführt wurde, also daraus dass sich in der langen Geschichte eines alten Kirchenbaus mehr und mehr Rezipienten in den Text eingeschrieben haben, so also auch mehr – zuweilen kontrastierende – ‚Perspektiven' im Kirchenraumtext gegeben sind als bei einem jüngeren Kirchenbau und dadurch die Zahl der Leerstellen höher ist, die ja immer dort sitzen, wo Perspektivensegmente aneinanderstoßen (vgl. o. S. 186). Das mag erklären, warum alte Kirchenbauten nicht selten größeren Zuspruch erfahren[44], denn ein gestiegener Leerstellenbetrag bedeutet zugleich eine gestiegene Inanspruchnahme der Rezipientenaktivität, eine gesteigerte Mobilisierung der Reaktionsbereitschaft der Rezipienten des Kirchenraumtextes[45]. Gleichwohl muss auch gesagt werden, dass sich nicht alle Kirchenbauten in gleichem Maße offen zeigen für eine Fortschreibung an ihrem Kirchenraumtext, sodass das hohe Alter eines Kirchenbaus allein noch kein Indikator für einen hohen Leerstellenbetrag sein muss. Vielmehr ist die Relation des Alters eines Kirchenbaus mit der Anzahl der Leerstellen seines Raumtextes differenziert zu sehen. Ferner gilt es festzuhalten, dass Kirchenbauten auch schon durch ihre architektonische Gestaltung mehr (oder eben weniger) Leerstellen und dadurch einen höheren (oder niedrigeren) Grad der *Resonanz*, der Mobilisierung der Reaktionsbereitschaft ihrer Rezipienten aufweisen können. So kann es im einzelnen Fall durchaus möglich sein, dass sich ein Kirchenbau jüngeren Datums durch einen höheren Leerstellenbetrag auszeichnet als ein älterer. Beides hängt im Übrigen zusammen: Ist einem Kirchenbau schon durch seine architektonische Gestaltung ein Reichtum an Leerstellen eigen und so eine Unbestimmtheit und Offenheit, die den Rezipienten ins Spiel bringt, dann lädt er diesen auch dazu ein, sich im Sinne der Fortschreibung in den Text einzuzeichnen. Der Leerstellenbetrag wächst also tendenziell mit dem Alter eines Kirchenbaus, hängt jedoch vor allem von der architektonischen Gestaltung und von der Unbestimmtheit des Kirchenraumtextes und dessen Offenheit für Interpretation und Fortschreibung ab.

Um auf das oben angeführte Beispiel und die Gestaltbildung, die sich darin erkennen ließ, zurückzukommen, so zeigt sich daran ferner eine Eigenheit der Gestaltbildung, die oben bei der Darstellung der Theorie WOLFGANG ISERs beschrieben wurde (vgl. o. S. 202): dass nämlich jede Gestaltbildung immer nur eine selektive (und von daher individuelle) Realisierung einer Sinnmöglichkeit aus einem ganzen *Netz* potentieller Beziehungen darstellen

---

[44] So etwa KERNER, Lebensraum, 13f.; vgl. auch noch WOYDACK, Der räumliche Gott, 190f.; GEYER, Räume, 60f.; STEFFENSKY, Sehnsucht, 85.
[45] Vgl. ISER, Akt, 318 und 319.

3 Phänomenologie der Kirchenraumlektüre

kann. Der Selektionsvorgang beinhaltet dabei jedoch zugleich das Wecken und Virtualisieren der nicht gewählten Möglichkeiten, und dieser Möglichkeitsüberschuss wirkt wiederum zurück auf die Gestaltbildung – irritierend und modifizierend.[46] Eine einmal im Verlauf der Kirchenraumlektüre gebildete Gestalt kann also bei dem Gewahren neuer Textbausteine (die womöglich aufgrund der Selektivität der Wahrnehmung zunächst nicht gelesen wurden, vgl. o. S. 242f.) in Bewegung geraten. Der Rezipient, der durch die individuell von ihm vollzogene Gestaltbildung am Kirchenraum partizipiert, muss darauf reagieren: Er muss das Gelesene einer, wenn man so will, ‚relecture' unterziehen, ist in einem Moment im Kirchenraumtext befangen, im nächsten muss er sich wieder distanzieren und Gestalten neu integrieren; nur so ergibt sich ihm in der Kirchenraumlektüre ein kohärenter Sinn:

> „[D]ieser Reaktionsmodus erst macht es plausibel, weshalb wir den Text wie ein reales Geschehen zu erfahren vermögen. Wir fassen ihn [sc. den Text] nicht auf wie ein gegebenes Objekt, wir begreifen ihn auch nicht wie einen Sachverhalt, der durch prädikative Urteile bestimmt wird; vielmehr ist er uns durch unsere Reaktionen gegenwärtig. Der Sinn des Werks gewinnt damit selbst den Charakter des Geschehens, und da wir dieses als Bewusstseinskorrelat des Textes erzeugen, erfahren wir diesen Sinn als Wirklichkeit." (S. o. S. 207)

Um diese besondere Weise der Beteiligung des Rezipienten in der Hervorbringung des Kirchenraums näher zu charakterisieren, lässt sich mit WOLFGANG ISER die SCHAPPsche Kategorie des Verstricktseins bemühen (vgl. o. S. 207): Der Rezipient ist verstrickt in das, was er hervorbringt, nämlich den ästhetischen Gegenstand Kirchenraum. Und dieses Verstricktsein, also dem im Sinne eines Geschehens verstandenen Kirchenraum gegenwärtig zu sein, bedingt, dass dem Rezipienten etwas geschieht, dass sich der Kirchenraum dem Rezipienten als *Erfahrung* vermittelt. Dies ist eigentlich die δύναμις (im wörtlichen Sinne von Kraft, Vermögen) des dynamisch-prozesshaft verstandenen Kirchenraums: Er ‚macht etwas' mit dem Rezipienten; er lässt ihn eine zugleich charakteristische wie individuelle Erfahrung machen, deren Erwerb sich aus einer Interaktion und Verschmelzung sedimentierter und neuer Erfahrung, einer „Wechselwirkung von Umschichtung und Formgebung" (s. o. S. 207) ergibt. Und insofern der Rezipient im Gestaltbildungsprozess und seiner fortwährenden Problematisierung einmal gebildeter

---

[46] Vgl. den Hinweis HANS-ULRICH GEHRINGs, dass die mit dem Leseakt – und dies gilt in gleichem Maße vom Lesen des Kirchenraums – verbundene Art der Wahrnehmung ‚ein freieres Rezeptionsverhalten [ermöglicht], das zugleich die Möglichkeit zu kritischer Reflexion und Revision des Wahrgenommenen beinhaltet" (GEHRING, Schriftprinzip, 182).

Gestalten auch immer in beobachtende Distanz zu seiner eigenen Beteiligung gerät, insofern er sich so im Vorgang der Beteiligung selbst gewahrt und der Erfahrungserwerb durchsichtig wird, kann von der Raumerfahrung, die sich in der Kirchenraumlektüre vermittelt, als einer *ästhetischen Erfahrung* gesprochen werden. Denn – so die oben angeführte Formulierung WOLFGANG ISERs –: „Sich im Vorgang der Beteiligung wahrnehmen zu können, bildet ein zentrales Moment ästhetischer Erfahrung; es gewährt einen eigentümlichen Zwischenzustand: man sieht sich zu, worin man ist." (S. o. S. 208) Mit anderen Worten: In der Erfahrung, die der Rezipient bei der Aneignung des Kirchenraums macht, ist die generelle Struktur des Erfahrungserwerbs, die Wechselwirkung von Umschichtung und Formgebung, die sonst unmerklich und allmählich abläuft, so verdichtet, dass sie bewusst wird.[47] So kann man also sagen, dass sich die eingehende Lektüre des Kirchenraums verstanden als „Phänomenabfolge von Attraktion der Aufmerksamkeit, bewusstem Wahrnehmen und Sich-Ergreifen-Lassen" (s. o. S. 243) – wie oben in Übertragung einer Formulierung DIETRICH KORSCHs zum Verhalten beim Besuch von Kunstausstellungen auf die Beschreibung der Kirchenraumlektüre schon

---

[47] ERIKA FISCHER-LICHTE, deren Beschreibung hier ganz nah an die Skizzierung ästhetischer Erfahrung WOLFGANG ISERs als das Durchsichtigmachen des generell als Wechselwirkung von Umschichtung und Formgebung strukturierten Erfahrungserwerbs herankommt, führt zur ästhetischen Erfahrung – bei der Rezeption eines Kunstwerkes, aber Gleiches wird man bei der Kirchenraumlektüre annehmen können – aus: „Im Alltag [...] verändern wir es [sc. das im Laufe unseres Lebens herausgebildete System unserer Bedeutungen] ganz allmählich und für uns selbst meist unmerklich [...]. Der Prozeß der Rezeption eines Kunstwerks dagegen zeichnet sich, wenn er als ästhetische Erfahrung erlebt wird, dadurch aus, daß der Rezipierende in ihm eine solche Veränderung in einer ungeheuren Verdichtung, Intensität und Beschleunigung vollzieht. Während die alltäglichen – schrittweisen, allmählichen – Veränderungen unseres Bedeutungssystem uns nicht immer bewußt werden, vollziehen und erleben wir in der Rezeption eines Kunstwerks diese Veränderungen ganz bewußt. [...] Der Rezeptionsprozeß läßt sich in diesem Sinne als Umstrukturierung, als Transformation des Bedeutungssystems des Rezipienten bestimmen." (FISCHER-LICHTE, Erfahrung, 192f.) Dieser Transformation als entscheidendem Aspekt Rechnung tragend bestimmt ERIKA FISCHER-LICHTE ästhetische Erfahrung deshalb – den Begriff von VICTOR TURNER übernehmend – als Schwellen- oder liminale Erfahrung: Diese „meint einen Modus der Erfahrung, der zu einer Transformation desjenigen führen kann, der die Erfahrung macht" (FISCHER-LICHTE, Erfahrung, 190). Von ästhetischer Erfahrung als Transformationserfahrung spricht WILHELM GRÄB: „Ästhetische Erfahrung ist [...] gesteigerte, sinnbewusst intensivierte, sinnliche Erfahrung. Sie wird mit den Sinnen gemacht, im Sehen[,] Hören, Tasten, Riechen, erschließt jedoch immer auch einen Sinn. Deshalb will die ästhetische Erfahrung die möglichst große, sinnlich-leibhafte Nähe zu den Objekten ihrer Anschauung. Erfahrung will dabei sein, will anschauen und beteiligt werden. Sie ist ganz von der Art, dass sie das Subjekt der Erfahrung in deren Objekte einbindet. Die Wirkung geht vom Objekt der Erfahrung aus. Ich werde ergriffen. Es geschieht etwas mit mir. Ich spüre die Veränderung. Ästhetische Erfahrung ist Transformationserfahrung." (GRÄB, Bemerkungen, 20f.)

3 Phänomenologie der Kirchenraumlektüre 265

angedeutet – sich glücklichen Endes zu einer ergreifenden ästhetischen Erfahrung verdichtet hätte. Denn zu einer derartigen Verdichtung zu ästhetischer Erfahrung kommt es nur – so formuliert DIETRICH KORSCH zu Recht, – ‚ „wenn es glückt" (s. o. S. 244). Denn – das gilt es deutlich herauszustreichen – freilich kann sich die Erfahrung in der beschriebenen Weise zu einer ästhetischen Erfahrung verdichten, sie muss es aber nicht[48], was von diversen subjektiven Faktoren (wie Aufmerksamkeit, Erinnerungsvermögen, Interesse etc.) abhängt genauso wie atmosphärischen bzw. situativen (vgl. u. S. 277). Wenn immer im Folgenden die Rede ist von der Erfahrung, die sich in der Kirchenraumlektüre einstellt bzw. die der Kirchenraum machen lässt, so ist diese Verdichtung im Blick – als Möglichkeit, nicht aber als Notwendigkeit.

Freilich: Der Begriff der ästhetischen Erfahrung ist in den letzten Jahren vielfach thematisiert und Gegenstand intensiver wissenschaftlicher – auch theologischer – Auseinandersetzung geworden: „Kaum ein Begriff ist im Rahmen ästhetischer Diskussionen des letzten Jahrhundertdrittels so häufig hin und her gewendet worden wie der der *ästhetischen Erfahrung*."[49] Allerdings ist er „auch nach den intensiven Debatten der letzten Jahrzehnte vieldeutig geblieben, die Abgrenzung des Ästhetischen ist nach wie vor strittig"[50].

> JÖRG HERRMANN versucht gleichwohl, einige Verbindlichkeit beanspruchende Grundlinien aufzuzeigen.[51] So zeichnen sich seines Erachtens in den gegenwärtigen theoretischen Beschreibungen ästhetischer Erfahrung auf der Grundlage der wegweisenden Überlegungen RÜDIGER BUBNERs, der ästhetische Erfahrung in der „‚Spannung zwischen sinnlichem Angerührtsein und schöpferischem Leisten' […] als Prozess eines unabschließbaren Wechselspiels zwischen Reflexion und Sinnlichkeit"[52] zustande kommen sieht, als wesentliche Merkmale ästhetischer Erfahrung die folgenden ab: Unsagbarkeit (insofern das sinnlich Erlebte nicht auf den Begriff zu bringen und die Reflexion in einem strukturell unabschließbaren Prozess wieder auf die unmittelbare Anschauung verwiesen ist); Gegenwartsorientierung bzw. -bezogenheit (insofern – nach MARTIN SEEL – ästhetische Wahrnehmung sich in vollzugsorientierter Aufmerksamkeit an die Präsenz ihrer Gegenstände hält und so durch ein Verweilen im Hier und Jetzt der Wahrnehmung selbst gekennzeichnet ist) und damit einhergehend Zweckfreiheit, Unterbrechung und Selbstwahrnehmung (in der Wahrnehmung von etwas anderem); Transzendenz (und sei diese auch zu verstehen weniger als Hinausgehen über als vielmehr ein Sichverlieren in) und deshalb damit zusammenhängend Alterität

---

[48] Vgl. FISCHER-LICHTE, Erfahrung, 191.
[49] MATTENKLOTT, Einleitung, 11; vgl. KÜPPER / MENKE, Einleitung, 7. Mit HANS ROBERT JAUß und RÜDIGER BUBNER benennt GUNDEL MATTENKLOTT zwei der entscheidenden Impulsgeber für diese Diskussionen; vgl. MATTENKLOTT, Einleitung, 11.
[50] HERRMANN, Medienerfahrung, 330.
[51] Vgl. zum Folgenden ebd., 330–335.
[52] Ebd., 330 [unter Aufnahme eines Zitats von RÜDIGER BUBNER].

und Widerfahrnis; schließlich das subjektive Empfinden von Schönheit im Sinne sinnlicher Sinnerfahrung und Sinnerfüllung.

Lassen sich die genannten Merkmale trotz aller Disputabilität im Einzelnen festhalten, so kann man die Besonderheit ästhetischer Erfahrung vielleicht auf den Punkt bringen, wie es BERND KLEIMANN einmal getan hat: „Wenn eine Erfahrung zu machen generell bedeutet, einen Prozeß sichtweisenverändernder Umorientierung zu durchlaufen, so macht eine *ästhetische* Erfahrung, wer diesen Prozeß *selbstzweckhaft, gegenwartsorientiert* und in der Hoffnung auf ein *evaluativ erfülltes Erleben* durchläuft."[53]

Von Belang erscheint mir außerdem, worauf ebenfalls BERND KLEIMANN aufmerksam macht, dass ästhetische Erfahrung sich vor allem dadurch auszeichnet, ihre Gegenstände auf eine Weise zu betrachten, „die sich von den Interessen und Hinsichten unseres erkennenden und handelnden Umgangs abhebt", also durch ihre besondere Erschließungs- oder Betrachtungshinsicht: „Anders als die sachverhaltsorientierten theoretischen und die handlungsorientierten praktischen Interessen betrachtet die ästhetische Aufmerksamkeit innerweltliche Phänomene unter dem *Aspekt* ihrer *sinnlich-sinnhaften Erscheinung*"[54]. Es ist so nicht ein spezifischer Gegenstandsbereich, der eine Erfahrung zu einer ästhetischen macht, als vielmehr eben diese ihre besondere Betrachtungshinsicht. Dies bringt JÖRG HERRMANN und JÖRG METELMANN zu der Einschätzung, dass das „Konzept der ästhetischen Erfahrung [...] in den vergangenen Jahren eine weitgehende Transformation durchgemacht [hat], an deren Ende der Befund steht: ‚[Ästhetische Erfahrung] wird beschreibbar als eine spezifische Form des Umgangs mit Objekten, Situationen, Personen überhaupt. Ästhetische Erfahrung erscheint als eine Weise, sich in der Welt zu orientieren.' Sie hat also die in erster Linie thematisierte Domäne der Kunsterfahrung verlassen und steht für einen allgemeinen Wahrnehmungstyp, in dem sich in der Momenthaftigkeit die Gegenwart des Erlebens und das freie Spiel der Einbildungskräfte verbinden. In diesem Modus begegnet Welt in einer Art Test-Einstellung, in der sich die basale Dichotomie von Erleben und Deutung, Widerfahrnis und biografischer Kontextuierung zusehends auf die Ebene der Konstruktion verschiebt."[55]

Wie dem auch sei: Dass im Kirchenraum ästhetische Erfahrungen zu machen sind, darf man wohl als unstrittig ansehen.[56] So dürfte in der theologischen

---

[53] KLEIMANN, Welterschließung, 46. KLEIMANNs Bestimmung des Erfahrungserwerbs als Prozess sichtweisenverändernder Umorientierung bewegt sich dabei in der Nähe dessen, was bei WOLFGANG ISER als Interaktion und Verschmelzung sedimentierter und neuer Erfahrung bzw. als „Wechselwirkung von Umschichtung und Formgebung" (s. o. S. 207) auf den Punkt gebracht wurde. Vgl. darüber hinaus noch ISERs Verwendung des Begriffs der Einstellungsdifferenzierung; vgl. ISER, Akt, v. a. 8, auch 328 und 334.

[54] Beide Zitate KLEIMANN, Welterschließung, 46f.

[55] HERRMANN / METELMANN, Dimensionen, 39f. [unter Rückgriff auf ein Zitat von JOACHIM KÜPPER und CHRISTOPH MENKE].

[56] Denn wenn man zugesteht, dass man sich Kirchenraumlektüre in etwa so vorstellen kann wie oben ausgeführt, nämlich als „Phänomenabfolge von Attraktion der Aufmerksamkeit, bewusstem Wahrnehmen und Sich-Ergreifen-Lassen" (s. o. S. 243), dann vollzieht sie sich jedenfalls in der beschriebenen ästhetischen Betrachtungshinsicht.

3 Phänomenologie der Kirchenraumlektüre

Forschung auch Einigkeit darüber herrschen, dass der Kirchenraum als ästhetisch geformter Raum eine ästhetische Erfahrung machen lässt.[57] Was dabei jedoch jeweils unter einer ästhetischen Erfahrung zu verstehen ist, dürfte freilich von Fall zu Fall sehr unterschiedlich ausfallen. Festzuhalten ist – um auf WOLFGANG ISERs Minimaldefinition ästhetischer Wirkung zurückzugreifen[58] –, dass die Erfahrung, die sich in der Kirchenraumlektüre einstellt, jedenfalls zumindest insofern als eine ästhetische zu qualifizieren ist, als sie vom Kirchenraumtext ausgelöst wird und die Wahrnehmungs- und Vorstellungsaktivität des Rezipienten in Anspruch nimmt, um ihn zu einer Einstellungsdifferenzierung zu veranlassen – eben ganz so, wie dies in dem zu den Leerstellen im Kirchenraumtext angebrachten Beispiel ausgeführt wurde (vgl. o. S. 251). Ob es sich dabei dann um eine ästhetische Erfahrung in einem strengen bzw. emphatischen Sinn oder, niedriger angesetzt, um eine Erfahrung in abgeschwächter Form – also etwa im Sinne ästhetischer Wahrnehmung[59] oder ästhetischer Empfindung[60] – handelt, sei dahingestellt. Der nun folgende Gedankengang zu der sich in der Kirchenraumlektüre einstellenden Erfahrung bleibt von der Entscheidung dieser Frage jedenfalls unbenommen.

Um die (wenn man also will: ästhetische) Erfahrung, die der Kirchenraum machen lässt und die sich in der Kirchenraumlektüre einstellt, näherhin zu charakterisieren und in ihrer Komplexität zu reduzieren, soll sie nach drei Dimensionen differenziert werden, zur deren Benennung die Begriffe der Aisthesis, Poiesis und Katharsis herangezogen werden. Das traditionelle Verständnis der Begriffe soll dabei zwar den Hintergrund bilden; im Folgenden sollen jene aber für eine Phänomenologie der Kirchenraumlektüre operationalisiert werden, indem sie mithilfe des bisher Erarbeiteten so profiliert werden, dass sie der Spezifik der benannten Erfahrung angemessen Rechnung tragen. Mit einer solchen spezifischen inhaltlichen Füllung der Begriffe im Horizont der Kirchenraumlektüre ist das Ziel des folgenden Abschnitts umrissen. Hierzu stützt sich die vorliegende Arbeit maßgeblich auf die Entfaltung der ästhetischen Erfahrung durch HANS ROBERT JAUß und deren Auf-

---

[57] Vgl. z. B. GRÄB, Autonomie, 243f.
[58] Vgl. ISER, Akt, 8: „Sie [sc. die ästhetische Wirkung] heißt ästhetische Wirkung, weil sie – obwohl vom Text verursacht – vorstellende und wahrnehmende Tätigkeiten des Lesers in Anspruch nimmt, um ihn zu einer Einstellungsdifferenzierung zu veranlassen."
[59] Vgl. z. B. SEEL, Ästhetik, v. a. 44ff. Vgl. auch SEEL, Macht, 56–65, z. B. 57, wo er ästhetische Erfahrung als eine gesteigerte Form der ästhetischen Wahrnehmung versteht.
[60] Vgl. LIESSMANN, Empfindungen.

arbeitung durch HANS-ULRICH GEHRING.⁶¹ Statt eine bloße Reproduktion der JAUßschen Gedanken zu dem Thema zu bieten, sollen diese eher als Ansatzpunkt dienen, von dem aus die bisherigen Erkenntnisse – zur Raumphänomenologie im Allgemeinen und der Kirchenraumlektüre im Besonderen – fruchtbar gemacht und die drei Dimensionen in ihrer Eigenart als Dimensionen der sich in der Kirchenraumlektüre einstellenden Erfahrung entfaltet werden. Dass es bei diesem Verfahren zu nicht unerheblichen Abweichungen und Verschiebungen gegenüber den von HANS ROBERT JAUß erhobenen drei Grundkategorien kommt, ergibt sich dabei von selbst.⁶²

> Die aisthetische und poietische Dimension entsprechen den Gestalttypen, die WOLFGANG ISER auf Seiten des literarischen Werkes für die Konsistenzbildung der Lektüre annimmt (nämlich Faktizität auf der Handlungsebene, Auslegung auf der Sinnebene, vgl. o. S. 201 Anm. 47). Die kathartische Dimension wiederum entspricht dem, was WOLFGANG ISER als die Übernahme der so gebildeten Sinngestalt in die Existenz beschreibt, also „das Wirksamwerden des Sinns in der Existenz [sc. des Lesers]" dadurch, dass der Textsinn in Beziehung zu einem bestimmten Referenzrahmen gebracht, dass er „in ein Bezugssystem [übersetzt]" und „im Blick auf bekannte Gegebenheiten" ausgelegt wird.⁶³

3.2.1 Aisthesis – die Leibhaftigkeit der in der Kirchenraumlektüre zu machenden Erfahrung

Die erste der drei Dimensionen ist die aisthetische. Hier geht es – im ursprünglichen Sinne von Aisthesis – um die *sinnliche Wahrnehmung* des Raumes durch den Rezipienten und zwar um die *rezeptive* Seite von Wahr-

---

⁶¹ Vgl. JAUß, Erfahrung, hier der erste Teil („Versuche im Feld der ästhetischen Erfahrung") bzw. GEHRING, Schriftprinzip, hier v. a. §12f.

⁶² Das sei hier ausdrücklich angemerkt, um nicht der Kritik ausgesetzt zu sein, die an HANS ROBERT JAUß' „Rekonstruktion der Geschichte ästhetischer Erfahrung mit Hilfe der drei Grundkategorien" selbst geübt wurde, nämlich nicht so sehr, als sie sich „als produktive Konstruktion im Horizont der (Spät)moderne" ausmachen lässt, sondern weil sie es „verabsäumt, auch die Alterität der jeweiligen Kategorien im Horizontwandel des Verstehens festzuhalten" (alle drei Zitate GEHRING, Schriftprinzip, 144 [der hier die Kritik RÜDIGER BUBNERs referiert]). Auf die Verschiebungen, die sich aus der hier vorgenommenen Bezugnahme auf die JAUßschen Dimensionen „nur unter sorgfältiger Überprüfung von Analogien und Differenzen" (GEHRING, Schriftprinzip, 145) ergeben, wird – wo wie etwa bei der Interpretation der Poiesis als Prozess, bei dem der Rezipient zum Mitschöpfer des Werkes wird (vgl. u. S. 274), angezeigt – eigens hingewiesen. So wird im Folgenden von Aisthesis, Poiesis und Katharsis als Dimensionen statt – wie JAUß dies tut – als Funktionen gesprochen; vgl. zu dieser terminologischen Präzisierung GEHRING, Schriftprinzip, 178f. und 198.

⁶³ Alle drei Zitate ISER, Akt, 244; vgl. o. S. **Fehler! Textmarke nicht definiert.**.

3 Phänomenologie der Kirchenraumlektüre

nehmung, insofern der Rezipient zunächst einmal die räumlichen Gegebenheiten auffasst, in sich aufnimmt und auf sich wirken lässt, also in diesem Sinne um das *Erleben* des Rezipienten:

> „Das *Moment des Erlebens* steht dabei für eine passive Akzentuierung des Erfahrungsbegriffs. ‚Ich erfahre etwas' heißt nämlich unter dem Aspekt des Erlebens auch: ‚mir widerfährt etwas'. Darin liegt eine Fremdheit, die nach Deutung verlangt, ein widerständiges Alteritätsmoment, das durch die Wahrnehmung von etwas ins Spiel kommt. Es lässt sich als die aisthetische Dimension von Erfahrung bezeichnen."[64]

Die oben dargestellten phänomenologischen Erkenntnisse zum Raum haben deutlich gemacht, dass Raum immer leiblich verstanden werden will, dass Raumwahrnehmung – wie mit ELISABETH JOOß festgestellt – leiblich vermittelt und insofern Raum als mit dem Leib und seinen Vollzügen konstitutiv verbunden anzusehen ist. Daher kann man zunächst den Leib als grundlegende Bedingung der Möglichkeit von Wahrnehmung bzw. Raumerleben und deshalb auch als den referentiellen Bedeutungskern von Architektur[65] festhalten:

> „Unter den vielen Aspekten architektonischer Bedeutung gibt es einen, der allen anderen zugrunde liegt oder vorausgeht: die Wirkung architektonischer Gesten auf den Leib des Betrachters und Benutzers und umgekehrt die Prägung architektonischer Gesten durch Gefühle des Leibes. [...] Alle anderen Bedeutungsqualitäten, soziale, psychologische, kulturelle und politische, sind ihm [sc. diesem Zusammenhang] nachgeordnet [...]. Architekturraum-Leibraum-Zusammenhänge aber sind unausweichlich, sie sind bei jeder Begegnung mit den gebauten Dingen gegeben.
> Zwischen den Empfindungen des Leibes und den Daten des Bauwerks gibt es ursprüngliche Übereinstimmungen in dem Sinne, dass bei jeder Begegnung erwartet wird – und zwar unabhängig von Herkommen, Bildung und Informiertheit des Betrachters – das Gebaute sei ‚lesbar' durch den Leib"[66].

---

[64] HERRMANN / METELMANN, Dimensionen, 24. In der Fremdheit, die nach Deutung verlangt, weist die aisthetische Dimension bereits auf die zweite, die poietische Dimension der Erfahrung. Davon, dass die räumlichen Gegebenheiten im Raumerleben nicht „einfach und umstandslos auf[gehen]", sondern dass „ein Rückstand [bleibt], ein Nichtauflösbares der Materialität, das sich als Widerstand und Irritation der Raumerfahrung und Raumdeutung bemerkbar macht" (s. o. S. 61), war bereits mehrfach die Rede.

[65] So fasst WOLFGANG MEISENHEIMER MAURICE MERLEAU-PONTYs ‚Phänomenologie der Wahrnehmung' (1945) zusammen: „Der Leib wird als die grundlegende Bedingung der Möglichkeit der Wahrnehmung erkannt. Er ist auch der Ursprung aller Ausdrucksräume und so auch der referentielle Bedeutungskern der Architektur." (MEISENHEIMER, Denken, 165 [im Original in Großbuchstaben])

[66] Ebd., 11.

Die aisthetische Dimension erweist sich so erstens als leiblich-körperliche und ist darin zweitens als konstitutiver Bestandteil[67] von Raumerfahrung anzusehen. Die grundlegende Bedeutung der leiblich-körperlichen Dimension findet sich wieder in der Tatsache, dass Atmosphären – wie oben mit GERNOT BÖHME formuliert – als der „primäre[...] und in gewisser Weise grundlegende[...] Gegenstand der Wahrnehmung" (s. o. S. 232) anzusehen sind. Denn die Raumatmosphäre affiziert den Rezipienten leiblich; sie ist die Grundtönung eines Raumes, die Färbung, vor deren Hintergrund alle weitere Raumwahrnehmung und -interpretation vonstattengeht. Auch Kirchenraum wird – wie jeder Raum – leiblich wahrgenommen; und auch hier ist das, was man zunächst erlebt, seine Raumatmosphäre, die einem entgegenschlägt und in die man gerät, der *Raum selbst*, nämlich insofern sich der Raum zuallererst leiblich-körperlich vermittelt.[68]

Auf diese Dimension zielt RAINER VOLPs Bemerkung, dass es „keine Analphabeten gegenüber einem gestalteten Ort, den wir ‚Raum' nennen" (s. o. S. 88f.), gibt. Im Blick auf die aisthetische Dimension hat sie ihre Berechtigung. Denn die elementaren leiblich-körperlichen Empfindungen, die ein Raum machen lässt, – allen voran Enge und Weite – werden unmittelbar *gespürt*, sie sind präreflexiv und vorprädikativ. Will man den Gestaltbegriff in Anschlag bringen, so lässt sich sagen, dass es sich bei Gestalten, die auf dieser Ebene gebildet werden, um grundlegende anthropologische Muster handelt. Daher sind sie in hohem Maße intersubjektiv eindeutig und werden vom Rezipienten unabhängig von seiner kulturellen Disposition gebildet: Ob ein Raum „hoch oder niedrig, licht oder dunkel, luftig oder stickig, offen oder verstellt, erhaben oder verkäuflich wirkt, das empfindet jeder, sogar ein blinder Mensch. Der Raum ist schon die Botschaft, die erste (im Mutterleib), die umfassendste in jedem Tagesablauf" (s. o. S. 88).

WOLFGANG MEISENHEIMER nennt daher solche architektonischen Gesten, die von „elementarer Wirkung sind", die „unmittelbar mit Gefühlen des Leibes [korrespondieren]" und deren „Wirkung vor allen anderen ‚architektonischen Inhalten'

---

[67] Vgl. GEHRING, Schriftprinzip, 180: „Als primär rezeptive Dimension ästhetischer Erfahrung ist sie [sc. die Aisthesis] konstitutiv für alle ästhetischen Wahrnehmungsvorgänge".
[68] Das gilt beim Kirchenraum sogar in gewisser Weise potenziert, denn, so stellt THOMAS ERNE fest: „Was für alle Räume gilt, das gilt im Kirchenraum im Besonderen. Und zwar potenziert in dem Sinn, dass der Kirchenraum deutlich macht, was für alle Räume gilt. Denn er ist ein Raum, der sich als Raum mitteilen will. Er ist außerhalb des Gewöhnlichen, weil ohne unmittelbaren Nutzen und unterbricht so die Unmerklichkeit der gewöhnlicherweise unbewussten Raumwahrnehmung. Er übersetzt sie ins Merkliche, Spürbare. Das ist jedenfalls ein Sinn der Größe, Weite, Zwecklosigkeit religiös konzipierter Räume." (ERNE, Spielräume)

3 Phänomenologie der Kirchenraumlektüre

verständlich" ist „Urphänomene"[69]: „Nicht jede architektonische Ausdrucksqualität gründet in der gestischen Korrespondenz von Leib und Architektur. [...] Immer aber, bei jedem Bauwerk gibt es eine Korrespondenz von Leib und Architektur, die spontan beeindruckt. Es hängt nicht vom Wissen des Betrachters ab, von ästhetischer Bildung oder pragmatischem Interesse, ob die Urphänomene des Ausdrucks abgerufen oder von einer Gesellschaft ‚verstanden' werden. Immer liegt im Raum der Architektur eine unmittelbare Aussage, die das Gefühl des Leibes betrifft. Diese Aussage verbindet die Sprache des Leibes mit der Sprache der Architektur. Sie ist vor jeder anderen Erkenntnis spürbar. Ohne Erklärung und Begriff setzt sie sich beim Erlebnis durch."[70]

Wenn hier vom Kirchenraumtext und seiner Lektüre gesprochen wird, so darf dies nicht über die Tatsache hinwegtäuschen, dass er seine Wirkung nicht nur auf einer reflexiv-prädikativen Ebene entfaltet, die diskursiv-begrifflich auflösbar wäre, sondern zunächst einmal auf einer präreflexiven und vorprädikativen, leibhaft-sinnlichen und emotiven Ebene. Die ästhetisch-aisthetische Erfahrung, die der Kirchenraum machen lässt, umfasst so ausdrücklich die visuelle Wahrnehmung, bleibt jedoch nicht auf diese allein beschränkt. Vielmehr stellt sich die Erfahrung des Kirchenraums als Wahrnehmungsraum – so wie dies für den Wahrnehmungsraum oben in den allgemeinen raumphänomenologischen Überlegungen dargelegt wurde – als ganzheitliche über das Gesamt der verschiedenen leiblich verorteten Sinnesorgane ein; sie wird mit allen Sinnen gemacht, im Tasten, Sehen, Hören, Riechen. Insofern greifen Theoretisierungen des Kirchenraums zu kurz, die – entsprechend der eingangs dieses zweiten Hauptteils angesprochenen falschen Prämisse von Architektur als ausschließlich visueller Kunst – *allein* nach optisch-kognitiven Gesichtspunkten auf den Kirchenraum reflektieren und ihn so nur als Sehraum ‚in den Blick bekommen'. In deren Gefolge kann Kirchenraumlektüre allzu leicht auf ein Entziffern von Zeichen oder Symbolen reduziert erscheinen, und die Erfahrung, die sich in einer solch verkürzenden Lektüre einstellt, umfasst keine aisthetische Dimension im Sinne leibkörperlicher Ganzheitlichkeit, sondern verbleibt auf einer kognitiv-reflexiven Ebene. Man denke an Kirchenführungen, die sich in der Aneinanderreihung von Namen und Zahlen erschöpfen, jene „museal-verdinglichende Vermitt-

---

[69] Alle vier Zitate MEISENHEIMER, Denken, 20. Für die Urphänomene gibt WOLFGANG MEISENHEIMER ein „gestische[s] Repertoire", eine „Typologie" an und unterscheidet dabei „die Geste der Aufrichtung (die Vertikale errichten)", „die Geste des hier! und dort! (Orte setzen)", „das Trennen von innen und außen (Grenzen ziehen)" und „die Gesten für Enge und Weite (Spannung erzeugen)" (alle Zitate MEISENHEIMER, Denken, 25); für die einzelnen Urphänomene vgl. MEISENHEIMER, Denken, 27–48.
[70] Ebd., 24.

lung bloßer tot-richtiger Daten" und jenen „Erklärstil [...], der den Bau lediglich als Ensemble unterschiedlicher Stilformen, Kunsteinflüsse und Einrichtungsgegenstände, als Addition von Jahreszahlen, Meterangaben, Fachbegriffen und Namen versteht"[71]. Auch solche Raumlektüren finden – wenn es sich wirklich um *Raum*lektüren handelt – freilich *im Raum* statt, sodass die Rezipienten leiblich anwesend sind und der Raum als Raum leiblicher Anwesenheit auch über die anderen Sinnesorgane in die Wahrnehmung eingeht. Aber zumindest stehen sie in der Gefahr einer Reduzierung der aisthetischen Dimension auf ihre optisch-kognitive Komponente, einer – wenn man so will: ‚Verkopfung', die außen vor lässt, dass der Kirchenraum eben schon, bevor das erste Wort gesprochen wurde, die erste und umfassendste Botschaft war, und einer Verkürzung der Vielschichtigkeit und Komplexität des Kirchenraums (vgl. o. S. 242), die sich möglicher Aktualisierungen aus dem Fächer an Möglichkeiten, die doch im Kirchenraumtext vorgezeichnet sind, und so möglicher Raumerfahrungen und Sinnstiftungen begibt.[72]

Dass die Erfahrung, die sich im Zuge der Raumlektüre im Kirchenraum einzustellen vermag, eine in der beschriebenen Weise ganzheitliche, leiblich-körperlich vermittelte ist, gilt es festzuhalten nicht zuletzt deshalb, weil hier ein Aspekt zum Tragen kommt, der in der protestantisch-theologischen Theoriebildung nicht nur zum Kirchenraum lange Zeit unterbelichtet war: die Sinnlichkeit des Menschen. Bedenkt man demgegenüber die kultursoziologische Zeitdiagnose, auf die in der Einleitung Bezug genommen wurde, welche die Gegenwartslage gerade dadurch gekennzeichnet sieht, dass das „Begriffliche [...] zugunsten des Sinnenhaften an Bedeutung [verliert]" (s. o. S. 14), erweist sich dieser Sachverhalt als von eminenter Bedeutung für die Wirkkraft des Kirchenraums. M. E. ist gerade hierin einer der Gründe zu sehen, warum Kirchenräume eine so große Anziehungskraft auf Menschen von heute ausüben und warum sie ausgenommen zu sein scheinen von deren allgemeiner Distanzierung von den Kirchen in ihrer institutionellen Gestalt, die zu fassen ist „in der Distanz ihrer Mitglieder [und ihrer Nicht-Mitglieder!; Anm. CWB] zu den Lehrmeinungen, ethischen Normen und der

---

[71] Beide Zitate DEGEN, Raum I, 7; vgl. SCHWEBEL, Aspekte, 19 und KUNSTMANN, Orientierung, 166.
[72] So „vermag [sc. die museal-verdinglichende Vermittlung bloßer tot-richtiger Daten] kaum wesentliche Erfahrungen und Einsichten zu stiften, ist deshalb auch kaum bildend und wird zudem dem Kirchenraum als Ort von Gottesdienst und inszenierter Religion meist nicht gerecht" (DEGEN, Raum I, 7).

3 Phänomenologie der Kirchenraumlektüre

schwindenden Partizipation an kirchlichen Veranstaltungen"[73]. Insofern ist WILHELM GRÄB beizupflichten: „Wenn die Kirche heute ungenutzte Chancen hat, dann liegen sie in der Ästhetik ihrer Räume."[74]

3.2.2 Poiesis – die Sinnhaftigkeit der in der Kirchenraumlektüre zu machenden Erfahrung

Die für die sich in der Kirchenraumlektüre einstellende Raumerfahrung grundlegende aisthetische Dimension ist nun allerdings um eine zweite, die poietische, zu erweitern. Mit der poietischen Dimension soll die produktive Seite im Rezeptionsgeschehen markiert sein.[75]

> Freilich ist Poiesis in der ästhetischen Erfahrung klassischerweise nicht auf der Seite des Rezipienten, sondern auf der des Produzenten angesiedelt und bezeichnet das vollendete Vermögen des Künstlers, in freier Hervorbringung ein eigenes Kunstwerk zu schaffen. „Dann benennt *Poiesis*, im aristotelischen Sinn des ‚poietischen Könnens' verstanden, jenen Genuß am selbst hervorgebrachten Werk, den Augustin noch Gott vorbehielt und der dann seit der Renaissance mehr und mehr als Merkmal autonomen Künstlertums beansprucht wurde."[76] Nach HANS ROBERT JAUß ist nun allerdings die jüngste Phase der Geschichte des Poiesisbegriffs (vgl. 119) von einem entscheidenden Bedeutungswandel gekennzeichnet: Seit nämlich die Kunst der Unbeteiligtheit des Betrachters den Abschied gegeben habe, müsse dieser die poietische Tätigkeit leisten: Die Kunst „befreit die ästheti-

---

[73] SCHWEBEL, Aspekte, 9. HORST SCHWEBEL bezieht sich hinsichtlich des Phänomens, „daß sich aufgrund zunehmender Individualisierung die Menschen von den Amtskirchen lösen und im multikulturellen und multireligiösen Kontext eine individuelle Religiosität aufbauen" (SCHWEBEL, City-Kirche, 20) und gerade vor diesem Hintergrund den Kirchenbauten eine gewachsene Bedeutung zukommt, auf HANS-GEORG SOEFFNER; vgl. SCHWEBEL, City-Kirche, 20.

[74] GRÄB, Autonomie, 247. Freilich sind auch Kirchengebäude im Kontext der institutionalisierten Kirche zu sehen. Wie aber das in der Einleitung beschriebene zu beobachtende wachsende Interesse an Kirchenräumen zeigt, kann man wohl sagen, dass Kirchenräume *trotzdem* eine hohe Anziehungskraft ausüben – sicher gerade aufgrund ihrer den Rezipienten in seiner Sinngebungskompetenz mit einbeziehenden Unbestimmtheit und Interpretationsoffenheit. Vgl. KLIE, Kirchengebäude, 136: „Das latente Interesse an kirchlicher Baukunst ist [...] mit bestimmten Erwartungen verbunden: Man erhofft sich Imagination, eine sinnhafte Sicht der Dinge, die Erschließung des Symbolischen und Mythischen. Auch und gerade Welt-Menschen, für die unsere institutionalisierte Religionspraxis keine lebensrelevante Größe mehr darstellt, suchen Deutungsoptionen jenseits des Verrechenbaren." Auch für THOMAS KLIE stellt deshalb „die Lektüre architektonischer Texte [...] eine der derzeit wohl wichtigsten Wahrnehmungen von Kirche" dar (KLIE, Kirchengebäude, 138).

[75] Vgl. APEL, Gemeinde, 59.

[76] JAUß, Erfahrung, 87; vgl. 40. Die im Folgenden im Fließtext in Klammern angeführten Seitenzahlen beziehen sich allesamt auf JAUß, Erfahrung.

sche Rezeption aus ihrer kontemplativen Passivität, indem sie den Betrachter selbst an der Konstitution des ästhetischen Gegenstandes beteiligt: Poiesis meint nunmehr einen Prozeß, bei dem der Rezipient zum Mitschöpfer des Werkes wird" (117f.).[77] Angemessen verstanden und beschrieben werden könne dies nur von „einer Rezeptionsästhetik, die über die traditionellen Bestimmungen der kontemplativen Einstellung hinaus die vom Betrachter geforderte ästhetische Tätigkeit in neuen Bestimmungen einer Poiesis des aufnehmenden Subjekts zu erfassen vermag" (119).

HANS ROBERT JAUß datiert diese Kunstentwicklung und den damit einhergehenden Bedeutungswandel seit der Wende vom 19. zum 20. Jahrhundert (vgl. 117 und 124). Geht man aber davon aus, dass sich an dem Bedeutungswandel ein „Horizontwandel der Erfahrung"[78] ablesen lässt, und geht man so weiter davon aus, dass der von JAUß beschriebenen Kunstentwicklung ein allgemeiner Wandel in der Wahrnehmungs- und Erfahrungsweise zugrunde liegt und sich Sinn heute nur über die Beteiligung an der Konstitution desselben erschließt, dann heißt dies, dass die Erweiterung der kontemplativen Aisthesis auf die poietische Tätigkeit Rezeptionsgewohnheiten heutiger Rezipienten *überhaupt* kennzeichnet. Wenngleich moderne Kunst den Betrachter also programmatisch an der Konstitution des ästhetischen Gegenstandes beteiligt, so bleibt poietisch-produktive Rezeption nicht moderner Kunst vorbehalten, sondern muss bei der Aneignung von Kunst durch heutige Rezipienten überhaupt, also auch von Kunstwerken vergangener Epochen, angenommen werden.[79] Für eine Phänomenologie der Kirchenraumlektüre ergibt sich daraus erstens, dass sie von einem Rezipienten auszuge-

---

[77] HANS ROBERT JAUß exemplifiziert diese Kunstentwicklung am Paradigma des *objet ambigu*: Wenn etwa der Dadaist MARCEL DUCHAMP sein *Fahr-Rad* (Roue de bicyclette, 1913) „als ein Kunstwerk präsentiert, wird die ästhetische Tätigkeit beim Künstler auf den einen nahezu momentanen poietischen Akt der Wahl eines Vorderrads (nebst seiner Montage auf einen Schemel) reduziert" (ebd., 120), während sie den Rezipienten vor die unabschließbare Aufgabe der eigentlichen Poiesis stellt (vgl. JAUß, Erfahrung, 121).
[78] GEHRING, Schriftprinzip, 133.
[79] Vgl. z. B. MERTIN, Ikonoklasmus, 151 [unter Einschluss des Buchtitels von UMBERTO ECO]: „Grundsätzlich gilt aber nicht nur für die Kunstwerke des 20. Jahrhunderts, daß sie im wesentlichen von der ästhetischen Reflexionsleistung des Betrachters abhängig sind. Es gibt nicht jeweils nur eine gültige Deutung eines Kunstwerks, vielmehr ergibt sich ein ganzes Feld von Bedeutungen je nach Zusammenhang, Rezipient und Standort. Kunstwerke erscheinen als ‚offene Kunstwerke'."
Der beschriebene allgemeine Wandel in der Wahrnehmungs- und Erfahrungsweise, der sich daran festmachen lässt, dass sich Sinn heute nur über die Beteiligung an der Konstitution desselben erschließt, lässt sich – dies sei hier bereits angemerkt – im Übrigen gleichermaßen am Phänomen der Religion beobachten und zeigt sich speziell darin, dass Religion ihre Legitimation weniger aus einer institutionellen Verankerung gewinnt, als vielmehr als religiöse Suchbewegung im Individuum zu verorten ist (vgl. GRÄB, Autonomie, 242 und 246). Auch „in Angelegenheiten des religiösen Glaubens […] verfahren die Zeitgenossen nach der Devise: ‚Wer oder was Gott ist, bestimme ich.'" – was die Religion nach WILHELM GRÄB „gut protestantisch" (beide Zitate GRÄB, Autonomie, 246) macht. „Die Religion der Individuen ist heute eine bestimmte Sinneinstellung, der eigenaktive Vollzug der Deutung von Kontingenz- und Transzendenzerfahrungen im Ausgriff auf den absoluten Sinn, den Gott." (GRÄB, Autonomie, 242f.)

3 Phänomenologie der Kirchenraumlektüre 275

hen hat, der in der Aneignung des Raumes poietisch tätig ist. Und zweitens legt sich für sie als Methode eine wirkungsästhetische nahe, die die vom Rezipienten geforderte ästhetische Tätigkeit als eine Poiesis des aufnehmenden Subjekts beschreibbar zu machen vermag.

Eine klassisch verstandene Poiesis im Sinne des künstlerischen Vermögens wäre in der Darstellung – so wie bei JAUß – sinnvoller Weise der Aisthesis voranzustellen gewesen. Da im Rahmen einer Phänomenologie der Kirchenraumlektüre (und entsprechend der wirkungsästhetischen Vorgehensweise) aber gerade die poietisch-produktive Seite *im Rezeptionsgeschehen selbst* interessiert, wurde hier die Darstellung der Aisthesis, also das rezeptive Moment der im Kirchenraum zu machenden Erfahrung, der der Poiesis vorangestellt und beschränkt sich die Beschreibung der Poiesis auf die poietischen Anteile *im Rezeptionsgeschehen*.[80]

Einerseits ist die Raumlektüre und damit die in ihr zu machende Erfahrung konstitutiv verbunden mit der Bewegung des Leibes und das heißt der körperlichen Aktivität des Rezipienten. Andererseits, will man Wahrnehmung nicht bloß als Auffassen eines sensorischen Inputs verstehen, sondern – wie das in der vorliegenden Arbeit durch den Einbezug phänomenologischer Theorien getan wurde – inhaltlich gefüllt (vgl. o. S. 229), dann schließt Wahrnehmung neben leiblich-körperlichen, emotionalen und affektiven Komponenten auch Deutung, Interpretation und Imagination und das heißt: produktive *geistige* Aktivität des Rezipienten immer schon mit ein. Beide Aktionsweisen des Rezipienten – Bewegung und eine inhaltlich gefüllte Wahrnehmung, Perzeption und Aktion – hängen dabei, wie oben gesagt (vgl. o. S. 241f.), zusammen. Erst die Konstitutionsaktivität des Rezipienten macht also die Raumwahrnehmung vollständig. Wahrnehmung umfasst neben einer rezeptiven Seite immer auch eine produktive: „Sie [sc. die aisthetische Dimension] wird durch Interpretation komplettiert: durch eine Sinndimension."[81]

Damit es beim Lesen des Kirchenraums nicht bei purer Schaulust, bloßem Begaffen und einem Voyeurismus bleibt[82], sondern es im Zuge der Kirchenraumlektüre stattdessen zu einer individuellen Raumerfahrung im eigentlichen Sinne, nämlich im Sinne einer Interaktion und Verschmelzung sedimentierter und neuer Erfahrung kommen kann, will das sinnlich Wahrgenommene gedeutet und interpretiert, auf den eigenen Erfahrungshaushalt

---

[80] Auch HANS-ULRICH GEHRING beginnt seine Überlegungen mit der Behandlung der Aisthesis, vgl. dazu GEHRING, Schriftprinzip, 180 Anm. 635. Auf die Poiesis im klassischen Sinne hätte eine werk- oder darstellungsästhetische Untersuchung des Kirchen*baus* einzugehen.

[81] HERRMANN / METELMANN, Dimensionen, 24.

[82] Vgl. JAUß, Erfahrung, 32; DEGEN, Raum I, 5 und KLIE, Kirchengebäude, 140.

bezogen sein. Nichts anderes bedeutet es, die aisthetische um eine poietische Dimension zu erweitern. Dies schließt im Falle des Kirchenraums mit ein, Lektüre nicht bloß als rezeptiv-wahrnehmende, die an der Oberfläche verhaftet bleibt, zu verstehen, sondern, insofern sich die Sinndimension der Kirchenraumlektüre gerade auch auf die Tiefenstruktur des Raumtextes bezieht, eben als poietisch-produktive Aneignung und Interpretation der im Kirchenraum vertexteten Situationen vergangener, gegenwärtiger und zukünftiger Nutzung, von denen oben im Rahmen des Kirchenraumtextes mehrfach die Rede war.

Dass der Kirchenraum auf einer präreflexiven und vorprädikativen Ebene Wirkung entfaltet, wurde oben mit der aisthetischen Dimension der Erfahrung, die der Kirchenraum vermittelt, zu fassen gesucht. Diese nicht zuletzt der Raumatmosphäre zugeschriebene Wirkkraft hat man mit der Gefahr einer ideologischen Vereinnahmung und emotionalen Manipulierbarkeit des Rezipienten in Verbindung gebracht.[83] Tritt der Rezipient, was auf einer vorbewussten Ebene unmöglich ist, demgegenüber aber in eine kritische Distanz zu dem sinnlich Wahrgenommenen, das heißt, übernimmt er es nicht einfach unkritisch, sodass die unbekannte neue Erfahrung das Bekannte schlicht überlagert, sondern deutet und interpretiert er, sodass es zu der besagten Verschmelzung sedimentierter und neuer Erfahrung kommt, so wäre auch dies auf der Ebene poietisch-produktiver Aneignung als Deutung und Interpretation zu verorten.[84]

---

[83] Vgl. BÖHME, Architektur, 151f. und KUHNERT u. a., Präsenz, 23f. Im Übrigen hat auch das oben angesprochene Verharren der Rezeption an der wahrnehmbaren Oberfläche ihre Entsprechung auf Seiten der Architektur, nämlich darin, was GERNOT BÖHME kritisch als „Tendenz zur Fassadenästhetik" (BÖHME, Architektur, 151) beschreibt. Als Gegenpol zu einer freiheitsberaubenden Vereinnahmung kann man das Bilderverbot sehen; vgl. z. B. GRÄB, Autonomie, v. a. 240f.

[84] Will man die oben im Zusammenhang der Aisthesis angeführte Gefahr der ‚Verkopfung' (also zu große leiblich-körperliche Distanznahme) und die hier angesprochene Gefahr emotionaler Manipulierbarkeit (also zu große Nähe) als die beiden entgegengesetzten Grenzpunkte dessen sehen, was noch sinnvoller Weise einem Begriff der Kirchenraum*lektüre* zugeordnet werden kann, so wäre dieser als Balance zwischen Nähe und Distanz, Aktivität und Passivität bestimmt, ganz so wie THOMAS ERNE die gelingende Rezeption moderner Kunst kennzeichnet: „Gelingende Rezeption [...] ist Aktivität und Passivität ineins gesetzt. Sich zum Ort der Widerspiegelung eines Anderen machen, bedeutet ein produktives Sich-Zurücknehmen, das die abstrakte Apartheit der Dinge aufbrechen kann zugunsten ihrer subjektiven Wirksamkeit. [...] Das Gegenstück zu diesem Gelingen wäre Verdinglichung, und zwar im doppelten Sinn, daß sowohl das Subjekt als auch die Dinge unerlöst verharren in substantieller Dinghaftigkeit. Mißlingt die Balance von Nähe und Distanz, ist Inhaltslosigkeit die Folge. Rezeption verkommt zur Tautologie, Wahrnehmung zur Selbstbespiegelung." (ERNE, Lebenskunst II, 239 [im Original teilweise kursiv])

3 Phänomenologie der Kirchenraumlektüre

Wie sich die produktive Seite im Rezeptionsgeschehen konkret in der Kirchenraumlektüre darstellt, das wurde oben in extenso entwickelt: Der Rezipient bringt – so wurde gesagt (vgl. o. S. 245) – in seiner leiblichen Anwesenheit und in der sukzessiven Aneignung den Kirchenraum hervor, der sich so über die erzeugten Synthesen als Korrelat in der Vorstellung des Rezipienten und in diesem Sinne als ein ästhetischer Gegenstand aufbaut. Schon bei der Darstellung der phänomenologischen Theorien war wiederholt davon die Rede, dass Raum immer auch gedeuteter Raum ist, dass – um mit ELISABETH JOOß zu sprechen – „der Raum ohne affektive Zuschreibungen von Werten, sprich ohne kulturelle und sozial kommunizierte Deutungen, nicht denkbar und damit auch nicht erlebbar ist" (s. o. S. 226). Besonders ersichtlich wurde dies beim Handlungsraum, in dem alle Richtungsgegensätze verschiedenen kulturell bedingten Wertigkeiten und Zuschreibungen unterlagen (vgl. o. Kap. 2.2.2, S. 225ff.). Der ästhetische Gegenstand Kirchenraum ist immer kon-textualisiert. Zum einen hat er einen situativen Kontext. So wird es aller Wahrscheinlichkeit nach der Aufmerksamkeit, dem bewussten Wahrnehmen und Sich-Ergreifen-Lassen des Rezipienten nicht gerade zuträglich sein, wenn man etwa den Raum einer Kirche betritt, die sich gerade im Umbau befindet, Gerüste den Blick verstellen und Bauplanen die Kirchenbesucher vor herunterfallendem Bauschutt und -staub schützen. Einen gewichtigen Unterschied macht der situative bzw. atmosphärische Vermittlungsrahmen auch dort, wo ein Raum etwa leer begangen wird oder wo die Raumlektüre stattfindet, während in dem Raum Gottesdienst gefeiert wird, umso mehr, wenn der Rezipient dem Gottesdienstgeschehen selbst folgt.[85] Zum zweiten hat der Kirchenraum einen (lebens-)geschichtlichen Kontext. In diesem Sinne kann man auch vom Kirchenraumtext sagen, was oben mit WOLFGANG ISER für den literarischen Text erkannt wurde: Seine *Sinn*gestalt ist in hohem Maße subjektiv, abhängig „von den individuellen Dispositionen des Lesers, von seinen Bewusstseinsinhalten, seinen epochal und sozial bedingten Anschauungen – kurz, von seiner Erfahrungsgeschichte" (s. o. S. 203). Zu ihrer Hervorbringung werden „die subjektiven Sedimentierungen vorhandenen Wissens" im Rezipienten mobilisiert und „Assoziationen seines Wissensvorrats" (beide Zitate s. o. S. 203) geweckt; deren Umfang wird dabei vom Textrepertoire konturiert.

---

[85] Vgl. MUCK, Lebensentfaltung, z. B. 112: „Ist der Erlebende in einer besonderen Situation (z. B. des Beters in einer Kirche), verläuft seine Wahrnehmung in einem schon Bedeutung gebenden Feld wie etwa bei Erwartung einer besonderen Veranstaltung oder bei der Absicht, selbst etwas einzubringen." Vgl. u. S. 285f. das zum Vorverständnis und der Erwartungshaltung Gesagte.

Hier trifft man damit wieder auf das oben angesprochene „Wechselspiel von wahrgenommenen Raumgegebenheiten und durch sie ausgelösten geistigen Bewegungen" (s. o. S. 249) in der Kirchenraumlektüre. Wenn vorhin von Assoziationen, von Erwartungen und Erinnerungen, von Antizipationen und Reotrospektionen die Rede war, so gilt es diesen Sachverhalt hier nun noch auszuweiten und existentiell-biografisch zu vertiefen. Denn die geistige Aktivität, die angestoßen wird durch die Leibbewegung des Rezipienten und seine Raumwahrnehmung mit allen Sinnen und die sich, wie dargelegt, als reziproke Verspannung von Retention und Protention beschreiben lässt, umfasst neben den wahrgenommenen und erinnerten Raumgegebenheiten selbst und den daraus sich ergebenden Erwartungen, auf die aus Gründen der Darstellung Retention und Protention oben zunächst eingeschränkt wurden, auch biografische Bezüge, die an dem Raum und seinem Inventar haften. In KLAUS RASCHZOKs Spurenmodell fand sich dies thematisiert in den Spuren von Lebensgeschichten, mit denen Kirchenräume angereichert sind und vermittels derer wiederum Biografien von Menschen eine Tiefenbindung mit dem Raum eingehen (vgl. o. S. 126, v. a. Anm. 20).[86] Die biografischen Bezüge im Repertoire des Kirchenraumtextes wecken so im Laufe der Begehung Erinnerungen an prägende Erlebnisse die sich in *dem* Kirchenraum abgespielt haben, der gerade Gegenstand der Lektüre ist. Aber – und das ist ganz entscheidend – sie wecken Erinnerungen durchaus auch an Ereignisse in anderen Kirchenräumen[87]. Dergestalt retentional vergegenwärtigt werden können etwa markante Predigten oder heilsame Gottesdienste, die

---

[86] ANDREAS MERTIN spricht davon, dass religiöse Räume „religionsbiographisch inkorporiert" werden, und meint damit, „dass nur im Rahmen der Teilhabe bzw. der Anteilnahme der Raum und das Geschehen darin mit Sinn erfüllt wird" (beide Zitate MERTIN, Raum-Lektüren). Vgl. auch noch MEYER-BLANCK, Räume und WAGNER-RAU, Gotteshaus, 160f. Die Bindung von Rezipienten an den Kirchenraum wird als Erklärung für den Befund herangezogen, dass oftmals gerade die ‚eigene' Kirche vor Ort positiv besetzt ist und als ‚schön' erlebt wird; vgl. KERNER, Lebensraum, 12 und 15; vgl. 9f.

[87] Denn einerseits gilt zwar – so wie auch aus RASCHZOKs Spurenmodell hervorgeht –: „Die Spur des Gebrauchs ist dem Haus eingeschrieben", doch andererseits eben „auch dem Gedächtnis des Besuchers" (beide Zitate STOCK, Kirchgang, 15). Es gilt, so könnte man diesen Sachverhalt verallgemeinern, auch für Kirchenräume, was ANDREAS MERTIN (im Anschluss an BRIAN O'DOHERTY) als den „Lektürecharakter der Raumerfahrung" beschreibt und was er bei „Orten der Bedeutungsanreicherung bzw. Bedeutungsgenese" überhaupt beobachtet: „In der assoziativen Verknüpfung mit anderen Orten der Bedeutungsanreicherung bzw. Bedeutungsgenese", in unserem Fall also anderen Kirchenräumen, „wird deutlich, dass durch formale Konzentration Kulträume des Religiösen […] entstehen." (Alle vier Zitate MERTIN, Raum-Lektüren)

3 Phänomenologie der Kirchenraumlektüre

Taufe eines Kindes oder die eigene Trauung[88], der Weihnachtsgottesdienst in Kindheitstagen oder was immer an gänzlich anderem existentiell Bedeutsamen der Kirchenraum mit seiner Ausstattung und seinem Bildprogramm im Rezipienten wachzurufen in der Lage ist, auch etwa die Erinnerung an einen nahe stehenden Menschen.[89] Der Raum ruft so Ereignisse, wenn sie in der Vergangenheit liegen, ins Gedächtnis, und vergegenwärtigt protentional solche, die von der Zukunft erwartet werden und deren Einlösung der Kirchenraum vorwegnimmt. In diesem Sinne führt etwa KARIN LEYDECKER die folgende synästhetische Assoziationskette an:

> „[W]arum trete ich gerne in einen Kirchenraum ein, an dessen Wand kleine flackernde Kerzen leuchten? Warum denke ich sofort an die Weihnachten meiner Kindheit, wenn ich hier eine Kerze auspuste? Ist es der warme Hauch, der unvergessliche Geruch einer verlöschenden Flamme? Ist es die Erinnerung an einen festlichen, in Erwartung geschmückten Raum? Ist es die Freude über das plötzliche Aufglimmen eines längst verschütteten Kindheitsgefühls, das ich mit ‚Zuhausesein' umschreiben möchte?"[90]

In einer solchen ‚Wiedererinnerung' bringt sich die anamnetische Struktur der Raumwahrnehmung zur Geltung, die oben mit Hilfe der Ausführungen ELISABETH JOOß' zur olfaktorischen Wahrnehmung dargelegt wurde (vgl. o. Kap. 2.2.1.4, S. 224f.). Wie in der olfaktorischen Anamnese beschrieben, so vermag die Kirchenraumlektüre mit allen Sinnen Erinnerungsräume zu öffnen und mag der Rezipient beim Lesen des Raumes unwillkürlich von solchen Erinnerungen überwältigt werden. Die Verspannung aus Protention und Retention bleibt so nicht – wie das oben zunächst dargestellt wurde – auf die unmittelbare Lektüre des einen Raumtextes beschränkt. Vielmehr sprengt sie den Rahmen des vorliegenden Raumtextes auf vormalig angeeignete wie

---

[88] Gerade den in Kirchengebäuden gefeierten Lebenswenden dürfte in diesem Zusammenhang allergrößte Bedeutung zukommen: „Durch die Verknüpfung mit den wesentlichen, herausragenden lebensgeschichtlichen Zeitpunkten wirkt das Kirchengebäude auch individuell identitätsstiftend." (WOYDACK, Der räumliche Gott, 57; vgl. insgesamt 55–57 [Kap. „Kirchengebäude als Ort der Lebenswenden"])

[89] Vgl. hierzu wie überhaupt zu dem Komplex der Erinnerung durch den Kirchenraum MEYER-BLANCK, Räume. Dass der Kirchenraum als Ort individuellen Gedenkens fungiert und als Gedenkort wahrgenommen wird, findet sich beispielsweise durch Eintragungen in Gästebüchern von Kirchen bestätigt: „Menschen suchen ihn [sc. den Kirchenraum] an biographisch bedeutsamen Punkten (Hochzeitstag, Todestag) auf, das Gedenken an namentlich genannte oder in Verwandtschaftsbeziehungen bezeichnete Tote findet hier einen Ausdruck." (GROß, Wahrnehmung, 100f.)

[90] LEYDECKER, Kirchenraum, 53f. Vgl. JOOß, Raum, 15: „Jedes Gefühl innerer Beheimatung, Zugehörigkeit oder auch Fremdheit baut sich neben anderen Faktoren über eine Identifikationsdynamik der eigenen Emotionalität zu bestimmten Orten und Räumlichkeiten auf."

auch auf die Geschichte des Rezipienten hin. Sie involviert den Text der Lebensgeschichte des Rezipienten und knüpft Verbindungsfäden zwischen dessen Lebenstext und dem Raumtext, mit deren Lektüre der Rezipient gerade befasst ist, sowie zu anderen Raumtexten, die jener zuvor gelesen hat. Dem Spiel aus Wachrufen von erinnerten Raumeindrücken und Wecken, Einlösen und Enttäuschen von Erwartungen, das die sich als Begehung vollziehende Raumlektüre kennzeichnet, entspricht so ein Spiel aus Erinnern vergangener und erwarteter (Raum-)Erlebnisse und dem Herstellen biographischer Bezüge – zwei Operationen in der Textlektüre, die sich wechselseitig bedingen und gegenseitig befeuern.

3.2.3 Katharsis – die befreiende und kommunikative Dimension der in der Kirchenraumlektüre zu machenden Erfahrung

Vor dem Hintergrund eines dergestalt aufgesprengten Verständnisses von Protention und Retention, das sich auf die Lebens- und Erfahrungsgeschichte des Rezipienten hin öffnet, gewinnt die Tatsache, dass, um mit WOLFGANG ISERs Worten zu formulieren, „die retentionale Vergegenwärtigung des vergangenen in eine ständige Modifikation des jeweiligen Jetzt" und „das gegenwärtige Jetzt in eine Modifikation des vergangenen umschlägt" (beide Zitate s. o. S. 199) neue Brisanz. Denn einerseits erhalten der erfahrene Raum und das im Raum Gelesene für den Rezipienten im Horizont seiner Lebens- und Erfahrungsgeschichte einen spezifischen, individuellen Sinn. Und andererseits wirkt vor allem auch umgekehrt der Raum auf die Biografie des Rezipienten zurück, insofern dieser seine Lebens- und Erfahrungsgeschichte im Horizont des Gelesenen interpretiert. Es ist deutlich, dass Kirchenraumlektüre – in diesem eigentümlichen Sinne – in mancherlei Hinsicht mit der Bearbeitung existentieller Sinnbedürfnisse konvergiert. Und es liegt auf der Hand, dass die Erfahrung, die der Kirchenraum machen lässt, sich hier in Sonderheit offen für eine religiöse Deutung zeigt, ja dass der Kirchenraum sogar eine solche Interpretation nahe legt aufgrund dessen, dass er in seinem Repertoire selbst religiöse Deutungskategorien transportiert (oben war diesbezüglich von der religiösen Dimension des Kirchenraumtextes die Rede; vgl. o. S. 146): Das eigene Leben und die eigene Geschichte des Rezipienten können im Zuge der Raumlektüre in einem anderen Lichte erscheinen, einen anderen, neuen Sinn bekommen. Der Kirchenraum vermag dann seinerseits als sinnstiftend und sinnvergewissernd erfahren zu werden. Eine solche Raumwirkung stellt sich ein, wenn die Raumgegebenheiten entsprechend

3 Phänomenologie der Kirchenraumlektüre 281

interpretiert werden, wenn zur Deutung dementsprechende Sedimentierungen vorhandenen Wissens mobilisiert und entsprechende Assoziationen des Wissensvorrats – also etwa lebens- und erfahrungsgeschichtlich religiös prägnanter Ereignisse – geweckt werden können.[91]

Die speziell religiöse Interpretation der so entfalteten Erfahrung wird im Schlussteil noch eigens zu besprechen sein (vgl. u. Kap. 1, S. 307ff.). Worauf es hier ankommen soll, ist, dass in der beschriebenen Wirkung auf den Rezipienten sich jedenfalls die dritte Dimension der Erfahrung, die der Kirchenraum machen lässt, zur Geltung bringt, ihre kathartische Dimension, die nun noch zu entfalten ist – *Katharsis* dabei zunächst mit Blick auf die beschriebene Wirkung, wenn dies keine unzulässige Überdehnung des Begriffs darstellt, in loser Anlehnung an das klassisch-aristotelische Verständnis der Katharsis als die Seele befreiende und läuternde Wirkung, nach dem der Rezipient in der ästhetischen Erfahrung „selbst affiziert werden [...], den eigenen Leidenschaften freien Lauf lassen und sich mit ihrer Entladung auf lustvolle Weise erleichtert fühlen [kann], als sei ihm eine Heilung (*katharsis*) zuteil geworden"[92].

In dieser kathartisch-befreienden Wirkung geht die kathartische Dimension jedoch noch nicht auf. Die Katharsis ist darüber hinaus vor allem die *kommunikative Dimension* der sich in der Kirchenraumlektüre einstellenden Erfahrung. Denn wie oben festgestellt: Die sinnkonstituierende, deutende Leistung des Rezipienten ist abhängig von dessen Erfahrungsgeschichte und dessen Dispositionen. Und insofern darin wiederum kulturelle und sozial kommunizierte Deutungen inbegriffen sind, ist sie auch sozial, kulturell, zeitlichgeschichtlich etc. bedingt und sprengt den „reflexiven Zirkel von

---

[91] Vgl. SCHWEBEL, Aspekte: „Wer in Kirchenräumen prägende Gottesdienste und Predigten erlebt und dort in biografisch wichtigen Situationen Gebete gesprochen hat, für den bleibt ein Kirchenraum nicht stumm. Ein solches Beredtwerden des Kirchenraums setzt ein vorgängiges existentiell relevantes Geschehen voraus. Es ist die Frage, ob jemand, der noch nie ein Fußballspiel gesehen hat, von einem leeren Sportstadion fasziniert würde. Deshalb ist von einem Vorrang des Geschehens auszugehen, wobei nicht in Frage steht, dass Räumlichkeiten und Gegenstände in der Lage sind, ein religiös relevantes Geschehen erneut wach zu rufen." Jedenfalls gilt: „Erfahrene Raumwirkung hat jeweils ihre Vorgeschichte." (MUCK, Lebensentfaltung, 112) KLAUS RASCHZOK weist darauf hin, dass FRIEDRICH SPITTA bereits am Ende des 19. Jahrhunderts darauf aufmerksam gemacht hat, dass „die Erinnerung daran [sc. an die Gemeinschaft des Christen mit Gott in Predigt, Gebet, Gesang, Abendmahl und den kirchlichen Weihehandlungen] an dem Orte [haftet], wo er [sc. der Christ] solches erfuhr; und so oft er zu ihm zurückkehrt, lebt diese Erinnerung auf, und so fühlt er sich an diesem Ort Gott näher als draußen auf der Gasse" (FRIEDRICH SPITTA, zit. nach RASCHZOK, Kirchenbau I, 397).

[92] JAUß, Erfahrung, vgl. 88.

Werkerfahrung und Selbsterfahrung"[93]: „In ihr [sc. der Katharsis] öffnet sich die subjektive ästhetische Erfahrung auf Intersubjektivität hin und diese intersubjektive Aufweitung ist für alle authentische ästhetische Erfahrung nach Jauß konstitutiv."[94]

Ein kommunikatives Moment eignet der kathartischen Dimension dabei insoweit, als sie dem Rezipienten den Rahmen für eine Prädikatisierung der Raumerfahrung an die Hand gibt und diese so überhaupt erst mitteilbar und kommunikabel macht. Mit anderen Worten: Nur wenn dem Rezipienten dispositionell und kulturell vermittelt die entsprechenden Deutungskategorien bezüglich der von ihm gemachten Raumerfahrung zur Verfügung stehen, kann das Erfahrene auch in Worte gefasst und eingeordnet werden. Man muss nicht unbedingt so weit gehen zu sagen, dass so eigentlich erst von einer Raumerfahrung die Rede sein kann.[95] Denn von den Empfindungszuständen, die sich in der Kirchenraumlektüre einstellen, gilt zunächst, dass sie „immer vorsprachlicher Natur [sind]. Sie sind nur subjektiv zugänglich, individuell, nicht mitteilbar."[96] Jedoch gilt gleichermaßen:

> „Erst die Anwendung der Deutungskategorien lässt ästhetische [...] Erfahrung als allgemeine, *mitteilbare* Erfahrung[...] zustande kommen. Insofern kann man auch sagen: was als ästhetische [...] Erfahrung gilt, ist wesentlich das Resultat äs-

---

[93] JAUß, Apologie, 38 [im Original kursiv].
[94] GEHRING, Schriftprinzip, 139.
[95] Darauf macht eindringlich THOMAS ERNE aufmerksam (in dem Fall im Blick auf das Wahrnehmen einer Atmosphäre, als Gegenthese zu GERNOT BÖHME): „Die Empfindung einer Raumatmosphäre ist gleichursprünglich mit ihrer Darstellung. Die Atmosphäre eines Raumes ist nur in und mit ihrer Darstellung ‚da'" (ERNE, Ordnung). Zu der im Folgenden erwähnten Möglichkeit, dass sich die Kommunikation auch als virtuelle Kommunikation im Rezipienten selbst vollzieht, vgl. die unmittelbare Fortsetzung bei ERNE: „Die Atmosphäre eines Raumes ist nur in und mit ihrer Darstellung ‚da', selbst wenn diese Darstellung in einem inneren Aussprechen besteht, das ‚ohne eine äußere Form, ohne objektive Kundgabe auskommt'." (ERNE, Ordnung [unter Aufnahme eines Zitats von MICHAEL MOXTER]) Vgl. auch noch DOBER, Zeit, 119f.
Die Auffassung, die Raumerfahrung an ihre Darstellung knüpft (wie etwa THOMAS ERNE), bewegt sich in der Nähe der Auffassung etwa eines MARTIN SEEL, die – in der Tradition IMMANUEL KANTs – davon ausgeht, „dass wir Gegenstände unserer Wahrnehmung nur dadurch haben, dass wir sie begrifflich bestimmen" und die deshalb dafür hält, dass wir „[e]rst dadurch, dass wir die Welt begrifflich zu bestimmen vermögen, [...] in die Lage [kommen], ästhetische Erfahrungen mit ihr zu machen" (BERTRAM, Erfahrung, 104) (wenngleich MARTIN SEEL ästhetische Erfahrungen zwar als „an begriffliche Bestimmungsfähigkeiten gebunden" bestimmt, diese aber gleichwohl „über diese Bestimmungsfähigkeiten hinaus[gehen]" [beide Zitate BERTRAM, Erfahrung, 105]).
[96] GRÄB, Thesen, 67. Vgl. auch ISER, Akt, 348 und RICHTER, Wirkungsästhetik, 525: „Ja, offenbar ist für die ästhetische Erfahrung das, was ein Leser am Ende einer Lektüre in Sätzen festhalten kann, sogar weniger entscheidend als das, was während des Lesens in und mit ihm geschieht."

3 Phänomenologie der Kirchenraumlektüre 283

thetischer [...] Kommunikation, des Austauschs entsprechender Wahrnehmungs- und Deutungsmuster."[97]

Die Suche nach Artikulation und Diskursivierung des Erfahrenen ist ein unabschließbarer Prozess.[98] Der Austausch muss dazu nicht verbal vonstattengehen. Die Erfahrung muss nicht erst explizit ausgesprochen, objektiv kundgetan, in diesem engen Sinne mit anderen kommuniziert werden. Ein kommunikativer Aspekt ergibt sich ihr allein dadurch, dass der Rezipient geistig produktiv tätig wird, dass er deutet und interpretiert und so – über Dispositionen und kulturelle Bezüge vermittelt – gewissermaßen virtuell kommuniziert.[99] So leistet also die Deutungsaktivität des Rezipienten „zweierlei: sie bestimmt die Erfahrung ‚von etwas' näher, eben als etwas Bestimmtes [sc. was oben als die eigentlich poietische Dimension entfaltet wurde, Anm. CWB]. Und sie verbindet die individuelle Erfahrung [sc. in ihrer kommunikativen Dimension, CWB] im Vorgang der Deutung mit der Wir-Ebene kultureller Objektivität. Die Bezugnahme auf Symbolisierungen und Artikulationsschemata schließt die individuelle Erfahrung der ersten Person Singular an die erste Person Plural an. Subjektivität und Symbolisierung (Sprache) spielen hier ineinander und formen sich wechselseitig."[100] Die in der Kirchenraumlektüre zu machende Erfahrung ist somit individuelle – so wie alle Erfahrung –, gleichwohl aber vergemeinschaftende Erfahrung.[101]

Präzise verorten lässt sich das Einschalten der individuellen Dispositionen und der Erfahrungsgeschichte des Rezipienten und darin der kulturellen Bezüge, wie dargelegt, in der Bildung einer Sinngestalt, die als selektive Realisierung *einer* Sinnmöglichkeit aus dem Netz potentieller Beziehungen aus-

---

[97] GRÄB, Thesen, 67 [Hervorhebung CWB]. So weist WILHELM GRÄB darauf hin, dass ohne Deutung „die ästhetische Erfahrung freilich nicht als bewusste zustande kommen kann" (GRÄB, Bemerkungen, 19). Vgl. außerdem HERRMANN / METELMANN, Dimensionen, 25 und HERRMANN, Medienerfahrung, 329. Vgl. aber GRÄB, Autonomie, 241, wo er klarstellt, dass eine Erfahrung, „die man zu Recht eine ästhetische nennt", eine solche „gesteigerte sinnliche Erkenntnis [ist], die nicht unter vorgegebene Begriffe gebracht werden kann, sondern deren Bedeutung aus der Erfahrung selbst hervorgeht". MARTIN BENN und MARKUS ZINK zeigen Methoden auf, die in der Erkundung eines Raumes auftretende ‚Sprachlosigkeit' zu überwinden und die Raumwirkung in Worte zu fassen; vgl. BENN / ZINK, Raum, 74ff. und 80ff.
[98] Vgl. so z. B. FLUCK, Erfahrung, 24.
[99] Vgl. so ebd. und GEHRING, Schriftprinzip, 189. Seiner Ansicht nach ist hier besonders IMMANUEL KANTs Kritik der Urteilskraft weiterführend: „Hier ist im Urteilsvermögen der ästhetischen Vernunft Gemeinschaftlichkeit je schon mitgesetzt" (GEHRING, Schriftprinzip, 190; vgl. denselben Hinweis bei MERTIN, Bedeutung).
[100] HERRMANN / METELMANN, Dimensionen, 24.
[101] Vgl. KORSCH, Ästhetik, 258.

gewiesen wurde. Die kommunikative Dimension der Erfahrung, die der Kirchenraum machen lässt, ist somit in der Unbestimmtheit des Kirchenraumtextes und der daraus resultierenden Sinnoffenheit der Lektüre, wie sie oben beschrieben wurde, angelegt: Eben, was den Leseakt in seiner kommunikativen Bezogenheit auf Vorgängiges und andere anbetrifft (wenn man so will, kann man von der externen Seite der kommunikativen Dimension sprechen), durch die in der Auswahl einer Sinnmöglichkeit zu verortende Abhängigkeit der Sinnkonstitution von den Dispositionen des Rezipienten und seiner Erfahrungsgeschichte und darin der kulturellen und zeitgeschichtlichen Bezüge. Dann jedoch, dem strukturell vorgelagert (wenn man so will, kann man von einer internen Seite der kommunikativen Dimension sprechen), bereits durch das Netz an Beziehungsmöglichkeiten, dem als Fächer an *Interaktions*strukturen selbst schon Kommunikativität eignet, und durch den ebenfalls oben beschriebenen Möglichkeitsüberschuss der im Gestaltbildungsprozess nicht gewählten, virtualisierten Möglichkeiten. Dieser ist als kommunikativ aufzufassen, als er den Leser ständig zurückverweist an bereits gelesene und gedeutete Textstellen, an wahrgenommene Raumelemente und als er so zu einer fortwährenden Modifikation des ästhetischen Gegenstandes im Leseakt und zu einer Uminterpretation, einer ‚relecture' des Gelesenen führt.

> HANS-ULRICH GEHRING sieht hinsichtlich der ästhetischen Erfahrung einen „Diskurs der Deutungen" am Werk, der, „auch wenn er sich nur virtuell im Inneren des Betrachters abspielt, zurück zum ästhetischen Gegenstand [lenkt]" und „eine erneute Überprüfung und Intensivierung des Wahrnehmungs- und Deutevorgangs [fordert und fördert]"[102].
> STEFAN ALTMEYER spricht auf derselben Linie von einer „Art Spiel um die subjektiven Bedeutungsmöglichkeiten": „In einer Form von Selbstgespräch (aus nachfragen, nachdenken, zweifeln, ausprobieren, deuten, revidieren usw.) kann das Subjekt auf die eigenen Empfindungen mit dem ästhetischen Gegenstand schauen, denn der Mensch kann sich exzentrisch zu sich selbst verhalten, das heißt seine eigene sinnliche Wahrnehmung bezüglich der durch sie, genauer durch einen wirkenden Gegenstand, ausgelösten Empfindungen reflektieren. Auf diese Weise wird Bedeutung generiert, indem bereits gemachte Erfahrungen mit den Erfahrungen am ästhetischen Gegenstand und in ästhetischer Tätigkeit verknüpft werden."[103]

Folgendes lässt sich als Zwischenzusammenfassung festhalten: Dadurch dass Raumwahrnehmung und -deutung immer Hand in Hand gehen, ist der in

---

[102] Alle drei Zitate GEHRING, Schriftprinzip, 190f.
[103] Beide Zitate ALTMEYER, Wahrnehmung, 357f.

3 Phänomenologie der Kirchenraumlektüre 285

der Kirchenraumlektüre zu machenden Erfahrung ein kommunikatives Moment konstitutiv gegeben, das sich auf mehreren Ebenen des Leseaktes zur Geltung bringt und das in ihrer kathartischen Dimension begrifflich zu fassen ist.

> HANS-ULRICH GEHRING weist auf Folgendes hin: „Katharsis als kommunikative Grunddimension erweist sich dabei als bedeutsam nicht zuletzt in ekklesiologischer Hinsicht", nämlich in dem Sinne, als die Offenheit des Rezeptionsprozesses und die Unabgeschlossenheit der Kirchenraumlektüre, die den Rezipienten in seiner Sinnkompetenz einspannen, „Kirche und Theologie ansichtig werden [lassen] als kreativ-kommunikative Deutegemeinschaft"[104]. Er spricht deshalb von der kathartischen Dimension auch als der „ekklesiologischen Dimension"[105].

Die kulturelle Prägung der Kirchenraumlektüre und damit ihre kommunikative Dimension macht sich bereits in Vorverständnis und Erwartungshaltung bemerkbar, die der Rezipient in die Kirchenraumlektüre einbringt und die sein Rezeptionsverhalten bestimmen.[106] Auch Erwartungshaltung und Vorverständnis hängen „von den individuellen Dispositionen des Lesers, von seinen Bewusstseinsinhalten, seinen epochal und sozial bedingten Anschauungen – kurz, von seiner Erfahrungsgeschichte" (s. o. S. 203) ab. So stellt sich nicht nur, wie im ersten Hauptteil ausgeführt wurde, der Kirchenraumtext als perspektivisches Gebilde dar, sondern auch dessen Lektüre erweist sich als perspektivisch bestimmt, ist ihrerseits „Teil situierter Kommunikation"[107]. Diesbezüglich ist im Rahmen einer Phänomenologie der Kirchenraumlektüre insbesondere ein solches, wenn man so will: christliches Vorverständnis – in der Kognitionspsychologie würde man wohl von „Vorklassifizierung"[108] sprechen – von Bedeutung, das mit einer transzendenten Wirklichkeit rechnet und das an den Kirchenraum als anderen Sinnbezirk herantritt. Wird der Kirchenraum auf diese Weise als situativer Kontext präjudiziert, kann man davon ausgehen, „dass dieser kontextuelle Bezugsrahmen eine spezifische

---

[104] Beide Zitate GEHRING, Schriftprinzip, 191; vgl. 213. GEHRING formuliert dies mit Blick auf die Predigt. Gleiches lässt sich aber, das sollten die Überlegungen bis zu diesem Punkt erwiesen haben, auch vom Kirchenraum und seiner Lektüre sagen.
[105] Ebd., 192.
[106] Vgl. z. B. ISER, Akt, 65.
[107] RICHTER, Wirkungsästhetik, 533f. Zu Lektüre-Erwartungen, -Interessen und -Motiven sowie zur Rezeptionssituation der Lektüre vgl. auch noch SCHUTTE, Einführung, 181f. und v. a. 197–200. Vgl. außerdem noch die Überlegungen DIETRICH KORSCHs zum Raum als Horizont allen Denkens, zugleich aber der Positioniertheit und damit der Perspektivität allen Denkens und sinnlichen Erfahrens; vgl. KORSCH, Schlusswort, 249–251.
[108] LEDER / AUGUSTIN, Erfahrung, 89.

Erwartungshaltung im Rezipienten provoziert"[109]. Mit einem christlichen Vorverständnis verbunden kann eine Erwartungshaltung gesehen werden, die der in der Kirchenraumlektüre sich einstellenden Erfahrung zutraut, über die Alltagserfahrung auf jene transzendente Wirklichkeit hinauszuweisen. Eine solche Erwartungshaltung wird man bei nicht wenigen Rezipienten, die eine Kirche besuchen, annehmen dürfen. Und sie wird deren Rezeptionsverhalten und die mögliche Wirkung des Kirchenraums in ganz entscheidendem Maße mitbestimmen, ja vorprägen.

Dabei ist allerdings zu beachten, dass Vorverständnis des Lesers und Raumtext bei der Raumlektüre ineinanderspielen. Denn auch hier gilt wieder, dass der Kirchenraumtext selbst, allen voran in seiner religiösen Dimension, seine Interpretation mit bestimmt: „So verschieden kirchliche Gebäude gestaltet sind, sie alle – sofern sie bewußt als ‚Kirchen' entworfen wurden – zeigen demjenigen, der in sie hineingeht, an, daß er bei seinem Eintritt die Schwelle vom Sinnbezirk des Alltags und dessen pragmatischen Zwängen überschritten und sich in einen anderen ‚Sinnhorizont' hineinbegeben hat und sich damit einer anderen Einstellung verpflichten kann."[110] Dabei kommt speziell auch Repertoire-Elementen des architektonischen Repertoires – nämlich Weg, Tür, Schwelle, etc. – eine wichtige Funktion als „Stationen der Prädisposition"[111] zu.

Die soziale, kulturelle und lebensgeschichtliche Bedingtheit, die in der kommunikativen Dimension zusammengefasst ist, erstreckt sich ausdrücklich auch bereits auf die Wahrnehmung der Raum*atmosphäre* einer Kirche. Denn – wie aus den Ausführungen zum Stimmungsraum hervorging – können auch Zeichen und Symbole, „von Materialien über Gegenstände bis zu Insignien im engeren Sinne" (s. o. S. 238), als Erzeugende von Atmosphäre fungieren, sodass Atmosphären neben leiblich-körperlichen durchaus auch gesellschaftliche, konventionelle, traditionsbedingte etc. Anteile eignen. Es

---

[109] Ebd. HELMUT LEDER und M. DOROTHEE AUGUSTIN sprechen hier von der Betrachtung eines Kunstwerkes und speziell vom Kontext des Museums, der Galerie oder des Kunstmagazins in seiner vorklassifizierenden Wirkung. Im vorliegenden Fall ist der Sachverhalt aber übertragbar auf den Kontext des Kirchenraums, insbesondere, wenn man, wie das hier getan wurde, exemplarisch von einem christlichen Vorverständnis ausgeht. In diesem Zusammenhang ist es auch zu sehen, wenn Kirchenraumtheorien von der Prämisse ausgehen, dass Menschen mit Kirchenräumen die „grundsätzliche Erwartungshaltung" bzw. „die Vermutung der Möglichkeit von Gotteserfahrung" (so TOBIAS WOYDACK; beide Zitate s. o. S. 36) verbinden oder dass sie „auf Grund von religiöser Überlieferung, emotionaler Erfahrung, architektonischer Gestaltung annehmen, daß es dort [sc. am heiligen Ort] zur Residenz von göttlichen Atmosphären kommt" (JOSUTTIS, Weg, 76).
[110] SOEFFNER, Gebäude II, 128f.; vgl. GRÄB, Lebensgeschichten, 128f.
[111] LEYDECKER, Kirchenraum, 59.

3 Phänomenologie der Kirchenraumlektüre 287

liegt auf der Hand, dass sich Erzeugende dieser Art gerade als für die Raumatmosphäre einer Kirche und die Kirchenraumlektüre entscheidend erweisen. GERNOT BÖHME spricht die Erzeugenden von Atmosphären speziell kirchlicher Räume denn auch explizit an. Hierbei denkt er nicht nur an „die architekturalen Formen in Hinblick auf ihre Anmutungsqualitäten, insbesondere die Bewegungssuggestionen [...], ferner an Licht und Dämmerung, das Steinerne, an Figuren und Bilder, an die akustischen Qualitäten des Raumes, an Farben, an Materialien, an Insignien des Alters", sondern „schließlich natürlich auch an die christlichen Symbole, die ja auch bei profaner Nutzung oder Betrachtung ihre Wirkung tun"[112]. Dies tun sie aber eben, so muss man hinzufügen, unter der Bedingung, dass sie noch als solche gelesen werden – als christliche Symbole (vgl. u. S. 301f.).[113] Die Konventionalität kirchlicher Atmosphären zeigt sich etwa auch daran, dass selbst bestimmte architektonische Stilelemente für sie prägend sein können, etwa wenn der gotische Stil, wenn nicht als *der* christliche Baustil, so „doch primär als ein Baustil von Kirchen verstanden [wird] – so sehr, dass auch Profanbauten im gotischen Stil etwas Kirchliches anzuhaften scheint"[114].

Um die Zeit-, Kultur- und Situationsbedingtheit der in der Kirchenraumlektüre zu machenden Erfahrung, die sich über die Erfahrungsgeschichte und

---

[112] Beide Zitate BÖHME, Architektur, 142. Vor diesem Hintergrund wird einsichtig, warum etwa DIETRICH KORSCH davon sprechen kann, dass die Wirkung von Kirchen(räumen), in Sonderheit „von dem inszenierten Raumeindruck der Kirchen insgesamt aus geht]" (KORSCH, Ästhetik, 249).

[113] Denn Atmosphären tragen „auf unterschiedliche Weise Markierungen formalästhetischer Konventionen, künstlerischer Codes oder sozialer Milieus und schaffen daher auch spezifische Zugangsbedingungen" (KUHNERT u. a., Präsenz, 24, bes. auch Anm. 21 [unter Aufnahme eines Zitats von ILKA BECKER]). Dies ist im Falle des Kirchenraums aber wohl auf einer sehr niedrigen Schwelle anzusetzen, denn – so führt RICHARD KIECKHEFER aus – „representations in churches, whether narrative or iconic, [...] paintings and carvings in churches [...] are there, rather, most basically as reminders of the religious culture from which they derive, as witnesses to a history *that could in principle be known*. One need not consult the guide book to determine which angel is represented on a window or in a statue suspended high above the chancel to know that the angels and saints hovering all about in the building relate the liturgical action to a broader narrative, to a sacred culture, to a process extending well beyond the present time and place." (KIECKHEFER, Theology, 143) Worauf es also vor allem ankommt, dürfte das Folgende sein: „Tradition is constituted by consciousness of standing within tradition. It does not require detailed and intimate knowledge of all that has been passed down. It does not require uniform appropriation, experience, or integration of what is passed down." (KIECKHEFER, Theology, 143)

[114] BÖHME, Architektur, 149; vgl. ZEINDLER, Gott, 408f. Anm. 97 und WITTMANN-ENGLERT, Implikationen, 87f. GERNOT BÖHME vergleicht dieses Phänomen mit der Orgelmusik, für die sich eine ähnliche Konvention herausgebildet hat: So verleiht die Orgel selbst außerhalb des gottesdienstlichen Gebrauchs und jenseits des Kirchenbaus der Musik einen kirchlichen Zug (vgl. BÖHME, Architektur, 149).

Dispositionen des Rezipienten sowie über Vorverständnis und Erwartungshaltung vermittelt, um also die kommunikative Dimension dieser Erfahrung nochmals pointiert herauszustellen, kann abschließend die folgende Beschreibung herangezogen werden, die WERNER G. JEANROND für das Lesen eines literarischen Textes vornimmt, die aber – wie einsichtig geworden sein dürfte – in gleichem Maße dazu dienen kann, die Kirchenraumlektüre zu umreißen:

> „Lesen geschieht immer in einer bestimmten Wirklichkeitsvorstellung, die von den verschiedensten Einflüssen mitgeprägt sein kann (ökonomische, kulturelle, religiöse, klimatische Einflüsse usw.). Lesen steht damit in der Spannung zwischen gesellschaftlichen Normen und individueller Transformationsanwendung dieser Normen. Daraus und aus den unterschiedlichen Textbedürfnissen resultieren die verschiedenen Lesarten, die dem Leser für die Textrezeption zu Diensten stehen, wobei eine Entscheidung für einen bestimmten Dienst immer auch – zumindest vorübergehend – Entscheidung gegen andere Dienste miteinschließt. Lesarten sind also bedingt durch den zu lesenden Text, durch den kulturellen, sozialen, religiösen und politischen Vorstellungskontext des Lesenden, durch teilweise anerzogene Lesenormen und durch spezifische Leseinteressen."[115]

3.2.4 Das Wechselverhältnis von aisthetischer, poietischer und kathartischer Dimension

Wenn von Aisthesis, Poiesis und Katharsis zunächst je für sich gehandelt wurde, so geschah dies aus Gründen der Analyse. Schon die Darstellung der einzelnen Dimensionen selbst ließ durchscheinen, dass es sich dabei um eine künstliche Trennung handelt. Die Dimensionen sind Strukturmomente der einen Erfahrung, die unauflöslich zusammen gehören. Deshalb gilt es herauszustreichen, dass die drei Dimensionen eng miteinander verwoben sind und sich wechselseitig durchdringen. „Die drei Dimensionen ästhetischer Erfahrung sind also zu unterscheiden, nicht aber zu trennen."[116]

---

[115] JEANROND, Text, 114f. Dieser Sachverhalt bringt JEANROND dazu, das Lesen als „stilgebundenes Handeln" zu bezeichnen: „In seiner Stilgebundenheit wird deutlich, daß der Leser individuell aus dem ihm traditionell und konventionell verfügbaren Rezeptionsartenschatz diejenige Rezeptionsart auswählt, die ihm sowohl dem Text gegenüber als auch hinsichtlich seines Leseinteresses angemessen erscheint." (Beide Zitate JEANROND, Text, 114)

[116] GEHRING, Schriftprinzip, 199. Dies gilt es hervorzuheben, damit „nicht intellektuelle und intuitive anthropologische Fähigkeiten auseinandergerissen [werden]" (UMBACH, Pforten, 324).

3 Phänomenologie der Kirchenraumlektüre

Um die Eigenart des Ästhetischen in der Rezeptionsbeziehung speziell biblischer Texte herauszuarbeiten, borgt HANS-ULRICH GEHRING deshalb den Begriff der *Perichorese*, der in seinem systematisch-theologischen Verwendungskontext „als christologischer beziehungsweise trinitätstheologischer Terminus die vollständige Durchdringung der beiden Naturen Christi und die dreifaltige Einheit der göttlichen Personen [beschreibt]"[117]. In mancher Hinsicht ist der Terminus auch erhellend für den vorliegenden Zusammenhang, nicht zuletzt in Anbetracht der ursprünglichen Wortbedeutung von χωρεῖν: „Denn χωρεῖν meint jenes Durchschreiten einer Landschaft (χωρα), das sich als ‚Raumnehmen und -geben' vollzieht, als ‚Fortschritte machen' und, im übertragenen Sinn, als ‚in sich aufnehmen, verstehen, begreifen'." (200) Das Wort bringt so die Begehung als charakteristischer Form der Kirchenraumlektüre in Erinnerung. GEHRING folgert denn auch: „Rezeption wird in der Metapher der Perichorese verstehbar als Gang durch das Territorium des Textes, der die verschiedenen ‚Höhen und Tiefen' seiner Landschaft durchmißt, das Gehen selbst wie die wechselnd sich ergebenden imaginierten Ausblicke genießt und im Wechselspiel von [...] Sinnlichkeit und sich erschließendem Sinn fortschreitend zu einem verstehenden In-sich-aufnehmen gelangt" (200).

So besteht zunächst ein intimes Wechselverhältnis zwischen Aisthesis und Poiesis.[118] Überhaupt kann Erfahrung allgemein als „Synthese von Erleben und Deuten am Ort des Subjektes konzipiert werden. [...] Die Polarität von aisthetischer Dimension und Sinndimension bildet die Grundstruktur von Erfahrung, in der sich die Bezogenheit von Subjekt und Welt abbildet."[119] Das aisthetisch-poietische Wechselverhältnis zeigt sich etwa darin, dass Aisthesis selbst schon eine produktive Aktivität des Rezipienten ist. Dies wird

---

[117] GEHRING, Schriftprinzip, 199f. Die im Fließtext in diesem Absatz im Folgenden in Klammern angegebenen Seitenzahlen beziehen sich auf GEHRING, Schriftprinzip.

[118] Vgl. ebd., 184. Das Wechselverhältnis wird auch in der JAUßschen Bestimmung der ästhetischen Erfahrung deutlich. So macht HANS-ULRICH GEHRING darauf aufmerksam, „daß sich die beiden Funktionen der Poiesis und der Aisthesis zwar unterscheiden, nicht aber trennen lassen", und er folgert: „[D]ie Struktur einer jeden authentischen ästhetischen Erfahrung ist also ein Prozeß, in dem eine produktive wie eine rezeptive Dimension gleichermaßen beteiligt sind" (beide Zitate GEHRING, Schriftprinzip, 138). Vgl. HERRMANN / METELMANN, Dimensionen, 25.

[119] HERRMANN / METELMANN, Dimensionen, 24. In analoger Weise „ist Textrezeption in jedem Fall als ein Prozeß anzusehen, der apperzipierende und interpretierende Komponenten integriert" (KINDT / SCHMIDT, Textrezeption, 137). Auch ERIKA FISCHER-LICHTE weist im Zusammenhang ihrer Ästhetik des Performativen explizit darauf hin, dass es aus heuristischen Gründen zunächst sinnvoll sei, „ästhetische Erfahrung aus zwei verschiedenen Perspektiven zu untersuchen – nämlich aus der einer semiotischen Ästhetik und der einer Ästhetik des Performativen" (FISCHER-LICHTE, Erfahrung, 198). Da es sich dabei jedoch keineswegs „um zwei verschiedene Arten von Erfahrung handelt – sozusagen je eine semiotische und eine performative –, sondern um ein und dieselbe Erfahrung – eben ästhetische Erfahrung" (FISCHER-LICHTE, Erfahrung, 198), gelte es, beide Aspekte aufeinander zu beziehen.

nicht zuletzt deutlich an der Bedeutung der Bewegung in der Raumwahrnehmung, die in den raumphänomenologischen Betrachtungen aufgewiesen wurde und die sich in der Begehung als charakteristischer Aneignungsweise des Kirchenraums niederschlägt. Wie eng aisthetische, leiblich-körperliche Dimension und poietische Dimension verknüpft sind, ergibt sich schon aus dem Leibbegriff selbst: Dieser schließt, wie einsichtig gemacht wurde, als in sich differenzierter selbst schon einen intern-reflexiven Bereich (Geist, Emotion, Leben) mit ein (vgl. o. S. 214f.). Dass die aisthetische Dimension auf die poietische Dimension übergreift und vice versa zeigte sich beispielsweise auch am Stimmungsraum: So wurde oben die zugleich rezeptive wie produktive Rolle des Rezipienten bei der Wahrnehmung von Atmosphäre ausgeführt (vgl. o. S. 233f.), insofern dieser sowohl von der Atmosphäre in seiner Befindlichkeit berührt wird, als auch selbst in seiner Gestimmtheit auf die Atmosphäre einwirkt. Leib und Geist, Leiblichkeit (oben insbesondere im Zuge der aisthetischen Dimension besprochen) und Sinngebungskompetenz des Rezipienten (oben speziell im Rahmen der poietischen Dimension thematisiert), sind so nicht gegeneinander auszuspielen, vielmehr ist die Erfahrung, die sich im Zuge der Kirchenraumlektüre einstellt, als Integral zu denken. Für sie gilt mindestens so sehr, was ERIKA FISCHER-LICHTE für die ästhetische Erfahrung im Theater ausführt, nämlich „daß Bedeutung ohne den Körper nicht zu denken und zu haben ist, daß es sich bei Bedeutung in diesem Sinne immer um verkörperte Bedeutung handelt"[120]. Wichtig ist hier deshalb auch der Hinweis darauf, dass das Wechselverhältnis von Aisthesis und Poiesis von einer Gleichzeitigkeit gekennzeichnet ist.[121]

Dass dieses Ineinander sodann seinerseits durchdrungen ist von der kathartischen Dimension, zeigt sich darin, dass der Poiesis als geistiger Aktivität, als Sinnkonstitution, die sich in der Vorstellung des Rezipienten abspielt, in ihrer sozialen und kulturellen Abhängigkeit selbst schon ein kommunikatives Moment innewohnt. So gehören zu den Dispositionen, die der Rezipient mitbringt, als affektive Disposition auch seine Stimmung, seine Befindlichkeit, die vorgängigen Gefühle und Emotionen. Und es spricht einiges dafür, dass auch diese affektive Disposition selbst bereits kulturellen, sozialen, gesellschaftlichen, historischen etc. Einflüssen unterliegt: „Gefühle weben zwischen Kultur und Natur. Ihre kulturelle Formatierung nimmt auf das

---

[120] FISCHER-LICHTE, Erfahrung, 199.
[121] Vgl. ebd., 200 [Hervorhebung CWB]: „Affektive, physiologische, energetische sowie motorische Veränderungen und Veränderungen des Bedeutungssystems stehen also im Prozeß der ästhetischen Erfahrung in einem engen Wechselverhältnis zueinander, *ja vollziehen sich nahezu gleichzeitig.*"

3 Phänomenologie der Kirchenraumlektüre

Erleben von Architektur Einfluß."¹²² Dies bedeutet nichts anderes, als dass in der aisthetisch-poietischen Raumwahrnehmung das leibliche Spüren selbst schon kulturell formatiert und symbolisch überformt ist. Es ist also für den Raumrezipienten von derselben Grundannahme auszugehen, die – um noch einmal ihre Ästhetik des Performativen zu bemühen – ERIKA FISCHER-LICHTE für den Theaterzuschauer aufstellt, dass nämlich Gefühle „und die damit einhergehenden physiologischen, energetischen und motorischen Veränderungen, in denen sie sich artikulieren, nicht als biologische Reflexe sozusagen aufgrund eines spezifischen Reizes entstehen, sondern vielmehr im Bedeutungssystem des Zuschauers ihren Ausgang nehmen"¹²³.

Man kann also festhalten: Keine Raumerfahrung ohne imaginierende und zugleich kommunikativ vermittelte Rauminterpretation. Die phänomenologischen Überlegungen haben deutlich gemacht: Die Aisthesis als leiblich-körperliche Dimension ist die grundlegende. Es gibt keine Raumwahrnehmung, die nicht leiblich vermittelt wäre. Die leiblich-körperliche Dimension ist die Basis, auf der sich alle Raumwahrnehmung, -deutung und -interpretation vollzieht.¹²⁴ Raum ist aber immer gedeuteter und mithin auch die Poiesis konstitutiv für die Raumerfahrung. Und insofern die deutenden Zuschreibungen kulturell und sozial kommuniziert sind, erweist sich die Katharsis als gleichermaßen konstitutiv dafür, dass sich in der Lektüre des Kirchenraums eine (ästhetische) Erfahrung einstellen kann. Die Raumerfahrung im Kirchenraum – ja, das gilt von Erfahrung überhaupt – „ist ein Prozess der Synthese"¹²⁵. Und so kann das beschriebene Ineinander von Aisthesis, Poiesis und Katharsis, von Aufnehmen, Hervorbringen und Kommunizieren¹²⁶ zusammengefasst werden als

> „Synthese von Erleben und Deuten, von Wahrnehmung, Erinnerung und Erwartung [...] – am Ort des Subjektes, seines Körpers. Wir können also die Beschreibung der Struktur des Erfahrungsprozesses folgendermaßen ergänzen: Ich

---

¹²² HASSE, Raum, 48. Auf diesen Zusammenhang macht auch WOLFGANG MEISENHEIMER aufmerksam: „Ein Bauwerk betreten und betrachten ohne Wohl- und Wehegefühl, affektive Disposition, Befreiung und Beklemmung, das gibt es nicht. Vor dem Beginn von ausdrücklichem, begrifflichem Denken hat der Leib sich schon auf räumliche Empfindungen eingestellt, und erste Bewertungen prägen schon diese Gefühle." (MEISENHEIMER, Denken, 18; vgl. 148)
¹²³ FISCHER-LICHTE, Erfahrung, 199. Vgl. JAUß, Erfahrung, 127f.: „[M]enschliche Sinneswahrnehmung [ist] keine anthropologische Grundkonstante, sondern geschichtlich wandelbar".
¹²⁴ Vgl. MEISENHEIMER, Denken, 19: „Die Formulierung von Bedeutungen wird vom sinnlich-wahrnehmenden zum symbolisch-erkennenden Verhalten gesteigert, aber bei allen Stufen der fühlenden und denkenden Arbeit ist der Leib der aktive, konstruierende Part."
¹²⁵ HERRMANN / METELMANN, Dimensionen, 25.
¹²⁶ Vgl. so auch GEHRING, Schriftprinzip, z. B. 199.

erfahre etwas als etwas im Hier und Jetzt. Dieser Sachverhalt bedeutet aber, dass Erfahrungen auf jeden Fall und immer einen historischen Index haben. Sie sind bestimmt von den Umständen ihrer Zeit und ihres Ortes, von ihrer heterogenen Kontextualität, die sich im Vorgang der Erfahrung bündelt: individuelle Prägungen (ich erfahre), Ereigniskonstellationen (hier und jetzt etwas), soziokulturelle Kontexte (als etwas)"[127].

3.3 „Verständigung mit dem Text bzw. über den Text mit dem, was er zu vermitteln bestrebt ist"

Dessen eingedenk gilt es die oben mit RAINER VOLP getroffene Einschätzung, dass es keine Analphabeten gegenüber dem Kirchenraum gebe, zu problematisieren. Ist diese Position mit Blick auf die aisthetische Dimension und die Leibunmittelbarkeit des Architekturerlebnisses (lässt man einmal die kulturelle Formatierung des emotionalen und leiblichen Erlebens selbst außen vor) durchaus richtig, so hat im Blick auf die kommunikative Dimension der Einwand, dass heute viele Menschen Kirchenbauten durchaus als Analphabeten gegenüberstehen, sein Recht:

> „In gotischen Domen und barocken Dorfkirchen stehen Menschen […] einer Formenwelt gegenüber, die für sie zur Fremdsprache geworden ist. Kirchenräume sind formgewordener Gottesdienst, sichtbarer Ausdruck von Frömmigkeit und Leben vergangener Generationen und insofern ein Langzeitgedächtnis der Christenheit. Aber wie wird diese Formensprache für Menschen lesbar, die von derartigen Räumen fasziniert sind, ihnen jedoch als Analphabeten gegenüber stehen?"[128]

Dieser Einwand macht darauf aufmerksam, dass Menschen in Kirchenräumen zwar Raumerlebnisse machen (*aisthetische Dimension*), ihnen aber der Referenzrahmen fehlt, um diese einordnen zu können (*kommunikative Dimension*), sie also die im Kirchenbau vertexteten Situationen nicht mehr zu *lesen* und das heißt: nicht mehr nachzuvollziehen vermögen (*poietische Dimension*). Raumerleben (*aisthetische Dimension*) findet in der Tat statt: So sind die Rezipienten fasziniert etwa von der fremden Formenwelt eines mit-

---

[127] HERRMANN / METELMANN, Dimensionen, 27.
[128] DEGEN, Lernort I, 97f.; vgl. auch KAMEKE, Kirchenpädagogik, 7. Demgegenüber gilt es allerdings auch festzuhalten, worauf RUDOLF ENGLERT hinweist, dass nämlich die zunehmende Ästhetisierung, von der in der Einleitung die Rede war, gerade auch „eine gewachsene Sensibilität für die Sprache von Formen, Gesten und Symbolen mit ein[schließt]. […] Das heißt, die Ästhetisierungstendenz begünstigt das Verständnis symbolischer und sakramentaler Kommunikation." (ENGLERT, Postmoderne, 160)

3 Phänomenologie der Kirchenraumlektüre

telalterlichen Kirchenraums, jedoch ist es ihnen nicht möglich, dem Wahrgenommenen – wenn man so will – einen (tieferen) Sinn abzugewinnen (*poietische* bzw. *kommunikative Dimension*). Die – um wieder den Begriff der Gestalt aufzugreifen – Gestaltbildung auf der Ebene der Sinnbildung kann nur eingeschränkt vonstattengehen. Zumindest kann man davon sprechen, dass der Kirchenraumtext Unverständnis hervorruft. Im äußersten Fall müsste man sogar sagen, dass Lektüre (im Vollsinn) nicht stattfindet (insofern nämlich entscheidende Zeichen und Symbole des Kirchenraumtextes uninterpretiert bleiben, ungelesen in dem Sinne, als sie nicht in den ästhetischen Gegenstand eingehen). Freilich dürfte ein solcher Fall eher theoretischer Natur sein, weil doch wohl allermeist Lektürehilfen zur Hand sein dürften, sei es – um nur einige anzuführen – das Faltblatt, das den Raum dem Besucher nahebringt, sei es eine Kirchenführung oder sei es der Mesner oder das engagierte Gemeindeglied, die Geschichten von und mit ‚ihrer' Kirche zu erzählen wissen.[129] Besondere Erwähnung als Lektürehilfe verdient freilich die situative gottesdienstliche Nutzung, die in diesem Sinne als kollektiver Referenzrahmen (*kommunikative Dimension*) für die individuelle Interpretation (*poietische Dimension*) zu fungieren in der Lage ist. Nicht zuletzt bietet der Kirchenraumtext selbst durch seine Strategien und Leerstellen, auch durch seine religiöse Dimension Lektürehilfen: durch sein Raum- und Bildprogramm, speziell wenn es christliche Lehre didaktisch veranschaulicht, wenn es also „Bezüge zur ikonografischen Tradition des Christentums" herstellt und insofern von seinen „Motiven her auch als Belehrung über die Grundtatsachen der biblischen Heilsgeschichte angesehen werden"[130] kann; oder wenn es sogar selbst Textbausteine, etwa in Form von Bibelversen, enthält und dem Rezipienten auf diese Weise die Richtung seiner Interpretation weist.

Folgendes kann nun festgehalten werden: Der Kirchenbau entfaltet also seine Wirkung zunächst – um WOLFGANG MEISENHEIMERs Formulierungen aufzugreifen (vgl. o. S. 271) – durch eine Korrespondenz von Leib und Architektur, die spontan beeindruckt. Auf dieser Ebene kommuniziert der Kirchenraumtext eine unmittelbare Aussage, die das Gefühl des Leibes betrifft

---

[129] PETER ZIMMERLING spricht analog von „Vermittlungshilfen": „Auch wenn diese nicht ausschließlich verbaler Natur sein werden, ist dabei das deutende Wort unverzichtbar." (Beide Zitate ZIMMERLING, Räume, 32)

[130] Beide Zitate GRÄB, Autonomie, 237. Vgl. DEGEN, Raum I, 6: „[G]eprägte Kirchenräume [bieten] als ‚Kult-ur-Orte' (Margot Käßmann) aus sich heraus Kriterien für ihre Erschließung an". Vgl. schließlich noch MERTIN, Jurassic: „Kirchenräume [suchen] den Besucher einzustimmen auf das, was ihn erwartet und sie beschwören dazu den ganzen Kosmos und damit auch die Geschichte des religiösen Raumes."

und die vor jeder anderen Erkenntnis spürbar ist. Darüber hinaus eignet der Erfahrung, die sich in der Kirchenraumlektüre einstellt auch eine kommunikative Dimension.[131] Und im Hinblick auf diese kommunikative Dimension kann von einer Alphabetisierung gesprochen werden.

Beide Positionen, die oben exemplarisch mit RAINER VOLP skizzierte (die Annahme, dass es keine Analphabeten gegenüber dem Raum gibt) wie die hier am Beispiel ROLAND DEGENs angesprochene (die Annahme, es gebe Rezipienten, die dem Raum als Analphabeten gegenüberstünden), behalten also ihr jeweils eingeschränktes Recht. VOLPs Bemerkung ist zuzustimmen in Bezug auf die aisthetische, DEGENs in Bezug auf die kathartisch-kommunikative Dimension. (Freilich ist VOLPs Wortwahl an der Stelle eher unglücklich, da die Semantisierung, Symbolisierung bzw. Prädikatisierung ja als die poietische respektive kathartische Dimension der Erfahrung zu veranschlagen ist und deshalb von *Alphabetismus* oder *Analphatbetismus* besser nur bezüglich dieser Dimensionen gesprochen werden sollte). Beide Positionen enthalten eine particula veri. Nimmt man also beide Seiten ernst, so wird man die sich in der Kirchenraumlektüre einstellende Raumerfahrung auf derselben Ebene verorten, die STEFAN ALTMEYER für ästhetische Gegenstände und entsprechende Handlungen beschreibt: „Ohne dem Bereich des Begrifflichen noch dem des Vorbegrifflichen ganz anzugehören, bilden sie Zwischenereignisse einer ‚nichtsprachlichen Weltvergewisserung', oder in psychologischer Terminologie ‚Übergangsobjekte' (Donald W. Winnicot)"[132].

Dass RAINER VOLP davon ausgeht, es gebe keine Analphabeten gegenüber dem Kirchenraum, und dass er die intersubjektive Verständlichkeit der leibunmittelbaren Raumwirkungen einseitig betont, kann man zumindest nachvollziehen, wenn man sie als Gegenbewegung versteht. Dazu sei einerseits an die bereits angesprochene traditionelle Schwierigkeit der protestantischen Theologie mit einer sinnlichen Leiblichkeit erinnert. Andererseits rufe man sich die Hypothek, mit der philosophische Ästhetik nach dem deutschen Idealismus lange Zeit belastet war, ins Gedächtnis: Vermittelt über die Begriffe des Schönen und des Werkes – „Schönheit als sinnlicher Schein der Idee (Hegel) sowie die Sinnganzheit des Werkes waren die Faktoren, die eine Vermittlung von Ästhetik und Philosophie

---

[131] Von der Lektüre des Kirchenraumtextes ließe sich also sagen, was SIEGFRIED J. SCHMIDT für den literarischen Text ausführt: „Will man nicht völlig mentalistisch-subjektivistisch argumentieren, wird man wohl davon ausgehen müssen, daß ein schriftliches Textvorkommen bestimmte – von allen Rezipienten gleich apperzibierbare – ‚Strukturelemente' besitzt [...]. Ein Textvorkommen *ist* also in diesem Sinne auf verschiedenen Ebenen strukturiert, wenn es Gegenstand eines rezeptiven Kommunikationsprozesses wird. Seine ‚mitgebrachte' Strukturierung muss nun aber keineswegs identisch sein mit den Strukturierungen, die Rezipienten in Abhängigkeit von ihren komplexen Voraussetzungssituationen, ihrem Engagement etc. dem Text als Wahrnehmungsangebot auferlegen. Frage ist nun: ist ein Rezipient in der Lage und ist er bereit, zunächst die ‚vorgegebene Struktur' eines Textes zu erkennen oder geht er naiv willkürlich mit ihm um?" (KINDT / SCHMIDT, Textrezeption, 136)

[132] ALTMEYER, Wahrnehmung, 352.

3 Phänomenologie der Kirchenraumlektüre

trugen"[133] – war sie nämlich hauptsächlich am geistigen Gehalt ästhetischer Gebilde, also mehr am Sinn als an der Sinnlichkeit interessiert und betonte so einseitig die Reflexivität von Kunst. „Das ist insofern eine Verengung der von Baumgarten verfolgten Impulse, als so die andere bei Baumgarten und Kant noch lebendige Frage nach der Leistungskapazität menschlicher mit den Sinnen erwirkbarer Erfahrungsmodalitäten mehr und mehr in Vergessenheit geriet."[134]

Wenn hier von Alphabetisierung die Rede ist, so richtet sich der Blick am Ende dieser Phänomenologie der Kirchenraumlektüre und am Ende der Entfaltung der (ästhetischen) Erfahrung, die sich in deren Verlauf einstellt, wieder auf den Kirchenraumtext. Die Forderung, die WOLFGANG ISER für das Lesen eines literarischen Textes aufstellt, gilt gleichermaßen für die Kirchenraumlektüre, dass nämlich „im Lesen eine Verständigung mit dem Text bzw. über den Text mit dem, was er zu vermitteln bestrebt ist, gelingen sollte, aber auch mißlingen kann"[135]. Wenn hier entsprechend der gewählten wirkungsästhetischen Betrachtungsweise daher poietische und kathartische Dimension betont wurden, so sollte damit – dies muss im vorliegenden Zusammenhang deutlich herausgestrichen werden – nicht der Eindruck erweckt werden, als sei der Rezipient aus seiner Verantwortlichkeit gegenüber dem Text entlassen.[136] Bei der Kirchenraumlektüre kommt dem Rezipienten durchaus eine aktive Rolle zu. Kirchenraumlektüre vollzieht sich als produktive Konstitutionsaktivität in der Vorstellung des Rezipienten, als Gestaltbildung, bei der die Gestalten Projektionen des Rezipienten sind. Jedoch ist Lektüre immer noch *Text*lektüre. Die Rezipientenaktivität ist, wie das in der vorliegenden Arbeit getan wurde, in erster Linie als synthetische zu kennzeichnen, das heißt, sie knüpft Beziehungen, die der Text in seinen Leerstellen ausspart. Die ästhetische Gegenständlichkeit des Textes, so wurde mit WOLFGANG ISER ausgeführt, ist nur durch Synthesen zu gewinnen, durch die sich der Text als Korrelat in die Vorstellung des Lesers übersetzt. Gestaltbildung ist Gruppierungsaktivität und bleibt insofern vom Text gesteuert, als dieser Beziehungen vorzeichnet, den Rezipienten kontrolliert einschaltet und in seinen Leerstellen – bzw. als Folge der Negationen – „restriktiv im Blick auf die Kombinierbarkeit der Positionen und damit selektiv im Blick auf die von der Vorstellung zu erzeugende Sinngestalt" (s. o. S. 191) wirkt. Nicht alles und jedes ist

---

[133] PAETZOLD, Erfahrung, 87.
[134] Ebd.
[135] ISER, Akt, 89; vgl. PANY, Modelle, 20.
[136] WOLFGANG ISER versteht seine Theorie ja gerade als eine, die am Text ihren Ausgang nimmt und dessen Wirkung auf den Leser untersuchen will, als eine, die „im Text verankert [ist]" (ISER, Akt, 8). Sie ist, wenn nicht als textimmanenter, so doch als textbezogener Ansatz zu kennzeichnen; vgl. so GRIMM, Rezeptionsgeschichte, 46.

mithin in der Lektüre des Kirchenraumtextes vorstellbar. Oder mit anderen Worten: Es gibt durchaus Nutzungen des Kirchenraums, die seinem Text zuwiderlaufen. Und so liegt es durchaus im Rahmen des Möglichen, „daß gegebenenfalls auch der Text in Schutz zu nehmen ist vor Konkretisationen, die sich des Wertvollsten begeben: der Problematisierung ihrer Normen in der Auseinandersetzung mit der hermeneutischen Fremdheit des Werks"[137]. Behält die Raumaneigung dagegen den Text im Blick, bleiben die Vorstellungsakte bis zu einem gewissen Grad vom Text gesteuert. Text und Rezipient wirken zusammen. Der Rezipient agiert als solcher, das heißt, indem er zunächst rezipiert, was der Text zur Aneignung bereit stellt.

Um dem Rechnung zu tragen, wurde oben der Erfahrung, die der Kirchenraum machen lässt, eine aisthetische und das heißt: rezeptive Dimension zugeschrieben, die sich nicht zuletzt auch am Phänomen der Raumatmosphäre zeigt, nämlich insofern sie dem Rezipienten entgegenschlägt, über ihn kommt, er in sie hineingerät und infolgedessen seine Stimmung unter dem Raumeindruck einer atmosphärischen Veränderung ausgesetzt wird. Die aisthetische Dimension, das Raumerleben wurde so als vor allem durch ein passive Akzentuierung ausgezeichnet dargestellt. Der Text als rezipierter, wahrgenommener ist das Material der Kommunikation, die Grundlage der Gestaltbildung; aus ihm (Repertoire) und von ihm gesteuert (Strategien) bildet der Rezipient projektiv Gestalten, über die sich der ästhetische Gegenstand als Korrelat in seiner Vorstellung aufzubauen beginnt. Hier zeigt sich eine Schwierigkeit, die sich in WOLFGANG ISERs Theorie ästhetischer Wirkung selbst findet, eine Schwierigkeit, die mit jeder rezeptionsästhetischen Theorie gegeben zu sein scheint, nämlich die Balance zu halten zwischen Texttreue bzw. -nähe einerseits und Betonung der Leseraktivität andererseits.

> So hat man die Aufgabe, den Variabilitätsbereich möglicher Deutungen festzulegen, also die Unterscheidung textgetreuer, zulässiger, adäquater Konkretisationen und solcher, die dieses nicht sind, als einen „der wunden Punkte rezeptionsästhetischer Theoriebildung"[138] bezeichnet. Wenn man als die beiden Extrempositionen bei der Verhältnisbestimmung zwischen Text und Leser, zwischen Objektpol und Subjektpol, auf der einen Seite eine objektivistische Position (‚Ontologisierung des Textes,'), die von einer, meist mit der Autorintention identifizierten, Bedeutung ausgeht, und auf der anderen Seite eine subjektivistische Position (‚Hypertrophierung des Lesesubjekts'), die die Bedeutung ausschließlich als Pro-

---

[137] WARNING, Rezeptionsästhetik, 19.
[138] Ebd., 12; vgl. VOLLHARDT, Rezeptionsästhetik, v. a. 193f. und RICHTER, Wirkungsästhetik, 517.

3 Phänomenologie der Kirchenraumlektüre 297

dukt des Lesers ansieht, veranschlagen kann, dann kann man WOLFGANG ISERs Verdienst gerade darin sehen, einen Mittelweg zu beschreiten (vgl. o. S. 50), der sich vielleicht dahin gehend beschreiben ließe, dass bei ISER kommunikative Unbestimmtheit und kommunikative Bestimmtheit in einem komplementären Verhältnis stehen[139]. Freilich ist damit das Problem, den Variabilitätsbereich möglicher Deutungen festzulegen, nicht wirklich gelöst. Vielleicht aber ist dieses Problem auch gar nicht zu lösen[140], sondern vielmehr kann immer nur wieder neu im Umgang mit und im Diskurs über (Raum-)Texte ausgelotet werden, was textadäquate Konkretisationen sind, was nicht (und für den Kirchenraumtext in seiner Vielschichtigkeit und Komplexität gilt dies umso mehr!), und muss grundsätzlich die Betonung darauf gelegt werden, die Suche nach dem einen – vor allem: dem einen zulässigen – Textsinn (wirkungsästhetisch) zu relativieren und stattdessen eine Betrachtungsweise einzunehmen, die diesbezüglich eine Mehr- und Vielstimmigkeit zulässt.[141] Allenfalls wird man so – eingedenk der Komplementarität von kommunikativer Unbestimmtheit und kommunikativer Bestimmtheit im Text – sagen können: „Richtig lesen heißt also nicht vereindeutigend zu lesen. Es heißt, den Text vereindeutigen, wo er eindeutig ist, ihn aber auch offenzuhalten, wo er sich aller Vereindeutigung sperrt und gerade hierin provoziert."[142] Worum es somit geht, ist weniger die zulässige oder die inadäquate Konkretisation, als vielmehr die Rezeptionshaltung, die Bereitschaft des Rezi-

---

[139] Vgl. WARNING, Rezeptionsästhetik, 32. Vgl. auch noch HOLUB, Reception, 101. WOLFGANG ISER wurde denn auch beides vorgeworfen: von der einen Seite Subjektivismus (vgl. z. B. LINK, Rezeptionsforschung, 132; 135 und [für andere Positionen, die diese Kritik üben] 170 Anm. 50), von der anderen Seite, dass er die leserlenkende Funktion des Textes überbetone, diesem nicht wirklich eine Offenheit zumesse und so dem Leser nicht wirklich eine Freiheit der Deutung zugestehe (vgl. so z. B. KUHANGEL, Text, 121–132; auch JEANROND, Text, 108). ISER selbst schreibt: „When intelligent men take sides, it is not necessarily the case that one group is right and the other wrong. A new framework of thought can embrace the rightness of both sides without seeking to reconcile the incompatible. I do not assume that all my predecessors (and contemporaries) in this field are incompetent, and if my theory appears to be ‚influential without being controversial', perhaps this is because it includes *truths* from various sides." (ISER, Reply, 83 [unter Aufnahme eines Zitats von STANLEY FISH]) Vgl. insgesamt ISER, Kritik.

[140] Womöglich liegt eben hierin auch der Grund, warum es ISER eben *nicht* „um die Legitimität richtigen oder falschen Lesens, sondern um die Verdeutlichung der Interaktion von Text und Leser geht" (ISER, Akt, 324). Vgl. zu dem Prozess des immer wieder neu Auslotens die Bemerkungen oben zur Kirche und Theologie als kreativ-kommunikativer Deutegemeinschaft; vgl. o. S. 285.

[141] So fordert beispielsweise HARALD SCHLÜTER: „Was wir für die Interpretation des Kirchenbaus wieder lernen müssen, ist meines Erachtens einen Sinn für seine Mehrdeutigkeit zu entwickeln, was bedeutet, dass wir einen *Deutungspluralismus* zulassen und uns zugleich von dem falschen Anspruch einer Allgemeingültigkeit der Symbolsprache […] verabschieden müssen." (SCHLÜTER, Lesarten, 17)

[142] WARNING, Rezeptionsästhetik, 32; vgl. ISER, Akt, 263.

pienten, sich auf den (Raum-)Text und seine Strategien einzulassen[143], also eine Haltung der Offenheit.[144]

Die Schwierigkeit einer Balance zwischen Texttreue und Betonung der Leseraktivität zeigt sich am pointiertesten am Begriff der Kommunikation bzw. der Interaktion, den WOLFGANG ISER zur Charakterisierung der Lektüre heranzieht. Denn Text-Leser-Kommunikation bzw. -Interaktion spielt sich nur dort ab, wo einerseits der Text etwas zu transportieren und zu vermitteln bestrebt ist. Wäre dem nicht so, handelte es sich bei der Lektüre allenfalls um eine Selbstbespiegelung des Rezipienten, nicht aber um Kommunikation. Kommunikation bzw. Interaktion spielt sich sodann nur dort ab, wo andererseits der Leser sich aktiv in den Sinnbildungsprozess einbringt. Täte er dies nicht, handelte es sich um eine bloße Internalisierung der Textvorgabe und die Kommunikation wäre allenfalls eine Einbahnstraße vom Text zum Leser. Damit von Kommunikation bzw. Interaktion sinnvoller Weise die Rede sein kann, nämlich als dynamische Wechselwirkung von Text und Leser, gilt es dieses Verhältnis in der Schwebe, also dynamisch zu halten. Insofern ist die angesprochene Schwierigkeit einer jeden wirkungsästhetischen Theorie intrinsisch:

In ihrer Rezipientenorientierung hat wirkungsästhetische Theorie freilich zuerst die Rolle des Rezipienten hervorzuheben. Der Erkenntnisgewinn einer wirkungsästhetisch fundierten Theorie des Kirchenraums liegt ja gerade darin, aufzeigen zu können, dass dem Text keine Bedeutung *an sich* zukommt, die *unter Absehung des Rezipienten* gehoben werden könnte, sondern dass der Text deutungsoffen ist und sich Sinn erst im Verlauf der Kirchenraumlektüre und im Zusammenspiel von Text und Rezipient zu bilden vermag. So führte das oben angeführte Beispiel (zur Leerstelle im Kirchenraumtext, hier die Lektüre einer hierarchisch-gesellschaftlichen Repräsentanz im Verein mit der Totentanzdarstellung) vor Augen, dass der Kirchenraumtext individuelle und mehrdeutige Rezeptionsmöglichkeiten bietet und ausdrücklich auch subversive Lesarten zulässt. Den Kirchenraumtext zu lesen, kann daher nicht bedeuten, die – vom Bauherrn, dem Architekten, dem Stifter, der breiten Masse, der Mehrheitsmeinung oder wem auch immer – intendierte Gestalt zu bilden, also den einen intendierten Sinn zu aktualisieren.

---

[143] Vgl. ISER, Akt, 311.
[144] Vgl. den Hinweis auf die Bedeutung der Frage, in welcher Haltung man wahrnimmt, und sein Plädoyer für eine Offenheit im Rezeptionsprozess bei ERNE, Fundament, vgl. dann auch ERNE, Lebenskunst I. Vgl. o. S. 276 Anm. 84 die Bemerkung zur Kirchenraumlektüre als Balance zwischen Nähe und Distanz, Aktivität und Passivität und ERNEs Zitat zur gelingenden Rezeption moderner Kunst.

3 Phänomenologie der Kirchenraumlektüre

Aus der Beschreibung des Gestaltbildungsprozesses und hier speziell der subjektiven Anteile hinsichtlich des Einbringens der eigenen Erfahrungsgeschichte des Rezipienten ergibt sich, dass es die *eine* Lektüre – genauso wenig wie beim literarischen Text[145] – gar nicht geben kann.

Zugleich – um eben die Interaktion in der Schwebe und dynamisch zu halten – gilt es demgegenüber festzuhalten, dass die Unbestimmtheit, die Deutungs- und Interpretationsoffenheit des Kirchenraumtextes nicht gleichbedeutend mit einer Beliebigkeit der Deutung sein kann, dass der Erfahrung, die sich in der Raumlektüre einzustellen vermag, eben auch eine aisthetische Dimension und damit das Moment der Rezeptivität und Passivität eigen ist. Der Sinn, den der Rezipient bildet, ist, wenn freilich nicht gänzlich determiniert, so doch vom Kirchenraumtext konturiert. Das heißt aber eben nichts anderes, als dass auch in wirkungsästhetischer Perspektive Lektüre ihren Ausgang beim (Raum-)Text nimmt, dass Lesen des Raumes mit dem Wahrnehmen der Raumgegebenheiten beginnt. Und eben daraus erwächst dem Rezipienten eine Verantwortlichkeit gegenüber dem Kirchenraumtext: Ihm obliegt, offen und aufmerksam aufzunehmen, was der Kirchenraumtext ihm präsentiert (*aisthetische Dimension*). Das „setzt auf seiten [sic] des erlebenden Subjekts ein gewisses Maß an *Passivität im Sinne von Aufnahmebereitschaft und Aufgeschlossenheit* voraus. Die eigentümliche Atmosphäre des Raumes ist oft nur unter Wahrung eines gewissen Maßes an *Unvoreingenommenheit* erfahrbar."[146] Die Gestalt, die der Rezipient auf der Grundlage des ihm vom Kirchenraumtext Präsentierten bildet, also die Deutung der gelesenen Textzeichen, die er hervorbringt (*poietische Dimension*), muss sich zumindest insoweit in Übereinstimmung mit diesen finden, als sie sich auf den vom Text vorgezeichneten Bahnen bewegt. Mit anderen Worten: Die Interpretation sollte dem Text gegenüber treu sein.

Insofern ging – wie bei WOLFGANG ISER in seiner Theorie ästhetischer Wirkung, so auch in der hier vorgetragenen Phänomenologie der Kirchenraumlektüre – das Bestreben dahin, (Kirchenraum-)Lektüre als Prozess einer dynamischen Wechselwirkung von (Kirchenraum-)Text und Rezipient zu entfalten. Das Verhältnis dieser beiden sollte in der Schwebe gehalten und so ihre Interaktion als eine Balance zwischen Texttreue und Rezipientenaktivität, Passivität und Aktivität, Rezeptivität und Produktivität, Erleben und Einbildungskraft entfaltet werden.[147] Diese Balance schlägt sich wiederum in

---

[145] Vgl. z. B. WOLFGANG ISERs Ausführungen zum idealen Leser ISER, Akt, 52–54.
[146] FAILING, Welt, 101 [Hervorhebungen CWB].
[147] Auch THOMAS KLIE spricht (hier speziell hinsichtlich des Gottesdienstes) davon, „daß die Lesartenproduktion immer auf der Dialektik aus Werktreue und Invention beruht" (KLIE,

der Erfahrung, die sich im Verlauf der Kirchenraumlektüre einstellt, als aisthetische Dimension einerseits und poietische (bzw. kommunikative) Dimension andererseits nieder.

Ruft man sich in Erinnerung, dass Menschen Kirchenbauten durchaus als Analphabeten gegenüber stehen (und zwar unbenommen der Tatsache, dass – wie oben festgehalten wurde – Kirchenräume eine unmittelbare Aussage kommunizieren, die das Gefühl des Leibes betrifft und die vor jeder anderen Erkenntnis spürbar ist), stellt sich die Frage, wie eine ‚Alphabetisierung' im Hinblick auf den Kirchenraumtext aussehen könnte.[148] Grundlegend wird hier vor allem sein, dass der Kirchenbau überhaupt als zu lesender Text rezipiert wird und einzelne wahrgenommene Raumgegebenheiten aufeinander bezogen werden. Das heißt, Voraussetzung auf Seiten des Lesers ist eine habituelle Erwartung, auf einen kohärenten Raumtext zu treffen, also eine Erwartung von Sinnkonstanz, und eine Rezipientenaktivität, die es unternimmt, die verschiedenen Textpositionen und Perspektivensegmente in einen konsistenten Zusammenhang zu bringen. Das bedeutet nichts anderes, als dass dem Raum eine Beredtheit überhaupt zugestanden wird, dass ihm inhärente Bedeutungsangebote präsupponiert und Sinnbezüge antizipiert werden. In der Folge würde eine Raum-Rezipienten-Kommunikation angestoßen, in welcher das selektierte Material als solches zur Geltung kommt: als Material, das für die sich in der Lektüre vollziehende Vorstellungsbildung und Sinnkonstitution zur Verfügung steht. Es würde also eine Interaktion angestoßen, in welcher der Kirchenbau über sein Repertoire und gesteuert von seinen Strategien in die Vorstellung des Rezipienten übersetzt wird.

Zeichen, 275). Und ROLAND DEGEN betont ausdrücklich beides: Einerseits gibt der Kirchenraum „dem Raum, was mit uns in ihn einwandert, wenn wir ihn betreten[,] unsere Gegenwart, unsere Erfahrungen, unsere Fragen und Antworten"; andererseits „ist [er] *seinerseits aktiv*, kommt über uns, umfängt uns, dringt in uns vor mit dem, was sich in ihm ausgeformt hat – möglicherweise über Jahrhunderte hinweg. Er ist gleichsam werktätig, negiert und kontrastiert das uns täglich umgebende Banale, schafft Transzendenz und ermöglicht Religion – sofern wir ihn gewähren lassen" (DEGEN, Raum I, 5). Vgl. schließlich noch den „Gedanke[n] der Ermöglichung der subjektiven Konstitution von Raum" bei DIETRICH KORSCH, der deshalb der Meinung ist, dass die „Diskussion einer Alternative von Vorgegebenheit oder subjektiver Erzeugung [sc. des Raumes] am Ende nicht stichhaltig ist, sondern daß gerade in dem starken Begriff [...] einer subjektiven Generierung von Raum dieses gewissermaßen objektive Referieren auf etwas immer schon eingeschlossen sein muß" (KORSCH, Schlusswort, 251). Vgl. o. S. 289ff. die Ausführungen zum Wechselverhältnis von Aisthesis und Poiesis.

[148] Wenn hier von Alphabetisierung die Rede ist, so soll es – wie WOLFGANG ISER in seiner Theorie ästhetischer Wirkung explizit sagt – „nicht um die Legitimität richtigen oder falschen Lesens, sondern um die Verdeutlichung der Interaktion von Text und Leser" (s. o. S. 297 Anm. 140) gehen.

3 Phänomenologie der Kirchenraumlektüre

Raumaneignung würde sich in dieser Sicht als eine Suche nach dem antizipierten Sinn vollziehen, auf welche der Rezipient sich offen und aufmerksam, sensibel und rezeptiv begibt und in deren Verlauf er den Sinn selber konstituiert. Begegnet der Rezipient dem Kirchenraum dagegen mit einer Haltung der Gleichgültigkeit oder Beliebigkeit, bleibt der Raum still. Nimmt man speziell die religiöse Dimension des Kirchenraumtextes in den Blick, so vermeint Alphabetisierung auf Seiten des Rezipienten, so kann man folgern, gleichsam einen ‚Sinn und Geschmack fürs Unendliche' (FRIEDRICH SCHLEIERMACHER), eine gewisse ‚religiöse Musikalität'[149], die dem Rezipienten das Wahrgenommene in seiner existentiellen Bedeutsamkeit vor Augen führt und zu Herzen gehen lässt und so allererst das religiöse Sinnpotential, das der Kirchenraumtext in seinem Repertoire anbietet, im Rezipienten zur Entfaltung bringt und so aktualisiert.[150]

Um zu Konkretisationen, die der Kirchenraumtext konturiert, zu kommen und Raumaneignung dergestalt in Treue dem Kirchenraumtext gegenüber zu vollziehen, wird man ein gewisses Grundverständnis für den Raum voraussetzen müssen, für seine Einrichtungsgegenstände und Ausstattungsstücke und deren Funktion. Was eine Alphabetisierung hinsichtlich des Kirchenraumtextes angeht, wird man diesbezüglich speziell an das Wirklichkeitsverständnis und die Symbolwelt des Christentums zu denken haben, in deren Tradition der Kirchenbau steht, sowie an die Funktion als Gottesdienstraum, die beide – christliches Wirklichkeitsverständnis in greifbaren Symbolen einerseits, kultische Nutzung des Gebäudes andererseits – für jede Kirche als sinnstiftender Zusammenhang anzugeben sind (wie das im ersten Hauptteil ja auch mit der Entfaltung des theologischen Repertoires getan wurde). Als solcher wirksam werden kann der Sinnzusammenhang jedoch nur (*kommunikative Dimension*), wenn er zugleich als Vorstellungs- bzw. Erfahrungskontext vom Betrachter aufgerufen wird, wenn er bei der Sinnbildung als

---

[149] Vgl. das Diktum MAX WEBERS (1864–1920): „Ich bin zwar religiös absolut unmusikalisch und habe weder Bedürfnis noch Fähigkeit, irgendwelche seelischen ‚Bauwerke' religiösen Charakters in mir zu errichten ..., aber ich bin nach genauer Prüfung weder antireligiös noch irreligiös" (MAX WEBER, zit. nach DREHSEN, Religion, 230 Anm. 42). Wenn HORST SCHWEBEL davon spricht, dass eine religiöse Wahrnehmung des Raumes „von dem ab[hängt], was der Rezipient – als Einzelner und als Teil einer Kulturgemeinschaft – an Erfahrungen und *Sensibilität* mitbringt" (SCHWEBEL, Aspekte, 25 [Hervorhebung CWB]), dann spielt er wohl auf Ähnliches an.

[150] Kommt es jedenfalls dazu, dass das religiöse Sinnpotential zur Entfaltung gelangt, findet sich bewahrheitet, was oben bei KLAUS RASCHZOK (in Anlehnung an HERMANN SCHMITZ) deutlich wurde, nämlich dass auch ein Reisender, der eine Kirche mit andächtiger Aufgeschlossenheit durchmustert, eine Art Gottesdienst (im umfassenden Sinne) vollbringen kann; vgl. o. S. 122.

Referenzrahmen dient und daher christliche Symbole und liturgische Ausstattungsstücke auch jeweils *als solche* erkannt werden: Wenn also beispielsweise die Prinzipalstücke noch etwas *be-deuten*, wenn sie also auf ihren gottesdienstlichen Funktionszusammenhang verweisen und das heißt im Mindesten ihre gottesdienstliche Verwendung noch bekannt ist und sie deshalb als Ausstattungsstücke noch auf den im Hintergrund stehenden symbolischen Sinn- und Funktionszusammenhang zu verweisen in der Lage sind.[151] Mit anderen Worten: Zeichen und Segmente des Kirchenraumtextes in seiner „*Sondersemantik*"[152] müssen allererst ‚verstanden' werden[153], bevor die zwischen ihnen bestehenden Leerstellen besetzt und das heißt ja jene zu „ästhetisch anregende[n] Zeichenkombinationen" zusammengeschlossen werden können, was dann nichts anderes konstituiert als „symbolische Welten, die in tiefere Sinnerfahrungen führen können"[154].

Nicht zuletzt ist auch dies schließlich abhängig von der Sozialisation und der Erfahrungsgeschichte des Rezipienten, speziell von dessen kulturell, sozial, lebensgeschichtlich bedingter Vertrautheit mit Kirchenräumen und ihrem Raum- und Bildprogramm, die den Raum für den Rezipienten zu einem sinnfälligen und lesbaren Text macht, so wie umgekehrt eine kulturell, sozial, lebensgeschichtlich bedingte Unvertrautheit mit Kirchenräumen deren Formenwelt als Fremdsprache erscheinen lässt. Zum einen spielt hier das, was oben angeführt und als Lesehilfen bezeichnet wurde, eine Rolle als Impulsgeber, der Kirchenraumlektüre anstößt. Zum anderen rückt in diesem Zusammenhang aber noch ein anderer Gesichtspunkt von Alphabetisierung in den Blick: insofern nämlich Alphabetisierung nicht als Zustand im Sinne des Lesenkönnens, sondern als Vorgang im Sinne des Lesen-Lehrens und

---

[151] Dieses Mindestmaß an Verständnis wird man wohl als weithin vorhanden voraussetzen dürfen: „Wie ein Gotteshaus im Inneren aussieht, wissen, auch bei minimaler religiöser Sozialisation, noch immer viele." (JOSUTTIS, Weg, 135) Davon abgestuft kann man dann von einer vertieften Bedeutungsanreicherung ausgehen: „Zeichen des Heiligen können für Außenstehende banal sein; für Mitglieder der religiösen Gemeinschaft, die das Objekt in seinen Vollzügen kennen, wird es zum Gegenstand einer besonderen Dignität. Erst die mit ihm verbundene Erzählung oder die mit ihm erlebte Historie machen das Objekt zum wichtigen Objekt. Dieses letztlich religiöse Phänomen kann jeder nachvollziehen mit Erinnerungsstücken, Souveniers [sic], die ihren Wert allein aus der mit ihnen verbundenen Erinnerung erhalten und ohne diese gewußte Erzählung banal sind." (STERNBERG, Orte, 142)
[152] KLIE, Kirchengebäude, 129.
[153] Vgl. KINDT / SCHMIDT, Textrezeption, 132f.: „Wird der Text als Input in Rezeptionsprozessen aufgenommen, muß der Rezipient das schriftliche Textmaterial zunächst als Wahrnehmungsangebot aufnehmen (apperzipieren bzw. dechiffrieren) und in der Lektüre ‚strukturierend verarbeiten', um den Text ‚verstehen' zu können."
[154] Alle drei Zitate GRÄB, Autonomie, 237 [Hervorhebung CWB].

3 Phänomenologie der Kirchenraumlektüre

-lernens verstanden wird: Lesen kann man lernen. Aus der Kirchenraumlektüre und einer Alphabetisierung im Sinne eines Grundverständnisses für den Kirchenraumtext[155] ergibt sich so vor allem ein pädagogisches Aufgabenfeld.[156] Genau hier erwächst etwa dem – sich wachsender Bedeutung erfreuenden – praktisch-theologischen Arbeitsgebiet der Kirchenpädagogik seine Relevanz. In den im Jahre 2002 vom Bundesverband für Kirchenpädagogik verabschiedeten ‚Thesen zur Kirchenpädagogik' heißt es: „Kirchenpädagogik will Kirchenräume für Menschen öffnen und den Sinngehalt christlicher Kirchen mit Kopf, Herz und Hand erschließen und vermitteln, um so Inhalte des christlichen Glaubens bekannt zu machen und einen Zugang zu spirituellen Dimensionen zu ermöglichen"[157]. Was Kirchenpädago-

---

[155] In diesem Sinne, nämlich als Fähigkeit, den Raumtext der Kirchenarchitektur lesen, aber auch über eigene Wahrnehmungen in diesem Raum sprechen zu können, verwendet auch HARTMUT RUPP den Begriff der Alphabetisierung und rekurriert hierfür auf WOLFGANG HUBER: „Die Fähigkeit den ‚Text' der Kirchenarchitektur und der im Raum aufbewahrten Kunstwerke zu ‚lesen', ist eine wichtige Voraussetzung dafür, die Möglichkeiten zur Begegnung in diesem Raum wahrzunehmen. [...] Nur wenn Kirchenräume subjektiv ‚gelesen' werden können, fördern die Kirchenräume diejenigen Primärerfahrungen, die gerade in ihnen auf unvergleichliche Weise möglich sind." (WOLFGANG HUBER, zit. nach RUPP, Wahrnehmen, 229 Anm. 21)

[156] Die Sozialisations- und Kulturbedingtheit, aus der sich ein pädagogisches Aufgabenfeld ergibt, gilt im Übrigen bereits für die oben erwähnte ‚religiöse Musikalität'; vgl. TIEFENSEE, Religiös, 129: „Religiosität ist als Begriff wie als Erlebnis- und Verhaltensphänomen eine enorm kulturbedingte Größe [...]. Nicht nur die Erlangung der nötigen religiösen Deutungskompetenz, welche wohl vermittels eines vorgestellten Symbolsystems in einer Art Verstehen-Lernen am konkreten Modell erfolgt, sondern auch die Schaffung der persönlichkeitsspezifischen Voraussetzungen (z. B. ‚Urvertrauen') sind im hohen Maße sozialisationsbedingt". „‚Unmusikalisch' oder ‚religiös unmusikalisch' zu sein, ist nicht Schicksal, sondern, wie sich zeigte, in kaum zu überschätzendem Maße vom sozialen Umfeld abhängig" (TIEFENSEE, Religiös, 134). HENNING SCHRÖER, der einhergehend „mit der Weltoffenheit des Menschen, der Kontingenz von Geburt und Tod, den Grundformen der Angst eine grundsätzliche Disposition zu Religion als einer Bindung an das fremde Umgreifende" annimmt, sieht so in der Frage, „[o]b diese Disposition angesprochen wird, ob sie Symbole, Sprache, Bilder, Riten findet [...,] ein Bildungsproblem ersten Ranges" (beide Zitate SCHRÖER, Religiös, 3). Ähnlich auch THAIDIGSMANN, Religiös, 494f.: „Die Erhellung der auf Religiosität zurückgeführten Religion durch die Analogie zur virtuosen Ausübung von Musik reiht Religion in die Reihe von menschlichen Anlagen und Befähigungen ein, die durch Technik und Übung als Können zur Entfaltung gebracht werden können."

[157] O.A., Thesen, 24 [im Original kursiv]. Vgl. MERTIN, Glaube: „Erarbeitet werden muß im Rahmen eines pädagogisch-religiösen Prozeßes eine Annäherung an den religiösen Raum, die von der intuitiven zur reflektierten Raumwahrnehmung, von der Aisthesis zur Ästhetik führt. Intuitiv erfaßt man vielleicht, daß man es mit einem Raum zu tun hat, der mit einem Mythos verbunden ist, aber zur Reflexion des Raumes, zu seinem emotionalen wie rationalen Verstehen gehört auch die explizite Fähigkeit, diesen Mythos im Raum zu buchstabieren." Entsprechend formuliert ELISABETH JOOß das „Ziel der Kirchenpädagogik", nämlich „das Kirchengebäude und seine Gegenstände auf die raumtheologischen Grundan-

gik also bezweckt, ist nichts anderes als das, was hier als Alphabetisierung verstanden werden soll, nämlich einer Interaktion von Kirchenraumtext und Rezipient den Weg zu ebnen: „Ziel der Kirchenraumpädagogik ist, eine Kommunikation zu ermöglichen, die die Kirche als ‚Zeichen-Raum' erschließt und dabei die Chance eröffnet, dass sich persönliche Erfahrungen und christliche Tradition gegenseitig neu interpretieren."[158]. Dabei geht auch die Kirchenpädagogik durchaus davon aus, dass der Raum selbst schon „Zugänge zu oftmals verschütteten religiösen Erfahrungen und Sehnsüchten der Beteiligten"[159] anbahnen kann – also davon, dass der Kirchenraumtext selber, um den in der vorliegenden Arbeit verwendeten Terminus zu benutzen, Lesehilfen an die Hand gibt – und versteht sich folgerichtig nicht nur als „ein Projekt der Übersetzung an der Schwelle zwischen Kirche und Gesellschaft"[160], sondern vor allem auch als unaufdringlicher und behutsamer Moderator der Kommunikation von Kirchenraum und Rezipient.[161]

Wenn man auch nicht soweit gehen will, von Alphabetisierung zu sprechen, so wird man doch zumindest zugestehen – und soviel kann wenigstens hier als Ergebnis festgehalten werden –, dass der Sinn, den der Rezipient in der Kirchenraumlektüre konstituiert, und die Raumerfahrung, die er macht, nicht unabhängig von dem Vorstellungs- und Erfahrungskontext des Rezipienten zu denken sind. Wie der Kirchenraumtext einen Kontext besitzt, so ist auch die Sinnkonstitution (*poietische Dimension*) in einen sozialen und kulturellen Vermittlungsrahmen eingebettet (*kommunikative Dimension*), der als Teil der Dispositionen des Rezipienten anzusehen ist: „[D]ie Möglichkeit zur Erfahrung von sakralen Räumen basiert schon auf einem kulturellen Vermittlungsrahmen, der vorhanden und ausgebildet sein muß, bevor man

---

nahmen und den christlichen Glauben hin durchsichtig zu machen" (beide Zitate JOOß, Theologie, 396).

[158] GLOCKZIN-BEVER, Überlegungen, 188. Dementsprechend lässt sich Kirchenraumpädagogik als ein religionspädagogisch verantwortetes Vermittlungskonzept bestimmen, bei dem „mit dem Raum zugleich Religion neu in Gebrauch genommen u[nd] so gelernt wird" (DEGEN, Lernort II, 1224).

[159] O.A., Thesen, 24.

[160] Ebd., 25.

[161] Vgl. ebd., 24 und 25 [3. und 6. These]. Vgl. zur Kirchenpädagogik – ihren Anfängen und ihrer Entwicklung wie ihren ‚Grundannahmen, Methoden, Zielsetzungen' – grundlegend neuerdings die Habilitationsschrift DÖRNEMANN, Kirchenpädagogik. Ansonsten sind nach wie vor einschlägig drei Veröffentlichungen aus dem Jahr 1998, nämlich DEGEN / HANSEN, Lernort; KLIE, Religion und GOECKE-SEISCHAB / OHLEMACHER, Handbuch; vgl. außerdem GLOCKZIN-BEVER / SCHWEBEL, Kirchen; NEUMANN / RÖSENER, Kirchenpädagogik und RUPP, Handbuch.

3 Phänomenologie der Kirchenraumlektüre

Räume in ihrer Besonderheit überhaupt nur wahrnehmen kann"[162].

Mit der Erfahrung des Kirchenraums als sakralem Raum ist nun eine besondere Aktualisierung des Kirchenraumtextes angesprochen, die nun auf der als Kirchenraumtext und Kirchenraumlektüre entfalteten Grundlage in einem Schlussteil eigens zum Thema gemacht werden soll.

---

[162] MERTIN, Glaube; vgl. ZIMMERLING, Räume, 31f.

Schluss

> „Solange ich daran glaube, daß Gott in der Kirche anwesend ist
> – und er ist mindestens so lange anwesend, wie ich es glaube –
> solange versuche ich, den Raum für seine Anwesenheit würdig
> zu machen, das ist sakral."
> (REINHARD GIESELMANN)[1]

> „Denn der Tempel Gottes ist heilig – und das seid ihr."
> (1Kor 3,17)

1 Konkretisation[2]: Raumerfahrung als Erfahrung des heiligen Raumes

Die Überlegungen zu einer Phänomenologie der Kirchenraumlektüre und zur Dreidimensionalität der in der Kircheraumlektüre zu machenden Erfahrung haben deutlich gemacht: Kirchenraum entsteht als ästhetischer Gegenstand in der Interaktion zwischen Raumtext und Rezipient und wird erfahren in einem Ineinander von Aufnehmen, Hervorbringen und Kommunizieren. Wie der Kirchenraum als ästhetischer Gegenstand individuell herausgebildet wird, entscheidet sich aus der individuell vom Rezipienten zu leistenden Sinnkonstitution. So ist denn auch einsichtig, warum statt der einen für die Kirchenraumlektüre eine nahezu unendliche Anzahl an Lesarten und Konkretisationen durch verschiedene Rezipienten vorstellbar ist – „viele Leseparadigmata sind denkbar, die einen Text seine Sache zur Sprache bringen lassen"[3] –, abhängig u. a. vom Vorverständnis der Rezipienten, deren Herangehensweise und dem situativen Kontext der Raumlektüre. Die verschiedenen Konkretisationen falten sich so auseinander zu einem „Interpretationsspektrum des Textes"[4].

---

[1] Zit. nach WITTMANN-ENGLERT, Zelt, 144.
[2] Zum Begriff der Konkretisation vgl. o. S. 52.
[3] JEANROND, Text, 114.
[4] ISER, Akt, 313 Anm. 29.

Die Feststellung, dass der Kirchenraum als ästhetischer Gegenstand individuell herausgebildet wird, hat Folgen für die Rede einer Heiligkeit oder Sakralität desselben – ein Problemkomplex, an dem sich, wie in der Einleitung deutlich gemacht wurde (vgl. o. S. 37), protestantische Theologie, wenn sie mit raumtheoretischen Fragen befasst ist, immer auch abarbeitet. Wenn der Kirchenraum als heiliger Raum apostrophiert wird, kann dies in wirkungsästhetischer Perspektive sinnvoller Weise nur bedeuten, dass er *als ein solcher* vom Rezipienten gelesen und interpretiert, dass ihm dieser spezifische Sinn beigelegt wird. Auch der Kirchenraum, wenn er sich als heiliger Raum darstellt, ist ein individuell gebildeter ästhetischer Gegenstand, also ein imaginäres Objekt, und stellt eine spezifische Konkretisation dar.[5] Diese wird zwar vom Kirchenraumtext in der religiösen Dimension seines Repertoires vorgezeichnet, der so das Potential zu einer Selbst- und Weltvergewisserung birgt und über seine Textzeichen und seine Atmosphäre religiöse Sinnfindung anstößt. Man kann von Kirchenräumen also durchaus als von „ästhetisch ansprechenden, *Sinn fürs Unendliche weckenden* Räumen"[6] sprechen. Und insofern ist eine *religiöse* Konkretisation auch naheliegend.[7] Aber sie bildet sich erst in der Interaktion zwischen Kirchenraumtext und Rezipient heraus und setzt auf Seiten des Rezipienten die angesprochene ‚religiöse Musikalität', einen ‚Sinn und Geschmack fürs Unendliche' voraus. Dieser speziellen Konkretisation, die das religiöse Potential des Kirchenraumtextes aktualisiert und den Kirchenraum als heiligen Raum erfahren lässt, verdient aufgrund der Brisanz der Frage nach einer Heiligkeit des Kirchenraumes besonderes Augenmerk. Ihr sollen nun die abschließenden Überlegungen gelten.

Dass sich der ästhetische Gegenstand Kirchenraum als heiliger Raum darstellt, hängt aufs Engste damit zusammen, welche Erfahrung sich in dem beschrieben Lektüreprozess einstellt: Kirchenraum ist heiliger Raum, *wenn er als solcher erfahren wird*, und das bedeutet: wenn eine in ihm gemachte religiöse Erfahrung im Erleben des Rezipienten unauflöslich mit dem Raum verbunden ist[8] bzw. wenn die beschriebene ästhetische Erfahrung, die sich im

---

[5] So wie ANDREAS MERTIN „eine religiöse Qualifizierung des Raumes" für eine „spezifische Eigenleistung der beteiligten Subjekte" hält (beide Zitate s. o. S. 30 Anm. 66).

[6] GRÄB, Gott, 107 [Hervorhebung CWB]; vgl. hierzu 104f. und zum Folgenden überhaupt diesen Vortrag.

[7] Nämlich insofern, als eben – wie HORST SCHWEBEL sagt – „auch der Gegenstand der Wahrnehmung die Erlebnisweise bestimmt" (s. o. S. 35 Anm. 82).

[8] Mit KLAUS RASCHZOK wurde oben darauf hingewiesen, dass sich Schlüsselerfahrungen des Glaubens mit Räumen verbinden können und in unserer Erinnerung als raumhafte Eindrücke aufbewahrt bleiben, dass die Erinnerung an prägende (religiöse) Erlebnisse in die-

1 Konkretisation: Raumerfahrung als Erfahrung des heiligen Raumes

Verlauf der Kirchenraumlektüre einstellt, selbst als religiöse zu charakterisieren ist. Formaliter ist die im Kirchenraum zu machende Erfahrung also eine ästhetische (das hat der bisherige Untersuchungsgang bestätigt). Aber sie zeigt sich offen für ihre religiöse Deutung: darin, dass die Erfahrung, die sich dem Rezipienten im Kirchenraum vermittelt, wie oben dargelegt, etwas mit seiner Erfahrung macht, dass ihm etwas geschieht, dass die Raumerfahrung Transformationserfahrung ist (vgl. o. S. 264 Anm. 47).[9] Im Einzelfall kann sie so als religiöse erscheinen, nämlich wenn sie vom Rezipienten entsprechend interpretiert wird, also materialiter entsprechend gedeutet (*poietische Dimension*) und kommuniziert (*kathartische Dimension*) wird. Überhaupt liegt es im Wesen von Erfahrungen, dass sie unterschiedlich gedeutet und interpretiert werden können und dass „die Unterscheidbarkeit von Erfahrungen nur durch die Formen ihrer symbolischen Interpretation und Artikulation möglich wird"[10]. Dementsprechend stellt WILHELM GRÄB die Annahme auf, die „weitgehend Konsens im Diskurs über religiöse Erfahrung zu sein [scheint]"[11]:

> „Die Differenz zwischen ästhetischer und religiöser Erfahrung dürfte denn auch vor allem in der Semantik ihrer Deutungskategorien zu sehen sein. Möglicherweise ist religiöse Erfahrung nichts anderes als mit Hilfe religiöser Semantik gedeutete ästhetische Erfahrung."[12] „Auch ästhetische Erfahrung ist Transzendenzerfahrung, aber erst im religiösen Verhältnis deutet das Subjekt der Erfahrung sie als solche, führt es das innerliche Ergreifende der Erfahrung auf eine Wirklichkeit zurück, die über unsere Erfahrung hinausgeht."[13]

Mit anderen Worten: Die ästhetische Erfahrung des Kirchenraums ist als *religiös gedeutete*, als ästhetisch-religiöse[14] die Erfahrung des heiligen Rau-

---

sen Räumen wieder aufleben kann und ihnen so eine gefühlte Nähe Gottes eignet (nach FRIEDRICH SPITTA) (vgl. o. S. 126 Anm. 20 und S. 281 Anm. 91).

[9] So sieht WILHELM GRÄB denn auch gerade darin, dass ästhetische Erfahrung Transformationserfahrung ist, „die Möglichkeit ihres Übergangs in religiöse Erfahrung" (GRÄB, Bemerkungen, 21).

[10] HERRMANN / METELMANN, Dimensionen, 25; vgl. GRÄB, Bemerkungen, 22 und HERRMANN, Medienerfahrung, 329f.

[11] HERRMANN / METELMANN, Dimensionen, 46 [im Original kursiv].

[12] GRÄB, Bemerkungen, 19. Vgl. in diesem Sinne auch schon SCHWEBEL, Kunst II, 221 und überhaupt HERRMANN, Medienerfahrung, 335–340 und 341–345. Freilich zeigt sich gerade auch hier wieder die Sozialisations- und Kulturbedingtheit der religiösen Erfahrung, insofern die Deutungskategorien kulturell vermittelt sind; vgl. o. Kap. 3.2.3, S. 280ff.; GRÄB, Lebensgeschichten, 122f. und außerdem LAUSTER, Raum, v. a. 29ff.

[13] GRÄB, Bemerkungen, 22.

[14] Von ästhetisch-religiöser Erfahrung spricht WILHELM GRÄB, vgl. ebd., 19 und 22. Angesichts des dargelegten Zusammenhangs von ästhetischer und religiöser Erfahrung ist dieser

mes. In seiner religiösen Dimension, mit seinen Kunstwerken und Ausstattungsstücken, fungiert der Kirchenraum so in gewissem Sinne als Medium der religiösen Erfahrung.[15]

Auf die prinzipielle Offenheit der sich in der Kirchenraumlektüre einstellenden Erfahrung für ihre religiöse Deutung wurde oben im Anschluss an die Erörterung der den Text sprengenden Bedeutung von Protention und Retention bereits verwiesen. Sie manifestierte sich darin, dass der erfahrene Raum und das im Raum Gelesene für den Rezipienten im Horizont seiner Lebens- und Erfahrungsgeschichte einen spezifischen, individuellen Sinn erhalten und vor allem umgekehrt der Raum auf die Biografie des Rezipienten zurückwirkt, insofern dieser seine Lebens- und Erfahrungsgeschichte im Horizont des Gelesenen interpretiert. Wird in diesem Prozess mit religiösen Deutungskategorien operiert, werden also Sedimentierungen *religiösen* Wissens mobilisiert – die der Kirchenraum ja in seinem Repertoire selbst bereit hält! – (*kommunikative Dimension*), dann vollzieht sich Lektüre des Kirchenraums zugleich als eine auf den unbedingten Sinngrund hin vertiefte Selbstdeutung[16], als „Deutung von Erfahrung im Horizont der Idee des Unbedingten"[17]. Die Wirkung, die im Zuge dessen vom Kirchenraum auf den Rezipienten ausgeht, wäre beschreibbar zu machen als eine Erfahrung, in der ihm sein eigenes Leben, sein Selbst- und Weltverhältnis, in einem *anderen* Licht erscheint[18]: geborgen und aufgehoben in der transzendenten Wirklichkeit Gottes. Oder anders gewendet: Sie wäre beschreibbar zu machen als „eine mystische Erfahrung im Sinne eines augenblickshaften Herausgehobenwer-

---

Ausdruck präziser als der der religiösen Erfahrung. So lassen HERRMANN/ METELMANN die Frage, „ob es am Ende überhaupt so sinnvoll ist, von religiöser Erfahrung zu sprechen, ob man nicht besser von ästhetischer Erfahrung und Religion bzw. religiöser Deutung sprechen sollte", zumindest angezeigt sein, wenngleich sie sie sogleich zugunsten des Begriffs der religiösen Erfahrung entscheiden (HERRMANN / METELMANN, Dimensionen, 47).

[15] Vgl. GRÄB, Bemerkungen, 19: „Religiöse Erfahrung war ja schon immer medial vermittelt." Vgl. DOBER, Zeit, 169 und f. sowie oben das Spurenmodell KLAUS RASCHZOKs und hier speziell die therapeutische Funktion des Kirchenraums und das Partizipieren der Kirchenbesucher an den heilenden Kräften des Raumes beim Wahrnehmen der Spuren, wodurch RASCHZOK den Kirchenraum als von Gott in Dienst genommen und als Medium eingebunden in den Prozess der Heilsvermittlung sieht (vgl. o. S. 128f.).

[16] Zur Formulierung vgl. GRÄB, Lebensgeschichten, 134. Vor diesem Hintergrund zeichnet sich, sieht man es – wie HANS MARTIN DOBER – als einen zentralen Aspekt kirchlichen Handelns an, „der Vergewisserung des einzelnen hinsichtlich des Sinns des je eigenen Lebens Hilfestellungen zu geben" (DOBER, Zeit, 177), der Kirchenraum – freilich nicht als ausschließliches, aber eben neben anderen – als ein wichtiges kirchliches Handlungsfeld ab.

[17] BARTH, Religion, 545 (so ULRICH BARTHs Bestimmung von Religion im Rückgriff auf PAUL TILLICHs berühmten Begriff des Unbedingten).

[18] Vgl. so auch DOBER, Zeit, 112.

1 Konkretisation: Raumerfahrung als Erfahrung des heiligen Raumes 311

dens aus weltlichen Gegebenheiten, religiös gesagt, ein Stück Seligkeit, theologisch ausgedrückt, ein Stück eschatologischer Vorwegnahme"[19]. Der Kirchenraum, der diesen Prozess anstößt, wird somit als sinnstiftend und sinnvergewissernd erfahren, als heilsam[20], als heilig (*kathartisch-befreiende Dimension*). Die kathartisch-befreiende Dimension der Raumerfahrung, die der Kirchenraum machen lässt, bringt sich so in einer speziellen religiösen Ausformung bzw. Artikulationsform[21] zur Geltung, die sich aus einer spezifisch religiösen Deutung der Erfahrung ergibt; es zeigt sich die Zusammengehörigkeit des kathartisch-befreienden und des kommunikativen Aspekts innerhalb der Katharsis.

Was HANS-ULRICH GEHRING für das Predigtgeschehen und die Rezeption biblischer Texte formuliert, das kann nun am Ende des Untersuchungsgangs begründetermaßen für die Aneignung des Kirchenraums – nämlich den speziellen Fall der religiösen Deutung der in der Kirchenraumlektüre sich einstellenden Erfahrung, die den Kirchenraum für den Rezipienten als heiligen Raum erscheinen lässt – in Anspruch genommen werden: „Katharsis ist die im Wortgeschehen sich ereignende Reinigung und Verwandlung des Menschen, die ihn auf neue Weise kommunikations-, aber auch wahrnehmungs- und interpretierfähig macht."[22] Freilich ist dieses als Verwandlung zu charakterisierende Ereignis in der protestantischen Theologie klassischerweise auf das Wortgeschehen in Predigt und Sakrament beschränkt worden. Als gerechtfertigt jedoch erscheint eine Ausweitung der Gedanken HANS-ULRICH GEHRINGs zur Rezeption biblischer Texte in Predigt und Lektüre auf den vorliegenden Zusammenhang, ruft man sich in Erinnerung, was im ersten Hauptteil als das liturgisch-gottesdienstliche Repertoire bezeichnet wurde. Speziell durch diesen Elementbereich ist das Wortgeschehen im Kirchenraumtext gleichsam medial vorhanden, nicht zuletzt vermittels der Prinzipalstücke, indem diese auf ihren gottesdienstlichen Verwendungszusammenhang zurückverweisen, und kann im Lektüreprozess – unter den beschriebenen poietischen und kathartisch-kommunikativen Bedingungen –

---

[19] SCHWEBEL, Chance, 143.
[20] Vgl. wiederum die therapeutische Funktion, die KLAUS RASCHZOK dem Kirchenraum zuschreibt (vgl. o. S. 128f. und S. 310 Anm. 15), und auch z. B. die entsprechenden Bemerkungen der ‚Leipziger Erklärung': „Kirchen sind Kraftorte: Sie bauen an unserer Innerlichkeit. Sie erbauen uns, sie reden mit uns, sie heilen uns." (O.A., Erklärung, 6) Vgl. außerdem ULRIKE WAGNER-RAUs Ausführungen zum Kirchenraum als Segensraum; vgl. WAGNER-RAU, Gotteshaus.
[21] Zum Begriff vgl. als Einstieg JUNG, Erleben, v. a. 65f.
[22] GEHRING, Schriftprinzip, 192f. Die im Folgenden im Fließtext in Klammern angeführten Seitenzahlen beziehen sich allesamt auf GEHRING, Schriftprinzip.

aktualisiert werden. So kann daher nicht so sehr der Kirchenraumtext als durch das liturgisch-gottesdienstliche Repertoire als in das Wortgeschehen eingebunden verstanden werden, und in seiner Aktualisierung durch den Rezipienten (und nur in dieser!) gleichsam als – wenngleich abgeleitete – Erscheinungsform des Wortes Gottes. Vor allem und mehr noch ist das Gewicht auf die Prozessualität, den Geschehnischarakter zu legen, der der aktualisierenden Lektüre wie dem Wortgeschehen gleichermaßen eignet: „Das Heilige erschließt sich in einem Prozess. Dabei ist nichts vom Heiligen ausgeschlossen und es geschieht in den Zeichen, die uns gegeben sind. Wir umschreiben dies evangelisch in der Regel mit dem Begriff ‚Wort' – aber mit dem Wort ist nicht primär Schrift oder Text gemeint, sondern die Erfahrung der heilsamen Wirklichkeit Gottes, wie sie in der Liturgie zur Sprache kommt: ‚nichts ist verwerflich, was mit Danksagung empfangen wird; denn es wird geheiligt durch das Wort Gottes und Gebet' (1. Tim 4,4f.)."[23] Man könnte somit durchaus von einer kerygmatischen Dimension des Kirchenraums sprechen; und (nur) in diesem differenzierten Sinne hat die nicht selten in den Raum gestellte These, der Kirchenraum predige[24], eine gewisse Berechtigung.

Um die spezielle religiöse Ausformung der Katharsis theologisch genauer zu qualifizieren, um die – wie er es formuliert – „spezifische Eigenart der ästhetischen Erfahrung des Glaubens [sc. als Vernehmen der Stimme Christi im Herzen des Rezipienten] zu erfassen" (194)[25], greift HANS-ULRICH GEH-

---

[23] MEYER-BLANCK, Räume.
[24] Exemplarisch seien nur genannt: CHRISTIAN MÖLLER, der davon spricht, dass die Steine beispielsweise einer gotischen Kirche „eine Predigt [halten], aber auch die Symbole und die Bilder" (MÖLLER, Predigt, 174); THOMAS KLIE, der meint, dass „viele Gotteshäuser über ihre Raumzeichen vernehmlicher den Liebesdienst Gottes ‚predigen' als so manche Kanzelrede" (KLIE, Kirchengebäude, 138) und EBERHARD BIBELRIETHER (vgl. o. S. 122 Anm. 6); vgl. auch noch die entsprechende Formulierung in der ‚Leipziger Erklärung' (nämlich: „Mauern und Steine [sc. von Kirchen] predigen" [O.A., Erklärung, 6]) und ZIMMERLING, Räume, 31, der aufgrund dessen, dass Kirchen predigen, von deren „*Offenbarungsqualität*" spricht (ZIMMERLING, Räume, 31).
[25] Vgl. neben GRÄB, Lebensgeschichten, 134f. besonders THOMAS ERNEs Dissertation, deren Grundgedanke darin liegt, „den Glauben als ‚*grundlegende religiöse Rezeptionskategorie*' (Ringleben [...]) auf die ästhetische Erfahrung zu beziehen" und die also von einem Glaubensbegriff ausgeht, der in „der klassischen Ausprägung durch die reformatorische Theologie [...] als grundlegende Rezeptionsform die Aneignung zentraler Glaubensinhalte im Lebensvollzug des glaubenden Subjekts meint", allerdings in einer „unter Bedingung des neuzeitlichen Freiheitsbewußtseins von Kierkegaard" radikalisierten Form, nach der nunmehr „der selbsthafte Vollzug des Glaubens [...] gegenüber den Glaubensinhalten den Vorrang bekommt – Inhalte, auf die sich der Glaubensvollzug zwar immer bezieht, durch die er sich aber nicht mehr begründet" (alle vier Zitate ERNE, Lebenskunst I, 3f.). Dementsprechend kann die individuelle, vom Rezipienten in aktiver, leibhaft-geistiger Aneignung

1 Konkretisation: Raumerfahrung als Erfahrung des heiligen Raumes 313

RING den Begriff der *Kommunion* auf. Will man diesen Begriff nun zur Anwendung bringen, dann kann, wenn sich die Erfahrung, die der Kirchenraum machen lässt, in ihrer kathartisch-befreienden Dimension als religiöse Erfahrung zur Geltung bringt und der Kirchenraum so als heilig erlebt wird, davon gesprochen werden, dass die Begehung des Raumes, als die sich die Lektüre vollzieht, eine Bewegung eröffnet, in die Gott den Rezipienten mit hinein nimmt[26], dass die Interaktion zwischen Raum und Rezipient einer *Kommunion* zwischen Gott und Rezipient ‚Raum' gibt: Es kommt zur „Inversion in der Rezeptionsbeziehung" (193), bei der sich der Interpretierende in der Rolle des Interpretierten wiederfindet. „Der wahrnehmende, deutende und kommunizierende Rezipient wird in einem unverfügbaren Geschehen zum von Gott Wahrgenommenen, Gedeuteten und Kommunizierten, rechtfertigungstheologisch ausgedrückt: zum Freigesprochenen"[27]. Die Irrealisierung, von der im Anschluss an WOLFGANG ISER die Rede war (vgl. o. S. 208), die den Rezipienten im Laufe der Lektüre von sich abhebt und die ihm die Möglichkeit gibt, sich, sein Selbst- und Weltverhältnis neu zu formulieren, bekommt so ein dezidiert theologische Tiefenschärfe: Der Rezipient erfährt sich im Zuge der Kirchenraumlektüre, dankbar glaubend *neu* (vgl. 2Kor 5,17; Eph 4,24). Die „Inversion in der Rezeptionsbeziehung" muss dabei „als unverfügbar und *sola gratia* geschenkt verstanden werden […]. Der Glaube weiß und erfährt sich hier als reines Empfangen, als Rezeption im Sinne kindlicher Annahme in bleibender Bedürftigkeit" (beide Zitate 193)[28]. Dass der Rezipient die Erfahrung, die er im Zuge der Kirchenraumlektüre macht, also als

---

zu leistende Kirchenraumlektüre als ein solcher selbsthafter Vollzug gesehen werden, der sich auf die im Repertoire des Kirchenraumtexts vorhandenen Glaubensinhalte bezogen weiß, der aber dennoch gleichzeitig überwiegend institutionell und dogmatisch unabgegolten abläuft.

[26] Was hier für die *Begehung des Raumtextes* angenommen wird, erkennt HANS-ULRICH GEHRING entsprechend in der Rezeption biblischer Texte in der Predigt: „Das *Begängnis des Textraumes* eröffnet jene Bewegung, in die der dreieinige Gott selbst den Hörer hineinnimmt." (GEHRING, Schriftprinzip, 199 [Hervorhebung CWB])

[27] APEL, Gemeinde, 60. Vgl. MEYER-BLANCK, Räume [unter Aufnahme eines Zitats von CHARLES BAUDELAIRE]: „Die erfüllte Erfahrung des heiligen Raumes ist […] eine aktivische Passivität, ein Gelesenwerden im Lesen, ein Gesehen- und Gehörtwerden im Sehen und Hören, ein Bei-Sich-Sein im Aufgehobenwerden zu dem, der mich erkennt und erspäht ‚mit vertrauten Blicken'."

[28] Vgl. GEHRING, Schriftprinzip, 201; vgl. 192: „Nicht unser Urteil über das Werk bzw. den Text, sondern Stimme und Werk Christi, sein gnädiges Urteil über uns bilden jetzt die kommunikative Grundlage!" Die ästhetische Erfahrung auf diese Weise als reines Empfangen zu verstehen, ließe sich als „religiöse Einsicht in die Tiefendimension der nicht machbaren, sondern sich einstellenden Differenzüberwindung (Rechtfertigung des Sünders heißt das in protestantisch-religiöser Sprache)" (KORSCH, Ästhetik, 258) bezeichnen.

religiöse aufzufassen vermag, das ist geistgewirkt – *ubi et quando visum est deo*.[29]

Allerdings gilt es zu betonen, dass ein derart der Unverfügbarkeit Gottes Rechnung tragender invertierter Rezeptionsbegriff nicht etwa die aktive Rolle des Rezipienten in der Kirchenraumlektüre konterkariert, sondern ganz im Gegenteil ist das inkarnatorische Moment herauszustreichen: „[G]erade *in der aktiven Teilnahme des Rezipierenden* [...], *in* seinem Wahrnehmen, Deuten und Kommunizieren geschieht jenes reine Empfangen [...]" (193). In der sinnstiftenden Rolle des Rezipienten und damit in der Offenheit des Rezeptionsprozesses eröffnet sich so der Freiraum für Gottes Wirken. Hier tut sich also, um eine Formulierung THOMAS KLIEs hinsichtlich homiletischer Hermeneutik aufzugreifen, eine „theologische[...] Spannung zwischen dem Machbaren und dem Wunderbaren" auf, die KLIE für die Predigt als die Spannung „zwischen der Pflicht zur interpretativen Ingebrauchnahme eines Predigttextes und seiner unverfügbaren Ingebrauchnahme durch den Geist" spezifiziert.[30] Für den Kirchenraum lässt sich folgern, dass, wie die Predigt, so auch seine Ansprache „ein Produkt menschlicher Aus- und Darlegungskunst" – nämlich der Kirchenraumtext das Produkt menschlicher Baukunst und aneignender Nutzung (im Sinne der Fortschreibung), der Kirchenraum als ästhetischer Gegenstand das Produkt menschlicher Wahrnehmungskunst – ist, „die Vielfalt [seiner] Wirkungen aber hat ihren Grund in der Geistesgegenwart"[31]. An dem Rezeptionsgedanken zeigt sich so ein „Grundproblem Praktischer Theologie", nämlich die Frage, „[w]ie denn überhaupt individuelle Erfahrung [...] mit religiöser Erfahrung in Beziehung gesetzt werden kann, und zwar so, daß die Eigenständigkeit des produktiven und rezeptiven Weltumgangs nicht unterlaufen [wird] und trotzdem an dieser Praxis das spezifisch Religiöse zur Geltung kommt"[32].

---

[29] Vgl. O.A., BSLK, 58,1–8. Was im fünften Arikel der Confessio Augustana über die Rolle des Heiligen Geistes beim Wirken des Glaubens durch Wort und Sakrament gesagt ist, könnte hier also auch Geltung beanspruchen, umso mehr, will man das oben eingebrachte Verständnis des Kirchenraums (im Sinne eines ästhetischen Gegenstands, also einer Aktualisierung des Raumtextes) als in das Wortgeschehen eingebunden bzw. mehr noch: als abgeleitete Erscheinungsform des Wortes Gottes gelten lassen, ein Verständnis, das so die religiöse Erfahrung des Rezipienten als wortgebundenes Wirken des Heiligen Geistes beschreibbar macht.

[30] Beide Zitate KLIE, Zeichen, 329.

[31] Beide Zitate ebd.

[32] Beide Zitate ERNE, Rezeption, 152. Für die Beantwortung dieser Frage erkennt ERNE zwei differente Möglichkeiten, nämlich entweder „die ‚Praxis Gottes' inkarnatorisch oder offenbarungstheologisch auf menschliche Praxis zu beziehen" (ERNE, Rezeption, 152). Vgl. SCHWEBEL, Leiblichkeit, 199f.: „Das theologische Reden von der Inkarnation verleiht dem

1 Konkretisation: Raumerfahrung als Erfahrung des heiligen Raumes 315

Gerade in den Entdeckungszusammenhängen des Rezipienten bringt sich Gottes Wirken zur Geltung, wird entdeckt, erfahren, geglaubt – ohne dass diese Wirkung automatisch sich einstellte, garantiert oder erzwungen werden könnte. Vielmehr kann es wohl – ähnlich dem Glücken ästhetischer Erfahrung (vgl. o. S. 265) – als Glücksfall und in diesem Fall eben auch als Geschenk bezeichnet werden, wenn sich in dem komplexen Verlaufsprozess der Lektüre, der Interaktion von Text (im Zusammenspiel seiner Repertoire-Elemente) und dem Leser (im Einbringen seiner Dispositionen und seiner Erfahrungsgeschichte) eine religiöse Erfahrung einstellt. Die „Katharsis in ihrem dargestellten doppelten Gehalt [sc. von Kommunikation und Kommunion]" bezeichnet dabei genau „jenen Inversionspunkt" (beide Zitate 193), an dem die Deutung in ein Gedeutet-Werden und ein Sich-Gehalten- und Sich-Geborgen-Wissen in Gott umschlägt[33], nämlich als Kommunion, insofern „der Glaube die Deutung von Erfahrung im Horizont dessen [vollzieht], was über alle Erfahrung hinaus ist", als Kommunikation, insofern er dies aber „im Rückgriff immer auch auf die Überlieferungen der Religion, der Bibel, die Ikonen der Kirchenräume"[34] tut.

Die sinnkonstituierende, deutende Leistung des Rezipienten kann man so als die *Außenseite* jener Kirchenraumlektüre ansehen, die als besondere Lesart eine ästhetisch-religiöse Erfahrung zeitigt; von ihrer *Innenseite* her betrachtet stellt sie ein glaubendes Annehmen des Wortes Gottes – in einem weiten Sinne verstanden – dar und die ästhetisch-religiöse Erfahrung des Kirchenraumes als eines heiligen Raumes eine Wirkung des Heiligen Geis-

---

Irdisch-Vorfindlichen die Würde, Leib und Ort der Erscheinung des Göttlichen zu sein. [...] Die Konsequenz dieses Denkens darf aber nicht bei den Aussagen über Christus stehenbleiben; sie schließt ein, daß auch das Irdisch-Leibhafte, Sinnlichkeit und Materie, nicht länger als ‚gottentleert' betrachtet werden dürfen."

[33] Zugleich zeigt sich hier die Verwobenheit und wechselseitige Durchdringung der drei Dimensionen. Denn umgekehrt steht, wenn sich der Glaube in dem Prozess der Kirchenraumlektüre als reines Empfangen erfährt, dies in Analogie zur Passivität und Rezeptivität, die der in der Kirchenraumlektüre zu machenden Erfahrung in ihrer aisthetischen Dimension eignet, und kann – was wiederum auf die poietische Dimension verweist – möglicherweise gerade als Deutung und Verarbeitung des Nichtauflösbaren der Materialität, der Widerständigkeit des gebauten Raumes *als solche* angesehen werden.

[34] Beide Zitate GRÄB, Autonomie, 239. Vgl. ERNE, Rezeption, 153: „Rezeption [...] betrifft im Kern das Problem religiöser *Überlieferung*. Rezeption ist immer bezogen auf vorausgesetzte Inhalte und insofern wesentlich angewiesen auf Tradition. Aber um wirklich Rezeption und nicht Repetition zu sein, eine innere Aneignung und keine mechanische Nachahmung, bedarf Rezeption eines Spielraums der Veränderung und einer Variation der Formen, in denen ihr die Inhalte gegeben sind."

tes.³⁵ Wenn entsprechend der Entfaltung der Textlichkeit des Kirchenraums im ersten Hauptteil viele Menschen, ja alle Rezipienten, die in irgendeiner Weise Spuren hinterlassen, als Autoren des Kirchenraumtextes gelten dürfen, so ist der Heilige Geist der Autor des *heiligen* Raumes, „der mächtige Rhetor der allein Herzen und Sinne wandeln kann" (194).³⁶ Als dessen Komplementär fungiert aber – das ist gerade die Pointe einer wirkungsästhetischen Theorie des Kirchenraums – der Leser in seiner raumgreifenden Leiblichkeit und seiner aktualisierenden, sinnkonstituierenden Rolle, durch die er nicht nur zum „Mitschöpfer des Raumes"³⁷, sondern als cooperator Dei auch zum Mitschöpfer des heiligen Raumes wird. Hinsichtlich der Wirkmächtigkeit des Heiligen Geistes in, mit und unter dem kreativ-deutenden, *geist*-reichen Sinnbildungsprozess öffnet sich so schließlich die Poiesis, „pneumatologisch betrachtet", auf ein weites Verständnis hin, nach dem Poiesis bestimmt werden kann als „die menschliche Fähigkeit zu kreativer Formung und Gestaltung der Schöpfung in Gedanken, Worten und Werken, zu jener Kooperation des Menschen mit Gott, deren er schon im Schöpfungsbericht gewürdigt ist"³⁸.

---

35 Vgl. HANS-ULRICH GEHRINGs Unterscheidung einer Innen- und einer Außenseite in der Rezeption biblischer Texte in Lektüre und Predigt; vgl. GEHRING, Schriftprinzip, 192. Um den „Doppelaspekt von produktiver sinndeutender Aktivität und reinem glaubenden Wortempfang" (GEHRING, Schriftprinzip, 212) angemessen zum Ausdruck zu bringen, bedient sich GEHRING des Begriffs der ‚theonomen Reziprozität', den er von RUDOLF BOHREN übernimmt; vgl. GEHRING, Schriftprinzip, 211f. Vgl. auch die Unterscheidung einer anthropologischen und einer theologischen Seite hinsichtlich des Glaubens bei UMBACH, Pforten, z. B. 323.

36 Vgl. JOSUTTIS, Umgang I, 245: „Ein heiliger Raum ist nur vordergründig Eigentum der Menschen [...]. Ein heiliger Raum gehört der heiligen Macht." Vgl. o. S. 21 Anm. 21.

37 GEYER, Räume, 65. Von „Co-Autoren [sc. des Raumes]" spricht DEGEN, Raum II, 116.

38 Beide Zitate GEHRING, Schriftprinzip, 202. HANS-ULRICH GEHRING kann darum die poietische Dimension auch die „pneumatologische Dimension" (GEHRING, Schriftprinzip, 203) nennen. Vgl. GRÄB, Autonomie, 233 [Hervorhebung CWB]: „Der Glaube an Gott als schöpferische Dynamis ermutigt den christlichen Glauben zum Vertrauen auf die Kreativität alles Lebendigen, auf die Schöpferkraft des Menschen, Gottes Ebenbild. *Die Welt als Gottes Kunstwerk vollendet sich erst im Auge und dann vor allem im Tun des von Gott geschaffenen Menschen.*" Wenn sich solches in der Kirchenraumlektüre ereignet, dann nähert sie sich dem Gebet, welches – so schon MARTIN LUTHER – in analoger Weise dem freien Spiel der Gedanken Raum gibt und gerade darin eine Predigt des Heiligen Geistes ermöglicht: „Kompt wol offt, das ich jnn einem stücke oder bitte jnn so reiche gedancken spaciren kome, das ich der andern Sechse lasse alle anstehen, Und wenn auch solche reiche gute gedancken komen, so sol man [...] solchen gedancken raum geben und mit stille zuhören und bey leibe nicht hindern, Denn da predigt der Heilige geist selber" (MARTIN LUTHER in seiner Anweisung ‚Wie man beten sol, fur Meister Peter Balbirer'[1535], zit. nach GEHRING, Schriftprinzip, 203f.; vgl. 203–206).

2 Zusammenfassung und Ausblick

Damit ist der Untersuchungsgang, der, auf WOLFGANG ISERs Wirkungsästhetik fußend und diese für den Kirchenraum konzeptualisierend, sukzessive eine praktisch-theologische Theorie des Kirchenraums entfaltet hat, an seinem Ende angelangt. Im Zentrum der solcherhand wirkungsästhetisch ausgerichteten Überlegungen stand das Geschehen, das von den räumlichen Gegebenheiten eines Kirchenbaus ausgelöst wird, in dem aber der Raumrezipient selber konstitutiv tätig wird, also der Kirchenraum, insofern er in der Interaktion zwischen Kirchenbau und aneignendem Architekturnutzer allererst entsteht. Fokussiert wurde dementsprechend im ersten Hauptteil der künstlerisch-architektonische Pol des Kirchenraums. Der Kirchenraum wurde hier beschreibbar gemacht als Text, der in seinem Repertoire mannigfaltige Einflüsse vereint und diese durch seine Strategien in einer Perspektivenvielfalt und ästhetisch verändert (‚deformiert') darbietet. Im zweiten Hauptteil konnte darauf aufbauend der ästhetische Pol des Kirchenraums und somit also die Verarbeitungsprozesse des Rezipienten beleuchtet werden. Auf der Basis leibphänomenologischer Grundeinsichten wurde so eine Phänomenologie der Kirchenraumlektüre erarbeitet. Diese erörterte, wie durch die Verarbeitungsprozesse des Rezipienten in der Raumlektüre der Transfer der räumlichen Gegebenheiten in dessen Vorstellung erfolgt, wie der Rezipient dem Raumtext Sinn beilegt. Die ästhetische Erfahrung, die sich in einer derartigen Kirchenraumlektüre einstellt, wurde zu Analysezwecken in ihren drei Dimensionen – der ästhetischen, der poietischen und der kathartisch-kommunikativen – dargestellt, und so konnte deutlich gemacht werden, wie die in der Raumlektüre zu machende ästhetische Erfahrung sich jeweils als individuell differenzierte Raumerfahrung artikuliert.

Die damit vorliegende Theorie des Kirchenraums löst zwar die in der Vergangenheit zuweilen erbittert geführte und nach wie vor aktuelle Kontroverse um den Kirchenraum als heiligen versus religiösen Raum, aus der sich das eingangs nachgezeichnete Spektrum theologischer Positionen ergibt, nicht auf. Aber zumindest vermag sie, einen neuen Blick auf die Debatte zu werfen und ihr die Schärfe zu nehmen[1], insofern sie die konträren Positionen als aus ihrer jeweiligen differenten Perspektive auf den Kirchenraum verstehen hilft,

---

[1] Vgl. KIECKHEFER, Theology, VII: „Church architecture is a contentious field of inquiry. Polemics, dogmatism, and caricature abound. It would be unrealistic to think any book could resolve the controversies".

einer Perspektive, die jeweils nur eine Seite des Rezeptionsgeschehens fokussiert. Wird der Raum als religiös apostrophiert, wird die Deutungsleistung des Rezipienten in diesem Geschehen hervorgehoben. Wird ihm dagegen eine Heiligkeit zugesprochen, so wird das Sich-zur-Geltung-Bringen Gottes in, mit und unter diesem Rezeptionsprozess, das „noch einmal transzendierende[...] Wirken Gottes am Menschen"[2] betont. In der Darstellung der jeweils von ihnen akzentuierten Seite des Rezeptionsgeschehens besitzen die konträren Positionen ihre particula veri; das Negieren oder gar Unterschlagen der Gegenseite ist jedoch als ihr Manko anzusehen. Der in der vorliegenden Arbeit gewählte wirkungsästhetische Ansatz ist dagegen in der Lage, beide Seiten zu integrieren, eben wie einsichtig gemacht wurde, die sinnkonstituierende, deutende Leistung des Rezipienten als die Außenseite, die Wirkung des Heiligen Geistes, unter welcher sich die Kirchenraumlektüre als ein Annehmen des Wortes Gottes im Glauben darstellt, als die Innenseite ein und desselben Aneignungsgeschehens.

Damit weist die vorgelegte wirkungsästhetisch geleitete Kirchenraumtheorie einen Weg aus den Aporien, den „traditionell gewachsenen Einbahnstraßen"[3], in der sich die eingangs dargestellten theologischen Positionen zum Kirchenraum verheddert hatten. In ihrer wirkungsästhetischen Ausrichtung und dem Fokussieren des Geschehens, das sich zwischen Raum und Rezipient abspielt, beschreitet sie den von der ISERschen Wirkungsästhetik vorgegebenen Mittelweg zwischen objektivistischer und subjektivistischer Position und manövriert so zwischen den beiden Polen einer Ontologisierung des heiligen Raumes und einer Hypertrophierung des religiösen Subjektes (vgl. o. S. 50). Sie trägt den Anteilen der Raumgestalt, der ‚Textstruktur', an dem, was der Kirchenraum je für seine Besucherinnen und Besucher bedeutet, also an dem, was als der ästhetische Gegenstand Kirchenraum bezeichnet wurde, ebenso Rechnung wie sie die sinnstiftende Rolle des Rezipienten in der Herausbildung desselben, also die ‚Aktstruktur', verdeutlicht. Dadurch vermeidet sie gleichermaßen die Crux eines Raumkonzeptes, das den Kirchenraum einzig als auratischen heiligen Raum versteht und die „Crux [...] einer subjektivistischen Konstitution von Raumerfahrungen"[4]. Durch die Betonung *einerseits* der Subjektivität der Erfahrung kirchlicher Räume und durch den heuristischen Ausgang von den Raumerfahrungen der Nutzer trägt sie der konstitutiven Rolle des Rezipienten Rechnung. Durch die Betonung *anderer-*

---

[2] WÜTHRICH, Kirchenraum, 87.
[3] FAILING, Welt, 98.
[4] SCHAEDE, Handlungsräume, 67.

2 Zusammenfassung und Ausblick

seits der Raumgestalt und der textuellen Verfasstheit des Kirchenraums (und zwar in gleichem Maße als Oberflächen- wie als Tiefenstruktur) berücksichtigt sie aber nicht minder den Anteil, der dem Kirchenbau selbst im Rezeptionsprozess zukommt; sie würdigt so die Tatsache, dass der ästhetische Gegenstand Kirchenraum eben immer *auch* „Selbsterweis der Sache im und durch den Raum" (s. o. S. 35 Anm. 82) ist, dass der „Raum in seiner Substanz" im ästhetischen Gegenstand Kirchenraum „als eine Art Restrisiko der Materialität wiederkehrt" (s. o. S. 61) und so selbst zu einem produktiven Faktor für Religion werden kann.[5] Als Phänomenologie der Kirchenraumlektüre bezieht sie dabei außerdem ganz entschieden leibphänomenologische Grundeinsichten mit in die Betrachtung ein – namentlich den Zusammenhang von Leib und Raum und die leibräumliche Verfasstheit des Menschen – und zieht den Begriff der Atmosphäre heran, der mit seiner subjektiv-psychischen und seiner objektiv-physischen Komponente die Zusammengehörigkeit von Subjekt und Objekt, von Leib und Raum wie in einem Brennglas bündelt. Damit sind nun auch die Grundpfeiler, auf denen die vorliegende Theorie ruht, noch einmal benannt.

Architekten und Künstlern, Bauherren und Kirchengemeinden, Bauämtern und Kunstbeauftragten der Kirchen, überhaupt allen, die bei Bau und Ausstattung einer Kirche mitwirken, sollte bewusst sein, dass sie den Kirchenraumtext schreiben. Daraus erwächst ihnen eine besondere Verantwortung, die – ruft man sich in Erinnerung, dass der Kirchenraumtext in seinem Repertoire selektiertes Material aufbewahrt und ihm eine religiöse Dimension eignet – nicht zuletzt darin besteht, im Kirchenbau einen ihrem Glauben angemessenen Ausdruck zu finden. Behält man im Blick, dass dabei vor allem auch ein Text entsteht, der dafür da ist, von Rezipienten – kollektiv im Rahmen gottesdienstlicher Nutzung und individuell im Rahmen eines erweiterten Gottesdienstverständnisses – auf die in der vorliegenden Arbeit entwickelte Art und Weise gelesen und angeeignet zu werden, dann ergeben sich daraus zumindest die folgenden Schlussfolgerungen:

Zunächst ist bei der Gestaltung von und beim Umgang mit Kirchen darauf zu achten, dass Räume entstehen bzw. dass es sich um Räume handelt, „in denen die Imagination blühen kann, und in denen zugleich alle Bedingungen

---

[5] So fährt THOMAS ERNE an der zit. Stelle fort: „Könnte es denn nicht sein, dass auch umgekehrt der Raum ein produktiver Faktor für die Religion ist? Nicht nur die gelebte Religion formt räumliche Ordnungen und Grenzen, sondern der Raum prägt die Religion, wenn der Raum möglicherweise überhaupt erst den Horizont für die religiöse Praxis eröffnet." (ERNE / SCHÜZ, Religion, 12)

für das gestaltete Spiel geboten werden; Räume der Repräsentation des Überkommenen – der Tradition und der Bibel, in denen zugleich genügend Nischen vorgesehen sind, in denen sich jedes einzelne Schicksal der heute lebenden Menschen geborgen weiß"[6]. Von außerordentlicher Bedeutung zeigten sich im Prozess der Raumaneignung die in der vorliegenden Arbeit entfalteten Leerstellen, die gewissermaßen Nischen im übertragenen Sinne darstellen. Damit diese entstehen können – das machen die im zweiten Hauptteil vorgetragenen Überlegungen zu den Leerstellen deutlich –, kommt es bei der Gestaltung von Kirchenräumen „nicht so sehr darauf an, bestimmte Bedeutungen zu vermitteln, wie Räume möglicher Bedeutung zu eröffnen. [...] Gestaltungsarbeit an gottesdienstlichen Räumen sollte Spannungen, Brüche und Mehrdeutigkeiten eher betonen als ausgleichen."[7].

Sodann gilt es schon beim Bau und Umbau einer Kirche und im vorgängigen Planungsprozess die Architekturnutzer stärker mit einzubeziehen.[8] Zum einen theoretisch als ‚implizite Leser', insofern die Rezipienten als Systemstelle im Kirchenraumtext selber vorkommen. Der Kirchenraum und sein Text wären dann von den Verantwortlichen vor allem als Potential zu denken, das in der Raumlektüre je eine Aktualisierung erfährt, also in der Weise, wie es die vorliegende Theorie vorgestellt hat. Eine solch theoretische Einbeziehung des Rezipienten würde sich zum anderen praktisch da niederschlagen, wo Nutzerinnen und Nutzer konkret beteiligt würden. ANDREAS MERTINs schon vor Jahren geäußerte Forderung, „bereits beim Raumgestaltungsprozeß alle (potentiellen) Besucher miteinzubinden", sein Plädoyer für ein „Mitspracherecht und vor allem [...] Bedürfnisartikulationsrecht" der Rezipienten des Kirchenraums – und zwar aller Rezipienten: von der Gottesdienstgemeinde als realer Nutzerin über den sporadischen Besucher bis hin zum „virtuellen Nutzer" – gilt immer noch uneingeschränkt und ist daher erneut zu bekräftigen.[9] Besonders auf empirische Studien und hier speziell qualitative Befragungen – von ANDREAS MERTIN seinerzeit als wichtiges In-

---

[6] HEINE, Kirchen, 135.
[7] RADEKE, Räume, 11.
[8] Für eine Architekturpraxis, die dies tut, und eine ‚aneignungsfreundliche Architektur' plädiert (im Anschluss an KARLFRIED GRAF VON DÜRCKHEIM und LARS LERUP) z. B. FRIEDRICH, Architektur bzw. neuerdings FRIEDRICH, Unbestimmtheit. Bei einer solchen aneignungsfreundlichen Architektur ist, „[i]m Sinne Lerups [...] der Architekt eher ein Poet denn ein Prophet. [...] Architektur fungiert als eine Art Emanzipationsmaschine. Die Architekten nehmen sich zurück und gestalten die Räume so, dass die Nutzer zu Lebensformen kommen, die sie nur selbst gestalten und entdecken können. So ist jeder Bewohner zugleich Entwerfer seines eigenen Lebens." (Beide Zitate FRIEDRICH, Architektur)
[9] Alle drei Zitate MERTIN, Freiräume.

2 Zusammenfassung und Ausblick

strument zur Verdeutlichung religiöser Raumerfahrung und zur Ermittlung religiöser und kultureller Bedürfnisse, ja für die wissenschaftliche Bearbeitung der Raumbezogenheit des Glaubens überhaupt erkannt[10] – speziell zum Kirchenraum wird es hierbei auch ankommen. Trotz einiger Unternehmungen in diese Richtung[11], steht hier die „empirische Forschung zum Kirchenbesuch im Alltag [...] in Deutschland erst am Anfang"[12].

Aber, so wurde im Zuge der dargelegten Phänomenologie der Kirchenraumlektüre festgestellt, die Offenheit und Unbestimmtheit des Kircheraumtextes bedeutet nicht zugleich, dass auch jede Raumnutzung angemessen ist. Der Raumtext zeichnet zu knüpfende Beziehungen vor und ist, wie gesagt, „restriktiv im Blick auf die Kombinierbarkeit der Positionen und damit selektiv im Blick auf die von der Vorstellung zu erzeugende Sinngestalt" (s. o. S. 191). Daraus ergab sich eine Verantwortlichkeit des Rezipienten gegenüber dem Kirchenraumtext. Deshalb sollten umgekehrt die Raumrezipienten selbst, die Nutzerinnen und Nutzer eines Kirchengebäudes – ob nun der touristische Besucher oder die kunsthistorisch und kulturgeschichtlich Interessierte, der Stille und Andacht Suchende oder die Passantin – ihrerseits offen und unvoreingenommen, offen und rezeptiv den Raumtext lesen und den Kirchenraum nicht gegen seinen Text nutzen, sondern ihn, mit ihm interagierend und kommunizierend, aneignen und so ihrerseits am Raumtext mitschreiben. Gefordert ist also eine, wie oben beschriebene, Rezeptionshaltung der Offenheit und die Bereitschaft der Rezipienten, sich auf den (Raum-)Text und seine Strategien einzulassen (vgl. o. S. 298). Ganz besonders gilt dies für die Gemeinde, die mit der Pflege des Raumes und seiner Einrichtung betraut ist und die ihn zum Gottesdienst aufsucht und dadurch mit Leben füllt.

Wenn es allererst die Rezipienten sind, die dem Kirchenraumtext je Sinn beilegen und so eine Schlüsselstellung dabei einnehmen, als was Kircheräume je erfahren werden, welche Bedeutung ihnen in der Gesellschaft beigemessen wird, letztlich also für die Frage, was Kirchenräume sind, zeigt sich, dass die

---

[10] Vgl. MERTIN, Subjekt, 87; MERTIN, Freiräume und MERTIN, Nutzung, 10ff.
[11] Vgl. als Ansätze in diese Richtung beispielsweise die beiden bereits erwähnten Befragungen (vgl. o. S. 13 Anm. 3 und S. 244 Anm. 11) ‚Der anonyme Kirchenbesucher' (HOBURG, Kirchenbesucher) und die im Auftrag der Akademie Bruderhilfe Pax Familienfürsorge von der Thomas-Morus-Akademie Bensberg und der Universität Paderborn konzipierte, 2011 durchgeführte Repräsentativbefragung (vgl. ISENBERG, Tourismus); vgl. auch die empirisch-soziologisch ausgerichteten Beiträge bei GRÜNBERG, Backsteinkirchen [3. Hauptteil „Symbol – Identität – Kraft: Kirchen im Urteil der Menschen heute"] sowie neuerdings KÖRS, Bedeutung.
[12] HOBURG, Kirchenbesucher.

Kirchen nicht der Kirche gehören, dass – um Sätze der ‚Dortmunder Denkanstöße' zu paraphrasieren – diese nicht deren Eigentümer ist, sondern vielmehr deren Treuhänder.[13] Indem die Kirche ihre Gebäude unterhält und offen hält – auch offen für den oben beschriebenen Gottesdienst im weiteren Sinne, das heißt für individuelle Raumaneignung und Religionspraxis des Einzelnen –, leistet sie einen Dienst am Gemeinwesen und nimmt eine gesamtgesellschaftliche Verantwortung wahr. Offene Kirchen sind nötig und belassen den Rezipienten ihre Sinnbildungskompetenz – wie in einer Zeit, in der Sinnfindung mehr und mehr individualisiert und privatisiert vonstattengeht, nicht nur sinnvoll, sondern gar nicht anders möglich. Indem sie auf diese Weise religiöse Selbstdeutungsprozesse anregen, können Kirchengebäude an der Sinnsuche der Rezipienten mitwirken und zu deren Sinnvergewisserung beitragen.[14] Dass sie dies nicht nur auf einer reflexiv-prädikativen Ebene, die diskursiv-begrifflich auflösbar wäre, sondern zunächst einmal auf einer präreflexiven und vorprädikativen, leibhaft-sinnlichen und emotiven Ebene, also ganzheitlich tun, das heißt, dass sie den Menschen in seiner Leiblichkeit, Leib, Geist und Leben einbegreifend, ansprechen, verstärkt ihr Potential in diesem Bereich nur noch, gerade vor dem eingangs erörterten Hintergrund, dass heute im Zuge einer Ästhetisierung der Alltags- und Lebensvollzüge das Sinnenhafte für Sinnsuche und Sinnvergewisserung an Bedeutung gewinnt.

Das Kirchengebäude schlägt damit gleichsam eine Brücke zwischen individualisierter Sinnfindung und dem übergreifendem Sinnsystem christlicher Religionskultur, führt dem Individuum bewährte Deutungsmuster als Angebot vor Augen, auf das es Bezug nehmen und in dem es seine Fragen und Ängste, seine Sehnsüchte und Hoffnungen sinnenfällig artikuliert – oder zuweilen auch kontrastiert – finden kann, macht es so hinsichtlich seiner Selbst- und Weltinterpretation sprachfähig. Es bindet „mit seinen spezifischen Erinnerungszeichen wie dem Kreuz, dem Altar, dem Taufstein, der Kanzel, aber auch durch seine aufstrebenden Pfeiler und nach oben sich öffnenden Gewölbe den einzelnen in das Gehäuse einer bestimmten Glau-

---

[13] Vgl. O.A., Denkanstöße, 63.
[14] Vor allem dieser ihrer „Religionsfähigkeit" Rechnung zu tragen, sieht ANDREAS MERTIN deshalb als Hauptaufgabe künftiger Entwürfe im Bereich des Kirchenbaus und -umbaus: „Aufgabe der baulichen Aktivitäten der Kirche ist die Gestaltung religiöser Räume, in den[en] die Subjekte ihren Glauben, ihre Codierungen von Religion artikulieren, inszenieren, ausdrücken, wieder finden, re-inszenieren, meditieren und vergegenwärtigen können." (Beide Zitate MERTIN, Subjekt, 86)

2 Zusammenfassung und Ausblick

bensüberlieferung"[15] und in einen das Individuum übersteigenden personalen Zusammenhang – aus anderen Sinnsuchern der Gegenwart und Menschen vergangener Zeiten, die ihr Leben in dem Raum vor Gott gebracht, bedacht und gelebt haben – ein. Kirchenräumen kommt so grade auch Bedeutung für die Vermittlung individualisierter Sinnperspektiven in einer pluralisierten Religionskultur zu.

In einer Zeit, die nach wie vor von Individualisierung und Ästhetisierung der Lebens- und Alltagsvollzüge geprägt ist, in der nicht wenige Angebote der Kirche in ihrer institutionalisierten Form eine zunehmende Distanzierung und Marginalisierung, ihre Gebäude jedoch großen, ja wachsenden Zuspruch erfahren, liegt es auf der Hand, dass den Kirchbauten große und in Zukunft noch größere Bedeutung für die Kirche zukommt. Dass dagegen vor allem – der angespannten finanziellen Situation der Kirche geschuldet – Schließungen und Veräußerungen von Kirchengebäuden die Schlagzeilen machen, sollte darüber nicht hinwegtäuschen. Kirchenräume stellen ein Potential dar, das in Theologie und Kirche noch zu wenig erkannt und noch lange nicht ausgeschöpft ist, ein Pfund, mit dem es zu wuchern gilt (Lk 19; Mt 25), aber, insofern die Raumlektüre selbst Spuren hinterlässt und die Nutzung am Raumtext fortschreibt und insofern der jeweiligen Konkretisation in der Raumlektüre ein Moment der Unverfügbarkeit innewohnt, auch ein Schatz in irdenen Gefäßen (2Kor 4,7) – sie sind Chance und Aufgabe zugleich.

---

[15] GRÄB, Lebensgeschichten, 129. So scheint auch bei WILHELM GRÄB die Brückenfunktion des Kirchenraums zwischen individualisierter Sinnfindung und übergreifendem Sinnsystem christlicher Religionskultur durch, wenn er darauf hinweist, dass es bei der Umgestaltung von Kirchenräumen „gerade darauf an[kommt], einerseits die Erinnerungszeichen für den spezifischen Sinn der christlichen Religionskultur zu bewahren und andererseits deren Potential für die Welt- und Selbstinterpretation aufs neue freizusetzen" (GRÄB, Lebensgeschichten, 129)

Verzeichnisse

1 Abkürzungen und Zitierweise

Die Abkürzungen erfolgen nach dem Internationalen Abkürzungsverzeichnis für Theologie und Grenzgebiete (IATG²)[1]. Außer den allgemein üblichen, im Duden-Universalwörterbuch[2] verzeichneten Abkürzungen werden im Besonderen die folgenden verwendet:

CWB	Clemens W. Bethge (Verfasser)
ebd.	das zuvor zitierte Werk
	(ohne Seitenangabe) an der eben angeführten Stelle („ebenda")
	(mit Seitenangabe) am eben angegebenen Ort (also statt der sonst auch gebräuchlichen Abkürzung a. a. O.)
f.	folgende Seite bzw. Spalte
ff.	folgende Seiten bzw. Spalten
u. ö.	und öfter
S.	Seite(n) – findet ausschließlich bei Verweisen auf Stellen innerhalb der vorliegenden Arbeit Verwendung
s. o.	siehe oben (nach Zitaten) – Verweis auf die Stelle in der vorliegenden Arbeit, an der das Zitat mitsamt Quellenangabe schon einmal angeführt wurde

Das Literaturverzeichnis enthält alle zitierten Werke. In den Fußnoten werden diese jeweils durch Verfasser- bzw. Herausgebername(n) und Kurztitel wiedergegeben. Die hierbei verwendeten Kurztitel sind im Literaturverzeichnis durch Unterstreichen kenntlich gemacht. Hervorhebungen in Zitaten stammen, wenn nicht anders vermerkt, aus den Originalen.

---

[1] Vgl. SCHWERTNER, IATG².
[2] Vgl. SCHOLZE-STUBENRECHT u. a., Duden.

2 Literatur

ADOLPHSEN, HELGE: Heiligkeit duldet keine Neutralität, KuKi 65 (3/2002), 134–137
ALTMEYER, STEFAN: Von der Wahrnehmung zum Ausdruck. Zur ästhetischen Dimension von Glauben und Lernen, (PTHe 78), Stuttgart 2006
ANSORGE, DIRK u. a.: Raumerfahrungen. Raum und Transzendenz, (Beiträge zwischen Theologie, Philosophie und Architektur 1 / Ästhetik – Theologie – Liturgik 7), Münster u. a. 1999
ANTOR, HEINZ: Art. Rezeptionsästhetik, in: ANSGAR NÜNNING (Hg.): Grundbegriffe der Literaturtheorie, Stuttgart / Weimar 2004, 229–232 (Rezeptionsästhetik I)
ANTOR, HEINZ: Art. Rezeptionsästhetik, in: ANSGAR NÜNNING (Hg.): Metzler Lexikon Literatur- und Kulturtheorie. Ansätze – Personen – Grundbegriffe, 3., aktualis. u. erw. Aufl., Stuttgart / Weimar 2004, 571f. (Rezeptionsästhetik II)
APEL, KIM: Die Gemeinde im Eingangsteil des evangelischen Predigtgottesdienstes. Rezeptionsästhetische Überlegungen, JLH 45 (2006), 53–80
ARNOLD, JOCHEN: Begegnungsorte Gottes. Überlegungen zu einer Theologie des gottesdienstlichen Raumes, in: KONVENT DES KLOSTERS LOCCUM (Hg.): Kirche in reformatorischer Verantwortung. Wahrnehmen – Leiten – Gestalten. Festschrift für Horst Hirschler, Göttingen 2008, 15–27
ASMUSSEN, HANS: Gottesdienstlehre, Bd.1: Die Lehre vom Gottesdienst, München 1937
ASSMANN, ALEIDA: Geschichte findet Stadt, in: MORITZ CSÁKY / CHRISTOPH LEITGEB (Hg.): Kommunikation – Gedächtnis – Raum. Kulturwissenschaften nach dem Spatial Turn, Bielefeld 2009, 13–27
ASSMANN, ALEIDA: Erinnerungsräume. Formen und Wandlungen des kulturellen Gedächtnisses, München ³2006
AUER, REINHARD LAMBERT u. a. (Hg. für die Evangelische Gesamtkirchengemeinde Stuttgart und den Verein für Kirche und Kunst in der Evangelischen Landeskirche in Württemberg e.V.): Stiftskirche Stuttgart. Architektur und Gegenwartskunst, Darmstadt 2004

BAHR, PETRA: Fremde Orte. Die Kirche als Heterotopos in der Stadt [Vortrag in der Martinskirche zu Kassel, 5.9.2007], <http://www.ekd.de/download/bahr_kirchen_als_heterotopien_in__der_stadt.pdf> [Zugriff vom 10.10.2012] BARTH, ULRICH: Was ist Religion?, ZThK 93 (4/1996), 538–560
BENN, MARTIN: Einleitung, in: MARTIN BENN (Hg.): Heilige Räume. Gotteshäuser zwischen Verkündigungspotential und Abriss, (Materialhefte des „Zentrum Verkündigung der EKHN", Fachbereich Gottesdienst, Kunst und Kultur 104), Frankfurt a. M. 2006, 7–10
BENN, MARTIN / ZINK, MARKUS: Raum – Gestalt als Verkündigung, in: ZENTRUM FÜR MEDIEN KUNST KULTUR IM AMT FÜR GEMEINDEDIENST DER EV.-LUTH. LANDESKIRCHE HANNOVERS / KUNSTDIENST DER EVANGELISCHEN KIRCHE BERLIN (Hg.): Kirchenräume – Kunsträume. Hintergründe, Erfahrungsberichte, Praxisanleitun-

2 Literatur

gen für den Umgang mit zeitgenössischer Kunst in Kirchen. Ein Handbuch, (Ästhetik – Theologie – Liturgik 17), Münster u. a. 2002, 72–87
BERGMANN, SIGURD: Theology in its Spatial Turn. Space, Place and Built Environments Challenging and Changing the Images of God, Religion Compass 1 (3/2007), 353–379
BERTRAM, GEORG W.: Ästhetische Erfahrung – Perspektiven auf einen Schlüsselbegriff der Kunstphilosophie, in: WILHELM GRÄB u. a. (Hg.): Ästhetik und Religion. Interdisziplinäre Beiträge zur Identität und Differenz von ästhetischer und religiöser Erfahrung, (Religion – Ästhetik – Medien 2), Frankfurt a. M. 2007, 99–111
BEUTTLER, ULRICH: Gott und Raum – Theologie der Weltgegenwart Gottes, (FSÖTh 127), Göttingen 2010
BEYER, FRANZ-HEINRICH: Kirchenbau. Gemeinde als „Tempel Gottes" und die „Kirchen aus Stein". Historische und aktuelle Aspekte einer spannungsvollen Beziehung, in: KERSTIN SCHIFFNER u. a. (Hg.): Fragmentarisches Wörterbuch. Beiträge zur biblischen Exegese und christlichen Theologie. Horst Balz zum 70. Geburtstag, Stuttgart 2007, 258–267
BEYER, FRANZ-HEINRICH: Geheiligte Räume. Theologie, Geschichte und Symbolik des Kirchengebäudes, 2., durchges. Aufl., Darmstadt 2009
BEYRICH, TILMAN: Theosphären. Raum als Thema der Theologie, Leipzig 2011
BIERITZ, KARL-HEINRICH: Liturgik, Berlin / New York 2004
BIZER, CHRISTOPH: Begehung als eine religionspädagogische Kategorie für den schulischen Religionsunterricht, in: CHRISTOPH BIZER: Kirchgänge im Unterricht und anderswo. Zur Gestaltwerdung von Religion, Göttingen 1995, 167–184
BOCK, ULRICH: Art. Kirchengestühl II. Kunstgeschichtlich, RGG[4], Bd. 4, 1196f.
BOCKEMÜHL, MICHAEL: Atmosphären sehen. Ästhetische Wahrnehmung als Praxis, in: ZIAD MAHAYNI (Hg.): Neue Ästhetik. Das Atmosphärische und die Kunst [Festschrift für Gernot Böhme zum 65. Geburtstag], München 2002, 203–222
BÖHME, GERNOT: Atmosphäre. Essays zur neuen Ästhetik, Frankfurt a. M. 1995 (*im Fließtext ggf. als „Atmos" kenntlich gemacht*)
BÖHME, GERNOT: Atmosphären kirchlicher Räume, in: HELGE ADOLPHSEN / ANDREAS NOHR (Hg. im Auftr. des Arbeitsausschusses des Evangelischen Kirchbautages): Sehnsucht nach heiligen Räumen – eine Messe in der Messe. Berichte und Ergebnisse des 24. Evangelischen Kirchbautages 31. Oktober bis 3. November 2002 in Leipzig, Darmstadt 2003, 111–124
BÖHME, GERNOT: Architektur und Atmosphäre, München / Paderborn 2006 (*im Fließtext ggf. als „Arch" kenntlich gemacht*)
BÖHME, GERNOT: Der Raum leiblicher Anwesenheit, Der Architekt (5–6/2006), 34–40
BOHREN, RUDOLF: Glaube und Ästhetik – ein vergessenes Kapitel der Theologie, BThZ 6 (1/1989), 2–7
BOLLNOW, OTTO FRIEDRICH: Mensch und Raum, 10. Aufl., Stuttgart 2004 ([1]1963)
BONNEMANN, JENS: Die wirkungsästhetische Interaktion zwischen Text und Leser. Wolfgang Isers impliziter Leser im *Herzmaere* Konrads von Würzburg, (Lateres. Texte und Studien zu Antike, Mittelalter und früher Neuzeit Bd. 7), Frankfurt a. M. 2008

BUBNER, RÜDIGER: Über einige Bedingungen gegenwärtiger Ästhetik, NHP 5 (1973), 38–73
BUBNER, RÜDIGER: Ästhetische Erfahrung, Frankfurt a. M. 1989
BÜRGEL, RAINER: Raum und Ritual. Kirchbau und Gottesdienst in theologischer und ästhetischer Sicht, Göttingen 1995
BÜRKLIN, THORSTEN: Das Entwerfen – ein vorausschauendes Bespielen des architektonischen Raumes, Wolkenkuckucksheim – Internationale Zeitschrift zur Theorie der Architektur 4 (1/1999), <http://www.tu-cottbus.de/theoriederarchitektur/wolke/deu/Themen/991/Buerklin/buerklin.html> [Zugriff vom 10.10.2012]
BUSSE, HANS-BUSSO VON: Raum und Ritus – Das Kunstwerk Liturgie erwartet Baukunst. Gedanken zu Schönheit und Spiritualität des Kirchenraumes, in: RAINER BÜRGEL (Hg.): Raum und Ritual. Kirchbau und Gottesdienst in theologischer und ästhetischer Sicht, Göttingen 1995, 93–114

DAVIES, J.G.: The Secular Use of Church Buildings, London 1968
DEGEN, ROLAND: „Echt stark hier!" – Kirchenräume erschließen. Aufgaben – Typen – Kriterien, in: ROLAND DEGEN / INGE HANSEN (Hg.): Lernort Kirchenraum. Erfahrungen – Einsichten – Anregungen, Münster u. a. 1998, 5–19
DEGEN, ROLAND: Lernort Kirchenraum. Sieben Annäherungen an ein religionspädagogisches Thema, in: ANNA-KATHARINA SZAGUN (Hg.): Erfahrungsräume. Theologische Beiträge zur kulturellen Erneuerung, (Rostocker theologische Studien 3), Münster u. a. 1999, 97–104 (Lernort I)
DEGEN, ROLAND: Art. Lernort Kirchenraum, in: NORBERT METTE / FOLKERT RICKERS (Hg.): Lexikon der Religionspädagogik, Bd. 2, Neukirchen-Vluyn 2001, 1224–1227 (Lernort II)
DEGEN, ROLAND: Raum geben – Kirchenräume erschließen. Aspekte und Intentionen, Kirchenpädagogik (2/2001), 5–9 (Raum I)
DEGEN, ROLAND: Den Räumen Raum geben, in: CHRISTOPH BIZER u. a. (Hg.): Religionsdidaktik, (JRPäd 18), Neukirchen-Vluyn 2002, 115–123 (Raum II)
DEGEN, ROLAND / HANSEN, INGE (Hg.): Lernort Kirchenraum. Erfahrungen – Einsichten – Anregungen, Münster u. a. 1998
DEGEN, ROLAND / HANSEN, INGE: Architektur und Kirchenraum, in: GOTTFRIED BITTER u. a. (Hg.): Neues Handbuch religionspädagogischer Grundbegriffe, München 2002, 71–75
DOBER, HANS MARTIN: Die Zeit ins Gebet nehmen. Medien und Symbole im Gottesdienst als Ritual, (Arbeiten zur Pastoraltheologie, Liturgik und Hymnologie 55), Göttingen 2009
DÖRING, JÖRG / THIELEMANN, TRISTAN: Einleitung: Was lesen wir im Raume? Der Spatial Turn und das geheime Wissen der Geographen, in: JÖRG DÖRING / TRISTAN THIELEMANN (Hg.): Spatial Turn. Das Raumparadigma in den Kultur- und Sozialwissenschaften, Bielefeld 2008, 7–45
DÖRNEMANN, HOLGER: Kirchenpädagogik. Ein religionsdidaktisches Prinzip. Grundannahmen – Methoden – Zielsetzungen, (Kirche in der Stadt 18), Berlin 2011
DREHSEN, VOLKER: Protestantische Religion und praktische Rationalität. Zur Konvergenz eines ethischen Themas in der Praktischen Theologie Otto Baumgartens und

Soziologie Max Webers, in: WOLFGANG STECK (Hg.): Otto Baumgarten. Studien zu Leben und Werk, (SVSHKG.B 41), Neumünster 1986, 197–235

DREHSEN, VOLKER: Bürger-Eucharistie. „Wrapped Reichstag" im Spiegel der Pressereaktionen: ein Lehrstück ästhetischer Kulturreligion, in: KRISTIAN FECHTNER u. a. (Hg.): Religion wahrnehmen [Festschrift für Karl-Fritz Daiber zum 65. Geburtstag], Marburg 1996, 186–200

DREHSEN, VOLKER: Narrare necesse est. Eine essayistische Skizze zum Sinn des Erzählens in praktisch-theologischer Sicht, PThI 26 (2/2006), 64–78

DREIER, ROLF PAUL: Der Totentanz – ein Motiv der kirchlichen Kunst als Projektionsfläche für profane Botschaften (1425–1650), Enschede 2010

DREYER, CLAUS: Semiotische Aspekte der Architekturwissenschaft: Architektursemiotik, in: ROLAND POSNER u. a. (Hg.): Semiotik / Semiotics. Ein Handbuch zu den zeichentheoretischen Grundlagen von Natur und Kultur / A Handbook on the Sign-Theoretic Foundations of Nature and Culture, Bd. 3, Berlin / New York 2003, 3234–3278

ECO, UMBERTO: Einführung in die Semiotik. Autorisierte deutsche Ausgabe von Jürgen Trabant, 8., unveränd. Aufl., München 1994

ECO, UMBERTO: Das offene Kunstwerk, (übers. aus dem Italienischen von Günter Memmert [ital. Original: Opera aperta, 1962]), (stw 222), Frankfurt a. M. 2010 (= Nachdr. der 9. Aufl. 2002; ¹1973)

ELLWARDT, KATHRIN: Evangelischer Kirchenbau in Deutschland, (Imhof-Kulturgeschichte), Petersberg 2008

EMMINGHAUS, JOHANNES H.: Der gottesdienstliche Raum und seine Ausstattung, in: HANS BERNHARD MEYER u. a. (Hg.): Gestalt des Gottesdienstes. Sprachliche und nichtsprachliche Ausdrucksformen, (GDK 3), 2. durchges. und erg. Aufl., Regensburg 1990, 347–416

ENGLERT, RUDOLF: Sakramente und Postmoderne. Ein chancenreiches Verhältnis, KatBl 121 (3/1996), 155–163

ERNE, PAUL THOMAS: Lebenskunst. Aneignung ästhetischer Erfahrung. Ein theologischer Beitrag zur Ästhetik im Anschluß an Kierkegaard, (Studies in Philosophical Theology 11), Kampen 1994 (Lebenskunst I)

ERNE, THOMAS: Art. Rezeption III. Praktisch-theologisch, TRE 29, 149–155

ERNE, THOMAS: Ordnung und Chaos. Kirchenräume als Orte religiöser Kommunikation [Vortrag im 37. Studienkurs des Arbeitskreises Kirche und Sport der EKD vom 1.–9.2.2007 in Sils / Maria „Heilige Räume – bewegte Räume"], <http://www.ekd.de/kirche-und-sport/daten/erne_thomas.pdf> [Zugriff vom 10.10.2012]

ERNE, THOMAS: Vom Fundament zum Ferment. Religiöse Erfahrung mit ästhetischer Erfahrung, <http://www.kirchbautag.de/uploads/media/Vom_Fundament_zum_Ferment_.pdf> [Zugriff vom 10.10.2012]

ERNE, THOMAS: Die Kunst der Aneignung in der Aneignung der Kunst. Lebenskunst als Thema der Theologie im Anschluß an Kierkegaard, in: DIETRICH NEUHAUS / ANDREAS MERTIN (Hg.): Wie in einem Spiegel ... Begegnungen von Kunst, Religion, Theologie und Ästhetik, (ArTe 109), Frankfurt a. M. 1999, 231–247 (Lebenskunst II)

ERNE, THOMAS: Spielräume des Glaubens. Zur Bedeutung des Raums für eine ganzheitliche Gottesdienstpraxis, tà katoptrizómena – Magazin für Kunst | Kultur | Theologie | Ästhetik 4 (16/2002), <http://www.theomag.de/16/te3.htm> [Zugriff vom 10.10.2012]

ERNE, THOMAS: Die Wiederentdeckung des Raumes in der Evangelischen Theologie, Arbeitsstelle Gottesdienst – Zeitschrift der Gemeinsamen Arbeitsstelle für gottesdienstliche Fragen der Evangelischen Kirche in Deutschland 21 (2/2007), 5–13

ERNE, THOMAS: Rez. zu Jooß, Elisabeth: Raum. Eine theologische Interpretation, ThLZ 132 (3/2007), 362–365

ERNE, THOMAS: Gravitationszentren der Religion – Zu den Arbeiten von Holger Walter im Raum der Kirche in: HOLGER WALTER (Hg.): Aus_Grabungen. Stein Papier Raum, Ettlingen 2009, 57–59

ERNE, THOMAS / SCHÜZ, PETER: Die Religion des Raumes und die Räumlichkeit der Religion, in: THOMAS ERNE / PETER SCHÜZ (Hg.): Die Religion des Raumes und die Räumlichkeit der Religion, (Arbeiten zur Pastoraltheologie, Liturgik und Hymnologie 63), Göttingen 2010, 9–19

EVERS, DIRK: Raum – Materie – Zeit. Schöpfungstheologie im Dialog mit naturwissenschaftlicher Kosmologie, (HUTh 41), Tübingen 2000

FAILING, WOLF-ECKART: „In den Trümmern des Tempels". Symbolischer Raum und Heimatbedürfnis als Thema der Praktischen Theologie. Eine Annäherung, PTh 86 (1997), 375–391

FAILING, WOLF-ECKART: Die eingeräumte Welt und die Transzendenzen Gottes, in: WOLF-ECKART FAILING / HANS-GÜNTER HEIMBROCK (Hg.): Gelebte Religion wahrnehmen. Lebenswelt – Alltagskultur – Religionspraxis, Stuttgart u. a. 1998, 91–122

FISCHER-LICHTE, ERIKA: Ästhetische Erfahrung als Schwellenerfahrung, ZAAK 46 (2/2001), 189–207

FISCHER, GÜNTHER: Architektur und Sprache. Grundlagen des architektonischen Ausdruckssystems, Stuttgart / Zürich 1991

FISH, STANLEY: Why No One's Afraid of Wolfgang Iser, Diacritics 11 (1/1981), 2–13

FLADE, ANTJE: Architektur – psychologisch betrachtet, Bern 2008

FLUCK, WINFRIED: Ästhetische Erfahrung und Identität, ZAAK 49 (1/2004), 9–28

FRANÇOIS, ETIENNE: Kirchen, in: CHRISTOPH MARKSCHIES / HUBERT WOLF (Hg.): Erinnerungsorte des Christentums, München 2010, 707–724

FREIGANG, CHRISTIAN: Meisterwerke des Kirchenbaus, (Reclams Universal-Bibliothek 18599), Stuttgart 2009

FREYTAG, HARTMUT: Der Totentanz der Marienkirche in Lübeck und der Nikolaikirche in Reval (Tallinn). Edition, Kommentar, Interpretation, Rezeption, (Niederdeutsche Studien 39), Köln u. a. 1993

FREYTAG, HARTMUT / BLESSIN, STEFAN: Vorwort und Einleitung, in: HARTMUT FREYTAG / STEFAN BLESSIN (Hg.): Der Totentanz der Marienkirche in Lübeck und der Nikolaikirche in Reval (Tallinn). Edition, Kommentar, Interpretation, Rezeption, (Niederdeutsche Studien 39), Köln u. a. 1993, 7–12

FRIEDRICH, KATJA: Das Konkrete und die Architektur. Aneignungsfreundliche Architektur. Für eine Neuorientierung am konkreten Gebrauch, Wolkenkuckucksheim – Internationale Zeitschrift zur Theorie der Architektur 14 (1/2009), <http://www.tu-cottbus.de/theoriederarchitektur/Wolke/wolke_neu/inhalt/de/heft/ausgaben/109/Friedrich/friedrich.php> [Zugriff vom 10.10.2012]

FRIEDRICH, KATJA: Geplante Unbestimmtheit. Aneignungsoffene Architektur für Selbstbestimmung im gelebten Raum am Beispiel des Kölner Bretts, (Schriftenreihe Architekturtheorie und empirische Wohnforschung 5), Aachen 2011

FUNKE, MANDY: Rezeptionstheorie – Rezeptionsästhetik. Betrachtungen eines deutsch-deutschen Diskurses, Bielefeld 2004

GEHRING, HANS-ULRICH: Schriftprinzip und Rezeptionsästhetik. Rezeption in Martin Luthers Predigt und bei Hans Robert Jauß, Neukirchen-Vluyn 1999

GEIGER, MICHAELA: Gottesräume. Die literarische und theologische Konzeption von Raum im Deuteronomium, (BWANT 183), Stuttgart 2010

GERHARDS, ALBERT: Der Kirchenraum als „Liturge". Anregungen zu einem anderen Dialog von Kunst und Kirche, in: FRANZ KOHLSCHEIN / PETER WÜNSCHE (Hg.): Heiliger Raum. Architektur, Kunst und Liturgie in mittelalterlichen Kathedralen und Stiftskirchen, (LWQF 82), Münster 1998, 225–242

GEYER, HERMANN: „Sprechende Räume"? Fragmente einer ‚Theologie' des Kirchenraumes, in: SIGRID GLOCKZIN-BEVER / HORST SCHWEBEL (Hg.): Kirchen – Raum – Pädagogik, (Ästhetik – Theologie – Liturgik 12), Münster 2002, 31–98

GIACOMUZZI-PUTZ, RENATE: Was wurde aus der Rezeptionsästhetik? Entstehung und Verlauf eines literaturtheoretischen Diskurses, Hitotsubashi Journal of Arts and Sciences 35 (1994), 95–108

GLOCKZIN-BEVER, SIGRID: Was der Kirchenraum lehrt. Fachdidaktische Überlegungen zur Kirchenraumpädagogik, in: SIGRID GLOCKZIN-BEVER / HORST SCHWEBEL (Hg.): Kirchen – Raum – Pädagogik, (Ästhetik – Theologie – Liturgik 12), Münster 2002, 163–192

GLOCKZIN-BEVER, SIGRID / SCHWEBEL, HORST (Hg.): Kirchen – Raum – Pädagogik, (Ästhetik – Theologie – Liturgik 12), Münster 2002

GOECKE-SEISCHAB, MARGARETE / OHLEMACHER, JÖRG: Kirchen erkunden, Kirchen erschließen. Ein Handbuch mit über 300 Bildern und Tafeln, einer Einführung in die Kirchenpädagogik und einem ausführlichen Lexikonteil, Köln 2010 (¹1998)

GOMOLLA, STEPHANIE: Lesbare Architektur und architektonischer Text. Metaphern und deren Überwindung bei Michel Butor, metaphorik.de (2/2002), <http://www.metaphorik.de/02/gomolla.htm> [Zugriff vom 10.10.2012]

GRÄB, WILHELM: Neuer Raum für Gottesdienste – Raum für neue Gottesdienste? Die zeitgenössische Konsum- und Erlebniskultur als Herausforderung an die Ästhetik gottesdienstlicher Räume, in: PETER STOLT u. a. (Hg.): Kulte, Kulturen, Gottesdienste. Öffentliche Inszenierung des Lebens [Peter Cornehl zum 60. Geburtstag], Göttingen 1996, 172–184

GRÄB, WILHELM: Kunst und Religion in der Moderne. Thesen zum Verhältnis von ästhetischer und religiöser Erfahrung, in: JÖRG HERRMANN u. a. (Hg.): Die

Gegenwart der Kunst. Ästhetische und religiöse Erfahrung heute, München 1998, 57–72

GRÄB, WILHELM: Lebensgeschichten – Lebensentwürfe – Sinndeutungen. Eine Praktische Theologie gelebter Religion, Gütersloh 1998

GRÄB, WILHELM: Gott ohne Raum – Raum ohne Gott?, in: HELGE ADOLPHSEN / ANDREAS NOHR (Hg. im Auftr. des Arbeitsausschusses des Evangelischen Kirchbautages): Sehnsucht nach heiligen Räumen – eine Messe in der Messe. Berichte und Ergebnisse des 24. Evangelischen Kirchbautages 31. Oktober bis 3. November 2002 in Leipzig, Darmstadt 2003, 95–108

GRÄB, WILHELM: Ästhetik. Ästhetische und Religiöse Erfahrung / Kunst und Religion / Produktionsästhetik / Rezeptionsästhetik, in: WILHELM GRÄB / BIRGIT WEYEL (Hg.): Handbuch Praktische Theologie, Gütersloh 2007, 737–747

GRÄB, WILHELM: Die Autonomie der Kunst im Raum der Kirche, in: WILHELM GRÄB u. a. (Hg.): Ästhetik und Religion. Interdisziplinäre Beiträge zur Identität und Differenz von ästhetischer und religiöser Erfahrung, (Religion – Ästhetik – Medien 2), Frankfurt a. M. 2007, 233–247

GRÄB, WILHELM: Einige vorläufige Bemerkungen zum Verhältnis von ästhetischer und religiöser Erfahrung, in: WILHELM GRÄB u. a. (Hg.): Ästhetik und Religion. Interdisziplinäre Beiträge zur Identität und Differenz von ästhetischer und religiöser Erfahrung, (Religion – Ästhetik – Medien 2), Frankfurt a. M. 2007, 17–22

GRÄB, WILHELM: Einleitung. Individualisierung – Spiritualität – Religion. Transformationsprozesse auf dem religiösen Feld in interdisziplinärer Perspektive, in: WILHELM GRÄB / LARS CHARBONNIER (Hg.): Individualisierung – Spiritualität – Religion. Transformationsprozesse auf dem religiösen Feld in interdisziplinärer Perspektive, (Studien zu Religion und Kultur 1), Berlin 2008, 9–19

GRAEVENITZ, GERHART VON / MARQUARD, ODO (Hg.): Kontingenz, (Poetik und Hermeneutik 17), München 1998

GRIMM, GUNTER: Rezeptionsgeschichte. Grundlegung einer Theorie. Mit Analysen und Bibliographie, München 1977

GROß, GISELA: „Man kann Gott in jeder Kirche etwas sagen". Zur Wahrnehmung von Kirchenräumen, in: FRIEDEMANN GREEN / WOLFGANG GRÜNBERG (Hg.): Um der Hoffnung willen. Praktische Theologie mit Leidenschaft [Festschrift für Wolfgang Grünberg], (Kirche in der Stadt 10), Hamburg 2000, 96–103

GRÜNBERG, WOLFGANG (Hg. in Zusammenarbeit mit ALEXANDER HÖNER): Wie roter Bernstein. Backsteinkirchen von Kiel bis Kaliningrad. Ihre Kraft in Zeiten religiöser und politischer Umbrüche, München / Hamburg 2008

GRÜNBERG, WOLFGANG / HÖNER, ALEXANDER: Wie roter Bernstein: Backsteinkirchen als Symbole im Ostseeraum. Eine Hinführung, in: WOLFGANG GRÜNBERG (Hg. in Zusammenarbeit mit ALEXANDER HÖNER): Wie roter Bernstein. Backsteinkirchen von Kiel bis Kaliningrad. Ihre Kraft in Zeiten religiöser und politischer Umbrüche, München / Hamburg 2008, 13–25

GUMBRECHT, HANS ULRICH: Wolfgang Iser: Der Akt des Lesens. Theorie ästhetischer Wirkung, Poetica 9 (1977), 522–534 (Rezension)

HAAS, WALTER: Art. Kirchenbau II. Mittelalter, TRE 19, 442–456

HAEFNER, GERHARD: Rezeptionsästhetik, in: ANSGAR NÜNNING (Hg.): Literaturwissenschaftliche Theorien, Modelle und Methoden. Eine Einführung, 4., erw. Aufl., Trier 2004, 107–118

HÄMEL, BEATE-IRENE: Textur-Bildung. Religionspädagogische Überlegungen zur Identitätsentwicklung im Kulturwandel, (Glaubenskommunikation Reihe „Zeitzeichen" 19), Ostfildern 2007

HAMMER-SCHENK, HAROLD: Art. Kirchenbau IV. 19. und frühes 20. Jahrhundert, TRE 18, 498–514

HAMMES, AXEL / SCHLIMBACH, GUIDO: „Ihr Licht war leuchtend klar wie Kristall" (Offb 21,11). Das neue Südquerhausfenster von Gerhard Richter im Kölner Dom und die Vision vom neuen Jerusalem in Offb 21,1–22,5, Pastoralblatt für die Diözesen Aachen, Berlin, Essen, Hildesheim, Köln, Osnabrück 58 (11/2006), 341–346

HANSEN, INGE: Zugänge ermöglichen durch Bewegung, in: ROLAND DEGEN / INGE HANSEN (Hg.): Lernort Kirchenraum. Erfahrungen – Einsichten – Anregungen, Münster 1998, 57–75

HASSE, JÜRGEN: Raum und Gefühl, Der Architekt (7–8/2003), 48–51

HAUSCHILDT, EBERHARD: Evangelische Kirche – ein heiliger Ort? Vom Nutzen protestantischer Räume in der Stadt, in: MATTHIAS PAPE (Hg.): Kirche in der Stadt – für die Stadt. Fünf Jahre Citykirchenarbeit an der Marktkirche in Essen, Hannover ²2000

HAWTHORN, JEREMY: Grundbegriffe moderner Literaturtheorie. Ein Handbuch, (übers. aus dem Englischen von Waltraud Kolb), Tübingen / Basel 1994

HEINE, SUSANNE: Kirchen – Raumstationen auf der Seelenreise, in: HELGE ADOLPHSEN / ANDREAS NOHR (Hg. im Auftr. des Arbeitsausschusses des Evangelischen Kirchbautages): Sehnsucht nach heiligen Räumen – eine Messe in der Messe. Berichte und Ergebnisse des 24. Evangelischen Kirchbautages 31. Oktober bis 3. November 2002 in Leipzig, Darmstadt 2003, 125–137

HENCKMANN, WOLFHART: Art. Rezeptionsästhetik, in: WOLFHART HENCKMANN / KONRAD LOTTER (Hg.): Lexikon der Ästhetik, München 1992, 203f.

HERLYN, ULFERT: Zur Aneignung von Raum im Lebensverlauf, in: LOTHAR BERTELS / ULFERT HERLYN (Hg.): Lebenslauf und Raumerfahrung, (Biographie und Gesellschaft 9), Opladen 1990, 7–34

HERRMANN, JÖRG: Medienerfahrung und Religion. Eine empirisch-qualitative Studie zur Medienreligion, (Arbeiten zur Pastoraltheologie, Liturgik und Hymnologie 51), Göttingen 2007

HERRMANN, JÖRG / METELMANN, JÖRG: Dimensionen des Erfahrungsbegriffs. Skizzen zur Theorie und Phänomenologie der Jetztzeit, in: WILHELM GRÄB u. a. (Hg.): Ästhetik und Religion. Interdisziplinäre Beiträge zur Identität und Differenz von ästhetischer und religiöser Erfahrung, (Religion – Ästhetik – Medien 2), Frankfurt a. M. 2007, 23–49

HERTWECK, FLORIAN: Die Verdrängung des kulturellen Gedächtnisses. Über die architektonische Materialitätssimulation im „Zeitalter der touristischen Reproduzierbarkeit", in: PHILIP BRACHER u. a. (Hg.): Materialität auf Reisen: Zur kulturellen Transformation der Dinge, (Reiseliteratur und Kulturanthropologie 8), Berlin 2006, 277–298

HIEBEL, HANS H.: Vorwort, in: DORIS PANY: Wirkungstästhetische Modelle. Wolfgang Iser und Roland Barthes im Vergleich, Erlangen / Jena 2000

HOBURG, RALF: Der „anonyme" Kirchenbesucher. Befragung von Kirchenbesucherinnen und Kirchenbesuchern in insgesamt 18 Kirchen-gemeinden der Ev.-Luth. Landeskirche Hannovers, o. O. u. o. J. *(unveröffentlicht – Typoskript dankenswerter Weise vom Autor zur Verfügung gestellt)*

HOFMANN, WERNER: Die Geburt der Moderne aus dem Geist der Religion, in: WERNER HOFMANN (Hg.): Luther und die Folgen für die Kunst (Katalog der Hamburger Kunsthalle zur Ausstellung vom 11. November 1983 bis 8. Januar 1984), München 1983, 23–71

HOHENDAHL, PETER UWE: Der privilegierte Leser: Rezeptionsästhetik und Reader-Response Theory als konkurrierende Ansätze, in: WOLFGANG ADAM u. a. (Hg.): Wissenschaft und Systemveränderung. Rezeptionsforschung in Ost und West – eine konvergente Entwicklung?, (Beihefte zum Euphorion 44), Heidelberg 2003, 211–223

HOLUB, ROBERT C.: Reception Theory. A critical introduction, (New Accents), London / New York 1984

HÜLSEN, DOROTHY VON: Alfred Mahlau, die Totentanz-Fenster der Marienkirche in Lübeck, in: HARTMUT FREYTAG (Hg.): Der Totentanz der Marienkirche in Lübeck und der Nikolaikirche in Reval (Tallinn). Edition, Kommentar, Interpretation, Rezeption, (Niederdeutsche Studien 39), Köln u. a. 1993, 385–403

HUGO, VICTOR: Notre-Dame de Paris. 1482. Les Travailleurs de la mer. Textes établis, présentés et annotés par Jacques Seebacher et Yves Gohin, (Bibliothèque de la Pléiade 260), o. O. [Paris] 1975

HUSSERL, EDMUND: Zur Phänomenologie des inneren Zeitbewusstseins (1893–1917), Husserliana (Edmund Husserl, Gesammelte Werke), Bd. X, hg. v. RUDOLF BOEHM, Den Haag 1966, 19–71

ILLIES, CHRISTIAN: Die Architektur als Kunst, ZAAK 50 (1/2005), 57–76

INGARDEN, ROMAN: Das literarische Kunstwerk, 3., durchges. Aufl., Tübingen 1965

ISENBERG, WOLFGANG: Religion und Tourismus. Ergebnisse einer bundesweiten Repräsentativuntersuchung 2011, o. O. u. o. J. *(unveröffentlicht – Typoskript dankenswerter Weise vom Autor zur Verfügung gestellt)*

ISER, WOLFGANG: Die Appellstruktur der Texte. Unbestimmtheit als Wirkungsbedingung literarischer Prosa, (Konstanzer Universitätsreden 28), Konstanz 1970 (Appellstruktur I)

ISER, WOLFGANG: Der implizite Leser. Kommunikationsformen des Romans von Bunyan bis Beckett, München 1972 (^{2}1979)

ISER, WOLFGANG: Der Lesevorgang, in: RAINER WARNING (Hg.): Rezeptionsästhetik. Theorie und Praxis, München 1975, 253–276

ISER, WOLFGANG: Die Appellstruktur der Texte. Unbestimmtheit als Wirkungsbedingung literarischer Prosa, in: RAINER WARNING (Hg.): Rezeptionsästhetik. Theorie und Praxis, München 1975, 228–252 (Appellstruktur II)

ISER, WOLFGANG: Im Lichte der Kritik, in: RAINER WARNING (Hg.): Rezeptionsästhetik. Theorie und Praxis, München 1975, 325–342

2 Literatur

ISER, WOLFGANG: Der Akt des Lesens. Theorie ästhetischer Wirkung, München 1976 (⁴1994)

ISER, WOLFGANG: Interaction between Text and Reader, in: SUSAN R. SULEIMAN / INGE CROSMAN (Hg.): The Reader in the Text. Essays on Audience and Interpretation, Princeton, NJ / Guildford 1980, 106–119

ISER, WOLFGANG: The Reading Process. A Phenomenological Approach, in: JANE P. TOMPKINS (Hg.): Reader-Response Criticism. From Formalism to Post-Structuralism, Baltimore, Md. / London 1981, 50–69

ISER, WOLFGANG: Talk Like Whales. A Reply to Stanley Fish, Diacritics 11 (3/1981), 82–87

ISER, WOLFGANG: Das Literaturverständnis zwischen Geschichte und Zukunft, Der Deutschunterricht 34 (6/1982), 8–25

ISER, WOLFGANG: Akte des Fingierens. Oder: Was ist das Fiktive im fiktionalen Text?, in: DIETER HENRICH / WOLFGANG ISER (Hg.): Funktionen des Fiktiven, (Poetik und Hermeneutik 10), München 1983, 121–151 (Fingieren I)

ISER, WOLFGANG: Towards a Literary Anthropology, in: RALPH COHEN (Hg.): The future of literary theory, New York / London 1989, 208–228

ISER, WOLFGANG: Fingieren als anthropologische Dimension der Literatur, (Konstanzer Universitätsreden 175), Konstanz 1990 (Fingieren II)

ISER, WOLFGANG: Das Fiktive und das Imaginäre. Perspektiven literarischer Anthropologie, Frankfurt a. M. 1993

ISER, WOLFGANG: Art. Reading, in: LESTER EMBREE (Hg.): Encyclopedia of Phenomenology, (Contributions to Phenomenology 18), Dordrecht u. a. 1997, 582–586

JANSON, ALBAN: Architektur ist Entwurf, Wolkenkuckucksheim – Internationale Zeitschrift zur Theorie der Architektur 4 (1/1999), <http://www.tu-cottbus.de/theoriederarchitektur/Wolke/deu/Themen/991/Janson/janson.html> [Zugriff vom 10.10.2012]

JAUß, HANS ROBERT: Art. Rezeption, HWPh 8, 996–1004

JAUß, HANS ROBERT (Hg.): Nachahmung und Illusion. Kolloquium Gießen Juni 1963. Vorlagen und Verhandlungen, (Poetik und Hermeneutik 1), München 1964 (²1969)

JAUß, HANS ROBERT: Literaturgeschichte als Provokation der Literaturwissenschaft, (Konstanzer Universitätsreden 3), Konstanz 1967 (Provokation I)

JAUß, HANS ROBERT: Paradigmawechsel in der Literaturwissenschaft, Linguistische Berichte 1 (3/1969), 44–56

JAUß, HANS ROBERT: Literaturgeschichte als Provokation, Frankfurt a. M. 1970 (Provokation II)

JAUß, HANS ROBERT: Kleine Apologie der ästhetischen Erfahrung. Mit kunstgeschichtlichen Bemerkungen von Max Imdahl, (Konstanzer Universitätsreden 59), Konstanz 1972

JAUß, HANS ROBERT: Racines und Goethes Iphigenie. Mit einem Nachwort über die Partialität der rezeptionsästhetischen Methode, in: RAINER WARNING (Hg.): Rezeptionsästhetik. Theorie und Praxis, München 1975, 353–400

JAUß, HANS ROBERT: Die Theorie der Rezeption. Rückschau auf ihre unerkannte

Vorgeschichte. Rede zur Emeritierung, (Konstanzer Universitätsreden 166), Konstanz 1987

JAUß, HANS ROBERT: Ästhetische Erfahrung und literarische Hermeneutik, (stw 955), Frankfurt a. M. 1991

JEANROND, WERNER G.: Text und Interpretation als Kategorien theologischen Denkens, (HUTh 23), Tübingen 1986

JENSEN, ROBIN MARGARET: The Substance of Things Seen. Art, Faith, and the Christian Community, (The Calvin Institute of Christian Worship liturgical studies series), Grand Rapids, Mich. / Cambridge 2004

JOEDICKE, JÜRGEN: Raum und Form in der Architektur. Über den behutsamen Umgang mit der Vergangenheit / Space and form in architecture, (übers. ins Englische von Peter Green), Stuttgart 1985

JOHANNSEN, ANJA K.: Kisten, Krypten, Labyrinthe. Raumfigurationen in der Gegenwartsliteratur: W.G. Sebald, Anne Duden, Herta Müller, Bielefeld 2008

JOOß, ELISABETH: Raum. Eine theologische Interpretation, (BEvTh 122), Gütersloh 2005

JOOß, ELISABETH: Theologie, in: STEPHAN GÜNZEL (Hg.): Raumwissenschaften, (stw 1891), Frankfurt a. M. 2009, 386–399

JOOß, ELISABETH: KREUZ und quer – Raum als Grundkategorie christlicher Weltdeutung, in: THOMAS ERNE / PETER SCHÜZ (Hg.): Die Religion des Raumes und die Räumlichkeit der Religion, (Arbeiten zur Pastoraltheologie, Liturgik und Hymnologie 63), Göttingen 2010, 67–83

JOSUTTIS, MANFRED: Der Weg in das Leben. Eine Einführung in den Gottesdienst auf verhaltenswissenschaftlicher Grundlage, München 1991

JOSUTTIS, MANFRED: Vom Umgang mit heiligen Räumen, in: ALBRECHT GRÖZINGER / GERT OTTO (Hg.): Gelebte Religion. Im Brennpunkt praktisch-theologischen Denkens und Handelns [Festschrift für Gert Otto zum 70. Geburtstag], (Hermeneutica 6: Practica), Rheinbach 1997, 241–251 (Umgang I)

JOSUTTIS, MANFRED: Gottes Wort im kultischen Ritual. Das Verhältnis von Predigt und Liturgie in der protestantischen Theologie, in: ERICH GARHAMMER / HEINZ-GÜNTHER SCHÖTTLER (Hg.): Predigt als offenes Kunstwerk. Homiletik und Rezeptionsästhetik, München 1998, 168–179

JOSUTTIS, MANFRED: Vom Umgang mit heiligen Räumen, in: THOMAS KLIE (Hg.): Der Religion Raum geben. Kirchenpädagogik und religiöses Lernen, (Grundlegungen. Veröffentlichungen des Religionspädagogischen Instituts Loccum 3), Münster 1998, 34–43 (Umgang II)

JUNG, MATTHIAS: Qualitatives Erleben und artikulierter Sinn – eine pragmatische Hermeneutik religiöser Erfahrung, in: WILHELM GRÄB u. a. (Hg.): Ästhetik und Religion. Interdisziplinäre Beiträge zur Identität und Differenz von ästhetischer und religiöser Erfahrung, (Religion – Ästhetik – Medien 2), Frankfurt a. M. 2007, 51–82

KAFITZ, DIETER: Literaturtheorien in der textanalytischen Praxis, Würzburg 2007

KAMEKE, TESSEN V.: Kirchenpädagogik – Eine Einführung. Das neue Interesse am Kirchenraum, in: CHRISTIANE-B. JULIUS u. a. (Hg.): Der Religion Raum geben. Eine kirchenpädagogische Praxishilfe, Loccum 1999, 5–17

KAUPP, ANGELA: Die Raumdimension religiösen Lernens, BiLi 78 (4/2005), 256–263
KEMP, WOLFGANG: Kunstwissenschaft und Rezeptionsästhetik, in: WOLFGANG KEMP (Hg.): Der Betrachter ist im Bild. Kunstwissenschaft und Rezeptionsästhtetik, Köln 1985, 7–27
KEMP, WOLFGANG: Kunstwerk und Betrachter: Der rezeptionsästhetische Ansatz, in: HANS BELTING u. a. (Hg.): Kunstgeschichte. Eine Einführung, 7., überarb. und erw. Aufl., Berlin 2008, 247–265
KERNER, HANNS: Lebensraum Kirchenraum. Wahrnehmungen aus einer neuen empirischen Untersuchung unter evangelisch Getauften, in: HANNS KERNER (Hg.): Lebensraum Kirchenraum. Das Heilige und das Profane, Leipzig 2008, 7–15
KIECKHEFER, RICHARD: Theology in Stone. Church Architecture from Byzantium to Berkeley, Oxford / New York 2004
KINDT, WALTHER / SCHMIDT, SIEGFRIED J.: Textrezeption und Textinterpretation, in: WOLFGANG BURGHARDT / KLAUS HOLKER (Hg.): Text Processing / Textverarbeitung. Papers in Text Analysis and Text Description / Beiträge zur Textanalyse und Textbeschreibung, (Research in Text Theory / Unterschungen zur Texttheorie 3), Berlin / New York 1979, 119–162 (hier v. a. 119–139, den Teil I von SIEGFRIED J. SCHMIDT: Textrezeption und Textinterpretation: Zur Rekonstruktion eines literaturwissenschaftlichen Problems)
KLEIMANN, BERND: Ästhetische Erkenntnis als Welterschließung, ZAAK 46 (1/2001), 43–52
KLIE, THOMAS (Hg.): Der Religion Raum geben. Kirchenpädagogik und religiöses Lernen, (Grundlegungen. Veröffentlichungen des Religionspädagogischen Instituts Loccum 3), Münster 1998
KLIE, THOMAS: Gottesdienst im Raum, in: CHRISTIAN GRETHLEIN / GÜNTER RUDDAT (Hg.): Liturgisches Kompendium, Göttingen 2003, 260–281
KLIE, THOMAS: Zeichen und Spiel. Semiotische und spieltheoretische Rekonstruktion der Pastoraltheologie, (Praktische Theologie und Kultur 11), Gütersloh 2003
KLIE, THOMAS: Religion sucht Raum. Kirchengebäude in der Postmoderne, in: MICHAEL HERBST u. a. (Hg.): Missionarische Perspektiven für eine Kirche der Zukunft, (Beiträge zur Evangelisation und Gemeindeentwicklung Bd. 1), Neukirchen-Vluyn ²2006, 129–143
KLOTZ, HEINRICH: Geschichte der deutschen Kunst, Bd. 1: Mittelalter 600–1400, München 1998
KNAPPE, KARL ADOLF: Art. Glasmalerei, TRE 13, 270–275
KNODT, REINHARD: Atmosphären, in: REINHARD KNODT (Hg.): Ästhetische Korrespondenzen. Denken im technischen Raum, Stuttgart 1994, 39–69
KOCH, TRAUGOTT: Der lutherische Kirchenbau in der Zeit des Barocks und seine theologischen Voraussetzungen, KuD (2/1981), 111–130
KOPP, STEFAN: Der liturgische Raum in der westlichen Tradition. Fragen und Standpunkte am Beginn des 21. Jahrhunderts, (Ästhetik – Theologie – Liturgik 54), Wien / Berlin 2011
KÖRS, ANNA: Gesellschaftliche Bedeutung von Kirchenräumen. Eine raumsoziologische Studie zur Besucherperspektive. Mit einem Geleitwort von Professor Dr. Hans-Georg Soeffner, Wiesbaden 2012

KORSCH, DIETRICH: Religiöse und ästhetische Erfahrungs- und Erwartungsräume. Vier Thesen, in: WILHELM GRÄB / BIRGIT WEYEL (Hg.): Praktische Theologie und protestantische Kultur, (Praktische Theologie und Kultur 9), Gütersloh 2002, 314–317

KORSCH, DIETRICH: Ästhetik statt Religion? Systematische Erwägungen zu einer kulturgeschichtlichen Dynamik, in: WILHELM GRÄB u. a. (Hg.): Ästhetik und Religion. Interdisziplinäre Beiträge zur Identität und Differenz von ästhetischer und religiöser Erfahrung, (Religion – Ästhetik – Medien 2), Frankfurt a. M. 2007, 249–258

KORSCH, DIETRICH: Schlusswort und Auswertung, in: THOMAS ERNE / PETER SCHÜZ (Hg.): Die Religion des Raumes und die Räumlichkeit der Religion, (Arbeiten zur Pastoraltheologie, Liturgik und Hymnologie 63), Göttingen 2010, 249–254

KÜPPER, JOACHIM / MENKE, CHRISTOPH: Einleitung, in: JOACHIM KÜPPER / CHRISTOPH MENKE (Hg.): Dimensionen ästhetischer Erfahrung, (stw 1640), Frankfurt a. M. 2003, 7–15

KUHANGEL, SABINE: Der labyrinthische Text. Literarische Offenheit und die Rolle des Lesers, (Literaturwissenschaft/ Kulturwissenschaft), Wiesbaden 2003

KUHNERT, NIKOLAUS u. a.: Die Produktion von Präsenz. Potenziale des Atmosphärischen, ARCH⁺ 178 (2006), 22–25

KUNSTMANN, JOACHIM: Über Orientierung. Raum und Religion, in: KLAAS HUIZING u. a. (Hg.): Kleine Transzendenzen. Festschrift für Hermann Timm zum 65. Geburtstag, (Symbol – Mythos – Medien 10), Münster 2003, 159–172

KURMANN-SCHWARZ, BRIGITTE: Art. Glasmalerei, RGG⁴, Bd. 3, 937–940

KUYS, JAN: Weltliche Funktionen spätmittelalterlicher Pfarrkirchen in den nördlichen Niederlanden, in: PAUL TRIO / MARJAN DE SMET (Hg.): The Use and Abuse of Sacred Places in Late Medieval Towns, (Mediaevalia Lovaniensia I/38), Löwen 2006, 27–45

LAUSTER, JÖRG: Raum erfahren. Religionsphilosophische Anmerkungen zum Raumbegriff, in: THOMAS ERNE / PETER SCHÜZ (Hg.): Die Religion des Raumes und die Räumlichkeit der Religion, (Arbeiten zur Pastoraltheologie, Liturgik und Hymnologie 63), Göttingen 2010, 24–33

LEDER, HELMUT / AUGUSTIN, M. DOROTHEE: Ästhetische Erfahrung aus kognitionspsychologischer Perspektive, in: WILHELM GRÄB u. a. (Hg.): Ästhetik und Religion. Interdisziplinäre Beiträge zur Identität und Differenz von ästhetischer und religiöser Erfahrung, (Religion – Ästhetik – Medien 2), Frankfurt a. M. 2007, 85–97

LERUP, LARS: Das Unfertige bauen. Architektur und menschliches Handeln, (übers. aus dem Amerikanischen von Michael Peterek), (Bauwelt-Fundamente 71), Braunschweig 1986

LEYDECKER, KARIN: Ein' feste Burg ist unser Gott. Der Kirchenraum als Ort für Transzendenzen, in: HELGE ADOLPHSEN / ANDREAS NOHR (Hg. im Auftr. des Arbeitsausschusses des Evangelischen Kirchbautages): Glauben sichtbar machen. Herausforderungen an Kirche, Kunst und Kirchenbau, Hamburg 2006, 47–61

LIESSMANN, KONRAD PAUL: Ästhetische Empfindungen. Eine Einführung, Wien 2009

LINK, HANNELORE: „Die Appellstruktur der Texte" und ein „Paradigmenwechsel in der Literaturwissenschaft"?, Jahrbuch der deutschen Schillergesellschaft 17 (1973), 532–583

LINK, HANNELORE: Rezeptionsforschung. Eine Einführung in Methoden und Probleme, Stuttgart u. a. 1976

LÜBBE, HERMANN: Religion ästhetisch in der Zivilisationsökumene, in: HELGE ADOLPHSEN / ANDREAS NOHR (Hg. im Auftr. des Arbeitsausschusses des Evangelischen Kirchbautages): Glauben sichtbar machen. Herausforderungen an Kirche, Kunst und Kirchenbau, Hamburg 2006, 97–110

LÜTZELER, HEINRICH: Vom Sinn der Bauformen. Der Weg der abendländischen Architektur, 4., neubearb. Aufl., Freiburg i. B. 1957

LUKKEN, GERARD: Die architektonischen Dimensionen des Rituals, LJ 39 (1/1989), 19–36

MARKSCHIES, CHRISTOPH: Gibt es eine „Theologie der gotischen Kathedrale"? Nochmals: Suger von Saint-Denis und Sankt Dionys vom Areopag, (AHAW.PH 1/1995), Heidelberg 1995 (Theologie I)

MARKSCHIES, CHRISTOPH: Neue Forschungen zur „Theologie der gotischen Kathedrale", in: JÜRGEN HÜBNER u. a. (Hg.): Theologie und Kosmologie. Geschichte und Erwartungen für das gegenwärtige Gespräch, (Religion und Aufklärung 11), Tübingen 2004, 185–208 (Theologie II)

MARKSCHIES, CHRISTOPH: Kreuz, in: CHRISTOPH MARKSCHIES / HUBERT WOLF (Hg.): Erinnerungsorte des Christentums, München 2010, 574–591

MARX, WOLFGANG: Der sakrale Raum als öffentlicher. Elemente einer Ästhetik religiöser Raumgestaltung, in: RAINER BÜRGEL (Hg.): Raum und Ritual. Kirchbau und Gottesdienst in theologischer und ästhetischer Sicht, Göttingen 1995, 25–38

MATTENKLOTT, GUNDEL: Einleitung 1. Teil: Zur ästhetischen Erfahrung in der Kindheit, in: GUNDEL MATTENKLOTT / CONSTANZE RORA (Hg.): Ästhetische Erfahrung in der Kindheit. Theoretische Grundlagen und empirische Forschung, (Beiträge zur pädagogischen Grundlagenforschung), Weinheim / München 2004, 7–23

MAYORDOMO-MARÍN, MOISÉS: Den Anfang hören. Leserorientierte Evangelienexegese am Beispiel Matthäus 1–2, (FRLANT 180), Göttingen 1998

MEISENHEIMER, WOLFGANG: Brief eines Architekten an seine Tänzerfreunde, corpus. Internet Magazin für Tanz, Choreografie, Performance 2009), <http://www.corpusweb.net/apc-gestische-qualitn.html> [Zugriff vom 10.10.2012]

MEISENHEIMER, WOLFGANG: Das Denken des Leibes und der architektonische Raum, Köln ²2006

MEISTER, RALF: Gottes Raum. Theologische Notizen zum Kirchenraum, in: FRIEDEMANN GREEN / WOLFGANG GRÜNBERG (Hg.): Um der Hoffnung willen. Praktische Theologie mit Leidenschaft [Festschrift für Wolfgang Grünberg], (Kirche in der Stadt 10), Hamburg 2000, 90–95

MELVILLE, GERT: Montecassino, in: CHRISTOPH MARKSCHIES / HUBERT WOLF (Hg.): Erinnerungsorte des Christentums, München 2010, 322–344

MERLEAU-PONTY, MAURICE: Das Auge und der Geist. Philosophische Essays, (hg. von CHRISTIAN BERMES), (Philosophische Bibliothek 530), Hamburg 2003 (= erw. u. bearb. Ausg. von MAURICE MERLEAU-PONTY: Das Auge und der Geist, hg. u. übers. von HANS WERNER ARNDT, [PhB 357], Hamburg 1984)

MERTIN, ANDREAS: Die ästhetische Kritik der Ethik in Theodor W. Adornos „Minima

Moralia", <http://www.amertin.de/aufsatz/1994/magister0.htm> (hier im Besonderen Kap. V: Autonomie und Souveränität, <http://www.amertin.de/aufsatz/1994/magister5.htm) [Zugriff vom 10.10.2012]

MERTIN, ANDREAS: „... und räumlich glaubet der Mensch". Der Glaube und seine Räume [Vortrag auf einer Tagung zur Kirchenpädagogik in Loccum 18.9.97], <http://www.amertin.de/aufsatz/1997/kirchen.htm> [Zugriff vom 10.10.2012]

MERTIN, ANDREAS: Der allgemeine und der besondere Ikonoklasmus. Bilderstreit als Paradigma christlicher Kunsterfahrung, in: ANDREAS MERTIN / HORST SCHWEBEL (Hg.): Kirche und moderne Kunst. Eine aktuelle Dokumentation, Frankfurt a. M. 1988, 146–168

MERTIN, ANDREAS: Der Heidelberger Fensterstreit – Ein bürgerliches Trauerspiel in fünf Akten, in: ANDREAS MERTIN / HORST SCHWEBEL (Hg.): Kirche und moderne Kunst. Eine aktuelle Dokumentation, Frankfurt a. M. 1988, 99–112

MERTIN, ANDREAS: Im (Kirchen-)Raum Erfahrungen machen. Von der religiösen zur ästhetischen Erfahrung, FoRe (2/1997), 3–7

MERTIN, ANDREAS: Vom heiligen Ort zum religiösen Raum. Zur Diskussion um die Nutzung kirchlicher Gebäude, MuK 67 (1/1997), 7–14

MERTIN, ANDREAS: Die Kirche als Jurassic Park. Oder: Lässt sich religiöses Raumgefühl pädagogisch klonen?, in: SIGRID GLOCKZIN-BEVER / HORST SCHWEBEL (Hg.): Kirchen – Raum – Pädagogik, (Ästhetik – Theologie – Liturgik 12), Münster 2002, 115–145

MERTIN, ANDREAS: Editorial [zum Heft „Die kulturelle Nutzung von Kirchenräumen"], tà katoptrizómena – Magazin für Kunst | Kultur | Theologie | Ästhetik 4 (16/2002), <http://www.theomag.de/16/edit16.htm> [Zugriff vom 10.10.2012]

MERTIN, ANDREAS: Freiräume(n)! Zur Diskussion um den religiösen Raum, tà katoptrizómena – Magazin für Kunst | Kultur | Theologie | Ästhetik 4 (16/2002), <http://www.theomag.de/16/am51.htm> [Zugriff vom 10.10.2012]

MERTIN, ANDREAS: Von der Utopie zur Heterotopie. Das Christentum als Muse von Utopien?, tà katoptrizómena – Magazin für Kunst | Kultur | Theologie | Ästhetik 4 (20/2002), <http://www.theomag.de/20/am57.htm> [Zugriff vom 10.10.2012]

MERTIN, ANDREAS: Kirchenbau als Heterotop, tà katoptrizómena – Magazin für Kunst | Kultur | Theologie | Ästhetik 6 (28/2004), <http://www.theomag.de/28/am111.htm> [Zugriff vom 10.10.2012]

MERTIN, ANDREAS: Vom heiligen Ort zum religiösen Raum. Überlegungen zum Subjekt des Kirchenbaus, in: HORST SCHWEBEL (Hg.): Über das Erhabene im Kirchenbau. Symposium mit Meinhard von Gerkan, Dietrich Korsch, Bernard Reymond, Wolfgang Jean Stock, Kerstin Wittmann-Englert, (Ästhetik – Theologie – Liturgik 37), Münster 2004, 83–88

MERTIN, ANDREAS: Denkmal? Ein Beitrag zu einer ruinösen Diskussion, tà katoptrizómena – Magazin für Kunst | Kultur | Theologie | Ästhetik 7 (37/2005), <http://www.theomag.de/37/am162.htm> [Zugriff vom 10.10.2012]

MERTIN, ANDREAS: Exemplum Religionis Non Structurae. Kirchenbau als Ostentation, tà katoptrizómena – Magazin für Kunst | Kultur | Theologie | Ästhetik 8 (42/2006), <http://www.theomag.de/42/am192.htm> [Zugriff vom 10.10.2012]

MERTIN, ANDREAS: Mehr oder doch weniger? Notizen angestoßen von einigen Leit-

2 Literatur

linien der Kirchen, tà katoptrizómena – Magazin für Kunst | Kultur | Theologie | Ästhetik 8 (42/2006), <http://www.theomag.de/42/am195.htm> [Zugriff vom 10.10.2012]

MERTIN, ANDREAS: Raum und religiöses Gefühl. Eine Anmerkung, tà katoptrizómena – Magazin für Kunst | Kultur | Theologie | Ästhetik 8 (42/2006), <http://www.theomag.de/42/am191.htm> [Zugriff vom 10.10.2012]

MERTIN, ANDREAS: Speculum. Yves Netzhammer, tà katoptrizómena – Magazin für Kunst | Kultur | Theologie | Ästhetik 9 (47/2007), <http://www.theomag.de/47/am214.htm> [Zugriff vom 10.10.2012]

MERTIN, ANDREAS: Raum-Lektüren. Suchbewegungen, tà katoptrizómena – Magazin für Kunst | Kultur | Theologie | Ästhetik 10 (54/2008), <http://www.theomag.de/54/am248.htm> [Zugriff vom 10.10.2012]

MERTIN, ANDREAS: Zur theologischen Bedeutung des Kirchenraums. Eine Auseinandersetzung tà katoptrizómena – Magazin für Kunst | Kultur | Theologie | Ästhetik 10 (55/2008), <http://www.theomag.de/55/am260.htm> [Zugriff vom 10.10.2012]

MERTIN, ANDREAS: Ästhetischer müssten die Evangelischen sein! Notizen zur kulturellen Geisteslage des Protestantismus, tà katoptrizómena – Magazin für Kunst | Kultur | Theologie | Ästhetik 12 (63/2010), <http://www.theomag.de/63/am300.htm> [Zugriff vom 10.10.2012]

MEYER-BLANCK, MICHAEL: Heilige Räume aus evangelischer Sicht [Vortrag auf dem 31. Deutschen Evangelischen Kirchentag in Köln, 7.6.2007], <http://www.kirchentag2007.de/presse/dokumente/dateien/WMH_2_1835.pdf> [Zugriff vom 10.10.2012]

MEYER-BLANCK, MICHAEL: Die Predigt in Raum und Ritual, Praktische Theologie 34 (3/1999), 163–173

MEYER-BLANCK, MICHAEL: Religion zeigen im heiligen Raum. Kirchenraumpädagogik und Liturgiedidaktik, Christenlehre/ Religionsunterricht – Praxis 56 (2/2003), 4–7

MEYER, HANS BERNHARD: Was Kirchenbau bedeutet. Ein Führer zu Sinn, Geschichte und Gegenwart, Freiburg i. B. 1984

MEYER ZU SCHLOCHTERN, JOSEF: Interventionen. Autonome Gegenwartskunst in sakralen Räumen, (ikon Bild + Theologie), Paderborn 2007

MÖLLER, CHRISTIAN: Die Predigt der Steine. Zur Ästhetik der Kirche, in: JÜRGEN SEIM / LOTHAR STEIGER (Hg.): Lobet Gott. Beiträge zur theologischen Ästhetik [Festschrift für Rudolf Bohren zum 70. Geburtstag], München 1990, 171–178

MUCK, HERBERT: Sakralbau heute, (CiW XV, 5), Aschaffenburg 1961

MUCK, HERBERT: Der Raum. Baugefüge, Bild und Lebenswelt, (Wiener Akademie-Reihe 19), Wien 1986

MUCK, HERBERT: Liturgie und Raumerfahrung in der Stadtöffentlichkeit, in: MARTIN C. NEDDENS / WALDEMAR WUCHER (Hg.): Die Wiederkehr des Genius Loci. Die Kirche im Stadtraum – die Stadt im Kirchenraum. Ökologie, Geschichte, Liturgie, (RBiRa 5), Wiesbaden/ Berlin 1987, 204–214

MUCK, HERBERT: Raumerfahrung als Lebensentfaltung. Wie unmittelbar ist die Raumwirkung?, KuKi 56 (2/1993), 112–115

MÜLLER, JÜRGEN E.: Literaturwissenschaftliche Rezeptions- und Handlungstheorien, in: KLAUS-MICHAEL BOGDAL (Hg.): Neue Literaturtheorien. Eine Einführung, (WV-Studium 156: Literaturwissenschaft), 2., neubearb. Aufl., Opladen 1997

MUKAŘOVSKÝ, JAN: Kapitel aus der Ästhetik, (übers. aus dem Tschechischen von Walter Schamschula), Frankfurt a. M. 1970

MUSTROPH, TOM: Lektüren. Von der Autorintention hin zur freien Semiose. Schleiermacher – Gadamer – Iser – Derrida – Pynchon – Kundera – Jelinek, Marburg 2000

NAUMANN, MANFRED u. a. (Hg.): Gesellschaft – Literatur – Lesen. Literaturrezeption in theoretischer Sicht, Berlin / Weimar ³1976

NEUMANN, BIRGIT / RÖSENER, ANTJE (Hg.): Kirchenpädagogik. Kirchen öffnen, entdecken und verstehen. Ein Arbeitsbuch. Mit einer kunstgeschichtlichen Übersicht von Martina Sünder-Gaß, Gütersloh 2003

NEUMANN, WOLFGANG (Red.) (hg. vom Zentralinstitut und Museum für Sepulkralkultur): Tanz der Toten – Todestanz. Der monumentale Totentanz im deutschsprachigen Raum. Eine Ausstellung des Museums für Sepulkralkultur Kassel, 19. September bis 29. November 1998, Dettelbach 1998

NOLLERT, ANGELIKA u. a. (Hg.): Kirchenbauten in der Gegenwart. Architektur zwischen Sakralität und sozialer Wirklichkeit, Regensburg 2011

NORBERG-SCHULZ, CHRISTIAN: Architektur als Weltbild, KuKi 46 (3/1983), 159–163

O.A.: Die Aktivierung des Raumes. Bernhard Tschumi im Gespräch mit ARCH⁺, (übers. aus dem Amerikanischen von Hans Harbort), ARCH⁺ 119/120 (1993), 70–73

O.A. [St Giles' Cathedral, with additional contributions by FRANKIE POLLAK]: St Giles' Cathedral. Stained Glass Windows, o. O. [Edinburgh] 2000 (= Nachdr. der 1. Aufl. 1993)

O.A.: Thesen zur Kirchenpädagogik, Kirchenpädagogik (1/2002), 24f.

O.A. [Arbeitsausschuss des Evangelischen Kirchbautages / HELGE ADOLPHSEN]: Leipziger Erklärung. Nehmt Eure Kirchen wahr!, in: HELGE ADOLPHSEN / ANDREAS NOHR (Hg. im Auftr. des Arbeitsausschusses des Evangelischen Kirchbautages): Sehnsucht nach heiligen Räumen – eine Messe in der Messe. Berichte und Ergebnisse des 24. Evangelischen Kirchbautages 31. Oktober bis 3. November 2002 in Leipzig, Darmstadt 2003, 5–7

O.A.: Dortmunder Denkanstöße, KuK 72 (Sonderheft/2009: Übergänge gestalten. 26. Evangelischer Kirchbautag. Die Dokumentation), 63

O.A.: Die Bekenntnisschriften der evangelisch-lutherischen Kirche. Herausgegeben im Gedenkjahr der Augsburgischen Konfession 1930, Göttingen ¹³2010 (= Kart. Studienausg. der 12. Aufl. von 1998) (BSLK)

OTT, MICHAELA: Art. Raum, in: KARLHEINZ BARCK u. a. (Hg.): Ästhetische Grundbegriffe. Historisches Wörterbuch in sieben Bänden, Bd. 5: Postmoderne – Synästhesie, Stuttgart/ Weimar 2003, 113–149

OZ, AMOS: Eine Geschichte von Liebe und Finsternis. Roman. Aus dem Hebräischen von Ruth Achlama, Frankfurt a. M. 2006

2 Literatur

PAETZOLD, HEINZ: Ästhetische Erfahrung als Einheit von Sinnlichkeit und Reflexion, in: DIETRICH NEUHAUS / ANDREAS MERTIN (Hg.): Wie in einem Spiegel ... Begegnungen von Kunst, Religion, Theologie und Ästhetik, (ArTe 109), Frankfurt a. M. 1999, 87–112

PANY, DORIS: Wirkungsästhetische Modelle. Wolfgang Iser und Roland Barthes im Vergleich, Erlangen / Jena 2000

PAUL, JÜRGEN: Cornelius Gurlitt. Ein Leben für Architektur, Kunstgeschichte, Denkmalpflege und Städtebau, (Dresdner Miniaturen 8), Dresden 2003

PFEIFER, GÜNTER: Heilige Räume, in: MARTIN BENN (Hg.): Heilige Räume. Gotteshäuser zwischen Verkündigungspotential und Abriss, (Materialhefte des „Zentrum Verkündigung der EKHN", Fachbereich Gottesdienst, Kunst und Kultur 104), Frankfurt a. M. 2006, 54–60

PLÜSS, DAVID: Kirchenräume zwischen Leiblichkeit und Heiligkeit. Replik auf Ralph Kuntz, „Wenn Sprachspiel zum Spielraum – Verortung des Heiligen und Heiligung der Orte", in: CHRISTOPH SIGRIST (Hg.): Kirchen Macht Raum. Beiträge zu einer kontroversen Debatte, Zürich 2010, 39–44

POULET, GEORGES: Phenomenology of Reading, New Literary History 1 (1/1969), 53–68

RADEKE, CHRISTIAN: Räume des Heiligen. Überlegungen und Erfahrungen, Christenlehre / Religionsunterricht – Praxis 56 (2/2003), 8–11

RASCHZOK, KLAUS: Der Feier Raum geben. Zu den Wechselbeziehungen von Raum und Gottesdienst, in: THOMAS KLIE (Hg.): Der Religion Raum geben. Kirchenpädagogik und religiöses Lernen, (Grundlegungen. Veröffentlichungen des Religionspädagogischen Instituts Loccum 3), Münster 1998, 112–135

RASCHZOK, KLAUS: Spuren im Kirchenraum. Anstöße zur Raumwahrnehmung, PTh 89 (2000), 142–157

RASCHZOK, KLAUS: Anmutungen und Atmosphären. Plädoyer für die bleibende Präsenz von Kunst im liturgischen Raum, in: WILHELM GRÄB / BIRGIT WEYEL (Hg.): Praktische Theologie und protestantische Kultur, (Praktische Theologie und Kultur 9), Gütersloh 2002, 300–313

RASCHZOK, KLAUS: „... an keine Stätte noch Zeit aus Not gebunden" (Martin Luther). Zur Frage des heiligen Raumes nach lutherischem Verständnis, in: SIGRID GLOCKZIN-BEVER / HORST SCHWEBEL (Hg.): Kirchen – Raum – Pädagogik, (Ästhetik – Theologie – Liturgik 12), Münster 2002, 99–113

RASCHZOK, KLAUS: Kirchenbau und Kirchenraum, in: HANS-CHRISTOPH SCHMIDT-LAUBER u. a. (Hg.): Handbuch der Liturgik. Liturgiewissenschaft in Theologie und Praxis der Kirche, 3., vollst. neu bearb. u. erg. Aufl., Göttingen 2003, 391–412 (Kirchenbau I)

RASCHZOK, KLAUS: Kirchenbau. Kirchengebäude / Kirchenraumfrömmigkeit / Raumwirkung / Atmosphären, in: WILHELM GRÄB / BIRGIT WEYEL (Hg.): Handbuch Praktische Theologie, Gütersloh 2007, 566–577 (Kirchenbau II)

RASCHZOK, KLAUS: „... geöffnet, für alle übrigens" (Heinrich Böll). Evangelische Kirchenbauten im Spannungsfeld von Religion und Gesellschaft, in: HANNS KERNER (Hg.): Lebensraum Kirchenraum. Das Heilige und das Profane, Leipzig 2008, 17–36

RATERS, MARIE LUISE: Art. Wirkungsästhetik/Rezeptionsästhetik, in: ACHIM TREBEß (Hg.): Metzler Lexikon Ästhetik. Kunst, Medien, Design und Alltag, Stuttgart 2006, 432f.

REESE, WALTER: Literarische Rezeption, (Sammlung Metzler 194), Stuttgart 1980

RICHTER, KLEMENS: Haus Gottes oder Haus der Gemeinde: Architektur zwischen liturgischen und ästhetischen Anforderungen, in: WOLFGANG SCHUSTER (Hg.): Kirche im Mittelpunkt? Fachtagung in Schwäbisch Gmünd 4.-6. September 1991 im Tagungszentrum Stadtgarten, Schwäbisch Gmünd 1991, 63-71

RICHTER, KLEMENS: Raumgestalt und Glaubensgehalt. Der liturgische Raum prägt den Glauben, KuKi 56 (2/1993), 102-107

RICHTER, KLEMENS: Heilige Räume. Eine Kritik aus theologischer Perspektive, LJ 48 (4/1998), 249-264

RICHTER, KLEMENS: Kirchenräume und Kirchenträume. Die Bedeutung des Kirchenraums für eine lebendige Gemeinde, Freiburg 1998

RICHTER, MATTHIAS: Wirkungsästhetik, in: HEINZ LUDWIG ARNOLD / HEINRICH DETERING (Hg.): Grundzüge der Literaturwissenschaft, München 1996, 516-535

RUPP, HARTMUT (Hg.): Handbuch der Kirchenpädagogik. Kirchenräume wahrnehmen, deuten und erschließen, Stuttgart 2006

RUPP, HARTMUT: Wahrnehmen, erklären, deuten, erschließen: Kirchenpädagogik heute, in: HELMUT SCHWIER (Hg.): Geöffnet. Raum und Wort in der Heidelberger Universitätskirche, Frankfurt a. M. 2006, 225-235

RYÖKÄS, ESKO: Nach dem Abbruch einer Kirche – was bleibt?, Informationes theologiae Europae / Internationales ökumenisches Jahrbuch für Theologie 13 (2004), 81-99

SACK, FLORENTINE: Das offene Haus. Für eine neue Architektur / Open House: Towards a New Architecture, Berlin 2006

SCHAEDE, STEPHAN: Heilige Handlungsräume? Eine theologisch-raumtheoretische Betrachtung zur performativen Kraft von Kirchenräumen, in: INGRID BAUMGÄRTNER u. a. (Hg.): Raumkonzepte. Disziplinäre Zugänge, Göttingen 2009, 51-69

SCHÄFER-STRECKENBACH, ULRIKE: Kulturkirchen. Wahrnehmung und Interpretation, (Praktische Theologie und Kultur 19), Gütersloh 2007

SCHAPP, WILHELM: In Geschichten verstrickt. Zum Sein von Mensch und Ding, Hamburg 1953

SCHLÜTER, HARALD: Lesarten und Sprechweisen. Konzepte und Varianten von Kirchenführungen, in: WOLFGANG ISENBERG (Hg.): Sakrale Bauten entziffern. Zur Konzeption von Kirchenführungen, (BPr 105), Bensberg 2003, 9-24

SCHMIDT, WOLF GERHARD: ‚Homer des Nordens' und ‚Mutter der Romantik'. James Macphersons Ossian und seine Rezeption in der deutschsprachigen Literatur, Bd.1: James Macphersons Ossian, zeitgenössische Diskurse und die Frühphase der deutschen Rezeption, Berlin 2003

SCHMITZ, HERMANN: Atmosphären als ergreifende Mächte, in: CHRISTOPH BIZER u. a. (Hg.): Theologisches geschenkt. Festschrift für Manfred Josuttis, Bovenden 1996, 52-58

SCHMITZ, HERMANN: Der erlebte und der gedachte Raum, Der Architekt (7–8/2003), 38–45
SCHMITZ, HERMANN: System der Philosophie, Bd. III: Der Raum, 2. Teil: Der Gefühlsraum, Bonn ²1981
SCHNACKERTZ, HERMANN J.: Art. Wirkung, ästhetische/literarische, in: ANSGAR NÜNNING (Hg.): Metzler Lexikon Literatur- und Kulturtheorie. Ansätze – Personen – Grundbegriffe, 3., aktualis. und erw. Aufl., Stuttgart / Weimar 2004, 707f.
SCHOLZE-STUBENRECHT, WERNER u. a. (Hg.): Duden. Deutsches Universalwörterbuch, 7., überarb. u. erw. Aufl., Mannheim / Zürich 2011
SCHÖTTKER, DETLEV: Theorien der literarischen Rezeption. Rezeptionsästhetik, Rezeptionsforschung, Empirische Literaturwissenschaft, in: HEINZ LUDWIG ARNOLD / HEINRICH DETERING (Hg.): Grundzüge der Literaturwissenschaft, München 1996, 537–554
SCHRÖER, HENNING: Religiös unmusikalisch!?, Zeitschrift für Pädagogik und Theologie 54 (1/2002), 2f.
SCHULTES, AXEL: Werden wir je wissen, was Raum ist?, in: HELGE ADOLPHSEN / ANDREAS NOHR (Hg. im Auftr. des Arbeitsausschusses des Evangelischen Kirchbautages): Glauben sichtbar machen. Herausforderungen an Kirche, Kunst und Kirchenbau, Hamburg 2006, 79–96
SCHULZE, GERHARD: Die Erlebnisgesellschaft. Kultursoziologie der Gegenwart, 2., um den Anhang gek. und mit einem neuen Vorw. vers. Aufl. d. Neuausg., Frankfurt a. M. 2005
SCHUTTE, JÜRGEN: Einführung in die Literaturinterpretation, 5., aktualis. u. erw. Aufl., Stuttgart 2005
SCHWEBEL, HORST: Kirchenbau und kirchliche Kunst, in: GERT OTTO (Hg.): Praktisch theologisches Handbuch, 2., vollst. überarb. u. erg. Aufl., Hamburg 1975, 362–377 (Kunst I)
SCHWEBEL, HORST: Art. Kirchenbau V. Moderner Kirchenbau (ab 1919), 1990, TRE 19, 514–528
SCHWEBEL, HORST: Reformen und Regulative: Die Botschaft der Kirchen nach dem Zweiten Weltkrieg, in: WOLFGANG SCHUSTER (Hg.): Kirche im Mittelpunkt? Fachtagung in Schwäbisch Gmünd 4.–6. September 1991 im Tagungszentrum Stadtgarten, Schwäbisch Gmünd 1991, 24–38
SCHWEBEL, HORST: Kirchenbau und kirchliche Kunst der Gegenwart, in: REIMUND BLÜHM u. a. (Hg.): Kirchliche Handlungsfelder. Gemeindepädagogik – Pastoralpsychologie – Liturgik – Kirchenmusik – Kirchenbau und kirchliche Kunst der Gegenwart, (GKT 9), Stuttgart 1993, 190–221 (Kunst II)
SCHWEBEL, HORST: Von der Kirche in der Stadt zur City-Kirche, in: HORST SCHWEBEL / MATTHIAS LUDWIG (Hg.): Kirchen in der Stadt, Bd. 1: Erfahrungen und Perspektiven, (SIKKG A.1), Marburg 1994, 9–21
SCHWEBEL, HORST: Kirchenbau – Raum – Gemeinde. Faktoren des kirchlichen Bauens, in: HELMUT DONNER (Hg. im Auftr. des Kirchenamtes der Evangelischen Kirche in Deutschland): Kirche und Kultur in der Gegenwart. Beiträge aus der evangelischen Kirche, Frankfurt a. M. 1996, 134–145
SCHWEBEL, HORST: Leiblichkeit in der Begegnung von Kunst und Theologie, in:

MICHAEL KLESSMANN / IRMHILD LIEBAU (Hg.): „Leiblichkeit ist das Ende der Werke Gottes". Körper – Leib – Praktische Theologie [Festschrift für Dietrich Stollberg zum 60. Geburtstag], Göttingen 1997, 112–122

SCHWEBEL, HORST: Liturgischer Raum und menschliche Erfahrung, in: RAINER MAHLKE (Hg.): Living Faith – Lebendige religiöse Wirklichkeit. Festschrift für Hans-Jürgen Greschat, Frankfurt a. M. u. a. 1997, 369–385

SCHWEBEL, HORST: Die Kirche und ihr bauliches Erbe – aus der Sicht der Evangelischen Kirche, in: DEUTSCHES NATIONALKOMITEE FÜR DENKMALSCHUTZ BEIM BEAUFTRAGTEN DER BUNDESREGIERUNG FÜR ANGELEGENHEITEN DER KULTUR UND DER MEDIEN (Hg.): Nichts für die Ewigkeit? Kirchengebäude zwischen Wertschätzung und Altlast. Dokumentation der Tagung des Deutschen Nationalkomitees für Denkmalschutz vom 5. bis 7. Oktober 2000 in Erfurt, (Schriftenreihe des Deutschen Nationalkomitees für Denkmalschutz 63), Bonn 2001, 15–21

SCHWEBEL, HORST: Die Chance religiöser Wahrnehmung, KuKi 65 (3/2002), 143f.

SCHWEBEL, HORST: Die Kirche und ihr Raum. Aspekte der Wahrnehmung, in: SIGRID GLOCKZIN-BEVER / HORST SCHWEBEL (Hg.): Kirchen – Raum – Pädagogik, Münster 2002, 9–30

SCHWEBEL, HORST: Eine Scheu vor großen Gesten. Protestantischer Kirchenbau aus theologisch-liturgischer Sicht, in: WOLFGANG JEAN STOCK (Hg.): Europäischer Kirchenbau 1950–2000, München u. a. 2002, 212–223

SCHWEBEL, HORST: Evangelium und Raumgestalt. Was ist ein Kirchenraum?, in: ZENTRUM FÜR MEDIEN KUNST KULTUR IM AMT FÜR GEMEINDEDIENST DER EV.-LUTH. LANDESKIRCHE HANNOVERS / KUNSTDIENST DER EVANGELISCHEN KIRCHE BERLIN (Hg.): Kirchenräume – Kunsträume. Hintergründe, Erfahrungsberichte, Praxisanleitungen für den Umgang mit zeitgenössischer Kunst in Kirchen. Ein Handbuch, (Ästhetik – Theologie – Liturgik 17), Münster u. a. 2002, 33–47

SCHWEBEL, HORST: Kirchenbau, heiliger Raum und architektonische Gestalt, KuKi 68 (3/2005), 148–154

SCHWEBEL, HORST: Die Bedeutung der Kirchengebäude für die Kirchen – Kirchenbau und Kirchenidentität, in: ALBERT GERHARDS / MARTIN STRUCK (Hg. unter Mitarb. von Nicole Wallenkamp und im Auftr. des Vereins für christliche Kunst im Erzbistum Köln und im Bistum Aachen e.V.): Umbruch – Abbruch – Aufbruch? Nutzen und Zukunft unserer Kirchengebäude, (Bild – Raum – Feier. Studien zu Kirche und Kunst 6), Regensburg 2008, 91–99

SCHWERTNER, SIEGFRIED M.: Internationales Abkürzungsverzeichnis für Theologie und Grenzgebiete, 2., überarb. und erw. Aufl., 1992, Berlin/ New York 1992 (IATG²)

SCHWÖBEL, CHRISTOPH: Die Religion des Zauberers. Theologisches in den großen Romanen Thomas Manns, Tübingen 2008

SEEL, MARTIN: Ästhetik des Erscheinens, München / Wien 2000

SEEL, MARTIN: Die Macht des Erscheinens. Texte zur Ästhetik, (stw 1867), Frankfurt a. M. 2007

SIGNORI, GABRIELA: Sakral oder Profan? Der Kommunikationsraum Kirche, in: PAUL TRIO / MARJAN DE SMET (Hg.): The Use and Abuse of Sacred Places in Late Medieval Towns, (Mediaevalia Lovaniensia I/38), Löwen 2006, 117–134

2 Literatur

SIGRIST, CHRISTOPH (Hg.): Kirchen Macht Raum. Beiträge zu einer kontroversen Debatte, Zürich 2010
SIGRIST, CHRISTOPH: Kirchen Macht Raum. Beiträge zur kontroversen Debatte über Kirchenräume. Einführung, in: CHRISTOPH SIGRIST (Hg.): Kirchen Macht Raum. Beiträge zu einer kontroversen Debatte, Zürich 2010, 7-19
SOEFFNER, HANS-GEORG: Kirchliche Gebäude. Orte der christlichen Religion in der pluralistischen Kultur, in: HORST SCHWEBEL / MATTHIAS LUDWIG (Hg.): Kirchen in der Stadt, Bd. 1: Erfahrungen und Perspektiven, (SIKKG A.1), Marburg 1994, 51-55 (Gebäude I)
SOEFFNER, HANS-GEORG: Kirchliche Gebäude. Orte der christlichen Religion in der pluralistischen Kultur, in: HELMUT DONNER (Hg. im Auftr. des Kirchenamtes der Evangelischen Kirche in Deutschland): Kirche und Kultur in der Gegenwart. Beiträge aus der evangelischen Kirche, Frankfurt a. M. 1996, 127-133 (Gebäude II)
SPINNER, KASPAR H.: Von der Werkinterpretation über die Rezeptionsästhetik zur Dekonstruktion, in: HANS VILMAR GEPPERT / HUBERT ZAPF (Hg.): Theorien der Literatur, Bd. 1, Tübingen 2003, 259-270
STEFFENSKY, FULBERT: Der heilige Raum, der die Sehnsucht birgt, in: HELGE ADOLPHSEN / ANDREAS NOHR (Hg. im Auftr. des Arbeitsausschusses des Evangelisches Kirchbautages): Sehnsucht nach heiligen Räumen - eine Messe in der Messe. Berichte und Ergebnisse des 24. Evangelischen Kirchbautages 31. Oktober bis 3. November 2002 in Leipzig, Darmstadt 2003, 81-94
STEFFENSKY, FULBERT: Der Seele Raum geben - Kirchen als Orte der Besinnung und Ermutigung. Referat zum Sachthema der 1. Tagung der 10. Synode der Evangelischen Kirche in Deutschland, Leipzig, 23.-25.5.2003, epdD 23 (2003), 16-27
STEFFENSKY, FULBERT: Schatten und Echo Gottes. Warum Kirchen heilige Räume sind und warum das für den Menschen wichtig ist, Zeitzeichen 5 (2004), 30f.
STEGERS, RUDOLF: Zur Geschichte und Gegenwart des Kirchenbaus, in: RUDOLF STEGERS (Hg.): Entwurfsatlas Sakralbau, Basel 2008, 10-37
STERNBERG, THOMAS: Suche nach einer neuen Sakralität? Über den Kirchenraum und seine Bedeutung, Mün. 49 (2/1996), 142-148
STERNBERG, THOMAS: Unalltägliche Orte - Sind katholische Kirchen heilige Räume?, KuKi 65 (3/2002), 138-142
STERNBERG, THOMAS: Kirchenbau: Historische Vergewisserungen, in: ALBERT GERHARDS u. a. (Hg.): Communio-Räume. Auf der Suche nach der angemessenen Raumgestalt katholischer Liturgie, (Bild - Raum - Feier. Studien zu Kirche und Kunst 2), Regensburg 2003, 37-69
STOCK, ALEX: Gotteshaus und Kirchgang, LJ 39 (1/1989), 5-18
STOLT, PETER: Räume und Liturgien. Umgang mit einer alten Stadtkirche, in: PETER STOLT u. a. (Hg.): Kulte, Kulturen, Gottesdienste. Öffentliche Inszenierung des Lebens [Peter Cornehl zum 60. Geburtstag], Göttingen 1996, 185-199
STRIFFLER, HELMUT: Architektur als Ernstfall. Sakralisierung und Profanisierung als Polarität, KuKi 65 (3/2002), 169-173
STROBEL, RICHARD / BUCH, FELICITAS: Ortsanalyse. Zur Erfassung und Bewertung historischer Bereiche, (Arbeitshefte Landesdenkmalamt Baden-Württemberg 1), Stuttgart 1986

STRÖKER, ELISABETH: Philosophische Untersuchungen zum Raum, (PhA 25), Frankfurt a. M. 1965

SUTROP, MARGIT: Fiction and Imagination. The Anthropological Function of Literature, (Explicatio. Analytische Studien zur Literatur und Literaturwissenschaft), Paderborn 2000

THAIDIGSMANN, EDGAR: „Religiös unmusikalisch". Aspekte einer hermeneutischen Problematik, ZThK 108 (4/2011), 490–509

TIEFENSEE, EBERHARD: „Religiös unmusikalisch" – Zu einer Metapher Max Webers, in: BERTRAM PITTNER / ANDREAS WOLLBOLD (Hg.): Zeiten des Übergangs. Festschrift für Franz Georg Friemel zum 70. Geburtstag, (RThSt 80), Leipzig 2000, 119–136

TILLER, ELISABETH: RaumErkundungen. Zur Einführung, in: ELISABETH TILLER / CHRISTOPH OLIVER MAYER (Hg.): RaumErkundungen. Einblicke und Ausblicke, (Beiträge zur neueren Literaturgeschichte 282), Heidelberg 2011, 9–24

TITZMANN, MICHAEL: Art. Äquivalenzprinzip, in: KLAUS WEIMAR (Hg. in Zusammenarb. mit HARALD FRICKE / KLAUS GRUBMÜLLER / JAN-DIRK MÜLLER): RLW, Bd. 1: A–G, 3., neubearb. Aufl., Berlin / New York 1997, 12f.

UMBACH, HELMUT: Wie im Himmel – so auf Erden. Über Raumträume und Traumräume im Gottesdienst, in: CHRISTOPH BIZER u. a. (Hg.): Theologisches geschenkt. Festschrift für Manfred Josuttis, Bovenden 1996, 59–75

UMBACH, HELMUT: Heilige Räume – Pforten des Himmels. Vom Umgang der Protestanten mit ihren Kirchen, Göttingen 2005

UMBACH, HELMUT: „Andere Räume" – „Umfriedete Bezirke" – „Grenzüberschreitungen". Möglichkeiten protestantischen Kirchenbaus in Geschichte und Gegenwart, DtPfrBl 110 (12/2010), 650–653

VITRUVIUS POLLIO, MARCUS: Vitruvii De architectura libri decem / Vitruv Zehn Bücher über Architektur, (übers. und mit Anmerkungen versehen von Curt Fensterbusch), (Bibliothek klassischer Texte), Darmstadt ⁵1991

VOGT-GÖKNIL, ULYA: Architekturbeschreibung und Raumbegriff bei neueren Kunsthistorikern, Leiden 1951

VOLLHARDT, FRIEDRICH: Von der Rezeptionsästhetik zur Historischen Semantik. Hans-Harald Müller zum 60. Geburtstag, in: WOLFGANG ADAM u. a. (Hg.): Wissenschaft und Systemveränderung. Rezeptionsforschung in Ost und West – eine konvergente Entwicklung?, (Beihefte zum Euphorion 44), Heidelberg 2003, 189–209

VOLP, RAINER: „…daß Gott zu Wort komme". Das bauliche Selbstverständnis der evangelischen Kirche, Der Architekt (4/1977), 147–149

VOLP, RAINER: Umgang mit Raum und kirchliches Bauen, in: PETER C. BLOTH u. a. (Hg.): HPTh(G) 3: Praxisfeld: Gemeinden, Gütersloh 1983, 225–237

VOLP, RAINER: Kirche in der Stadt – Umgang mit alten Kirchen, BThZ 2 (2/1985), 304–316

VOLP, RAINER: Liturgik. Die Kunst, Gott zu feiern, Bd. 1: Einführung und Geschichte, Gütersloh 1992 (Liturgik I)

VOLP, RAINER: Gastfreie Orte. Über die stille Botschaft von Kirchenräumen, KuKi 57 (1/1994), 57–59
VOLP, RAINER: Liturgik. Die Kunst, Gott zu feiern, Bd. 2: Theorien und Gestaltung, Gütersloh 1994 (Liturgik II)
VOLP, RAINER: Space as Text. The Problem of Hermeneutics in Church Architecture, Studia Liturgica 24 (1994), 168–177
VOLP, RAINER: Kirchenbau und Kirchenraum, in: HANS-CHRISTOPH SCHMIDT-LAUBER / KARL-HEINRICH BIERITZ (Hg.): Handbuch der Liturgik. Liturgiewissenschaft in Theologie und Praxis der Kirche, Göttingen 1995, 490–509
VOLP, RAINER: Das offene Labyrinth. Über den Wechselbezug zwischen Raum- und Ritualbewusstsein, in: THOMAS NIßLMÜLLER / RAINER VOLP (Hg.): Raum als Zeichen. Wahrnehmung und Erkenntnis von Räumlichkeit, (Ästhetik – Theologie – Liturgik 1), Münster 1998, 11–31
VOLP, RAINER: Art. Architektur und Religion, (I. Prinzipiell [714], II. Historisch [714–716], III. Aktuelles Erbe [716f.]), RGG⁴ Bd. 1, 714–717
VOLP, RAINER / IMMEL, HEINRICH: Beten mit offenen Augen, in: RAINER VOLP (Hg. in Verbindung mit RUDI FLEISCHER): Zeichen. Semiotik in Theologie und Gottesdienst, München / Mainz 1982, 250–265

WAGNER-RAU, ULRIKE: Gotteshaus und Gottesbeziehung. Kirchen als Segensräume, in: THOMAS ERNE / PETER SCHÜZ (Hg.): Die Religion des Raumes und die Räumlichkeit der Religion, (Arbeiten zur Pastoraltheologie, Liturgik und Hymnologie 63), Göttingen 2010, 151–163
WALDENFELS, BERNHARD: In den Netzen der Lebenswelt, (stw 545), Frankfurt a. M. 1985
WALDENFELS, BERNHARD: Sinnesschwellen, (Studien zur Phänomenologie des Fremden 3), Frankfurt a. M. 1999
WALDENFELS, BERNHARD: Leibliches Wohnen im Raum, Der Architekt (7–8/2003), 54–63
WARDA, SUSANNE: Memento Mori. Bild und Text in Totentänzen des Spätmittelalters und der Frühen Neuzeit, (Pictura et Poesis. Interdisziplinäre Studien zum Verhältnis von Literatur und Kunst 29), Köln u. a. 2011
WARNING, RAINER: Rezeptionsästhetik als literaturwissenschaftliche Pragmatik, in: RAINER WARNING (Hg.): Rezeptionsästhetik. Theorie und Praxis, München 1975, 9–41
WARNKE, MARTIN: Geschichte der deutschen Kunst, Bd. 2: Spätmittelalter und Frühe Neuzeit 1400–1750, München 1999
WEINRICH, HARALD: Für eine Literaturgeschichte des Lesers, Merkur 21 (7/1967), 1026–1038 (Literaturgeschichte I)
WEINRICH, HARALD: Für eine Literaturgeschichte des Lesers, in: HARALD WEINRICH (Hg.): Literatur für Leser. Essays und Aufsätze zur Literaturwissenschaft, gekürzte, vom Autor überarb. u. in d. Anmerkungen bibliogr. erg. 2. Aufl., München 1986, 21–36 (Literaturgeschichte II)
WELSCH, WOLFGANG: Grenzgänge der Ästhetik, Stuttgart 1996
WINKGENS, MEINHARD: Art. Iser, Wolfgang, in: ANSGAR NÜNNING (Hg.): Metzler

Lexikon Literatur- und Kulturtheorie. Ansätze – Personen – Grundbegriffe, 3., aktualis. u. erw. Aufl., Stuttgart / Weimar 2004, 303f.

WINKGENS, MEINHARD: Art. Leerstelle, in: ANSGAR NÜNNING (Hg.): Grundbegriffe der Literaturtheorie, Stuttgart / Weimar 2004, 144f. (Leerstelle I)

WINKGENS, MEINHARD: Art. Leerstelle, in: ANSGAR NÜNNING (Hg.): Metzler Lexikon Literatur- und Kulturtheorie. Ansätze – Personen – Grundbegriffe, 3., aktualis. u. erw. Aufl., Stuttgart / Weimar 2004, 377f. (Leerstelle II)

WINKGENS, MEINHARD: Art. Wirkungsästhetik, in: ANSGAR NÜNNING (Hg.): Grundbegriffe der Literaturtheorie, Stuttgart / Weimar 2004, 295–298 (Wirkungsästhetik I)

WINKGENS, MEINHARD: Art. Wirkungsästhetik, in: ANSGAR NÜNNING (Hg.): Metzler Lexikon Literatur- und Kulturtheorie. Ansätze – Personen – Grundbegriffe, 3., aktualis. u. erw. Aufl., Stuttgart / Weimar 2004, 708–710 (Wirkungsästhetik II)

WITTMANN-ENGLERT, KERSTIN: Zelt, Schiff und Wohnung. Kirchenbauten der Nachkriegsmoderne, (Forschungen zur Nachkriegsmoderne), Lindenberg im Allgäu 2006

WITTMANN-ENGLERT, KERSTIN: Der Bau als Bild. Anthropologische Implikationen im nachkriegsmodernen Kirchenbau, in: HANNS KERNER (Hg.): Lebensraum Kirchenraum. Das Heilige und das Profane, Leipzig 2008, 77–89

WOYDACK, TOBIAS: Der räumliche Gott. Was sind Kirchengebäude theologisch?, (Kirche in der Stadt 13), Schenefeld 2005

WOYDACK, TOBIAS: Raum, Glaube, Mensch und Kirche. Die Gottesbeziehung als räumliches Geschehen, Arbeitsstelle Gottesdienst – Zeitschrift der Gemeinsamen Arbeitsstelle für gottesdienstliche Fragen der Evangelischen Kirche in Deutschland 21 (2/2007), 14–22

WÜTHRICH, MATTHIAS D.: Raumtheoretische Erwägungen zum Kirchenraum, in: CHRISTOPH SIGRIST (Hg.): Kirchen Macht Raum. Beiträge zu einer kontroversen Debatte, Zürich 2010, 71–87

WURSTER, HERBERT W.: Art. Patrozinium, TRE 26, 114–118

ZAHLTEN, JOHANNES: Barocke Himmelsbilder im kosmologischen Kontext, in: JÜRGEN HÜBNER u. a. (Hg.): Theologie und Kosmologie. Geschichte und Erwartungen für das gegenwärtige Gespräch, (Religion und Aufklärung 11), Tübingen 2004, 237–254

ZEINDLER, MATTHIAS: Gott und das Schöne. Studien zur Theologie der Schönheit, (FSÖTh 68), Göttingen 1993

ZIMA, PETER V.: Literarische Ästhetik. Methoden und Modelle der Literaturwissenschaft, Tübingen 1991

ZIMA, PETER V.: The Philosophy of Modern Literary Theory, London 1999

ZIMMERLING, PETER: Heilige Räume im Protestantismus – gibt es das?, Arbeitsstelle Gottesdienst – Zeitschrift der Gemeinsamen Arbeitsstelle für gottesdienstliche Fragen der Evangelischen Kirche in Deutschland 21 (2/2007), 23–32

ZUMTHOR, PETER: Atmosphären, ARCH+ 178 (2006), 30–35

3 Abbildungen

3.1 Abbildungsverzeichnis

Abb. 1: Robert Burns Memorial Window (LEIFUR BREIDFJÖRD, 1985), St Giles Cathedral, Edinburgh 71
Abb. 2: Kapelle mit dem Licht (TADAO ANDŌ, 1989), Ibaraki / Japan, Innenansicht 135
Abb. 3: Stiftskirche, Stuttgart, Innenansicht 136
Abb. 4: Stiftskirche, Stuttgart, Entwurfsskizze (BERNHARD HIRCHE) 138
Abb. 5: Santa Maria Maggiore, Rom, Innenansicht 139
Abb. 6: Unionskirche, Idstein, Innenansicht 144
Abb. 7: Genter Altar (JAN VAN EYCK [um 1390–1441], geschlossener Zustand), Gent, Sint Baafskathedraal 148
Abb. 8: Totentanz in der Flüster- bzw. Totentanzkapelle der Lübecker Marienkirche (1463, teilweise BERNT NOTKE [1430/40–1509] zugeschrieben, Ausschnitt) 255

3.2 Abbildungsnachweise

Abb. 1: © CWB
Abb. 2: BUJATT <http://commons.wikimedia.org/wiki/File:Church_of_Light.JPG?uselang=de> [Zugriff vom 8.2.2015]
Abb. 3: © HORST SCHMECK (Fotohaus Schmeck)
Abb. 4: © BERNHARD HIRCHE
Abb. 5: TANGO7174 <http://commons.wikimedia.org/wiki/File:Lazio_Roma_SMariaMaggiore2_tango7174.jpg> [Zugriff vom 8.2.2015]
Abb. 6: GERDA ARENDT <http://commons.wikimedia.org/wiki/File:Unionskirche_Idstein_facing_altar.JPG?uselang=de> [Zugriff vom 8.2.2015]
Abb. 7: <http://commons.wikimedia.org/wiki/File:Ghent_Altarpiece_F_-_Back_panel.jpg?uselang=de> [Zugriff vom 8.2.2015]
Abb. 8: <http://commons.wikimedia.org/wiki/File:Totentanz_L%C3%BCbeck_1.jpg> [Zugriff vom 8.2.2015]

Ich danke Horst Schmeck und Prof. Dipl. Ing. Bernhard Hirche für die freundliche Überlassung der Bildrechte.